Entscheidungen

des

Reichsgerichts.

Herausgegeben

von

den Mitgliedern des Gerichtshofes
und der Reichsanwaltschaft.

Entscheidungen in Zivilsachen.

129. Band.

Berlin und Leipzig 1930

Walter de Gruyter & Co.

vormals G. J. Göschen'sche Verlagshandlung - J. Guttentag, Verlags-
buchhandlung - Georg Reimer - Karl J. Trübner - Veit & Comp.

Entscheidungen

des

Reichsgerichts

in

Zivilsachen.

---

129. Band.

Mit Anhang: Entscheidungen des Staatsgerichtshofs.

Berlin und Leipzig 1930

Walter de Gruyter & Co.

vormals G. J. Göschen'sche Verlagshandlung - J. Guttentag, Verlagsbuchhandlung - Georg Reimer - Karl J. Trübner - Veit & Comp.

Druck von Metzger & Wittig in Leipzig

Inhalt.

I. Bürgerliches Recht.

a. Reichsrecht.

b. Landesrecht.

II. Öffentliches Recht.

III. Gerichtliches Verfahren.

Anhang: Entscheidungen des Staatsgerichtshofs.

1. 1. Unterliegt die Frage, ob das Reichsaufsichtsamt für Privatversicherung die Voraussetzungen für die Herabsetzung der Versicherungssummen nach § 69 Abs. 2 des Versicherungsaufsichtsgesetzes mit Recht für gegeben gehalten hat, der Nachprüfung des Gerichts?

2. Sind nur Unternehmungen, die ausschließlich das Rückversicherungsgeschäft betreiben, aufsichtsfrei, erstreckt sich aber bei Versicherungsunternehmen mit aufsichtspflichtigem Betrieb, die in diesem auch Rückversicherungsverträge abschließen, die Aufsicht auf die Rückversicherungen mit?

3. Sind unter den nach § 69 Abs. 2 des Versicherungsaufsichtsgesetzes herabsetzbaren Verpflichtungen einer Lebensversicherungsunternehmung nur Verpflichtungen aus Lebensversicherungen zu verstehen?

Reichsgesetz über die privaten Versicherungsunternehmungen (Versicherungsaufsichtsgesetz) vom 12. Mai 1901/19. Juli 1923. §§ 69, 116, 58.

VII. Zivilsenat. Urt. v. 13. Mai 1930 i. S. L.-S. Lebensversicherungs-Akt.-Ges. (Bekl.) w. F. Rückversicherungs-Ges. (Kl.). VII 501/29.

I Landgericht Lübeck.
II. Oberlandesgericht Hamburg.

Die Schweizerische Rentenanstalt in Z. hat für eine Reihe bei ihr genommener Lebensversicherungen bei der Klägerin durch Verträge aus den Jahren 1858 bis 1865 in schweizer Franken Rückversicherung genommen. Die der Klägerin auf Grund dieser

Verträge bis Ende des Jahres 1871 überwiesenen Rückversicherungen hat die Beklagte von dieser durch Übereinkommen vom 12. bis 14. Dezember 1871 „in Rückversicherung übernommen", und zwar dergestalt, daß sie gegenüber der Klägerin in alle sich für diese aus den Verträgen mit der Schweizerischen Rentenanstalt ergebenden Verpflichtungen eintrat, wogegen die Klägerin ihr alle Rechte und Bonifikationen, die ihr gegen die Rentenanstalt zustanden, übertrug und garantierte. Im Anschluß an dieses Abkommen wurde ein unmittelbares Vertragsverhältnis zwischen der Beklagten und der Schweizerischen Rentenanstalt unter Entlassung der Klägerin in Ansehung der bezeichneten Rückversicherung angestrebt, das aber nicht zustande kam.

Die Klägerin hat vier aus den Rückversicherungsverträgen mit dem Erstversicherer fällig gewordene Versicherungen an diesen geleistet und dafür die Beklagte bis zum 31. März 1928 mit 22806,69 schweizer Franken belastet. Die Beklagte hat ihr aber nur 10593,60 Franken erstattet. Die Klägerin verlangte mit der Klage von ihr die Zahlung der restlichen 12213,09 schweizer Franken nebst Zinsen. Die Beklagte hat eingewendet, das Reichsaufsichtsamt für Privatversicherung habe auf Grund des § 69 Abs. 2 des Versicherungsaufsichtsgesetzes (VAG.) vom 12. Mai 1901 in der Fassung des Gesetzes vom 19. Juli 1923 ihre Verpflichtungen aus den ab 9. August 1924 laufenden Versicherungen in fremder Währung in der Weise ermäßigt, daß die Prämienreserven dieser Versicherungen auf 24% herabgesetzt worden seien und danach auch die Versicherungssummen neu berechnet werden sollten. Dementsprechend habe sie, da drei der in Betracht kommenden Versicherungsfälle erst nach dem 9. August 1924 eingetreten seien, nur den an die Klägerin gezahlten Betrag an diese zu zahlen brauchen und auch nur leisten dürfen. Die Klägerin hält den § 69 VAG. für unanwendbar auf die Verpflichtungen aus dem Vertrage vom 12./14. Dezember 1871, da dieser Vertrag kein Versicherungsvertrag sei, sondern nur eine Erfüllungsübernahme enthalte, im übrigen aber auch die sonstigen Voraussetzungen des § 69 fehlten.

Das Landgericht hat die Klage abgewiesen. Das Berufungsgericht hat die Beklagte zur Zahlung von 28526,05 schweizer Franken oder 23084 RM. nebst Zinsen verurteilt, nachdem die Klägerin ihren Antrag mit Rücksicht auf weiter eingetretene Versicherungsfälle entsprechend erweitert hatte. Die Revision der Beklagten ist zurückgewiesen worden.

Gründe:

Nach § 69 Abs. 2 VAG. (in der Fassung des Gesetzes vom 19. Juli 1923) ist die Versicherungsaufsichtsbehörde berechtigt, die Verpflichtungen einer Lebensversicherungsgesellschaft aus ihren laufenden Versicherungen dem Stande ihres Vermögens entsprechend zu ermäßigen, wenn sich bei der Prüfung der Geschäftsführung und der Vermögenslage des Unternehmens ergibt, daß dieses zur Erfüllung seiner Verpflichtungen für die Dauer nicht mehr imstande ist, die Vermeidung des Konkurses aber im Interesse der Versicherten geboten erscheint.

Das Reichsaufsichtsamt für Privatversicherung hat diese Bestimmung durch die Beschlüsse vom 9. August 1924 und 14. September 1927 auf die Verpflichtungen der Beklagten aus ihren am 9. August 1924 laufenden Versicherungen in fremder Währung angewendet und daraufhin auch die Verpflichtungen der Beklagten aus dem zwischen ihr und der Klägerin geschlossenen Vertrage vom 12. bis 14. Dezember 1871 herabgesetzt. Die Klägerin will dies nicht gelten lassen, weil die Verpflichtungen der Beklagten aus diesem Abkommen nicht unter die Bestimmungen des § 69 Abs. 2 VAG. fielen und darum die Entscheidungen des Aufsichtsamts rechtsunverbindlich seien.

Ob die Voraussetzungen der Herabsetzung rechtlich vorgelegen haben, unterliegt der Nachprüfung des Gerichts. Denn mag auch ein öffentlichrechtlicher Akt der Aufsichtsbehörde vorliegen, so ist dieser für das Gericht doch nur dann bindend, wenn das Aufsichtsamt im Rahmen seiner gesetzlichen Befugnisse die Herabsetzung vorgenommen hat. Darum hat das Gericht bei der Entscheidung über den Versicherungsanspruch auch die Erfüllung dieser Erfordernisse zu prüfen, wenn von der Lebensversicherungsgesellschaft auf die angeordnete Herabsetzung ihrer Leistungspflicht Bezug genommen wird (Koenige-Petersen Privatversicherungsgesetz Anm. 4 zu § 69).

Die Klägerin hält die Vorschrift des § 69 Abs. 2 a. a. O. für nicht anwendbar auf den Vertrag vom 12./14. Dezember 1871, weil dieser kein Versicherungsvertrag sei und, selbst wenn er es sei, als Rückversicherungsvertrag nicht unter diese Vorschrift falle. Das Berufungsgericht ist der Klägerin darin beigetreten.

Im ersten Punkt ist ihm nicht zu folgen. Das Berufungsgericht sieht das Abkommen nicht als einen Versicherungsvertrag an, weil die Beklagte darin nur die schuldrechtliche Verpflichtung übernommen habe, die Klägerin von allen Ansprüchen der Schweizerischen Rentenanstalt aus den in dem Vertrage bezeichneten Rückversicherungen freizustellen, und das zwischen den Parteien geschlossene Geschäft sich wirtschaftlich nur als ein Kauf des Bestandes von bestimmten Spezialrückversicherungen darstelle. Dies ist rechtsirrig.

Unter einer Rückversicherung versteht man diejenige Versicherung, durch die ein Erstversicherer sich für die gegenüber dem Versicherten übernommene Zahlungsverpflichtung von einem anderen eine teilweise oder volle Deckung versprechen läßt. Gibt der Rückversicherer seine Rückversicherungsgefahr weiter in Rückversicherung, so liegt eine sog. Retrozession vor. Im Wesen des Rückversicherungsvertrags liegt es hiernach, daß der Rückversicherer dem Erstversicherer für dessen Verbindlichkeiten einzustehen verspricht, und Entsprechendes gilt auch für die Retrozession. Da das Einstehen für eine fremde Versicherungsverpflichtung das Wesen der Rückversicherung bildet, so kann auch ein Vertrag, durch den sich jemand einem anderen verpflichtet, die von diesem einem Dritten versprochene Vertragsleistung ihm abzunehmen, ein Rückversicherungsvertrag sein, sofern die abgenommene Leistung eine Versicherungsleistung ist und auch sonst die Bedingungen eines Versicherungsvertrages vorliegen. Diesen Erfordernissen aber genügt der Vertrag vom 12./14. Dezember 1871. Denn die Beklagte übernahm durch diesen Vertrag gegen Entgelt eine Gefahr für den Fall des Eintritts eines der Klägerin nachteiligen Ereignisses, das in dem Eintritt der Versicherungsfälle lag, für welche die Klägerin der Schweizerischen Rentenanstalt gegenüber die Rückversicherung übernommen hatte. Die Leistung der Beklagten bestand in der Pflicht, im Falle dieses Ereignisses die Klägerin von ihren Verpflichtungen aus der der Schweizerischen Rentenanstalt gegebenen Rückversicherung dieser gegenüber freizustellen, und das Entgelt für ihre Gefahrübernahme bekam sie in den laufenden Prämien, Bonifikationen und in den Prämienreserven, welche die Klägerin ihr überwies. Daß sie zum Schutz der Klägerin die Prämienreserve, die ihr nach dem damaligen Rechtszustande überlassen werden konnte, zu erhalten und weiterzubilden hatte, ist auch ein Zeichen dafür, daß zwischen ihr und der Klägerin ein Versicherungsverhältnis geschaffen werden sollte. Die Parteien haben ihr Abkommen auch selbst als Rückversicherungsvertrag bezeichnet. Vielleicht ging es zu weit, wenn die Parteien von dem Eintritt der Beklagten in die Verpflichtungen der Klägerin gesprochen haben, da Beziehungen nur zwischen den Vertragschließenden bestanden und eine Übernahme der Rückversicherungsverpflichtungen der Klägerin der Schweizerischen Rentenanstalt gegenüber unter Ausscheiden der Klägerin zwar in Aussicht genommen war, aber nicht zur Verwirklichung gekommen ist. Aber die Ausdrucksweise hat keine entscheidende Bedeutung. Der Sinn der von den Parteien getroffenen Abreden war jedenfalls der, daß die Beklagte die Klägerin von ihren Rückversicherungsverpflichtungen freihalten sollte. Auch wenn dies in der Form der Erfüllungsübernahme vereinbart ist, handelte es sich um diese Pflicht. Daß die Vertreter der Parteien in ihren gelegentlich des Abkommens gewechselten Schreiben von Zession oder Verkauf der Rückversicherungen gesprochen haben, hat kein Gewicht, zumal in dem Vertrag selbst das Abkommen als Rückversicherungsvertrag bezeichnet worden ist. Im übrigen entsprach der Ausdruck „Zession" auch den Umständen, da es sich um die Rückversicherung eines Rückversicherers handelte und diese Weitergabe der Rückversicherung in der Sprache der Versicherungstechnik als Retrozession bezeichnet zu werden pflegt. Im Sinne der Retrozession kann aber der Ausdruck „Zession" gemeint gewesen sein. Daß die Beklagte für den Erwerb der Rückversicherungen der Klägerin eine „Provision" von rund 122000 schweizer Franken gezahlt hat, spricht nicht gegen den Abschluß eines Rückversicherungsvertrags. Denn wirtschaftlich übernahm die Beklagte durch den Vertrag auch einen Rückversicherungsbestand der Klägerin, sodaß das Geschäft für sie insofern einen Erwerb bedeutete. Und wenn dieser durch die „Provision" abgegolten ist, so folgt daraus noch nicht, daß der Vertrag nur ein Kaufvertrag war, und jedenfalls nichts für das Verhältnis, das auf Grund der Retrozession zwischen den Parteien zur Entstehung gelangte.

Lag ein Rückversicherungsvertrag vor, so kann die Nichtanwendung des § 69 Abs. 2 VAG. zwar nicht damit begründet werden, daß der Betrieb von Rückversicherungen der behördlichen Beaufsichtigung nicht unterliege und deshalb auch für die Aufsichtsbefugnis aus § 69 a. a. O. keinen Raum gebe. Denn Rückversicherungsunternehmungen sind nur aufsichtsfrei, wenn sie ausschließlich Rückversicherungen zum Gegenstande haben (§ 116 VAG.). Betreibt ein Versicherungsunternehmen mit aufsichtspflichtigem Betrieb daneben auch das Rückversicherungsgeschäft, so erstreckt sich die Aufsicht auch auf die Rückversicherungen (Veröffentlichungen des Reichsaufsichtsamts 1904 S. 120). So aber liegt es hier, denn die Beklagte ist an sich ein Lebensversicherungsunternehmen, das der behördlichen Beaufsichtigung unterliegt, und schließt nur in diesem Betriebe auch Rückversicherungsverträge ab.

Aber die Anwendung des § 69 Abs. 2 VAG. versagt, weil diese Bestimmung nur auf Lebensversicherungen zu beziehen ist. Denn wenn sie auch allgemein von Verpflichtungen einer Lebensversicherungsunternehmung spricht, so fallen darunter doch nur die begrifflich zu dem Geschäftskreis einer Lebensversicherungsgesellschaft gehörenden Versicherungen, und das sind nur Lebensversicherungen. Die Rückversicherung ist aber keine Lebensversicherung, auch dann nicht, wenn die Rückversicherung oder Retrozession hinsichtlich einer Lebensversicherung in Rede steht. Über die rechtliche Natur des Rückversicherungsvertrags besteht zwar in der Rechtslehre Streit. Überwiegend wird die Rückversicherung als Schadensversicherung angesehen (Bruck Versicherungsvertrag Bem. 3 zu § 186; Herrmannsdörfer Wesen und Behandlung der Rückversicherung S. 35 flg.; Moldenhauer in Manes' Versicherungslexikon S. 1330). Aber es braucht zu dieser Frage nicht Stellung genommen zu werden, denn eine Lebensversicherung ist sie auf keinen Fall. Eine Anwendung des § 69 Abs. 2 VAG. auf Rückversicherungen wäre auch, selbst wenn diese für Lebensversicherungen gegeben sind, mit der Vorschrift des § 58 VAG. über den Prämienreservefonds nicht gut vereinbar.

---

2. Findet die Befreiung vom Protokollstempel nicht statt, wenn in der Notariatsurkunde neben der Auflassung auch noch der Antrag auf Eintragung des Eigentumswechsels beurkundet ist?

Preuß. Stempelsteuergesetz vom 27. Oktober 1924 Tarifstelle 12.

VII. Zivilsenat. Urt. vom 13. Mai 1930 i. S. K. (Kl.) w. Preuß. Staat (Bekl.). VII 585/29.

I. Landgericht Kassel.

Der Kläger hat in seiner Eigenschaft als Notar in einer Urkunde vom 17. Oktober 1926 die Schenkung von Grundstücksanteilen und die Auflassung dieser Anteile an die Schenkungsnehmerin beurkundet. In der Urkunde ist außerdem auch die Bewilligung der Eigentumseintragung der neuen Eigentümerin und deren Antrag auf diese Eintragung erklärt. Der Beklagte hat mit Rücksicht auf die letztgenannte Erklärung vom Kläger den Protokollstempel von 3 RM. erhoben, dessen Erhebung dieser für ungerechtfertigt hält, weil nach der Tarifstelle 12 II Abs. 2 StStG. Notariatsurkunden, in denen Grundstücksveräußerungsverträge oder Auflassungen beurkundet sind, von der Stempelsteuer befreit seien und diese Vorschrift auch die sich an die Auflassung anschließenden Erklärungen über die Bewilligung und Beantragung der Eigentumsänderung einschließe. Der Beklagte bestreitet dies. Der Kläger hat die Rückzahlung des Stempelbetrages verlangt, ist aber vom Landgericht mit seiner Klage abgewiesen worden. Die gegen dieses Urteil unmittelbar eingelegte Revision des Klägers blieb ohne Erfolg.

Gründe:

Das Landgericht hat die Erhebung des Protokollstempels nur wegen des in der Notariatsurkunde vom 17. Oktober 1926 neben der Auflassung noch enthaltenen Antrags auf Eintragung des Eigentumswechsels für gerechtfertigt gehalten, hat aber die Bewilligung dieser Eintragung nicht weiter in Betracht gezogen. Darum bedurfte es auch nur der Prüfung, ob wegen des Antrags auf Eintragung die Befreiungsvorschrift der Tarifstelle 12 II Abs. 2 StStG. keine Anwendung findet. Diese Frage war mit dem Landgericht zu bejahen.

Die Auflassung ist die zur Übertragung des Eigentums an einem Grundstück nach § 873 BGB. erforderliche Einigung des Veräußerers und Erwerbers über den Eigentumsübergang, enthält also sachlichrechtliche Erklärungen. Der Antrag auf Eintragung des Erwerbers als Eigentümer bildet aber das Erfordernis für die Eintragung der Eigentumsänderung ins Grundbuch und ist damit eine formalen Zwecken dienende Willenserklärung.

Es mag sein, daß die Erklärung der Auflassung auch genügend zum Ausdruck kommt, wenn der Veräußerer lediglich bewilligt, daß der Erwerber als neuer Eigentümer eingetragen werde, und der Erwerber seine Eintragung beantragt (RGZ. Bd. 54 S. 381). Aber daraus folgt nicht, daß, wenn die Vertragsbeteiligten die Einigung in dieser Form nicht zu erkennen gegeben, sondern wortdeutlich erklärt haben, sie seien darüber einig, daß das Grundstück oder ein Grundstücksanteil auf den Erwerber übergehen solle, die im Anschluß daran abgegebene Erklärung des Veräußerers, daß er die Eintragung der Eigentumsveränderung bewillige, und die des Erwerbers, daß er sie beantrage, lediglich Bestandteile der Auflassungserklärung wären. Denn daß dies nicht richtig ist, geht schon daraus hervor, daß einerseits die letzterwähnten Erklärungen zur Auflassung nicht notwendig gehören, und anderseits auf Grund der dinglichen Einigungserklärung über den Eigentumsübergang allein auch die Umschreibung des Eigentums im Grundbuch nicht erfolgen kann, sondern gemäß § 13 GBO. noch der Antrag auf die Eintragung des Erwerbers hinzukommen muß. Ebensowenig darf aber daraus, daß in der Bewilligung und Beantragung der Eigentumseintragung des Erwerbers eine hinreichende Auflassungserklärung der Beteiligten zu sehen ist oder gesehen werden kann, entnommen werden, daß die neben diesen Erklärungen noch verlautbarte ausdrückliche Einigung über den Eigentumswechsel nur ein unschädliches Zuviel wäre (Oberneck in der Zeitschrift des deutschen Notarvereins Bd. 29 S. 627). Denn damit würde den Erklärungen der Vertragsparteien Zwang angetan, nur um die Folgen der Urkundenfassung für die Stempelsteuer zu vermeiden, außerdem würde aber auch der Ausspruch des Reichsgerichts in RGZ. Bd. 54 S. 381 ins Gegenteil verkehrt. Wenn die Einigung über die Eigentumsübertragung an erster Stelle mit ausdrücklichen Worten erklärt worden ist, besteht kein Anlaß, sie erst aus den nachfolgenden Erklärungen über die Bewilligung und Beantragung der Umschreibung zu entnehmen, und wenn in RGZ. Bd. 54 S. 381 ausgesprochen ist, daß zur Auflassungserklärung nicht förmliche Worte gehören und deshalb auch in der Bewilligung und Beantragung der Eigentumsänderung die Einigung über den Eigentumsübergang zu finden ist oder gefunden werden kann, so ist damit nicht gesagt, daß in diesen Erklärungen auch nicht mehr als die erforderliche Einigung über die Eigentumsübertragung liegt.

Es muß also an sich an dem Unterschied zwischen der sachlichrechtlichen Einigung und den formalen Erklärungen, welche Voraussetzung der grundbuchlichen Eintragung sind, festgehalten werden und darum, wenn beide verlautbart sind, auch angenommen werden, daß in der Urkunde nicht ausschließlich die Auflassung, sondern auch eine darüber hinausgehende Erklärung zu Grundbuchzwecken beurkundet ist. Ob die Voraussetzung der Befreiungsvorschrift vorliegen würde, wenn die Bewilligung und Beantragung der Eigentumseintragung allein erklärt worden wäre und in ihnen auch die Auflassung gesehen werden müßte, bedarf nicht der Entscheidung, da ein solcher Fall nicht vorliegt. Auch daß nach Tarifstelle 19 Abs. 7b Auflassungsvollmachten stempelfrei sind, wenn das der Einigung zugrunde liegende Rechtsgeschäft von einem Notar oder von einer Behörde beurkundet und die Vollmacht in der Urkunde erteilt ist, kann beiseite bleiben, da in dieser Vorschrift die Befreiung der Nebenerklärung vom Stempel ausdrücklich angeordnet ist.

Allerdings war es der gesetzgeberische Zweck der Bestimmung in der Tarifstelle 12 II Abs. 2 StStG., die notarielle Auflassung der gerichtlichen gleichzustellen und namentlich zu vermeiden, daß sich zum Schaden der Notare die Auflassung vor dem Grundbuchamt durch die Freistellung vom Auflassungsstempel billiger stellte, als die vor dem Notar. Da aber die Auflassung vor dem Grundbuchamt, auch wenn der Antrag auf Umschreibung des Eigentums auf den Erwerber gestellt ist, nach Tarifstelle 12 IIIb von jedem Stempel befreit ist, so wird diese Gleichstellung nicht erreicht, wenn der Protokollstempel erhoben wird, sobald in der notariellen Urkunde neben der Auflassung auch noch der Antrag auf Eintragung des Eigentumswechsels enthalten ist. Indes kann diese Folge vermieden werden, wenn der Antrag auf Umschreibung des Eigentums nicht in die notarielle Urkunde aufgenommen wird, sondern von dem beteiligten Erwerber oder dem Notar beim Grundbuchamt gemäß § 15 GBO. besonders gestellt und eingereicht wird, was formlos geschehen kann. Dies gleicht die Unbilligkeit der verschiedenen Behandlung zwischen dem Notariatsakt und dem grundbuchamtlichen Akt befriedigend aus.

3. Wird durch die Bedingungen, welche die Polizei einer Ansiedlungsgenehmigung hinzufügt, eine dingliche Belastung des Ansiedlungsgrundstücks bewirkt?

Preuß. Gesetz, betr. die Gründung von Ansiedlungen in den Provinzen Ostpreußen usw. vom 10. August 1904 (GS. S. 227) Art. I § 17a.

VII. Zivilsenat. Urt. v. 16. Mai 1930 i. S. A. A.=Werke GmbH. u. Gen. (Bekl.) w. W. (Kl.). VII 591/29.

I. Landgericht II Berlin.
II. Kammergericht daselbst.

Der Kläger und der Drittbeklagte waren früher die alleinigen Gesellschafter der verklagten Gesellschaft mbH. (Erstbeklagten). Nach dem Ausscheiden des Klägers aus der Gesellschaft kam es zu Streitigkeiten und schließlich zu einem Vergleich, der am 11. April 1921 zwischen dem Kläger einerseits, der Erstbeklagten und dem Drittbeklagten anderseits zu gerichtlichem Protokoll abgeschlossen wurde. Danach sollte der Kläger wegen seiner Forderungen in erster Linie durch Sachwerte abgefunden werden; dafür wurden Grundstücke der Erstbeklagten in Sch. zur Verfügung gestellt. Ein im § 3 des Vergleichs näher bezeichnetes Schiedsgericht sollte das Zusprechen und Bewerten nach Recht und Billigkeit ohne jede Beschränkung bewirken und nach § 4 auch über alle etwaigen aus dem Vergleich entstehenden Streitigkeiten entscheiden. Das Schiedsgericht hat dem Kläger die Sch.er Grundstücke unter bestimmten Bedingungen durch den dritten Teilschiedsspruch zuerkannt. Sie sind ihm am 5. September 1923 aufgelassen und am 14. dess. Monats laut besonderer Übernahmeverhandlung übergeben worden. Am 24. April 1924 wurde der Kläger als Eigentümer der Grundstücke im Grundbuch eingetragen. Zu dem Grundbesitz gehört eine Siedlung, welche die Erstbeklagte im Jahre 1920 errichtet hat. Die Genehmigung dazu war ihr durch Verfügung der Polizeiverwaltung in Sch. vom 23. Januar 1920 unter gewissen Bedingungen erteilt worden, welche die Anlegung und Befestigung der Wege, die Straßenbeleuchtung, die Abortgruben, den Wasserleitungsanschluß, das Aufstellen von Hydranten und anderes mehr betrafen. Wegen der Hydranten erging noch eine besondere Verfügung vom 11. Juni 1921 und wegen der Wege und ihrer Unterhaltung eine solche vom 17. Januar 1922 an die Erstbeklagte. Durch Verfügung vom 9. Februar 1921 forderte die Polizeiverwaltung in Sch. auf Grund des § 10 ALR. II 17 und des § 132 des Landesverwaltungsgesetzes die Erstbeklagte auf, für die inzwischen errichteten Wohnhäuser und Wohnbaracken eine genügende Anzahl von Asch- und Müllgruben errichten zu lassen oder vorschriftsmäßige Asch- und Müllkästen aufzustellen. Durch Verfügung vom 24. April 1922 wurde das dahin erläutert, daß mindestens vier Müllbehälter entsprechend den Bestimmungen der Baupolizeiverordnung vom 12. Mai 1905 herzustellen seien. Nachdem der Kläger die Sch.er Grundstücke aufgelassen und übergeben erhalten hatte, wurde er durch Verfügung der Polizeiverwaltung vom 19. Oktober 1923 aufgefordert, aus ordnungs- und feuerpolizeilichen Gründen vier Müllbehälter herstellen zu lassen. Weiter forderte die Polizeiverwaltung den Kläger am 20. Oktober 1923 auf, gemäß der Ansiedlungsgenehmigung eine genügende Anzahl von Hydranten aufzustellen. Endlich erging am 12. Dezember 1924 an den Kläger die Verfügung der Polizeiverwaltung, gemäß der Ansiedlungsgenehmigung und auf Grund des § 55 des Zuständigkeitsgesetzes in Verb. mit § 132 des Landesverwaltungsgesetzes im verkehrspolizeilichen Interesse die in einem beigefügten Lageplan bezeichneten Wege mit Lehm und Kies oder Schlacke befestigen zu lassen.

Der Kläger kam keiner dieser Verfügungen nach. Er erhob Klage mit dem Antrag, festzustellen, daß die Beklagten verpflichtet seien, ihm diejenigen Kosten zu erstatten, die ihm aus der Herstellung der Anlagen erwüchsen, welche der Erstbeklagten durch Verfügung der Polizeiverwaltung in Sch. vom 23. Januar 1920 auferlegt seien. Dabei stützte er die Klage gegen die Zweitbeklagte als die Übernehmerin des Vermögens der Erstbeklagten auf § 419 BGB., die Klage gegen den Drittbeklagten auf die von diesem im Vergleich vom 11. April 1921 übernommene selbstschuldnerische Bürgschaft. Das Landgericht gab diesem Antrag statt. Die Beklagten legten Berufung ein und baten um Abweisung der Klage. Der Kläger schloß sich der Berufung an und beantragte, weiterhin festzustellen, daß die Beklagten ihm auch die Kosten für die laut Verfügung vom 9. Februar 1921 herzustellenden Asche- und Müllgruben zu erstatten hätten. Das Kammergericht stellte auf die Berufung und die Anschließung am 6. Juli 1929 fest, daß die Beklagten verpflichtet seien, dem Kläger diejenigen Kosten zu erstatten, die ihm aus der einmaligen Herstellung der Anlagen erwüchsen, welche der Erstbeklagten durch die Verfügungen der Polizeiverwaltung in Sch. vom 11. Juni 1921 betr. Aufstellung von Hydranten, vom 17. Januar 1922 betr. Befestigung von Wegen und vom 24. April 1922 betr. Herstellung von Asche- und Müllgruben auferlegt worden seien. Mit der „Mehrforderung", insbesondere mit der Forderung auf Erstattung der Kosten der Unterhaltung der polizeilich verfügten Anlagen wurde der Kläger abgewiesen.

Die Beklagten legten Revision ein. Sie begehren Abweisung der Klage. Der Kläger schloß sich der Revision an mit dem Antrag, das angefochtene Urteil dahin abzuändern, daß die Worte „mit der Mehrforderung, insbesondere mit der Forderung auf Erstattung der Kosten der Unterhaltung der polizeilich verfügten Anlagen, wird der Kläger abgewiesen" gestrichen werden. Die Revision und die Anschließung führten zur Aufhebung und Zurückverweisung.

Gründe:

I. 1. Mit Recht hat das Kammergericht den Einwand der Beklagten abgelehnt, daß der Streit der Parteien durch Schiedsrichter zu entscheiden sei. (Wird dargelegt.)

2. Das Kammergericht hat das Verhältnis des Klägers zu den Beklagten in Ansehung der Sch.er Grundstücke nach den — gemäß § 445 BGB. entsprechend anwendbaren — Vorschriften über den Kauf beurteilt. Dabei hat es in den der Erstbeklagten von der Polizeiverwaltung auferlegten Verpflichtungen, die Wege in der Kolonie anzulegen, auszubauen und zu unterhalten, die Hydranten aufzustellen, die Asche- und Müllgruben herzurichten, öffentliche Lasten gesehen, die auf den Grundstücken ruhen. Weiter nimmt der Vorderrichter an, daß die Erstbeklagte sie nach § 436 BGB. nicht zu beseitigen brauche; er hat aber die einzelnen Fälligkeiten gemäß § 103 BGB. je nach der Besitzzeit auf die Parteien verteilt. Es handelt sich indessen gar nicht um Lasten der Grundstücke.

3. Die Anlegung, Befestigung und dauernde Unterhaltung der Wege und die Aufstellung — nicht auch die Unterhaltung — der Hydranten gehört zu den Bedingungen, unter denen der Erstbeklagten die Ansiedlungsgenehmigung erteilt worden ist, vgl. die Verfügung der Polizeiverwaltung vom 23. Januar 1920 unter a, b, c, g. Die Bedingungen sind gestellt auf Grund von Art. I § 17a des Gesetzes betr. die Gründung von Ansiedlungen in den Provinzen Ostpreußen

usw. vom 10. August 1904 (GS. S. 227). Diese Vorschrift war gegenüber dem Gesetz vom 25. August 1876 (GS. S. 405) neu. Dieses Gesetz kannte nur eine Ordnung der Gemeinde-, Kirchen- und Schulverhältnisse bei Anlegung einer Kolonie, §§ 18 und 19 a. a. O. Bei der Handhabung dieser Vorschriften hatte es sich als Mißstand herausgestellt, daß die bloße Hinzufügung von Bedingungen zur Ansiedlungsgenehmigung für den Unternehmer noch keinerlei Verpflichtung begründete, den Bedingungen auch wirklich nachzukommen. Es fehlte an einem gesetzlichen Titel, mit dessen Hilfe der Unternehmer zur Erfüllung gezwungen werden konnte; vgl. Petersen AnsiedlG. 2. Aufl. Anm. 8 zu Art. I § 17 S. 103. Deshalb erhielt Art. I § 17 des neuen Gesetzes, der sich mit der Neuordnung oder Änderung der Gemeinde-, Kirchen- und Schulverhältnisse beschäftigt, folgenden Absatz 4:

„Macht der Antragsteller von der Ansiedlungsgenehmigung Gebrauch, so ist er zu den Leistungen verpflichtet".

Dieselbe Vorschrift findet sich in Art. I § 17a Abs. 5. Dieser § 17a beschäftigt sich mit den Anlagen, die für die Ansiedlung im öffentlichen Interesse erforderlich sind. Dazu gehören die Wege und die Hydranten. Die Erstbeklagte, die von der ihr erteilten Ansiedlungsgenehmigung Gebrauch gemacht hat, ist jetzt also zu den ihr als Bedingung auferlegten Leistungen verpflichtet, aber nur rein persönlich; eine Belastung des Grundstücks hat das Gesetz nicht angeordnet. Ohne gesetzliche Anordnung kann sie durch die bloße Verfügung einer Polizeiverwaltung nicht begründet werden.

4. Das Herrichten von Asche- und Müllgruben gehört nicht zu den Bedingungen der Ansiedlungsgenehmigung; man verlangte es erst nachträglich von der Erstbeklagten. Die Verfügung vom 9. Februar 1921 nimmt auf § 10 ALR. II 17 Bezug, die schließlich maßgebende Verfügung vom 24. April 1922 außerdem noch auf § 50 der Baupolizeiverordnung vom 12. Mai 1905. Auch hier gilt das schon Gesagte. Mangels gesetzlicher Vorschrift können weder durch eine Polizeiverordnung noch durch polizeiliche Verfügungen Grundstückslasten begründet werden. Ob ein Ortsstatut dazu genügt, wie das Preußische Oberverwaltungsgericht mit Bezug auf § 15 des Fluchtlinien-Gesetzes angenommen hat (Entsch. Bd. 17 S. 181), kann unerörtert bleiben; um ein Ortsstatut handelt es sich im gegenwärtigen Falle nicht.

5. Wenn später die Polizeiverwaltung in Sch. mit ihren Verfügungen vom 19. Oktober 1923 (wegen der Müllbehälter), vom 20. Oktober 1923 (wegen der Hydranten) und vom 12. Dezember 1924 (wegen der Wege) an den Kläger herangetreten ist, so hat sie das aus eigenem Recht und in Wahrung der ihr anvertrauten öffentlichen Interessen getan, nicht in Ausübung eines Rechts an einem Grundstück. Auf ein solches Recht hat sie sich nicht berufen; sie hat auch keinen Inhaber eines solchen Rechts genannt, für den sie tätig werde, weder die Stadt noch den Staat. Die Polizeiverwaltung ist auch nicht die gesetzliche Vertreterin der Stadt oder des Staates als eines Rechtssubjekts. Sie ist als Behörde tätig geworden und kraft der ihr übertragenen staatlichen Hoheitsrechte, aus „ordnungs- und feuerpolizeilichen Gründen", wie es in der Verfügung vom 19. Oktober 1923 heißt, „im verkehrspolizeilichen Interesse", wie es in der Verfügung vom 12. Dezember 1924 heißt, und „gegen Feuersgefahr", wie es in der Verfügung vom 20. Oktober 1923 heißt. Daß die betreffenden Anforderungen auch schon an den Vorbesitzer, die Erstbeklagte, gestellt worden waren, ist im Eingang der Verfügungen überall vermerkt worden; die Polizeiverwaltung hat aber nicht versucht, daraus irgendwelche Rechtsfolgen abzuleiten, und namentlich hat sie nirgends von einer auf dem Grundstück ruhenden Last gesprochen, wie das nach der Gesetzeslage auch nicht anders zu erwarten war.

6. Schon aus diesen Erwägungen versagt der § 103 BGB., auf welchen der Berufungsrichter seine Entscheidung abgestellt hat. Auch von einer nur rechtsähnlichen Anwendung dieser Vorschrift muß bei dem geschilderten Sach- und Rechtsstand abgesehen werden. Deshalb ist das angefochtene Urteil aufzuheben und die Sache zur anderweiten Verhandlung an das Berufungsgericht zurückzuverweisen. . . .

II. Aber auch die Anschlußrevision ist begründet. Ihre Rüge geht dahin: der Kläger sei mit Anträgen abgewiesen worden, die er überhaupt nicht gestellt habe, er habe Erstattung nur von Herstellungs-, nicht auch von Unterhaltungskosten verlangt; seine Belastung mit einem Teil der Prozeßkosten sei deshalb zu Unrecht geschehen. Dem ist beizupflichten. Die Klaganträge und der Klagevortrag haben immer nur von „Herstellung" gesprochen. Darunter fällt die Unterhaltung nicht.

4. Können die Mitglieder eines Schiedsgerichts als Zeugen darüber vernommen werden, was das Schiedsgericht mit einer in seinem Spruch gebrauchten Wendung gemeint habe?

ZPO. § 1034 Abs. 2.

VII. Zivilsenat. Urt. v. 16. Mai 1930 i. S. A.-A.-Werke GmbH. u. Gen. (Bekl.) w. W. (Kl.). VII 478/29.

I. Landgericht II Berlin.
II. Kammergericht daselbst.

Der Kläger und der Beklagte zu 3 waren früher die alleinigen Gesellschafter der Beklagten zu 1. Der Kläger schied aus der Gesellschaft aus. Ihm wurden gewisse Kaufpreisrestforderungen abgetreten. Es kam darüber zu Streitigkeiten und schließlich zu einem Vergleich vom 11. April 1921. In dem § 4 dieses Vergleiches heißt es:

„Die Befriedigung des Herrn W. wegen der ihm abgetretenen Kaufpreisrestforderungen hat, soweit nicht ihre Befriedigung im Nachstehenden durch Barzahlung vorgesehen ist, in erster Linie durch Sachwerte zu erfolgen. Hierfür werden die im Grundbuch .... eingetragenen Grundstücke zur Verfügung gestellt.... Die Zusprechung und Bewertung erfolgt durch das — im § 3 des Vergleichs näher bezeichnete — Schiedsgericht nach Recht und Billigkeit ohne jede Beschränkung. ...."

Das Schiedsgericht ist zusammengetreten und hat fünf Teilschiedssprüche und einen Schlußschiedsspruch erlassen. Durch den 3. Teilschiedsspruch vom 10. April 1923 ist die gegenwärtige Beklagte zu 1 verurteilt worden, „auf ihre Kosten dem Kläger folgende ... Grundstücke aufzulassen ..." In den Gründen des Spruches wird ausgeführt:

„Es erscheint angemessen, daß sowohl die Auflassung der Grundstücke als auch ... auf Kosten der Beklagten zu 2 — d. i. die gegenwärtige Beklagte zu 1 — erfolgt."

Die Auflassung der Grundstücke ist zu notariellem Protokoll vom 5. September 1923 erklärt und der Kläger ist als Eigentümer in den Grundbüchern eingetragen worden. Der Magistrat in Sch. hat die Grunderwerbsteuer — mit Zinsen 50000 RM. — von dem Kläger erfordert. Als dieser nicht zahlte, pfändete der Magistrat eine Forderung des Klägers an die Beklagten zu 1 und 3 und ließ sie sich zur Einziehung überweisen. Die Beklagte zu 1 hat daraufhin die 50000 RM. an den Magistrat gezahlt. In einem Vorprozeß verlangte der Kläger von den drei Beklagten die Erstattung eines Teilbetrags der Grunderwerbsteuer, nämlich Zahlung von 5000 RM. nebst Zinsen. Dabei berief er sich der Beklagten zu 1 gegenüber auf vier Klagegründe, u. a. auf den 3. Teilschiedsspruch. Durch Urteil des Kammergerichts vom 24. Januar 1928 wurden die Beklagten antragsgemäß verurteilt und die gegen diese Entscheidung eingelegte Revision der Beklagten wurde durch das Urteil des jetzt erkennenden Senats des Reichsgerichts vom 23. November 1928 zurückgewiesen.

Im gegenwärtigen Prozeß fordert der Kläger die Erstattung des Restbetrages der Grundsteuer mit 45000 RM. Das Landgericht hat die Beklagten als Gesamtschuldner verurteilt, an den Kläger 45000 RM. nebst 12% Zinsen seit dem 26. November 1923 zu zahlen. Auf die Berufung der Beklagten hat das Kammergericht durch Urteil vom 3. Juli 1929 den Klaganspruch dem Grunde nach für gerechtfertigt erklärt. Die Revision der Beklagten blieb ohne Erfolg.

Aus den Gründen:

1. Das Kammergericht hat bereits den ersten der vier Klagegründe für durchschlagend erachtet und als Sinn des 3. Teilschiedsspruchs festgestellt, daß dem Kläger das Eigentum an den Grundstücken frei von allen Kosten, namentlich auch von der Grunderwerbsteuer, habe verschafft werden sollen. Den in erster Linie von den Beklagten erhobenen Einwand, daß der Streit der Parteien durch Schiedsrichter zu entscheiden sei, hat das Kammergericht für unbegründet erachtet. (Nach Zurückweisung der dagegen gerichteten Angriffe wird fortgefahren:)

2. In der Sache selbst hat das Kammergericht angenommen, daß das Schiedsgericht unter den Kosten, welche die Beklagte zu 1 nach dem 3. Teilschiedsspruch tragen sollte, die gesamten Kosten verstanden habe, welche bei dem Eigentumswechsel entstehen würden, also auch die Grunderwerbsteuer. Der Berufungsrichter erwägt hierzu, daß das Schiedsgericht dem Kläger zur Befriedigung eines ihm zustehenden Anspruchs Sachwerte und Geldbeträge zuzusprechen hatte und daß dem Kläger Kosten, die er bei dem Erwerb von Sachwerten aufzuwenden hatte, wiederum in Sachwerten oder in Geld zu erstatten waren, damit er die ihm gebührenden Werte auch wirklich erhielt. Um die

Berechnungen zu vereinfachen, hat das Schiedsgericht nach der Annahme des Kammergerichts dem Kläger die Sachwerte frei von allen Kosten zugewiesen, sodaß ein Feststellen und Erstatten vom Kläger aufgewendeter Kosten überhaupt nicht mehr in Frage kommen sollte und konnte.

Die Revision erhebt die Rüge, daß das Kammergericht die Vernehmung der Schiedsrichter als Zeugen zu Unrecht abgelehnt habe. Sie sollten bekunden,

daß im 3. Teilschiedsspruch lediglich die Kosten der Auflassung gemeint seien,

daß es dem Schiedsgericht angemessen erschienen sei, den Beklagten nicht auch noch die Kosten der Grunderwerbsteuer aufzuerlegen,

daß sich der Standpunkt des Schiedsgerichts zwischen dem 3. Teilschiedsspruch und den späteren Sprüchen nicht geändert habe,

daß mit den im 5. Teilschiedsspruch erwähnten Kosten andere Kosten gemeint seien als die, über welche im 3. Teilschiedsspruch entschieden worden war.

Das Kammergericht hat den Beweisantritt als unzulässig abgelehnt, weil auch Schiedsrichter über die Vorgänge bei der Beratung und Abstimmung nicht als Zeugen vernommen werden dürften. Die Revision meint, es handle sich nicht um Geheimnisse der Beratung, es solle gerade ermittelt werden, was das Schiedsgericht nicht geheimhalten, sondern in der Formel seiner Sprüche bekannt geben wollte und welcher Ausdrucksweise es sich dabei bediente. Grundsätzlich nimmt also auch die Revision an, daß die Beratungen der Schiedsrichter unter demselben Beratungsgeheimnis stehen wie die der ordentlichen Gerichte. Das ist auch richtig. Nach § 1034 Abs. 2 ZPO. steht es zwar den Parteien des Schiedsvertrages frei, Vereinbarungen über das vom Schiedsgericht zu beobachtende Verfahren zu treffen, und in Ermanglung solcher Vereinbarungen sind die Schiedsrichter befugt, ihr Verfahren nach freiem Ermessen zu bestimmen. Wenn aber weder die Parteien noch die Schiedsrichter irgendwelche Vorschriften über die Beratung und ihre Geheimhaltung getroffen haben, dann muß allerdings davon ausgegangen werden, daß es bei dem üblichen Beratungsgeheimnis sein Bewenden behalten soll. Behauptungen in der Richtung, daß die Parteien oder die Schiedsrichter von den ihnen nach § 1034 Abs. 2 ZPO. zustehenden

Rechten Gebrauch gemacht hätten, sind nicht aufgestellt worden; mit Recht hat also das Kammergericht die Pflicht der Schiedsrichter, ihre Beratungen geheim zu halten, seinen Erwägungen zugrunde gelegt. Dann aber kann der Revision darin nicht gefolgt werden, daß die Schiedsrichter bei ihrer Vernehmung keinerlei Beratungsgeheimnis ausplaudern, sondern nur bekunden sollten, was das Schiedsgericht wirklich gesagt und gewollt habe. Es ist nicht zu erkennen, wie die Schiedsrichter das sollten tun können, ohne über die Vorgänge im Beratungszimmer zu berichten. Nur dort hat das Schiedsgericht als solches in Rede und Gegenrede der einzelnen Schiedsrichter sich seine Ansicht gebildet, seine Entschlüsse gefaßt und in den Formeln seiner Urteilssprüche niedergelegt. Alles das gehört zur beratenden Tätigkeit des Schiedsgerichts. Wenn aber die Schiedsrichter, wie die Revision anscheinend meint, darauf verzichten sollten, über die Äußerungen der einzelnen Mitglieder und darüber zu berichten, wie und in welchem Sinne sich danach eine Ansicht des Schiedsgerichts herausgebildet hat, wenn die Schiedsrichter nur sagen sollten, was nach ihrer Meinung das Schiedsgericht hat aussprechen wollen, dann wäre das keine Zeugenaussage mehr, sondern bestenfalls ein Gutachten. Als Sachverständige aber waren die Schiedsrichter nicht benannt, in dieser Eigenschaft brauchten sie auch keinesfalls gehört zu werden, da es nach § 404 Abs. 1 ZPO. im Ermessen der Gerichte steht, ob sie Sachverständige zuziehen wollen oder nicht. So ist wohl auch die Bemerkung des Kammergerichts zu verstehen, daß die Vernehmung der Schiedsrichter, wenn überhaupt zulässig, dann nicht erforderlich sei. . . .

---

5. Ist § 1629 BGB. bei Meinungsverschiedenheiten zwischen geschiedenen Ehegatten über die Berufswahl des Kindes unmittelbar oder entsprechend anzuwenden, wenn ein Ehegatte allein für schuldig erklärt ist und das Kind kein eigenes Vermögen besitzt?

BGB. §§ 1629, 1635.

IV. Zivilsenat. Beschl. v. 5. Mai 1930 in der familienrechtlichen Sache N. IV B 11/30.

I. Amtsgericht Berlin-Wedding.
II. Landgericht III Berlin.

Die Ehe des Justizinspektors N. mit M. geb. E. ist aus alleinigem Verschulden des Mannes geschieden. Die aus der Ehe hervorgegangene am 16. Januar 1912 geborene Tochter Ilse befindet sich bei der Mutter. Ilse N. besucht das Oberlyceum und ist Ostern 1929 nach Unterprima versetzt worden. Sie beabsichtigt mit Einverständnis ihrer Mutter die Abschlußprüfung zu machen und dann Volksschullehrerin zu werden. Der Vater, der inzwischen wiederverheiratet ist und aus dieser Ehe zwei Kinder hat, erklärt sich wegen der ihm obliegenden weiteren Unterhaltsverpflichtungen sowie sonstiger Schulden außerstande, die bei der Berufswahl seiner Tochter Ilse erforderlichen Mittel aufzubringen. Er wünscht, daß sie die Schule verlasse, um nach Ausbildung in Kurzschrift und Schreibmaschine bei der Justiz zunächst als Kanzleiangestellte tätig zu sein, bis sie ihre Einberufung als Supernumerarin erhalte. Er beantragte deshalb, ihm das Recht der Sorge für ihre Person zu übertragen, soweit in Frage kommen 1. die Entscheidung, wie lange sie noch das Lyceum besucht, 2. die Wahl eines Berufs und 3. die Vorbildung für diesen.

Das Vormundschaftsgericht hat diesem Antrag nicht entsprochen, die dem Vater zustehende Vertretungsbefugnis vielmehr gemäß § 1666 Abs. 1 BGB. vorläufig dahin eingeschränkt, daß er die Tochter nicht vor Ostern 1931 aus dem Oberlyceum in W. fortnehmen dürfe. Zur Begründung ist ausgeführt, die von der Tochter gewünschte Ausbildung bedeute keine Mehrbelastung für den Vater; sein Verlangen stelle sich im weiteren Hinblick auf ihre ganz ungewöhnliche Begabung und Eignung für den von ihr erstrebten Beruf und ihre Abneigung gegen den von ihrem Vater gewünschten als Mißbrauch seiner Vertretungsmacht dar, durch den das geistige und seelische Wohl des Kindes gefährdet werde.

Auf die Beschwerde des Vaters hat das Landgericht die Entscheidung des Amtsgerichts aufgehoben und ausgeführt, es könne dahingestellt bleiben, ob die Abmeldung von der Schule und die Zuführung zu einem anderen Berufe unter das dem Vater gemäß § 1635 Abs. 2 BGB. verbliebene Vertretungsrecht falle oder lediglich Gegenstand der nach Abs. 1 das. der Mutter zustehenden Sorge für die Person des Kindes sei. Im letzteren Falle sei der Beschluß gegenstandslos; im anderen Falle fehle es an den Voraussetzungen des § 1666 BGB., da der Plan des Vaters keinen das geistige und seelische Wohl der Tochter gefährdenden Mißbrauch seines Vertretungsrechts enthalte.

Die Tochter und die Mutter haben hiergegen weitere Beschwerde erhoben. Das Kammergericht hat sie dem Reichsgericht vorgelegt. Es ist der Auffassung, daß beide Vorentscheidungen auf Rechtsirrtum beruhen, und gibt dafür folgende Begründung. Bei der Berufswahl und der Ausbildung hierzu handle es sich um eine unter die Sorge für die Person des Kindes fallende Angelegenheit. Diese Sorge stehe nach § 1635 Abs. 1 BGB. der Mutter zu. Nach Abs. 2 könne das Vormundschaftsgericht eine abweichende Anordnung treffen, wenn eine solche aus besonderen Gründen im Interesse des Kindes geboten sei. Nur wenn die vorzunehmende Handlung gleichzeitig die Sorge für das Vermögen des Kindes betreffe, könne eine Meinungsverschiedenheit im Sinne des § 1629 BGB. in Betracht kommen, über die dann das Vormundschaftsgericht nach freiem Ermessen zu entscheiden habe. Ein solcher Fall liege hier nicht vor, da das Kind kein eigenes Vermögen habe, und der Umstand, daß mit der Berufswahl vermögensrechtliche Folgen für das Kind verbunden seien, nicht geeignet sei, ihr die Eigenschaft einer rein persönlichen Angelegenheit zu nehmen. Der Rechtsirrtum der Vorinstanzen sei darin zu finden, daß unterlassen worden sei, den Fall unter dem Gesichtspunkt des § 1635 Abs. 1 Satz 2 zu prüfen, der allein in Betracht komme. Sollte die Durchführung der von der Mutter vorgenommenen Berufswahl die Leistungsfähigkeit des unterhaltspflichtigen Vaters übersteigen, so sei es im Interesse des Kindes geboten, die Bestimmung dem Vater zu übertragen. Andernfalls mißbrauche der Vater in einer das geistige Wohl des Kindes gefährdenden Weise die ihm zustehende Vertretungsmacht und ihre Entziehung sei insoweit aus § 1666 BGB. gerechtfertigt. Das Kammergericht hält daher die Aufhebung der Vorentscheidungen und die Zurückverweisung an das Amtsgericht für geboten, sieht sich daran aber durch den Beschluß des Bayerischen Obersten Landesgerichts vom 19. Juni 1912 (Sammlung Bd. 13 S. 470, Rspr. d. OLG. Bd. 26 S. 268) gehindert. Dort sei allgemein ausgesprochen, daß die Berufswahl auch das Vermögen des Kindes betreffe und daß daher in Fällen dieser Art nicht nach § 1635 Abs. 1 Satz 2, sondern nach § 1629 BGB. zu entscheiden sei.

Die weitere Beschwerde ist begründet. Den Gegenstand des Verfahrens bildet zunächst der Antrag des Vaters, ihm in Abweichung von der Regel des § 1635 Abs. 1 Satz 1 BGB. nach Satz 2 das. die Sorge für die Person der Tochter Ilse insoweit zu übertragen, als es sich um die Wahl eines Berufes und die Vorbildung für ihn handelt, und zwar einschließlich der Entscheidung darüber, wie lange die Tochter noch das Oberlyceum besuchen soll. Der Vater hatte zum Ausdruck gebracht, daß er beabsichtigte, an Stelle des von der Mutter für sie gewählten Berufes einer Volksschullehrerin die Tochter von der Schule abzumelden und einem anderen Berufe zuzuführen. Das Vormundschaftsgericht hat über den vom Vater gestellten Antrag zwar nicht ausdrücklich entschieden, ihn aber durch die gemäß § 1666 BGB. getroffene Maßnahme erkennbar als nicht begründet und dadurch als miterledigt angesehen. Das Beschwerdegericht hat über den Antrag überhaupt nicht entschieden.

Abgesehen davon ist mit dem Kammergericht zu beanstanden, daß das Landgericht und ebenso das Amtsgericht es unterlassen haben, den Sachverhalt von der Vorschrift des § 1635 Abs. 1 Satz 2 BGB. aus zu prüfen. Ihre Anwendbarkeit wird weder (was nach Lage des Falles näherer Darlegung nicht bedarf) durch § 1630 Abs. 2 Satz 2 in Verbindung mit § 1796 BGB. noch durch § 1629 das. in Frage gestellt.

Der unmittelbaren Anwendung der letzteren Bestimmung steht schon der Umstand entgegen, daß sie nur Meinungsverschiedenheiten zwischen dem Vater und dem mit der Sorge für die Person oder das Vermögen des Kindes betrauten Pfleger betrifft. Indes ist insoweit eine entsprechende Anwendung auch in den sonstigen Fällen geboten, in denen die Sorge für Person und Vermögen geteilt ist, insbesondere im Falle des § 1635. Das folgt aus dem zugrunde liegenden Rechtsgedanken, wie er aus dem Zusammenhalt der §§ 1629 und 1798 BGB. zu entnehmen ist.

Eine unmittelbare Anwendung ist im vorliegenden Falle auch um deswillen ausgeschlossen, weil der Streit der Eltern eine nur die Person und nicht auch das Vermögen des Kindes berührende Angelegenheit betrifft. Daß die Tochter kein eigenes Vermögen besitzt, ergibt sich aus dem festgestellten Sachverhalt. Das Bayerische Oberste Landesgericht sieht es allerdings im Rahmen des § 1629 als ausreichend an, daß die unter die Sorge für die Person fallende Wahl des Berufes mit vermögensrechtlichen Folgen für das Kind verbunden ist, und weist darauf hin, daß insofern auch der mit der Sorge für das Vermögen betraute Teil die Belange des Kindes zu wahren habe. Dem kann nicht beigetreten werden. Das Gesetz bezeichnet im § 1638 BGB. die Sorge für das Vermögen als Vermögensverwaltung und stellt damit klar, daß dabei ein vorhandenes Vermögen des Kindes vorausgesetzt wird. Der Begriff ist aber ein einheitlicher und es geht nicht an, ihn für das Gebiet des § 1629 ausdehnend zu bestimmen.

Für eine entsprechende Anwendung fehlt es an ausreichendem Anhalt. Die Entscheidung von Meinungsverschiedenheiten der Sorgeberechtigten ist dem Vormundschaftsgericht nicht allgemein, sondern unter Beschränkung auf bestimmte Fälle übertragen worden. Eine Ausdehnung auf andere Fälle kann nur insoweit als zulässig anerkannt werden, als sich aus dem Gesetz ergibt, daß der gesetzgeberische Gedanke weiter ging und im Gesetz nur einen unvollkommenen Ausdruck gefunden hat. Das trifft, wie ausgeführt, insoweit zu, als die Regelung nur auf Meinungsverschiedenheiten zwischen Vater und Pfleger erstreckt ist. Gleiches könnte auch dann in Frage kommen, wenn den Gesetzgeber die Rücksichtnahme auf ein praktisches Bedürfnis geleitet hätte und ein solches für Fälle der vorliegenden Art zu bejahen wäre. Das ist aber hier umsoweniger anzunehmen, als die Vorschrift des § 1635 Abs. 1 Satz 2 eine völlig ausreichende Handhabe bietet. Sie ist sogar eher geeignet, die zur Erörterung stehende Anwendung des § 1629 als dem Willen des Gesetzes widersprechend erscheinen zu lassen, sofern dem entscheidenden Vormundschaftsgericht nicht freies Ermessen zugestanden wird, sondern besondere Gründe erfordert werden, die im Interesse des Kindes eine von der Regel abweichende Anordnung gebieten.

Nach den vorstehenden Ausführungen muß die Zulässigkeit entsprechender Anwendung auch insoweit verneint werden, als auf der einen Seite das persönliche Sorgerecht der Mutter, auf der anderen das dem Vater nach § 1635 Abs. 2 verbliebene gesetzliche Vertretungsrecht in Betracht kommen. In dieser Hinsicht ist noch darauf zu verweisen, daß bei der Beratung der als § 1635 in das Gesetz aufgenommenen Vorschrift die möglichen Schwierigkeiten erwogen worden sind und zu dem Antrag geführt haben, der Mutter auch das Vertretungsrecht zu übertragen. Der Antrag ist aber abgelehnt worden, weil für das Interesse des Kindes genügend durch Abs. 1 Satz 2 gesorgt sei (Mugdan Materialien Bd. 4 S. 1255).

Der entsprechenden Anwendung steht auch folgende Erwägung entgegen. § 1629 setzt einen Fall voraus, in dem zwei Sorgeberechtigte sich gleichberechtigt gegenüberstehen, beschränkt bloß dadurch, daß die Befugnisse eines jeden sich nur auf einen Teil des Sorgerechts erstrecken. Das trifft in Fällen der hier fraglichen Art nicht zu. Das Recht zur Sorge für die Person steht ausschließlich der Mutter zu, während dem Vater die Vertretung des Kindes nur insoweit obliegt, als es ihrer bedarf, also beispielsweise bei der Anmeldung zur Schule oder der Abmeldung. Zu einer Entscheidung ist er hierbei nicht berufen.

Soweit am Schlusse des Urteils vom 9. Juni 1921 IV 58/21 eine abweichende Auffassung zum Ausdruck gekommen ist, wird an ihr nicht festgehalten.

Findet hiernach § 1629 BGB. weder unmittelbare noch entsprechende Anwendung, so kann eine Entscheidung des Falles nur von der Grundlage des § 1635 BGB. aus gesucht werden. Hierzu ist die Sache an das Vormundschaftsgericht zurückzuverweisen, das insbesondere der Leistungsfähigkeit des Vaters die aus den Darlegungen des Kammergerichts ersichtliche rechtliche Bedeutung beizumessen haben wird.

---

6. Besteht im Zwangsversteigerungsverfahren über Grundstücke auch gegenüber dem Meistbietenden eine Amtspflicht des das Verfahren leitenden Beamten zur Einhaltung der gesetzlichen Vorschriften?

BGB. § 839. ZVG. § 37 Nr. 4, §§ 44flg.

III. Zivilsenat. Urt. v. 6. Mai 1930 i. S. Chr. (Bekl.) w. N. (Kl.) III 193/29.

I. Landgericht Elberfeld.
II. Oberlandesgericht Düsseldorf.

Die Klägerin hatte beim Amtsgericht E. die Zwangsversteigerung der Grundstücke B.straße 27, 29 und 33 in E. beantragt. Die Zwangsversteigerung sollte zum Zweck der Aufhebung einer Gemeinschaft vorgenommen werden, die zwischen der Klägerin und einer Anzahl von Miterben nach dem Tode ihres Ehemanns bestand. Mit der Durchführung der Versteigerung betraute das Amtsgericht den verklagten Notar. Im Versteigerungstermin vom 6. September

1927 blieb die Klägerin mit dem einzigen abgegebenen Gebot von 5000 RM. Meistbietende. Durch Beschluß vom 15. September 1927 versagte der Beklagte den Zuschlag auf das Gebot der Klägerin, weil es so stark hinter dem Wert der Grundstücke zurückbleibe, daß sie eine ungerechtfertigte Bereicherung, die übrigen Beteiligten dagegen eine empfindliche Vermögensschädigung erfahren würden. Das von der Klägerin angerufene Amtsgericht bestätigte die Entscheidung des Beklagten, jedoch mit anderer Begründung, nämlich wegen unrichtiger Berechnung des geringsten Gebotes. Der Beklagte hatte eine im Grundbuch auf den Namen des Eisenwarenhändlers S. eingetragene Hypothek (ohne Brief) von 12 000 PM. nicht in das geringste Gebot aufgenommen; über die Hypothek lag eine löschungsfähige Quittung der gehörig ausgewiesenen Erben des S. vor, und der Beklagte hatte daraufhin die Hypothek als nicht mehr bestehend angenommen. Diese Annahme mißbilligte das Amtsgericht. Die Beschwerde der Klägerin beim Landgericht blieb ohne Erfolg. Das Landgericht bestätigte die Rechtsauffassung des Amtsgerichts und stellte ferner fest, daß auch die öffentlich bekanntgemachte Terminsbestimmung im Punkte des § 37 Nr. 4 ZVG. eine Unvollständigkeit aufweise.

Im Hinblick auf diese Vorgänge erhob die Klägerin gegen den Beklagten Klage auf Grund des § 839 BGB. Sie beantragte, festzustellen, daß ihr der Beklagte allen Schaden zu ersetzen habe, der ihr dadurch entstanden sei, daß der Beklagte die Zwangsversteigerung vorschriftswidrig behandelt habe. Das Landgericht wies die Klage ab. Die Klägerin legte Berufung ein und ging zur Leistungsklage über. Wie sie vorbringt, ist inzwischen die Versteigerung durchgeführt worden und es hat dabei die Klägerin die Grundstücke Nr. 27 und 29 für das Meistgebot von 11 600 RM., ein Dritter dagegen das Grundstück Nr. 33 für 10 800 RM. erworben. Den ihr verbleibenden Schaden berechnet die Klägerin auf mindestens 3000 RM. Auf Zahlung dieses Betrages nebst Prozeßzinsen wurde die Klage im zweiten Rechtszug gerichtet. Diesen Anspruch erklärte das Oberlandesgericht dem Grunde nach für gerechtfertigt. Die Revision des Beklagten wurde zurückgewiesen.

Gründe:

Nach der Annahme des Berufungsrichters hat der Beklagte als Leiter des Zwangsversteigerungsverfahrens (§ 13 Abs. 1 EG. z. ZVG.

in Verb. mit dem preußischem Gesetz vom 2. Juni 1924, GS. S. 5) gegen die Vorschriften über die Festsetzung des geringsten Gebotes (§ 44 ZVG.) verstoßen, indem er die Hypothek S. unberücksichtigt ließ, obwohl sie nach dem Grundbuch noch bestand, mindestens als Eigentümerhypothek oder -grundschuld. Des weiteren hatte die öffentlich bekanntgemachte Termimsbestimmung zwar die in § 37 Nr. 4 ZVG. vorgeschriebene Aufforderung zur Anmeldung der dort genannten Rechte enthalten, nicht aber auch die gleichfalls vorgeschriebene Aufforderung, die Rechte beim Widerspruch eines Gläubigers glaubhaft zu machen. Nach diesen beiden Richtungen nimmt der Berufungsrichter einen schuldhaften Verstoß des Beklagten gegen die gesetzlichen Vorschriften an. Dem ist beizutreten. Die Revision hat insoweit keine Angriffe erhoben.

Dagegen zieht die Revision in Abrede, daß der Beklagte nach diesen beiden Richtungen Amtspflichten verletzt habe, die ihm gegenüber der Klägerin als Bieterim obgelegen hätten. In der Tat ist die Klägerin, soweit sie als Antragstellerin und Miterbin an dem Verfahren beteiligt war, durch jene Verstöße und die auf ihnen beruhende Versagung des Zuschlags nicht geschädigt worden. Sie hatte im Gegenteil Vorteil davon; denn das später durchgeführte Versteigerungsverfahren hat einen höheren Erlös erbracht und dieser ist auch der Klägerin zu ihrem Anteil zugute gekommen. Das hat die Klägerin anerkannt, indem sie ihren Antrag entsprechend änderte. Nur in ihrer Eigenschaft als Bieterin will sie Schaden erlitten haben. Wäre ihr der Zuschlag erteilt worden, so hätte sie, wie sie vorbringt, die drei Grundstücke um 5000 RM. zugeschlagen erhalten. Später hat sie für ungefähr den doppelten Betrag nur zwei der Grundstücke erworben.

Der Berufungsrichter nimmt an, die Pflicht zur Einhaltung der gesetzlichen Vorschriften bei Durchführung des Zwangsversteigerungsverfahrens habe dem Beklagten auch gegenüber der Klägerin als Bieterin obgelegen. Dem ist beizupflichten. Zutreffend erwägt der Berufungsrichter, daß im Zwangsversteigerungsverfahren dem Meistbietenden der Zuschlag nur unter ganz bestimmten Voraussetzungen versagt werden darf (§§ 81, 83, 85 ZVG.). Auf Grund dieser Vorschriften hat der Meistbietende freilich noch kein Recht am Grundstück oder auch nur auf den Erwerb des Grundstücks erlangt, wohl aber eine verfahrensrechtlich gesicherte Anwartschaft.

Er ist also Beteiligter, wennschon nicht im technischen Sinne des § 9 ZVG., aber doch im Sinne der reichsgerichtlichen Rechtsprechung über den Kreis der Personen, denen gegenüber eine Amtspflicht besteht (RGZ. Bd. 72 S. 329, Bd. 78 S. 242, Bd. 127 S. 153). Die Amtspflichten bestehen nicht nur gegenüber den unmittelbar Beteiligten, sondern auch gegenüber anderen Personen, deren Rechte und Interessen durch die Amtshandlung beeinträchtigt werden können (RGZ. Bd. 127 S. 156). Dazu gehören jedenfalls die Personen, die sich an einem amtlichen Verfahren in zulässiger Weise beteiligen, namentlich also im Zwangsversteigerungsverfahren der Meistbietende, dessen Rechtsstellung im Zwangsversteigerungsgesetz immerhin gesetzlich geordnet ist, obwohl ihn dieses Gesetz nicht zu den „Beteiligten" im Sinne des § 9 zählt. Damit entfällt die Grundlage für die Behauptung, auf welche sich die Revision vornehmlich stützt, daß nämlich die Anwartschaft des Meistbietenden auf den Zuschlag erst dann bestehe, wenn das Verfahren einwandfrei so weit geführt worden sei, bis das Recht erworben, der Zuschlag erteilt werden könne. Diese Ansicht begegnet den erheblichsten praktischen Bedenken. Sie würde die Bieter und damit auch den künftigen Meistbietenden rechtlos stellen gegenüber der schuldhaften Verletzung der Verfahrensvorschriften, sobald die Verletzungen vor dem vorhin bezeichneten Zeitpunkt begangen worden wären. Die Ansicht ist aber auch rein rechtlich nicht begründet. Denn für den Tatbestand des § 839 BGB. kommt es, wie dargelegt, nicht darauf an, ob bereits ein festes Recht bestand, das verletzt wurde (wie etwa im Falle des § 823 BGB.), sondern nur darauf, daß der Beamte eine Amtspflicht verletzte, die in den verfahrensrechtlich gesicherten Kreis der Rechte und Interessen der Dritten eingreift. Diese Personen sind im Sinne des § 839 BGB. auch dann geschützt, wenn die Amtspflichtverletzung begangen wurde, bevor sie sich an dem Verfahren beteiligt hatten.

Nach dem Dargelegten hat der Beklagte mit den beiden festgestellten Verstößen gegen §§ 44 flg. und gegen § 37 Nr. 4 ZVG. Amtspflichten verletzt, die ihm gegenüber der Klägerin als Meistbietender oblagen. Das Ergebnis des Berufungsrichters, daß der Schadenersatzanspruch der Klägerin dem Grunde nach gerechtfertigt sei, ist daher nicht zu beanstanden. . . .

7. 1. Welche Ansprüche hat der Veräußerer eines Grundstücks gegen den Käufer, wenn er auf dessen Ansuchen die Hypothekengläubiger befriedigt hat, nachdem diese die Genehmigung zur vereinbarten Schuldübernahme versagt und die Hypotheken gekündigt hatten?

2. Begründet es einen Unterschied, ob die Hypothekenforderungen vor oder nach dem Eigentumsübergang auf den Käufer beglichen worden sind?

3. Zum Erfordernis der Genehmigung des Vormundschaftsgerichts.

BGB. § 415 Abs. 3, §§ 1163, 1164, 1177, 1643, 1686, 1821 Abs. 2.
AufwG. § 9.

VI. Zivilsenat. Urt. v. 12. Mai 1930 i. S. K. (Kl.) w. Eheleute W. (Bekl.). VI 445/29.

I. Landgericht Elbing.
II. Oberlandesgericht Marienwerder.

Der Vater des Klägers verkaufte durch notariellen Vertrag vom 21. Juni 1918 mit Nachtrag vom 2. Juli 1918 ein Fabrikgrundstück mit Firma und Geschäftsinventar an den verklagten Ehemann W. für 225000 M. Die mitverklagte Ehefrau erklärte im Nachtrag, sie stehe für die Verpflichtungen des Käufers ein. Zur Deckung des Kaufpreises übernahm der Käufer die eingetragenen Hypothekenschulden zu 160000 M. als Selbst- und Alleinschuldner; der Rest mit 65000 M. wurde vertragsgemäß bei der Übernahme bar gezahlt. Am 7. Juli 1918 starb der Verkäufer und hinterließ als einzigen Testamentserben seinen Sohn, den Kläger, während der Witwe die lebenslängliche Verwaltung und Nutznießung am Vermögen vermacht wurde. Von den übernommenen Hypotheken waren in Abteilung III unter Nr. 14 des Grundbuchs 35000 M. und unter Nr. 15 weitere 30000 M. für verschiedene Erben namens St. eingetragen. Diese Hypotheken standen vorher den Eheleuten Georg St. zu und waren für Restkaufgeldforderungen bestellt, die aus dem Ankauf der Grundstücke durch den Vater des Klägers herrührten. Die Gläubiger der bezeichneten Hypotheken waren mit der Schuldübernahme durch den Beklagten nicht einverstanden und kündigten die Hypotheken dem

Kläger. Nach dessen Darstellung ersuchte der Beklagte die Mutter des Klägers um Ablösung der Hypotheken, da er dazu nicht imstande sei. Die Mutter des Klägers zahlte als dessen gesetzliche Vertreterin darauf 30000 M. am 14. Oktober und für die andere Hypothek 35000 M. am 9. November 1918 an die Gläubiger; diese traten die Hypotheken an den Kläger ab und die Abtretung wurde am 25. November 1918 im Grundbuch eingetragen. Inzwischen war der Beklagte auf Grund der Auflassung vom 11. am 16. Oktober 1918 als Eigentümer im Grundbuch eingetragen worden.

Der Kläger meint, er könne wegen des durch Übernahme der beiden Posten von zusammen 65000 M. belegten Teils des Kaufpreises Aufwertung nach den allgemeinen Vorschriften des Bürgerlichen Gesetzbuchs verlangen. Sollte das nicht zulässig sein, so stehe ihm mindestens eine dinglich gesicherte Restkaufgeldforderung zu. Er begehrte Verurteilung der beiden Beklagten als Gesamtschuldner zur Zahlung von 38500 RM., hilfsweise die Feststellung, daß die eingetragenen Forderungen Restkaufgeldforderungen darstellten. Das Landgericht gab dem Hauptanspruch in Höhe von 30000 RM. unter Abweisung der Mehrforderung statt, dagegen wies das Oberlandesgericht die Klage gänzlich ab. Die Revision des Klägers führte zur Aufhebung und Zurückverweisung.

Gründe:

Da im Kaufvertrag der verklagte Ehemann die eingetragenen Fremdhypotheken von 160000 M., darunter die hier streitigen, als Selbst- und Alleinschuldner übernommen hat, so ist insoweit, wie das Oberlandesgericht zutreffend annimmt, keine bare Kaufpreisforderung für den Verkäufer erwachsen (RGZ. Bd. 120 S. 169, Bd. 121 S. 293.). Der Berufungsrichter legt alsdann näher dar, aus den späteren Verhandlungen über die Ablösung der Hypotheken sei keine Vereinbarung der Parteien zu entnehmen, daß nunmehr eine Restkaufgeldforderung in Höhe des gezahlten Hypothekenbetrags für den Kläger entstehen solle. Eine Sonderabrede in diesem Sinne sei nicht getroffen worden, jedenfalls nicht bewiesen. Die Restkaufgeldforderungen der früheren Gläubiger könne der Kläger nicht für sich geltend machen, weil ihm § 11 AufwG. entgegenstehe. Danach sei sowohl der Haupt- wie der Hilfsantrag unbegründet.

Die Revision meint, wirtschaftlich und rechtlich sei die Sachlage ebenso zu beurteilen, wie wenn der Kläger dem Beklagten die Ablösung der beiden Restkaufgeldhypotheken Nr. 14 und Nr. 15 überlassen und auf die sofortige Barauszahlung der 65000 M. gegen Bestellung einer Restkaufgeldhypothek in dieser Höhe verzichtet hätte. Eine solche Forderungsauswechslung würde aber nur durch Einigung und Eintragung ausführbar gewesen sein (§ 1180 BGB.), die nicht erfolgt ist. Das Oberlandesgericht hat jedoch die Rechtslage nicht erschöpfend gewürdigt und insbesondere den § 415 Abs. 3 BGB. nicht in den Kreis seiner Betrachtungen gezogen. Nach dieser Vorschrift war der Beklagte, nachdem die Gläubiger die Genehmigung zu der im Kaufvertrag vereinbarten Schuldübernahme verweigert und die Hypotheken gekündigt hatten, dem Kläger gegenüber verpflichtet, die Gläubiger rechtzeitig zu befriedigen. Der Beklagte hat diese Pflicht nicht unmittelbar erfüllt; rielmehr hat er, wie der Kläger behauptet und das Oberlandesgericht unterstellt, die Mutter des Klägers ersucht, die Gläubiger zu befriedigen, und das ist auch geschehen. Der im wesentlichen auf tatsächliche Erwägungen gestützten Annahme des Vorderrichters, daß hierdurch der Kaufvertrag nicht geändert und keine neue Kaufpreisforderung für den Kläger begründet worden sei, ist nicht aus Rechtsgründen entgegen zu treten. Aber gerade wenn der Kaufvertrag nach dem Parteiwillen keine Änderung erfahren sollte, so fehlt jeder Anhalt dafür, daß die im Kaufvertrag zwischen den Vertragsparteien vereinbarte Erfüllungsübernahme und der daraus für den Kläger entspringende Befreiungsanspruch vertragsmäßig aufgehoben worden sei (§ 415 Abs. 3 Satz 2 und Komm. von RGR. Bem. 1 und 5 zu § 415). Infolge der Auszahlung der Hypotheken durch den Kläger hat sich nur der Inhalt des Anspruchs aus der Erfüllungsübernahme geändert. Daß der Kläger die auf den Kaufpreis empfangene Barzahlung von 65000 M. zur Ablösung der zufällig denselben Betrag ausmachenden Hypotheken verwendet hat, spielt keine Rolle. Denn außer dieser Barzahlung war der Beklagte auf Grund der im Kaufvertrag liegenden Erfüllungsübernahme gegenüber dem Kläger an sich verpflichtet, weitere 65000 M. an die Hypothekengläubiger zu entrichten.

Wenn nun der Kläger auf Wunsch des Beklagten mit eigenen Mitteln die Hypothekengläubiger befriedigt hat, so liegt bei dem gegebenen Sachverhalt die Auffassung am nächsten, daß im Innenverhältnis der Parteien zueinander der Beklagte dem Kläger die von diesem für die Ablösung der Hypotheken aufgewendeten Beträge zu erstatten hatte und daß diese Ersatzforderung gestundet wurde (vgl. § 670 BGB.). Dem stände nicht ohne weiteres entgegen, daß der Kläger die Hypothekengläubiger im eigenen Namen befriedigt hat. Denn der Kläger hatte eine doppelte Rechtsstellung, einmal als Schuldner der Hypothekengläubiger und ferner als Gläubiger des Beklagten aus dem Befreiungsanspruch auf Grund der Schuldübernahme (RGZ. Bd. 121 S. 305). Auch die von den Gläubigern vorgenommene Abtretung der Hypotheken an den Kläger brachte dessen Ersatzforderung an den Beklagten, sofern keine dahingehende — bisher nicht festgestellte — besondere Abrede der Parteien vorlag, nicht zum Erlöschen. Nach der Feststellung des Oberlandesgerichts hat der Kläger die Gläubiger der unter Nr. 15 eingetragenen Hypothek am 9. November 1918 bezahlt, also nachdem der Beklagte am 16. Oktober als Eigentümer im Grundbuch eingetragen worden war. Aus der Vorschrift des § 1164 BGB. folgt für diesen Fall, daß durch die Tilgung der persönlichen Forderung die Hypothek insoweit auf den Kläger übergegangen ist, als er Ersatz vom Eigentümer fordern konnte. Diese Voraussetzung lag hier vor (Komm. v. RGR. Bem. 3 zu § 1164 BGB.). Kraft Gesetzes trat danach die Ersatzforderung an die Stelle der Forderung der früheren Gläubiger, erstere ist nunmehr die durch die Hypothek gesicherte Forderung (RGZ. Bd. 81 S. 71; JW. 1926 S. 359 Nr. 3). Hieran kann durch die ihrem Inhalt nach nicht näher festgestellte Abtretungserklärung der ursprünglichen Gläubiger gegenüber dem Kläger nichts geändert werden, weil jene Forderung durch Erfüllung untergegangen ist (§ 362 BGB.) und ihre Abtretung an den befriedigenden persönlichen Schuldner als rechtlich unmöglich und unwirksam anzusehen ist. Der den 35000 M. entsprechende Teil der Ersatzforderung des Klägers an den Beklagten ist somit hypothekarisch gesichert, sodaß die Festsetzung ihrer Höhe der Aufwertungsstelle zustehen würde. Insoweit könnte der Hilfsantrag des Klägers in Betracht kommen mit der Maßgabe, daß nicht eine Restkaufgeldforderung, sondern ein Anspruch auf Werterſatz des für die Ablösung der Hypothek aufgewendeten Betrags dem Kläger zusteht. Hinsichtlich der vor dem Eigentumsübergang auf den Beklagten von dem Kläger an die Gläubigerin der Hypothek Nr. 15 gezahlten 30000 M. entstand nach § 1163 Satz 2, § 1177 BGB. eine Eigentümergrundschuld. Mit dem Erwerb des Grundstücks durch den Beklagten verwandelte sich die Grundschuld in eine gewöhnliche

Gläubigergrundschuld (RGZ. Bd. 127 S. 319). Aber daß ihr eine Forderung zugrunde läge, zu deren Sicherung sie dienen könnte, ist nicht ersichtlich. Die Forderung auf Ersatz der verauslagten 30000 M. würde demnach nicht dinglich gesichert sein; ihre Höhe hätte der Prozeßrichter festzusetzen, sodaß insoweit der Hauptanspruch des Klägers auf Zahlung in Frage steht. Der aus der Grundschuld zu erzielende dingliche Aufwertungsbetrag (§ 31 AufwG.) würde allerdings auf die erwähnte Ersatzforderung anzurechnen sein.

Bei Zugrundelegung der obigen Rechtsausführungen kommt eine Genehmigung des Vormundschaftsgerichts nicht in Frage. Denn eine Änderung des Kaufvertrags würde nicht vorliegen und für die bloße Erfüllung der durch Erbgang auf den Kläger übergegangenen Verpflichtung zur Zahlung des Hypothekenkapitals ist ebensowenig eine Genehmigung des Vormundschaftsgerichts vorgesehen wie für die Stundung der Ersatzforderung und den Erwerb der Hypothek (§ 1643 Abs. 1, §§ 1686, 1821 Abs. 2 BGB.). Überdies ist der Kläger inzwischen volljährig geworden. Der Anwendung der Regel des § 313 Satz 2 BGB. stände daher nichts im Wege, sofern für die nachträgliche Abrede überhaupt eine Formpflicht bestehen sollte.

Das Urteil kann mit der bisherigen Begründung nicht aufrecht erhalten werden. Das Berufungsgericht wird unter Beachtung der obigen rechtlichen Gesichtspunkte die Sachlage von neuem und gegebenenfalls ferner zu prüfen haben, ob etwa ein von den gesetzlichen Regeln abweichender Vertragswille in dem einen oder anderen Punkte feststellbar ist.

---

8. 1. Ist bei der Klage eines Volksschullehrers gegen den Preußischen Staat auf Feststellung einer anderen Berechnung seines ruhegehaltsfähigen Diensteinkommens ein rechtliches Interesse an alsbaldiger Feststellung eines Rechtsverhältnisses anzuerkennen?

2. Muß eine solche Klage gegen den Preußischen Staat oder gegen die Landesschulkasse gerichtet werden?

ZPO. § 256. Preuß. Ges. betr. die Pensionierung der Lehrer und Lehrerinnen an den öffentlichen Volksschulen vom 6. Juli 1885/10. Juni 1907 Art. I §§ 14, 15. Preuß. Volksschullehrer-Diensteinkommensgesetz vom 17. Dezember 1920/18. Februar 1925 §§ 33flg., 36, 39. Preuß. Volksschullehrer-Besoldungsgesetz vom 1. Mai 1928 §§ 34flg., 39.

III. Zivilsenat. Urt. v. 13. Mai 1930 i. S. A. (Kl.) w. Preuß. Staat (Bekl.). III 291/29.

I. Landgericht Breslau.
II. Oberlandesgericht daselbst.

Der Sachverhalt ergibt sich aus dem Urteil des erkennenden Senats vom 25. Januar 1929 III 292/28 (RGZ. Bd. 123 S. 191). Nachdem durch dieses Urteil die Abweisung der Klage wegen Nichteinhaltung der Klagefrist für ungerechtfertigt erklärt worden war, hat nunmehr das Berufungsgericht, an das die Sache zur Verhandlung und Entscheidung zurückverwiesen wurde, das auf Feststellung einer anderweitigen Berechnung des ruhegehaltsfähigen Dienstalters des Klägers gerichtete Begehren daran scheitern lassen, daß es die Voraussetzungen der Feststellungsklage nach § 256 ZPO. verneint hat. Gegen dieses Urteil hat der Kläger erneut Revision eingelegt, die wiederum Erfolg hatte.

Gründe:

Zur Begründung der wiederholt ausgesprochenen Klagabweisung nimmt das Berufungsgericht zunächst auf die in seinem ersten Urteil nur hilfsweise angeführten sachlichrechtlichen Gründe Bezug, die das Revisionsgericht im früheren Verfahren nicht beachten konnte, weil die Abweisung der Klage damals rechtlich als eine Abweisung wegen Unzulässigkeit des Rechtswegs anzusehen war. Diese Begründung ging dahin, daß das Interesse des Klägers an der von ihm gewünschten Feststellung gegenüber dem Staat zu verneinen sei. Dem Kläger sei es zweifellos um eine Erhöhung seines Ruhegehalts zu tun. Es stehe nichts im Wege, diesen Anspruch im Wege der Leistungsklage gegen die hierfür zuständige Landesschulkasse zu verfolgen, die keine Staatskasse sei, sondern eine Vereinigung der Schulverbände zur gemeinsamen Aufbringung des Lehrerdiensteinkommens. Aus besonderen Gründen sei zwar die Feststellungsklage ausnahmsweise auch da zugelassen, wo die Leistungsklage möglich ist, z. B. dann, wenn die Feststellungsklage weiter reiche oder wenn sie sich gegen Staatsbehörden richte, bei denen kein neuer Streit wegen der Vollstreckung zu besorgen sei. Im vorliegenden Falle bleibe aber zu beachten, daß das Urteil grundsätzlich nur für und gegen die Parteien des Prozesses wirke und daß der Staat und die Landesschulkasse verschiedene Rechtspersönlichkeiten seien.

Das jetzt angefochtene Urteil fügt folgende Erwägungen bei: Das ruhegehaltsfähige Dienstalter sei für den Kläger nur insoweit von Interesse, als es die Höhe des Ruhegehalts bestimme. Die Feststellungsklage diene also der Vorbereitung des später zu erhebenden Anspruchs auf eine höhere Pension. Für diesen Zweck sei im vorliegenden Falle die Feststellungsklage „ungeeignet", weil der demnächst zu erhebende Leistungsanspruch gegen die Landesschulkasse zu richten sei und diese als Vereinigung der Schulverbände zur gemeinsamen Aufbringung des Lehrerdiensteinkommens ein anderes Rechtssubjekt als der verklagte Staat sei, sodaß das Feststellungsurteil nicht gegen die Landesschulkasse wirken könne. Die Feststellungsklage gegen den Staat sei aber auch deshalb „entbehrlich", weil das Gericht, das mit der Klage auf Zahlung des höheren Ruhegehalts befaßt werde, auch über das dem Kläger zukommende pensionsfähige Dienstalter befinden könne. Nicht beizupflichten sei der Ansicht des Klägers, daß er, weil das Ruhegehaltsdienstalter nicht durch die Landesschulkasse festgesetzt werde, zu diesem Zweck zunächst die Feststellungsklage gegen den Staat erheben müsse.

Diesen Ausführungen des Berufungsgerichts ist nicht zweifelsfrei zu entnehmen, ob der Vorderrichter lediglich das Vorhandensein der Voraussetzungen für eine Feststellungsklage nach § 256 ZPO. verneint oder ob er auch die Passivlegitimation des verklagten Staats gegenüber der erhobenen Feststellungsklage nicht für gegeben erachtet. Welcher Sinn indes der Begründung des angefochtenen Urteils auch beizulegen sein möge, sie ist nicht geeignet, die wiederholte Klagabweisung zu tragen.

Was zunächst die Zulässigkeit der Feststellungsklage im vorliegenden Falle betrifft, so hat die Rechtsprechung des Reichsgerichts ein Interesse an alsbaldiger Feststellung des Bestehens eines Rechtsverhältnisses in der Regel dann nicht anerkannt, wenn der Leistungsanspruch selbst sofort geltend gemacht werden kann. Jedoch wurde eine Reihe von wichtigen Ausnahmen von diesem Grundsatz aufgestellt. Daraus ist das Bestreben erkennbar, bei Auslegung des § 256 ZPO. (und des früheren § 231 das.) nicht am buchstäblichen Sinne der Gesetzesworte zu haften, sondern sie im Interesse der Feststellungskläger weit und frei auszulegen und dadurch nach Möglichkeit die Rechtsnachteile abzuwenden, die den Rechtsuchenden bei formalistischer Anwendung dieser Vorschrift drohen würden. So hat die Rechtsprechung ein rechtliches Interesse, auf Feststellung des Bestehens eines Rechts zu klagen, schon dadurch als genügend begründet angesehen, daß der Prozeßgegner das beanspruchte Recht bestritten hat (RGZ. Bd. 86 S. 377, Bd. 109 S. 353; JW. 1911 S. 976 Nr. 8 und die in diesen Urteilen weiter in Bezug genommenen Entscheidungen). Ein rechtliches Interesse an der alsbaldigen Feststellung trotz Möglichkeit der Erhebung einer Leistungsklage wird aber namentlich dann für vorliegend erachtet, wenn zu erwarten ist, daß ein Dritter, insbesondere eine Behörde, die Entscheidung auch ohne den Zwang der Rechtskraft anerkennen und zum Anlaß von Maßnahmen nehmen werde, die im Interesse des Feststellungsklägers liegen (RGZ. Bd. 92 S. 8 und S. 378, Bd. 106 S. 49, Bd. 119 S. 359; JW. 1911 S. 815 Nr. 26; vgl. auch RGZ. Bd. 70 S. 374, Bd. 113 S. 412). In besonderem Maße sind diese Grundsätze wohlwollender Auslegung des § 256 ZPO. dann zur Anwendung gelangt, wenn dem Beamten als Feststellungskläger das Reich, der Staat oder eine sonstige Körperschaft des öffentlichen Rechts als Prozeßpartei gegenüber stand. So bei der Klage eines noch im Dienste befindlichen Beamten, der einen Betriebsunfall erlitten zu haben behauptete, auf Feststellung seines Anspruchs auf eine Unfallpension, falls er künftig infolge des Unfalls dienst- oder erwerbsunfähig werden sollte (RGZ. Bd. 86 S. 374). Ebenso bereits in RGZ. Bd. 59 S. 163 bei der Klage eines noch aktiven Kommunalbeamten auf Feststellung seines Ruhegehaltsanspruchs für den Fall seiner etwaigen Versetzung in den Ruhestand. Weiter hat das Reichsgericht die Klage eines Beamten auf Feststellung, daß seinen etwaigen Hinterbliebenen ein Anspruch auf Witwen- und Waisengeld zustehe, für zulässig erklärt (JW. 1899 S. 827 Nr. 6), und endlich hat der erkennende Senat einem in den einstweiligen Ruhestand versetzten Reichsbeamten die Befugnis zugesprochen, auf Feststellung des Bestehens eines Anspruchs auf Gehalt zu klagen, obwohl ihm ziffermäßig der verlangte Betrag als Wartegeld und als Vergütung für weitere Dienstleistung gewährt wurde (RGZ. Bd. 122 S. 118; vgl. auch WarnRspr. 1915 Nr. 76).

Bei Anwendung dieser Rechtsgrundsätze auf den zur Entscheidung stehenden Fall kann die Zulässigkeit der erhobenen Feststellungsklage keinem Zweifel unterliegen. Dem Bedenken des Berufungsgerichts, daß ein den Feststellungsanspruch anerkennendes Urteil nur unter den Prozeßparteien wirke, der Staat und die Landesschulkasse aber verschiedene Rechtspersönlichkeiten seien, sodaß das Feststellungsurteil die Landesschulkasse nicht binden könnte, ist folgendes entgegen zu halten: Es ist allerdings richtig, daß der Staat und die Landesschulkasse verschiedene Rechtssubjekte sind, und daß die Landesschulkasse eine besonders geartete Rechtsstellung einnimmt (Urt. des erk. Senats vom 17. März 1925 III 88/24, abgedr. JW. 1925 S. 1615 Nr. 4; ferner RGZ. Bd. 113 S. 178). Nach §§ 33 flg. des Gesetzes betr. das Diensteinkommen der Lehrer und Lehrerinnen an den öffentlichen Volksschulen (Volksschullehrer-Diensteinkommensgesetz [VDG.]) vom 17. Dezember 1920 (GS. S. 623) in der Fassung der Bekanntmachung vom 18. Februar 1925 (GS. S. 17) sind die Klagen der Volksschullehrer gegen die Landesschulkasse zu richten. Dies bezieht sich jedoch, wie § 39 in Verb. mit § 36 VDG. ergibt, lediglich auf Klagen, mit welchen ein Leistungsanspruch geltend gemacht wird. Mit der Festsetzung und Berechnungsweise der Ruhegehaltsansprüche ist die Landesschulkasse nicht befaßt. Nach der schon im früheren Revisionsurteil im Wortlaut mitgeteilten Vorschrift des Art. I § 14 des preuß. Gesetzes betr. die Pensionierung der Lehrer und Lehrerinnen an den öffentlichen Volksschulen vom 6. Juli 1885/10. Juni 1907 entscheidet vielmehr die Schulaufsichtsbehörde darüber, ob und welche Pension einem Lehrer bei seiner Versetzung in den Ruhestand zusteht. Daraus ergibt sich, daß diese Behörde ausschließlich darüber zu befinden hat, ob und in welchem Umfang Beschäftigungszeiten des Klägers auf seine ruhegehaltsfähige Dienstzeit anzurechnen sind, und daß die Landesschulkasse insofern nur ein ausführendes Organ für die Entscheidungen der Schulaufsichtsbehörde bildet, in der Hauptsache nur eine Zahlstelle. Bei der überragenden Stellung, die hiernach der Schulaufsichtsbehörde gegenüber der Landesschulkasse zukommt, kann es aber keinem Zweifel unterliegen, daß die letztere ein gegen den Preußischen Staat erwirktes obsiegendes Feststellungsurteil in dem vom Kläger erstrebten Sinne ohne weiteres anerkennen würde und müßte. Wenn in dem schon angezogenen Urteil des erkennenden Senats in JW. 1911 S. 815 Nr. 26 als Erwägungsgrund für die Zulässigkeit der Feststellungsklage angeführt wird, daß die Parteien zwei derselben Aufsicht unterstehende öffentlichrechtliche Verbände seien und daß daher angenommen werden müsse, die Feststellungsklage werde voraussichtlich annähernd das gleiche Ergebnis haben wie die Leistungsklage, so muß dies in noch höherem Maße da gelten, wo der verklagte Staat als oberste Schulaufsichtsbehörde das ausschließliche Verfügungsrecht darüber besitzt, ob der im jetzigen Rechtsstreit geltend gemachte Anspruch anzuerkennen oder zu bestreiten sei.

Das Gesetz über die Bezüge der Lehrer und Lehrerinnen an den öffentlichen Volksschulen (Volksschullehrer-Besoldungsgesetz) vom 1. Mai 1928 (GS. S. 125) hat an der Rechtsnatur und an der Zuständigkeit der Landesschulkasse nichts geändert (§§ 34 flg., insbesondere 39 das.), sodaß man auch bei Anwendung der Vorschriften dieses Gesetzes zum gleichen Ergebnis kommt.

Die vorstehenden Erörterungen müssen aber gleichzeitig zur Bejahung der Frage führen, ob der verklagte Staat der richtige Beklagte ist. Hat er allein darüber zu entscheiden, ob und welche Pension einem Lehrer bei seiner Versetzung in den Ruhestand zusteht, und hat er dementsprechend auch darüber Entschließung zu treffen, was an ruhegehaltsfähiger Dienstzeit anzurechnen ist, so kommt auch nur der obersten Schulaufsichtsbehörde die Befugnis zur Verfügung darüber zu, ob dem Antrag eines Lehrers auf anderweitige Festsetzung seiner ruhegehaltsfähigen Dienstzeit zu entsprechen ist oder nicht. Würde ein dahingehender Feststellungsanspruch gegen die Landesschulkasse geltend gemacht, so müßte diese einwenden, daß ihr hierüber kein Verfügungsrecht zustehe, da ihr die Zuständigkeit fehle, den erhobenen Anspruch anzuerkennen oder zu bestreiten, daß sie daher nicht passiv legitimiert sei. Wollte man aber selbst annehmen, daß der im Streit befangene Feststellungsanspruch des Klägers gegen die Landesschulkasse durchgeführt werden könnte, so müßte gerade der Erwägungsgrund des Berufungsrichters, daß es sich um zwei verschiedene Rechtspersönlichkeiten handle und daß ein Urteil grundsätzlich nur zwischen den Prozeßparteien Recht schaffe, dazu führen, die Feststellungsklage gleichwohl gegen den Staat durchzuführen, der nach dem Gesagten passiv legitimiert ist. Denn die vom Berufungsgericht angenommene Gefahr, daß die am Rechtsstreit nicht beteiligte Rechtspersönlichkeit sich dem Urteil nicht unterwerfe, ist bei der erwähnten überragenden Stellung der Schulaufsichtsbehörde weit größer, wenn das Urteil lediglich zwischen der Lehrperson und der Landesschulkasse

Rechtskraft erlangt. Denn dann würde die Möglichkeit bestehen, daß der Staat unter Hinweis auf sein Recht zur Festsetzung des Ruhegehalts und zur Anrechnung der Dienstzeit ein etwa gegen die Landesschulkasse erstrittenes Urteil nicht anerkennt. Eine solche Möglichkeit läge namentlich dann nicht fern, wenn der Kläger zu den von Polen verdrängten sog. Flüchtlingslehrern gehören würde und wenn der für ihn zuständige Schulverband etwa an einen fremden Staat übergegangen wäre — Rechtsverhältnisse, wie sie gerade im Amtsbereich des Berufungsgerichts praktisch geworden sind und auch den erkennenden Senat schon beschäftigt haben (RGU. vom 23. April 1929 III 253/28, abgedr. JW. 1929 S. 2948 Nr. 14).

Die in RGZ. Bd. 23 S. 261 veröffentlichte Entscheidung des IV. Zivilsenats vom 25. März 1889 steht nicht entgegen. Denn ihr lag ein anderer Sachverhalt zugrunde. Dort war gegen die Schulaufsichtsbehörde als solche, nicht gegen den Staat geklagt, und außerdem handelte es sich damals um einen vermögensrechtlichen Anspruch, der dem Kläger ohne Zweifel gegen den Staat nicht zustand. Auch liegt jenes Urteil vor dem Erlaß des Volksschullehrer-Diensteinkommengesetzes vom 17. Dezember 1920.

---

9. Welchen Personen gegenüber verletzt der Prozeßrichter seine Amtspflicht, wenn er bei der Beurkundung eines Prozeßvergleichs für eine Partei einen Vertreter ohne gehörige Prüfung der vorgezeigten Vollmacht zuläßt und über deren Inhalt falsche Angaben in das Protokoll aufnimmt?

ZPO. §§ 80, 88 Abs. 2, §§ 418, 500, 794flg. RVerf. Art. 131. BGB. § 839.

III. Zivilsenat. Urt. v. 13. Mai 1930 i. S. Firma L. & G. (Kl.) w. Bayerischen Staat (Bekl.). III 284/29.

I. Landgericht München I.
II. Oberlandesgericht daselbst.

Die in allgemeiner Gütergemeinschaft lebenden Eheleute Schreinermeister Gottfried H. und Anna geb. B. in Chicago sind die Eigentümer des Anwesens Haus Nr. 29 an der J.straße in München.

Gottfried H. hatte seinem Schwager Uhrmacher Sebastian B. in München am 2. Februar 1924 in Chicago eine Vollmacht ausgestellt, die diesen ermächtigte, „ihn Privaten und Behörden gegenüber in allen Angelegenheiten rechtsverbindlich zu vertreten, die das in seinem Miteigentum stehende Anwesen Haus Nr. 29 an der J.straße betreffen". Die Vollmacht war von einem amerikanischen Notar dahin beglaubigt, „daß Gottfried H. ihm persönlich bekannt und dieselbe Person sei, die obige Vollmacht unterschrieben habe." Anna H. ist am 12. September 1926 gestorben.

Sebastian B. wollte sich unter Mißbrauch der Vollmacht Geld verschaffen und wandte sich deshalb an den ihm befreundeten Händler Hans R. Dieser sagte gegen Teilung der Beute seine Mitwirkung zu. In Ausführung eines gemeinschaftlich verabredeten Planes erwirkte R. am 15. Januar 1927 gegen „Gottfried und Anna H. München, J.straße 29, vertreten durch den Generalbevollmächtigten Sebastian B., Uhrmacher, hier, J.straße 29" einen Zahlungsbefehl des Amtsgerichts München auf „2016 RM. für ein im Jahre 1923 von Herrn Sebastian B. erhaltenes, spätestens am 1. Januar 1927 rückzahlbares Darlehen, lautend auf 480 amerikanische Dollar, das der Gläubiger unter Benachrichtigung des Schuldners an den Antragsteller zedierte (1. Juni 1926), + vereinbarte 6% Zinsen hieraus seit 1. 1. 24". Der dem Sebastian B. persönlich zugestellte Zahlungsbefehl wurde auf Antrag des R. am 2. Februar 1927 für vorläufig vollstreckbar erklärt. Am 14. Februar 1927 erschienen darauf (gemäß § 500 ZPO.) R. und B. in der Sitzung des Amtsgerichts (Streitgerichts) München vor dem Oberamtsrichter W. und dem Gerichtsschreiber. Es wurde darüber „in Sachen des R., Klägers, gegen H., Anna, München, früher J.straße 29, z. Zt. in Amerika, vertreten durch den Generalbevollmächtigten Sebastian B. in München, J. straße 29, Beklagte, wegen Forderung" ein Verhandlungsprotokoll aufgenommen. Nach dessen Inhalt sind auf den Aufruf der Sache freiwillig erschienen der Kläger R. persönlich, für die Beklagte Seb. B. unter Vorzeigung einer Generalvollmacht. Weiter heißt es sodann:

„Die Erschienenen trugen das Streitverhältnis vor. Der Kläger zeigte Armenrechtszeugnis vor und bat um Bewilligung des Armenrechts. Der Richter verkündete den folgenden Beschluß: Dem Kläger wird das Armenrecht bewilligt. Sodann schlossen die Erschienenen den folgenden Vergleich:

I. Die Beklagte verpflichtet sich, an den Kläger den Betrag von 2016 RM. nebst 6% Zinsen hieraus seit 1. Januar 1924 zu bezahlen.

II. Die Beklagte übernimmt die Kosten des Verfahrens.

III. Der Kläger verzichtet auf die Rechte aus dem Vollstreckungsbefehl vom 2. Februar 1927.

IV. Die Beklagte erklärt hiermit ihre Einwilligung dazu, daß auf dem ihr gehörigen Anwesen Haus Nr. 29 an der J.straße dahier zugunsten der Forderung des Klägers eine Sicherungshypothek von 2400 RM. an nächstoffener Rangstelle eingetragen wird."

Das Protokoll wurde vorgelesen und vom Richter und Gerichtsschreiber unterschrieben. Bei dieser Verhandlung hatte B. jene Vollmacht vorgezeigt, die aber beim Vorzeigen auch eine oberhalb des notariellen Beglaubigungsvermerks unter die Unterschrift des Gottfried H. gesetzte weitere Unterschrift „Anna H." trug. Wann und von wem diese zweite Unterschrift in die Vollmachtsurkunde nachträglich eingefügt worden war, steht nicht fest. Am 22. Februar 1927 erschienen R. und B. wiederum vor dem genannten Richter in der Sitzung des Streitgerichts, und es wurde nun eine Verhandlung aufgenommen in Sachen des R., Klägers, gegen „H. Gottfried und Anna, früher J.straße 29 in München, z. Zt. in Amerika, vertreten durch den Generalbevollmächtigten Sebastian B. in München, J.straße 29, Beklagte". Es wird erwähnt, daß der Kläger persönlich erschienen sei, für die Beklagten Herr B. „unter Vorzeigung einer allgemeinen Vollmacht". Diese Vollmacht war dieselbe, die auch am 14. Februar vorgelegt worden war. Es wurde dann beurkundet, daß nach den Erklärungen der Erschienenen bei dem Vergleich vom 14. Februar 1927 übersehen worden sei, daß neben der Beklagten Anna H. auch der Beklagte Gottfried H. beteiligt sei, und der Vergleich dahin erweitert werde, daß nunmehr Gottfried H. die gleichen Verpflichtungen als Gesamtschuldner mit Anna H. eingehe, auch in gleicher Weise die Eintragung der Sicherungshypothek bewillige. Am 11. März 1927 wurde auf Grund der Vergleiche die Sicherungshypothek zu 2400 RM. auf Antrag des R. im Grundbuch eingetragen. R. trat seine Rechte aus dem Vergleich und der Hypothek am 24. März 1927 vor einem Notar gegen Zahlung von 1500 RM. an die Klägerin ab und wurde mit dem empfangenen Gelde flüchtig. B. wurde in der Folge wegen Untreue und Betrugs rechtskräftig zu 2 Jahren 3 Monaten Gefängnis und 3 Jahren Ehrverlust verurteilt. Die Klägerin hatte auf Grund der notariellen Urkunde die Abtretung der Hypothek in das Grundbuch eintragen und sich vollstreckbare Ausfertigungen der beiden Vergleiche erteilen lassen. Auf ihren Antrag wurde am 22. April 1927 wegen der angeblichen Forderung aus den Vergleichen und der Sicherungshypothek die Zwangsversteigerung des Anwesens angeordnet, doch erhob Ende Mai 1927 Gottfried H. beim Amtsgericht München Vollstreckungsgegenklage, weil B. auf Grund der Vollmacht die Vergleiche nicht habe abschließen können. Durch rechtskräftiges Urteil des Amtsgerichts vom 15. Mai 1928 wurde die Zwangsvollstreckung für unzulässig erklärt, weil die Vergleiche ohne Vollmacht abgeschlossen und wegen betrügerischen Einvernehmens zwischen B. und R. von Anfang an nichtig gewesen seien.

Die Klägerin ist der Ansicht, der Oberamtsrichter W. habe seine Amtspflicht dadurch fahrlässig verletzt, daß er bei Aufnahme der Vergleiche die vorgelegte Vollmacht nicht nachgeprüft und gleichwohl die Vergleiche beurkundet habe. Da B. und R. vermögenslos sind, die Klägerin also von ihnen keinen Ersatz erlangen kann, nimmt sie den Bayerischen Staat auf Schadensersatz in Anspruch und fordert zunächst Zahlung von 300 RM. nebst Zinsen. Der Beklagte bestreitet, daß der Oberamtsrichter seine Amtspflicht verletzt habe und daß eine etwaige Amtspflichtverletzung ursächlich für den Schaden der Klägerin gewesen sei. In den Vorinstanzen mit der Klage abgewiesen, legte die Klägerin Revision ein. Diese führte zur Aufhebung des Berufungsurteils und zur Zurückverweisung der Sache.

Gründe:

Der Oberamtsrichter W. und der Protokollführer haben sich bei der Aufnahme der Sitzungsprotokolle vom 14. und 22. Februar 1927 nicht damit begnügt, den Erfordernissen der §§ 159, 160 Abs. 2 Nr. 1 und 2 und Abs. 3, §§ 162, 163, 500, 510a, 794 ZPO. zu genügen; sie haben auch beurkundet, wodurch Sebastian B. ihnen nachgewiesen hatte, daß er von den Eheleuten H. zur Führung des angeblichen Rechtsstreits mit R. und zu dessen Beilegung im Vergleichswege ermächtigt war. Dies ist dadurch geschehen, daß im ersten Protokoll B. als Generalbevollmächtigter der Frau H. aufgeführt und angegeben ist, er sei für sie unter Vorzeigung einer Generalvollmacht erschienen. In dem zweiten Protokoll wurde er als Generalbevollmächtigter beider Eheleute bezeichnet und angeführt, daß er eine allgemeine

Vollmacht vorgezeigt habe. Damit war bezeugt, daß B. den gemäß §§ 80, 88 Abs. 2 ZPO. zu führenden Nachweis seiner Bevollmächtigung durch Vorzeigung einer schriftlichen Generalvollmacht und einer allgemeinen Vollmacht erbracht habe, die Beamten also das Vorhandensein einer solchen Vollmacht, die den B. zur Verwaltung der Vermögensangelegenheiten der Eheleute H. ermächtigte und die Prozeßvollmacht für alle aus dieser Verwaltung entstehenden Rechtsstreitigkeiten umfaßte, wahrgenommen hatten. Diese Tatsache wurde nach § 418 ZPO. durch die Sitzungsprotokolle voll bewiesen. Daß die vorgelegte Urkunde keine Generalvollmacht war, ist vom Berufungsrichter zutreffend ausgeführt worden. Es lag also eine unrichtige Beurkundung vor. Die Beurkundung soll dazu geführt haben, daß das Grundbuchamt bei der Eintragung der Sicherungshypothek und daß ebenso die später mit der Sache befaßten Amtspersonen und die Klägerin selbst auf das Vorhandensein der Vollmacht vertraut haben. Ohne die unrichtige Beurkundung wäre es nach der Behauptung der Klägerin nicht zur Herstellung der Urkunden gekommen, deren Aushändigung sie zur Hergabe des Geldes an R. veranlaßt habe; die unrichtige Beurkundung soll also die Ursache der Schädigung gewesen sein und das Verschulden des Oberamtsrichters W. wird darin gefunden, daß er die falsche Beurkundung vorgenommen hat. Ob die von B. dem Oberamtsrichter vorgelegte Vollmacht damals zu den Gerichtsakten genommen (§ 80 Abs. 1 ZPO.) und in welcher Weise später dem Grundbuchamt gegenüber bei der Eintragung der Sicherungshypothek der Nachweis der Vertretungsmacht des B. geführt worden ist (vgl. GBO. § 29 S. 2 und dazu Güthe-Triebel, GBO. 5. Aufl. § 29 Anm. 138), ob in der Tat insoweit dem Grundbuchamt die Vergleichsprotokolle genügt haben, ihm also die Urschrift der Vollmacht oder eine beglaubigte Abschrift nicht vorgelegt wurde, ist bisher nicht festgestellt. Auch darüber, ob die Vollmacht ihrem Inhalt und der Form nach — die Unterschrift der Anna H. war nicht öffentlich beglaubigt, auch steht nicht einmal fest, ob sie von ihr herrührte — genügen konnte, den B. als zur Aufnahme einer Hypothek für die Eheleute H. ermächtigt erscheinen zu lassen, hat der Berufungsrichter keine Feststellung getroffen. Er erklärt zwar, die Vollmacht habe B. nur zur Verwaltung des Hauses ermächtigt, sie sei also keine Generalvollmacht gewesen, bezweifelt, daß der Oberamtsrichter sie als Sondervollmacht erkannt habe, spricht sich aber nicht darüber aus, ob sie als solche der

Frau H. habe gelten können und ob in ihr die Ermächtigung zur Belastung des Grundstücks zu finden war. Das Landgericht hatte angenommen, daß der Oberamtsrichter bei ordnungsmäßiger Prüfung die Unzulänglichkeit der Vollmacht erkannt und dann die Erschienenen gemäß § 139 Abs. 2 ZPO. auf die bestehenden Bedenken aufmerksam gemacht haben würde, daß aber in diesem Falle die vor ihm erschienenen Betrüger B. und R. ihm dargelegt haben würden, es habe sich bei dem Darlehen um eine Aufwendung für das Hausgrundstück gehandelt, und dann der Richter seine Bedenken wegen der Vollmacht aufgegeben haben würde. Aus diesem Grunde hatte das Landgericht den ursächlichen Zusammenhang des eingetretenen Schadens mit der falschen Beurkundung verneint und die Klage abgewiesen. Das hat der Berufungsrichter mißbilligt. Er weist mit Recht darauf hin, daß die Klägerin dadurch getäuscht sein will, daß in den Protokollen von einer Generalvollmacht und einer allgemeinen Vollmacht die Rede war, und führt aus, die bloße Möglichkeit, daß der Schaden auch im Falle einer Prüfung der Vollmacht eingetreten wäre, genüge nicht zur Verneinung des ursächlichen Zusammenhangs und damit zum Ausschluß einer gegebenen Haftung. Aber auch der Berufungsrichter ist zur Abweisung der Klage gelangt, freilich aus einer ganz anderen Erwägung. Er geht davon aus, daß durch die falsche Beurkundung keine dem Oberamtsrichter der Klägerin gegenüber obliegende Amtspflicht im Sinne des § 839 BGB. verletzt sei, da die Klägerin im Sinne der angeführten Gesetzesbestimmung nicht als Dritte angesehen werden könne. Für seine Ansicht stützt er sich auf die RGZ. Bd. 78 S. 241 abgedruckte Entscheidung des erkennenden Senats.

Die sich hiergegen wendende Revisionsrüge ist begründet. Zunächst ist hervorzuheben, daß die Quelle der Staatshaftung für Amtspflichtverletzungen der Beamten nicht mehr die vom Berufungsrichter angeführte Bestimmung des bayerischen Ausführungsgesetzes zum Bürgerlichen Gesetzbuch sein kann, sondern daß diese Haftung aus Art. 131 Abs. 1 S. 1 und 3 RVerf. folgt, bestehende landesgesetzliche Bestimmungen dem gegenüber also nur insoweit in Frage kommen, als sie eine „nähere Regelung" im Sinne des Art. 131 Abs. 2 RVerf. enthalten (RGZ. Bd. 102 S. 168; Bd. 106 S. 34; Bd. 107 S. 61). Im übrigen bekämpft die Revision nicht die Auslegung des bayerischen, also der Revision unzugänglichen Landesrechts, sondern die vom Berufungsgericht getroffene Auslegung des § 839 BGB.; sie macht zutreffend geltend, daß der Begriff des Dritten im Sinne dieser Gesetzesbestimmung verkannt sei. Demgegenüber beruft sich der Beklagte darauf, daß der Aufgabenkreis des Oberamtsrichters W. als Prozeßrichters nur die angeblichen Prozeßparteien eingeschlossen habe, nicht aber irgendwelche Personen, die erst von einer der Prozeßparteien hinterher Rechte erwerben wollten und zu erwerben glaubten, sich aber in ihrer Erwartung getäuscht sahen, daß für solche Personen nicht die Amtshandlung des Beamten, sondern eine neue selbständige Ursache den Schaden herbeigeführt habe. Dem Beklagten ist zuzugeben, daß der Prozeßrichter es regelmäßig nur mit den Prozeßparteien zu tun hat, eine Amtspflichtverletzung anderen Personen gegenüber also regelmäßig kaum in Frage kommen kann, aber er muß auch die Möglichkeit der Umschreibung der Vollstreckungsklausel für oder gegen Rechtsnachfolger der Prozeßparteien berücksichtigen. Wenn der Prozeßrichter beweiskräftige öffentliche Urkunden nicht nur über Parteierklärungen (§ 415 ZPO.), sondern auch über eigene Wahrnehmungen und eigene Handlungen im Sinne des § 418 ZPO. aufnimmt, deren Ausfertigung zur Eintragung von Rechten in das Grundbuch und zum Nachweise von Rechten dienen sollen, so müssen die Urkunden der Wahrheit entsprechen und der Verkehr muß sich auf ihre Richtigkeit verlassen können. In Rechtsprechung und Schrifttum ist anerkannt, daß auch der Prozeßvergleich ein materiellrechtlicher Vertrag im Sinne des § 779 BGB. ist und darin wirksam auch rechtsgeschäftliche Willenserklärungen über die grundbuchmäßige Sicherstellung einer Geldforderung aufgenommen werden können, daß also die Aufnahme derartiger Erklärungen in den gehörig protokollierten Prozeßvergleich die gleiche Wirkung hat wie die Beurkundung durch den Richter der freiwilligen Gerichtsbarkeit oder den Notar. Dazu kommt, daß der so protokollierte Vergleich nach §§ 794 flg. ZPO. ein Titel zur Zwangsvollstreckung ist. Wenn aber in dieser Weise vor dem Prozeßrichter durch öffentliche Urkunde Rechte begründet werden, dann muß er sich bewußt sein, daß derartige Urkunden nicht nur Bedeutung für die unmittelbaren Prozeßparteien haben, sondern von diesen auch vielfach zur Übertragung oder Verpfändung der darin begründeten Rechte benutzt, also zum Nachweis der beurkundeten Vorgänge Dritten zugänglich gemacht werden, die vermöge der gesetzlich festgelegten Beweiskraft der Urkunde auf die Richtigkeit der Beurkundung vertrauen dürfen. Dritte, denen gegenüber dem Prozeßrichter eine

Amtspflicht obliegt, sind in solchem Falle nicht nur die Prozeßparteien einschließlich der im Sinne des zweiten Abschnitts des ersten Buches der Zivilprozeßordnung am Rechtsstreite beteiligten Dritten, sondern alle diejenigen, deren Belange nach der besonderen eigenen Natur des Rechtsgeschäfts — nicht nur infolge zufälligen Hinzutretens äußerer Umstände — durch dieses berührt werden, also insbesondere auch der Rechtsnachfolger oder Pfandgläubiger einer Prozeßpartei. Gerade das ist für die Haftung des Notars bei der Beurkundung eines Rechtsgeschäfts vom erkennenden Senat in der vom Berufungsrichter angeführten Entscheidung ausgeführt worden. Wenn dort (a. a. O. S. 244) über die Amtspflicht des Prozeßrichters gesagt ist, daß bei ihm der Kreis der unmittelbar Beteiligten, der Prozeßparteien im angeführten Sinne, mit dem Kreis der Personen zusammenfalle, deren Interessen die dem Beamten zur Amtspflicht gemachte Tätigkeit unter Berücksichtigung ihrer besonderen Art und ihres Zweckes dienen soll, so ist dabei nur an die gewöhnlichen Fälle prozeßrichterlicher Beurkundung gedacht, nicht aber an Fälle, in denen der Prozeßrichter auch Tatsachen bezeugt, die sonst Gegenstand der Beurkundung im Wege der freiwilligen Gerichtsbarkeit zu sein pflegen. Im letzteren Falle ist, wie auch jene Entscheidung bezüglich der Notarshaftung ausführt, die Pflicht zur sorgfältigen Beurkundung nicht auf die Personen zu beschränken, welche die für eine der Vertragsparteien durch den beurkundeten Vertrag erworbenen Rechte von dieser Vertragspartei ihrerseits erworben haben. Vielmehr ist der Kreis dahin zu erweitern, daß er überhaupt alle diejenigen Personen umfaßt, welche im Vertrauen auf die Rechtsgültigkeit der Beurkundung und auf die durch das beurkundete Rechtsgeschäft geschaffene Rechtslage in Beziehung hierauf im Rechtsverkehr tätig werden. Deshalb gehört auch derjenige dazu, der im Vertrauen darauf, daß die eine der Vertragsparteien durch den beurkundeten Vertrag ein Recht erworben habe, sich dieses Recht gegen Entgelt abtreten läßt oder gegen seine Verpfändung der Vertragspartei ein Darlehen gewährt. Erleidet eine in dieser Weise im Rechtsverkehr tätig gewordene Person durch eine Täuschung in jenem Vertrauen unmittelbar einen Schaden, so sind die Voraussetzungen des § 839 Abs. 1 BGB. gegeben. Daraus folgt, daß der Oberamtsrichter W. durch jene falsche Beurkundung eine ihm der Klägerin gegenüber obliegende Amtspflicht verletzt hat. . . .

10. Über die Ausschließung eines Genossen aus einer eingetragenen Genossenschaft mit beschränkter Haftpflicht.

GenG. § 68.

II. Zivilsenat. Urt. v. 13. Mai 1930 i. S. M. (Kl.) w. die landwirtschaftliche Stärkefabrik eingetr. Gen. mbH. (Bekl.). II 448/29.

I. Landgericht Potsdam.
II. Kammergericht Berlin.

Der Kläger war Mitgründer, eingetragener Genosse und bis Februar 1925 auch Vorstandsmitglied (Vorsitzender des Vorstands) der verklagten Genossenschaft. Gegenstand ihres Unternehmens ist die Verarbeitung von Kartoffeln zu Stärkemehl und der Handel mit landwirtschaftlichen Erzeugnissen. Geschäftsanteil und Haftsumme sind zuletzt auf 2300 RM. festgesetzt worden. Die Mitgliederzahl belief sich auf neun; davon gehörten drei dem Vorstand, fünf dem Aufsichtsrat an. Der Kläger war seit Februar 1925 der einzige Genosse ohne Genossenschaftsamt. Nach § 6 der Satzung kann ein Genosse auf Antrag des Vorstands durch Beschluß des Aufsichtsrats aus der Genossenschaft ausgeschlossen werden u. a. „wegen einer vorsätzlich gegen das Interesse der Genossenschaft gerichteten Handlungsweise". Der Ausschließungsbeschluß ist dem betroffenen Genossen vom Aufsichtsrat ohne Verzug durch eingeschriebenen Brief mitzuteilen; binnen zwei Wochen kann dann die Entscheidung der Generalversammlung angerufen werden; im übrigen gibt § 6 der Satzung den Inhalt des § 68 Abs. 4 GenG. wieder.

Durch Beschluß des Aufsichtsrats der Beklagten vom 21. Mai 1926 wurde der Kläger auf Grund der genannten Satzungsbestimmung aus der Genossenschaft ausgeschlossen. Es wird ihm zum Vorwurf gemacht, daß er für Roggen, den er im Jahre 1923 der Beklagten für deren Kreditzwecke geliefert hatte, trotz einer — nach Behauptung der Beklagten endgültigen — Festsetzung des Gegenwertes hinterher im Wege willkürlicher Preiserhöhungen 1120,80 RM. zuviel gefordert und sich habe auszahlen lassen und weiter, daß er nach Beendigung seines Vorstandsamtes trotz wiederholter Mahnungen die in seinem Besitz befindlichen Vorstandsakten nicht herausgegeben habe, sodaß Klage, Urteil und schließlich sogar Wegnahme durch den Gerichtsvollzieher notwendig geworden sei. Der Kläger rief rechtzeitig die Entscheidung der Generalversammlung an. Diese erhielt jedoch den Ausschließungsbeschluß aufrecht, wovon der Kläger durch den Vorstand der Beklagten mit Schreiben vom 2. August 1926 in Kenntnis gesetzt wurde. Er steht auf dem Standpunkt, daß der Ausschließungsbeschluß aus formellen und sachlichen Gründen zu Unrecht ergangen sei, und hat Klage erhoben mit dem Antrag festzustellen, daß seine Ausschließung ungerechtfertigt und er noch Mitglied der Genossenschaft sei.

Das Landgericht wies die Klage ab. Die Berufung des Klägers war erfolglos. Seine Revision führte zur Aufhebung und Zurückverweisung.

Aus den Gründen:

Der Kläger hat die Gültigkeit des Ausschließungsbeschlusses zunächst aus formellen Gründen bestritten. In erster Linie bemängelt er, daß die Aufsichtsratsmitglieder bei der Beschlußfassung der Generalversammlung über die Aufrechterhaltung der Ausschließung mitabgestimmt haben. Allein weder aus dem Gesetz, noch aus der Satzung der Beklagten läßt sich ein stichhaltiger Grund dafür entnehmen, daß die Mitglieder des Aufsichtsrats der Beklagten, die in dieser Eigenschaft den Ausschließungsbeschluß erlassen hatten, um deswillen hinterher in der Generalversammlung als Genossen bei der Abstimmung über den Einspruch nicht mitstimmberechtigt gewesen wären. Den Ausführungen des Berufungsgerichts kann insoweit nur beigetreten werden, insbesondere in der Hinsicht, daß keiner der Fälle der Stimmrechtsbehinderung des § 43 Abs. 3 GenG. vorliegt.

Es kann der Revision aber auch nicht zugegeben werden, daß der Kläger einen Anspruch darauf gehabt hätte, sich vor der Generalversammlung, die über seinen Einspruch gegen die vom Aufsichtsrat verhängte Ausschließung Beschluß gefaßt hat, mündlich zu rechtfertigen oder durch einen Bevollmächtigten vertreten zu lassen, und daß, weil ihm das rechtliche Gehör in dieser Form versagt worden ist, der Beschluß ohne weiteres der Gültigkeit ermangele. Die Satzung verknüpft die in § 68 Abs. 4 GenG. ausgesprochene Rechtsfolge des Ausschließungsbeschlusses ohne jede Rücksicht darauf, ob der betroffene Genosse von der in § 6 Abs. 4 der Satzung eingeräumten Möglichkeit der Anrufung der Generalversammlung Gebrauch macht oder nicht, mit dem Beschluß des zunächst berufenen Genossenschaftsorgans. Das Gesetz läßt im übrigen der Genossenschaft freie Hand, welches Organ

(Vorstand, Aufsichtsrat, Generalversammlung) für den Ausschluß zuständig sein soll — in Ermanglung einer Satzungsbestimmung ist es der Vorstand — und ob und welche Stellen innerhalb der Genossenschaft der betroffene Genosse gegen einen solchen Beschluß im Beschwerdeweg anrufen kann. Die Einrichtung eines „Rechtsmittelzugs" innerhalb der Genossenschaft ist Sache der freien genossenschaftlichen Selbstverwaltung, und ebenso verhält es sich damit, wie dieses Rechtsmittelverfahren im einzelnen ausgestaltet werden soll. Hiernach bestand rechtlich kein Hindernis, daß die in § 68 Abs. 4 GenG. ausgesprochene Wirkung des Ausschließungsbeschlusses schon an die entsprechende Maßnahme des Aufsichtsrats geknüpft wurde trotz der in der Satzung vorgesehenen Möglichkeit, die Entscheidung der Generalversammlung anzurufen. § 68 Abs. 4 bestimmt aber unzweideutig, daß der Ausgeschlossene vom Zeitpunkt der Absendung des eingeschriebenen Briefs über seinen Ausschluß nicht mehr an der Generalversammlung teilnehmen kann. Diese Vorschrift ist ausnahmslos und ohne Beschränkung aufgestellt. Insbesondere ist weder im Gesetz noch in der Satzung der Beklagten eine Ausnahme für den Fall gemacht, daß der ausgeschlossene Genosse satzungsgemäß das Recht auf Anrufung der Generalversammlung hat und von dieser Möglichkeit Gebrauch macht. Weder aus einer solchen Befugnis noch aus der Stellung, welche die Generalversammlung bei der Beschlußfassung einnimmt, läßt sich gegenüber der klaren, eindeutigen Vorschrift des § 68 Abs. 4 GenG. der Grundsatz herleiten, daß der beschwerdeführende Genosse einen Rechtsanspruch auf mündliches Gehör in der Generalversammlung habe, einen Anspruch, der im Kern auf eine — wenn auch sachlich beschränkte — Aufhebung dieser Vorschrift hinausliefe. Es geht auch nicht an, die Grundsätze der Unmittelbarkeit und Mündlichkeit, wie sie — übrigens nicht ohne Ausnahme — im zivil- und strafprozessualen Verfahren gelten, hierher zu übertragen und auf dieser Grundlage eine Sonderbestimmung beiseite zu schieben, wie sie § 68 Abs. 4 im Interesse der Genossenschaft getroffen hat. Dem steht weiterhin entgegen, daß die Einschaltung der Generalversammlung als Beschwerdeorgan ohnehin eine Maßnahme der genossenschaftlichen Selbstverwaltung ist, welcher nur insofern Schranken gezogen sind, als dem betroffenen Genossen die Möglichkeit, das Gericht anzurufen, nicht genommen oder verkümmert werden darf (RGZ. Bd. 57 S. 154). Im gerichtlichen Verfahren ist dem Genossen das rechtliche Gehör in ausgiebigster Weise gewährleistet; dort ist es auch Sache der Genossenschaft, im einzelnen klarzustellen und im Streitfall zu beweisen, daß und welcher gesetzliche oder satzungsmäßige Ausschließungsgrund vorliegt. Nur so viel ist der Revision zuzugeben, daß dem ausgeschlossenen Genossen im Rahmen des genossenschaftlichen Beschwerdeverfahrens zu gestatten ist, darzulegen, weshalb der Ausschluß nicht zu Recht erfolgt sein soll. Dies liegt auch im wohlverstandenen Interesse der Genossenschaft selbst, die im Falle eines schuldhaft zu Unrecht erfolgten Ausschlusses dem betroffenen Genossen schadensersatzpflichtig ist (RGZ. Bd. 72 S. 4, Bd. 128 S. 87).

Nach den Feststellungen des Berufungsgerichts war aber dem Kläger das rechtliche Gehör in ausreichender Weise gewährt. So wenig sodann der Kläger ein Recht auf persönliche Anwesenheit in der Generalversammlung vom 2. August 1926 hatte, ebensowenig stand ihm das Recht zu, sich dort zu seiner Rechtsverteidigung durch einen Bevollmächtigten vertreten zu lassen (§ 43 Abs. 1 und 4 GenG.). Damit erledigt sich dieser Revisionsangriff.

Die sonstigen formellen Bemängelungen des Ausschlußverfahrens hat das Berufungsgericht mit zutreffender Begründung zurückgewiesen. Insoweit ist auch ein besonderer Revisionsangriff nicht erhoben worden.

Entgegen der Ansicht der Beklagten hat das Berufungsgericht in Übereinstimmung mit der ständigen Rechtsprechung des erkennenden Senats (RGZ. Bd. 88 S. 193; JW. 1927 S. 691 Nr. 30; Urteil vom 5. Februar 1926 II 148/25) die Ausschließungsgründe sachlich geprüft mit dem Ergebnis, daß es die Ausschließung des Klägers als zu Recht erfolgt ansieht.

Die Revision erhebt insoweit prozessuale und sachlichrechtliche Angriffe. Die Beklagte stützt die Ausschließung des Klägers auf den satzungsmäßigen Ausschlußgrund des vorsätzlichen Handelns wider das Interesse der Genossenschaft (§ 6 Nr. 1 der Satzung in Verb. mit § 68 Abs. 2 GenG.). In tatsächlicher Hinsicht führt sie zwei Vorkommnisse an, deren eines sich im Sommer 1924, also rund $1^3/_4$ Jahre vor dem Ausschließungsbeschluß des Aufsichtsrats vom 21. Mai 1926 zugetragen haben soll. Der Kläger hatte nun behauptet, daß insoweit der ganze Sachverhalt, insbesondere die angebliche geldliche Schädigung der Beklagten um mehr als 1100 RM. schon lange vorher jedenfalls dem Vorsitzenden des Vorstandes bekannt gewesen sei, ohne daß hierwegen bis zum Mai 1926 irgend etwas unternommen worden wäre. Daraus will der Kläger herleiten, daß die Beklagte auf jenen Vorgang als Ausschließungsgrund nicht mehr zurückgreifen könne. Für die Revisionsinstanz sind diese tatsächlichen Behauptungen des Klägers über den Zeitpunkt der Kenntniserlangung des Vorsitzenden des Vorstands von dem angeblichen Ausschließungsgrund als richtig zu unterstellen. Nach der Satzung der Beklagten ist die Einleitung des Ausschließungsverfahrens von einem Antrag des Vorstandes an den Aufsichtsrat abhängig. Zunächst hat daher der Vorstand darüber zu befinden, ob ein bestimmter Vorgang zum Anlaß eines Ausschließungsverfahrens genommen werden soll. Sein Vorsitzender hätte in dieser seiner Eigenschaft schon im Februar 1925 von den Vorkommnissen von Ende August und Anfang September 1924 Kenntnis gehabt, die nunmehr einen der beiden Ausschließungsgründe abgeben sollen. Diese seine Kenntnis ist der Beklagten ungeachtet dessen, daß für sie Gesamtvertretung gilt, als eigene Kenntnis zuzurechnen; es gelten insoweit ähnliche Grundsätze, wie sie auch sonst zur Anwendung kommen, wenn eine rechtserhebliche Tatsache einem Gesamtvertreter oder einem Vorstandsmitglied einer juristischen Person bekannt war (RGZ. Bd. 57 S. 94; Bd. 78 S. 354; Bd. 81 S. 436). Dann konnte aber das Verhalten der Genossenschaftsorgane, bei denen zunächst die Entscheidung über die Ausübung des Ausschließungsrechts lag, nur so gedeutet werden, daß aus dem fraglichen Sachverhalt ein Ausschließungsgrund gegenüber dem Kläger nicht hergeleitet werden, sondern trotzdem das Genossenschaftsverhältnis mit ihm fortgesetzt werden sollte. Die Handhabung eines in die Rechte der Genossen so tief einschneidenden Rechtsbehelfs, wie die Ausschließung aus der Genossenschaft, steht im besonderen unter dem Grundsatz von Treu und Glauben. Damit wäre es unvereinbar, wenn die Genossenschaft trotz Kenntnis von dem Ausschließungstatbestand erst nach Jahr und Tag auf solche früheren Vorgänge zurückgreifen könnte, deren Klarstellung inzwischen durch die Länge der Zeit und den Wegfall wichtiger Beweismittel (Wegfall des inzwischen verstorbenen Geschäftsführers P. der Beklagten als Zeugen) wesentlich erschwert wäre. Die Vorkommnisse von 1924 müßten somit bei dem zu unterstellenden Sachverhalt als selbständiger Entlassungsgrund ausscheiden (RGZ. Bd. 51 S. 89). Auf diesem Rechtsboden steht übrigens anscheinend auch der

Berufungsrichter, der das soeben genannte reichsgerichtliche Urteil selbst anführt.

Es kommt deshalb zunächst darauf an, ob der Beklagten anderweitige Vorkommnisse zur Seite stehen, die in objektiver und subjektiver Hinsicht die Tatbestandserfordernisse des § 6 Abs. 1 der Satzung erfüllen, und zwar, entgegen der Ansicht der Beklagten, für sich allein. Dies ist jedoch — wie in dem hier nicht abgedruckten Teil der Gründe dargelegt wird — nach dem in der Revisionsinstanz zu unterstellenden Sachverhalt nicht der Fall.

---

11. 1. Können bei Bemessung der Höhe eines von einer Gesellschaft mbH. geschuldeten Aufwertungsbetrags die Vermögensverhältnisse ihres einzigen (vermögenden) Gesellschafters berücksichtigt werden, wenn sie selbst wirtschaftlich notleidend ist?

2. Unter welchen Voraussetzungen kann im zweiten Rechtszug die Aufrechnung einer Gegenforderung geltend gemacht werden?

GmbHGes. § 13. BGB. § 242. ZPO. § 529 Abs. 5.

VI. Zivilsenat. Urt. v. 19. Mai 1930 i. S. D. H. GmbH. (Bekl.) w. H. (Kl.). VI 534/29.

I. Landgericht Dresden.
II. Oberlandesgericht daselbst.

Durch notariellen Vertrag vom 7. August 1922 verkaufte der Kläger sein in B. belegenes Grundstück, auf dem er eine Gastwirtschaft betrieb und wohnte, an die verklagte Gesellschaft mbH. und ließ es ihr sofort auf. Von dem mit 650000 M. beurkundeten Kaufpreis sollten 500000 M. auf das Grundstück und 150000 M. auf das Inventar gerechnet werden. Gemäß § 2 des Vertrags zahlte die Beklagte auf den Kaufpreis bei der Auflassung 150000 M. bar. Sie übernahm auch drei auf dem Grundstück lastende Hypotheken im Gesamtbetrage von 140000 M. und verpflichtete sich, die restlichen 360000 M. bei der für den 30. September 1922 in Aussicht genommenen Übergabe des Grundstücks zu zahlen, vorausgesetzt daß bis dahin die Genehmigung der Amtshauptmannschaft zum Verkauf vorlag, andernfalls am Tage der Bekanntgabe dieser Genehmigung (§ 4). In § 5 des Vertrags verpflichtete sich der Kläger, die gewerblichen Räume und seine Wohnung jederzeit auf Anforderung der Beklagten unverzüglich zu räumen, während die Beklagte für den Fall einer von ihr vor dem 31. Dezember 1927 geforderten Räumung dem Kläger gegen Übergabe der leergestellten Räume eine Entschädigung von 150000 M. zahlen sollte. Ferner sollte nach § 6 a. a. O. der Kläger im Falle eines von der Beklagten vor dem 31. Dezember 1927 erklärten Räumungsverlangens berechtigt sein, das Inventar für 150000 M. zurückzukaufen. Endlich übernahm die Beklagte in § 9 des Vertrags sämtliche im Zusammenhang mit dem Grundstücksverkauf entstehenden Kosten einschließlich der Grunderwerbsteuer, während der Kläger die Wertzuwachssteuer tragen sollte. Nachdem die Genehmigung der Amtshauptmannschaft am 27. September 1922 eingegangen war, wurde die Beklagte am 30. September 1922 als Eigentümerin des Grundstücks eingetragen. Sie zahlte dann am 7. und 16. Oktober 1922 dem Kläger 360000 und 150000 M., obwohl dieser bis dahin nur die gewerblichen Räume leergestellt hatte. In der Folgezeit zahlte die Beklagte auch noch die von der Steuerbehörde nach einem Betrage von 800 000 M. errechnete Wertzuwachssteuer. Der Kläger aber ließ das in seinem Besitz verbliebene Inventar für seine Rechnung ohne Widerspruch der Beklagten am 27. September 1922 versteigern und verblieb in der auf dem Grundstück befindlichen Wohnung.

Mit der Behauptung, daß ein Schwarzkauf vorliege, da der wirklich vereinbarte Kaufpreis, und zwar ohne das nicht mitverkaufte Inventar, 800 000 M. betrage und auch die Summe von 150 000 M., die ihm für den Fall der Räumung gezahlt werden sollte, verschleierter Kaufpreis sei, verlangt der Kläger Aufwertung der Zahlungen von 360 000 M. und 150 000 M. Das Landgericht hat der zunächst nur wegen eines Teilbetrags von 6000 RM. nebst Zinsen erhobenen Klage in Höhe von 2076,30 RM. mit Zinsen stattgegeben. Auf die Berufung beider Parteien hat das Oberlandesgericht, nachdem im zweiten Rechtszuge die Klageforderung auf einen Teilbetrag von 20 000 RM. erweitert worden war, die Beklagte verurteilt, dem Kläger 4300 RM. nebst Zinsen sofort und weitere 1792,16 RM. Zug um Zug gegen Räumung seiner Wohnung auf dem verkauften Grundstück zu zahlen, im übrigen jedoch die Berufung des Klägers und ferner die der Beklagten zurückgewiesen.

Die Revision der Beklagten blieb erfolglos. Dagegen wurde auf die Anschlußrevision des Klägers das Berufungsurteil teilweise abgeändert.

Aus den Gründen:

Das Berufungsgericht geht in Übereinstimmung mit dem ersten Richter davon aus, daß nach Lage der Sache der zwischen den Parteien für das Grundstück ohne Inventar vereinbarte Kaufpreis entgegen der Angabe im Kaufvertrage sich auf 800000 M. belaufen habe, daß aber die unrichtige Beurkundung des Kaufpreises gemäß § 313 Satz 2 BGB. durch die erfolgte Auflassung und die grundbuchliche Eintragung geheilt sei und die damit herbeigeführte Gültigkeit des Vertrages auch durch die Unkenntnis der Amtshauptmannschaft über die wirklich getroffenen Vereinbarungen bei Erteilung der Genehmigung nicht berührt werde, da nach dem sächs. Gesetz über den Verkehr mit Grundstücken vom 20. November 1920 (GBl. S. 464) der Ausspruch der genehmigenden Behörde sich lediglich auf die Übertragung des Eigentums, nicht aber auf den Kaufvertrag als solchen erstrecke ... Der Berufungsrichter gelangt schließlich unter Berücksichtigung der verschiedensten Maßstäbe, denen er einen Vergleich der gegenwärtigen Vermögensverhältnisse beider Parteien und des einzigen Gesellschafters der Beklagten anfügt, zu einem Aufwertungsbetrag von 7000 RM. und hält daran auch bei Würdigung der Zeilerschen Umwertungszahlen fest, da deren mit 12410 RM. auslaufende Berechnung mehr ergebe, als der Kläger selbst für das Grundstück gezahlt habe, auch außer Betracht lasse, daß es ihm nicht gelungen wäre, sich das Geld über den Währungsverfall hinaus wertbeständig zu erhalten. Anderseits stehe der Beklagten gegenüber dem nach Vorstehendem an sich in Höhe von 7000 RM. berechtigten Klaganspruch insofern eine zur Aufrechnung geeignete Gegenforderung zu, als der Kläger entgegen der von ihm übernommenen, aus den §§ 4 und 5 des Kaufvertrages sich ergebenden Verpflichtung bisher die Wohnung nicht geräumt habe. Das ihm bis dahin gewährte Recht zu deren unentgeltlicher Benutzung sei mit dem Tage, an dem er die zweiten 150000 M. erhalten habe, also am 16. Oktober 1922 erloschen. Durch die unbefugte Weiterbenutzung der Wohnung sei der Kläger ungerechtfertigt bereichert. Die Beklagte könne daher gemäß § 812 Abs. 1 BGB. von ihm für die Zeit der Weiterbenutzung die nach der jährlichen Friedensmiete zu errechnende gesetzliche Miete verlangen. Gegen ihre mit 907,84 RM.

auslaufende Berechnung seien ebensowenig Bedenken zu erheben wie der erst im zweiten Rechtszug erklärten Aufrechnung mit dieser Gegenforderung Bedenken entgegenständen. Wenn im § 529 Abs. 5 ZPO. (früher Abs. 3) das Nachbringen von Gegenforderungen, mit denen im Berufungsverfahren aufgerechnet werden solle, von der Einwilligung des Klägers abhängig gemacht sei, so bezwecke diese Vorschrift nur, eine Verschleppung des Prozesses zu verhindern. Sie sei daher nicht anzuwenden, wenn im einzelnen Falle durch die Aufrechnung keine Verzögerung herbeigeführt werde. Das treffe hier zu, wo die Gegenforderung der Beklagten von 907,84 RM. spruchreif sei. Denselben Zweck wie die Vorschrift des § 529 Abs. 5 ZPO. habe auch eine zwischen den Parteien getroffene Vereinbarung verfolgt, die dahin gegangen sei, daß über die Rechtmäßigkeit der Gegenforderung in einem besonderen Rechtsstreit entschieden werden sollte, falls über sie keine Einigung zustande käme. Der Kläger habe sich aber verpflichtet, ein zu seinen Gunsten ergehendes Urteil im gegenwärtigen Prozeß insoweit nicht zu vollstrecken, als sich die Urteilssumme mit dem Betrage der Gegenforderung der Beklagten decke. Zweck der Vereinbarung sei nur gewesen, eine Verzögerung des Prozesses zu vermeiden. Trete keine Verzögerung des Verfahrens ein, weil die Gegenforderung ohne weiteres nach Grund und Höhe festzustellen sei, was jetzt zutreffe, so sei auch diese Vereinbarung gegenstandslos geworden....

Unbegründet ist der Revisionsangriff, mit welchem sich die Beklagte dagegen wendet, daß das Berufungsgericht bei Bemessung der Höhe der Aufwertung nicht nur ihre eigenen Vermögensverhältnisse, sondern auch die ihres einzigen Gesellschafters berücksichtigt. Bei Beurteilung dieser Frage ist, was auch das angefochtene Urteil nicht verkennt, im Einklang mit der in der Rechtsprechung des Reichsgerichts und in dem maßgebenden Schrifttum zum Ausdruck gebrachten Auffassung davon auszugehen, daß eine Gesellschaft mbH. trotz Vereinigung aller Geschäftsanteile in einer Hand (die sog. Einmanngesellschaft) als besondere Rechtspersönlichkeit fortbesteht, also auch im Verkehr mit Dritten ihre Selbständigkeit bewahrt (vgl. § 13 GmbHG. in Verbindung mit RGZ. Bd. 85 S. 382, Bd. 87 S. 25 und Bd. 98 S. 291). Das schließt aber, wie die Revision selbst zugibt, nicht aus, daß unter Umständen die Besonderheit des Einzelfalls zu einer abweichenden Handhabung führen kann, wenn die Wirklichkeiten des Lebens, die wirtschaftlichen Bedürfnisse und die Macht der Tatsachen es dem Richter gebieten, die juristische Konstruktion hintanzusetzen (vgl. RGZ. Bd. 99 S. 234, Bd. 103 S. 66 und Recht 1905 Nr. 743; ferner Hachenburg Komm. zum GmbHG. 5. Aufl. § 13 Anm. 1 S. 278flg., Brodmann GmbHG. S. 15flg. und Merzbacher-Krackenberger GmbHG. 9. Aufl. zu § 13 Anm. 6). Namentlich wird das dann geschehen müssen, wenn die Rechtsbeziehungen des Dritten zu der Gesellschaft mbH. es erfordern, daß die von letzterer dem ersteren geschuldete Leistung nach Treu und Glauben mit Rücksicht auf die Verkehrssitte bewirkt wird (§ 242 BGB.). Um eine solche Leistung aber handelt es sich, wie keiner weiteren Erörterung bedarf, bei der hier streitigen Aufwertung. Wenn man in einem Falle wie dem vorliegenden, wo nach dem festgestellten Sachverhalt sich die Gesellschaft mbH. als solche in einer wirtschaftlichen Notlage befindet, während ihr einziger Gesellschafter vermögend ist, für den Aufwertungsmaßstab lediglich die Verhältnisse der Gesellschaft berücksichtigen wollte, so würde das nicht nur Treu und Glauben widersprechen, sondern geradezu einer Umgehung des Gesetzes, der Verhinderung einer angemessenen Aufwertung Tür und Tor öffnen können. Dem kann nicht stattgegeben werden. Der dieser Erwägung, wenn auch nicht ausdrücklich, Rechnung tragende Standpunkt des Berufungsgerichts ist daher rechtlich nicht zu beanstanden (vgl. außer der im angefochtenen Urteil angezogenen Entscheidung des Bayer. Oberst. LandesG. vom 18. Oktober 1928, Ring Rspr. 1928 S. 1049 Nr. 511, auch das Urteil dess. Gerichts vom 8. Juli 1926 in JW. 1926 S. 2377 Nr. 1 und Entsch. d. KG. vom 21. April 1927 in AufwKartothek zu § 10 Karte Nr. 40). Frei von Rechtsirrtum ist entgegen der Meinung der Revision auch die Art und Weise, wie das Berufungsgericht den Kaufpreis, zu dem der Kläger seinerseits das Grundstück erworben hat, bei Bemessung der Höhe der Aufwertung berücksichtigt; denn ebensowenig wie nach der Rechtsprechung des Reichsgerichts die Aufwertung dazu da ist, einen schlechten Verkauf zu verbessern, darf sie umgekehrt dazu benutzt werden, um einen guten Verkauf zu einem weniger günstigen zu gestalten....

Anderseits ist die Anschlußrevision des Klägers begründet. Er rügt mit Recht die trotz seines Widerspruchs erfolgte Zulassung der erst im zweiten Rechtszug erklärten Aufrechnung. Das Berufungsgericht hat hierbei gegen die zwingende Vorschrift des

§ 529 Abs. 5 ZPO. verstoßen, wonach eine auf die Geltendmachung der Aufrechnung einer Gegenforderung gegründete Einwendung zurückzuweisen ist, wenn nicht der Kläger in die Geltendmachung einwilligt oder der Beklagte glaubhaft macht, daß er ohne sein Verschulden außerstande gewesen ist, die Aufrechnung in erster Instanz geltendzumachen. Nach der tatsächlichen Feststellung des Berufungsgerichts liegt keine dieser Voraussetzungen vor. Insbesondere ergibt die vor der Anrufung der zweiten Instanz getroffene Vereinbarung, die Gegenforderung solle im gegenwärtigen Rechtsstreit gegen die Zusage entsprechender Vollstreckungsbeschränkung nicht geltend gemacht, sondern es solle darüber in einem besonderen Rechtsstreit entschieden werden, keinen Anhalt dafür, daß in die Aufrechnung für die Berufungsinstanz eingewilligt worden wäre. Da nach dem festgestellten Sachverhalt die Höhe der Gegenforderung mit 907,84 RM. feststeht, erscheint es in Beachtung des § 565 Abs. 3 Nr. 1 ZPO. geboten, diesen Betrag dem Kläger neben den ihm vom Berufungsgericht Zug um Zug gegen die Räumung zugesprochenen 1792,16 RM. zuzubilligen. . . .

---

12. 1. In welchem Umfang haftet der Halter eines Kraftfahrzeugs, wenn bei dessen Betrieb eine Ehefrau körperlich verletzt wird, nach Maßgabe des § 11 KFG. einerseits und der §§ 823 flg. BGB. andererseits?

2. Zur Auslegung des § 17 Abs. 2 KFG., wenn der Unfall auch durch ein Tier herbeigeführt worden ist.

3. Ist der Richter von der Pflicht zur Prüfung der Klaganträge auf Grund der §§ 823 flg. BGB. dadurch befreit, daß der Kläger erklärt, er stütze seine Klage auf § 7 KFG., während seine Anträge über den Rahmen der Haftung nach diesem Gesetz hinausgehen?

ZPO. § 304. KFG. §§ 7, 11, 12, 17. BGB. §§ 831, 833, 843, 845, 847, 1356, 1360, 1367, 1380, 1389, 1438, 1458, 1519, 1529, 1549.

VI. Zivilsenat. Urt. v. 19. Mai 1930 i. S. Te. (Bekl.) w. Th. (Kl.). VI 576/29.

I. Landgericht Cleve.
II. Oberlandesgericht Düsseldorf.

Am 21. Juli 1927 fuhren der Kläger und seine Ehefrau auf einem mit einem Pferde bespannten Karren auf der Landstraße von B. nach M. Ihnen entgegen kam der Lastkraftwagen des Beklagten, der von dem Fahrer D. gesteuert wurde. Als die beiden Fahrzeuge einander näherkamen, begann das Pferd des Klägers zu scheuen. Es ging rückwärts und der Karren wurde von dem inzwischen angelangten Kraftwagen angefahren und zur Seite gestoßen. Dabei fiel die Frau des Klägers herunter und wurde von dem Kraftwagen überfahren. Der verletzte Unterschenkel mußte ihr abgenommen werden. Der Kläger ist der Meinung, daß hierdurch seiner Frau insofern Schaden erwachsen sei, als ihre Erwerbsfähigkeit vermindert sei und infolge des Ausfalls ihrer Arbeitskraft in dem ihr gehörigen landwirtschaftlichen Betriebe bezahlte Hilfskräfte hätten eingestellt werden müssen, als seine Frau zeitweise besonderer Hilfe bedürfe und als endlich ein Fuhrwerk für sie habe angeschafft werden müssen, um ihr insbesondere den Kirchenbesuch zu ermöglichen. Für diesen Schaden macht der Kläger den Beklagten verantwortlich, indem er mit folgenden Anträgen Klage erhoben hat:

den Beklagten zu verurteilen, den Schaden zu ersetzen, der dem Kläger dadurch entstanden ist und weiter entsteht, daß der Kraftwagen des Beklagten seine Frau überfahren hat; diesen Schaden vorbehaltlich weiterer Anträge auf 95 RM. monatlich zu bemessen und den Beklagten zu verurteilen, diese Summe vom 21. Juli 1927 an zu zahlen.

Das Landgericht hat die Klage abgewiesen, da es den Entlastungsbeweis aus § 7 Abs. 2 KFG. als erbracht ansah. Gegen dieses Urteil hat der Kläger Berufung eingelegt mit dem Antrage:

nach seinen Schlußanträgen im ersten Rechtszuge zu erkennen, jedoch mit der Einschränkung, daß nur noch eine Rente von 75 RM. monatlich gefordert werde.

Das Oberlandesgericht hat das erste Urteil abgeändert und den Klaganspruch auf Zahlung einer Rente dem Grunde nach für gerechtfertigt erklärt.

Die Revision des Beklagten führte zur Aufhebung und Zurückverweisung.

Aus den Gründen:

Das angefochtene Urteil führt im Eingang der Gründe folgendes aus. Die Klage sei auf die Bestimmungen des Kraftfahrzeuggesetzes gestützt. Diese gewährten zwar dem Verletzten Ansprüche auf Schadensersatz, daneben aber nicht auch noch einem Dritten wie dem Ehemann. Der Kläger habe jedoch ausdrücklich erklärt, daß er nur Ansprüche erheben wolle, welche seiner Frau, also nicht ihm, wegen Ausfalls ihrer Arbeitskraft und Minderung ihrer Erwerbsfähigkeit erwachsen seien. Solche Ansprüche könne auch der Kläger geltend machen, weil er als Ehemann dazu ein besonderes Recht habe.

Demgegenüber meint die Revision, das Urteil sei unklar und widerspruchsvoll und verletze den § 304 ZPO. Nach den vom Vorderrichter verwerteten Erklärungen des Klägers wolle dieser nur Ansprüche seiner Frau geltend machen. Es sei aber nicht erkennbar, auf welche Ansprüche sich die ganz allgemein gehaltene Urteilsformel erstrecken oder beschränken solle. Der Berufungsrichter hätte vor Erlaß des Grundurteils sich mit den einzelnen in Betracht kommenden Ansprüchen befassen müssen.

Diese verfahrensrechtliche Beschwerde ist begründet und deutet zugleich die sachlichrechtlichen Bedenken an, die zur Aufhebung des angefochtenen Urteils führen müssen.

Der Kläger hat zwar erklärt, er mache den Ersatz des Schadens geltend, den seine Frau durch Ausfall ihrer Arbeitskraft und Minderung ihrer Erwerbsfähigkeit erleide; zur Geltendmachung dieses Schadens sei er als Ehemann und Verwalter und Nießbraucher des Vermögens seiner Frau berechtigt. Aber der Kläger hat weder im ersten noch im zweiten Rechtszuge Veranlassung genommen, seinen Klagantrag dahin zu fassen, daß er den seiner Frau erwachsenen Schaden erstattet verlange. Der Klagantrag lautet vielmehr auf Ersatz des Schadens, der dem Kläger entstanden sei. Diesen Schadensersatzanspruch hat das angefochtene Urteil dem Grunde nach für gerechtfertigt erklärt . .

Das Berufungsgericht geht ferner davon aus, daß die Klage auf die Bestimmungen des Kraftfahrzeuggesetzes gestützt sei. Wäre diese Annahme richtig, so würde sich der Umfang der Schadensersatzpflicht des Beklagten aus § 11 KFG. erschöpfend ergeben. Danach hätte der Beklagte einmal die Heilungskosten zu erstatten. Ferner wäre er verpflichtet, den Vermögensnachteil zu ersetzen, den die Verletzte, also die Frau des Klägers, nicht der Kläger selbst — anders nach § 845 S. 1 BGB. (vgl. Komm. RGR. 6. Aufl. Erl. 4 zu § 845 Bd. II S. 652; Müller Automobilgesetz 5. Aufl. Anm. zu § 11 KFG.

S. 299, 300) — dadurch erleidet, daß infolge der Verletzung ihre Erwerbsfähigkeit gemindert oder eine Vermehrung ihrer Bedürfnisse eingetreten ist. In ersterer Beziehung hat der Kläger nichts darüber vorgetragen, daß etwa seine Frau auf Arbeit bei dritten Personen gegangen sei oder daß sie selbständig ein Erwerbsgeschäft betreibe (§ 1367 BGB.); zur Einklagung eines insoweit entstandenen Schadens wäre der Kläger auch gar nicht befugt (§ 1380 S. 1 BGB.). Er behauptet vielmehr nur, daß er die Dienste entbehren müsse, welche seine Frau vor ihrem Unfall im Hauswesen und in dem zum eingebrachten Gut gehörigen landwirtschaftlichen Betriebe geleistet habe, und daß er deshalb bezahltes Hilfspersonal habe einstellen müssen (§ 1356 Abs. 2 BGB.). Nun liegt anscheinend dem angefochtenen Urteil die Annahme zugrunde, daß der Kläger und seine Frau im gesetzlichen Güterstande (§§ 1363 flg. BGB.) leben. Diese Annahme ist nicht zu beanstanden, da die Ehe erst nach dem 31. Dezember 1899 geschlossen ist und der Kläger selbst von dem Bestehen des gesetzlichen Güterrechts auszugehen scheint. Herrscht aber in der Ehe des Klägers das gesetzliche Güterrecht, so gehört der Erwerb der Frau nach § 1356 Abs. 2 BGB. dem Manne (RGZ. Bd. 64 S. 323). Durch den Wegfall oder die Minderung dieses Erwerbs wird also der Regel nach der Mann und nicht die Frau geschädigt (RGZ. Bd. 63 S. 195, Bd. 77 S. 99, Bd. 79 S. 230); nur dann würde auch die Frau geschädigt sein, wenn die infolge Wegfalls ihrer Arbeitskraft notwendig gewordene Einstellung einer Hilfskraft auf das Maß des der Frau vom Manne zu gewährenden Unterhalts Einfluß ausüben würde (RGU. in SeuffArch. Bd. 63 Nr. 250 S. 456). Eine solche Sachgestaltung aber hat der Kläger bisher nicht behauptet. Dagegen ist bei bestehender allgemeiner Gütergemeinschaft (§ 1438 BGB.; RGZ. Bd. 73 S. 310, RGU. in JW. 1914 S. 46 Nr. 14), Errungenschaftsgemeinschaft (§ 1519 Abs. 1 BGB.) oder Fahrnisgemeinschaft (§ 1549 das.; WarnRspr. 1914 Nr. 258) das Gesamtgut und damit auch die Frau geschädigt, wenn ihr Erwerb gemäß § 1356 Abs. 2 BGB. beeinträchtigt ist. Anders ist die Frage zu entscheiden, ob der Mann oder die Frau einen Vermögensnachteil erleidet, wenn infolge eines Unfalls eine Vermehrung der Bedürfnisse der Frau eintritt. Im Falle des gesetzlichen Güterstandes trifft der Schaden zwar mittelbar den Mann (§ 1360 Abs. 1, § 1389 Abs. 1 BGB.), im Falle der gütergemeinschaftlichen Güterstände mittelbar das Gesamtgut (§§ 1458, 1529 Abs. 1, § 1549 BGB.). Aber die unmittelbar Geschädigte ist, ebenso wie bei den Heilungskosten, die Frau. Nach alledem trifft die Rechtsansicht des Klägers, daß er die Zahlung der Rente für Schäden beanspruche, die seine Frau erlitten habe, in Ansehung der für entgangene Dienste der Frau begehrten Rente nicht zu. Die Klage müßte insoweit — abgesehen von dem Feststellungsanspruch, soweit es sich um den Ersatz der Heilungskosten handelt — abgewiesen werden und zwar nicht etwa, weil dem Kläger die Klagebefugnis mangeln würde, sondern weil Ersatz von Schäden verlangt wird, zu deren Wiedergutmachung das Kraftfahrzeuggesetz den Kraftfahrzeughalter nicht verpflichtet. Soweit dagegen der Kläger eine Rente wegen vermehrter Bedürfnisse seiner Frau beansprucht, ist die Forderung an sich begründet (§ 11 KFG.); aber diese Rente müßte von der Rente für entgangene Dienstleistungen gesondert und besonders geprüft werden (Komm. v. RGR. a. a. O. Erl. 2c zu § 843 S. 642). Hieran fehlt es bisher. . . .

Begründet ist auch die weitere Revisionsbeschwerde, mit der geltend gemacht wird, daß der Vorderrichter die Rechtslage nach § 833 BGB., und wie hinzuzufügen ist, nach § 17 KFG. nicht gewürdigt habe. Daß der Schaden auch durch das Pferd, das sich zur Unfallzeit der Lenkung des Führers entzogen hatte, verursacht wurde, ist nach der festgestellten Sachlage unbedenklich anzunehmen. Wer Halter des Tieres (vgl. RGZ. Bd. 52 S. 118) war, ist bisher nicht erörtert. Es wird aber davon ausgegangen werden können, daß der Kläger und seine Frau oder einer von ihnen Halter war. Dann mußte aber die Tiergefährdung gegenüber der Betriebsgefahr des Kraftwagens gemäß § 833 Satz 1 BGB., § 17 Abs. 2 KFG. abgewogen werden, sofern sich nicht der Kläger auf § 833 Satz 2 BGB. mit Erfolg berufen und dadurch seine Ersatzpflicht ablehnen kann (RGZ. Bd. 96 S. 130; Müller a. a. O. Anm. D I a 1 zu § 17 KFG., S. 354 bis 356). Denn die Ausgleichungspflicht nach § 17 besteht nur, wenn eine Schadensersatzpflicht begründet ist, und ist nur eine Wirkung der letzteren; der § 17 führt nicht etwa eine an sich nicht begründete Schadensersatzpflicht neu ein (RGZ. Bd. 84 S. 431, Bd. 123 S. 165). Auf das Vorliegen der Voraussetzungen des § 833 Satz 2 BGB. hat sich der Kläger bisher nicht berufen. Es mag aber anzunehmen sein, daß das Pferd seiner Erwerbstätigkeit zu dienen bestimmt war. Ob das Oberlandesgericht den dem Kläger obliegenden Beweis, daß er bei der Beaufsichtigung des Tieres die im Verkehr erforderliche Sorgfalt beobachtet habe, als erbracht ansieht, ergeben die Urteilsgründe nicht mit Sicherheit; der Vorderrichter hat diese Frage in anderem Zusammenhange und bei anderer Beweislast erörtert. Sollte das Berufungsgericht auf Grund der erneuten Verhandlung zu dem Ergebnis kommen, daß dem Kläger der Schutz des § 833 Satz 2 BGB. nicht zur Seite steht, so würde bei der dann nach § 17 KFG. gebotenen Abwägung der Umstände auf die Tatsache, daß der Kraftfahrer D. durch sein grob schuldhaftes Verhalten die Tiergefahr gesteigert hat, die gebührende Rücksicht zu nehmen sein.

Dem angefochtenen Urteil liegt die Auffassung zugrunde, daß der Kläger den Beklagten nur auf Grund des § 7 KFG. haftbar machen wolle. Den Vorinstanzen ist zuzugeben, daß er diese Auffassung durch seine Bemerkung in der Klageschrift begünstigt hat, im Strafverfahren sei die Schuld des D. verneint und dieser daher rechtskräftig freigesprochen worden, der Beklagte hafte aber als Halter des Kraftwagens gemäß §§ 7, 11 KFG. im Umfange der Verordnung vom 6. Februar 1924 (RGBl. I S. 42). Diese Rechtsauffassung der Klage war völlig fehlsam. Denn einmal ist der Zivilrichter an strafgerichtliche Urteile nicht gebunden (§ 14 Abs. 2 Nr. 1 EG. ZPO.), ferner sind die Rechtsbegriffe der Fahrlässigkeit im strafrechtlichen Sinn und im zivilrechtlichen Sinn keineswegs dieselben; endlich setzt die Haftung des Geschäftsherrn aus § 831 BGB. nicht ein Verschulden des Angestellten, sondern lediglich einen objektiv widerrechtlichen Eingriff in eines der nach § 823 Abs. 1 BGB. geschützten Rechtsgüter voraus (RGR. v. Komm. Erl. 4 zu § 831), wenn auch das Fehlen eines Verschuldens des Angestellten dem Geschäftsherrn die Führung des in § 831 Abs. 1 Satz 2 BGB. nachgelassenen Entlastungsbeweises erleichtert (Komm. v. RGR. a. a. O. Erl. 7). Jene verfehlte Rechtsansicht des Klägers berechtigte das Oberlandesgericht um so weniger, von einer Prüfung des Sachverhalts aus dem Gesichtspunkt des § 831 BGB. Umgang zu nehmen, als der Kläger in seinen späteren Schriftsätzen ein Verschulden des D. an dem Unfall behauptet hatte und der Vorderrichter ein solches als festgestellt erachtet. Der Kläger hatte dem Gericht alle Tatsachen unterbreitet, die zu einer Verurteilung des Beklagten aus dem rechtlichen Gesichtspunkt des § 831 BGB. führen konnten. Die rechtliche Prüfung dieser Tatsachen, auch aus § 831 BGB., war Sache des Gerichts. Diese Prüfung hätte um so weniger unterlassen werden dürfen, als die Haftung des Beklagten auf Grund des § 831 BGB. den Kläger bei weitem günstiger stellen würde (§§ 843, 845, auch § 847 BGB., vgl. hierzu RGZ. Bd. 88 S. 317, Bd. 99 S. 264), als die Haftung nach den §§ 11, 12 KFG. Vor allem kann der Kläger gemäß § 831 BGB. den ihm selbst erwachsenen Schaden nicht minder geltend machen wie den Schaden seiner Frau (§ 1380 Satz 1 BGB.), vorausgesetzt, daß in letzterer Beziehung nicht etwa ein Ehevertrag zu einer anderen Beurteilung führt. Durch seine rechtsirrige Erklärung, er wolle nur den seiner Frau erwachsenen Schaden einklagen, wird der Kläger an der Verfolgung seiner Schadensersatzansprüche im gegenwärtigen Rechtsstreit nicht gehindert. Eine Klagänderung kommt nirgends in Frage; denn nicht das tatsächliche Vorbringen des Klägers wird geändert, es ändern sich nur die rechtlichen Gesichtspunkte, unter denen das Vorbringen zu würdigen ist. . . .

---

13. Zur Frage der Gültigkeit der Sicherungsübereignung eines Warenlagers und seiner Bestandteile.

BGB. § 930.

VII. Zivilsenat. Urt. v. 20. Mai 1930 i. S. Eheleute Sch. (Bekl.) w. Verwalter im Konkurs der Firma L. & Co. (Kl.). VII 500/29.

I. Landgericht Breslau.
II. Oberlandesgericht daselbst.

Am 1. Mai 1925 gründete die Firma L. & Co. in B. eine Zweigniederlassung in T., deren Leitung die verklagte Ehefrau auf Grund eines Vertrags vom gleichen Tage übernahm. Sie übergab der Firma eine Kaution von 5000 RM.; als Sicherheit für die Kaution übereignete die Firma durch Vertrag vom 1. Mai 1925 der Beklagten den Warenbestand in T. In einem weiteren am 25. Juli 1925 zwischen der Firma L. & Co. und den beiden Beklagten geschlossenen Vertrage erkannte die Firma eine Darlehensforderung des verklagten Ehemanns in Höhe von etwa 7500 RM. an und übereignete zur Sicherheit für diese Forderung und für die Kaution das Zweiggeschäft mit sämtlichen Inventarstücken und Wärenbeständen, soweit sie im Eigentum der Firma standen, den beiden Beklagten.

Am 1. September 1925 wurde über das Vermögen der Firma L. & Co. das Konkursverfahren eröffnet. Im Wege der Anfechtung verlangt der Konkursverwalter, die Sicherungsübereignungsverträge für unwirksam zu erklären. Die Vorinstanzen entsprachen diesem Antrag. Die Revision der Beklagten hatte keinen Erfolg.

Aus den Gründen:

Durch § 5 des Vertrags vom 25. Juli 1925 hat die Firma L. & Co. das in T. befindliche Zweiggeschäft mit sämtlichen Warenbeständen, soweit sie in ihrem Eigentum standen, den Beklagten zur Sicherheit für ihre Forderungen übereignet. Das Berufungsgericht erachtet die Übereignung für nichtig, weil es an jeder näheren Bezeichnung der übereigneten Ware fehle, sodaß die im Interesse der Rechtssicherheit erforderliche Bestimmtheit des zu übereignenden Gegenstands nicht vorhanden sei. Die Revision macht hierzu geltend, das Berufungsgericht habe das Fragerecht nach der Richtung ausüben müssen, ob irgendwelche Waren von der Übertragung ausgeschlossen sein sollten, dann hätten die Beklagten behauptet, daß solche Gegenstände nicht vorhanden gewesen seien. Die Meinung des Berufungsgerichts ist indessen nicht durch eine solche Behauptung zu entkräften. Der Vertrag ermangelt schon deshalb einer hinreichenden Bestimmung der zu übereignenden Gegenstände, weil er voraussetzt, daß in dem Lager sich Waren befanden, die einem anderen als der Firma L. & Co. zustanden, und nicht angibt, wie sich die dieser Firma gehörigen Waren, die allein veräußert werden sollten, von den übrigen unterschieden. Der Mangel des Vertrags würde nicht behoben, wenn die Behauptung der Revision zuträfe, daß es sich in Wirklichkeit nur um der Firma L. & Co. gehörige Waren gehandelt habe, daß also von der Übertragung ausgeschlossene Waren nicht vorhanden gewesen seien. Dieser Umstand würde nur dahin führen, daß die übereigneten Waren auf Grund einer außerhalb des Vertrags liegenden Tatsache nachträglich festgestellt werden könnten, eine solche Bestimmbarkeit genügt aber nicht den Erfordernissen der Sicherungsübereignung (RGZ. Bd. 113 S. 62).

Die Nichtigkeit der Sicherungsübereignung ergibt sich aber auch aus einem anderen Grunde. Bei Übertragung eines Warenlagers, das, wie hier, für ein Ladengeschäft gehalten wird und dessen Bestand daher dem täglichen Wechsel durch Ab- und Zugänge unterliegt, ist das Erfordernis der Bestimmtheit nicht schon erfüllt, wenn der Eigentumsübergang an sämtlichen vorhandenen Waren ohne Angabe von Merkmalen für ihre Unterscheidung vereinbart wird. Da der Vertrag keine Bestimmung dahin enthält, daß die nach Vertragsschluß in das Lager gelangenden Waren der Firma L. & Co. auch in das Eigentum der Beklagten gelangen sollten, mußten die Eigentumsverhältnisse schon nach kurzer Zeit undurchsichtig werden, weil Unterscheidungsmerkmale für die zur Zeit des Vertrags vorhandenen Waren nicht im Vertrag festgelegt sind. Deshalb hätte es einer Bezeichnung der zu übereignenden Waren im Vertrage bedurft, die es ohne weiteres ermöglichte, diese Waren jederzeit von dem übrigen Bestand des Lagers zu trennen. Nur dann würde die zur Eigentumsübertragung erforderliche Bestimmtheit vorliegen. Namentlich bei Sicherungsübereignungen muß im Interesse des Gläubigerschutzes genaueste Bestimmtheit der übereigneten Gegenstände im Vertrage gefordert werden.

Mit demselben Mangel ist die im Vertrag vom 1. Mai 1925 vereinbarte Sicherungsübereignung behaftet. Er bestimmt, daß der gesamte T.er Warenbestand der Firma L. & Co. auf die verklagte Ehefrau zu Eigentum übertragen werde, ohne die veräußerten Waren näher zu bezeichnen. Mit Recht hält das Berufungsgericht auch diese Eigentumsübertragung wegen mangelnder Bestimmtheit der übereigneten Gegenstände für unwirksam. . . .

---

14. Kann der nur einen Teil seiner Forderung einklagende Gläubiger den aufrechnenden Schuldner mit der Gegenforderung auf den nicht eingeklagten Teilbetrag verweisen, wenn die Aufrechnung schon vor der Klagerhebung erklärt worden war?

BGB. § 389.

VII. Zivilsenat. Urt. v. 20. Mai 1930 i. S. Firma N. (Kl.) w. M. U. AG. (Bekl.). VII 558/29.

I. Landgericht Oldenburg.
II. Oberlandesgericht daselbst.

Die Beklagte bestellte bei der Klägerin mit Briefen vom 20. Dezember 1924 und 3. Januar 1925 die Errichtung der Eisenkonstruktion ihrer Schwefelsäurefabrik zu vereinbarten Preisen unter Vorbehalt einer „Verzugsentschädigung von 2% des Preises für jede volle Woche der Verspätung". Mit Brief vom 7. Januar 1925 bestellte sie ferner bei ihr die Eisenkonstruktion für die Unterstützung und Überdachung der Gaskanäle der Fabrikanlage. Nach Fertigstellung der Arbeit bezahlte sie die im übrigen unbestrittenen Preisansätze von 87000 und 32500 RM. bis auf einen Betrag von 33460 RM., in dessen Höhe sie eine Verzugsentschädigung für eine Verspätung von vierzehn Wochen (wöchentlich 2% des Gesamtpreises von 119500 RM.) zur Aufrechnung brachte. Die Klägerin bestritt ihre Entschädigungspflicht, weil die Verspätung nicht durch sie, sondern durch Änderungen des Projekts und der Bestimmungen über die Reihenfolge der Arbeiten von seiten der Beklagten und durch eine Lohnbewegung der Arbeiterschaft der Klägerin verschuldet, jedenfalls aber die Entschädigung nur aus dem Betrage der ersten Arbeit zu berechnen sei, auf die sich die Entschädigungsvereinbarung und auch die Verspätung allein bezogen hätten. Sie beanspruchte ferner einen Betrag von 20537,65 RM. für Mehrlieferungen über die Vertragsarbeiten und erhob vorerst Klage auf einen Teilbetrag von 20000 RM. Die Beklagte bestritt die Mehrlieferungen und das Recht der Klägerin auf Bezahlung von solchen.

Das Landgericht wies die Klage ab. Die Klägerin legte Berufung ein und erläuterte ihre Klage dahin, daß sie von dem Restbetrage der Vertragspreise sowie von dem Preise der Mehrlieferungen zunächst je 10000 RM. verlange. Das Oberlandesgericht wies die Berufung insoweit zurück, als die Klägerin mit ihrem Anspruch in Höhe von 10000 RM. nebst Zinsen abgewiesen worden war; im übrigen verwies es die Sache zur weiteren Entscheidung an das Landgericht zurück. Die Revision der Klägerin führte zur Aufhebung des Berufungsurteils, soweit es die Klage abgewiesen hatte.

Gründe:

Das Berufungsgericht gesteht der Beklagten die von ihr beanspruchte Verzugsentschädigung nur hinsichtlich der ersten Bestellung zu und läßt offen, ob sie für 13 Wochen in Höhe von 22600 RM. oder für 14 Wochen in Höhe von 24360 RM. geschuldet sei. Es ist der Meinung, daß, obgleich diese Gegenforderung hiernach den im übrigen unbestrittenen Restbetrag der Vertragspreisforderungen der Klägerin mit 33460 RM. nicht erreicht, dennoch der eingeklagte Teilbetrag dieser Forderungen mit 10000 RM. völlig abgewiesen werden müsse, weil die Gegenforderung jedenfalls den Teilbetrag übersteige und mit der Klage eine Entscheidung darüber verlangt werde, daß die Gegenforderung überhaupt nicht bestehe. Diese Auslegung der Klage ist unhaltbar. Der ursprüngliche Klagantrag war unzweideutig auf Zahlung von 20000 RM. gerichtet, und daß die Klägerin dabei als einzigen Einwand der Beklagten die Aufrechnung mit der den ganzen Rest der Vertragspreise deckenden Gegenforderung erwähnte, die sie als unberechtigt bezeichnete, reicht nicht aus, um ihren Antrag in einen solchen auf Feststellung des Nichtbestehens dieser Gegenforderung umzudeuten. Die natürliche Auslegung ihres Antrags geht vielmehr dahin, daß sie, ohne im übrigen vorerst eine Feststellung über die Gegenforderung zu verlangen, ihre eigene Forderung in Höhe von 20000 RM. als durch die Aufrechnung nicht getilgt zugesprochen haben wollte. Eine Erläuterung der Klage in dem vom Berufungsgericht unterstellten Sinne findet sich auch weder in einem der späteren Schriftsätze der Klägerin, noch ist eine solche laut den Tatbeständen der Vorderurteile in der mündlichen Verhandlung erfolgt. Die in der Berufungsinstanz abgegebene Erklärung, daß von der Vertragspreisforderung und der Forderung für Mehrlieferungen je ein Teilbetrag von 10000 RM. begehrt werde, enthält gleichfalls nichts, was auf die Absicht einer negativen Feststellungsklage wegen der ganzen Gegenforderung hindeutete. Sie besagt vielmehr für den im Berufungsurteil entschiedenen Teil des Rechtsstreits lediglich, daß die Klägerin von ihrer Vertragspreisforderung 10000 RM. zugesprochen haben will, weil mindestens dieser Betrag durch die Gegenforderung nicht getilgt sei. Daß sie die 10000 RM. nicht aus dem durch Aufrechnung getilgten, sondern aus dem nicht getilgten Teile ihrer Forderung verlangte, brauchte sie als selbstverständlich nicht besonders hervorzuheben.

Das Berufungsgericht verkennt nicht, daß die Rechtslage, da die Beklagte die Aufrechnung bereits vor der Erhebung der Klage (mit Schreiben vom 2. Dezember 1925) erklärt hatte, von den Fällen wesentlich verschieden ist, in denen die Aufrechnung gegen einen eingeklagten Teilbetrag erst im Rechtsstreit erklärt wird und für die das Reichsgericht wiederholt (RGZ. Bd. 66 S. 266, Bd. 80 S. 393) entschieden hat, daß der Kläger den Beklagten mit dessen Gegenforderung nicht auf den noch nicht eingeklagten Teilbetrag verweisen könne. In der Tat ist die Verschiedenheit derart, daß nicht nur eine unmittelbare Anwendung jener Entscheidungen auf den vorliegenden Fall, wie das Berufungsgericht sagt, ausgeschlossen ist, sondern auch eine entsprechende Anwendung, die es für angängig zu halten scheint. Die erste der angeführten Entscheidungen ist namentlich auf die Erwägung gegründet, daß durch die Einklagung eines Teilbetrags zwei voneinander in gewissen Grenzen unabhängige Teilforderungen entstanden seien und die in der Gegenwart sich vollziehende Aufrechnung sich gegen die eingeklagte Teilforderung richte (a. a. O. S. 274). In dem jetzt streitigen Falle ist aber die Aufrechnung lange vor der Klagerhebung, also nicht gegen den eingeklagten Teilbetrag, sondern gegen die gesamte Forderung der Klägerin auf den Rest der Vertragspreise erklärt worden. Ebenso gilt nur für die Fälle der Aufrechnung im Prozeß die dem zweiten angeführten Urteil zugrunde liegende Erwägung, daß die Verweisung auf den nicht eingeklagten Teil der Forderung offensichtlich dem Willen des Aufrechnenden widerspreche und gerade so unstatthaft sei wie die Verrechnung einer auf den Klagebetrag zur Erfüllung des Klagebegehrens geleisteten Zahlung auf den nicht eingeklagten Forderungsteil. Der jetzt streitige Fall der Aufrechnungserklärung vor Erhebung der Klage auf einen Teilbetrag ist vielmehr der Leistung einer der aufgerechneten Gegenforderung gleichen Zahlung vor der Klagerhebung gleichzustellen: ebensowenig wie im Falle einer solchen Zahlung der eingeklagte Teilbetrag dem Kläger deshalb abgesprochen werden könnte, weil die gezahlte Summe ihn übersteigt, ebensowenig kann die vor der Klagerhebung erklärte Aufrechnung eine Abweisung der Klage auf einen Teilbetrag der Gesamtforderung rechtfertigen, soweit sich dieser innerhalb der Grenze des Überschusses der Gesamtforderung des Klägers über die Gegenforderung des Beklagten hält. Durch die Aufrechnung ist nach § 389 BGB. nicht nur in Höhe der Gegenforderung die Gesamtforderung des Klägers untergegangen, sondern auch die Gegenforderung des Beklagten. Dieser kann sie daher bei einer auf die Aufrechnungserklärung folgenden Klage des Klägers nicht zur Aufrechnung verwenden, sofern die Klage einen anderen als den durch die Aufrechnungserklärung getilgten Teilbetrag zum Gegenstande hat, wie dies für den jetzt streitigen Fall nach dem vorhin Dargelegten zutrifft.

Da hiernach der Aufrechnungseinwand zu Unrecht als durchschlagend erachtet worden ist, muß das angefochtene Urteil, soweit es die Klägerin beschwert, aufgehoben und die Sache an das Berufungsgericht zurückverwiesen werden.

---

15. 1. Gilt die Vermutung des § 579 II 11 ALR., daß das Kirchenpatronat auf einem Gut oder Grundstück hafte, auch für lastenfreie Patronate?

2. Geht das dingliche Patronatsrecht bei Veräußerung von Teilen des Gutes, auf dem es haftet, auf die Erwerber der Trennstücke über? Kommt es dabei darauf an, ob das Patronat mit Lasten verbunden oder lastenfrei ist?

3. Zum Begriff der „Kirchlehen" in den früher kursächsischen Ländern.

Pr.ALR. §§ 568flg. II 11.

IV. Zivilsenat. Urt. v. 24. März 1930 i. S. Kirchengemeinde M. (Bekl.) w. v. B. (Kl.). IV 155/29.

I. Landgericht Erfurt.
II. Oberlandesgericht Naumburg.

In M. war seit Jahrhunderten die Familie v. H. ansässig. Zur Zeit bestehen dort drei Rittergüter mit der Bezeichnung M. I, II und III. Eigentümer von M. I war bis 1919 C. Graf v. H. Dieser verkaufte durch den Kläger als seinen Generalbevollmächtigten zunächst einen Teil des sog. Unterfeldes in einer Größe von etwa 360 Morgen in einzelnen Trennstücken an Einwohner aus M. und seiner Umgebung. Das Restgut nebst Gutsgebäuden und Zubehör, im Grundbuch mit etwa 190 Morgen Land und etwa 240 Morgen Wald eingetragen, ging im Jahre 1919 durch Kauf auf den Kläger über, der als Eigentümer eingetragen ist. Dieser behauptet: Die Eigentümer der Rittergüter seien von jeher Mitpatrone der evangelischen Kirche in M. gewesen. In den Kaufverträgen mit den Trennstückserwerbern sei vereinbart worden, daß die Patronatsrechte, soweit sie auf den verkauften Teilflächen beruhen sollten, nicht mitverkauft seien, sondern dem Verkäufer vorbehalten blieben, während in dem Kaufvertrag über das Restgut ausdrücklich gesagt sei, daß das Kirchenpatronat bei dem Rittergut I verbleibe. Die Beklagte ist der Ansicht, daß es sich nicht um ein mit den Rittergütern dinglich verbundenes, sondern um ein der Familie v. H. zustehendes Patronat handle, sodaß der Kläger, der dieser Familie nicht angehöre, keine Patronatsrechte erworben habe. Hilfsweise macht die Beklagte geltend, daß die Patronatsrechte, wenn sie dinglicher Natur sein sollten, auf alle Erwerber von Trennstücken des Rittergutes I übergegangen seien und daß deshalb der Kläger nur dann zu den Angelegenheiten der Kirche zugezogen werden könne, wenn er von sämtlichen Mitpatronen zum Patronatsvertreter gewählt würde. Einen aus den Kaufverträgen über die Trennstücke etwa zu entnehmenden Verzicht der Käufer auf das Mitpatronat hält die Beklagte für unwirksam, weil die zuständige Kirchenbehörde die Genehmigung dazu nicht erteilt habe.

Der Kläger verlangt die Feststellung, daß er als Eigentümer des Rittergutes M. I neben den Eigentümern der Rittergüter II und III Mitpatron der Kirche in M. sei. Er erläutert seinen Antrag dahin, es solle damit zugleich festgestellt werden, daß die Käufer der Trennstücke nicht Mitpatrone seien. Das Landgericht gab der Klage durch den Ausspruch statt, daß der Kläger zusammen mit den Eigentümern der Rittergüter II und III Patron der Kirche sei. Die Berufung der Beklagten hatte keinen Erfolg. Ihre Revision führte zur Aufhebung und Zurückverweisung.

Aus den Gründen:

... Der Landesteil, in dem M. liegt, gehörte früher zum Königreich Sachsen. Das Allgemeine Landrecht für die Preußischen Staaten ist durch Patent vom 15. November 1816 (GS. S. 233) in den ehemalig sächsischen Provinzen und Distrikten eingeführt worden. Nicht in Betracht kommt hier der in § 3 dieses Patents enthaltene Vorbehalt, wonach die in den einzelnen Provinzen und Orten bisher bestehenden besonderen Rechte und Gewohnheiten noch fernerhin gesetzliche Kraft und Gültigkeit behalten dergestalt, daß die vorkommenden Rechtsangelegenheiten hauptsächlich nach diesen und erst in deren Ermangelung nach den Vorschriften des Allgemeinen

Landrechts beurteilt und entschieden werden sollen. Das Patronatrecht war im Königreich Sachsen im wesentlichen einheitlich geregelt und ist deshalb nicht als besonderes Recht im Sinne jenes Vorbehaltes anzusehen (vgl. Präjudiz des Preuß. Obertribunals Entscheidungen Bd. 24 S. 1, auch Bd. 32 S. 463).

Zutreffend ist daher das Berufungsgericht von der Vorschrift des § 579 II 11 ALR. ausgegangen, wonach die Vermutung dafür spricht, daß das Kirchenpatronat auf einem Gut oder Grundstück hafte. Diese Vermutung sieht das Berufungsgericht mit Recht für nicht widerlegt an.

Es kann zunächst nicht zweifelhaft sein, daß die gesetzliche Vermutung eine Stütze findet in dem vom Berufungsgericht wiedergegebenen Inhalt des Lehnsbriefes des Kurfürsten Johann Georg II. von Sachsen vom 7. Mai 1658. Danach war Gegenstand der Belehnung „das Schloß M. mit seinen fünf Vorwerken zusamt deren Zubehörungen, Gerichten, Rechten, Zinsen, Geschossen und Diensten und 30 Hufen Landes, 36 Acker, Wiesen, Weiden, Teichen, Schäfereien samt den Gärten, Gehöften, Jagden und allen Nutzungen, Würden, Freiheiten, Herkommen und Gewohnheiten, item das Dorf Z. . . . samt der Kirchlehen zu M. und Z." Als Lehnsnehmer sind bezeichnet „die v. H. Gebrüder und Vettern, insgesamt und ein jeder in Sonderheit". Die Verleihung erfolgte zu rechtem Mannlehen, und zwar zur Sukzession in gesamter Hand.

Wenn das Berufungsgericht diesem Lehnsbrief entnimmt, daß das Patronat der Kirche in M. ein Bestandteil des Lehens und mit den Lehngütern dauernd verbunden war, so ist das rechtlich nicht zu beanstanden. Daß die Pfarrkirchen in Kursachsen durchaus grundherrlichen Charakter trugen, hat H. F. Schmid in seiner Schrift: „Das Recht der Gründung und Ausstattung von Kirchen im kolonialen Teile der Magdeburger Kirchenprovinz während des Mittelalters" (Zeitschrift der Savigny-Stiftung für Rechtsgeschichte Bd. 24 S. 1, insbes. S. 122 flg.) überzeugend nachgewiesen. Der Ausdruck „Kirchlehen" bedeutet hier wie in anderen Lehnsurkunden aus demselben Gebiet nichts anderes, als daß auch das Benefizialvermögen der Pfarrkirche zu Lehen hingegeben war. An der dinglichen Natur des Patronats wird dadurch nichts geändert (Schmid a. a. O. S. 129; Weber Systematische Darstellung des im Königreich Sachsen geltenden Kirchenrechts 1825 Bd. 2 S. 297, 303; Neubert Handbuch des im

Königreich Sachsen geltenden Kirchen-, Ehe- und Schulrechts 1837 Bd. 1 S. 98).

Angesichts dieser Rechtslage konnte das Berufungsgericht die Tatsachen, auf welche die Beklagte ihre Annahme eines Familienpatronats zu stützen sucht, ohne Rechtsirrtum als unerheblich ansehen. (Wird ausgeführt.)

Für die Frage der Dinglichkeit des Patronats kommt es nicht darauf an, ob mit ihm Lasten verbunden sind oder ob es sich, wie der Kläger behauptet, um ein lastenfreies Patronat handelt. Allerdings setzen die Vorschriften des Allgemeinen Landrechts ein lastenpflichtiges Patronat voraus, da die an die Spitze gestellte Vorschrift des § 568 II 11 ALR. den Begriff des Patronats dahin festlegt, daß Kirchenpatron derjenige ist, dem die unmittelbare Aufsicht über eine Kirche nebst der Sorge für deren Erhaltung und Verteidigung obliegt. Auch nach den besonderen Vorschriften über die Baulast ist der Patron regelmäßig beitragspflichtig, und nur wo durch Verträge, rechtskräftige Erkenntnisse, ununterbrochene Gewohnheiten oder besondere Provinzialgesetze etwas anderes bestimmt ist, soll es dabei bewenden (§§ 710 flg. a. a. O.). Aus diesen Bestimmungen kann indessen nicht gefolgert werden, daß die gesetzliche Vermutung des § 579 nur auf lastenpflichtige Patronate anzuwenden wäre. Abgesehen davon, daß nach der Vorschrift des § 710 auch vom Standpunkt des Allgemeinen Landrechts aus für lastenfreie Patronate Raum bleibt, trägt die Vermutung des § 579 nur der Tatsache Rechnung, daß sich in Deutschland das Patronatsrecht aus dem Eigentum an der Kirche entwickelt hat (Koch-Hinschius Komm. Anm. 18 zu § 579 a. a. O.; Schoen Evangelisches Kirchenrecht in Preußen II § 49 II 1). Diese geschichtliche Grundlage bleibt bestehen, gleichviel ob sich im einzelnen Falle das Patronat als ein lastenpflichtiges oder als ein lastenfreies herausgebildet hat. Was insbesondere Kursachsen anlangt, so ergibt die erwähnte Schrift von H. F. Schmid, daß sich in diesem Gebiete die geschichtliche Entwicklung des Patronats von der in anderen deutschen Gebieten nicht wesentlich unterscheidet. Es bestehen somit nach keiner Richtung hin Bedenken dagegen, im vorliegenden Falle von der gesetzlichen Vermutung auch dann auszugehen, wenn es sich um ein lastenfreies Patronat handeln sollte.

Hiernach ist die Annahme des Berufungsgerichts, daß der Kläger neben den Eigentümern der Rittergüter II und III Patron der Kirche in M. geworden sei, rechtlich nicht zu beanstanden. Dagegen ist es rechtsirrig, wenn das Berufungsgericht meint, die weitere Frage, ob die Erwerber von Trennstücken des Ritterguts I Mitpatrone geworden seien, sei auch dann zu verneinen, wenn das Patronat lastenpflichtig sein sollte. Die Bezugnahme auf das Urteil RGZ. Bd. 27 S. 147 geht insofern fehl, als sich dieses auf das gemeinrechtliche Gebiet bezieht. Für das Gebiet des Allgemeinen Landrechts hat das Reichsgericht im Anschluß an das Preußische Obertribunal in ständiger Rechtsprechung angenommen, daß das dingliche oder Realpatronat nicht mit dem Gut als einem Inbegriff von Sachen und Rechten verbunden sei, sondern auf dem Grund und Boden — fundus — ruhe, auf ihm radiziert sei. Daraus folgt, daß bei einer Veräußerung von Teilen des Gutes das Patronatsrecht aktiv und passiv auf die Erwerber übergeht (JW. 1886 S. 240 Nr. 55; Recht 1912 Nr. 387; Gruch. Bd. 57 S. 708; JW. 1920 S. 290 Nr. 14, 1929 S. 1142 Nr. 17 und neuerdings Urteil vom 11. November 1929 IV 105/29). An dieser Rechtsansicht ist festzuhalten. Sie beruht auf den der geschichtlichen Entwicklung Rechnung tragenden positiven Vorschriften des Allgemeinen Landrechts, setzt mithin ein den Begriff des § 568 II 11 ALR. erfüllendes, also mit Lasten verbundenes Patronat voraus. Dem entspricht es, daß die Befreiung einzelner Trennstücke von der Patronatslast in Preußen im Wege der Verteilung der Lasten nach dem Gesetz vom 25. August 1876 (GS. S. 405, vgl. den Fall RGZ. Bd. 108 S. 16) oder gegebenenfalls durch Unschädlichkeitsattest gemäß dem Gesetz vom 3. März 1850 (GS. S. 145) erreicht werden kann.

Eine andere Beurteilung müßte Platz greifen, wenn ein lastenfreies Patronat vorliegen sollte. Dann wäre die Rechtslage ähnlich wie im Gebiet des gemeinen Rechts. Gemeinrechtlich liegt insbesondere die Baulast nicht jedem Patron ob. Jedenfalls ist die etwaige Lastenpflicht regelmäßig nicht erzwingbar, sondern die Verweigerung ihrer Erfüllung hat nur den Rechtsnachteil zur Folge, daß der Patron seines Patronatsrechts für verlustig erklärt wird (Hinschius System des katholischen Kirchenrechts Bd. III § 138 II). Sind mit dem Patronat nur Rechte, nicht auch (erzwingbare) Pflichten verbunden, so kann es, auch wenn es subjektiv-dinglich ist, nicht als öffentliche Last im Sinne der erwähnten preußischen Gesetze, übrigens auch nicht als solche im Sinne des Art. 11 Abs. 1 des preuß. Ausführungsgesetzes zur Grundbuchordnung und des § 10 Nr. 3 des Reichsgesetzes über die Zwangsversteigerung und die Zwangsverwaltung vom 24. März 1897/20. Mai 1898 angesehen werden. Es steht deshalb nichts im Wege, auch im Bereiche des Allgemeinen Landrechts auf das lastenfreie Patronat die Grundsätze anzuwenden, die in dem Urteil RGZ. Bd. 27 S. 147 für das Gebiet des gemeinen Rechts aufgestellt worden sind, also anzunehmen, daß das lastenfreie Patronat bei der Veräußerung von Teilen des Gutes, mit dem es dinglich verbunden ist, regelmäßig nicht auf die Erwerber als solche übergeht.

Hiernach kann das angefochtene Urteil nicht aufrecht erhalten werden. Das Berufungsgericht wird zu der Frage, ob das Patronat des Klägers als lastenfrei oder lastenpflichtig anzusehen ist, Stellung zu nehmen haben. Nur im ersteren Falle wäre seine Ansicht, daß die Erwerber der Trennstücke kein Patronatsrecht erworben haben, rechtlich einwandfrei. Für die noch zu entscheidende Frage kommt die Verordnung vom 11. November 1844 betr. die Beitragspflicht der Rittergutsbesitzer und anderen Gutsbesitzer in den vormals Königl. Sächsischen Landesteilen der Provinz Sachsen zur Unterhaltung von Kirchen, Pfarren und Schulen (GS. S. 698) in Betracht (vgl. Entsch. des Obertribunals Bd. 24 S. 2). Da es sich hier um eine irrevisible Rechtsnorm handelt, wird die Entscheidung dem Berufungsgericht überlassen (§ 565 Abs. 4 ZPO.).

Die Frage eines Verzichtes der Trennstückserwerber auf das Patronat ist vom Standpunkt der vorstehenden Darlegungen aus nur für den Fall von Bedeutung, daß das Patronat lastenpflichtig sein sollte. In diesem Falle finden die Vorschriften der §§ 580, 610 II 11 ALR. unbedenklich Anwendung.

---

16. Ist § 3 Abs. 1 Satz 1 des sächsischen Gesetzes über die Trennung des Kirchen- und Schuldienstes der Volksschullehrer vom 10. Juni 1921 mit der Reichsverfassung vereinbar?

III. Zivilsenat. Beschl. v. 20. Mai 1930. III Tgb. 98/29.

Die Frage ist verneint worden aus folgenden

Gründen:

Vor dem Erlaß des sächsischen Gesetzes über die Trennung des Kirchen- und Schuldienstes der Volksschullehrer vom 10. Juni 1921 (Sächs.GBl. S. 147) war die Rechtslage der sächsischen Kirchenschullehrer, d. h. derjenigen Lehrer, die schul- und kirchendienstliche Aufgaben zu erfüllen hatten, hinsichtlich ihrer Gehalts- und Pensionsbezüge folgende:

Das Lehrergehalt wurde von der Schulgemeinde aufgebracht und gezahlt (§§ 7 und 10 des sächsischen Gesetzes, das Volksschulwesen betreffend, vom 26. April 1873 GVBl. S. 350). Neben ihm erhielten die Kirchenschullehrer für ihre kirchenamtliche Tätigkeit aus kirchlichen Mitteln eine Vergütung, die sie unmittelbar aus diesen „ohne Konkurrenz der Schulkassenverwaltung" bezogen (§ 10 Abs. 4 a. a. O.). Das Ruhegehalt und die Hinterbliebenenrente dagegen wurden vom Staat getragen und aus der unter der Verwaltung des Ministeriums des Kultus und öffentlichen Unterrichts stehenden allgemeinen Lehrerpensionskasse (§ 1 des sächsischen Lehrerpensionsgesetzes vom 25. März 1892 GVBl. S. 21) in der Weise gewährt, daß das Schuldienst- und das Kirchendiensteinkommen zusammengerechnet, also gleichsam als einheitliches Einkommen aus einem einheitlichen Amte behandelt wurden (§ 4 des sächsischen Gesetzes, die Emeritierung ständiger Lehrer an den Volksschulen betreffend, vom 31. März 1870 GVBl. S. 98).

Demgegenüber bestimmt § 3 Abs. 1 Satz 1 des Trennungsgesetzes vom 10. Juni 1921:

> Lehrer, die bis zum 30. Juni 1921 Kirchendienst versehen haben, behalten ihren Anspruch auf staatliche Ruhestands- und Hinterbliebenenversorgung hinsichtlich des kirchendienstlichen Einkommens in dem Umfang, in dem diese gewährt werden würde, wenn der Übertritt in den Ruhestand oder der Todesfall am 30. Juni 1921 erfolgt wäre.

Einzelne Kirchenschullehrer, die sich durch diese Vorschrift in ihren wohlerworbenen Rechten verkürzt fühlten, klagten gegen den Sächsischen Staat und erstritten ein rechtskräftiges Urteil, durch das festgestellt wurde, daß der Staat den Klägern gegenüber verpflichtet sei, bei Bemessung ihres Ruhegehalts und der Hinterbliebenenbezüge auch die nach dem 30. Juni 1921 verflossene Zeit, während deren sie das Kirchendienstamt tatsächlich innegehabt hätten, jedoch höchstens die Zeit bis zur Beendigung des Schuldienstes, zur Berechnung des ruhegehaltsfähigen Kirchendiensteinkommens miteinzustellen. Das Oberlandesgericht Dresden nahm unter Billigung des Reichsgerichts an, daß § 3 a. a. O. Rechte verletze, die sowohl durch Art. 129 Abs. 1 Satz 3 als auch durch die Artikel 138, 173 RVerf. geschützt seien, und daß den Klägern daher für ihre Person hinsichtlich ihrer kirchendienstlichen Einkünfte auch in Zukunft die sich aus dem bisherigen Rechtszustand ergebenden Ansprüche auf Pensions- und Hinterbliebenenfürsorge gegen den Staat zuständen.

Um die Frage der Rechtsgültigkeit des § 3 Abs. 1 Satz 1 des Trennungsgesetzes endgültig zu klären, hat der Ministerpräsident des Freistaats Sachsen den Reichsgerichtspräsidenten ersucht, auf Grund des Art. 13 Abs. 2 RVerf. und des § 1 des Ausführungsgesetzes dazu vom 8. April 1920 (RGBl. S. 510) eine Entscheidung des Reichsgerichts darüber herbeizuführen, ob die genannte sächsische Gesetzesvorschrift mit dem Reichsrecht vereinbar sei. Der Reichsgerichtspräsident hat diese Entscheidung dem III. Zivilsenat übertragen. Dem Reichsminister des Innern und dem Evangelisch-lutherischen Landeskonsistorium in Dresden ist Gelegenheit zur Äußerung gegeben worden. Letzteres und der Präsident des Deutschen Evangelischen Kirchenausschusses in Berlin haben Erklärungen abgegeben.

Die Berechtigung des Staates zu der in § 3 a. a. O. getroffenen Regelung gründet der Antragsteller auf § 21 des Lehrerpensionsgesetzes vom 25. März 1892, nach dem „die Lehrer und deren Hinterlassene sich allen Abänderungen zu unterwerfen haben, welche in Bezug auf ihre Pensionen aus den Pensionskassen später durch Gesetz getroffen werden". Die rechtliche Verpflichtung des Staates zu ihr leitet er aus Art. 137 Abs. 1 und Abs. 3 Satz 2 RVerf. her, auf Grund deren die Länder die Entstaatlichung der Kirche durchzuführen und die dazu erforderlichen Gesetze zu erlassen hätten. Das Recht und die Pflicht dazu kann dem Staat nicht bestritten werden. Beide finden jedoch ihre Grenzen an den von der Reichsverfassung selbst geschaffenen Schranken.

Die Trennung der Kirche vom Staat hat, wie auf allen anderen Gebieten, selbstverständlich auch auf finanziellem Gebiet einzutreten. Gerade auf ihm will aber die Verfassung, wie aus den Art. 138

und 173 erhellt, jeden einseitigen gewalttätigen Eingriff des Staates, jede Unbilligkeit zuungunsten der Kirche vermieden wissen. Art. 138 Abs. 1 a. a. O. lautet:

> Die auf Gesetz, Vertrag oder besonderen Rechtstiteln beruhenden Staatsleistungen an die Religionsgesellschaften werden durch die Landesgesetzgebung abgelöst. Die Grundsätze hierfür stellt das Reich auf.

und in der Ausführungs- und Übergangsvorschrift dazu, dem Art. 173, heißt es:

> Bis zum Erlaß eines Reichsgesetzes gemäß Art. 138 bleiben die bisherigen auf Gesetz, Vertrag oder besonderen Rechtstiteln beruhenden Staatsleistungen an die Religionsgesellschaften bestehen.

Es ist daher in erster Reihe zu erörtern, ob § 3 des Trennungsgesetzes mit diesen Verfassungsbestimmungen in Einklang zu bringen ist. Der Antragsteller behauptet, daß es sich bei den Pensionen der Kirchenschullehrer — auch soweit sie von ihrem Kirchendiensteinkommen berechnet seien — nicht um Staatsleistungen an Religionsgesellschaften oder Kirchenbeamte, sondern lediglich um solche an Staatsdiener gehandelt habe. Der Staat habe die Vollpensionen den Kirchenschullehrern nur in ihrer Eigenschaft als Lehrer und nicht — auch nicht teilweise — in ihrer Eigenschaft als Kirchenbedienstete gezahlt. Diese Erwägung geht fehl. Der Staat hat die kirchenmusikalischen Dienste der Kirchenschullehrer niemals für sich in Anspruch genommen, sei es im eigenen Interesse, sei es in dem der Allgemeinheit. War mit der Schulstelle Kirchendiensteinkommen verbunden, so mußte vor der Wahl des Lehrers die Zustimmung des Kirchenvorstands und des Patrons eingeholt werden (§ 20 Nr. 3 Abs. 2 des Gesetzes, das Volksschulwesen betreffend, vom 26. April 1873). Ebenso war bei Disziplinaruntersuchungen gegen Kirchenschullehrer ein Einvernehmen mit der beteiligten Kirchenbehörde herbeizuführen, es sei denn, daß die Untersuchung ausschließlich die Verletzung der die Schule angehenden Bestimmungen zum Gegenstand hatte (Verordnung des Kultusministers v. 10. Juni 1884, angeführt bei von Seydewitz-Böhme Das Sächsische Volksschulgesetz 6. Aufl. S. 87). Das Gehalt der Kirchenschullehrer floß, wie schon betont, aus zwei Quellen. Als Lehrer wurden sie von der Schulgemeinde — notfalls unter staatlicher Beihilfe (§ 7 Abs. 5, § 10 Abs. 3g des Gesetzes vom

26. April 1873, § 1 des Gesetzes, die Bewilligung fortlaufender Staatsbeihilfen an die Schulgemeinden betreffend, vom 26. April 1892 (GVBl. S. 95) — als Kirchendiener aber von der Kirche besoldet. Die dazu erforderlichen Mittel mußten, soweit sie nicht aus den Erträgen des Kirchenvermögens genommen werden konnten, ausschließlich von den Kirchengemeinden aufgebracht werden. Staatliche Zuschüsse wurden der Kirche nicht gewährt. Dementsprechend waren auch in dem Stellenkataster für Kirchenschullehrer die einzelnen Posten des Schuldienst- und des Kirchendiensteinkommens gesondert aufgeführt. Wenn auch früher — vgl. § 39b des Gesetzes, das Elementar-Volksschulwesen betreffend, vom 6. Juni 1835 (GVBl. S. 279) — die mit dem Kirchendienst verbundenen Einkünfte auf das gesetzliche Mindesteinkommen des Schullehrers anzurechnen waren, so ist diese Anrechnungsvorschrift doch später fortgefallen. Schon das Gesetz vom 3. Mai 1851 (GVBl. S. 107) hob im § 1 den § 39 des Gesetzes vom 6. Juni 1835 auf und setzte die Stellengehälter der Lehrer ohne Einrechnung der kirchendienstlichen Bezüge fest. Nur auf die an bedürftige Schulgemeinden zu gewährenden Staatsbeihilfen sollten sie weiter angerechnet werden. § 2 des Gesetzes, die Gehaltsverhältnisse der Lehrer an den Elementarschulen betreffend, vom 28. Oktober 1858 (GVBl. S. 271) regelte das Einkommen der ständigen Lehrer von neuem und bestimmte in Abs. 2, daß auf dieses das Kirchendiensteinkommen nur soweit anzurechnen sei, als es 60 Thaler übersteige. In § 5 des Lehrerbesoldungsgesetzes vom 15. Juni 1908 (GVBl. S. 364) wurde diese Anrechnung gänzlich verboten. „Eine Anrechnung des Einkommens vom Kirchendienste in das Einkommen vom Schuldienste findet nicht statt." Nach einer bei von Seydewitz-Böhme a. a. O. S. 353/354 erwähnten Verordnung des Kultusministers vom 18. Juli 1872 waren zum Schuldiensteinkommen einer Stelle nur diejenigen Bezüge eines Lehrers zu rechnen, die ihm nachweislich als Schuldiener zustehen, wogegen alle übrigen Bezüge im Zweifel dem Kirchendiensteinkommen zuzuschlagen waren. Über dessen Mindesthöhe verhielten sich die besonderen Kirchengesetze vom 14. November 1896 (GVBl. S. 223) und vom 14. November 1911 (GVBl. S. 205). Es ging, wie schon hervorgehoben, lediglich zu Lasten der Kirche. Anderseits waren der Schul- und der Kirchendienst derart eng miteinander verbunden, daß der Kirchenschullehrer vor seiner Zurruhesetzung als Lehrer das

Kirchenamt nur unter Verzicht auf jegliches Ruhegehalt aus dem Kirchendiensteinkommen aufgeben durfte.

Aus alledem ergibt sich, daß der Kirchenschullehrer ein Doppelamt bekleidete, dessen beide Teile zwar organisch miteinander zusammenhingen, aber doch sowohl in staats- und beamtenrechtlicher als auch in gehaltlicher Beziehung streng voneinander getrennt waren. Als Lehrer stand er zur Schulgemeinde und zum Staate, als Kirchendiener zur Kirche und zur Kirchengemeinde in einem Treuverhältnis; als Lehrer stand ihm die Schulgemeinde, als Kirchendiener standen ihm die Kirche und die Kirchengemeinde als Gehaltsschuldner gegenüber. Die natürliche Folge dieses Rechtsverhältnisses wäre gewesen, daß bei seiner Zurruhesetzung oder seinem Tode entsprechende Teile des Ruhegehalts und der Hinterbliebenengebührnisse gleichfalls vom Staate und von der Kirche getragen worden wären. Das ist aber, wie gezeigt, nicht geschehen. Der Staat hat die gesamte Pensionslast — im folgenden soll der Kürze wegen nur vom Ruhegehalt und nicht auch von der ihm gleichstehenden Hinterbliebenenfürsorge gesprochen werden — auf sich genommen (§ 4 des Emeritierungsgesetzes vom 31. März 1870). Das Gehalt sollte aus der Summe der letzten Schuldienst- und Kirchendienstbezüge wie aus einem vom Staat allein geschuldeten Gesamteinkommen berechnet und vom Staat allein bezahlt werden. Damit hatte dieser den in Ruhestand versetzten Kirchenschullehrern einen öffentlichrechtlichen Anspruch auf die so berechnete Vollpension gegen sich, und zwar nur gegen sich eingeräumt. Die Kirche schied als Pensionsschuldnerin völlig aus, Pensionsansprüche gegen sie hatte der ehemalige Kirchenschullehrer nicht. Wenn demnach der Sächsische Staat den in den Ruhestand tretenden Kirchenschullehrern Pension aus allgemeinen Mitteln auch von den Einkünften gewährte, die sie während ihrer aktiven Dienstzeit für ihre kirchenamtliche Tätigkeit von der Kirche bezogen hatten, so kann in dieser Zahlung rechtlich nichts anderes als eine unter die Artikel 138, 173 RVerf. fallende staatliche Leistung an Kirchendiener gefunden werden, die mittelbar zugleich eine solche an die Kirche selbst enthielt. Denn sie entlastete diese von der ihr nach allgemeinen öffentlichrechtlichen Normen gegenüber den in den Ruhestand tretenden Kirchenbeamten und Kirchendienern obliegenden Fürsorgepflicht, wie sie sie auch gegenüber denjenigen Kantoren, Organisten und Kirchnern erfüllte, die ohne ein ständiges Schulamt zu bekleiden, im Kirchendienst ihre hauptsächliche Beschäftigung und ihren wesentlichen Unterhalt fanden (vgl. Kirchengesetz vom 15. November 1906 GVBl. S. 395). Wäre die Ansicht des Antragstellers, die Gesamtpension stelle eine einheitliche Zuwendung an die Kirchenschullehrer lediglich in ihrer Eigenschaft als Lehrer dar, zutreffend, so wäre nicht einzusehen, mit welchem Rechte der Staat gerade die Trennung der Kirche von ihm dazu benutzen könnte und dürfte, um die einem Staatsbeamten gebührende Pension herabzusetzen oder teilweise auf die Kirche abzuwälzen. Daß durch die Art. 138 und 173 RVerf. auch Staatsleistungen an einzelne Kirchendiener, Kirchenbeamte oder Kirchenbeamtenklassen geschützt und bis zu einer allgemeinen reichsgesetzlichen Neuregelung aufrechterhalten werden sollen, hat der Senat schon ausgesprochen (vgl. die beiden Urteile vom 18. Mai 1926 III 648/25, abgedr. JW. 1927 S. 1253 Nr. 10, und III 71/26). Daran ist festzuhalten.

Es fragt sich daher nur noch, ob der verfassungsrechtliche Schutz, den die Kirche für die streitigen Staatsleistungen genießt, durch den oben angezogenen § 21 des Lehrerpensionsgesetzes vom 25. März 1892 gemindert oder gar aufgehoben wird. Das ist zu verneinen. Es kann dahingestellt bleiben, ob das Pensionskürzungsrecht, das sich der Staat im § 21 vorbehalten hat, sich auch auf den aus dem kirchendienstlichen Einkommen der Schullehrer zu berechnenden Ruhegehaltsteil miterstrecken sollte, dessen Zahlung er in Erfüllung einer in erster Reihe die Kirche treffenden öffentlichrechtlichen Fürsorgepflicht übernommen hatte. Auch wenn man das bejaht, ist jenes Recht gerade insoweit durch die Art. 138, 173 RVerf. beseitigt. Wie schon der IV. Zivilsenat des Reichsgerichts in seinem Beschluß vom 25. Juni 1925 (RGZ. Bd. 111 S. 138) dargelegt hat, erhellt aus dem Bericht des Verfassungsausschusses der Nationalversammlung (Bd. 336 Nr. 391 S. 190 flg.) und aus ihren Verhandlungen in der 59. Sitzung (Sten. Ber. S. 1648 flg.), daß durch die Art. 138, 173 RVerf. die vermögensrechtliche Stellung der Kirche dem Staate gegenüber und ihre vermögensrechtlichen Ansprüche an ihn nach der damaligen Rechtslage bis zur Neugestaltung des finanziellen Verhältnisses zwischen beiden aufrechterhalten werden sollten. Diese Neugestaltung hat aber in allen Ländern nach einheitlichen, vom Reich gesetzlich festzulegenden Grundsätzen zu erfolgen, und bis dahin soll es den einzelnen Ländern verwehrt sein, nach dem 11. August 1919 durch der Kirche feindliche oder nachteilige Maßnahmen auf finanziellem Gebiet ihre Lebens- und Daseinsbedingungen zu erschweren. Die auf Gesetz, Vertrag oder besonderen Rechtstiteln beruhenden Staatsleistungen an die Religionsgesellschaften dürfen nur „abgelöst", d. h. soweit sie nicht etwa von vornherein zeitlich begrenzt waren, auf keine andere Weise mehr als gegen eine der Billigkeit entsprechende und vom Reichsgesetzgeber festzusetzende oder gegen eine vertraglich zu regelnde Entschädigung aufgehoben werden. Bis zum Erlaß des in Art. 138 Abs. 1 a. a. O. angekündigten Reichsgesetzes ist aber ihre einseitige gesetzliche Schmälerung, auch dann, wenn sie der Landesgesetzgeber sich bei Begründung der staatlichen Leistungspflicht vorbehalten hatte, fortan verboten. Dasselbe drückt Art. 173 a. a. O. aus, wenn er hervorhebt, daß die bisherigen auf Gesetz usw. beruhenden Staatsleistungen bestehen bleiben. Der Staat wird dadurch verfassungsrechtlich verpflichtet, dasjenige, was er zur Zeit des Inkrafttretens der Verfassung auf Grund von Gesetzen an die Kirche leistete, bis zur demnächstigen endgültigen finanziellen Auseinandersetzung unverändert fortzuleisten und sich jeder, auch einer nach dem bisherigen Landesrecht etwa gestatteten, gesetzlichen Herabminderung seiner Leistungen zu enthalten. Soweit der beschließende Senat in dem Urteil vom 18. Februar 1927 III 140/26 dem Vorbehalt im § 21 des Gesetzes vom 25. März 1892 eine weitergehende Bedeutung beigemessen hat, kann diese Ansicht nicht aufrechterhalten werden. Es ist vielmehr der vom Staatsgerichtshof in der Entscheidung vom 15. Oktober 1927 (RGZ. Bd. 118 Anh. S. 15) geäußerten Auffassung über die Bedeutungslosigkeit jenes Vorbehalts gegenüber den Art. 138, 173 a. a. O. beizutreten. Wenn bei den Beratungen der Nationalversammlung zum Ausdruck gebracht wurde, es müsse bis zur reichsgesetzlichen Regelung der Ablösung der gegenwärtige Rechtszustand aus dem schon angegebenen Grunde, nämlich zum Schutze der freien Entfaltungsmöglichkeit der Kirche, sichergestellt werden, so können die Art. 138, 173 RVerf. nur dahin verstanden werden, daß die bisherigen Staatsleistungen, wenn sie beim Inkrafttreten der Reichsverfassung nach Gesetz und Recht erfolgten, bis zum genannten Zeitpunkt ungemindert fortzusetzen sind. Die Trennung von Kirche und Staat ermächtigt diesen also nicht, wie er meint, zur Einstellung der Pensionszahlungen aus dem Kirchendiensteinkommen der Kirchenschullehrer, sondern zwingt ihn, im Hinblick auf seine bisherige Rechtspflicht zu diesen Leistungen, gerade zu ihrer — wenigstens vorläufigen — unveränderten Fortsetzung.

An diesem Ergebnis vermögen alle Erwägungen des Antragstellers, mit denen er das gesetzliche Vorgehen des Staates zu rechtfertigen sucht, nichts zu ändern. Insbesondere versagt sein Vorbringen, daß die Kirchenschullehrer infolge der Erhöhung und Aufwertung der Lehrergehälter und Lehrerpensionen als solcher durch § 3 des Trennungsgesetzes im Verhältnis zu der früher für Schul- und Kirchendienst zusammen in Papiermark errechneten Gesamtpension nicht finanziell benachteiligt seien. Denn hierdurch wird die Tatsache nicht beseitigt, daß der Staat die früher zu seinen Lasten gehende Pensionsfähigkeit der Kirchendienstbezüge und damit das Stammrecht der Kirchenschullehrer auf deren Einbeziehung in ihr ruhegehaltsfähiges Einkommen einseitig und noch dazu ohne Entschädigung aufgehoben hat.

Bei dieser Sachlage kann es auf sich beruhen, ob § 3 Abs. 1 Satz 1 des Trennungsgesetzes auch den Art. 129 Abs. 1 Satz 3 RVerf. verletzt, da die Vorschrift, wie gezeigt, jedenfalls gegen die Art. 138 und 173 verstößt.

---

17. Welchen Einfluß hat die Auflösung und Neugründung eines Syndikats auf ein Agenturverhältnis, das vertraglich mit der Auflösung des Syndikats endigen soll?

BGB. §§ 157, 162.

II. Zivilsenat. Urt. v. 20. Mai 1930 i. S. Firma B. (Kl.) w. 1. Deutsche Steinsalz-Syndikatsgesellschaft mbH. i. L., 2. Verkaufsvereinigung deutscher Steinsalzwerke GmbH. (Bekl.). II 459/29.

I. Landgericht I Berlin, Kammer für Handelssachen.
II. Kammergericht daselbst.

Die Klägerin hat mit der jetzt in Liquidation befindlichen Erstbeklagten, der Deutschen Steinsalzsyndikats-Gesellschaft mbH., der Verkaufsorganisation einer größeren Anzahl kartellmäßig verbundener deutscher Steinsalzerzeuger, am 10. Januar 1924 einen Vertrag abgeschlossen, in dem ihr die Deutsche Steinsalzsyndikats-Gesellschaft mbH. die Vermittlung von Steinsalzverkäufen für bestimmte ausländische Gebiete (Norwegen, Estland u. a.) mit der Maßgabe übertrug, daß die Verkäufe namens und für Rechnung der Deutschen Steinsalzsyndikats-Gesellschaft mbH. zu den von dieser festgesetzten Preisen und Bedingungen zu erfolgen hätten. Verkäufe und Verkaufsangebote nach dem übrigen Ausland oder in anderen Steinsalzen waren der Klägerin im allgemeinen verboten. Als Vergütung erhielt sie einen bestimmten Anteil am Gewinn aus den gesamten Auslandsverkäufen des Syndikats, das gleichartige Verträge auch mit einer Reihe anderer Salzhändler abgeschlossen hatte. Der § 7 des Vertrags vom 10. Januar 1924 lautet:

Dieser Vertrag wird auf die Dauer von fünf Jahren geschlossen, beginnend am 1. Januar 1924, endigend am 31. Dezember 1928. Sollte sich das Syndikat vor diesem Zeitpunkt auflösen, so erlischt mit dem Tag der Beendigung des Syndikats auch dieser Vertrag.

Als Vertragsgegnerin der Klägerin ist im Eingang des Vertrags die „Deutsche Steinsalzsyndikats-Gesellschaft mbH." bezeichnet, und § 1 der Abmachungen vom 10. Januar 1924 beginnt mit den Worten: „Das Deutsche Steinsalzsyndikat GmbH., Berlin, in der Folge kurz Syndikat genannt". Nach der Satzung der Erstbeklagten in ihrer jetzigen Fassung war die Dauer der Gesellschaft unbestimmt, jeder Gesellschafter indessen berechtigt, unter Einhaltung einer Frist von drei Monaten zu kündigen und zwar erstmals zum 31. Dezember 1927. Nach der ursprünglichen Satzung, wie sie noch zur Zeit des Vertragsabschlusses mit der Klägerin und anderen Händlerfirmen galt, war die Gesellschaftsdauer bis zum 31. Dezember 1928 bemessen und nur einem einzigen Gesellschafter ein vorzeitiges Kündigungsrecht zum 31. Dezember 1927 eingeräumt, und zwar so, daß sich die übrigen Gesellschafter einer solchen Kündigung anschließen konnten.

Im August 1927 kündigte einer der Gesellschafter zum 31. Dezember 1927; dieser Kündigung schloß sich die Mehrzahl der übrigen Gesellschafter an, worauf die Gesellschaft — am 1. Januar 1928 — in Liquidation trat. Vorher schon, nämlich Ende November 1927, war es jedoch zwischen den Steinsalz-Erzeugerfirmen wieder zu einer Einigung, zu einem „neuen" kartellmäßigen Zusammenschluß und zur Gründung der Zweitbeklagten als Verkaufsorganisation des Kartells gekommen. Die Klägerin steht nun auf dem Standpunkt, daß ihr Vertrag vom 10. Januar 1924 durch die Auflösung der Erstbeklagten nicht erloschen sei; sie meint, unter „Syndikat" im Sinne des § 7 dieses Vertrags sei nicht die Erstbeklagte, sondern der hinter ihr stehende „Wirtschaftskörper“ der syndizierten Steinsalzwerke zu verstehen. Die Erstbeklagte sei demnach noch an den Vertrag vom 10. Januar 1924 gebunden, eine Bindung, die sich auch auf die Zweitbeklagte erstrecke, da diese wirtschaftlich mit der Erstbeklagten identisch sei. Sollte aber der Vertrag — so macht die Klägerin weiter geltend — je nach § 7 erloschen sein, so wäre dieser Erfolg von den beiden Beklagten wider Treu und Glauben herbeigeführt worden, nämlich in der Absicht, die Verträge mit den Salzhändlern aus der Welt zu schaffen. Zwar könne nicht behauptet werden, daß diese Absicht schon für die Kündigungen der Gesellschafter der Erstbeklagten maßgebend gewesen sei; das arglistige und sittenwidrige Verhalten sei indessen darin zu finden, daß nach der Kündigung statt einer entsprechenden Änderung des ursprünglichen „Kartell- und GmbH.-Vertrags“ je ein „neuer“ Vertrag geschlossen und so formell der Erlöschungstatbestand des § 7 des Agenturvertrags herbeigeführt worden sei. Beide Beklagte müßten sich bei dieser Sachlage so behandeln lassen, als ob der Vertrag mit der Klägerin noch bestünde.

Demgemäß beantragte die Klägerin, die Beklagten sollten als Gesamtschuldner verurteilt werden:

1. der Klägerin Rechnung darüber zu legen, welche Auslandslieferungen in Steinsalz und zu welchen Rechnungsbeträgen sie in den Monaten Januar und Februar 1928 gemacht haben,
2. der Klägerin den ihr hiervon für die Monate Januar und Februar 1928 zustehenden Gewinnanteil (dessen Bezifferung bis zur Rechnungslegung vorbehalten bleibe), nämlich 14,3891 % von 12 1/2 % der Rechnungsbeträge nach Abzug der Handlungsunkosten, nebst Zinsen seit 1. April 1928 zu bezahlen.

Das Landgericht verurteilte die Beklagten durch Teil- und Ergänzungsurteil nach dem Klagantrag Nr. 1 mit der Maßgabe, daß die Rechnungslegung in einer der bisherigen Übung der Parteien entsprechenden Art geschehen dürfe. Das Kammergericht wies die Klage ab, soweit der erste Richter über sie erkannt hatte. Die Revision der Klägerin hatte keinen Erfolg.

Gründe:

1. Im Gegensatz zum Landgericht ist das Kammergericht zu dem Ergebnis gelangt, daß die Rechte der Klägerin aus dem Agentur-

vertrag vom 10. Januar 1924 nach dessen § 7 Satz 2 erloschen seien. Der Berufungsrichter legt zunächst das entscheidende Gewicht darauf, was die damaligen Vertragsparteien beim Vertragsabschluß unter der „Auflösung des Syndikats" verstanden haben, durch die auch das Agenturverhältnis zwischen der Klägerin und der Erstbeklagten vorzeitig, d. h. vor dem Ablauf seiner an und für sich bis zum 31. Dezember 1928 bemessenen Dauer ohne weiteres erlöschen sollte. Dem kann nur beigetreten werden. Ebenso unbedenklich ist der weitere Punkt, daß es sich hierbei um die Auslegung eines nicht typischen Vertrags handle, wobei die besonderen Umstände des Einzelfalls entscheidend ins Gewicht fallen. Dagegen ist auch kein Revisionsangriff erhoben. Die Revision macht vielmehr dem Kammergericht zum Vorwurf, es habe, zum Teil unter Verletzung der §§ 139 und 286 ZPO., nicht alle hier in Betracht kommenden Umstände zur Auslegung herangezogen und sei so unter Verstoß auch gegen § 133 BGB. zu einem rechtlich verfehlten Urteil gekommen.

2. Im einzelnen glaubt die Revision vorab sich darauf stützen zu können, daß für Auslegung und Ermittlung des wirklichen Willens der Vertragsparteien der frühere Sach- und Rechtsstand von erheblichster Bedeutung gewesen sei. Die Klägerin habe behauptet, daß die wirtschaftliche Grundlage für den Zusammenschluß des Syndikats vor allem die Beseitigung der langfristigen Lieferverträge der Händler mit einer Reihe von Werken gebildet habe, da sonst wegen der Erfüllungs- und Schadensersatzansprüche der Händler das Syndikat nicht zustande gekommen wäre. Aus diesem wirtschaftlichen Ziel des Agenturvertrags ergebe sich, daß er nur im Zusammenhang mit dem Syndikatsvertrag betrachtet werden dürfe; er sei nicht bloß die Regelung eines Agenturverhältnisses und der sich daraus ergebenden Rechte, sondern er verknüpfe die fernere wirtschaftliche Betätigung der Klägerin und ihre Rechtsstellung mit der Gründung, dem Bestand und dem Aufbau des Syndikats. Deshalb sei der Beweisantritt der Klägerin über diese ihre Behauptungen, die das Kammergericht mißverstehe, für die Auslegung von Erheblichkeit gewesen und zu Unrecht übergangen worden. Mindestens hätte es durch Ausübung des Fragerechts den Sachverhalt weiter aufklären müssen. Es sei somit davon auszugehen, daß der Agenturvertrag den Händlern im Rahmen des Gesamtsyndikats, wie es durch den Verkaufs- und den GmbH.-Vertrag geregelt war, habe eine Abfindung

gewähren und auf die Dauer der Verträge, damals also auf 5 Jahre, ihre durch langjährige Tätigkeit erlangte wirtschaftliche Stellung habe gewährleisten sollen. Sobald das Syndikat nicht mehr vorhanden gewesen sei, habe die Gegenleistung der Händler, nämlich die Aufgabe ihrer Rechte aus den langfristigen Lieferverträgen, nicht mehr verlangt werden können. Für diesen Fall hätten die Händler frei und in der Lage sein müssen, die früheren Geschäftsverbindungen mit den einzelnen Werken wieder aufzunehmen. Dafür habe die Klägerin ebenfalls im einzelnen Beweis angeboten, den das Berufungsgericht wiederum zu Unrecht nicht eingezogen habe.

Die Revisionsangriffe sind nicht begründet.

Zunächst läßt § 7 Satz 1 des Vertrags vom 10. Januar 1924 keinen Zweifel darüber, daß das damit zwischen den Parteien begründete Rechtsverhältnis jedenfalls mit dem 31. Dezember 1928 erlöschen sollte, gleichviel ob die Erstbeklagte oder die hinter ihr stehende Kartellorganisation von Salzerzeugern weiterbestehen würde oder nicht. Mochte auch der „Kartell- und GmbH.-Vertrag" zunächst nur bis Ende Dezember 1928 abgeschlossen sein, so konnte dies jederzeit geändert werden und ist auch noch im Jahr 1924 dahin geändert worden, daß jene zeitliche Schranke beseitigt und die Vertragsdauer auf unbestimmte Zeit festgelegt wurde. Diese Möglichkeit lag von vornherein offen zutage. Wurde aber das Kartellverhältnis über den 31. Dezember 1928 hinaus fortgesetzt, so konnten die Händler die frühere Geschäftsverbindung mit den einzelnen Werken nicht aufnehmen, weil diese nach wie vor durch die Kartellabrede gebunden waren. Es war sonach von vornherein möglich, daß das Agenturverhältnis der Klägerin trotz Fortbestands des Syndikats, und zwar sowohl der Erstbeklagten als auch der hinter ihr stehenden Kartellgesellschaft, zu Ende ging, ohne daß gleichzeitig wieder „freier" Handel eintrat. Insofern war also die Dauer des Syndikats durchaus nicht Voraussetzung für den Agenturvertrag, der übrigens weder etwas von einem Verzicht der Klägerin auf Ansprüche aus etwaigen Lieferverträgen mit den Syndikatsteilnehmern enthält, noch sich überhaupt mit diesen Rechtsbeziehungen beschäftigt und auch erst am 10. Januar 1924 abgeschlossen ist, während der Kartellvertrag und der Gründungsvertrag der Gesellschaft mbH. schon vom Dezember 1923 datieren.

Das Kammergericht führt ferner aus, § 7 Satz 2 des Agenturvertrags könne keinesfalls dahin ausgelegt werden, daß die Vertragsrechte der Klägerin nur dann erlöschen sollten, wenn sich die hinter der Erstbeklagten stehende bürgerlichrechtliche Kartellvereinigung auflöse, ohne daß es zu einer anderen kartellmäßigen Vereinigung komme. In diesem Zusammenhang hat das Kammergericht auch ausdrücklich die von der Klägerin mit dem Zeugnis des Direktors T. unter Beweis gestellte Behauptung erörtert, die Klägerin und die Erstbeklagte hätten bei Abfassung des Vertrags vom 10. Januar 1924 lediglich die Beendigung des syndikatsmäßigen Zusammenschlusses der „Werke" ermöglichen und demgemäß das Erlöschen des Agenturvertrags nur für den Fall ersatzloser Auflösung des Syndikats vereinbaren wollen. Das Berufungsgericht sagt hierzu, dieser Beweisantritt erstrecke sich nicht darauf, daß die Vertragsparteien einen derartigen Fall erörtert hätten; aber auch wenn sie die Möglichkeit erwogen hätten, daß sich ein „Ersatz" für das aufgelöste Syndikat bilden könnte, so seien Form, Inhalt und Teilnehmer dieses Neugebildes so wenig übersehbar gewesen, daß die Verknüpfung der Fortdauer des Agenturvertrags mit so unsicheren Möglichkeiten gerade vom wirtschaftlichen Standpunkt aus als ausgeschlossen erscheinen müsse. Diese Erwägungen liegen auf rein tatsächlichem Gebiet; sie gehen ersichtlich gerade von der beiderseitigen wirtschaftlichen Interessenlage aus und gelangen von hier aus zur Ablehnung der von der Klägerin vertretenen Vertragsauslegung. Wenn der Vorderrichter unter diesen Umständen die mit dem Zeugnis des T. unter Beweis gestellte Behauptung der Klägerin für unerheblich hält, so verstößt er damit weder gegen § 286 ZPO. noch gegen sachliches Recht, insbesondere nicht gegen Auslegungsregeln, Erfahrungssätze oder Denkgesetze. Die Erwägungen des angefochtenen Urteils würden auch dann nichts an Gewicht verlieren, wenn durch den Abschluß des Agenturvertrags, wie die Klägerin behauptet, im Hinblick auf die mit den Händlern bestehenden langfristigen Lieferverträge der Erzeugerfirmen für letztere überhaupt erst die Möglichkeit des Zusammenschlusses zu einem Verkaufskartell geschaffen werden sollte. Bei dieser Sachlage erübrigte sich auch ein Eingehen auf die in diesem Zusammenhang von der Klägerin angebotenen weiteren Beweise; ebensowenig war Anlaß zur Ausübung des Fragerechts in dieser Richtung. Die Auffassung des Berufungsgerichts unterliegt um so weniger einem rechtlichen Bedenken, als, wie schon hervorgehoben, der Agenturvertrag nach der insoweit klaren, eindeutigen Bestimmung des § 7

Satz 1 unabhängig vom Fortbestand des „Syndikats" ohnehin auf alle Fälle am 31. Dezember 1928 erlosch. Die Klägerin selbst hat sodann wegen des Zustandekommens der Klausel des § 7 Satz 2 behauptet, die Vertreter der Werke hätten geltend gemacht, es bestehe, obwohl die Dauer des „Syndikats" bis zum 31. Dezember 1928 in Aussicht genommen sei, doch die Möglichkeit, daß es sich vorher, etwa durch einstimmigen Beschluß der Gesellschafter, auflöse; für diesen Fall könne den Werken nicht zugemutet werden, das Syndikat nur der Bindung durch die Agenturverträge halber fortzusetzen, vielmehr müßten diese dann ebenfalls ihr Ende erreichen. Daraus ergibt sich so viel mit Sicherheit, daß die Werke gerade für den Fall der Auflösung des damaligen „Syndikats" von den Agenturverträgen los sein und für die Zukunft völlig freie Hand haben wollten. Davon hätte aber keine Rede sein können, wenn die Bindung, wie es nach der von der Klägerin vertretenen Auslegung der Fall wäre, fortgedauert haben würde, falls z. B. auch nur ein größerer oder kleinerer Teil der bisherigen Kartellmitglieder sich vor oder nach dem 31. Dezember 1927 erneut wieder kartellmäßig zusammengeschlossen hätte. Dabei handelte es sich um Verhältnisse, deren Gestaltung in keiner Weise übersehen werden konnte, da ein gesetzlicher oder sonstiger Zwang zur Syndizierung nicht bestand. Außer Zweifel ist sodann, daß § 7 Satz 2 bei der von der Klägerin vertretenen Auslegung — statt auch wegen des vorzeitigen Erlöschens des Agenturverhältnisses klare und einfache Verhältnisse zu schaffen, was ersichtlich gewollt war — einen ganz ungewissen Rechtszustand herbeigeführt hätte. Ein solches Ergebnis konnte vernünftigerweise von keiner der Parteien gewollt sein und muß, wie das Kammergericht zutreffend betont, gerade vom wirtschaftlichen Standpunkt aus als unmöglich erscheinen. Endlich ist nicht ohne Belang, daß, wie die Klägerin selbst vorträgt, von den Mitgliedern des ersten „Syndikats" überhaupt nur solche mit einer Syndikatsquote von insgesamt 52% langfristige Händlerverträge abgeschlossen hatten.

Nach der Begründung des angefochtenen Urteils kann auch dahingestellt bleiben, ob unter „Auflösung des Syndikats" im Sinne des § 7 Satz 2 des Agenturvertrags, wie die Beklagten behaupten, die Auflösung der Erstbeklagten zu verstehen ist, oder die der hinter ihr stehenden Kartellgesellschaft. Denn nach der rechtlich einwandfreien Auslegung des Kammergerichts sollte das Erlöschen des Agenturvertrags jedenfalls mit der Auflösung jener Gesellschaft eintreten, gleichviel ob es zu einem neuen Kartell kam oder nicht.

Rechtlich unzutreffend ist sodann der Standpunkt der Revision, Vertragsgegner und Schuldner der Klägerin sei nicht nur die Erstbeklagte, sondern auch ihre Gesellschafter, die nach dem Kartell-(Verkaufs-) Vertrag im Syndikat als wirtschaftlichem Organismus zusammengefaßt seien. Der Umstand, daß die Erstbeklagte „Organgesellschaft“ des Kartells war, ändert daran nichts, daß sie als juristische Person rechtsfähig war und als solche in eigenem Namen Rechtsgeschäfte abschließen konnte. Als Vertragsgegner der Klägerin ist aber im Agenturvertrag unzweideutig nur die Erstbeklagte angeführt. Nur sie hat auch den Vertrag unterzeichnet. Überdies ist im § 10 das. noch ausdrücklich hervorgehoben, es werde von beiden vertragschließenden Parteien anerkannt, daß keine mündlichen Abreden neben den in der Vertragsurkunde niedergelegten bestünden und daß auch in Zukunft Abmachungen, durch die der Vertrag oder einzelne Teile davon aufgehoben, abgeändert oder ergänzt würden, nur durch Festlegung in schriftlicher Form Rechtsverbindlichkeit erlangen sollten.

Es ist demnach bei der weiteren rechtlichen Beurteilung davon auszugehen, daß der Agenturvertrag auf alle Fälle mit der Auflösung der ursprünglichen Kartellgesellschaft sein Ende erreichen sollte; sie und mit ihr die Erstbeklagte haben sich aber in der Tat zum 31. Dezember 1927 aufgelöst. Das stellt der Berufungsrichter fest; auch die die Klägerin selbst hat das nicht bestritten. Sie hat nur geltend gemacht, daß diese Auflösung, weil es inzwischen zum Abschluß eines anderweitigen Kartellvertrags und zur Gründung der Zweitbeklagten gekommen war, keinen Beendigungsgrund im Sinne des § 7 Satz 2 des Agenturvertrags abgeben könne. Diese Auffassung hat der Vorderrichter auf Grund seiner — rechtlich einwandfreien — Vertragsauslegung abgelehnt. Die Revision kann sich demgegenüber auch nicht auf das Urteil des III. Zivilsenats vom 20. Januar 1928 III 233/27 (JW. 1928 S. 1048 Nr. 13) berufen. Das Berufungsgericht hat gerade auch dieses Urteil berücksichtigt und zutreffend darauf hingewiesen, daß der hier vorliegende Sachverhalt ein wesentlich anderer sei. So war z. B. im vorliegenden Fall von vornherein die Möglichkeit einer — alsbaldigen — Auflösung des Kartells von beiden Seiten ins Auge gefaßt und zum Gegenstand vertragsmäßiger

Regelung gemacht worden; auch bestand für die Salzerzeuger keine gesetzliche oder sonstige Verpflichtung zur Syndizierung.

Der Berufungsrichter hat seine Entscheidung keineswegs nur auf die formalrechtliche Seite abgestellt, sondern gerade unter Mitberücksichtigung auch der wirtschaftlichen Belange beider Teile die Auslegung der Klägerin abgelehnt, daß hier unter „Syndikat" im Sinne des Agenturvertrags ein gleichgebliebenes wirtschaftliches Gebilde zu verstehen sei, dessen Identität weder durch die Auflösung der Erstbeklagten, noch derjenigen der hinter ihr stehenden Kartellgesellschaft berührt worden sei.

Die Rechtstatsache der Auflösung der Erstbeklagten und der hinter ihr stehenden Kartellgesellschaft zum 31. Dezember 1927 wird nicht dadurch aus der Welt geschafft, daß es vor Ablauf dieser Zeit zu einem neuen Kartellvertrag und zur Gründung der Zweitbeklagten als Verkaufsorganisation gekommen ist. Ein Vergleich der Kartell- und Gesellschaftsverträge von 1923 und 1927 zeigt auch ohne weiteres, daß die Gesellschafter, die kartellmäßigen Bindungen sowie die Quotenverteilung zum Teil andere waren als im ersten Kartellvertrag. Insofern handelte es sich bei der Zweitbeklagten wie auch bei der hinter ihr stehenden Kartellgesellschaft nicht bloß rechtlich, sondern auch wirtschaftlich um neue Gebilde. Demgegenüber sind die von der Klägerin aufgestellten Behauptungen unerheblich. Der Umstand, daß statt der Neugründungen auch der Weg einer bloßen Änderung des ursprünglichen Kartell- und GmbH.-Vertrags möglich gewesen wäre, ändert nichts daran, daß die ursprünglichen und die neuen Gesellschaften beider Art rechtlich und teilweise auch wirtschaftlich verschieden sind. Daß diese Gründungen nur Scheingründungen seien, behauptet die Klägerin selbst nicht.

Zu Unrecht rügt die Revision sodann Verletzung des § 157 BGB., sofern es sich hier um Ausfüllung einer echten Vertragslücke durch ergänzende Auslegung handle. Eine solche Lücke liegt dann nicht vor, wenn § 7 Satz 2 des Agenturvertrags mit dem Berufungsrichter dahin auszulegen ist, daß im Fall der Auflösung der ursprünglichen Kartell- und „Organgesellschaft" der Agenturvertrag schlechthin erlöschen solle. Dann würde eine Auslegung, wie sie die Klägerin vertritt, nicht sowohl eine Vertragsergänzung, als vielmehr eine Änderung des Vertrags zum Nachteil der einen Partei bedeuten. Dafür bietet aber § 157 BGB. keine Handhabe.

Mit Recht verneint sodann der Vorderrichter, daß der Berufung auf den vertragsmäßigen Erlöschungsgrund die Vorschrift des § 162 Abs. 2 BGB. entgegenstehe. Deren Anwendbarkeit scheitert schon daran, daß die Auflösung der Gesellschaft mbH. oder der bürgerlich-rechtlichen Kartellgesellschaft keinesfalls durch die Erstbeklagte herbeigeführt worden ist. Die Klägerin hat auch selbst nicht behauptet, daß die Erstbeklagte die Kartellgesellschaft und den GmbH.-Vertrag in der Absicht und zu dem Zweck gekündigt habe, die Vertragsrechte der Klägerin zum Erlöschen zu bringen. Dann kann aber keine Rede davon sein, daß die Auflösung der Erstbeklagten und der ursprünglichen Kartellgesellschaft gegenüber der Klägerin wider Treu und Glauben herbeigeführt worden wäre. Unerheblich ist, daß die Gesellschafter der Erstbeklagten und die Kartellgesellschaft selbst rechtlich und vielleicht auch tatsächlich die Möglichkeit gehabt hätten, trotz der Kündigung eine Auflösung der bisherigen Gesellschaften zu vermeiden. Selbst wenn dies im Hinblick auf die Vertragsrechte der Klägerin unterblieben wäre, könnte gegen die Erstbeklagte noch nicht der Vorwurf eines Handelns wider Treu und Glauben und gegen die guten Sitten erhoben werden. Rechtlich bedenkenfrei hat das Kammergericht auch den Tatbestand des § 826 BGB. abgelehnt.

---

18. Kann ein im Jahre 1919 in den Reichsfinanzdienst übernommener Landesfinanzbeamter, der im Jahre 1924 in den einstweiligen Ruhestand versetzt wurde, auf Grund des Rundschreibens des Reichsfinanzministers vom 31. Dezember 1919 verlangen, daß der Berechnung seines Wartegeldes das Gehalt einer höheren Stufe um deswillen zugrunde gelegt werde, weil er in diese beim Verbleiben im Landesdienst durch die neue Landesbesoldungsordnung eingereiht worden wäre?

III. Zivilsenat. Urt. v. 20. Mai 1930 i. S. M. (Kl.) w. Deutsches Reich (Bekl.). III 292/29.

I. Landgericht Rudolstadt.

Der Kläger war früher Vorstand des Rent- und Steueramts in R. (Thüringen) mit dem Titel Rentamtmann. Beim Übergang der Landesfinanzverwaltungen auf das Reich wurde er durch Verfügung des Reichsfinanzministers vom 31. Dezember 1919 als Oberzollinspektor in den Reichsdienst übernommen. Am 1. März 1924 wurde er in den Wartestand versetzt. Er bezieht seitdem ein Wartegeld nach der früheren Besoldungsgruppe 9 und behauptet, er stände sich so schlechter als er gestanden haben würde, wenn er im Landesdienst geblieben wäre. Als Vorstand des Rentamts in R. wäre er nämlich nach dem thüringischen Beamtenbesoldungsgesetz vom 29. Juli 1921 (GS. 1922 S. 96) rückwirkend vom 1. April 1920 ab als Finanzrat in die Besoldungsgruppe 10 eingestuft worden. Der Kläger verlangt deshalb, daß von diesem Zeitpunkt an seine Dienstbezüge nach Gruppe 10 festgesetzt und die ihm danach gebührenden Mehrbeträge nachgezahlt werden. Nach vergeblicher Anrufung des Reichsfinanzministers fordert er mit der Klage zunächst die Nachentrichtung eines Teilbetrags von 100 RM.

Er stützt den Anspruch auf die Zusicherungen, die in der Übernahmeerklärung des Reichsfinanzministers vom 31. Dezember 1919 enthalten sind. Darin heißt es:

Abs. 1. . . .

Abs. 2. Bei Übernahme der Beamten wird von dem Grundsatz ausgegangen, daß die Beamten durch den Eintritt in den Reichsdienst nicht schlechter gestellt werden, als sie bei Weitergeltung der am 30. September 1919 in Kraft befindlichen Landesgesetze gestanden hätten, wenn sie im Landesdienste verblieben wären. Demgemäß werden Ihnen alle Rechte und Vorteile aus Ihrer bisherigen Dienststellung, insbesondere Ihre Amtsbezüge nach Maßgabe der am 30. September 1919 in Kraft befindlichen Landesgesetze gewährleistet. Auch sollen Ihnen die in Ihrer Person liegenden Aufrückungsmöglichkeiten nicht geschmälert werden.

Abs. 3. Sie sind berechtigt, binnen drei Monaten nach der Zustellung dieses Erlasses durch Erklärung gegenüber Ihrer vorgesetzten Dienstbehörde die Übernahme in den Reichsdienst abzulehnen. Dieses Recht steht Ihnen auch nach Ablauf der Frist noch zu, wenn Sie bei der in Aussicht genommenen reichsgesetzlichen Regelung der Besoldungsverhältnisse . . . in den Ansprüchen auf Erreichung eines bestimmten landesgesetzlichen Höchstgehalts . . . beeinträchtigt werden sollten, die Ihnen zur Zeit der Zustellung dieses Erlasses zustehen oder nach der landesgesetzlichen Neuregelung der Besoldungs- . . . Verhältnisse zustehen würden, wenn Sie in Ihrer bisherigen Dienststelle verblieben wären. Dieses Rücktrittsrecht erlischt mit Ablauf von drei Monaten nach Verkündung der die genannten Verhältnisse regelnden Reichsgesetze.

Der Kläger hat das Rücktrittsrecht nicht ausgeübt. Er meint aber, unbeschadet dieser Unterlassung sei der Erlaß des Reichsfinanzministers dahin auszulegen, daß er auf alle Fälle in seinen Gehaltsbezügen nicht schlechter als bei seinem Verbleiben im Landesdienst gestellt sein sollte.

Der Beklagte bestreitet, daß der Kläger sich besser gestanden hätte, wenn er im Landesdienst geblieben wäre, und behauptet, daß er eine höhere Einstufung nur durch eine Beförderung hätte erreichen können, auf die er kein Recht gehabt habe. Im übrigen habe er seine angeblichen Ansprüche dadurch verloren, daß er von seinem Rücktrittsrecht keinen Gebrauch gemacht habe.

Vom Landgericht abgewiesen, hat der Kläger mit Einwilligung des Gegners unmittelbar Revision eingelegt. Diese blieb erfolglos.

Gründe:

Das Landgericht läßt die Richtigkeit der Behauptungen des Klägers dahinstehen, daß er als Landesbeamter, und zwar als Vorstand des Rentamts in R. durch das thüringische Beamtenbesoldungsgesetz vom 29. Juli 1921 mit Rückwirkung vom 1. April 1920 an ohne weiteres und ohne hoheitsrechtlichen Beförderungsakt in Gruppe 10 eingestuft worden wäre und damit ein höheres Gehalt als das der Berechnung seines Wartegeldes zugrunde gelegte erreicht haben würde. Es glaubt, auch einer Beantwortung der Frage, ob der Reichsfinanzminister den in den Reichsdienst übernommenen Staatsbeamten auch für die Zeit nach dem Inkrafttreten der damals schon in Aussicht stehenden neuen Besoldungsgesetze unter allen Umständen eine Gleichstellung mit den im Landesdienst verbliebenen Finanzbeamten versprochen habe, überhoben zu sein, da ein etwaiger Anspruch auf sie mit Ablauf der ihnen für den Fall einer reichsgesetzlichen Schlechterstellung offen gehaltenen dreimonatigen Rücktrittsfrist untergegangen sei. Mit der weiteren Erwägung, der Kläger habe die Frist, die für ihn in sinngemäßer Auslegung des Rundschreibens vom 31. Dezember 1919 erst mit der Verkündung des thüringischen Beamtenbesoldungsgesetzes vom 29. Juli 1921 zu laufen begonnen habe, ungenutzt verstreichen lassen, gelangt das Landgericht zur Abweisung der Klage.

Diese Entscheidung wird von der Revision bekämpft. Ihr ist zuzugeben, daß das Landgericht irrt, wenn es ausführt, daß die gleiche Rechtsansicht bereits in dem Urteil des erkennenden Senats vom 7. März 1928 (RGZ. Bd. 121 S. 216) ausgesprochen sei. Ebenso irrig ist aber auch die Annahme der Revision, der Senat habe dort die entgegengesetzte Auffassung — zum mindesten in verschleierter Weise — zum Ausdruck gebracht, daß nämlich das Erlöschen des für den Fall einer neuen Besoldungsregelung vorgesehenen Rücktrittsrechts nicht etwaige Rechte der vom Reich übernommenen Finanzbeamten berühre, mit den Landesfinanzbeamten gleichgestellt zu werden. Das Reichsgericht hat in dem angezogenen Urteil unzweideutig zu erkennen gegeben, daß es die in dem damaligen Rechtsstreit ebenso wie in dem jetzigen aufgeworfenen beiden Fragen, ob das Rundschreiben vom 31. Dezember 1919 Gleichstellungszusicherungen auch hinsichtlich der bevorstehenden neuen Besoldungsregelung enthalte und ob es bei Verletzung dieser Zusicherungen neben dem Rücktrittsrecht einen von seiner Nichtausübung unabhängigen Erfüllungsanspruch gewähre, nicht zu entscheiden brauche, weil ihre Entscheidung das Schicksal des damaligen Prozesses in keiner Weise beeinflußte. Dort hatte nämlich der Kläger nicht dargetan und auch mit den von ihm angetretenen Beweisen nicht darzutun vermocht, daß er in Preußen in eine höhere Gehaltsklasse eingestuft worden wäre, als es vom Reich geschehen war; er hatte also keinen Anlaß, sich über Nichterfüllung etwaiger Gleichstellungsversprechungen zu beschweren. Im vorliegenden Falle muß dagegen nach den Darlegungen des Landgerichts mit der Möglichkeit gerechnet und daher zugunsten des Klägers unterstellt werden, daß er ohne hoheitsrechtlichen Beförderungsakt allein schon durch das thüringische Beamtenbesoldungsgesetz von 1921 in die Gruppe 10 eingestuft worden wäre.

Nun ist der Revision weiter zuzugeben, daß Absatz 2 und 3 des Rundschreibens vom 31. Dezember 1919 im Zusammenhange von den beteiligten Beamten verständigerweise dahin aufgefaßt werden konnten und mußten, auch die bevorstehende Neugestaltung der Gehälter werde voraussichtlich an der Gleichstellung der Reichs- und der Landesfinanzbeamten nichts ändern. Denn mit einer Gleichstellung, die nur für die Zeit bis zum Inkrafttreten der neuen Besoldungsgesetze wirkte, war den Landesfinanzbeamten nicht gedient. Sie würden wohl kaum in den Reichsdienst übergetreten sein, wenn sie sich dadurch der Gefahr einer demnächstigen, nicht wieder zu beseitigenden Zurücksetzung hinter die Landesfinanzbeamten ausgesetzt hätten. Gegen diese Gefahr sollten und mußten die übergetretenen Beamten gesichert werden und sind sie auch gesichert worden. Freilich war, wie aus dem Abs. 3 des Rundschreibens erhellt, die Möglichkeit einer im Verhältnis zur Reichsgesetzgebung höheren gehaltlichen Einstufung der Landesfinanzbeamten keineswegs ausgeschlossen, und ihr wurde daher zugunsten der übergetretenen Beamten auch Rechnung getragen. Ihnen wurde für den Fall, daß sie tatsächlich durch die künftige reichsrechtliche Besoldung benachteiligt würden oder sich auch nur benachteiligt fühlten, das Recht eingeräumt, binnen drei Monaten in den Landesdienst zurückzutreten. Damit waren die schutzbedürftigen Belange der übernommenen Beamten und zugleich die des Reichs hinreichend gewahrt, die des Reichs deshalb, weil nach Ablauf der Rücktrittsfrist die Besoldungsgrundlagen seines Finanzbeamtenkörpers unanfechtbar feststanden. Dagegen ging das Reich nach dem klaren Wortlaut des Rundschreibens vom 31. Dezember 1919 keine Verpflichtung dahin ein, jede Gehaltserhöhung, welche ein Land bei der neuen Besoldungsregelung seinen Finanzbeamten zugute kommen ließ, auch den übergetretenen Beamten gleichen Ranges zuteil werden zu lassen. Seine Zusicherung beschränkte sich vielmehr darauf, daß die übergetretenen Beamten in ihren Rechten und Ansprüchen, die sie auf Grund der am 30. September 1919 geltenden Landesgesetze erworben hatten, im Reichsdienste nicht verkürzt werden sollten. Gegen die Inanspruchnahme aus den zu erwartenden neuen Landesbesoldungsordnungen aber wollte das Reich sich schützen und hat es sich geschützt. Für den Fall, daß diese die Gehälter günstiger gestalteten als das Reich, blieb den übergetretenen Finanzbeamten nur die Möglichkeit, den Reichsdienst aufzugeben und ihn wieder mit dem Landesdienste zu vertauschen. Selbstverständlich konnte diese Möglichkeit nicht ins Ungemessene ausgedehnt, sie mußte vielmehr im Interesse des Reichs und des Dienstes an eine gewisse Frist gebunden werden. Diese wurde auf drei Monate bemessen und sollte mit dem Tage der Verkündung des die Gehälter neu festsetzenden Reichsgesetzes beginnen. Aus dieser Regelung des Rücktrittsrechts glaubt die Revision folgern zu dürfen, daß neben ihm ein Recht der übergetretenen Finanzbeamten auf Gleichstellung mit den in Landesdiensten verbliebenen habe bestehen müssen, da es möglich und in Thüringen tatsächlich der Fall gewesen sei, daß der Zeitraum zwischen der Verkündung des Reichsbesoldungsgesetzes und derjenigen des Landesbesoldungsgesetzes mehr als drei Monate betrug. Die Berechtigung einer solchen Folgerung ist jedoch gegenüber dem Wortlaut der Absätze 2 und 3 des Schreibens vom 31. Dezember 1919, auch im Hinblick auf die Sicherung, die den Beamten geboten werden sollte, nicht anzuerkennen. Selbstverständlich war unter den geschilderten Umständen einem Beamten die Entscheidung, ob er Reichsbeamter bleiben oder in den Landesdienst zurückkehren wolle, nicht früher zuzumuten, als das für seine Entscheidung maßgebende Landesgesetz zu seiner Kenntnis gelangt war. Für einen Fall wie den vorliegenden kann mithin, wenn man die Beamten nicht rechtlos und die Rücktrittszusicherung des Ministers nicht zu einer wesen- und inhaltslosen machen will, das Schreiben vom 31. Dezember 1919 seinem Schutzzweck und den Absichten des Reichsfinanzministers entsprechend, wenngleich der Wortfassung entgegen, verständigerweise nur dahin ausgelegt werden, daß der Beginn der Dreimonatsfrist auf den Tag der Verkündung des einschlägigen Landesgesetzes zu verlegen ist. Diese Auffassung hat auch schon das Landgericht kundgegeben.

Hat aber ein Beamter das Rücktrittsrecht nicht ausgeübt, so kann er nicht nach Jahren mit der Behauptung, er hätte sich im Landesdienste besser gestanden, vom Reich Gehalts-, Ruhegehalts- oder Wartegeldsnachzahlungen verlangen, es sei denn, daß er seine Nachforderung aus den am 30. September 1919 in Geltung befindlichen Gesetzen herzuleiten in der Lage ist. Abgesehen von diesem Ausnahmefall ist nach Ablauf der Rücktrittsfrist die Reichsgesetzgebung für die ehemaligen Landesfinanzbeamten allein und schlechthin maßgebend. Die Folge der Auffassung der Revision wäre eine Unklarheit und Unsicherheit der Rechts- und Gehaltsverhältnisse vieler Beamten für unabsehbare Zeit, wie sie weder im Interesse der Beamten noch in dem des Reichs liegen würde.

19. 1. Kann der Rechtsweg, wenn eine Klage auf mehrere Klagegründe gestützt ist, durch Zwischenurteil auch wegen eines der mehreren Klagegründe für zulässig erklärt werden?

2. Ist der Rechtsweg zulässig, wenn der Käufer eines Grundstücks, der im Kaufvertrage die Zahlung der Wertzuwachssteuer übernommen und zur Sicherung dieser Schuld der steuerberechtigten Stadtgemeinde eine Hypothek bestellt hat, auf Löschung der Hypothek klagt, weil die Steuer nicht geschuldet werde?

ZPO. § 275. GVG. § 13.

VII. Zivilsenat. Urt. v. 20. Mai 1930 i. S. F. (Kl.) w. Stadtgemeinde Breslau (Bekl.). VII 562/29.

I. Landgericht Breslau.
II. Oberlandesgericht daselbst.

Der Kläger kaufte von dem Bäckermeister Max S. und der Helene S. durch notariellen Vertrag vom 27. Oktober 1926 das Grundstück B.straße 38 in Breslau und wurde am 7. Februar 1927 als dessen Eigentümer in das Grundbuch eingetragen. In dem Vertrag übernahm der Käufer die Entrichtung der Wertzuwachssteuer. Die Verkäufer wurden dann mit 5277,75 RM. zur Wertzuwachssteuer veranlagt, zahlten aber diesen Betrag nicht. Am 25. April 1927 bekannte sich der Kläger der Beklagten gegenüber als Schuldner der übernommenen Wertzuwachssteuer und ließ für diese Forderung eine Höchstbetragssicherungshypothek von 5000 RM. auf dem erworbenen Grundstück eintragen.

Mit der Klage verlangt der Kläger von der Beklagten, daß sie in Löschung dieser Hypothek willige. Er macht geltend, daß die Wertzuwachssteuer-Verordnung der Stadt Breslau vom 2. Dezember 1924, auf Grund deren die Steuer gegen die Verkäufer veranlagt worden sei, vom Preußischen Oberverwaltungsgericht durch ein Urteil vom 9. März 1928 in einer anderen Sache gegen die Stadtgemeinde Breslau für ungültig erklärt worden sei, und daß in gleichem Sinne auch der Bezirksausschuß in Breslau am 21. Juni 1928 in einer weiteren Sache gegen die Stadtgemeinde Breslau entschieden habe. Der Kläger meint deshalb, die Eintragung der Sicherungshypothek sei ohne Rechtsgrund erfolgt und die Beklagte um sie ungerechtfertigt bereichert. Seinen Anspruch auf Rückgewähr der hypothekarischen

Sicherheit stützt er außerdem auf unerlaubte Handlung, weil er zur Bestellung der Sicherungshypothek durch die schuldhaft unrichtige Erklärung des Oberstadtsekretärs B., daß ihn die Verpflichtung zur Zahlung der Wertzuwachssteuer treffe, veranlaßt worden sei und die Beklagte ihm für dessen Fahrlässigkeit einstehen müsse. Die Beklagte hat die Einrede der Unzulässigkeit des Rechtswegs erhoben.

Das Landgericht hat durch Zwischenurteil wegen beider Klagegründe den Rechtsweg für zulässig erklärt. Dagegen hat die Beklagte Berufung eingelegt mit dem Antrag auf Abweisung der Klage, soweit sie nicht auf die Beamtenhaftung gestützt sei. Das Oberlandesgericht hat darauf den Rechtsweg für unzulässig erklärt, soweit die Klage auf ungerechtfertigte Bereicherung gestützt sei, und die Sache zur weiteren Verhandlung und Entscheidung an das Landgericht zurückverwiesen. Auf die Revision des Klägers hat das Reichsgericht die Berufung der Beklagten zurückgewiesen.

Gründe:

Unbegründet ist die Rüge der Revision, das Berufungsgericht habe ein prozessual unzulässiges Zwischenurteil erlassen, indem es über die Unzulässigkeit des Rechtswegs nur so weit entschieden habe, als der Klagegrund der ungerechtfertigten Bereicherung in Betracht gekommen sei. Daß das Berufungsgericht nur über den Klagegrund der ungerechtfertigten Bereicherung entschied, war prozeßgemäß und auch allein möglich, da nur insoweit Berufung eingelegt war. Zwar hatte die Beklagte in der Berufungsinstanz irrigerweise beantragt, die Klage abzuweisen, soweit sie nicht auf Beamtenhaftung gestützt sei. Denn dies lief darauf hinaus, über einen einzelnen Klagegrund desselben Anspruchs ein Teilurteil zu erlassen, was unstatthaft ist (RGZ. Bd. 45 S. 318, Bd. 50 S. 278). Aber das Berufungsgericht ist dem nicht gefolgt, sondern hat nur durch Zwischenurteil den Rechtsweg für unzulässig erklärt, soweit sich die Klage auf ungerechtfertigte Bereicherung gründet. Dieses Zwischenurteil war zulässig, da es nicht auf Grund des § 303 ZPO., sondern nach § 275 das. erlassen worden ist, der durch die Änderung der früheren Fassung des § 303 nicht berührt ist.

Rechtsirrig hat aber das Berufungsgericht die Zulässigkeit des Rechtswegs verneint. Es ist zwar richtig, daß im Gebiet des preußischen Rechts für den Streit über die Entrichtung öffentlicher Abgaben der Rechtsweg grundsätzlich ausgeschlossen ist und die Frage der

Abgabenpflicht auch nicht dadurch im Rechtswege zur Entscheidung gebracht werden kann, daß wegen Zahlung einer Nichtschuld eine Bereicherungsklage auf Rückzahlung der zu Unrecht erhobenen Steuer vor dem ordentlichen Gericht erhoben wird (RGZ. Bd. 60 S. 353, Bd. 67 S. 402 u. a.). Es mag auch sein, daß im gegebenen Fall das Berufungsgericht eine willkürliche, ohne gesetzmäßige Grundlage erfolgte Erhebung des veranlagten Steuerbetrags zutreffend verneint hat und daß deshalb mit dieser die Zulässigkeit des Rechtsweges nicht begründet werden könnte, wenn an sich im Falle einer solchen Willkür für den Rechtsweg Raum wäre (RGZ. Bd. 78 S. 420, Bd. 105 S. 39, Bd. 118 S. 229).

Der Kläger ist jedoch nicht Steuerschuldner der Beklagten gewesen, sondern hat sich am 25. April 1927 in einer privatrechtlichen Erklärung als Schuldner der Wertzuwachssteuer, die er in dem Kaufvertrage vom 27. Oktober 1926 übernommen hatte, der Beklagten gegenüber bekannt und zur Sicherung dieser Steuerforderung die streitige Höchstbetragshypothek für sie bestellt und eintragen lassen. Beruhte aber die Eintragung der Hypothek auf privatrechtlichem Grunde, so ist auch die in der Form des Löschungsverlangens erhobene Rückforderung ein bürgerlichrechtlicher Anspruch, wie auch der Anspruch auf Bewilligung der Eintragung der Hypothek ein solcher gewesen wäre, wenn es sich um die Erfüllung des Abkommens gehandelt hätte. Daß diese Hypothek zur Sicherung einer Steuerschuld bestellt wurde, ändert nichts an der privatrechtlichen Natur des Anspruchs, denn dieser Umstand betrifft nur seinen Gegenstand, nicht seinen Rechtsgrund.

Ist aber der eingeklagte Anspruch, auch soweit er auf ungerechtfertigte Bereicherung gestützt ist, privatrechtlicher Natur, so ist auch für diesen Klagegrund der Rechtsweg eröffnet (RGZ. Bd. 123 S. 229). Daß die Entscheidung über den Anspruch das Befinden über das Bestehen der Steuerschuld, also über eine öffentlichrechtliche Frage erfordert, hindert das Tätigwerden des ordentlichen Richters nicht, denn dieser kann als Elemente seines Urteils auch öffentlichrechtliche Fragen entscheiden (RGZ. Bd. 93 S. 202). Zudem könnte im Verwaltungsstreit eine Verurteilung zur Löschungsbewilligung gar nicht ausgesprochen werden, wie auch die Eintragung der Hypothek dort nicht hätte angeordnet werden können.

20. Kann eine nationalisierte russische Aktiengesellschaft als Liquidationsgesellschaft in Deutschland eine gegen einen Deutschen gerichtete Forderung einklagen?

EG. z. BGB. Art. 30. HGB. § 302 Abs. 4.

II. Zivilsenat. Urt. v. 20. Mai 1930 i. S. Firma S. & L. (Bekl.) w. Aktiengesellschaft C. Sp. & Söhne i. Liqu. (Kl.). II 385/29.

I. Landgericht Braunschweig, Kammer für Handelssachen.
II. Oberlandesgericht daselbst.

Die im Jahre 1913 in Rußland konzessionierte Aktiengesellschaft C. Sp. & Söhne mit Sitz in St. Petersburg und Zweigniederlassungen in Moskau und Taschkent bestellte im Anfang des Jahres 1914 bei der Beklagten, einer in Deutschland ansässigen Firma, unter Anzahlung von 147987 M. mehrere zur Pulverfabrikation geeignete Maschinen. Infolge des Ausbruchs des Krieges mit Rußland und der Nachkriegsereignisse kam die Lieferung nicht zur Ausführung. Die Rückerstattung der Anzahlung in voll aufgewertetem Betrag bildet den Gegenstand des Klaganspruchs.

Die genannte Aktiengesellschaft soll eine Familienaktiengesellschaft mit 750000 Rbl. Aktienkapital gewesen sein. Ihre sämtlichen Aktionäre schlossen sich zu der klagenden Liquidationsgesellschaft in Deutschland zusammen, nachdem ein Antrag auf Bestellung eines Pflegers nach § 1913 BGB. vom Amtsgericht Braunschweig am 4. Juli 1926 abgelehnt worden war, weil die Frage, wer sachberechtigt sei, im Prozeßweg ausgetragen werden müsse und es am Erfordernis einer Fürsorge fehle. Die Aktionäre waren teils russische, teils deutsche Staatsangehörige. Am 2. Dezember 1927 traten in Berlin zwei Aktionäre, und zwar für sich selbst sowie in Vollmacht der übrigen, in notariellem Protokoll zu einer Generalversammlung „der Aktiengesellschaft beziehungsweise der von ihr übrig gebliebenen Liquidationsgesellschaft" zusammen mit der Erklärung, daß dies zum Zweck der Liquidierung des in Deutschland befindlichen Vermögens der Aktiengesellschaft geschehe. Sie bestellten auch Liquidatoren. Zugleich befreiten sie diese von den nach deutschem Recht erforderlichen Anmeldungen und Veröffentlichungen. Außerdem fertigten und genehmigten sie eine Liquidations-Eröffnungsbilanz, die als einzigen

Aktivposten die Forderung an die Beklagte mit 147000 RM. und als einzigen Passivposten das Aktienkapital von 750000 Vorkriegsrubeln aufwies.

Die danach von den Liquidatoren erhobene Klage wurde vom Landgericht auf Grund des Einwands der mangelnden Parteifähigkeit der Klägerin abgewiesen. Auf deren Berufung erklärte das Oberlandesgericht den Anspruch dem Grunde nach für gerechtfertigt. Die Revision der Beklagten führte zur Wiederherstellung des ersten Urteils.

Gründe:

1. Soweit sich das Berufungsgericht über das Bestehen und den Inhalt russischer Gesetze sowie über ihre Anwendung auf den gegebenen Fall ausspricht, sind seine Feststellungen für die Revisionsinstanz nach §§ 562, 549 ZPO. maßgebend, vgl. RGZ. Bd. 63 S. 318, Bd. 74 S. 433, Bd. 76 S. 284, Bd. 78 S. 49, Bd. 114 S. 193 (200), Bd. 126 S. 196 (201); JW. 1928 S. 1196 Nr. 1; RGUrt. vom 13. Dezember 1929 II 126/29. Daher ist — sowohl nach der tatsächlichen als nach der rechtlichen Seite hin — bindend festgestellt, daß die nach altrussischem Recht gegründete Aktiengesellschaft C. Sp. & Söhne, die trotz ihres Sitzes in Rußland und trotz der russischen Staatsangehörigkeit eines Teils ihrer Aktionäre den Kriegsmaßnahmen der Sequestrierung und Zwangsliquidation unterstellt wurde, dadurch nicht rechtlich vernichtet worden ist. Tatsächlich sei zwar ihr Wirtschaftsleben unterbunden gewesen, aber es habe ein Fortbestehen im Liquidationszustand stattgefunden, in dem sie nach dem russischen Umsturz vom 7. November 1917 von den Nationalisierungsmaßnahmen der nun zur Macht gelangten Arbeiter- und Bauernregierung betroffen worden sei. Erst durch diese Maßnahmen wurde nach der Feststellung des Urteils die Rechtspersönlichkeit der Aktiengesellschaften vernichtet, indem durch die verschiedenen Sowjetdekrete die alten Verwaltungsorgane beseitigt, den Aktionären die Verfügung über ihre Aktien entzogen und diese später für kraftlos erklärt, die Betriebe der Gesellschaften aber durch staatliche Kommissare für Rechnung der Gemeinwirtschaft fortgeführt wurden. Das Vermögen war eingezogen, es gab keine Aktien, keine Aktionäre und keinen Vorstand mehr, die körperschaftliche Verfassung war beseitigt, auch die im Aktienrecht enthaltene personenrechtliche Mitgliedschaft war erloschen. Damit wird die Folgerung der Klägerin, die auch von

ihrer Seite angenommene Vernichtung der russischen Aktiengesellschaft sei eine völkerrechtswidrige Kriegsmaßnahme und daher im Deutschen Reiche, gegen dessen Staats- und Stammesangehörige sie sich gerichtet habe, nicht zu beachten, abgelehnt und der Boden für die weitere Erklärung gewonnen: Sei das rechtliche Dasein der Aktiengesellschaft, auch als Liquidationsgesellschaft, nach russischem Gewaltrecht — worunter nach dem zuvor Dargelegten die Nationalisierung durch die neue russische Regierung zu verstehen ist — schon vor dem 16. April 1922, dem Abschluß des sogenannten Rapallo-Vertrags mit der Hauptrepublik der Sowjetunion, der Petersburg (Leningrad) und Moskau umfassenden Russischen Sozialistischen Föderativen Sowjet-Republik, vernichtet gewesen, dann müsse diese Rechtsvernichtung auch in Deutschland beachtet werden. Denn nach zwischenstaatlichen Rechtsgrundsätzen entscheide über die Frage der Rechtsfähigkeit juristischer Personen des Privatrechts ausschließlich das Recht des Sitzstaates. Der Vorbehalt des Art. 30 EG. z. BGB. greife nicht durch, weil in Art. II des Rapallo-Vertrags die Rechtswirksamkeit des bestehenden Zustands (status quo) zwischen dem Deutschen Reich und der Russischen Sozialistischen Föderativen Sowjet-Republik völkerrechtlich anerkannt sei.

Gegen diese Ausführungen des Vorderrichters zur Vernichtung der Rechtspersönlichkeit der russischen Aktiengesellschaft, die sich an die Erörterungen von Wohl über „die Nationalisierung der Bankaktiengesellschaften in Sowjetrußland und ihre Rechtswirkung im Ausland" (im Ostrecht von 1925 S. 26flg., namentlich S. 58) anschließen, mag eingewendet werden, es fehle dabei eine Unterscheidung von genügender Schärfe zwischen den Bankaktiengesellschaften, die einer strengeren Behandlung zur Befreiung der Arbeiter und Bauern von den Lasten des Kapitalismus unterworfen wurden (wozu aber Sp. & Söhne als Warenvertriebsstätte und reines Handelsunternehmen nicht gehörten) und den übrigen Aktiengesellschaften und unter diesen wieder zwischen den Industriegesellschaften und anderen. Gegen die übrigen richtet sich nur, vom Vorderrichter gleichfalls angeführt, zunächst das am 29. Dezember 1917 erlassene, alle Aktien und sonstigen verzinslichen Wertpapiere betreffende Verbot jeder Dividendenzahlung und jedes Rechtsgeschäfts in Wertpapieren (Wohl a. a. O. S. 37) und danach das sich als Ausführung hierzu bezeichnende Dekret der Volkskommissare vom 18. April 1918 betr.

die Registrierung von Aktien, Obligationen und sonstigen verzinslichen Wertpapieren (abgedruckt a. a. O. S. 124), endlich die Verfügung vom 30. Juni 1918 (ebenda S. 125), die alle nicht zur Registrierung eingereichten Aktien für nichtig erklärt. Aber jene Einwendung wäre im Revisionsverfahren nicht zu beachten, weil es sich immer nur um das Finden und Anwenden ausländischen Rechts handelt. Übrigens wäre sie auch nicht geeignet, das Endergebnis der Vernichtung der Aktiengesellschaft in Zweifel zu ziehen. Denn mit jenen Verordnungen war das System der nicht auf Namen lautenden Aktien unter Eröffnung der Aussicht auf Entschädigung bei Nationalisierung abgeschafft, die Registrierung auch für alle im Ausland befindlichen Aktien ohne Unterschied der Staatsangehörigkeit der Besitzer gefordert und für alle in Rußland befindlichen, nicht bis zu einem bestimmten Termin mit bestimmter Erklärung eingereichten Aktien der Übergang in den Besitz des Staates ohne Entschädigung verfügt. Außerdem wurden durch die letzte Verfügung alle nicht registrierten Aktien für nichtig erklärt, gleichviel ob sie in Händen von Inländern oder von Ausländern waren. Keinem rechtlichen Bedenken begegnet aber die auf internationale, d. h. in Deutschland gültige Rechtsgrundsätze gestützte, daher an sich nachprüfbare Rechtsauffassung des Vorderrichters über die Einwirkung des Rapallo-Vertrags auf die Beachtung des in Rußland damals bereits geschaffenen Rechtszustands wegen der dortigen Aktiengesellschaften. Man mag sagen, der Verzicht Deutschlands, der in diesem Vertrag — nach Anerkennung der Sowjet-Regierung durch das Deutsche Reich in dem zwischen ihm und der Union der Sowjet-Republiken geschlossenen Abkommen vom 6. Mai 1921 (RGBl. S. 929) — auf alle sich aus der bisherigen Anwendung der Gesetze und Maßnahmen der Russischen Sozialistischen Föderativen Sowjet-Republik auf deutsche Reichsangehörige und ihre Privatrechte ergebenden Ansprüche erklärt worden ist, enthalte begrifflich nicht die Anerkennung der Rechtmäßigkeit dieser Maßnahmen (v. Hausen Anm. zu JW. 1929 S. 3518 Nr. 1) oder die Ansprüche der privaten Gläubiger gegen den Sowjet-Staat wegen Konfiskation ihrer Vermögensstücke seien unerachtet dieses Verzichts des Reiches erhalten (Schiffer in Bankarchiv 1929 S. 164). In keinem Fall ist es möglich, nach Ratifizierung des Rapallo-Vertrags durch den deutschen Gesetzgeber (Gesetz vom 17. Juli 1922 RGBl. II S. 677) auf Grund des Art. 30 EG. z. BGB. zu sagen, die „Anwendung dieser ausländischen Gesetze" verstoße gegen den Zweck eines deutschen Gesetzes oder verletze die guten Sitten. Es handelt sich hier garnicht um die Herbeiführung einer Rechtswirkung durch Anwendung eines ausländischen Gesetzes, sondern um die Beachtung einer im Ausland durch eine anerkannte Regierung bei einer ausländischen juristischen Person bewirkten Änderung ihres Rechtszustands im Sinne der Beendigung ihrer Rechtspersönlichkeit. Das rechtliche Dasein der juristischen Person, die anders als die natürliche Person nur durch das Recht Bestand gewinnt, nicht ihre Rechtsfähigkeit oder Parteifähigkeit im Prozeß steht insoweit in Frage. Kann in einem ausländischen Staat, wie in Art. 2140 des alten russischen Handelsgesetzbuchs bestimmt war (vgl. v. Veh Russ. Aktienrecht 1913; auch Wohl im Ostrecht 1925 S. 43; Rabinowitsch in Zeitschr. für Ostrecht 1929 S. 1124), eine Aktiengesellschaft nur durch besondere Verfügung der Staatsgewalt gegründet werden, so muß sie, wie dies nach Rabinowitsch a. a. O. im alten Rußland tatsächlich der Fall war, durch deren Verfügung auch wieder beseitigt werden können, ohne daß andere Staaten sich das Recht nehmen dürften, über das eine oder andere zu befinden. Die Nationalisierungs-Gesetzgebung ist eine Grundlage der gesamten privaten und öffentlichen Rechtsordnung des heutigen Rußland (Wohl Ostrecht 1925 S. 65). Das Deutsche Reich, das sich durch seinen Rechtsverzicht damit abgefunden hat, ist im besonderen gebunden, die Frage ihrer Wirksamkeit nicht wieder aufzuwerfen. Wie schon der Vorderrichter erklärt, kann es auf sich beruhen, ob mit der Ratifikation und Verkündung des Rapallo-Vertrags auch eine innerstaatliche Bindung der beiderseitigen Staatsangehörigen an die Vertragsfestsetzungen eingetreten ist (Lifschütz und Schiffer im Bankarchiv 1929 S. 162, 164).

2. Die Revision billigt in dieser Richtung die Stellungnahme des Vorderrichters. Sie betont noch, daß es sich um eine auch nach dem sog. Kontrollprinzip (vgl. Entsch. des deutsch-französischen Gemischten Schiedsgerichtshofs in JW. 1929 S. 80) russische Aktiengesellschaft und um eine gerade nach außen hin rein russische Aktiengesellschaft gehandelt habe, nicht um ein nach außen hin rein deutsches Unternehmen, als welches die Aktiengesellschaft nach einem Ausspruch des Vorderrichters das Ziel der Vernichtungsbestrebungen des zaristischen Feindstaates bei seinen Kriegsmaßnahmen gebildet haben soll. Die Revision erhebt aber gegen das angefochtene Urteil den

Vorwurf, es setze sich in seinen weiteren Ausführungen mit diesen Feststellungen unmittelbar in Widerspruch und verletze dadurch das sachliche Recht, besonders das internationale Privatrecht und das Völkerrecht. Das Urteil, das am Schluß alle Einwendungen der Beklagten gegen die Klagforderung verwirft, diese (entgegen RGZ. Bd. 118 S. 185, Bd. 120 S. 80 und JW. 1928 S. 57 Nr. 8) als einen der Aufwertung zugänglichen Bereicherungsanspruch bezeichnet und nur die Höhe des zu fordernden Betrags als noch der Ausmittlung bedürftig ansieht, gelangt nämlich in rechtsähnlicher Anwendung des § 302 HGB. zur Anerkennung der Parteifähigkeit der Klägerin als einer juristischen Person und schreibt ihr das Recht zu, den Bereicherungsanspruch gegenüber der Beklagten zu verfolgen. Weil es nach russischem Recht keine Aktiengesellschaft C. Sp. & Söhne mehr gegeben habe und eine solche auch nicht durch Verlegung des Sitzes nach Deutschland wiederherzustellen gewesen sei, habe sich in Deutschland eine Gesellschaft nur nach aktienrechtlichen oder sonstigen Vorschriften des deutschen Rechts neu bilden können, was aber nach dem Inhalt des Generalversammlungs-Protokolls nicht geschehen sei. Das ausländische Vermögen habe jedoch mit dem Ende der russischen Aktiengesellschaft und Liquidationsgesellschaft nicht herrenlos werden können, und wiewohl der Aktionär weder nach deutschem noch nach altrussischem Aktienrecht einen ideellen Anteil am Gesellschaftsvermögen habe, sondern nur einen schuldrechtlichen Anspruch auf einen seinem Aktienbesitz entsprechenden Anteil am Reinergebnis der Liquidation geltend machen könne, müsse doch angenommen werden, daß die Forderung gegen die Beklagte einer Liquidationsgesellschaft zustehe, deren Bildung losgelöst von den Erfordernissen des deutschen Aktienrechts zugelassen werden müsse. Sonst käme man zu dem Ergebnis, daß die ausländischen Gläubiger der Aktiengesellschaft ihre Forderungen eingebüßt hätten und die ausländischen Schuldner, denen gegenüber die Liquidation nicht durchgeführt worden sei, befreit wären. Nicht die rechtliche Konstruktion, sondern die wirtschaftliche Betrachtung müsse bei diesem durch Kriegs- und Nachkriegsereignisse geschaffenen Sachverhalt den Ausschlag geben. Die auf eine gesetzliche Auflösung der Gesellschaft abgestellten aktienrechtlichen Grundsätze könnten keine schrankenlose Geltung beanspruchen, und es widerstreite dem Rechtsempfinden, wenn man den recht- und gesetzlosen Raub des Privateigentums im Auslande dadurch krönen wollte, daß den beteiligten Aktionären auch das inländische Liquidationsguthaben durch Richterspruch aberkannt würde. Das Recht auf den Liquidationsanteil sei unentziehbar und müsse, sei es durch die Aktionäre als bürgerliche Gesellschaft für diesen bestimmten Zweck, sei es durch eine insoweit wiederherzustellende und als fortbestehend anzuerkennende Liquidationsgesellschaft verfolgbar sein. Das fordere der Zweck im Recht; ein entgegenstehender Wille des ausländischen Gesetzgebers wäre nicht zu beachten; denn er verstieße gegen das Ziel der inländischen Gesetze, privatrechtliche Ansprüche zu schützen. Weil in Deutschland befindliches Vermögen in Frage komme, müsse hier deutsches Recht entsprechend angewandt werden.

Diese Ausführungen lassen sich, soweit sie moralische Rücksichten ins Feld führen, offenbar nicht vereinigen mit der Feststellung, daß der durch die Sowjet-Regierung geschaffene Rechtszustand der Vernichtung der Aktiengesellschaft anerkannt werden müsse. Es handelt sich um die denkgesetzlichen und praktischen Folgerungen, die aus der anerkannten Tatsache gezogen werden müssen gegenüber der daneben vielleicht bestehenden Tatsache, daß etwa in Deutschland Vermögensstücke der alten vernichteten Aktiengesellschaft vorhanden sind, die von der Zwangsliquidation und von der Nationalisierung bis jetzt nicht erreicht wurden. Diese Frage ist in gleicher Weise in zahlreichen anderen Staaten aufgetaucht, die bei der alten Rechts- und Wirtschaftsordnung verblieben sind, und hat eine verschiedenartige und wechselnde Behandlung unter Berücksichtigung der bei einzelnen zunächst oder auch noch heute bestehenden völkerrechtlichen Nichtanerkennung des Sowjetregiments erfahren. Sie muß im Deutschen Reich unter Beachtung der Anerkennung des Sowjet-Staates und der besonderen Verpflichtung durch den Rapallo-Vertrag gelöst werden, der auch im deutsch-russischen Vertragswerk vom 12. Oktober 1925 (RGBl. 1926 II S. 1flg.) nach Art. 3 der Allgemeinen Bestimmungen aufrechterhalten geblieben ist. Im vorliegenden Falle handelt es sich auch nicht um die besondere Gestaltung, die etwa dadurch geschaffen sein könnte, daß im Inland zur Zeit der Vernichtung der russischen Aktiengesellschaft eine Zweigniederlassung bestanden hätte und in Tätigkeit geblieben wäre. Nach der von der Klägerin aufgemachten Liquidations-Eröffnungsbilanz ist nur ein möglicherweise allerdings beträchtliches Vermögensstück vorhanden, nämlich eine Forderung, deren Schuldner Deutscher ist und in Deutschland seinen Handelssitz hat. Es ist nicht richtig, hierbei einseitig die Ansprüche und Verhältnisse auf der Gläubigerseite zu betrachten, wie dies der Vorderrichter getan hat. Auch die Belange des Schuldners sind ins Auge zu fassen. Sie gehen dahin, daß er, wenn er leistet, mit befreiender Wirkung muß leisten können. Diese Wirkung tritt nicht ein, wenn er, und wäre es auch auf Grund gerichtlichen Urteils, an einen Nichtberechtigten zahlt, es sei denn, er hätte sich nach §§ 72, 68 ZPO. durch Streitverkündung gesichert gegenüber demjenigen, dessen Anspruch er besorgt. Das setzt aber eine Sachlage voraus, die das ermöglicht, also das Vorhandensein eines erreichbaren Dritten, dem möglicherweise die Forderung zusteht. Das Rechtsempfinden, das der Vorderrichter mitsprechen läßt, wird sicherlich weniger dadurch beeinträchtigt, daß eine Forderung beim Schuldner nicht eingetrieben wird, als dadurch, daß dies mit Gerichtshilfe durch einen Unberechtigten geschieht. Ist die Schuld bisher nicht untergegangen, so wird sie vorbehaltlich der Einwirkung der Verjährung auch weiterhin bestehen bleiben, bis ein Berechtigter sie eintreibt. Wer einen Anspruch verfolgt, hat seine Berechtigung nachzuweisen. Das ist im vorliegenden Fall nicht geschehen, und die Erwägungen des Vorderrichters vermögen nicht darüber wegzuhelfen. Es handelt sich nicht, wie das Berufungsgericht sich ausdrückt, darum, den Berechtigten ihr Recht (den Liquidationsanteil) durch Richterspruch abzuerkennen, sondern darum, daß über die Frage zu befinden ist, ob sie der Beklagten gegenüber ihr Recht auf die Forderung dargetan haben. Eine gesetzgeberische Maßnahme des Deutschen Reichs in bezug auf diesen Gegenstand liegt nicht vor; anders teilweise z. B. in Polen (vgl. Rundstein „Zweigniederlassungen russischer Aktiengesellschaften in Polen", Ostrecht 1925 S. 330) und in einigen Randstaaten (vgl. Rabinowitsch, Zeitschr. für Ostrecht 1929 S. 1109). Den ehemaligen Aktionären, die sich im Deutschen Reiche jederzeit zur Verfolgung eines wirtschaftlichen Zwecks, so auch zur Beitreibung von Forderungen in Gestalt einer bürgerlichen Gesellschaft nach § 705 BGB. zusammenschließen und gemeinsam klagen könnten, fehlt zur Erhebung eines Anspruchs an die Beklagte die Sachberechtigung. Sind sie durch wirksame Maßnahmen der Sowjet-Regierung in Rußland ihrer Aktionärrechte, ihrer personalrechtlichen Mitgliedschaft verlustig gegangen, wie festgestellt ist, so wäre unerfindlich, woher sie in Deutschland sollten das Recht nehmen können, sich eine Aktionärstellung beizulegen. Aber auch wenn man diese als fortdauernd ansehen könnte, so würde den Aktionären nach deutschem Gesetz (§ 210 HGB.) kein Recht auf die Geltendmachung einer Gesellschaftsforderung zustehen[1]); vielmehr haben sie, wie der Vorderrichter selbst sagt, nur den schuldrechtlichen Anspruch an die Gesellschaft auf Verteilung des Liquidationsüberschusses, wobei ihnen die Gesellschaftsgläubiger vorgehen. Es geht nicht an, ihnen nach dem Untergang der Gesellschaft mehr Recht einzuräumen, als sie zur Zeit ihres Bestehens und ihrer Anerkennung im Deutschen Reiche gehabt hätten, und etwa Konstruktionen von sachberechtigten Aktionärgesellschaften Platz greifen zu lassen, die sonst abgelehnt werden müßten. In Anbetracht dieser Rechtslage haben die an der Klage beteiligten ehemaligen Aktionäre auch nicht versucht, in dieser Eigenschaft für ihre Person oder als bürgerliche Gesellschaft deutschen Rechts aufzutreten, sondern sie geben sich als zur rechtlichen Einheit zusammengeschlossene Fortsetzung der alten russischen juristischen Person aus. Diese soll ihr gesellschaftliches Handeln fortsetzen; sie will zwar nicht das Geschäft als Gesellschaft weiterbetreiben, wie es anderwärts bei außerrussischen Zweigniederlassungen oder bei Rumpfgesellschaften, die ins Ausland geflüchtet sind, von Aktionären aus geschehen ist; wohl aber will sie die ausländischen Vermögensstücke liquidieren, d. h. verteilen.

Es ist indessen nicht versucht worden, für die Gesamtheit der alten Aktionäre, die nach der Feststellung des Vorderrichters im gegebenen Fall vollzählig mit dem ganzen Bestand an Aktien zusammengetreten sind, Rechtsfähigkeit zu erwerben, weil sich auch hier die Frage des Übergangs von Rechten der untergegangenen Gesellschaft auf die neuerrichtete deutsche erheben würde. Es wird vielmehr Gleichheit der in Deutschland aufgetretenen Rechtspersönlichkeit mit der alten russischen Aktiengesellschaft vorgegeben, nur mit der Maßgabe der Umwandlung in eine Liquidationsgesellschaft, wie sie nach gesetzlicher Auflösung eintritt, und es wird im Deutschen Reich ohne weiteres die Rechtsfähigkeit als juristische Person in Anspruch genommen. Eine solche Rechtsfähigkeit kraft Daseins kann

[1]) Ebenso nach Art. 2188 des alten russischen Handelsgesetzbuchs; vgl. dazu Wohl im Ostrecht 1925 S. 58flg. Das gleiche gilt nach §§ 322, 338, 365, 366 des am 1. Januar 1923 in Kraft getretenen neuen russischen Bürgerlichen Gesetzbuchs. D. E.

aber nicht angenommen werden, weder von der Übung aus, daß eine im Ausland zu Recht bestehende juristische Person mangels besonderer Hindernisse auch in Deutschland anerkannt wird (denn eine ausländische Gesellschaft ist nicht mehr vorhanden), noch bei Anlegung der Erfordernisse des deutschen Rechts.

Die Vorschriften über die Errichtung einer Aktiengesellschaft sind nicht befolgt und ebensowenig sind die Bedingungen erfüllt, unter denen ein Verein Rechtsfähigkeit erlangt: Eintragung oder Verleihung. Eigenmächtig auftretende Gebilde ähnlicher Art erkennt das geltende Recht nicht an. Der Weg, den der Vorderrichter gewählt hat, um über den Rechtszustand im Deutschen Reich hinwegzukommen, wonach Personenverbände nur auf bestimmte, gesetzlich geordnete Weise Rechts- und damit Prozeßfähigkeit erlangen können, nämlich die sinngemäße Anwendung des § 302 Abs. 4 HGB., läßt sich nicht beschreiten. Eine sinngemäße Anwendung liegt hier nicht mehr vor. In dem gesetzlich geordneten Fall handelt es sich um die Wiedereröffnung der in Wahrheit gar nicht abgeschlossenen Liquidation einer gesetzlich gebildeten und eingetragenen Aktiengesellschaft, also einer rechtsfähigen Person, durch einen Akt des Registerrichters. Dieser Akt bildet eine aktienrechtliche Besonderheit (RGZ. Bd. 109 S. 393) und soll nicht bloß den Aktionären, sondern allen Beteiligten, insbesondere auch den ihnen in der Befriedigung vorgehenden Gläubigern dienen, weshalb er auch von einem Gläubiger beantragt werden kann. Hier aber wird eine Verfassung und Vertretung, die sich die Aktionäre selbst gegeben haben, durch den Prozeßrichter anerkannt und der Aufgabe, die sie ihren Vertretern gestellt haben, volle Freiheit gelassen. Der gerichtlich bestellte Liquidator hätte nach dem Gesetz in erster Linie für die Befriedigung der Gläubiger zu sorgen, und das liegt ebenso nach den Grundsätzen sachlicher Gerechtigkeit jeder irgendwie gestalteten Liquidationsgesellschaft ob. Sie dürfte nicht nur Inhaberin der Rechte, sondern müßte auch Trägerin der Verbindlichkeiten der alten Aktiengesellschaft sein. Dabei kämen nach deutschem Recht, das hier angewendet werden soll, nicht nur die deutschen, sondern alle Gläubiger der untergegangenen russischen Gesellschaft in Betracht. Denn deren Rechte sind dadurch, daß das Vermögen der Aktiengesellschaft im Kriege liquidiert und späterhin nationalisiert wurde, insoweit nicht erloschen, als das Liquidationsergebnis nicht zu ihrer Befriedigung verwendet worden ist. Daß die Aktiengesellschaft C. Sp. & Söhne samt ihren

Zweigniederlassungen schuldenfrei war, insbesondere keine von der kurzen (nach Art. 7 EinfVo. z. russ. Bürgerlichen Gesetzbuch dreijährigen) sowjetrussischen Verjährung befreiten Auslandsschulden hatte, ist nicht anzunehmen (im Rechtsstreit ist von einer Firma B. die Rede, in deren Auftrag die Aktiengesellschaft die Bestellung bei der Beklagten gemacht und mit deren Mitteln sie die Anzahlung an sie geleistet haben soll, die also ihrerseits Gläubigerin der Aktiengesellschaft gewesen wäre). Daß die Sowjet-Regierung die Schulden getilgt oder übernommen hätte, trifft offenbar auch nicht zu, vgl. Rabinowitsch in JW. 1929 S. 3459flg. Aufgabe einer Liquidation im Sinne des russischen (alten wie neuen) und des deutschen Rechts wäre in einem Falle, in dem eine (aktienrechtliche) Liquidation der Gesellschaft noch gar nicht stattgefunden hat, sondern erst einzusetzen hätte, vor allem auch der Aufruf der Gläubiger (§ 297 HGB.; Art. 2188 des alten russ. Handelsgesetzbuchs). Daß in dieser Richtung hier etwas geschehen würde, wo die Generalversammlung den Liquidatoren alle nach deutschem Recht erforderlichen Veröffentlichungen erlassen und keine Schulden in ihre Eröffnungsbilanz aufgenommen hat, ist in keiner Weise gewährleistet. Die Aktionäre haften den Gesellschaftsgläubigern weder nach deutschem (§ 178 HGB.), noch nach altrussischem (Art. 2174 russ. HGB.) Recht und würden ihnen auch dann nicht haften, wenn sie den Liquidationsüberschuß zugeteilt bekämen, es sei denn aus ungerechtfertigter Bereicherung bei Verletzung von Verteilungsvorschriften nach RGZ. Bd. 109 S. 391, Bd. 124 S. 210 (214). Dies zeigt, daß ein lediglich auf Eintreibung einer Schuld zum Nutzen der Aktionäre gerichtetes Bestreben keinen rechtlichen Anspruch auf Förderung hat. Zweifelhaft ist, ob im Deutschen Reich nach der gegenwärtigen Gesetzeslage ein wirkliches Liquidationsverfahren unter staatlicher Leitung oder Aufsicht herbeigeführt werden kann (vgl. Wohl in Niemeyers Zeitschrift 1928 S. 296flg.), wie es nach Rabinowitsch JW. 1929 S. 3459 und Zeitschr. f. Ostrecht 1929 S. 1124, 1127, und nach Wohl im Ostrecht 1925 S. 31 sowie in Niemeyers Zeitschr. 1928 S. 295 die französischen Gerichte nach den dort erlassenen Vorschriften fordern. Im Prozeß ist dies aber nicht zu entscheiden; § 57 ZPO. kommt für die Klagpartei nicht in Betracht.

Beim Fehlen der Sachberechtigung der unter dem Namen der klagenden Gesellschaft sich verbergenden Aktionäre und der Rechtsfähigkeit des aufgetretenen Aktionärverbandes, falls man ihm mit Sicherheit die Sachberechtigung zusprechen dürfte[1]), mußte das die Klage abweisende erste Urteil wiederhergestellt werden.

---

21. 1. Kann der von einer Vertragspartei mit der Wahrnehmung ihrer Belange beauftragte Rechtsanwalt zugleich eine eigene Vertragsverpflichtung gegenüber dem Vertragsgegner eingehen?

2. Zur Annahme eines Vertragsangebots ohne ausdrückliche Annahmeerklärung.

3. Zum mitwirkenden Verschulden.

BGB. §§ 133, 151, 157, 254.

III. Zivilsenat. Urt. v. 20. Mai 1930 i. S. Rechtsanwalt G. (Bekl.) w. offene Handelsgesellschaft H. (Kl.). III 289/29.

I. Landgericht Leipzig.
II. Oberlandesgericht Dresden.

Der Kaufmann S. in L. bat im November 1925 brieflich die Klägerin, deren Handelsvertreter er war, um ein Darlehen von 10000 RM. und versprach, ihr dafür eine erststellige Briefhypothek in derselben Höhe abzutreten. Nachdem ihm das Darlehen unter der angebotenen Bedingung mündlich zugesagt worden war, schrieb er der Klägerin am 4. Dezember 1925, er habe die Abtretung bei seinem Notar beurkunden lassen wollen, dabei sei ihm aber der Bescheid geworden, daß der Betrag erst bezahlt sein müsse, bevor die Aushändigung des Briefes vor sich gehe, er bitte daher um Überweisung der 10000 RM., im übrigen habe er seinen Notar gebeten, der Klägerin den vorher gekennzeichneten Sachverhalt zu bestätigen. In seinem Auftrage ging bei der Klägerin ferner aus der von den vier verklagten Rechtsanwälten gemeinsam betriebenen Kanzlei das folgende, ebenfalls vom 4. Dezember datierte Schreiben ein:

---

[1]) Die Sachberechtigung bejahen Rabinowitsch a. a. O. u. Wohl in Niemeyers Zeitschrift 1928 S. 244flg., letzterer entgegen seinen früheren Darlegungen im Ostrecht 1925 S. 26flg. (72), wo er die Sachberechtigung des Sowjetstaates auch an dem im Ausland befindlichen Vermögen nationalisierter Gesellschaften vertreten hatte. D. E.

„Nach mir heute gewordener Mitteilung unseres Auftraggebers, des Herrn S., sind Sie bereit, diesem gegen Aushändigung des näher dargelegten Hypothekenbriefes 10000 RM. zu überweisen. Wir möchten Sie bitten, diesen Betrag umgehend an Herrn S. auszuhändigen. Wir werden nach dessen Mitteilung vom Eingang des Geldes Ihnen den Hypothekenbrief sofort übermitteln. Sie haben vielleicht die Freundlichkeit, den Betrag auf das Postscheckkonto des Herrn S. direkt zu überweisen. . . .“

Der Drittbeklagte, jetzige Revisionskläger, hatte dieses Schreiben unterzeichnet. Am 5. Dezember 1925 schrieb die Klägerin an S. unter Bezugnahme auf seine beiden Briefe, auf die mündliche Aussprache und auf das soeben von seinem Notar eingegangene Schreiben, sie habe ihm 10000 RM. überwiesen und sehe der Übersendung des Hypothekenbriefes entgegen. Die 10000 RM. gingen demnächst auch bei S. ein. Dagegen gelangte der Hypothekenbrief nicht in den Besitz der Klägerin. Er lag damals noch beim Grundbuchamt, weil der Grundstückseigentümer dort noch nicht der Aushändigung des Briefes an S. zugestimmt hatte. Am 15. Dezember 1925 erteilte darauf S. in der Kanzlei der verklagten Rechtsanwälte den Auftrag zur Absendung folgenden Schreibens an die Klägerin, das demnächst, ebenso vom Drittbeklagten unterzeichnet wie das Schreiben vom 4. Dezember, bei ihr einging:

„In der Angelegenheit des Herrn S. nehmen wir Bezug auf unser Schreiben vom 4. d. Mts., auf Grund dessen Sie Herrn S. den Betrag von 10000 RM. überwiesen haben. Leider hat sich die Aushändigung des Hypothekenbriefs beim Grundbuchamt dadurch verzögert, daß zunächst noch eine Erklärung des Käufers des Grundstücks beigezogen werden mußte, dieser aber verreist war. Wir werden die Angelegenheit dauernd im Auge behalten, um Ihnen in allerkürzester Frist den Hypothekenbrief übermitteln zu können.“

In den folgenden Tagen gab der Grundstückseigentümer seine Einwilligung zur Aushändigung des Hypothekenbriefs an S. Sie wurde in der Kanzlei der Beklagten abgegeben und von ihr dem S. mitgeteilt. S. ließ sich hierauf vom Grundbuchamt den Hypothekenbrief übergeben, händigte ihn aber nicht der Klägerin aus, sondern trat ihn an einen gutgläubigen Dritten ab. Am 8. April 1926 nahm er sich das Leben. In dem über seinen Nachlaß eröffneten Konkursverfahren fiel die Klägerin mit ihrer Darlehensforderung aus.

Die Klägerin erhob gegen die vier Rechtsanwälte wegen eines Teilbetrags ihres Verlustes in Höhe von 1000 RM. Klage. Die Beklagten baten um Abweisung der Klage und begehrten widerklagend Feststellung, daß der Klägerin ein Schadensersatzanspruch, wie sie sich dessen berühme, nicht zustehe. Das Landgericht gab der Klage statt und stellte auf die Widerklage fest, daß der Klägerin aus der Berufstätigkeit der Beklagten der Schadensersatzanspruch von 10000 RM. nur zu einem Drittel zustehe. Das Oberlandesgericht dagegen gab der Klage gegen den Drittbeklagten in vollem Umfange statt und wies seine Widerklage ab; den drei anderen Beklagten gegenüber wies es die Klage ab und erkannte nach ihrem Widerklagantrage. Die Revision des Drittbeklagten blieb erfolglos.

Gründe:

Die Revision rügt Verletzung der §§ 133, 145 flg., 157, 254 BGB. Sie meint, ein Vertragsverhältnis zwischen der Klägerin und den Beklagten sei nicht zustande gekommen, da die Klägerin dem Drittbeklagten (im folgenden als Beklagter bezeichnet) auf seine Briefe überhaupt nicht geantwortet, sondern nach wie vor ausschließlich mit S. verhandelt und ihm gegenüber niemals zum Ausdruck gebracht habe, daß sie durch eine Erklärung des Beklagten irgendein Recht diesem gegenüber erlangt habe und daß sie im Vertrauen hierauf dem S. das Darlehen gebe. Außerdem treffe die Klägerin in jedem Falle ein erhebliches Mitverschulden an der Entstehung des Schadens.

In beiden Richtungen ist die Revision nicht begründet.

Wegen des Vertragsverhältnisses führt das Berufungsgericht folgendes aus: Wenn die Klägerin behaupte, durch die vom Beklagten unterzeichneten Schreiben vom 4. und 15. Dezember 1925 habe sich dieser ihr gegenüber verpflichtet, ihr den Hypothekenbrief zu verschaffen, und im Vertrauen hierauf habe sie dem S. das Darlehen von 10000 RM. ausgezahlt, so könne ihr darin nur Recht gegeben werden. Dadurch, daß S. den Beklagten beauftragt habe, diese beiden Schreiben an die Klägerin zu richten, seien zunächst allerdings nur Vertragsbeziehungen zwischen ihm und S. entstanden. Es sei aber rechtlich sehr wohl möglich, daß sich der Beauftragte im Rahmen und in Ausführung des ihm erteilten Auftrags einem Dritten gegenüber zu Handlungen oder Leistungen in der Weise verpflichte, daß der Dritte selbständig Ansprüche gegen ihn erlange. Gerade der Anwalt, der vermöge seiner Stellung im Rechtsleben der Vertrauensmann und die Mittelsperson der Rechtsuchenden sei, werde häufig vor Aufgaben dieser Art gestellt. Verpflichte er sich in der angegebenen Weise einem Dritten gegenüber, dann bleibe zwar derjenige, der ihn zu der Erklärung veranlaßt habe, sein Auftraggeber. Aber gleichwohl erlange der Dritte auf Grund der ihm gegenüber eingegangenen Bindung das Recht, die in Aussicht gestellte Leistung vom Anwalt zu verlangen. Die späteren Verhandlungen, welche die Klägerin wegen der Darlehensangelegenheit nach den Briefen vom 4. und 15. Dezember noch mit S. selbst geführt habe, hätten die von der Klägerin bereits angenommene Verpflichtung nicht mehr berührt.

Diese Ausführungen sind, soweit sie sich auf den Inhalt und das Zustandekommen des Vertrags zwischen der Klägerin und dem Beklagten beziehen, allerdings etwas knapp gehalten, lassen aber doch mit hinreichender Deutlichkeit erkennen, was das Berufungsgericht meint. Indem das Urteil wiederholt hervorhebt, daß der Beklagte sich „der Klägerin (bzw. dem Dritten) gegenüber" verpflichtet habe, bringt es zum Ausdruck, daß es sich nicht etwa um einen Vertrag zugunsten eines Dritten im Sinne der §§ 328flg. BGB. handelte, sondern um eine, allerdings durch einen Auftrag des S. veranlaßte, im übrigen aber selbständige vertragliche Verpflichtung eigener Art, die der Beklagte der Klägerin gegenüber einging mit dem Inhalt, „ihr den Hypothekenbrief zu verschaffen". Diese Auslegung des Briefes vom 4. Dezember 1925 ist rechtlich möglich und verletzt keine Auslegungsgrundsätze, insbesondere nicht die der §§ 133, 157 BGB. Sie liegt im Gegenteil nach dem Wortlaut des in Bezug genommenen Schreibens sogar nahe. Wenn darin der Beklagte die Klägerin ausdrücklich bittet, die 10000 RM. dem S. direkt auf sein Postscheckkonto zu überweisen, und hinzufügt, daß er (oder sein Büro) nach Mitteilung vom Eingang des Geldes der Klägerin den Hypothekenbrief sofort übermitteln werde, so konnte die Klägerin dieses Dazwischentreten einer bekannten Anwaltsfirma sehr wohl dahin auffassen, daß der Anwalt nunmehr auf Grund eigener Verpflichtung für die Verschaffung des Hypothekenbriefs sorgen wolle. Auch der Brief vom 15. Dezember ist durchaus geeignet, diese Auslegung zu unterstützen. Die Ausführungen des Berufungsgerichts begegnen also insoweit keinem rechtlichen Bedenken.

Wenn die Revision dieser Auffassung gegenüber unter Berufung auf Friedlaender, Rechtsanwaltsordnung, Exk. vor § 30 Anm. 23, und Bemerkung zur Entsch. JW. 1930 S. 1193 Nr. 10 noch ein Bedenken allgemeiner Natur vorbringt und sich gegen die Annahme wendet, daß die Klägerin als Vertragsgegnerin des S. in ein Vertragsverhältnis zu dessen Anwalt habe treten wollen, so trifft dieses Bedenken den vorliegenden Fall nicht und bedarf daher hier keiner grundsätzlichen Erörterung. Friedlaender wendet sich namentlich gegen die Annahme eines stillschweigenden Anwaltvertrags in solchen Fällen, wo der Vertragsgegner eines Anwaltsklienten den Anwalt um Rat oder Auskunft bittet, z. B. über die Zahlungsfähigkeit des Klienten, mit dem er einen Vergleich zu schließen beabsichtigt. Der gegenwärtige Fall liegt völlig anders. Hier hat S. selbst seinen Anwalt beauftragt, an die Klägerin zu schreiben, und zwar gerade zu dem für alle Beteiligten gleichmäßig erkennbaren Zwecke, daß die Haftungsübernahme durch den Anwalt die Klägerin bestimmen sollte, einen Barbetrag auszuzahlen, den sie sonst nicht ausgezahlt haben würde.

Zuzugeben ist der Revision, daß der Brief des Beklagten vom 4. Dezember 1925 zunächst allerdings nur als Vertragsangebot anzusehen war und daher der Annahme bedurfte. Die Annahmeerklärung brauchte aber keine ausdrückliche zu sein und brauchte auch nicht notwendig dem Antragenden persönlich erklärt zu werden, wenigstens dann nicht, wenn aus seinem Angebot erhellte, daß er auch eine an eine andere Stelle gerichtete Annahmeerklärung als ihm gegenüber abgegeben gelten lassen wollte; in diesem Falle hatte er nämlich im Sinne des § 151 BGB. auf eine ihm gegenüber zu eigenen Händen abzugebende Erklärung der Annahme der im Briefe vom 4. Dezember enthaltenen Verpflichtungserklärung verzichtet. Die Aufforderung, die 10000 RM. direkt auf das Postscheckkonto des S. zu übermitteln, konnte und mußte nach den oben erörterten Umständen dahin verstanden werden, daß die Erfüllung dieser Bitte zugleich als Annahme des Vertragsangebots des Beklagten gelten sollte. So meint es auch offenbar die Klägerin, wenn sie ausführt, der Beklagte habe sich ihr gegenüber verpflichtet, ihr den Hypothekenbrief zu verschaffen, und im Vertrauen hierauf habe sie dem S. das Darlehen von 10000 RM. ausgezahlt; indem das Berufungsgericht diese Ausführung am Eingang seiner Entscheidungsgründe ausdrücklich billigt, schließt es sich dieser Auffassung an. Die Ausführungen des Berufungsurteils zu diesem Punkte reichen bei aller Kürze aus und lassen einen Rechtsirrtum, insbesondere eine Verkennung der Voraussetzungen für das Zustandekommen eines Vertrags (§§ 145flg. BGB.) nicht erkennen. Auch die weiteren Ausführungen des Vorderrichters, daß die folgenden Verhandlungen der Klägerin mit S. an diesem Abkommen zwischen ihr und dem Beklagten nichts mehr geändert hätten, sind von Rechtsirrtum frei.

Ein Mitverschulden der Klägerin verneint das Berufungsgericht schon deshalb, weil ihr daraus, daß sie sich zur Aushändigung des Geldes an S. vor dem Empfang des Hypothekenbriefs entschloß, kein Vorwurf zu machen sei; die Versicherung eines in Rechtssachen erfahrenen Anwalts habe ihr genügen müssen. Dieser Auffassung ist lediglich zuzustimmen; der Beklagte kann sich gegenüber dem Vorwurf mangelnder Sorgfalt nicht darauf berufen, daß das von der Klägerin in ihn gesetzte Vertrauen selbst einen Mangel an Sorgfalt verrate. Mit Recht fügt das Berufungsgericht hinzu, das Vertrauen auf die Zusicherung des Beklagten erkläre es auch, daß die Klägerin noch keinen Verdacht gegen S. geschöpft habe, als sich die Übergabe des Hypothekenbriefs an sie verzögerte, zumal da sie sich bei der Erklärung des Beklagten in dem späteren Schreiben vom 15. Dezember 1925 und bei den vom Berufungsgericht noch herangezogenen Äußerungen des S. selbst habe beruhigen können. Wenn man angesichts dieser Erklärung vom 15. Dezember der Klägerin überhaupt habe ansinnen wollen, selbst auf eine raschere Erledigung der Angelegenheit zu dringen, so wäre doch dafür, wie das Berufungsgericht zutreffend meint, jedenfalls nur eine Zeit in Betracht gekommen, als der Schaden schon eingetreten war und somit eine Säumnis der Klägerin dafür nicht mehr ursächlich werden konnte. Auch diese Ausführungen sind rechtlich nicht zu beanstanden und verstoßen insbesondere nicht gegen § 254 BGB.

22. Haben die Inhaber von Darlehnskassenscheinen noch irgendwelche Ansprüche gegen das Deutsche Reich, sei es auf Einlösung oder auf Schadensersatz oder auf Aufwertung der in den Scheinen verbrieften Forderung oder auf Herausgabe der Bereicherung?

Darlehnskassengesetz v. 4. August 1914 §§ 2, 19. Anleiheablösungsgesetz v. 16. Juli 1925 §§ 1, 3. BGB. § 823 Abs. 2.

IV. Zivilsenat. Urt. v. 18. Februar 1929 i. S. M. (Kl.) w. Deutsches Reich (Bekl.). IV 347/28.

I. Landgericht I Berlin.
II. Kammergericht daselbst.

Der Kläger behauptet, im Besitze von Darlehnskassenscheinen im Nennbetrag von 6000 M. zu sein, die auf Grund des Darlehnskassengesetzes vom 4. August 1914 (DKG.) vor Eintritt des Währungsverfalls ausgegeben worden seien. Er verlangt deren Einlösung und Aufwertung und hat beantragt, das Deutsche Reich zu verurteilen, gegen Aushändigung vor dem 1. Januar 1919 ausgegebener Darlehnskassenscheine im Betrage von 6000 M. ihm die Summe von 4500 RM. zu zahlen. Die Klage wurde von den Vorinstanzen abgewiesen. Die Revision des Klägers hatte keinen Erfolg.

Gründe:

Ein Bereicherungsanspruch ist schon deshalb nicht gegeben, weil es nach dem eigenen Vortrag des Klägers an einer unmittelbaren Vermögensverschiebung zwischen ihm und den Darlehnskassen oder dem Beklagten fehlt. Der Kläger will die Scheine im Austausch gegen andere Werte von Dritten erhalten haben. Er hat also an die Darlehnskassen oder den Beklagten selbst nichts geleistet.

Die Übernahme einer Garantie für die Wertbeständigkeit der Darlehnskassenscheine durch das Reich ist nicht erfolgt. Sie ist namentlich nicht der Vorschrift des § 2 Abs. 4 DKG. zu entnehmen, wonach kein Darlehnskassenschein ausgegeben werden darf, für den nicht die vorgeschriebene Sicherheit geleistet ist. Insofern bestand bloß eine Überwachungspflicht des Reichs wegen der Deckung; dafür, daß es darüber hinaus die Gefahr der Entwertung der Scheine infolge des Währungsverfalls zu tragen hätte, fehlt es an einer positiven Bestimmung wie auch an einem sonstigen zwingenden

Anhalt. Insbesondere kann hier die Vorschrift des § 2 Abs. 2 a. a. O., wonach die Darlehnskassenscheine in Ansehung der Notendeckung (§ 17 Bankgesetz vom 14. März 1875/1. Juni 1909) den Reichskassenscheinen gleichgestellt sind, nicht herangezogen werden. Denn sie bezweckt lediglich, die Verwertbarkeit der Scheine für den Notenbankbetrieb und ihren Umlauf im Verkehr zu erleichtern (Begründung zum Entwurf des Darlehnskassengesetzes in Güthe-Schlegelberger, Kriegsbuch Bd. I S. 486) und enthält keineswegs eine Verpflichtung des Reichs, den Abnehmern der Scheine bei eintretendem Währungsverfall für ihre Entwertung einzustehen.

Auch aus dem Gesichtspunkt des Schadensersatzes ist der Klaganspruch nicht begründet. Verzug bei der Einlösung (Einziehung) der Darlehnskassenscheine kommt nicht in Frage. Das Darlehnskassengesetz hat von der Festsetzung einer Frist für die Wiedereinziehung der Scheine Abstand genommen und in § 19 Abs. 2 nur bestimmt, daß diese Einziehung nach Wiederherstellung des Friedens gemäß näherer Anordnung des Bundesrats (jetzt Reichsrats) erfolgen solle. Eine solche Anordnung, für deren Erlaß die Entwicklung der wirtschaftlichen Verhältnisse maßgebend war, ist nicht ergangen. Bestände aber eine Einlösungspflicht, so wäre sie öffentlichrechtlicher Natur (RGZ. Bd. 103 S. 235, Bd. 114 S. 30/31), und ihre Nichterfüllung könnte keine privatrechtlichen Ansprüche der Inhaber von Darlehnskassenscheinen wegen Verzugs begründen.

Die Vorschrift des § 19 Abs. 2 DKG. stellt auch kein Schutzgesetz im Sinne des § 823 Abs. 2 BGB. dar mit der Folge, daß dem Kläger aus der Unterlassung der Einziehung Schadensersatzansprüche erwachsen wären. Denn die Anordnung der Einziehung war nicht dazu bestimmt, dem Schutze der Inhaber von Darlehnskassenscheinen — wenn auch ihrem Nutzen — zu dienen, sondern sie sollte nur als organisatorische Verwaltungsmaßnahme die Verhältnisse bei Beendigung der Tätigkeit der Darlehnskassen regeln. Übrigens hat auch der Kläger nicht behauptet, daß er bei Friedensschluß Inhaber der Scheine gewesen sei. Eine Rechtsnachfolge aber kommt dann nicht in Frage, wenn es sich bei den Darlehnskassenscheinen, wie im folgenden auszuführen sein wird, um bloße Geldzeichen handelt. Es bedarf unter diesen Umständen keiner Erörterung, ob die weiteren Voraussetzungen einer Schadenshaftung gegeben wären.

Seinen Anspruch auf Aufwertung hat sodann der Kläger darauf gestützt, daß seine Forderung in den Darlehnskassenscheinen verbrieft sei und eine aufwertbare Schuld der Darlehnskassen, jetzt des Reichs bilde. In dieser Hinsicht ist zunächst den Vorinstanzen darin beizutreten, daß es sich nicht um Schuldverschreibungen auf den Inhaber handelt. Die Darlehnskassenscheine enthalten kein Zahlungsversprechen des Ausstellers, sie sind bloße Geldzeichen nach ausdrücklicher Vorschrift (§ 2 DKG.) und begründen keine Geldschuld (RGZ. Bd. 103 S. 235, vgl. Bd. 114 S. 29flg.). Es würde sich zudem gegebenenfalls um ein abstraktes Schuldversprechen handeln, das eine Aufwertung nach allgemeinen Grundsätzen nicht zuläßt (RGZ. Bd. 114 S. 30).

Auf jeden Fall ist der Klaganspruch, wie er auch vom Kläger begründet wird, durch die positive Bestimmung in § 3 Abs. 2 des Anleiheablösungsgesetzes (AnlAblG.) vom 16. Juli 1925 ausgeschlossen, wonach Ansprüche aus den Darlehnskassenscheinen (§ 3 Abs. 1 Nr. 4 das.) überhaupt nicht mehr abgeleitet werden können. Die Scheine sind damit für wertlos erklärt worden. Der Kläger will allerdings die Vorschrift dahin verstanden wissen, daß die Darlehnskassenscheine nur von dem Umtausch (§ 1 AnlAblG.) ausgeschlossen worden seien. Dem stehen, wie der Berufungsrichter mit Recht ausführt, zunächst der Wortlaut und die äußere Anordnung der gesetzlichen Vorschriften in § 3 (Ausschluß des Umtauschs in Abs. 1, Wertloserklärung in Abs. 2) entgegen, nicht minder der Gesetzeszweck, wonach die Ungewißheit über die Aufwertungs- oder Entschädigungslast der öffentlichrechtlichen Verbände endgültig beseitigt werden sollte, sowie die Entstehungsgeschichte der Vorschrift, nach welcher an die Stelle der ursprünglich vorgesehenen kurzen Einlösungspflicht, eben weil die Scheine damals einen irgendwie in Betracht kommenden Wert nicht mehr hatten, die jetzige, jeden Anspruch ausschließende Bestimmung gesetzt wurde (Drucks. des Reichstags 1924 Nr. 805 und Nr. 1150). Wollte man § 3 Abs. 2 dahin auslegen, daß lediglich die (Umtausch-) Ansprüche aus dem Anleiheablösungsgesetz ausgeschlossen seien, so würde die Bestimmung nichts anderes besagen als die in Abs. 1 getroffene. In Abs. 2 sollte aber als allgemeiner Rechtssatz ausgesprochen werden, daß Ansprüche aus den vorher bezeichneten Schuldurkunden weder nach Maßgabe des Anleiheablösungsgesetzes, was schon § 1 Abs. 2

daf. ergab, noch überhaupt weiter bestehen sollten. Denn es war eine abschließende Regelung der Aufwertungs- oder Entschädigungslast öffentlichrechtlicher Verbände beabsichtigt.

Der Kläger macht noch geltend, § 3 AnlAblG. enthalte eine Enteignung und sei rechtsungültig, weil das Gesetz nicht mit der für ein verfassungsänderndes Reichsgesetz erforderlichen Mehrheit im Reichstag angenommen worden sei. Daß das Gesetz als Ganzes mit Art. 153 Abs. 2 RVerf. nicht im Widerspruch steht, hat der Senat bereits unter Bezugnahme auf RGZ. Bd. 111 S. 320 in seinem Urteil vom 27. Januar 1927 (JW. 1927 S. 1843 Nr. 21) und ebenso der III. Zivilsenat in RGZ. Bd. 118 S. 327 angenommen. Was die Vorschrift des § 3 Abs. 2 AnlAblG. angeht, so handelt es sich nach dem oben Gesagten nicht um Forderungsrechte aus den Scheinen, die ohne Entschädigung entzogen worden wären, sondern um Geldzeichen, aus deren Besitz kein Anspruch mehr hergeleitet werden soll. Ob diese gesetzliche Anordnung zum Wohle der Allgemeinheit getroffen wurde, insofern sie zu der im allgemeinen Interesse dringend notwendigen und unabweisbaren Gesundung der Finanzen des Reichs beitragen sollte und eine verschiedenartige Behandlung der Reichsbanknoten (§ 3 Bankgesetz vom 30. August 1924) und der Darlehnskassenscheine eine das Allgemeinwohl gefährdende Beunruhigung im Volke hervorzurufen geeignet war, kann auf sich beruhen. Denn in Wahrheit sind dem Kläger Vermögenswerte überhaupt nicht entzogen worden, da seine Darlehnskassenscheine im Betrage von 6000 M. nach dem eingetretenen völligen Währungsverfall keinen in Goldmark darstellbaren Wert mehr besaßen.

Schließlich kann dem Kläger auch darin nicht gefolgt werden, daß die Darlehnskassenscheine als Anteilscheine an den gemäß § 2 Abs. 4, §§ 4 bis 6 DKG. zur Sicherheit verpfändeten Werten anzusehen seien und daß deshalb nach der 1924 und 1926 erfolgten Auflösung der Darlehnskassen den Inhabern der Kassenscheine ein Anteilsrecht an dem angeblich dem Reiche verbliebenen Überschuß zustehe. Für eine solche Annahme fehlt es im Gesetz an jedem Anhalt. Die Eigentümer der Scheine haben weder an den Forderungen der Darlehnskassen gegen die Darlehnsempfänger noch an den von diesen verpfändeten Vermögensstücken ein irgendwie geartetes Recht erworben.

23. Sind die Vorschriften über den öffentlichen Glauben des Grundbuchs anwendbar, wenn das einer Gemeinschaft zur gesamten Hand zustehende Eigentum an einem Grundstück auf einen der Gesamthänder übertragen wird?

AufwG. § 20. BGB. § 892.

V. Zivilsenat. Urt. v. 21. Mai 1930 i. S. Stadtgemeinde O. (Bekl.) w. L. (Kl.). V 136/29.

I. Landgericht Osnabrück.
II. Oberlandesgericht Celle.

Die Eltern des Klägers, die in allgemeiner Gütergemeinschaft lebten, waren Eigentümer einer Hausbesitzung in O. Auf dieser stand für die Beklagte eine Vorkriegsdarlehenshypothek von 20000 M. eingetragen. Nach dem Tode der Mutter setzte der Vater die Gütergemeinschaft mit seinen Kindern fort. Anfangs 1923 zahlte er die Hypothek in Papiermark zum Nennbetrage zurück. Die Beklagte erteilte löschungsfähige Quittung. Der Kläger schloß mit seinem Vater und den an der Gütergemeinschaft beteiligten Geschwistern einen Vertrag vom 17. Dezember 1923. In diesem erklärte der Vater, dem Kläger sein Geschäft und das Haus zu übertragen. Der Kläger übernahm die auf dem Grundstück lastenden, noch ungetilgten Hypothekenschulden und erklärte seinen Verzicht auf Erb- und Pflichtteilsrechte gegenüber dem Vater, weiter seinen mit dem Vertragsschluß ausgesprochenen Verzicht auf seinen Anteil am Gesamtgut der Gütergemeinschaft, der nach Umschreibung des Grundstücks auf den Kläger dem Nachlaßgericht gegenüber erklärt werden sollte. Außerdem verpflichtete er sich zur Zahlung einer Geldrente an den Vater und von hypothekarisch zu sichernden Abfindungssummen an die Geschwister. Gleichzeitig wurde ihm das Grundstück aufgelassen. Auf den am 29. Januar 1924 beim Grundbuchamt gestellten Eintragungsantrag erfolgte am 24. März 1924 die Eintragung des Klägers als Eigentümer und die Löschung der noch für die Beklagte eingetragenen, im Jahre 1923 zurückgezahlten Hypothek. Später wurde auf Antrag der Beklagten eine Aufwertungsgrundschuld von 5000 GM. für die frühere Hypothek eingetragen.

Der Kläger verlangt Löschung dieser Eintragung und Herausgabe des über sie gebildeten Briefs, weil er das Grundstück im guten Glauben an das Erloschensein der 1923 zurückgezahlten Hypothek erworben habe. Die Beklagte meint, Schutz des guten Glaubens komme nicht in Betracht, weil der Kläger mitbeteiligt an der fortgesetzten Gütergemeinschaft gewesen sei, aus deren Masse er die Grundstücke erworben habe, ferner weil eine Übertragung des ganzen Vermögens vom Vater auf den Sohn vorliege.

Nachdem das Landgericht die Klage abgewiesen hatte, hat das Berufungsgericht die Beklagte zur Löschungsbewilligung und Herausgabe des Briefes verurteilt. Ihre Revision führte zur Wiederherstellung des landgerichtlichen Urteils.

Aus den Gründen:

Der Berufungsrichter prüft, ob der Kläger am 29. Januar 1924, dem Tage, an dem der Antrag auf Eigentumsumschreibung beim Grundbuchamt gestellt wurde, gutgläubiger Erwerber im Sinne des § 892 BGB. war. Er billigt ihm den Schutz seines Glaubens an das Erloschensein der der Beklagten zurückgezahlten Hypothek zu, weil er bereits durch seine Verzichtserklärung vom 17. Dezember 1923 aus der Gütergemeinschaft ausgeschieden gewesen sei, also zur Zeit der Antragstellung dem Gesamtgut als unbeteiligter Dritter gegenübergestanden habe, und weil ihm deswegen der Vertrauensschutz des Fremderwerbers zukomme.

Die Revision mußte diesen Ausführungen gegenüber Erfolg haben. Bei dem Grundstückserwerb des Klägers handelte es sich darum, daß Grundbesitz, der im Eigentum einer Gesamthandsgemeinschaft stand, rechtsgeschäftlich auf eine Einzelperson übertragen wurde, welche Teilhaberin an der Gemeinschaft und als solche Miteigentümerin zur gesamten Hand an dem Grundbesitz gewesen war. Ohne rechtliche Bedeutung ist dabei der Umstand, daß der Kläger mit seinem Einzelerwerb aus der Gesamthandsgemeinschaft ausgeschieden ist. Dahingestellt kann bleiben, ob das Ausscheiden aus der fortgesetzten Gütergemeinschaft schon mit Abschluß des Vertrags vom 17. Dezember 1923 (§ 1491 Abs. 2 BGB.) oder erst durch die dem Nachlaßgericht gegenüber abgegebene Erklärung (§ 1491 Abs. 1 BGB.) erfolgt ist. Auch bei der ersteren, der Fortdauer dinglicher Haftung des Klägers ungünstigeren Annahme ist doch der Zusammenhang des Ausscheidens mit dem Erwerb nicht zweifelhaft. Es handelt sich im einen wie im anderen Falle um einen einheitlichen Vorgang, der sich aus verschiedenen Rechtsakten zusammensetzt, wobei das zeitliche Verhältnis der einzelnen Rechtsgeschehnisse untereinander unerheblich ist. Zu fragen ist also, ob der Erwerb von Gesamthandseigentum durch einen einzelnen Gesamthandsteilnehmer ein nach § 892 BGB. zu schützendes Rechtsgeschäft ist. Wie in der Rechtsprechung des Reichsgerichts mehrfach betont (RGZ. Bd. 117 S. 257, Bd. 119 S. 126, Bd. 123 S. 52), greift der öffentliche Glaube des Grundbuchs rechtsvernichtend in die wirkliche Rechtslage ein, um zur Sicherheit des Rechtsverkehrs und zum Vorteil des Erwerbers dessen Vertrauen auf die Zuverlässigkeit des Grundbuchs zu rechtfertigen. Für solchen Vertrauensschutz ist aber da kein Raum, wo es sich nicht um einen neu hinzutretenden Erwerber handelt, der dem Gegenstande des Rechtsgeschäfts bisher ferngestanden hat und daher auf die Richtigkeit des Grundbuchs angewiesen ist, sondern wo zwar rechtlich Eigentumswechsel vorliegt, aber doch in Wahrheit das Grundstück in der Hand derselben natürlichen Person bleibt; ebensowenig bei einer Vermögensübertragung, die als Vorwegnahme der Erbfolge im Kreise der Familie vor sich geht.

Diese Gesichtspunkte ergeben, daß auch in dem hier zu entscheidenden Falle § 892 BGB. nicht anzuwenden ist. Der Erwerber ist als Gesamthänder schon früher, gemeinsam mit den übrigen Gesamthandsteilnehmern und beschränkt durch deren Recht, Eigentümer des ganzen Grundbesitzes gewesen. Allerdings hat er dann das Eigentum an dem einzelnen Grundstück rechtsgeschäftlich in neuer Form und uneingeschränkt erworben; er hat ein anderes, neues Eigentumsrecht erlangt. Aber er ist doch nicht als Fremder an das Grundstück herangetreten, denn schon früher hatte sich sein Recht auf den ganzen Grundbesitz erstreckt. Vertrauen des Erwerbers auf die Zuverlässigkeit des Grundbuchs kommt hier nicht in Frage; Vertrauensschutz ist in diesem Falle ebensowenig gerechtfertigt wie da, wo auf Veräußerer- und Erwerberseite völlige Personengleichheit besteht. Der Kläger kann also das von ihm beanspruchte Erlöschen seiner dinglichen Aufwertungshaftung nicht auf einen Erwerb in gutem Glauben daran gründen, daß die Hypothek der Beklagten durch die Papiermarkzahlung getilgt worden sei. Bei diesem Ergebnis kann unerörtert bleiben, ob dem Kläger nicht der Schutz des § 892 BGB. auch aus dem Grunde zu versagen wäre, weil, wie die Beklagte meint, eine Vermögensübertragung als Vorwegnahme der Erbfolge vorgelegen habe. . . .

24. 1. Ist § 140 BGB. anwendbar, wenn das nichtige Rechtsgeschäft den Erfordernissen eines heilbar nichtigen Rechtsgeschäfts entspricht?

2. Unter welchen Voraussetzungen kann in der Übereignung eines Erbanteils die Auflassung eines zur Erbmasse gehörenden Grundstücks gefunden werden?

BGB. §§ 140, 313, 925, 2033, 2042, 2371.

IV. Zivilsenat. Urt. v. 22. Mai 1930 i. S. W. (Bekl.) w. A. (Kl.) IV 397/29.

I. Landgericht Hirschberg.
II. Oberlandesgericht Breslau.

Der am 29. Juli 1921 verstorbene Ernst W., dessen Vermögen in der Hauptsache aus einem Grundstück bestand, hinterließ als Erben je zur Hälfte seine beiden Geschwister, die Parteien. Diese schlossen am 16. Februar 1922 einen notariell beurkundeten Vertrag folgenden Inhalts. Die Klägerin „verkaufte" dem Beklagten „ihren Erbanteil, also die ihr gehörige Hälfte des Nachlasses, zum Preise von 25000 M." und erklärte, daß sie ihm „hiermit den Erbanteil übereigne." Die Parteien bewilligten und beantragten, daß der Beklagte als Eigentümer des Grundstücks eingetragen werde. Der Kaufpreis für die Übereignung wurde unter Verzicht auf hypothekarische Sicherstellung gestundet, gleichzeitig auch seine Verzinslichkeit und Kündbarkeit vereinbart. Nach der Feststellung des Berufungsgerichts betrug der vereinbarte Kaufpreis in Wahrheit 50000 M., wovon die nicht beurkundeten 25000 M. am 31. März 1922 gezahlt wurden, während auf den gestundeten Betrag im Herbst 1923 1000000 M. gezahlt wurden. Die Eintragung des Beklagten geschah am 1. April 1922. Mit der Klage verfolgt die Klägerin einen Anspruch auf Aufwertung der gestundeten und inzwischen gekündigten 25000 M. und fordert die Verurteilung des Beklagten zur Zahlung von mindestens 8000 RM. nebst Zinsen.

Das Landgericht wies die Klage ab, weil der Kaufpreis insgesamt nur 25000 M. betragen habe, eine Aufwertung aber auch verwirkt sei. Das Berufungsgericht erklärte den Klaganspruch dem Grunde nach für gerechtfertigt. Die Revision des Beklagten wurde zurückgewiesen.

Gründe:

Die Nichtigkeit des der Formvorschrift des § 2371 BGB. unterliegenden Erbschaftskaufs ergab sich aus der vom Berufungsgericht festgestellten Tatsache, daß in dem notariellen Akte der Kaufpreis unrichtig angegeben war. Sie wurde auch nicht etwa durch die gleichzeitig erfolgte dingliche Übertragung des Erbanteils (§ 2033 BGB.) geheilt. Insbesondere ist für eine entsprechende Anwendung des § 313 Abs. 2 BGB. kein Raum. Der Hinweis der Klägerin auf die in RGZ. Bd. 125 S. 264 enthaltenen Darlegungen geht fehl. Es handelte sich dort um das dingliche Vorkaufsrecht an einem Grundstück, während hier der Anteil an einem Nachlaß in Frage steht.

Es kommt daher entscheidend darauf an, ob das nichtige Geschäft auf Grund des § 140 BGB. im Wege der sogenannten Konversion aufrechterhalten werden kann. Der dahin gehenden Auffassung des Berufungsrichters ist im Ergebnis beizutreten. Der nichtige Erbschaftskauf entspricht in der Tat bei Zugrundelegung der Urteilsfeststellungen den Erfordernissen eines anderen Rechtsgeschäfts, nämlich einer Erbauseinandersetzung nach § 2042 BGB., und es ist anzunehmen, daß dessen Geltung bei Kenntnis der Nichtigkeit gewollt wäre.

Die Gründe des Berufungsurteils ergeben zunächst, daß die Parteien die Miterbengemeinschaft nicht durch eine Auseinandersetzung im Sinne der angeführten Gesetzesvorschrift, sondern durch Erbschaftskauf beendigen wollten. Zutreffend wird weiter ausgeführt, daß der Erbauseinandersetzungsvertrag, soweit er die Übertragung des Grundstücks zum Alleineigentum betraf, der Form des § 313 Abs. 1 BGB. bedurfte und in deren Ermangelung jedenfalls insoweit mit einer nur durch Auflassung und Eintragung heilbaren Nichtigkeit behaftet war. Die Frage, ob man in solchem Falle sagen kann, daß das nichtige Geschäft „den Erfordernissen eines anderen Rechtsgeschäfts entspricht", hat das Berufungsgericht nicht erörtert. Es sind insofern aber, wenigstens nach der besonderen Lage des Falles, keine rechtlichen Bedenken zu erheben. Zwar ist nicht zu verkennen, daß bei der gesetzlichen Regelung der Konversion der Gedanke maßgebend war, einerseits die Nichtigkeitsvorschriften zu achten, anderseits aber den rechtsunkundigen Parteien zu helfen, wenn sie sich zur Erreichung eines wirtschaftlichen Zwecks in Unkenntnis des Gesetzes lediglich in dem angewandten Mittel vergriffen und ihren Willen zu einem nichtigen Geschäft kundgegeben haben, obwohl ihre Erklärungen der Sache nach die Erfordernisse eines gültigen Geschäfts erfüllen und sie bei Kenntnis der Rechtslage im Hinblick auf den im wesentlichen gleichen wirtschaftlichen Erfolg das letztere gewählt haben würden. Dem gültigen Geschäft muß aber das nach § 313 BGB. heilbar nichtige jedenfalls dann gleichgestellt werden, wenn wie hier die Parteien gleichzeitig die von ihnen zur Heilung zu erfordernden Erklärungen abgegeben haben und es nur noch der — tatsächlich erfolgten — Eintragung durch den Grundbuchrichter bedurfte.

Die zur Heilung des Mangels erforderliche Auflassung des Grundstücksanteils hat das Berufungsgericht darin gesehen, daß die Parteien die Eintragung des Beklagten als neuen Eigentümers bewilligt und beantragt haben. Das ist nicht unbedenklich. Denn vom Standpunkte des Erbschaftskaufs und der Übertragung des Erbschaftsanteils aus bedeutete jene Erklärung nicht die Einigung über den Eigentumsübergang an dem Grundstücksanteil, sondern nur den Antrag auf Berichtigung des infolge der Übertragung des Erbschaftsanteils unrichtig gewordenen Grundbuchs. Die erforderliche Einigung ist aber in den Erklärungen über den Verkauf und die Übertragung des Erbanteils zu finden. Sie haben inhaltlich gleichzeitig die Bedeutung, daß das Eigentum an sämtlichen Nachlaßgegenständen, also auch an dem Grundstück, auf den Beklagten übergehen sollte. Jene Erklärungen waren dann die Grundlage für die Eintragung des Beklagten, und es ist nicht von Bedeutung, ob der Grundbuchrichter sie nur unter dem Gesichtspunkt der Berichtigung gewertet hat.

Ob die Beteiligten die Erbauseinandersetzung trotz der auch ihr anhaftenden, wenn auch heilbaren Nichtigkeit bei Kenntnis der Nichtigkeit des Erbschaftskaufs gewollt haben würden, war eine Frage tatsächlicher Beurteilung. Dafür, daß ihre Bejahung von Rechtsirrtum beeinflußt sein könnte, fehlt es bei dem vom Berufungsgericht festgestellten Sachverhalt an jedem Anhalt.

---

25. Steht ein im Grundbuch zeitlich nach der Bestellung einer Hypothek eingetragener, später als begründet dargetaner Widerspruch gegen das Eigentum des Hypothekenbestellers dem Erwerb der Hypothek durch einen Abtretungsempfänger entgegen, wenn der

Widerspruch zur Zeit der Abtretung zwar im Grundbuch, aber nicht auf dem Hypothekenbrief vermerkt war?

BGB. § 892.

V. Zivilsenat. Urt. v. 24. Mai 1930 i. S. M. (Kl.) w. G. (Bekl.). V 392/29.

I. Landgericht III. Berlin.
II. Kammergericht daselbst.

Auf dem Grundstück des Beklagten steht eine Hypothek von 25000 RM. für S. eingetragen. Sie wurde der Klägerin am 19. November 1926 privatschriftlich abgetreten; diese hat den Hypothekenbrief in Händen. Geklagt ist auf Zahlung von 4000 RM. Hypothekenzinsen aus dem belasteten Grundstück; der Beklagte hat Widerklage auf Herausgabe des Hypothekenbriefs erhoben.

Der Beklagte hatte das Grundstück an J. verkauft und aufgelassen; dieser war vom 17. März 1923 bis zum 4. März 1927 als Eigentümer im Grundbuch eingetragen. Der Verkauf war ein behördlich nicht genehmigter Schwarzvertrag, und der Beklagte hat im Prozeßwege sein Eigentum wiedererstritten. Auf Grund einstweiliger Verfügung wurde am 27. Juli 1925 ein Widerspruch gegen das Eigentum des J. im Grundbuch eingetragen, aber nach Aufhebung der einstweiligen Verfügung am 4. Januar 1926 wieder gelöscht. An demselben Tage ließ J. die hier streitige Hypothek eintragen. Gleichfalls am 4. Januar 1926 wurde auf ein vom Bezirksamt gemäß § 11 preuß. GrVG. am 19. Dezember 1925 gestelltes Ersuchen ein neuer Widerspruch gegen das Eigentum des J. eingetragen. Bei der Hypothek und auf dem Hypothekenbrief wurde der Widerspruch vermerkt; dabei auch, ebenso wie bei der Widerspruchseintragung, daß der Widerspruch der Hypothek im Range vorgehe. Dieser Widerspruch wurde auf Ersuchen des Bezirksamts am 14. Juli 1926 im Grundbuch gelöscht; auf dem Brief blieb er vermerkt. Auf Grund einstweiliger Verfügung vom 24. Juni 1926 wurde am 9. August 1926 ein neuer Widerspruch gegen das Eigentum des J. eingetragen.

Die Klägerin behauptet, J. habe die Hypothek zwecks Geldbeschaffung eintragen lassen, den Brief aber, da der eingetragene Gläubiger keine Zahlung leistete, seinem Schwager N. als Sicherheit für eine diesem gegen ihn zustehende Forderung übergeben; N. habe den Brief als Sicherheit an sie (Klägerin) weitergegeben; am 19. November 1926 habe sie sich durch den Rechtsanwalt K. die Abtretungserklärung des eingetragenen Gläubigers verschafft; dabei habe K. das Grundbuch eingesehen, sich die Zusicherung voller Valutierung der Hypothek geben lassen und ihr berichtet, daß dem Erwerb der Hypothek kein Widerspruch entgegenstehe. Die Klägerin glaubt, auf Grund der Vorschriften über den öffentlichen Glauben des Grundbuchs Hypothekengläubigerin zu sein. Der Beklagte bestreitet ihren Rechtserwerb. Er trägt vor, wegen der im Grundbuch und auf dem Brief vermerkten Widersprüche komme der öffentliche Glaube des Grundbuchs nicht in Betracht; die Klägerin habe auch bei Empfang der Abtretung die wahre Rechtslage gekannt.

Die Klägerin ist in allen drei Rechtszügen unterlegen.

Gründe:

Das Kammergericht nimmt an, der Rechtserwerb der Klägerin sei zwar wegen der sich aus der Beweisaufnahme ergebenden Ermächtigung des eingetragenen Gläubigers, den Brief der Klägerin auszuhändigen, formell in Ordnung, er scheitere aber bereits an den im Grundbuch eingetragenen Widersprüchen. Diese hätten der Klägerin ersichtlich gemacht, daß der eingetragene Gläubiger die Hypothek in Wahrheit nicht habe erwerben können, zumal da sie gewußt habe, daß dessen Rechtserwerb nur in der Zeit vor Löschung des zweiten Widerspruchs gelegen haben könne. Weiter habe aber auch der nach Löschung des zweiten Widerspruchs noch auf dem Hypothekenbrief stehende Widerspruchsvermerk gutgläubigen Erwerb gehindert.

Die Revision, welche Verletzung des § 892 BGB. rügt, kann keinen Erfolg haben. Wäre J. Eigentümer und zur Grundstücksbelastung befugt gewesen, so beständen, wie auch das Kammergericht angenommen hat, gegen die Gläubigerschaft der Klägerin keine Bedenken. Die Abtretung durch den eingetragenen Gläubiger ist an sich sowohl sachlich wie der Form nach in Ordnung; die Klägerin konnte Valutierung der Hypothek, also das Bestehen einer Fremdhypothek in Händen des eingetragenen Gläubigers annehmen. Aber J. war in Wahrheit nicht Eigentümer und konnte deshalb von sich aus das Grundstück nicht wirksam belasten. Aus seiner Verfügung konnte die Hypothek nicht entstehen und die Klägerin kann daher aus ihr keine Rechte herleiten, sofern ihr nicht der öffentliche Glaube des Grundbuchs zur Seite steht.

Das ist aber nicht der Fall. Es kommt hier nicht auf die Beantwortung der vom Kammergericht erörterten Frage an, welche Wirkung dem auf Ersuchen des Bezirksamts im Grundbuch eingetragenen und dann auf Antrag der Behörde wieder gelöschten Widerspruch für den Rechtserwerb der Klägerin zukommen könnte, insbesondere ob der trotz des Löschungsersuchens des Bezirksamts auf dem Hypothekenbrief stehen gebliebene Vermerk dieses Widerspruchs den guten Glauben des Briefempfängers zerstörte. Denn jedenfalls hinderte der am 9. August 1926 neu eingetragene Widerspruch den Erwerb der Klägerin im Vertrauen auf den Grundbuchstand. Ein Widerspruch fällt nicht unter die Rangvorschrift des § 879 BGB. Unrichtig ist daher die Anschauung der Klägerin, der Widerspruch vom 9. August 1926 sei, weil später eingetragen, auf alle Fälle ohne Einfluß auf die am 4. Januar 1926 eingetragene Hypothek. Der Widerspruch hat den Rang, der dem durch ihn gesicherten Recht nach den zeitigen Rechtsverhältnissen zukommt. Hier sicherte der Widerspruch das seit 1919 bestehende Eigentum des Beklagten gegen die am 17. März 1923 zu Unrecht erfolgte Eintragung des J. als Eigentümer. Als am 19. November 1926 die Hypothek an die Klägerin abgetreten wurde, bewirkte der damals im Grundbuch stehende Widerspruch, daß sie den eingetragenen Eigentümer nicht mit Sicherheit als wahren Eigentümer betrachten durfte, daß vielmehr, nachdem nun das Eigentum des Beklagten feststeht, auch mit Wirkung gegen die Klägerin nur dieser als Eigentümer in Betracht kommt. Dies gilt auch schon für die Zeit der Hypothekenbestellung. Daraus folgt weiter gegen die Klägerin, daß die Bestellung der Hypothek, weil durch einen dazu nicht berechtigten Nichteigentümer geschehen, wirkungslos ist, daß also die Hypothek nicht gültig bestellt worden ist. Unrichtig ist auch die Meinung der Klägerin, die Wirksamkeit des Widerspruchs beschränke sich auf das Eigentum des Beklagten, weil er nur in dieser Hinsicht eingetragen worden sei, und ergreife nicht die Hypothek, gegen die er sich nicht gerichtet habe. Der das Eigentum sichernde Widerspruch wirkt gegen jede Verfügung, als deren Grundlage Eigentum notwendig ist und die zum Schaden des durch den Widerspruch gesicherten Eigentümers vom Nichteigentümer ausgeht oder ausgegangen ist. Dabei ist der Umstand unerheblich, daß der Widerspruch vom 9. August 1926 nicht auf dem

Hypothekenbrief vermerkt wurde; denn nur das Grundbuch, nicht aber der Brief genießt öffentlichen Glauben. Der Umstand, daß S. als Hypothekengläubiger eingetragen war, nützte der Klägerin ebenfalls nichts für ihren guten Glauben an das Entstandensein einer gültigen Hypothek, weil sie gleichzeitig aus dem Widerspruch ersehen konnte, daß das angebliche Recht des eingetragenen Gläubigers möglicherweise auf der Verfügung eines Nichtberechtigten beruhte, daher sicherer Grundlage entbehrte.

Freilich wäre trotz des am 9. August 1926 eingetragenen Widerspruchs ein Rechtserwerb der Klägerin dann denkbar, wenn der eingetragene Gläubiger S. die Hypothek bereits im guten Glauben an das Eigentum des die Hypothekeneintragung bewilligenden J. erworben und dann das so rechtsgültig für ihn entstandene Recht weitergegeben hätte. War die Hypothek einmal infolge der Fiktion des § 892 BGB. gültig entstanden, so hätte dann auch Bösgläubigkeit hinsichtlich ihrer Entstehung dem Rechtsnachfolger nicht geschadet. Auf solchen Erwerbsvorgang hat sich die Klägerin aber nicht berufen. Sie kann das auch, ganz abgesehen von der Frage des guten Glaubens des S., deswegen nicht, weil klargestellt ist, daß dieser die Hypothek mangels Valutazahlung nicht erworben haben kann.

Hiernach ist das Ergebnis der Vorinstanzen zu billigen, daß die Klägerin kein Recht an der Hypothek erworben und daher keinen Anspruch auf Zinszahlung hat, dagegen den Hypothekenbrief dem Beklagten herausgeben muß.

---

26. 1. Wann ist ein ursächlicher Zusammenhang eines Unfalls mit dem Betrieb eines Kraftfahrzeugs anzunehmen?

2. Kann einer Betriebsverwaltung, die wegen eines Unfalls eines Beamten den Schadensurheber auf Grund des Beamten-Unfallfürsorgegesetzes in Anspruch nimmt, eigene Mitverursachung entgegengehalten werden?

BGB. §§ 823, 831. Kraftfahrzeuggesetz §§ 7, 17. Beamten-Unfallfürsorgegesetz v. 18. Juni 1901 (RGBl. S. 211)/12. Dezember 1923 (RGBl. I S. 1181) §§ 1, 10, 12. Reichsbahn-Personalgesetz v. 30. August 1924 (RGBl. II S. 287) § 9.

VI. Zivilsenat. Urt. v. 26. Mai 1930 i. S. 1. Deutsche Reichsbahn-Gesellschaft, 2. F. (Kl.) w. 1. H., 2. Sch. (Bekl.). VI 602/29.

I. Landgericht Liegnitz.
II. Oberlandesgericht Breslau.

Am 20. September 1925 kurz vor Mitternacht fuhr der von dem Beklagten Sch. geführte Personenkraftwagen des Beklagten H. in die geschlossene Bahnschranke an dem Übergang der Straße von St. nach H. über die Bahnstrecke H.—A. nahe dem Bahnhof A. Der Wagen hatte kurz vor dem Übergang eine ziemlich scharfe Krümmung der Straße nach rechts zu durchfahren. Er durchbrach den ersten Schrankenbaum, schleuderte ihn auf die Geleise und kam selbst erst auf dem Bahnkörper zum Stehen. Der Schrankenwärter F. (der Zweitkläger), der die Schranke bediente, rief den Wageninsassen zu: „Zurück, der Schnellzug kommt!" und lief auf den Wagen zu. Dem Beklagten Sch. gelang es, den Wagen noch rechtzeitig zurückzudrücken. F. lief wieder an seinen Stand zurück, wurde aber auf dem Wege dorthin von dem Schrankenbaum getroffen, den der inzwischen herangekommene Schnellzug beiseite geschleudert hatte. F. erlitt schwere Verletzungen und mußte aus diesem Grunde am 1. Januar 1927 in den Ruhestand treten. Wegen fahrlässiger Eisenbahntransportgefährdung wurde der Beklagte Sch. rechtskräftig zu Strafe verurteilt.

Beide Kläger erheben gegen die Beklagten Schadensersatzansprüche. Die Erstklägerin verlangt Ersatz für die zertrümmerte Schranke mit 24,29 RM., für die Heilungskosten des Zweitklägers auf Grund einer Abtretung mit 592,35 RM. und für das Ruhegehalt des ersten Vierteljahrs 1927 auf Grund gesetzlichen Forderungsübergangs nach § 12 des Beamten-Unfallfürsorgegesetzes mit 357 RM. Der Zweitkläger fordert den Unterschied zwischen seinem vollen Diensteinkommen und dem Ruhegehalt für das erste Vierteljahr 1927 mit 47,70 RM. und für die nächsten 7 Jahre mit monatlich 39,90 RM. sowie ein Schmerzensgeld, dessen Höhe er unverbindlich auf 500 RM. bemißt. Beide Kläger verlangen ferner Feststellung der weitergehenden Schadensersatzpflicht der Beklagten, die sie durchweg gesamtschuldnerisch in Anspruch nehmen. Diese bestreiten die Ansprüche nach Grund und Betrag.

Das Landgericht verurteilte die Beklagten nur zum Ersatz der zertrümmerten Schranke und wies die sonstigen Klagansprüche ab. Das Berufungsgericht erklärte durch Teil- und Zwischenurteil die Ansprüche der Erstklägerin auf Ersatz der Heilungskosten und des Ruhegehalts sowie die Ansprüche des Zweitklägers auf Erstattung des Gehaltsunterschiedes gegen beide Beklagte als Gesamtschuldner dem Grunde nach für gerechtfertigt, gegen den Beklagten H. jedoch nur im Rahmen des Kraftfahrzeuggesetzes; ferner erklärte es den Anspruch auf Schmerzensgeld gegen den Beklagten Sch. dem Grunde nach für gerechtfertigt und traf endlich die begehrten Feststellungen, gegen den Beklagten H. jedoch wiederum nur im Rahmen des Kraftfahrzeuggesetzes.

Die Revision der Beklagten führte zur Aufhebung und Zurückverweisung, insoweit das Berufungsgericht über Ansprüche der Erstklägerin entschieden hatte.

Gründe:

Das Berufungsgericht nimmt ein Verschulden des Beklagten Sch. an und bejaht den ursächlichen Zusammenhang nicht nur mit der Zertrümmerung der Schranke, sondern, abweichend vom Landgericht, auch mit der Verletzung des Klägers F. Dem Beklagten H., der neben Sch. gesessen hatte, macht es sein untätiges Verhalten bei dem Vorfall selbst nicht zum Vorwurf und nimmt daher zunächst nur seine Haftung im Rahmen des Kraftfahrzeuggesetzes an; die Frage, ob er darüber hinaus nach § 831 BGB. hafte, hat es dem Schlußurteil vorbehalten, indem es gleichzeitig beschloß, den vom Beklagten H. gemäß § 831 BGB. angetretenen Entlastungsbeweis zu erheben. Ein Mitverschulden des Klägers F. verneint der Berufungsrichter. Dagegen nimmt er ein Mitverschulden der Erstklägerin an, begangen durch unzweckmäßige Anlage und ungenügende Kenntlichmachung der Schranke; er will aber dieses Mitverschulden nur bei der Zertrümmerung der Schranke berücksichtigen und hält im übrigen dessen Berücksichtigung für gesetzlich ausgeschlossen.

(Nach Zurückweisung einer prozessualen Revisionsrüge wird fortgefahren:)

Sodann greift die Revision die Annahme eines ursächlichen Zusammenhanges zwischen dem Betriebe des Kraftfahrzeugs und der Verletzung des Zweitklägers an. Diese Rüge ist unbegründet. Der Zusammenhang war allerdings nur ein mittelbarer, und der Betrieb des Kraftfahrzeugs, das die Schranke auf die Schienen schleuderte, war nicht die einzige Ursache der Verletzung, es kam vielmehr noch der durchfahrende Schnellzug, also der Eisenbahnbetrieb, und das eigene Verhalten des Klägers hinzu. Aber alles das hob, wie das Berufungsgericht ohne Rechtsirrtum angenommen hat, den ursächlichen Zusammenhang weder im natürlichen noch im Rechtssinn (sog. adäquater Zusammenhang) auf (vgl. RGZ. Bd. 81 S. 361). Der Unfall ist durch ein Kraftfahrzeug und eine Eisenbahn verursacht worden (§ 17 Abs. 2 KFG.). Wie der Kraftwagen sich verhielt, nachdem er durch seinen Betrieb die eine Ursache des Unfalls geschaffen hatte, ob er stillstand, ob der Motor aussetzte oder was sonst mit ihm geschah, ist hierfür völlig gleichgültig. Das eigene Verhalten des Klägers F. hätte den adäquaten Zusammenhang nur dann beseitigt, wenn es ganz außergewöhnlicher, nicht zu erwartender Art gewesen wäre (RGZ. Bd. 81 S. 361), und es hätte die Haftbarkeit nach dem Kraftfahrzeuggesetz nur dann ausgeschlossen, wenn es als unabwendbares Ereignis im Sinne des § 7 Abs. 2 KFG. zu beurteilen gewesen wäre. Weder das eine noch das andere war der Fall. Das Berufungsgericht hält ohne Rechtsirrtum das Verhalten des Klägers, der sich zu dem Kraftwagen begab, um den Insassen beim Freimachen der Strecke nötigenfalls behilflich zu sein, für das nach der Sachlage gegebene und zudem durch Dienstvorschrift gebotene. Letztere Annahme findet ihre Rechtfertigung in § 7 Nr. 2 der Dienstanweisung für Schrankenwärter, wo ihnen zur Pflicht gemacht ist, niemand durch die Schlagbäume einzusperren; daraus folgt von selbst, daß Fuhrwerke, die dennoch durch die Schranke gelangt sind, entfernt werden müssen. Und für die Annahme eines unabwendbaren Ereignisses im Sinne des § 7 Abs. 2 KFG. wäre Voraussetzung, daß der Führer des Kraftfahrzeugs jede nach den Umständen des Falles gebotene Sorgfalt beobachtet hätte. Davon kann bei dem Beklagten Sch. keine Rede sein. Vielmehr stellt das Berufungsgericht, was die Revision ebenfalls ohne Grund bemängelt, ein erhebliches Verschulden dieses Beklagten fest, weil er trotz der erkennbaren Nähe des Bahnkörpers mit 35 km Geschwindigkeit in die scharfe und unübersichtliche Kurve hineingefahren sei, anstatt seine Geschwindigkeit auf das durch § 18 Abs. 3 der Kraftfahrzeugverordnung in der Fassung vom 15. März 1923 (RGBl. I S. 175)/18. April 1924 (RGBl. I S. 413) gebotene Maß herabzusetzen. Hiernach ist die Haftbarkeit des Beklagten H. als des Halters des Kraftfahrzeugs nach dem Kraftfahrzeuggesetz ebenso unbedenklich gegeben wie die des Beklagten Sch. nach § 823 BGB. für den angerichteten Sach- und Personenschaden.

Weiter beanstandet die Revision die Beurteilung, die das Mitverschulden der klagenden Reichsbahn-Gesellschaft erfahren hat. Daß bei dem Kläger F. kein Mitverschulden angenommen worden ist, wird von der Revision nicht besonders angegriffen; es ist auch rechtlich unbedenklich. Der Erstklägerin macht das Berufungsgericht aber zum Vorwurf, daß sie die Schrankenanlage erst nach dem Unfall den Bedürfnissen des Kraftwagenverkehrs angepaßt habe, indem sie nunmehr die Schranke in größerem Abstande vom Bahnkörper angebracht habe, so daß sie dem Herankommenden früher sichtbar wird, als es bis dahin der Fall war. Es ist rechtlich nicht zu beanstanden, daß das Berufungsgericht hierin ein Mitverschulden der Erstklägerin findet. Das Berufungsgericht meint aber, durch das Beamten-Unfallfürsorgegesetz vom 18. Juni 1901/12. Dezember 1923, das nach § 9 des Reichsbahn-Personalgesetzes vom 30. August 1924 auf Reichsbahnbeamte sinngemäß Anwendung findet, sei es gehindert, das Mitverschulden der Erstklägerin zugunsten der Beklagten zu berücksichtigen. Es ist richtig, daß die Ausgleichungspflicht unter mehreren Verursachern eines Schadens ihre Schadensersatzpflicht voraussetzt (RGZ. Bd. 84 S. 415, Bd. 123 S. 165) und daß § 10 des Unfallfürsorgegesetzes dem Beamten gegen die Betriebsverwaltung, in deren Dienste sich der Unfall ereignet hat, einen Schadensersatzanspruch versagt und ihn auf die Ansprüche nach dem genannten Gesetze verweist. In seinem Urteil vom 5. November 1914 VI 350/14 (Recht 1915 Nr. 23, auch RGZ. Bd. 85 S. 424, wo aber der hier in Betracht kommende Teil nicht abgedruckt ist) hat daher der damalige VI. Zivilsenat das Bedenken geäußert, ob nicht daran der Rückgriffsanspruch dessen, der die Verletzung eines Beamten verschuldet hat, gegen die mitschuldige Betriebsverwaltung scheitern müsse. Die Frage ist damals nicht entschieden worden, weil keine Mitschuld der Betriebsverwaltung festzustellen war. Das Bedenken kann aber nur insoweit als begründet anerkannt werden, als die Betriebsverwaltung nach dem Unfallfürsorgegesetz überhaupt nicht haftet. Das trifft hier, soweit ersichtlich, auf die Kosten des Heilverfahrens zu, die von der Klägerin aus abgetretenem Recht eingeklagt werden; denn nach § 1 Abs. 6 des Gesetzes erstreckt sich die Fürsorgepflicht nur auf die Kosten des Heilverfahrens, die dem Verletzten nach dem Wegfall des Diensteinkommens noch erwachsen (vgl. das angeführte Urteil) und die hier, soweit ersichtlich, nicht entstanden sind oder doch nicht eingeklagt werden. Es trifft ferner auf die vom Zweitkläger erhobenen Ansprüche zu. Im übrigen steht die Fürsorgepflicht jedenfalls da, wo die Betriebsverwaltung den Unfall des Beamten auf Grund von Verschuldens- oder Gefährdungshaftung zu vertreten oder mitzuvertreten hätte, einer Schadensersatzpflicht gleich und muß ihr insbesondere für die Frage der Ausgleichungspflicht sowohl nach § 426 BGB. als auch nach dem hier in Betracht kommenden § 17 KFG. gleichgestellt werden. Andernfalls käme das unbillige Ergebnis heraus, daß die Betriebsverwaltung in einem Falle, wo sie die Hauptschuld an dem Unfalle des Beamten trüge, von dem weniger schuldigen Mitverursacher den Betrag ihrer Fürsorgeleistungen nach § 12 des Unfallfürsorgegesetzes in vollem Umfang ersetzt verlangen könnte. Zu solcher Folgerung kann die Erwägung, daß die Fürsorgepflicht keine Schadensersatzpflicht ist, für sich allein nicht nötigen. In dem gleichliegenden Falle des § 41 des Mannschaftsversorgungsgesetzes vom 31. Mai 1906 (RGBl. S. 593) hat denn auch der damalige VI. Zivilsenat den Einwand zugelassen, daß das Reich die Ursache des Unfalls mitzuvertreten habe (RGZ. Bd. 102 S. 32). Die Revision ist deshalb insoweit als begründet anzuerkennen, als sie die Nichtberücksichtigung des Mitverschuldens der Erstklägerin, also der erhöhten Eisenbahnbetriebsgefahr, bei den auf Grund des Unfallfürsorgegesetzes ihr obliegenden Leistungen rügt. Daß die Ausgleichungspflicht dem Forderungserwerber vom Schuldner entgegengehalten werden kann, hat der erkennende Senat bereits im Urteil vom 11. November 1929 VI 4/29 ausgesprochen (vgl. auch RGZ. Bd. 102 S. 32). Das Berufungsgericht wird demgemäß eine Abwägung nach § 17 KFG. vorzunehmen haben. Inwieweit davon etwa die Heilungskosten betroffen werden, wird zu prüfen sein.

In dem hieraus sich ergebenden Umfange war das Urteil aufzuheben und die Sache zurückzuverweisen. Da von dem Rechtsverstoß die Ansprüche des Zweitklägers nicht betroffen werden, so war insoweit die Revision zurückzuweisen.

27. 1. Wann ist die Voraussetzung erfüllt, daß die aufzuwertenden Ansprüche die Zahlung einer bestimmten in Mark ausgedrückten Geldsumme zum Gegenstande haben müssen?

2. Wie ist die Bestimmung in einem Lebensversicherungsvertrage zu beurteilen, daß der Versicherer beim Eintritt des Versicherungsfalles neben der Versicherungssumme dem Versicherten einen Gewinnanteil zu vergüten habe?

AufwG. §§ 1, 59. Durchführungsverordnung zum Aufwertungsgesetz v. 29. November 1925 (RGBl. I S. 392) Art. 95 flg., 115.

VII. Zivilsenat. Urt. v. 27. Mai 1930 i. S. New York Life Insurance Company (Bekl.) w. G. (Kl.). VII 521/29.

I. Landgericht I Berlin.
II. Kammergericht daselbst.

Der am 13. Juli 1855 geborene Kläger, früher österreichischer, jetzt tschechoslowakischer Staatsangehöriger, hatte auf Grund eines am 24. Juni 1904 ausgestellten Versicherungsscheins Nr. 1548326 mit der Beklagten einen Vertrag abgeschlossen, dessen Inhalt in der Urkunde mit folgenden Stichworten bezeichnet war: „Gemischte Versicherung auf 20 Jahre. Halbe Rückgewähr der Prämien während 20 Jahren. 20jährige Gewinnansammlungs-Periode." Demgemäß war im einzelnen bestimmt, daß die Beklagte, falls der Kläger vor dem 1. Januar 1924 sterben würde, den auf „Fünfzigtausend Mark d. Rwg." festgesetzten Versicherungsbetrag zuzüglich einer weiteren Summe auszuzahlen habe, „welche der Hälfte der eingezahlten Prämien, berechnet nach dem Tarife der jährlich zahlbaren Prämien, gleichkommt". Wenn der Versicherte am 1. Januar 1924 noch lebte, sollte dann der Versicherungsbetrag an ihn oder seine Rechtsnachfolger gezahlt werden. Weiter heißt es im Versicherungsschein:

„Diese Polizze ist ausgestellt

Erstens: Auf Grundlage des bei der Gesellschaft eingereichten schriftlichen Antrages.

Zweitens: Gemäß den auf der zweiten und dritten Seite dieser Polizze mitgeteilten Bedingungen, von welchen der Versicherte volle Kenntnis erhalten zu haben erklärt, und welche er als wesentlichen Teil des gegenwärtigen Vertrages anerkennt, gerade so, als befänden sie sich ausführlich oberhalb der beigefügten Unterschriften verzeichnet.

Drittens: In Anbetracht dessen, daß die erste jährliche Prämie im Betrage von 3477 Mark d. Rwg. an die Gesellschaft entrichtet worden ist und daß eine gleiche Zahlung im voraus am 1. Januar eines jeden Jahres während des Bestandes dieser Polizze geleistet wird, bis zwanzig volle Jahresprämien entrichtet worden sind."

Auf der zweiten Seite des Versicherungsscheins sind die „Besonderen Bedingungen", auf der dritten Seite die „Allgemeinen Bedingungen" abgedruckt. An der Spitze der ersteren steht unter der Überschrift: „Abrechnungsarten am Ende der Gewinnansammlungs-Periode" folgendes:

„Die gegenwärtige Polizze ist mit Ansammlung des Gewinnes während einer Periode von zwanzig Jahren, endend am 1. Januar 1924, ausgestellt. Wenn der Versicherte sich am genannten Tage zu Mittag am Leben befindet und sämtliche fällig gewesenen Prämien voll bezahlt sind, so teilt alsdann die Gesellschaft dem Versicherten oder dessen Rechtsnachfolgern den Gewinn zu, und die Polizze wird zugleich gegen ihren Gesamtwert eingelöst nach einer beliebigen der drei folgenden Abrechnungsarten:

(1) in Bar; oder
(2) in Gestalt einer lebenslänglichen Rente; oder
(3) in Gestalt einer prämienfreien, nicht am Gewinne teilnehmenden und erst im Todesfall zahlbaren Versicherung . . .

Die Gesellschaft garantiert, daß der gesamte Bar-Rückkaufs-Wert dieser Polizze am Ende der Gewinnansammlungs-Periode nicht weniger als 50000 Mark d. Rwg. betragen soll. Der gesamte Bar-Rückkaufs-Wert begreift außer diesem garantierten Mindestbetrag noch die Summe der an diesem Zeitpunkt der Polizze von der Gesellschaft zugeteilten Gewinne.

Ist diese Polizze am Ende der Gewinnansammlungs-Periode in Kraft, so setzt die Gesellschaft den Versicherten oder dessen Rechtsnachfolger von den erzielten Ergebnissen, wie sie sich für jede der erwähnten Abrechnungsarten gestalten, in Kenntnis.

Vor Ablauf der Gewinnansammlungs-Periode sollen dieser Polizze keine Gewinne zugeteilt oder bewilligt werden, und die Gesellschaft soll nicht verpflichtet sein, vor diesem Zeitpunkt irgendwelche Auskunft über die Ergebnisse der Gewinnansammlung zu erteilen."

Im nächsten Abschnitt der „Besonderen Bedingungen" ist unter der Überschrift „Bar-Darlehen gegen Sicherheit und Verpfändung dieser Polizze" gesagt:

„Sind die Prämien für drei volle Jahre eingezahlt, so gewährt die Gesellschaft auf den Wert dieser Polizze Vorschüsse als Darlehen."

Weiter sind dort nähere Bestimmungen über die Darlehensbewilligung getroffen.

Auf der ersten Seite des Versicherungsscheins findet sich seitlich noch folgender Vermerk abgedruckt:

„Die New York Life Insurance Company ist eine auf reiner Gegenseitigkeit mit begrenzter Haftbarkeit begründete Gesellschaft; die versicherten Mitglieder derselben können zu keinen anderen Zahlungen, als den in der Polizze erwähnten, angehalten werden; sowohl der Sicherheitsfond der Gesellschaft als auch alle Überschüsse derselben sind ausschließliches Eigentum der Versicherten."

Auf der vierten Seite des Versicherungsscheins ist ein Auszug aus dem vom Kläger am 22. Juni 1904 gestellten Antrag auf Versicherung bei der Beklagten abgedruckt, wovon folgender Satz hier von Belang ist:

„Ich bin es zufrieden, daß die Bestimmung des Gewinnanteils, der auf die aus gegenwärtigem Antrag entstehende Polizze entfällt, nach den Grundsätzen und Methoden erfolge, wie sie die Gesellschaft für die bezügliche Verteilung annimmt, und ich erkläre mich von vornherein mit solcher Anteilsbestimmung einverstanden, sowohl für mich, als für jede andere Person, welche unter dem vorgeschlagenen Vertrage ein Interesse daran haben oder beanspruchen möge."

Der Kläger hat die gesamten geschuldeten Prämien an die Beklagte in deutscher Reichswährung gezahlt. Er empfing von ihr im Jahre 1911 auf die Versicherung ein Darlehen von 14000 M. und im Jahre 1914 ein weiteres Darlehen von 7750 M.; beide Summen zahlte er im Januar 1922 zum Nennbetrage zurück. Als er nach Ablauf des 1. Januar 1924 seine Ansprüche aus dem Versicherungsvertrage geltend machte, wurde er von der Beklagten in jeder Hinsicht auf das Aufwertungsgesetz verwiesen. Er erhob im November 1926 Klage mit den Anträgen:

1. die Beklagte zu verurteilen, an ihn 4100 RM. — nach späterer Erhöhung 6100 RM. — nebst 6% Zinsen seit dem 1. Januar 1924 zu zahlen;
2. sie zu verurteilen, ihm Auskunft zu erteilen, welcher Gewinnanspruch ihm nach dem Ablauf der Gewinnansammlungs-Periode der Polizze Nr. 1548326 zusteht.

Im ersten Rechtsgang erklärte der Kläger, er verlange die 4100 RM. in erster Reihe als Teilbetrag der ihm zustehenden Versicherungssumme, in zweiter Reihe als Teilbetrag des ihm aus seiner Gruppe zustehenden Anteils an der Gewinnansammlung.

Die Beklagte rechtfertigte ihren Antrag auf Klagabweisung in erster Reihe mit dem Hinweis auf die Vorschriften der Aufwertungsgesetzgebung. Hilfsweise rechnete sie gegen den Zahlungsanspruch des Klägers mit einer Gegenforderung auf Aufwertung der von ihm 1922 in verschlechterter Währung zurückgezahlten Darlehen auf, welche die Klageforderung übersteige. Die verlangte Auskunft erteilte die Beklagte in der Weise, daß sie angab, der Gewinnanspruch des Klägers berechne sich nach dem von ihr üblicherweise festgesetzten pro mille-Satz auf 21535,50 M.

Das Landgericht wies die Klage ab, und zwar den Zahlungsanspruch auf Grund des Aufrechnungseinwandes, den Auskunftsanspruch deshalb, weil die begehrte Auskunft erteilt sei.

In der von ihm beschrittenen Berufungsinstanz erklärte der Kläger, daß er den Zahlungsanspruch nur noch als Teilbetrag seines Anspruchs auf seinen Anteil an der Gewinnansammlung seiner Gruppe geltend mache.

Die Parteien sind im zweiten Rechtsgang darüber einig geworden, daß die Beklagte mit ihrem deutschen Versicherungsbestande, zu dem die streitige Versicherung gehört, eine unter Reichsaufsicht stehende Unternehmung im Sinne des Art. 115 der Durchführungsverordnung zum Aufwertungsgesetz vom 29. November 1925 ist.

Das Kammergericht verurteilte die Beklagte, dem Kläger 6100 RM. nebst Zinsen zu zahlen.

Auf die Revision der Beklagten wurde das landgerichtliche Urteil wiederhergestellt.

Gründe:

Nach der vom Kläger im zweiten Rechtszug abgegebenen Erklärung steht nur noch sein Anspruch auf Auskehrung des im ersten

Abschnitt der Besonderen Bedingungen des Versicherungsscheins vom 24. Juni 1904 näher bestimmten Gewinnansammlungs-Anteils zur Erörterung. Der Haupteinwand der Beklagten geht dahin, der Kläger könne sich mit diesem Anspruch nach den Vorschriften der Aufwertungsgesetzgebung nicht an sie halten. Greift dieser Einwand durch, so erledigen sich damit alle weiteren Streitpunkte der Parteien. Der Einwand ist berechtigt.

In Betracht kommen hier § 1 und § 59 AufwG. sowie die Art. 95flg. und Art. 115 der Durchführungsverordnung zum Aufwertungsgesetz vom 29. November 1925. Was zunächst die letzterwähnte Vorschrift betrifft, so steht auf Grund des Einverständnisses der Parteien fest, daß die Beklagte im Sinne der Vorschrift als eine ausländische, unter Reichsaufsicht stehende Unternehmung zu gelten hat, und daß demnach insoweit gegen die Anwendung der Vorschriften der Art. 95 bis 114 DurchfVo. keine Bedenken obwalten.

Gemäß § 1 AufwG. tritt eine Aufwertung nach Maßgabe dieses Gesetzes nur dann ein, wenn die Ansprüche auf vor dem 14. Februar 1924 begründeten Rechtsverhältnissen beruhen, die Zahlung einer bestimmten in Mark ausgedrückten Geldsumme zum Gegenstande haben und durch den Währungsverfall betroffen sind. Diese Voraussetzungen sind hier erfüllt. Das Vertragsverhältnis der Parteien wurde im Jahre 1904 begründet. Der daraus hervorgehende Zahlungsanspruch des Klägers war auf eine bestimmte Marksumme gerichtet, und zwar nicht nur bezüglich der ausdrücklich auf 50000 M. deutscher Reichswährung festgesetzten Versicherungssumme, sondern auch bezüglich der weiteren Leistungen der Beklagten, insbesondere der Auszahlung des Anteils an der Gewinnansammlung. Was die Währung anlangt, so kann, da die gesamten Gegenleistungen des Klägers nach ausdrücklicher Bestimmung in der Zahlung von 20 Jahresprämien zu je 3477 M. d. Rwg. bestehen sollten, nicht zweifelhaft sein, daß auch die gesamten Leistungen der Beklagten in der deutschen Reichswährung, von der im Vertrag allein die Rede ist, zu bewirken waren. Den Versicherungsbedingungen, die als „typische" im Sinne der durch das Urteil RGZ. Bd. 81 S. 117 eingeleiteten Rechtsprechung des Reichsgerichts zu gelten haben und daher seiner freien Auslegung unterliegen, müßte man Gewalt antun, wenn man daraus entnehmen wollte, daß der Anteil an der Gewinnansammlung den Versicherten in anderer Währung auszuzahlen wäre, als die Versicherungssumme selbst. Was ferner das Erfordernis der Bestimmtheit der Geldsumme betrifft, so muß dieses im vorliegenden Falle schon deshalb als erfüllt gelten, weil die Leistungen der Beklagten seit dem 1. Januar 1924 fällig sind. Auch der Gewinnanteilanspruch ist nach Vorgängen zu berechnen, die durchweg der Vergangenheit angehören, und daher als „bestimmt" anzusehen, mögen auch die Parteien über die anzuwendende Berechnungsart und demgemäß über die Höhe der Zahlung noch streiten. Mindestens muß der Anspruch als nach den Vertragsbedingungen „bestimmbar" gelten, was nach der Rechtsprechung des Reichsgerichts genügt (vgl. die Urteile des erkennenden Senats vom 1. März 1927 [VII] VI 486/26 bei Zeiler Aufwfälle Nr. 761 und vom 8. Februar 1929 VII 360/28 ebenda Nr. 1601, auch RGZ. Bd. 113 S. 98flg.). In dieser Hinsicht ist, was Versicherungsansprüche angeht, noch besonders zu beachten, daß § 59 Abs. 1 Satz 1 AufwG. auch die Ansprüche der Versicherten aus Kranken-, Unfall- und Haftpflichtversicherungsverträgen der Aufwertung unterstellt. Da die Höhe dieser Ansprüche immer von vornherein ungewiß ist, jedoch beim Eintritt des Versicherungsfalls nach den Vertragsbedingungen stets ermittelt werden kann, so geht die Auffassung des Gesetzgebers, der im § 59 von den Grundlagen des § 1 sicherlich nicht hat abweichen wollen, offenbar dahin, daß es für die Aufwertbarkeit eines Anspruchs ausreicht, wenn sein Betrag für die Zeit der Fälligkeit bestimmbar ist.

Schließlich ist der Anspruch des Klägers auch vom Währungsverfall betroffen, denn die von ihm seit dem 1. Januar 1918 geleisteten Prämienzahlungen waren im Sinne des Aufwertungsgesetzes (§ 2) nicht vollwertig, und dieser Umstand konnte nicht ohne Einfluß sein auf die Bemessung der Höhe des ihm zukommenden Anteils an der Gewinnansammlung. Aber auch abgesehen von dieser Erwägung ist der Anspruch schon deshalb als durch den Währungsverfall betroffen anzusehen, weil er vertragsgemäß in der der Entwertung verfallenen deutschen Reichswährung, wie sie im Jahre 1904 galt, zur Entstehung gelangt ist. Dem widerspricht freilich der Kläger, indem er die Ansicht vertritt, ihm sei ein wertbeständiger Anspruch auf seinen Anteil an den von der Beklagten während der Vertragszeit zu erzielenden Überschüssen eingeräumt worden. Dem ist jedoch nicht zu folgen. Der Randvermerk im Versicherungsschein, daß der Sicherheitsfonds und alle Überschüsse der Gesellschaft ausschließliches Eigentum der Versicherten seien, ist für sich allein nicht geeignet, einen derartigen Wertanspruch zu begründen. Keinesfalls ist dadurch eine Eigentumsübertragung vollzogen worden, und es kann damit auch nicht dargetan werden, daß etwa aus dem Gesamtvermögen der Beklagten bestimmte Vermögensgegenstände ausgesondert worden wären, die zur Sonderbefriedigung einer Gemeinschaft der Versicherten wegen ihrer Gewinnanteilansprüche hätten dienen sollen. Auch was der Kläger sonst vorträgt, vermag die Bildung eines derartigen Sondervermögens, wie sie Voraussetzung des von ihm behaupteten Wertanspruchs wäre, nicht darzutun. Nach seiner eigenen Sachdarstellung haben bei der Beklagten lediglich buchmäßige Festsetzungen der den Versicherten zukommenden Gewinnanteile stattgefunden, hingegen keine Aussonderungen von Vermögensgegenständen. Jene buchmäßigen Vorgänge vermochten aber nichts daran zu ändern, daß den Versicherten nur rein schuldrechtliche Ansprüche auf diejenigen Geldzahlungen eingeräumt waren, die ihnen nach den Versicherungsbedingungen beim Eintritt des Versicherungsfalls gebührten.

Wenn man sodann den Klaganspruch unter dem besonderen Gesichtspunkt des § 59 AufwG. betrachtet, so muß bejaht werden, daß er sich als ein Anspruch des Versicherten aus einem Lebensversicherungsvertrage darstellt. Bei der Auslegung des § 59 ist von vornherein zu beachten, daß dort der Gesetzgeber den Rahmen der Lebensversicherung so weit wie nur irgend möglich zu spannen beabsichtigt; dies geht aus dem zweiten Satze des Abs. 1 mit Deutlichkeit hervor. Es kann kein Zweifel darüber bestehen, daß der Vertrag der Parteien vom 24. Juni 1904 als ein Lebensversicherungsvertrag aufzufassen ist, und zwar für die Gesamtheit seiner Wirkungen. Die abgeschlossene Versicherung wird in der Urkunde als eine „gemischte" bezeichnet und ist es insofern, als sie auf den Todesfall abgestellt war, wenn der Kläger innerhalb der vorgesehenen Frist von 20 Jahren sterben würde, andernfalls auf den Lebensfall. Diese beiden Versicherungsarten, die bei der sogenannten abgekürzten Lebensversicherung üblicherweise zusammengefaßt werden, sollen nach der ausdrücklichen Regelung im § 59 Abs. 1 Satz 2 AufwG. als Lebensversicherung gelten. Der Vertrag der Parteien ist auch offensichtlich als einheitlicher Vertrag gewollt und abgeschlossen, aus welchem dem Kläger nur ein einheitlicher Zahlungsanspruch erwachsen konnte. Den Vertrag etwa bezüglich der der Beklagten obliegenden Leistungen in zwei voneinander unabhängige Teile zu zerlegen, geht schon aus dem Grunde nicht an, weil die Gegenleistung des Klägers als vollkommen einheitliche festgesetzt ist und sich nicht irgendwie zerlegen läßt. Die von der Beklagten versprochenen Zahlungen sind zudem im Versicherungsschein ausdrücklich als „der gesamte Bar-Rückkaufs-Wert der Polizze" bezeichnet, was deutlich darauf hinweist, daß auch ihre Leistung als eine einheitliche gelten sollte. Diese Gesamtleistung setzt sich vertragsgemäß aus mehreren Posten zusammen, nämlich aus der Versicherungssumme als dem Hauptposten und aus Nebenposten, die für den Todesfall und für den Lebensfall verschieden bestimmt sind und den Charakter von Zuschlägen zu der Versicherungssumme tragen. Auf welche rechtlichen Grundlagen im einzelnen diese Zuschläge gestellt sind und wie ihre Berechnung geordnet ist, sind Umstände, die keine Bedeutung haben für die Frage, ob der Vertrag in seiner Gesamtheit ein Lebensversicherungsvertrag ist. Für alle von der Beklagten zu leistenden Zahlungen war einheitliche Voraussetzung, daß der Kläger sein Leben bei ihr versicherte und die dafür festgesetzten Prämien bezahlte, und der Versicherungsfall trat für alle Zahlungen mit dem 1. Januar 1924 oder dem früheren Ableben des Klägers ein. Nur nach diesen Gesichtspunkten kann die rechtliche Natur des Gesamtvertrags bestimmt werden.

Diese Ausführungen ergeben, daß die Auffassung des Kammergerichts vom Wesen des vorliegenden Vertrags nicht gebilligt werden kann. Denn sie gipfelt darin, daß die Ansprüche des Klägers aus zwei grundsätzlich ganz verschiedenen Elementen beständen, von denen der eine Vertrag mit dem Begriff „Lebensversicherungsvertrag" an sich nichts zu tun habe. Der Anspruch auf Auskehrung eines Anteils an der zwanzigjährigen Gewinnansammlung wird nämlich vom Berufungsgericht als auf einer sogenannten Tontine beruhend hingestellt, und es wird angenommen, daß hier ein wahrer Spielvertrag vorliege, der dem Lebensversicherungsvertrage als solchem durchaus wesensfremd sei und daher mit der Lebensversicherung als solcher nichts zu tun habe. Dieser Meinung gegenüber wäre zunächst der Einwurf der Revision berechtigt, daß dann der in Rede stehende Teilanspruch des Klägers gemäß § 762 BGB. für nicht klagbar hätte erklärt werden müssen, was von Amts wegen zu beachten gewesen wäre (vgl. Komm. z. BGB. von RGRäten Anm. 2 zu § 762). Der Revision würde aber darin beizustimmen sein, daß ein Tontinenvertrag nicht als Spielvertrag gelten kann. Eine Einwirkung des Zufalls darauf, ob das wirtschaftliche Ergebnis dem Versicherer oder dem Versicherungsnehmer günstig ist, findet bei jeder Versicherung statt; namentlich ist dafür bei der Lebensversicherung der als Zufall anzusehende Zeitpunkt des Todes des Versicherten maßgebend. Beim Tontinenvertrag mag infolge der Beteiligung einer Mehrheit von Versicherten der Zufall eine noch größere Rolle spielen, aber trotzdem bleibt sein rechtliches Wesen das eines Versicherungsvertrags, es sei denn, daß man den Gesichtspunkt eines Leibrentenvertrags nach den Parteivereinbarungen in den Vordergrund zu stellen hätte. Im gegebenen Falle scheidet aber dieser Gesichtspunkt aus, da die Beklagte keine Rente versprochen hat. Das Kammergericht stützt sich bei seiner rechtlichen Beurteilung offenbar auf den Artikel „Tontine" in dem von Manes herausgegebenen Versicherungs-Lexikon, und zwar in dessen 2. Auflage von 1924 (Sp. 1220/1221); dieser Artikel wird nämlich eingeleitet durch den Satz: „Tontine ist ein Spiel, bei dem der Gewinn von der Dauer des menschlichen Lebens abhängig ist." Dieser anfechtbare Satz, den man auch für jede Lebensversicherung aufstellen könnte, ist aber in der im Jahre 1930 erschienenen 3. Auflage des Versicherungs-Lexikons nicht mehr zu finden; in dem dort auf Sp. 1571 bis 1573 ersichtlichen Artikel „Tontine", der auch sonst eine Umarbeitung erfahren hat, kommt das Wort „Spiel" überhaupt nicht vor. Es bedarf jedoch keiner Stellungnahme zu der Frage, ob hier die Merkmale eines Tontinenvertrags gegeben sind, und ebensowenig zu dem rechtlichen Wesen eines solchen Vertrags. Denn in jedem Falle handelt es sich um nichts anderes als um eine im Rahmen des einheitlichen Lebensversicherungsvertrags der Parteien getroffene Nebenabrede.

Ist nach alledem § 59 AufwG. anwendbar, so folgt daraus ohne weiteres auch die Anwendbarkeit der Art. 95flg. DurchfVo. vom 29. November 1925. Im 2. Satze des Art. 95 sind die bereits erörterten Voraussetzungen des § 1 AufwG. lediglich wiederholt. Darüber, daß von der Beklagten ein Prämienreservefonds im Sinne der §§ 56flg. VAG. zu bilden war (Art. 95 Satz 1), sind die Parteien nach der Feststellung des Berufungsgerichts einig. Bei der mithin nach Maßgabe der Art. 96flg. DurchfVo. vorzunehmenden Aufwertung ist der dort vorgesehene Treuhänder Träger des Verfahrens. Nur gegen ihn können die Versicherten ihre Aufwertungsansprüche verfolgen, nicht gegen den Versicherer selbst (vgl. RGZ. Bd. 121 S. 1flg., S. 2flg.; Urteil vom 12. Juli 1928 V 51/28 bei Zeiler Aufwfälle Nr. 1358). Daß der für die Beklagte bestellte Treuhänder der Prozeßführung des Klägers gegen die Beklagte zugestimmt hätte, hat der Kläger nicht behauptet.

Bei diesem Ergebnis bedarf es keines Eingehens auf weitere Streitpunkte. Namentlich gehört die vom Berufungsrichter erörterte Frage, inwieweit der Kläger an seine im voraus erklärte Zustimmung zu der Art und Weise, in der die Beklagte seinen Anteil an der Gewinnansammlung berechnen werde, gebunden ist, und ob etwa die Anwendung einer anderen als der von der Beklagten angenommenen Berechnungsweise den Geboten von Treu und Glauben entsprechen würde, zum Aufgabenkreise des Treuhänders, an den sich der Kläger auch insoweit zu halten haben würde.

Sonach ist das Urteil des Kammergerichts aufzuheben und die Berufung des Klägers gegen das die Klage abweisende Urteil des Landgerichts in vollem Umfang zurückzuweisen. Zu einer Zurückverweisung in die Vorinstanz besteht kein Anlaß.

---

28. Bedarf es, wenn bei einem Wahlkauf der wahlberechtigte Käufer die Erfüllung des Vertrags überhaupt verweigert, vor der Androhung des Selbsthilfeverkaufs noch einer befristeten Aufforderung des Verkäufers zur Vornahme der Wahl und einer besonderen Bestimmung der zu liefernden Ware durch diesen?

BGB. § 264 Abs. 2.

VII. Zivilsenat. Urt. v. 27. Mai 1930 i. S. Firma Sch. & Co. (Kl.) w. Firma O. (Bekl.). VII 486/29.

I. Landgericht Leipzig.
II. Oberlandesgericht Dresden.

Die Klägerin hatte der Beklagten im September 1925 zur Deckung ihrer Schuld aus früheren Geschäften ein Wechselakzept über 3700 RM. gegeben, zu dessen Einlösung die Beklagte ihr den Betrag demnächst hatte übermitteln müssen. Die Klägerin unterbreitete dann mit Schreiben vom 5. Oktober 1925 der Beklagten den Vorschlag, daß sie ihr im Oktober und November neun Maschinen zu bestimmten Preisen behufs Tilgung ihrer Verbindlichkeiten liefern wollte. Nach weiteren fernmündlichen, drahtlichen und schriftlichen Verhandlungen faßte die Beklagte sodann das Abkommen in einem Brief vom 13. Oktober 1925 dahin zusammen, daß die Klägerin ihr sofort eine Hobelmaschine und eine Shapingmaschine zu liefern habe und daß sie sich „verpflichte, der Klägerin im November, Dezember und Januar je drei Maschinen ihres Fabrikats abzukaufen, deren Festsetzung rechtzeitig erfolge", sich auch „auf jede der vier Lieferungen ein Viertel ihrer Forderung abziehen zu lassen, den Restpreis aber jeweils 30 Tage dato Faktura zu begleichen". Die Hobelmaschine und die Shapingmaschine waren schon vor diesem Schreiben an die Beklagte abgegangen und wurden abgenommen. Dagegen ergaben sich über die Bestimmung der weiter zu liefernden Maschinen und über deren Preise Meinungsverschiedenheiten, in deren Verfolg die Beklagte mit Schreiben vom 21. November 1925 vom Vertrage zurücktrat und die Klägerin am 23. Januar und 20. Februar 1926 zum Selbsthilfeverkauf von drei Drehbänken und sechs Shapingmaschinen schritt. Die Klägerin klagte nun den nach Abzug der 3700 RM. und des Erlöses der Selbsthilfeverkäufe verbleibenden Rest der listenmäßigen Preise der Maschinen ein, wurde aber von den Vorinstanzen abgewiesen, weil ein Lieferungsvertrag mangels Bestimmtheit des Gegenstandes nicht zustandegekommen sei. Mit Urteil vom 31. Januar 1928 (VII 540/27) hob das Reichsgericht das Berufungsurteil auf, indem es auf den darin übersehenen Gesichtspunkt eines Kaufvertrags über einen wahlweise zu bestimmenden Gegenstand hinwies. Das Oberlandesgericht, an das die Sache zurückverwiesen wurde, gelangte jedoch abermals zur Abweisung der Klage. Die Revision der Klägerin führte wiederum zur Aufhebung und Zurückverweisung.

Gründe:

Das Berufungsgericht stellt fest, der Vertragsschluß zwischen den Parteien sei nicht vor dem 13. Oktober 1925, sondern erst da durch zustande gekommen, daß die Klägerin dem Briefe der Beklagten von diesem Tage, indem sie ihn unbeantwortet ließ, ihre Zustimmung erteilt habe. (Eine hiergegen gerichtete Prozeßrüge wird zurückgewiesen.)

Dagegen beanstandet die Revision mit Recht die weiteren Ausführungen des Berufungsgerichts, daß die Klägerin trotz des Verzugs der Beklagten in der Ausübung des ihr nach dem Vertrage zustehenden Wahlrechts und trotz des unberechtigten Rücktritts der Beklagten vom Vertrage nicht befugt gewesen sei, ohne weiteres den Selbsthilfeverkauf anzudrohen, vielmehr zunächst durch eine befristete Aufforderung zur Vornahme der Wahl den Übergang des Wahlrechts auf sie habe herbeiführen und dann ihrerseits die zu liefernden Maschinen habe bestimmen müssen. Hinsichtlich der Voraussetzungen des Rücktritts von einem gegenseitigen Vertrag oder des Schadensersatzanspruchs wegen Nichterfüllung bei Erfüllungsverzug des Vertragsgegners hat das Reichsgericht in ständiger Rechtsprechung anerkannt, daß es der im § 326 BGB. vorgeschriebenen Fristsetzung nicht bedarf, wenn der Vertragsgegner die Erfüllung bestimmt, ernstlich und endgültig verweigert (RGZ. Bd. 51 S. 350, Bd. 66 S. 421). Diese Stellungnahme beruht auf der Erwägung, daß nicht angenommen werden kann, der Gesetzgeber wolle vom Rechtsverkehr zwecklose und überflüssige Erklärungen verlangen, und dieser Gesichtspunkt, der sich aus den allgemeinen Anforderungen des Rechtsverkehrs ergibt, muß auch bei der hier in Frage stehenden Auslegung des § 264 Abs. 2 BGB. maßgebend beachtet werden. Er muß zu der Auffassung führen, daß es der dort vorgesehenen befristeten Aufforderung des Schuldners an den Gläubiger zur Vornahme der ihm zustehenden Wahl dann nicht bedarf, wenn der Gläubiger nicht nur die Ausübung seines Wahlrechts verzögert, sondern die Erfüllung des Vertrags überhaupt ernstlich und endgültig verweigert. Denn bei derartiger Weigerung ist nicht abzusehen, welchen Zweck die förmliche Aufforderung zur Ausübung des vertraglichen Wahlrechts innerhalb einer bestimmten Frist noch haben sollte. Eine solche Aufforderung wäre eine völlig überflüssige Weiterung. Der Berufungsrichter durfte deshalb nicht ohne weiteres annehmen, daß „der Rücktritt der Beklagten die rechtliche Beurteilung des Klaganspruchs nicht zu beeinflussen vermöge", sondern er mußte zunächst prüfen, ob in dem die Rücktrittserklärung enthaltenden Schreiben der Beklagten vom 21. November 1925 nicht eine bestimmte, ernstliche und endgültige Ablehnung der Vertragserfüllung zu sehen war. Zu dieser Prüfung bestand um so mehr Anlaß, als die Rücktrittserklärung wegen erheblicher, in mehreren früheren Briefen erörterter Preisstreitigkeiten erfolgt und trotz Klagedrohung in einem weiteren Schreiben der Beklagten vom 30. November 1925 bekräftigt worden war.

Lag eine bestimmte, ernstliche und endgültige Erfüllungsverweigerung der Beklagten vor, so war nicht nur die befristete Aufforderung zur Vornahme der Wahl, sondern aus den gleichen Gründen auch eine besondere Bestimmung der Klägerin über die von der Beklagten abzunehmenden Waren entbehrlich. Es genügte, wenn bei der Androhung des Selbsthilfeverkaufs die Bestimmung mitgeteilt und die Aufforderung zur Abnahme ausgesprochen wurde. Die hier in Betracht kommenden Briefe der Klägerin und ihres Rechtsanwalts vom 27. November und 17. Dezember 1925 begründen allerdings das Verlangen nach Abnahme der darin bezeichneten Maschinen nicht mit einer von der Klägerin infolge des Übergangs des Wahlrechts auf sie getroffenen Bestimmung, sondern — entsprechend dem von ihr im Rechtsstreit eingenommenen Standpunkt — mit der angeblich festen Bestellung dieser Maschinen bei den Verhandlungen der Parteien. Aber dieser Umstand hindert nicht, in den Briefen eine wirksame Wahl der abzunehmenden Maschinen zu finden, da hierzu nicht eine zutreffende rechtliche Begründung, sondern nur die bestimmte Angabe der auf Grund der Erklärung zu bewirkenden Leistung und eine Bezeichnung des Schuldgrundes erforderlich ist, die keinen Zweifel darüber zuläßt, welcher Anspruch gemeint ist. Eine Prüfung, ob aus diesem Gesichtspunkt eine wirksame Vornahme der Wahl anzuerkennen ist und ob auch die Androhung des Selbsthilfeverkaufs ordnungsgemäß stattgefunden hat, ist im Berufungsurteil unterblieben.

---

29. Bedeutet § 2 des Gesetzes zur Bekämpfung der Geschlechtskrankheiten vom 18. Februar 1927 eine Enteignung der Heilkundigen, die bisher die dort genannten Krankheiten behandelt haben?

RVerf. Art. 151, 153. GewO. §§ 1, 30. Einl. z. Preuß. ALR. § 75.

VII. Zivilsenat. Urt. v. 27. Mai 1930 i. S. A. (Kl.) w. Deutsches Reich (Bekl.). VII 408/29.

I. Landgericht I Berlin.
II. Kammergericht daselbst.

Der Kläger ist Naturheilkundiger und hat sich seit 1896 berufsmäßig mit Krankenbehandlung befaßt. Im Jahre 1903 hat er die Konzession zum Betrieb einer Krankenanstalt in H. erlangt. Er hat dort fast ausnahmslos Frauenleiden und Leiden der Geschlechtsorgane behandelt. Da ihm durch das Reichsgesetz zur Bekämpfung der Geschlechtskrankheiten vom 18. Februar 1927 (RGBl. I S. 61) die Behandlung von Geschlechtskrankheiten und Krankheiten oder Leiden der Geschlechtsorgane unterbunden worden ist, nimmt er unter Berufung auf Art. 151 Abs. 3 und Art. 153 RVerf. den Beklagten auf Ersatz seines Erwerbsausfalls in Anspruch. Das Landgericht hat seine auf Zahlung von 6100 RM. gerichtete Klage abgewiesen, das Kammergericht seine Berufung zurückgewiesen. Auch seine Revision hatte keinen Erfolg.

Gründe:

Das Berufungsgericht hat ausgeführt: Die durch § 1 GewO. festgesetzte und durch Art. 151 Abs. 3 RVerf. gewährleistete Gewerbefreiheit sei durch das Gesetz vom 18. Februar 1927 in zulässiger Weise dahin eingeschränkt worden, daß die Behandlung von Krankheiten der in § 7 bezeichneten Art den für das Deutsche Reich approbierten Ärzten vorbehalten und allen anderen Personen untersagt werde. Dieses Verbot stelle gegenüber Personen, die, wie der Kläger, eine derartige Krankenbehandlung bereits tatsächlich, insbesondere auf Grund einer nach § 30 GewO. erteilten Konzession, zum Erwerb ausgeübt hätten, eine Enteignung hinsichtlich ihres dadurch erworbenen subjektiven Rechts gemäß Art. 153 RVerf. dar, da „Eigentum" im Sinne dieses Artikels jedes subjektive Vermögensrecht sei. Die Enteignung sei nach Art. 153 Abs. 2 Satz 1 zulässigerweise auf gesetzlicher Grundlage und zum Wohle der Allgemeinheit, nämlich zum Zwecke der Volksgesundheit im Interesse des Einzelnen, seiner Familie und des Staates, der einen brauchbaren Nachwuchs nötig habe, vorgenommen worden. Nach Abs. 2 Satz 2 erfolge die Enteignung gegen angemessene Entschädigung, „soweit nicht ein Reichsgesetz etwas anderes bestimmt". Eine solche andere Bestimmung, nämlich entschädigungslose Enteignung, sei aber hier durch das Gesetz vom 18. Februar 1927 seinem Sinne nach getroffen worden, wie eine Vergleichung dieses Gesetzes, das keine Entschädigung vorsehe, und des ähnlichen Impfgesetzes mit anderen, fiskalischen Interessen dienenden und ausdrücklich eine Entschädigungspflicht des Reiches festsetzenden Gesetzen ergebe. Auch aus der Bestimmung in § 75 Einl. z. ALR. könne der Kläger keine Ansprüche herleiten, weil sie auf solche Einschränkungen des Eigentums nicht anwendbar sei, die durch ein keine Entschädigungspflicht festsetzendes Gesetz auferlegt würden.

Daß der Kläger seinen Klaganspruch nicht selbständig darauf stützen kann, daß das Gesetz vom 18. Februar 1927 gegen Art. 151 RVerf. verstoße, ergibt sich ohne weiteres daraus, daß nach Abs. 3 des Art. 151 die Freiheit des Gewerbes „nach Maßgabe der Reichsgesetze" gewährleistet wird. Beschränkungen der Ausübung des Gewerbes durch ein Reichsgesetz, wie sie hier durch § 7 des Gesetzes vom 18. Februar 1927 festgesetzt worden sind, hat also die Reichsverfassung selbst als zulässig ins Auge gefaßt. Insoweit hat die Revision die Annahme des Berufungsgerichts auch nicht beanstandet.

Sie macht aber geltend, daß Satz 2 des Art. 153 Abs. 2 RVerf. eine ausdrückliche gesetzliche Bestimmung über den Ausschluß einer Entschädigung erfordere, daß übrigens auch, wenn bei völligem Schweigen des Gesetzes der Wille des Gesetzgebers durch Auslegung klargestellt werden dürfe, die vom Berufungsgericht vorgenommene Auslegung des Gesetzes rechtsirrig sei. Zu dieser Rüge braucht jedoch nicht Stellung genommen zu werden, weil überhaupt zu verneinen ist, daß eine Enteignung vorliegt.

Zwar ist bei dem weiten Sinn, der dem Begriff „Eigentum" in Art. 153 RVerf. ganz allgemein, namentlich auch in der Rechtsprechung des Reichsgerichts beigelegt wird, das subjektive Recht an einem schon lange betätigten Heilgewerbebetrieb mit darunter zu verstehen, ohne Unterschied, ob eine besondere Konzession zum Betrieb einer Privatkrankenanstalt erteilt war oder nicht. Die Enteignung kann ferner, außer in völliger Wegnahme des Rechts, auch in dessen Beschränkung bestehen. Ebensowenig setzt der Enteignungsbegriff voraus, daß eine Übertragung des Rechts auf einen anderen stattfinden müsse. Schließlich kann eine Enteignung auch unmittelbar durch ein Gesetz, nicht nur durch einen Verwaltungsakt auf Grund eines Gesetzes erfolgen. Aber es fehlt hier an dem für eine Enteignung allgemein geltenden Erfordernis, daß es sich dabei um einen Einzeleingriff in Rechte bestimmter Personen oder eines bestimmt begrenzten Personenkreises handelt (vgl. den Beschluß des erkennenden Senats vom 3. Dezember 1929, RGZ. Bd. 128 S. 165, und die dort angezogene Entscheidung des Staatsgerichtshofs RGZ. Bd. 124 Anh. S. 33, sowie Anschütz Reichsverfassung 10. Aufl. Art. 153 Anm. 9, Wolff in Festgabe für Wilhelm Kahl, S. 7flg.). Wie eng in letzterer Hinsicht die Grenze zu ziehen ist, mag zweifelhaft sein. Jedenfalls kommt eine Enteignung dann nicht in Betracht, wenn ein Gesetz ganz allgemein den Inhalt und die Schranken von Rechten und rechtlichen Befugnissen bestimmt und damit zwar auch in bestehende Berechtigungen eingreift, aber zugleich das betreffende Rechtsgebiet als Ganzes für die Zukunft regelt und Schranken für neu zu erwerbende Rechte aufstellt. Derartige ganz allgemein den Inhalt und den Umfang von Rechten und Rechtsbefugnissen festlegende Gesetze, besonders solche, die auf gewerbe- oder gesundheitspolizeilichen Gesichtspunkten beruhen, entsprechen dem Abs. 1 Satz 2 des Art. 153 RVerf. und, soweit Eingriffe in die Handels- und Gewerbefreiheit in Frage stehen, auch dem Vorbehalt in Abs. 3 des Art. 151 „nach Maßgabe der Reichsgesetze"; sie stehen gerade deshalb im Gegensatz zu gesetzlichen Enteignungen. Um ein solches Gesetz handelt es sich aber bei den Vorschriften des § 7 des Gesetzes vom 18. Februar 1927, die nicht nur in die Rechte aller mit der Behandlung der dort erwähnten Krankheiten bereits gewerbsmäßig, mit oder ohne besondere Konzession, befaßten, nicht als Ärzte approbierten Heilkundigen eingreifen, sondern überhaupt jedermann, mit Ausnahme der für das Deutsche Reich approbierten Ärzte, eine solche Heilbehandlung, auch eine nicht gewerbsmäßige, und ganz allgemein auch eine nicht schon ausgeübte, sondern erst in der Zukunft neu aufzunehmende derartige Heiltätigkeit verbieten. Es ist deshalb auch nicht anzuerkennen, daß etwa diejenigen Heilgewerbetreibenden, die eine besondere Konzession zum Betrieb einer Privatkrankenanstalt erlangt hatten, durch das Gesetz vom 18. Februar 1927 enteignet worden wären, zumal da eine solche Konzession nach § 30 GewO. eine allgemeine und nicht etwa eine auf die im § 7 a. a. O. bezeichneten Krankheiten beschränkte war.

Liegt aber keine Enteignung vor, so fehlt es für den vom Kläger geltend gemachten Entschädigungsanspruch an jeder gesetzlichen Grundlage. Auch § 75 Einl. z. ALR. scheidet danach ohne weiteres aus.

---

30. Ist dem Erfordernis der behördlichen Genehmigung nach dem preuß. Gesetz über den Verkehr mit Grundstücken vom 10. Februar 1923 genügt, wenn beim Vorliegen einer Kette von Veräußerungsgeschäften das letzte Geschäft genehmigt worden ist?

BGB. §§ 117, 185, 313, 812, 873, 894, 925, 985. Preuß. Gesetze über den Verkehr mit Grundstücken vom 10. Februar 1923 §§ 1, 7, 15 und vom 20. Juli 1925.

V. Zivilsenat. Urt. v. 28. Mai 1930 i. S. L. (Bekl.) w. M. (Kl.). V 282/29.

I. Landgericht I Berlin.
II. Kammergericht daselbst.

Der Kläger war Eigentümer eines Hausgrundstücks in Berlin. Durch notariellen Vertrag vom 10. September 1922 verkaufte er es an B. Der Kaufpreis war auf 360000 M. vereinbart, aber nur mit 300000 M. beurkundet. Die Auflassung wurde am 19. Oktober 1922 erklärt. Ohne daß er sich als Eigentümer eintragen ließ, verkaufte B. am 7. Dezember 1922 das Grundstück weiter an M.; die Auflassung erfolgte gleichzeitig. Auch M. ließ sich nicht als Eigentümer eintragen, sondern verkaufte am 18. April 1923 das Haus an den Beklagten und ließ es ihm zugleich auf. Der Vertrag vom 18. April 1923 wurde gemäß § 7 Abs. 4 pr. GrVerkG. vom 10. Februar 1923 stillschweigend behördlich genehmigt. Der Beklagte wurde auf Grund der Auflassungen vom 19. Oktober 1922, 7. Dezember 1922 und 18. April 1923 am 9. Juli 1923 als Eigentümer in das Grundbuch eingetragen.

Der Kläger ist der Ansicht, daß der Beklagte nicht Eigentümer des Grundstücks geworden sei, daß dieses vielmehr noch ihm gehöre, und klagt auf Einwilligung in die Berichtigung des Grundbuchs und auf Herausgabe des Grundstücks. Das Landgericht wies die Klage ab, das Kammergericht gab ihr statt. Die Revision des Beklagten wurde zurückgewiesen.

Aus den Gründen:

(Es wird zunächst eine auf § 551 Nr. 7 ZPO. gestützte Rüge der Revision zurückgewiesen und dargelegt, daß die behördliche Genehmigung zu dem Vertrage vom 18. April 1923 nicht die früheren Verträge und Auflassungen umfaßt hat, daß vielmehr nur das Geschäft vom 18. April 1923 genehmigt worden ist. Sodann wird fortgefahren:)

Das Berufungsgericht stützt seine Ansicht, daß der Kläger noch Eigentümer des Grundstücks sei, auf folgende Erwägungen: Der Erwerb des Beklagten habe nicht allein auf der Auflassung vom 18. April 1923, sondern auch auf den beiden früheren Auflassungen, insbesondere der des Klägers an B. vom 19. Oktober 1922 beruht. Der in dieser Auflassung erwähnte beurkundete Vertrag vom 10. September 1922 sei wegen Scheines (§ 117 BGB.), der ihr in Wahrheit zugrunde liegende mündliche Vertrag wegen Formmangels (§ 313 BGB.) nichtig gewesen. Bis zum 1. Januar 1923 sei es zu keiner Heilung des Formmangels durch Eintragung des Eigentumswechsels im Grundbuch gekommen. Nach § 15 Satz 2 GrVerkG. habe daher das Veräußerungsgeschäft des Klägers mit B. der behördlichen Genehmigung bedurft. Diese Genehmigung fehle. Sie sei nach dem Wortlaut und dem Zweck des Gesetzes für den Eigentumserwerb des Beklagten auch dann unentbehrlich, wenn man in der Auflassung des Klägers an B. zugleich die Zustimmung des Klägers zu beliebiger Weiterveräußerung des Grundstücks durch B. ohne dessen vorangehende Eintragung als Eigentümer finden wolle.

Vergeblich sucht die Revision einen Rechtsirrtum in diesen Ausführungen. Wird die Rechtslage zunächst ohne Berücksichtigung der Weiterveräußerungsgeschäfte zwischen B. und M. und zwischen M. und dem Beklagten lediglich auf Grund des Veräußerungsgeschäfts zwischen dem Kläger und B. geprüft, so ergibt sich folgendes: B. konnte nach dem Inkrafttreten des Grundstücksverkehrsgesetzes (17. Februar 1923) auf Grund der Auflassung vom 19. Oktober 1922 nicht mehr rechtswirksam als Eigentümer eingetragen werden, wenn nicht zuvor entweder der zwischen ihm und dem Kläger mündlich geschlossene Kaufvertrag zum wahren Preise von 360000 M. oder die Auflassung vom 19. Oktober 1922 als solche behördlich genehmigt war. Das ergibt sich aus § 15 Satz 2 GrVerkG., an dessen Rechtsgültigkeit und rückwirkender Kraft das Reichsgericht seit der Entscheidung des erkennenden Senats in RGZ. Bd. 108 S. 356 in ständiger Rechtsprechung festhält. Zwischen dem Kläger und B. fehlte bis zum 1. Januar 1923 ein gültiger Kaufvertrag. Der beurkundete Vertrag vom 10. September 1922 war als Scheingeschäft nichtig (§ 117 BGB.). Der in Wirklichkeit vereinbarte Vertrag entbehrte der Form des § 313 Satz 1 BGB. Dieser Formmangel hätte freilich nach § 313 Satz 2 BGB. durch eine gültige Auflassung und Eintragung des B. geheilt werden können. Dazu ist es aber nicht gekommen. Mangels der behördlichen Genehmigung nach § 1 Abs. 1 Satz 3, § 15 Satz 2 GrVerkG. war die am 19. Oktober 1922 erklärte Auflassung seit dem 17. Februar 1923 als unwirksam zu behandeln und deshalb ungeeignet, den Formmangel des ihr zugrunde liegenden Vertrags zu heilen (RGZ. Bd. 111 S. 244, Bd. 115 S. 40); eine Eintragung des B. als Eigentümer hat überhaupt nicht stattgefunden. Am 17. Februar 1923 war die Rechtslage also die: das schuldrechtliche Kaufgeschäft zwischen dem Kläger und B. war nichtig; die Auflassung zwischen ihnen war unwirksam; wäre B. auf dieser Grundlage als Eigentümer in das Grundbuch eingetragen worden, so hätte der Kläger gegen ihn den Berichtigungsanspruch des § 894 BGB. und den Herausgabeanspruch des § 985 BGB. gehabt (RGZ. Bd. 115 S. 35, Bd. 117 S. 367). Die Gesetzesnovelle vom 20. Juli 1925 hätte diesen Rechtszustand nicht geändert (RGZ. Bd. 114 S. 234).

Es fragt sich weiter, ob die Ansprüche, die der Kläger gegen B. gehabt hätte, wenn dieser sich nach dem 16. Februar 1923 als Grundstückseigentümer hätte eintragen lassen, nunmehr auch gegen den Beklagten gerichtet werden können, oder ob sie durch die Weiterveräußerungen gegenstandslos geworden sind, insbesondere nachdem der Beklagte auf Grund seines behördlich genehmigten Erwerbsgeschäfts mit M. als Eigentümer in das Grundbuch eingetragen worden ist. Der 1. Zivilsenat des Kammergerichts hat in einem Beschluß vom 22. Oktober 1925 (JRsch. 1926 Bd. 2 Sp. 119 Nr. 169) die Frage in letzterem Sinne entschieden. Auch das Berufungsgericht — der 14. Zivilsenat des Kammergerichts — hat in einem früheren Urteil vom 11. Mai 1926 (auszugsweise abgedruckt bei Asch Grundstückskauf 2. Aufl. S. 113 Nr. 52) diesen Standpunkt geteilt. Ihm ist zunächst D. Cohn (JRsch. 1927 Bd. 3 Sp. 339 flg.) und nunmehr das angefochtene Urteil mit Recht entgegengetreten.

Die Begründung der abgelehnten Ansicht durch den 1. Zivilsenat des Kammergerichts knüpft an die allseits gebilligte Auffassung an, daß regelmäßig in einer Auflassung zugleich die Einwilligung des Veräußerers zu weiteren Verfügungen des Erwerbers liege und daß deshalb, wenn der Erwerber, ohne sich eintragen zu lassen, das Grundstück an einen Dritten weiter veräußere, dieser Dritte unmittelbar als Eigentümer in das Grundbuch eingetragen werden dürfe (RGZ. Bd. 54 S. 368; JW. 1929 S. 742 Nr. 14; KGJ. Bd. 47 S. 158 und Bd. 53 S. 144; JFG. Bd. 4 S. 311; Komm. z. BGB. von RGR. 6. Aufl. Anm. 5 zu § 925, Bd. 3 S. 236; Güthe-Triebel Grundbuchordnung 5. Aufl. Bd. 1 S. 551). Sofern nicht im Einzelfalle besondere Umstände für das Gegenteil sprechen, wird in der ersten Auflassung die im § 185 Abs. 1 BGB. vorgesehene, nach § 873 Abs. 2 BGB. unwiderruflich bindende Einwilligungserklärung des ursprünglichen Eigentümers dazu gefunden, daß der Erwerber als Nichteigentümer dem Dritten Eigentum übertrage. Auf dieser Grundlage folgert nun der 1. Zivilsenat des Kammergerichts weiter, daß dann, wenn mehrere dem Grundstücksverkehrsgesetz unterliegende Auflassungen sich aneinanderreihen, aber nur der letzte Erwerber ins Grundbuch eingetragen wird, auch nur die letzte Auflassung der behördlichen Genehmigung bedürfe. Denn die früheren Einigungen, so meint er, würden nicht mehr als Auflassungen im eigentlichen Sinne, sondern nur noch als Einwilligungserklärungen nach § 185 Abs. 1 BGB. „verwertet". Als solche seien sie aber keine Rechtsgeschäfte, welche die Veräußerung eines Grundstücks zum Gegenstande haben, und deshalb seien sie nicht genehmigungspflichtig. Auch der Zweck des Gesetzes spreche für diese Auslegung.

Mit Recht steht das Berufungsgericht auf einem anderen Standpunkt. Die Auslegung des 1. Zivilsenats des Kammergerichts entspricht weder der Fassung noch dem Zweck des Gesetzes.

Zwar hat auch das Reichsgericht (RGZ. Bd. 118 S. 113) anerkannt, daß bloße Zustimmungserklärungen aus § 185 Abs. 1 BGB. zu einem rechtswirksam geschlossenen und behördlich genehmigten Veräußerungsgeschäft keiner besonderen Genehmigung bedürfen (ebenso Hagelberg-Friedländer Grundstücksverkehrsgesetz S. 26). Dabei ist indessen nur an solche Rechtsgeschäfte gedacht, die lediglich ergänzend und vervollständigend zu einem in sich einheitlichen

Veräußerungsgeschäft hinzutreten, nicht aber an solche Erklärungen, die rechtlich und wirtschaftlich schon für sich allein selbständige Veräußerungsgeschäfte darstellen. Liegt nun eine Kette von Kaufverträgen und Auflassungen vor, so sind im Sinne des Grundstücksverkehrsgesetzes ebensoviele selbständige Veräußerungsgeschäfte gegeben, als die Kette Glieder hat. Das entspricht der natürlichen wirtschaftlichen Betrachtung, der weiten Fassung des § 1 Abs. 1 Satz 1, 3 des Gesetzes und vor allem auch dem Gesetzeszweck. Der Gesetzgeber wollte in den Zeiten des fortgeschrittenen Währungsverfalls verhindern, daß das Eigentum am Grund und Boden in ungeeignete Hände gerate, und wollte jede Umgehungsmöglichkeit, die den zu verhindernden Erfolg dennoch herbeiführen konnte, tunlichst ausschließen (RGZ. Bd. 121 S. 366). Der Genehmigungszwang sollte insbesondere den Behörden die Handhabe dazu bieten, jedes Veräußerungsgeschäft daraufhin zu prüfen, ob es den ursprünglichen Eigentümer unbillig drücke und ob es der Grundstücksspekulation diene (§ 4 Nr. 3, 4). Diesem Zweck genügt im Falle einer Kette von Veräußerungsgeschäften nur eine Auslegung des Gesetzes, die es der Behörde ermöglicht, gerade das erste Glied der Kette zu prüfen und ihm, wenn gewichtige Allgemeininteressen seiner Anerkennung entgegenstehen, die Genehmigung zu versagen und damit die ganze Kette zu zerreißen. Die Umdeutung einer Auflassung in eine Einwilligungserklärung nach § 185 Abs. 1 BGB. ist eine juristische Konstruktion, die unnötige Zwischeneintragungen in das Grundbuch vermeiden und damit der Erleichterung des formalen Grundbuchverkehrs dienen soll und darf. Sie kann aber nicht dazu führen, über diesen rein formalen Zweck hinaus die Abwicklung von Grundstücksveräußerungsgeschäften zu fördern durch Ausschaltung eines materiellen Erfordernisses für den Eigentumsübergang, insbesondere des im öffentlichen Interesse aufgestellten Genehmigungszwangs. Würde der Behörde nur das letzte Glied der Kette von Kaufverträgen und Auflassungen zur Genehmigung zu unterbreiten sein, so könnte sie die ihr vom Gesetzgeber übertragene Aufgabe nicht sachgemäß erfüllen. Eine Gesetzesauslegung, die es im Ergebnis dem Belieben der Beteiligten oder dem Zufall überläßt, ob ein Veräußerungsgeschäft genehmigungspflichtig ist — je nachdem, ob die einzelnen Glieder der Kette zu Eintragungen der Zwischenerwerber führen oder nicht —, nimmt dem Gesetz in einer seinem Wortlaut und

Sinn widersprechenden Weise die erstrebte praktische Wirkung. Hiernach bedurfte trotz der Weiterveräußerungen durch B. und M. auch die Auflassung des Klägers an B. noch der behördlichen Genehmigung. Ohne diese ist die Auflassung unwirksam; sie enthält deshalb auch keine rechtsgültige Einwilligung des Klägers in das Geschäft zwischen M. und dem Beklagten. Dieser hat also ohne rechtlich wirksame Zustimmung des Klägers dessen Grundstück vom Nichteigentümer M. erworben und kann sich weder auf § 185 noch auf § 892 BGB. berufen, um einen rechtsbeständigen Eigentumserwerb für sich zu begründen. Die Vermutung des § 891 Abs. 1 BGB., die zunächst zu seinen Gunsten spricht, ist durch den Sachverhalt widerlegt. Der Berichtigungsanspruch und der Herausgabeanspruch des Klägers gegen den Beklagten sind nach den §§ 894, 985 BGB. begründet. Der Kläger braucht auch, um die Ansprüche geltend zu machen, nicht erst seine auf Grund eines nichtigen Kaufvertrags abgegebene, ohnehin unwirksame Auflassungserklärung zurückzufordern. Die Ausführungen der Revision, die sich mit den §§ 812 flg. BGB. beschäftigen, würden nur dann rechtserheblich sein, wenn eine wirksame Auflassung vorläge. Da dies nicht der Fall ist, braucht auf sie nicht eingegangen zu werden....

---

31. 1. Zur rechtsgestaltenden Wirkung des Zuschlagsbeschlusses.

2. Ist der Zwangsversteigerungsrichter befugt, den Zuschlagsbeschluß durch einen nachträglichen Beschluß zu ergänzen oder zu ändern?

3. Welche Bedeutung haben Vorgänge im Versteigerungstermin für die Auslegung des Zuschlagsbeschlusses?

ZVG. §§ 89 flg. BGB. §§ 892, 894.

V. Zivilsenat. Urt. v. 28. Mai 1930 i. S. G. L. Bank (Bekl.) w. C. (Kl.). V 58/29.

I. Landgericht Düsseldorf.
II. Oberlandesgericht daselbst.

Auf einem Grundstück in D. war an erster Rangstelle für die Beklagte eine Vorkriegshypothek von 90000 M. eingetragen;

sie wurde im Juli 1923 in Papiermark zum Nennbetrag zurückgezahlt und am 25. April 1924 gelöscht. Am 11. September 1924 bewilligte die Grundeigentümerin die Eintragung einer Darlehenshypothek von 75000 GM. für die Firma M.; diese Hypothek wurde am 17. September 1924 eingetragen. Am 17. Oktober 1924 wurde auf Grund einer einstweiligen Verfügung vom 9. Oktober 1924 ein Widerspruch gegen die Löschung der Hypothek der Beklagten im Grundbuch vermerkt. Im Februar 1926 wurde die Zwangsversteigerung des Grundstücks auf Betreiben der Firma M. wegen der erwähnten Hypothek eingeleitet. Nachdem diese Firma Meistbietende geblieben war und erklärt hatte, daß sie das Meistgebot für die Klägerin abgegeben habe, wurde dieser am 5. Juni 1926 der Zuschlag erteilt. Im Versteigerungstermin war folgendes als Versteigerungsbedingung bekanntgegeben worden:

„Als Teil des geringsten Gebots soll bestehen bleiben 1. . . . . 2. Die Abt. III Nr. 1 für die G. L. Bank eingetragen gewesene, am 25. April 1924 gelöschte Hypothek von 90000 M. mit einem Aufwertungsbetrage von 13500 GM. minus 1,58 GM.

Zu dieser Hypothek ist in Abt. III Sp. 1 bis 4 des Grundbuchs einzutragen: 13500 GM. weniger 1,58 GM. Darlehen, verzinslich und zahlbar gemäß Aufwertungsgesetz vom 16. Juli 1925, im übrigen gemäß Eintragungsbewilligung vom 4./8. Dezember 1916 und 3. Mai 1904, sofort vollstreckbar gegen jeden Eigentümer. An Stelle der am 25. April 1924 gelöschten Hypothek Abt. III Nr. 1 von 90000 M. auf Grund des Aufwertungsgesetzes und vorliegender Anmeldung aufgewertet mit 15% auf 13500 GM. abzüglich gezahlter 1,58 GM., wieder eingetragen am . . . . Diese Hypothek ist bedingt durch die endgültige Feststellung des Aufwertungsbetrages. Wenn die Hypothek mit einem geringeren Aufwertungsbetrag zu Recht besteht, so hat der Ersteher über sein Meistgebot hinaus als Ersatzzahlung einen Betrag zu leisten, dessen Höhe sich auf den Unterschied zwischen dem vorläufig angenommenen Aufwertungsbetrag und dem Mindestbetrag der Aufwertung beläuft."

Im Versteigerungsprotokoll steht weiter vermerkt:

„Es wurde noch ausdrücklich darauf hingewiesen, daß der Satz: Diese Hypothek ist bedingt durch die endgültige Feststellung des Aufwertungsbetrages, dahin zu verstehen sei, daß die Aufwertungshypothek auch bedingt sei durch die endgültige Feststellung des Ranges dieser Hypothek mit der ursprünglichen, am 25. April 1924 gelöschten Post Abt. III Nr. 1 von 90000 M."

Im Zuschlagsbeschluß ist als Zuschlagsbedingung die eben für die Hypothek der Beklagten wiedergegebene Bestimmung ohne die Protokollerläuterung enthalten. Weiter erging ein Beschluß vom 17. Juni 1926 dahin:

„Der Satz: Diese Hypothek ist bedingt durch die endgültige Feststellung des Aufwertungsbetrages, ist dahin zu verstehen, daß die Aufwertungshypothek auch bedingt ist durch die endgültige Feststellung des Ranges dieser Hypothek mit der ursprünglichen, am 25. April 1924 gelöschten Post Abt. III Nr. 1 von 90000 M."

Die gegen diesen Zusatzbeschluß von der Beklagten eingelegte sofortige Beschwerde ist zurückgewiesen, ihre weitere Beschwerde als unzulässig verworfen worden. Im Grundbuch wurde auf Ersuchen des Versteigerungsgerichts in Abt. III unter Nr. 9 eine Hypothek von 13498,42 GM. Darlehen „bedingt durch die endgültige Feststellung des Aufwertungsbetrags und des Ranges mit der ursprünglichen, am 25. April 1924 gelöschten Post Abt. III Nr. 1 von 90000 M." für die Beklagte eingetragen, weiter unter Nr. 10 eine Sicherungshypothek im gleichen Betrage für die Firma M. zur Sicherung ihrer Ansprüche aus der früheren Hypothek von 75000 GM., soweit diese ausgefallen ist; diese Eintragung bedingt durch die Feststellung, daß der Aufwertungsanspruch der Beklagten nicht oder nicht in der angenommenen Höhe oder nicht mit dem Rang vor der bisherigen Post Abt. III Nr. 7 von 75000 GM. zu Recht besteht. Die Klägerin hat, angeblich mit Ermächtigung der Firma M. klagend, Löschung der für die Beklagte eingetragenen Hypothek begehrt und ist damit in beiden Vorinstanzen durchgedrungen. Sie vertritt den Standpunkt, die für die Beklagte als bedingt eingetragene Hypothek sei zu löschen, weil die Firma M. ihre Hypothek im guten Glauben an das Erloschensein der damals nicht mehr im Grundbuch stehenden Hypothek der Beklagten erworben habe und ihr deswegen nach § 20 AufwG., § 892 BGB. der Vorrang vor dieser Hypothek zustehe. Die Beklagte hat die Klagberechtigung der Klägerin bezweifelt und weiter geltend gemacht, bei der Versteigerung und dem Zuschlagsbeschluß sei als Bedingung für ihre im geringsten Gebot stehende Hypothek lediglich die Feststellung des Aufwertungsbetrags gesetzt worden, von einer Bedingtheit durch die Rangstellung sei nicht die Rede gewesen, wie auch die Firma M. ihr damals den Vorrang für drei Fünftel ihrer Aufwertungshypothek (§ 6 Abs. 2 AufwG.) nicht streitig gemacht habe; der die Bedingtheit durch den Rang einführende Zusatzbeschluß vom 17. Juni 1926 sei unzulässig gewesen und daher unbeachtlich; das Versteigerungsprotokoll sei erst nachträglich ergänzt worden Nach der Behauptung der Beklagten soll die Firma M. beim Erwerb ihrer Hypothek Kenntnis von dem Aufwertungsanspruch der Beklagten gehabt haben.

Die Revision der Beklagten führte zur Aufhebung und Zurückverweisung.

Gründe:

Das Berufungsgericht bejaht die Sachberechtigung der Klägerin, nachdem es sich aus einem Schreiben der Firma M. die Überzeugung verschafft hat, daß die Klage auch auf Grund einer Ermächtigung dieser Firma erhoben sei, wie das schon in der Klage behauptet worden war. Diese Stellungnahme ist, obwohl die Revision hierzu keinen besonderen Angriff erhoben hat, doch von Amts wegen nachzuprüfen. Gegen die Bejahung der Klageberechtigung erheben sich keine durchgreifenden Bedenken. Die Hypothek zugunsten der Beklagten ist nach Inhalt der Eintragung in ihrer Rechtswirkung aufschiebend bedingt durch die Feststellung des Aufwertungsbetrags in dieser Höhe, und weiter durch die eines Vorrangs der Beklagten vor der im Jahre 1924 für die Firma M. entstandenen Hypothek. Die Klägerin unternimmt den Nachweis, daß sich die letztere Bedingung nicht erfüllen könne, daß sie also ausgefallen sei, und zieht daraus die Folgerung, daß die Eintragung ohne Rechtswirkung und daher zu löschen sei. Solche Grundbuchberichtigungsklage (§ 894 BGB.) steht gerade der Klägerin als Grundeigentümerin zu. Nun handelt es sich nach den Vorgängen im Zwangsversteigerungsverfahren und bei der Abhängigkeit der unter Nr. 10 für die Firma M. eingetragenen Sicherungshypothek vom Nichtbestehen der Eintragung zugunsten der Beklagten im Wesen der Sache um einen Rang- und Hebungsstreit zwischen diesen beiden Personen. Ein Bedenken dagegen, daß die Klägerin diesen Streit zur Lösung bringt, kann aber nicht bestehen, nachdem das Berufungsgericht in nicht anzugreifender Urkundenauslegung festgestellt hat, daß die Streitgegnerin der Beklagten die Klägerin zum Prozeß ermächtigt habe. Danach muß die ermächtigende Firma die Rechtshandlungen der Klägerin wie eigene gelten lassen und deshalb auch die Wirkungen des in diesem Prozeß ergehenden Urteils anerkennen (vgl. JW. 1929 S. 1747 Nr. 12). Es handelt sich hier nicht um die Einklagung eines fremden Rechts, sondern um den in der Person der Klägerin entstandenen Grundbuchberichtigungsanspruch, wobei sie gleichzeitig von der Firma M. mit der Wahrnehmung ihrer Belange betraut war. Deswegen bedarf es keiner Erörterung über das bei der prozessualen Geltendmachung eines fremden Rechts zu erfordernde besondere eigene Interesse des Klägers an solcher Einklagung.

Das Berufungsgericht erachtet die unter den Parteien streitige Frage, ob die für die Beklagte in das geringste Gebot eingestellte Hypothek bedingt gewesen sei durch Feststellung des Aufwertungsbetrags und des Rangs — so die Klägerin — oder nur durch Feststellung des Aufwertungsbetrags — so die Beklagte —, für unerheblich, weil durch die Feststellung des geringsten Gebots keine materiellrechtliche Entscheidung über das Bestehen eines aufgenommenen Rechts getroffen werde. Das Berufungsgericht prüft deswegen lediglich, ob die Beklagte nach dem Aufwertungsgesetz den Vorrang vor der Hypothek der Firma M. hatte, und kommt hier zur Verneinung, weil diese Firma ihre Hypothek im guten Glauben an die Richtigkeit des Grundbuchs, das ihr die erste Stelle auswies, erworben habe.

Die Revision mußte Erfolg haben. Es kommt abweichend von der Ansicht des Berufungsgerichts in erster Linie auf den Inhalt des rechtskräftig gewordenen Zuschlagsbeschlusses an. Dieser hat nach der ständigen Rechtsprechung des Reichsgerichts die Bedeutung eines Richterspruchs, der bestimmend ist für die Änderungen, die durch den Zuschlag an den Rechten der Beteiligten eintreten, und für die Rechtsstellung des Erstehers; und zwar gleichgültig, ob er mit dem Gesetz in Einklang steht oder nicht (RGZ. Bd. 59 S. 266, Bd. 67 S. 380, Bd. 74 S. 205; JW. 1928 S. 2851 Nr. 39, 1929 S. 3163 Nr. 15). Allerdings hat der Zuschlag, wie das Berufungsgericht ausführt, nicht derartig rechtsgestaltende Kraft, daß er einem in ihm berücksichtigten, in Wirklichkeit nicht bestehenden Rechte zur Entstehung verhelfen könnte (RG. in AufwRspr. 1930 S. 302). Um einen solchen Fall handelt es sich aber hier nicht; denn daß die Aufwertungshypothek der Beklagten, deren Höhe von der Aufwertungsstelle noch nicht festgestellt worden ist, vor der Zwangsversteigerung des mit ihr belasteten Grundstücks mindestens in dem jetzt in Betracht kommenden Betrage bestanden habe, hat die Klägerin nicht bestritten. Sie bekämpft nur den Anspruch der Beklagten, mit ihrer Hypothek zu diesem Betrage die erste Rangstelle vor der Hypothek der Firma M. eingenommen zu haben; wie diesen Anspruch nach der Behauptung der Klägerin auch schon im Versteigerungsverfahren die Firma M. bestritten haben soll. Wenn aber eine bestehende Hypothek vom Versteigerungsrichter in das geringste Gebot gesetzt und das Grundstück unter der Bedingung der Übernahme dieser Hypothek zugeschlagen wird, obwohl sie in Wirklichkeit den Rang hinter der Hypothek des betreibenden Gläubigers hatte und somit nicht in das geringste Gebot hineingehörte, so bewirkt die Rechtskraft des unter solcher Bedingung erteilten Zuschlags, daß der Ersteher sich diese Grundstücksbelastung gefallen lassen muß. Durch den Zuschlag wurde die Hypothek vor dem Erlöschen gerettet, obschon sie, falls sie nicht durch Bargebot gedeckt war, bei richtiger Rangeinstellung erloschen wäre (JW. 1928 S. 2851 Nr. 39; AufwRspr. 1930 S. 302; OLG. Stettin in JW. 1930 S. 848 Nr. 15). Solcher Verlauf der Zwangsversteigerung kann dann bewirken, daß statt dessen eine Hypothek, die den Rang vor der zu Unrecht in das geringste Gebot eingestellten Hypothek hatte, ausfällt und erlischt (§ 91 ZVG.), während sie bei richtiger Handhabung möglicherweise zur Hebung gekommen wäre. So kann der rechtskräftige Zuschlag in bestehende Rechte eingreifen. Ein Beteiligter, der mit seinem Inhalt nicht einverstanden ist, muß im Beschwerdeweg Abhilfe zu schaffen versuchen. Gelingt ihm das nicht, so ist der ergangene Zuschlag so hinzunehmen, wie er sich bei objektiver Deutung darstellt.

Die Klägerin führt aus, der Zuschlagsbeschluß, erläutert durch den Ergänzungsbeschluß, und die daraufhin erfolgte Grundbucheintragung ergäben die Bedingtheit der Hypothek der Beklagten auch durch früheres Rangvorrecht vor der Hypothek der Firma M.; weil solches Vorrecht nicht bestanden habe, sei die Hypothek zu löschen. Die Beklagte nimmt den Zuschlagsbeschluß ohne den Ergänzungsbeschluß, der jeder rechtlichen Wirkung entbehre, und meint, danach sei ihr Recht lediglich bedingt durch das Bestehen des Aufwertungsrechts überhaupt, einerlei mit welchem Range; weil dies Recht unbezweifelt bestanden habe, so bestehe die für sie eingetragene Hypothek zu Recht.

Die rechtliche Bedeutung der Zuschlagsentscheidung unterliegt der freien Nachprüfung des Revisionsgerichts (JW. 1929 S. 3163 Nr. 15 = AufwRspr. 1929 S. 930). Der Wille und die Meinung des Versteigerungsrichters sind dabei so weit maßgebend, wie sie im Beschluß zum Ausdruck gekommen sind. Fraglich ist nun, ob als Zuschlag lediglich der Zuschlagsbeschluß vom 4. Juni 1926 anzusehen oder ob auch der Ergänzungsbeschluß vom 17. Juni 1926 in Betracht zu ziehen ist. Das Erstere ist richtig. Der Zuschlagsbeschluß wird mit der Verkündung wirksam (§ 89 ZVG.); diese Wirksamkeit entfällt nur bei Aufhebung des Beschlusses im Beschwerdewege. Eine sachliche Abänderung durch den Versteigerungsrichter ist nach der Verkündung nicht mehr möglich (§ 577 Abs. 3 ZPO.). Nur die nachträgliche Berichtigung offenbarer Unrichtigkeiten im Sinne des § 319 ZPO. ist zuzulassen. Der am 17. Juni 1926 ergangene Beschluß hätte somit nur als Berichtigung einer „offenbaren Unrichtigkeit" ergehen dürfen. Eine solche stellt er aber nicht dar. Der Versteigerungsrichter erklärt in ihm, ein Satz des Zuschlagsbeschlusses sei in bestimmtem Sinne zu verstehen. Er selbst will also eine Auslegung, eine Klarstellung des bereits in dem früheren Beschlusse Ausgesprochenen, nicht aber eine Richtigstellung eines bisher unrichtigen Spruchs geben. Das Beschwerdegericht sagt, der Versteigerungsrichter habe den Zuschlagsbeschluß „ergänzt". Nun würden diese Bezeichnungen nicht entscheidend sein, wenn doch sachlich die Berichtigung einer offenbaren Unrichtigkeit vorläge; also dann, wenn die „Rangbedingung" offenbar versehentlich im Zuschlagsbeschluß fortgeblieben wäre. Für die Frage der Urteilsberichtigung (§ 319 ZPO.) hält das Reichsgericht daran fest, daß sich bei einer Berichtigung des entscheidenden Ausspruchs das Versehen aus dem Zusammenhalt von Formel und Gründen ergeben muß, daß die Entscheidungsgründe unzweideutig erkennen lassen müssen, welche anderweite, vom Inhalt der Urteilsformel abweichende Entscheidung das Gericht hat erlassen wollen (RGZ. Bd. 23 S. 399; JW. 1901 S. 58 Nr. 4; Gruch. Bd. 46 S. 146). Nur dann kann von einer offenbaren Unrichtigkeit die Rede sein. Es sind das also Fälle, wo beim Lesen des Urteils den Parteien von vornherein ersichtlich ist, daß der Richter etwas anderes hat aussprechen wollen. Auch bei einem Zuschlagsbeschluß kann nur dann von einer offenbaren Unrichtigkeit die Rede sein, wenn der Inhalt des Beschlusses selbst das wirklich Gewollte klar ergibt. Eine Berichtigung ist dann allerdings bei solchen Beschlüssen, wenn sie, wie das meist der Fall ist, keine Entscheidungsgründe enthalten, erheblich erschwert. Eine versehentliche Auslassung im Spruch wird in viel selteneren Fällen, als bei Urteilen, „offenbar" sein können. Aber nicht nur der Gesetzeswortlaut, sondern auch die für alle Beteiligten wichtige rechtsbegründende Bedeutung des Zuschlagsbeschlusses zwingt dazu, einer Berichtigung, die noch nach Rechtskraft möglich ist, diese enge Grenze zu ziehen. An dem Erfordernis des „offenbar" ist festzuhalten, und es kann die Entscheidung darüber, ob ein solches Versehen vorliegt, nicht rein in das Ermessen des Versteigerungsrichters gestellt werden; sie muß vielmehr auf objektiver Grundlage nachzuprüfen sein. Von dieser Rechtsauffassung aus kann der Beschluß vom 17. Juni 1926 sachlich nicht als Berichtigung einer offenbaren Unrichtigkeit des Zuschlagsbeschlusses angesehen werden, denn dessen Inhalt für sich allein läßt die „Rangbedingung" nicht klar erkennen.

Ist der Ergänzungsbeschluß somit zu Unrecht ergangen, so fragt sich doch, ob die formelle Rechtskraft des Beschlusses, die nach Zurückweisung der von der Beklagten gegen ihn eingelegten Beschwerde besteht, ihn unter den Beteiligten wirksam und für den vorliegenden Rechtsstreit beachtlich gemacht hat. Das ist zu verneinen. Denn der Beschluß ist gegenüber der durch den Zuschlagsbeschluß mit dessen Verkündung eingetretenen Wirkung unstatthaft und völlig unwirksam (vgl. ähnlich RGZ. Bd. 122 S. 333 und RGUrt. vom 5. Februar 1926 III 92/25). Wollte man einen derartigen Ergänzungsbeschluß für beachtlich halten, so ergäbe das einen unlösbaren Widerspruch mit der Vorschrift des § 89 ZVG. Solches kann angesichts der rechtschaffenden Bedeutung des Zuschlagsbeschlusses nicht zugelassen werden. Die Gestaltung des Versteigerungsverfahrens bringt es mit sich, daß, abgesehen von zulässiger Berichtigung, der Zuschlag — sein Rechtskräftigwerden vorausgesetzt — mit der Verkündung der Einwirkung des Versteigerungsrichters entzogen ist. Ein hiervon abweichendes Handeln des Richters ist sachlich unwirksam und kann nicht durch die formelle Rechtskraft eines nachträglichen Beschlusses gedeckt werden.

Die Rechtsbeziehungen der an der Zwangsversteigerung Beteiligten und des Erstehers zueinander, hier der Prozeßparteien und der Firma M., werden also durch den Zuschlagsbeschluß allein ohne den Ergänzungsbeschluß geregelt. Es fragt sich, ob bei dieser Sachlage der Standpunkt der Klägerin haltbar ist, das Fortbestehen der Aufwertungshypothek der Beklagten an der ihr durch die Einstellung in das geringste Gebot gegebenen Stelle sei nicht nur von der Feststellung des Aufwertungsbetrags, sondern auch von der des Ranges vor der 1924 eingetragenen Hypothek der Firma M. abhängig. Die Klägerin meint, schon der Zuschlagsbeschluß allein sei so auszulegen, daß er diese Doppelbedingung enthalte. Sie beruft sich dafür auf den Inhalt des Versteigerungsprotokolls und stellt unter Beweis, bereits in diesem Termin sei der Streit über den Rang der Aufwertungshypothek der Beklagten zutage getreten; der Versteigerungsrichter habe darauf erklärt, der Rangstreit sei allein vom Prozeßrichter zu entscheiden, die im Protokoll stehende und verlesene, für das Bestehenbleiben der Hypothek gegebene Bedingung solle auch die Feststellung des streitig gewordenen Ranges an der alten Stelle vor der 1924 eingetragenen Hypothek der Firma M. umfassen; in solchem Sinne sei nach dieser Erläuterung die Bedingung von allen Beteiligten verstanden worden. Die Beklagte hat Beweis für das Gegenteil angetreten, daß nämlich im Versteigerungstermin von der Rangfrage überhaupt nicht die Rede gewesen und der darauf bezügliche Protokollvermerk erst nachträglich eingeschoben worden sei. Rechtlich ist daran festzuhalten, daß zwar eine Ergänzung des Zuschlagsbeschlusses aus den Vorgängen im Versteigerungstermin und aus der Niederschrift darüber unzulässig (RGZ. Bd. 60 S. 48), daß aber der Zuschlagsbeschluß auszulegen ist (JW. 1920 S. 902 Nr. 8). Es darf in den Beschluß nichts nachträglich hineingetragen werden, was nicht schon irgendwie in ihm Ausdruck gefunden hat; aber es können doch Vorgänge aus dem Versteigerungstermin zur Erläuterung des im Beschluß Ausgesprochenen herangezogen werden. Aus solchen kann eine im Zuschlag enthaltene Bestimmung eine von allen Beteiligten verstandene und gewollte Bedeutung erhalten, die ihr ohne Kenntnis der Versteigerungsvorgänge nicht beizumessen wäre. So würde die Sache hier liegen, wenn die von der Klägerin aufgestellte Behauptung über die vom Versteigerungsrichter angeblich gegebene Erläuterung zutrifft. Dann wäre zu sagen, daß die für das Bestehenbleiben der Hypothek der Beklagten gesetzte Bedingung, die im Beschluß enthalten ist, von allen Beteiligten im Sinne einer Doppelbedingung, nämlich der Feststellung sowohl des Aufwertungsbetrags wie auch der seines Ranges an bestimmter Stelle, verstanden worden ist und deshalb so gelten muß. Eine Berücksichtigung des strengen Wortlauts allein wäre, vorherige klare Erläuterung vorausgesetzt, um so weniger angebracht, als es sich um eine Zwangsversteigerung aus dem Jahre 1926, also aus einer Zeit handelt, in der die Behandlung der Aufwertungsrechte und der sich aus ihnen ergebenden Rangfragen den Zwangsversteigerungsrichtern außerordentliche Schwierigkeiten bereitete, aus denen sich leicht eine nicht ganz scharfe Fassung der Zuschlagsbedingungen ergeben konnte. Wird erwiesen, daß alle Beteiligten das im Beschluß Ausgesprochene in dem bestimmten Sinne, in welchem es ihnen erläutert worden war, verstanden haben, so muß das unter ihnen gelten.

Das Berufungsgericht wird sonach die Vorgänge im Versteigerungstermin durch Beweisaufnahme aufzuklären haben. Sollte bei der dem Zuschlagsbeschluß dann zu gebenden Auslegung der Beklagten eine im geringsten Gebot stehende, vom Ersteher zu übernehmende Hypothek nur dann zustehen, wenn nicht nur der Aufwertungsbetrag, sondern auch der gesetzlich begründete Vorrang des Aufwertungsrechts vor der Hypothek der Firma M. festgestellt würde, so ist unerheblich, ob der Versteigerungsrichter das geringste Gebot dem Gesetz entsprechend festgestellt hat. Maßgebend ist vielmehr der so klargestellte Inhalt des Zuschlags. Es kommt in diesem Falle weiter auf die vom Berufungsgericht bereits behandelte Frage an, ob die Beklagte nach den Bestimmungen des Aufwertungsgesetzes den Vorrang vor der 1924 für die Firma M. eingetragenen Hypothek beanspruchen konnte. Die Ausführungen zu diesem Punkt, die auch die Revision nicht angreift, sind frei von Rechtsirrtum. Da zu der Zeit, wo die Firma M. ihre Hypothek erwarb, die Vorkriegshypothek der Beklagten gelöscht und der Aufwertungsanspruch nicht durch einen Widerspruch gesichert war, so hatte die Firma den Grundbuchstand für sich. Daß sie von dessen Unrichtigkeit Kenntnis gehabt habe, verneint das Berufungsgericht ohne Rechtsirrtum in nicht anzugreifender Würdigung des Sachverhalts. Bei einem der Klägerin günstigen Ausfall der Beweisaufnahme über die Versteigerungsvorgänge und einer danach zu gewinnenden Auslegung des Zuschlagsbeschlusses in ihrem Sinne beständen keine weiteren Bedenken gegen das Durchdringen der Klage.

Sollte sich aber eine solche Auslegung nicht ergeben, sondern dem genauen Wortlaut entsprechend für die Übernahme der Aufwertungshypothek der Beklagten durch den Ersteher nur die Bedingung einer Feststellung des Aufwertungsrechts der Höhe nach bestehen, so wäre die Klage auf Löschung der Aufwertungshypothek, die sich auf den Ausfall einer Bedingung der Vorrangfeststellung stützt, unbegründet, weil eine solche Bedingung nach dem Zuschlag nicht bestände. Der Umstand, daß die auf Ersuchen des Versteigerungsrichters erfolgte Grundbucheintragung auch die Bedingung der Rangfeststellung enthält, ändert daran nichts. Rechtsbegründend wirkt allein der Zuschlagsbeschluß mit dem durch richtige Auslegung sich ergebenden Inhalt. Eine Grundbucheintragung, die diesem nicht entspricht, ist unrichtig und, da Vertrauen auf den Grundbuchinhalt nicht in Frage kommt, ohne Einfluß auf die sachliche Rechtsgestaltung. Alsdann würde die Rechtskraft des Zuschlagsbeschlusses das Vorrücken der Beklagten dadurch rechtfertigen, daß nach seinem Inhalt ihre Hypothek, als im geringsten Gebot stehend, von der Klägerin als Ersteherin zu übernehmen wäre, während die Hypothek der Firma M. auf Grund des § 91 ZVG. erloschen wäre. Dann könnten die Folgen einer unrichtigen Feststellung des geringsten Gebots für diese Gläubigerin auch weder aus dem Gesichtspunkt der ungerechtfertigten Bereicherung noch mit Hilfe der §§ 50, 125 ZVG. beseitigt werden (JW. 1928 S. 2851 Nr. 39 = AufwRspr. 1928 S. 593).

---

32. 1. Begründet die Durchstreichung eines Übertragungsvermerks bei Bestehenlassen der Unterschrift ein Blankoindossament?
2. Über die Beweislast im Wechselprozeß.

ZPO. §§ 419, 592, 602.

II. Zivilsenat. Urt. v. 30. Mai 1930 i. S. S. (Kl.) w. 1. M., 2. Spar- u. Darlehnskasse in B.-Cl., eingetr. Gen. m. unbeschr. H. (Bekl.). II 13/30.

I. Landgericht II Berlin.
II. Kammergericht daselbst.

Der Erstbeklagte ist Bezogener und Akzeptant, die Zweitbeklagte Ausstellerin und Remittentin eines am 2. April 1929 über 21386 RM.

ausgestellten, am 2. Juli 1929 zahlbaren Wechsels, der sich im Besitz des Klägers befindet. Die Zweitbeklagte hat den Wechsel in der Weise gezeichnet, daß K. u. L., die zur Zeit seiner Ausstellung zum Vorstand der Beklagten gehörten, ihren Namen unter deren Firmenstempel setzten. Auf der Rückseite befindet sich folgender gedruckter Übertragungsvermerk:

Für uns an die Order der Provinzial-Genossenschaftsbank für Brandenburg, eingetr. Genossenschaft mit beschr. Haftpflicht. Wert in Rechnung.

Darunter ist die Firma der Ausstellerin mit Blaustempel aufgedruckt; sie trägt die gleichen Unterschriften wie die Ausstellerschrift. Der Übertragungsvermerk ist durch zwei Linien durchstrichen, die von links und rechts unten nach den entgegengesetzten oberen Seiten gehen. Auf dieses Giro folgt das Blankogiro des Klägers, der den Wechsel von L. erhalten hat. Dieser hatte bei der Beklagten Veruntreuungen begangen und hat sich inzwischen das Leben genommen.

Der Kläger nimmt nach Protesterhebung die Beklagten im Wechselprozeß als Gesamtschuldner auf Zahlung der Wechselsumme in Anspruch. Gegen den Erstbeklagten ist Versäumnisurteil ergangen. Die Zweitbeklagtte bestreitet die wechselrechtliche Legitimation des Klägers. L. habe nämlich gegen den Willen ihres zweiten Vorstandsmitgliedes K. den Übertragungsvermerk gestrichen, nachdem dieser das undurchstrichene Vollgiro an die Genossenschaftsbank mit seinem Namen versehen habe. Auch die Übergabe des Wechsels an den Kläger sei gegen den Willen des K. geschehen.

Das Landgericht verurteilte die Zweitbeklagte nach Klagantrag; das Kammergericht dagegen wies die Klage gegen diese Beklagte als in der gewählten Prozeßart unstatthaft ab. Die Revision des Klägers führte zur Aufhebung und Zurückverweisung.

Gründe:

Das Berufungsgericht führt aus: Das Indossament der Beklagten stelle infolge der Durchstreichung des Übertragungsvermerks nicht ohne weiteres ein Blankogiro dar. Es bestehe keine Vermutung dafür, daß Teilstreichungen in Indossamenten mit Zustimmung der zur Übertragung Berechtigten erfolgt seien. Der Kläger habe daher zu beweisen, daß es sich tatsächlich um ein Blankoindossament handle, und könne, da eine klagbegründende Tatsache in Frage stehe, diesen

Beweis nach § 592 ZPO. nur durch Urkunden führen. Dies sei nicht geschehen, die Klage also in der gewählten Prozeßart unstatthaft.

Diese Erwägungen sind nicht frei von Rechtsirrtum. Die zur Verfolgung des wechselmäßigen Anspruchs erforderliche formale Legitimation des Klägers bedurfte nach gesetzlicher Vorschrift (Art. 36 WO.) des urkundlichen Nachweises, und zwar auch dann, wenn die Haftung der Beklagten statt auf ihr Indossament auf ihren Ausstellervermerk gestützt wurde. Im vorliegenden Falle kann es sich nur fragen, ob dieser Beweis angesichts der Beschaffenheit des Indossaments der Beklagten geführt ist. Dabei ist zu berücksichtigen, daß der von der Beklagten gezeichnete Vermerk auf der Rückseite des Wechsels in sich eine Urkunde darstellt, deren Beweiskraft nach den prozessualen Grundsätzen des Urkundenbeweises zu beurteilen ist. In dieser Richtung bestimmt § 419 ZPO., daß das Gericht nach freier Überzeugung zu entscheiden hat, inwieweit Durchstreichungen oder sonstige Mängel einer Urkunde ihre Beweiskraft beeinträchtigen. Die Beweisregel des § 416 ZPO. gilt mithin in diesem Falle nicht. Das Berufungsgericht spricht daher mit Recht aus, daß nicht ohne weiteres das Durchstrichene als nicht geschrieben gelten könne und das Indossament demzufolge einfach ein Blankogiro darstelle. Es übersieht aber, daß das Gericht in solchem Falle den urkundlichen Tatbestand frei zu würdigen hat, dieser Tatbestand also nicht schon als solcher eine Beweispflicht des Wechselklägers begründet. Die Beweislast des Klägers kommt erst zum Zuge, wenn das Gericht bei Prüfung der Sachlage einen Beweis nach der Richtung für erforderlich hält, welche urkundliche Erklärung als abgegeben zu gelten habe.

Das Berufungsurteil läßt nicht erkennen, daß das Gericht dahingehende Erwägungen angestellt hat; es geht vielmehr von der unzutreffenden Voraussetzung aus, der Kläger habe schlechthin den Hergang bei Entstehung der Urkunde beweismäßig aufzuklären. In dieser Auffassung ist eine Verletzung des § 592 ZPO. zu sehen, welche die Revision gerügt hat. Es besteht durchaus die Möglichkeit, daß das Berufungsgericht bei nochmaliger Prüfung der Sache aus eigener freier Würdigung der Umstände das Indossament der Beklagten für ein nicht zu beanstandendes Blankogiro erklärt, das die formale Legitimation des Klägers begründen würde. Eine solche Auffassung würde um so näher liegen, als der durchstrichene Übertragungsvermerk seinem vollen Umfang nach gedruckt ist, daß also damit offenbar nur das Schreibwerk für den Regelfall vereinfacht, nicht aber ein Giro an einen anderen Indossator als die Provinzial-Genossenschaftsbank oder auch ein Blankogiro ausgeschlossen werden sollte. Wenigstens ist ohne weiteres nichts erkennbar, was für eine gegenteilige Vermutung sprechen würde. Die hier vertretene Anschauung steht mit RGZ. Bd. 41 S. 412 nicht im Widerspruch, da dort die Frage der selbständigen richterlichen Prüfung des mit Durchstreichungen behafteten Girovermerks gar nicht erörtert und gerade ein Fall vorausgesetzt wird, wo über die Beweiskraft der Urkunde Zweifel obwalten. Ob hier solche Zweifel anzuerkennen sind, wird das Berufungsgericht bei nochmaliger Prüfung der Sachlage zu beurteilen haben.

---

33. 1. Sind die Bestimmungen der Zivilprozeßordnung oder diejenigen des preuß. Gesetzes über die freiwillige Gerichtsbarkeit maßgebend für die Entscheidung der Frage, wem, unter welchen Voraussetzungen, in welcher Form und von welcher Stelle die vollstreckbare Ausfertigung einer notariellen Urkunde zu erteilen ist?

2. Gewähren die vollstreckbaren Urkunden des § 794 Abs. 1 Nr. 5 ZPO. dem Gläubiger einen Rechtsanspruch auf Erteilung der Vollstreckungsklausel oder bedarf es einer vorgängigen Ermächtigung oder Bewilligung des Schuldners, der sich in der Urkunde der Zwangsvollstreckung unterworfen hat?

ZPO. §§ 794, 795, 797. Preuß. FGG. Art. 49.

III. Zivilsenat. Urt. v. 30. Mai 1930 i. S. S.-A. (Kl.) w. Notar S. (Bekl.). III 310/29.

I. Landgericht I Berlin.
II. Kammergericht daselbst.

In einer Verhandlung vor dem verklagten Notar vom 12. April 1927 bekannte der Eigentümer eines in Berlin gelegenen Grundstücks, von dem Koch Schr. in Berlin ein Darlehen von 9000 Feingoldmark erhalten zu haben; wegen des Kapitals und der Zinsen bestellte er dem Gläubiger eine Hypothek an dem Grundstück und unterwarf sich der sofortigen Zwangsvollstreckung in sein gesamtes Vermögen, insbesondere in das Grundstück, mit der Maßgabe, daß die Zwangsvollstreckung auch gegen den jeweiligen Eigentümer des Grundstücks zulässig sein sollte. Durch Abtretungsurkunde vom 9. Dezember 1927 wurde der Kläger Gläubiger dieser im Grundbuch eingetragenen Hypothek von 9000 Feingoldmark. Im Mai 1928 beantragte er bei dem Beklagten die Erteilung einer vollstreckbaren Ausfertigung der Schuldurkunde vom 12. April 1927; dieser entsprach dem Antrage. Die Vollstreckungsklausel vom 3. Mai 1928 enthält die Feststellung, die Rechtsnachfolge des Klägers sei dem Notar durch Vorlegung des Hypothekenbriefes, in welchem die Abtretung vermerkt sei, nachgewiesen worden. Auf Grund dieser Urkunde beantragte der Kläger die Zwangsversteigerung des verpfändeten Grundstücks. Durch Beschluß des Amtsgerichts Berlin-Mitte vom 24. August 1928 wurde auf eine Erinnerung des Schuldners die Erteilung der Vollstreckungsklausel durch den Beklagten für unzulässig erklärt mit der Begründung, daß die Erteilung einer vollstreckbaren Ausfertigung an den Kläger gegen Art. 49 Preuß. FGG. verstoße. Eine Anfechtung dieses Beschlusses, der dem Kläger die Kosten des Rechtsstreits auferlegte, erfolgte nicht. Die eingeleitete Zwangsversteigerung wurde für unzulässig erklärt.

Unter der Behauptung, daß ihm durch den Zwangsversteigerungsantrag Kosten in Höhe von 343,04 RM. entstanden seien, verlangt der Kläger Verurteilung des Beklagten zur Zahlung dieses Betrags, da er dem Art. 49 a. a. O. zuwider gehandelt habe. Der Beklagte bestreitet jede Verpflichtung zum Schadensersatz und macht geltend, die vollstreckbare Ausfertigung sei von ihm mit Recht erteilt worden. Der Kläger sei bereits im Besitze der mit dem Hypothekenbrief verbundenen Ausfertigung gewesen, und wenn er die Vollstreckungsklausel nicht auf die ihm vom Kläger vorgelegte Urkunde selbst, sondern auf eine Ausfertigung gesetzt habe, so liege darin kein Verstoß gegen eine gesetzliche Vorschrift. Für die Frage, ob und unter welchen Umständen der Notar zur Erteilung der Vollstreckungsklausel berechtigt sei, seien nicht die Bestimmungen des preußischen Gesetzes über die freiwillige Gerichtsbarkeit, sondern die der Zivilprozeßordnung maßgebend.

Das Landgericht hat den Beklagten nach dem Klagantrage verurteilt, das Kammergericht hat die Klage abgewiesen. Die Revision des Klägers wurde zurückgewiesen.

Gründe:

Nach den getroffenen Feststellungen handelt es sich bei dem notariellen Protokoll vom 12. April 1927 um eine einseitige, ohne Zuziehung des Gläubigers aufgenommene Schuldurkunde im Sinne des § 794 Abs. 1 Nr. 5 ZPO., in der sich der Schuldner der sofortigen Zwangsvollstreckung unterworfen hat. Aus solchen Urkunden findet nach den Eingangsworten des § 794 die Zwangsvollstreckung statt. Bei Beurteilung der Rechtslage hält der Berufungsrichter mit Recht die beiden Fragen auseinander, ob der Notar berechtigt war, dem Kläger als Gläubiger eine einfache Ausfertigung der Schuldurkunde auszuhändigen, und anderseits, ob er befugt war, ihm die Vollstreckungsklausel zu erteilen. Die erste Frage ist eine Angelegenheit der freiwilligen Gerichtsbarkeit und findet ihre Beantwortung in Art. 49 Preuß. FGG. Für die Prüfung der Frage, wann, unter welchen Voraussetzungen und in welcher Form der Notar die Vollstreckungsklausel zu erteilen hat, sind dagegen die Bestimmungen der Zivilprozeßordnung maßgebend. Denn hierbei handelt es sich um die Vorbereitung und Einleitung der Zwangsvollstreckung, und diese ist, als zur streitigen Gerichtsbarkeit gehörend, im 8. Buch der Zivilprozeßordnung geregelt, während die Gesetze über die freiwillige Gerichtsbarkeit, und namentlich das preußische, über die Erteilung der Vollstreckungsklausel und vollstreckbarer Ausfertigungen notarieller Protokolle keine Bestimmungen treffen (§ 797 ZPO.; KGJ. Bd. 26 S. A 179; Oberneck Notariatsrecht 8/10. Aufl. S. 293; Schlegelberger Die Gesetze über die Angelegenheiten der freiwilligen Gerichtsbarkeit 3. Aufl. Bd. 1 S. 70 Anm. 9 zu § 1 FGG.; OLGRspr. Bd. 23 S. 210).

Da der Kläger vom Beklagten eine vollstreckbare Ausfertigung des notariellen Protokolls verlangt hat und einer solchen auch bedurfte, um seine Absicht, die Zwangsversteigerung des dem Schuldner gehörigen Grundstücks herbeizuführen, erreichen zu können, so sind im vorliegenden Falle in erster Reihe die Bestimmungen der Zivilprozeßordnung ins Auge zu fassen. Im Anschluß an § 704 ZPO., der die Zwangsvollstreckung stattfinden läßt aus „Endurteilen, welche rechtskräftig oder für vorläufig vollstreckbar erklärt sind", bestimmt § 794, die Zwangsvollstreckung finde „ferner" statt . . ., und führt unter Nr. 5 die hier in Betracht kommenden vollstreckbaren Schuldurkunden auf. Nach § 795 finden auf die Zwangsvollstreckung aus den in § 794 erwähnten Schuldtiteln die Bestimmungen der §§ 724 bis 793 entsprechende Anwendung, soweit nicht in den §§ 795a bis 800 abweichende Vorschriften enthalten sind. Nach § 724 erfolgt die Zwangsvollstreckung auf Grund einer mit der Vollstreckungsklausel versehenen Ausfertigung des Urteils (vollstreckbare Ausfertigung); die Fassung dieser Klausel ergibt sich aus § 725, und § 727 regelt die Voraussetzungen für die Erteilung einer vollstreckbaren Ausfertigung für den Rechtsnachfolger des im Urteil bezeichneten Gläubigers. Da für notarielle Urkunden abweichende Vorschriften nur in § 797 gegeben sind, so folgt aus den vorerwähnten gesetzlichen Bestimmungen, daß, wie der Berufungsrichter mit Recht annimmt, die vollstreckbaren Urkunden des § 794 dem Gläubiger die gleichen Rechte wie die vollstreckbaren Urteile gewähren, nämlich einen Rechtsanspruch auf Erteilung der Vollstreckungsklausel, ohne daß es einer dahingehenden Ermächtigung oder Bewilligung des Schuldners bedarf, der sich in der Urkunde der Zwangsvollstreckung unterworfen hat.

Hiernach kann das preußische Gesetz über die freiwillige Gerichtsbarkeit insoweit keine Anwendung finden, als es sich um die Frage handelt, wem, unter welchen Voraussetzungen, in welcher Form und von welcher Stelle die vollstreckbare Ausfertigung notarieller Urkunden zu erteilen ist. Dagegen bedarf es keines Eingehens auf den in der Rechtsprechung und im Schrifttum bestehenden Meinungsstreit, ob nicht die landesrechtlichen Vorschriften über die freiwillige Gerichtsbarkeit, insbesondere Art. 51 Abs. 2 Preuß. FGG., ergänzend dann heranzuziehen sind, wenn zu entscheiden ist, welche Rechtsbehelfe dem Gläubiger gegen die Ablehnung der Erteilung von vollstreckbaren Ausfertigungen notarieller Protokolle durch den Notar zustehen, da die Reichsgesetzgebung keine dahingehenden Bestimmungen erlassen hat (für Anwendung des Art. 51 Preuß. FGG. in solchem Falle: Schlegelberger a. a. O. Bd. 2 S. 1045 Anm. 2 zu Art. 51; OLGRspr. Bd. 5 S. 446, Bd. 10 S. 42, Bd. 14 S. 166, Bd. 31 S. 102 und Bd. 42 S. 36; KGJ. Bd. 33 S. A 3, Bd. 42 S. A 4, Bd. 43 S. B 358, Bd. 44 S. 13 und Bd. 46 S. A 22; Rhein. Arch. Bd. 105 S. 170 und Bd. 108 S. 258; dagegen: OLGRspr. Bd. 20 S. 347 sowie Bd. 23 S. 210 und S. 383). Da der Fall einer Ablehnung durch den Notar nicht vorliegt, ist diese Streitfrage hier nicht zu entscheiden.

Zweifelhaft ist auch die — soweit ersichtlich bis jetzt noch unerörterte und unentschiedene — Frage, ob der Anspruch des Gläubigers auf Erteilung der Vollstreckungsklausel zugleich das Recht einschließt, eine Ausfertigung des notariellen Protokolls als solchen zu fordern, und ob die Zwangsvollstreckung unzulässig ist, wenn der Notar zwar die Vollstreckungsklausel, nicht aber die einfache Ausfertigung hätte erteilen dürfen. Der Beklagte vertritt den Standpunkt, die Zivilprozeßordnung (§§ 732, 797 Abs. 3) kenne nur Einwendungen gegen die Zulässigkeit der Vollstreckungsklausel, nicht aber Einwendungen gegen die Zulässigkeit der Erteilung von einfachen Ausfertigungen der Urkunde (vgl. JW. 1895 S. 520 Nr. 12), und dies müsse unter allen Umständen zur Abweisung der Klage führen. Die Sach- und Rechtslage des zur Entscheidung stehenden Falles nötigt jedoch auch nicht zu einer grundsätzlichen Stellungnahme in dieser Frage, weil das Berufungsgericht die Berechtigung des Notars zur Erteilung einer Ausfertigung der Urkunde als solcher an der Hand des Art. 49 Preuß. FGG. geprüft hat und im Gegensatz zu dem Beschluß des Amtsgerichts Berlin-Mitte vom 24. August 1928 zu dem Ergebnis gelangt ist, daß ein Verstoß des Beklagten gegen diese gesetzliche Bestimmung nicht vorliege. Der Berufungsrichter geht hierbei von der Tatsache aus, daß der Kläger, als er vom Beklagten die Vollstreckungsklausel forderte, bereits im Besitz der mit dem Hypothekenbrief verbundenen Ausfertigung des notariellen Protokolls vom 12. April 1927 war. Von dieser das Revisionsgericht bindenden, für die Revision nicht angreifbaren Feststellung aus gelangt der Berufungsrichter ohne Rechtsirrtum zu der Annahme, daß Art. 49 Abs. 1 Preuß. FGG., der den Kreis derjenigen Personen abgrenzt, die berechtigt sind, Ausfertigungen und Abschriften der notariellen Protokolle zu verlangen, hier überhaupt nicht einschlägt, sondern Abs. 3 das. (vgl. Oberneck a. a. O.). Art. 49 Abs. 3 bestimmt aber, daß, wenn derjenige, der eine Ausfertigung fordert, oder sein Rechtsvorgänger oder sein Rechtsnachfolger schon eine Ausfertigung erhalten hat, die Erteilung einer weiteren Ausfertigung zu verweigern ist, falls ihr rechtliche Bedenken entgegenstehen. Ohne Rechtsverstoß nimmt der Berufungsrichter an, die Prüfung, ob solche Bedenken bestehen, sei dem pflichtmäßigen Ermessen des Notars anheimgegeben, und ebensowenig ist der Ausspruch rechtlich zu beanstanden, der Sachverhalt biete keine Unterlagen dafür, daß der

Beklagte nicht nach pflichtmäßigem Ermessen gehandelt habe, als er das Vorhandensein solcher Rechtsbedenken verneinte.

Es ist hiernach unzutreffend, wenn die Revision unter Außerachtlassung dieser Rechtslage — und zwar einmal der gebotenen Anwendung der Bestimmungen der Zivilprozeßordnung über die Zwangsvollstreckung und anderseits der getroffenen Feststellung, daß die Voraussetzungen des Art. 49 Abs. 3 Preuß. FGG. vorliegen — geltend macht, dem Gläubiger hätte von dem Schuldner in der Urkunde ausdrücklich das Recht zur Erwirkung einer vollstreckbaren Ausfertigung eingeräumt werden müssen, und wenn sie behauptet, das Berufungsurteil stelle nicht fest, ob der Beklagte das Vorliegen der Voraussetzungen für die Erteilung der Vollstreckungsklausel geprüft habe. Die Erteilung einer „weiteren" vollstreckbaren Ausfertigung, von der die Revision spricht, kommt nach den Feststellungen überhaupt nicht in Frage. Es mag unzweckmäßig gewesen sein, daß der Beklagte die Vollstreckungsklausel nicht auf die in Händen des Klägers befindliche Ausfertigung gesetzt, sondern eine nochmalige Ausfertigung erteilt und diese mit der Vollstreckungsklausel versehen hat. Allein dieses Vorgehen verstieß gegen keine Gesetzesvorschrift, und jedenfalls ist hierdurch der vom Kläger behauptete und zum Gegenstand des Rechtsstreits gemachte Schaden nicht entstanden. . . .

---

34. Zum Begriff des unabwendbaren Zufalls.

ZPO. §§ 233, 234.

VIII. Zivilsenat. Urt. v. 2. Juni 1930 i. S. Ehemann G. (Bekl.) w. Ehefrau G. (Kl.). VIII 79/30.

I. Landgericht Dresden.
II. Oberlandesgericht daselbst.

Das Oberlandesgericht hat den Antrag des Beklagten auf Wiedereinsetzung in den vorigen Stand, den der durch Beschluß vom 15. August 1929 bestellte Armenanwalt am 21. August 1929 eingereicht hatte, zurückgewiesen und die verspätet eingelegte Berufung als unzulässig verworfen, weil der Beklagte die eidesstattliche Versicherung vom 17. November 1929 nicht innerhalb der Frist des § 234 ZPO. vorgelegt habe. Auf die Revision des Beklagten hat ihm das Reichsgericht die Wiedereinsetzung in den vorigen Stand gegen die Versäumung der Berufungsfrist erteilt.

Gründe:

Die vom Berufungsgericht unter Hinweis auf das Schrifttum vertretene Ansicht, das zur Begründung des Wiedereinsetzungsgesuchs erforderliche Vorbringen müsse innerhalb der Frist des § 234 ZPO. eingereicht werden, wird allerdings auch vom Reichsgericht gebilligt (RGZ. Bd. 119 S. 89; Beschluß vom 12. Mai 1930 VIII B 8/30). Doch kann dem Berufungsgericht darin nicht gefolgt werden, daß zur Begründung des Wiedereinsetzungsgesuchs das vom Berufungsgericht zurückgewiesene Mittel zur Glaubhaftmachung überhaupt noch erforderlich war.

Der Beklagte ist, nachdem ihm das Landgerichtsurteil am 12. Juli 1929 zugestellt worden war, am 31. Juli 1929 auf der Geschäftsstelle des Oberlandesgerichts erschienen, um das Armenrecht zur Einlegung der Berufung nachzusuchen; es wurde aber dort kein Antrag zu Protokoll genommen, sondern der Beklagte veranlaßt oder ihm anheimgestellt, „die nötigen Unterlagen zu besorgen", ohne daß ersichtlich ist, welche Unterlagen nötig gewesen sein sollen. Dies hatte der Beklagte zur Begründung seines Wiedereinsetzungsantrags vorgebracht, und da es bereits aktenkundig war, bedurfte das Vorbringen keiner weiteren Glaubhaftmachung durch die eidesstattliche Versicherung vom 17. November 1929.

Seit dem Erscheinen des Beklagten zur Antragstellung war die Geschäftsstelle mit der Angelegenheit befaßt und es war ihre Amtspflicht, alles zu tun, daß die Partei die erforderlichen Anträge ordnungsmäßig und rechtzeitig stellte. Wenn Unterlagen fehlten, so stand das der Aufnahme des Armenrechtsgesuchs nicht entgegen, denn sie konnten nachgebracht werden. Die arme Partei war darauf angewiesen, ihren Antrag zu Protokoll der Geschäftsstelle anzubringen, da sie offensichtlich zu einer sachgemäßen schriftlichen Antragstellung nicht imstande war.

Indem sie von ihrem Recht Gebrauch machte, das Gesuch zu Protokoll eines Urkundsbeamten der Geschäftsstelle des Oberlandesgerichts zu erklären, konnte sie darauf vertrauen, daß nichts, was zur Wahrung ihres Rechts geeignet war, versäumt werde und daß sie infolge sachgemäßer Anleitung ihr Ziel erreichen werde, den Antrag ordnungsmäßig und rechtzeitig dem Gericht unterbreitet zu sehen. Wenn dies Ziel nicht erreicht worden ist, so liegt das im vorliegenden Falle nicht an mangelnder Sorgfalt der Partei. Sie hatte mit dem Angehen der zuständigen Amtsstelle das ihrige getan. Wurde ihr Antrag aus einem unzureichenden Grunde nicht entgegengenommen, auch nicht genügend dafür Sorge getragen, daß sie rechtzeitig wieder erschien, so sind das für eine nicht rechtskundige Partei unabwendbare Zufälle, die sie verhindert haben, die Notfrist einzuhalten. Sie konnte nicht annehmen, daß trotz frühzeitigen Angehens der zuständigen Amtsstelle eine Versäumnis eintreten könne. Die Amtsstelle mußte das mit aller Sorgfalt zu vermeiden suchen. Aber auch wenn die Amtsstelle kein Verschulden trifft, bleibt es für die Partei ein unabwendbarer Zufall, daß die Versäumnis nicht vermieden worden ist.

Zwar muß jede Partei ihre Rechtsangelegenheiten selbst mit aller Sorgfalt verfolgen. Sie darf sich nicht darauf verlassen, daß eine Amtsstelle für sie handelt. Dieser allgemeine Verfahrensgrundsatz greift jedoch hier nicht ein, weil der Beklagte rechtzeitig das Armenrechtsgesuch bei der zuständigen Stelle anbringen wollte, seinem Begehren indessen aus Gründen nicht entsprochen wurde, die auf das unsachgemäße Verhalten der Amtsstelle zurückzuführen sind, also für den Beklagten einen unabwendbaren Zufall darstellen.

---

35. 1. Ist durch das Reichsbahngesetz vom 30. August 1924 die Deutsche Reichsbahn-Gesellschaft unmittelbare und ausschließliche Schuldnerin aller Verpflichtungen geworden, die nach dem Staatsvertrag über den Übergang der Staatseisenbahnen auf das Reich von 1920 dem Reich gegenüber den Reichsbahnbeamten oblagen?

2. Genügt es zur Begründung des Gerichtsstandes aus § 32 ZPO., daß der Kläger das behauptete Verhalten des Beklagten als unerlaubte Handlung bezeichnet?

Staatsvertrag über den Übergang der Staatseisenbahnen auf das Reich § 28. Reichsbahngesetz vom 30. August 1924 § 5 Abs. 4, §§ 20, 28, 43. ZPO. § 32.

III. Zivilsenat. Urt. v. 3. Juni 1930 i. S. F. (Kl.) w. Deutsches Reich u. Deutsche Reichsbahn-Gesellschaft (Bekl.). III 322/29.

I. Landgericht I Berlin.
II. Kammergericht daselbst.

Der Kläger war früher technischer Eisenbahnsekretär in Diensten der Preußischen Staatsbahn. Nach Übergang der Eisenbahnen auf das Reich wurde er im November 1921 rückwirkend vom 1. April 1920 ab zum Eisenbahningenieur ernannt. Auf Grund dieser Ernennung wurde er aus der Besoldungsgruppe 7 in die Gruppe 8 eingestuft; sein Besoldungsdienstalter wurde neu festgesetzt. Mit Wirkung vom 1. Februar 1924 wurde er in den einstweiligen Ruhestand versetzt und bezieht seitdem Wartegeld.

Der Kläger macht geltend, sein Besoldungsdienstalter sei nach seiner Ernennung zum Eisenbahningenieur unrichtigerweise auf den 1. April 1920 festgesetzt worden, während es richtig auf den 1. April 1918 hätte festgesetzt werden müssen. Diese falsche Berechnung stelle eine unerlaubte Handlung dar, die durch die leitenden Beamten der Hauptverwaltung der Reichsbahn-Gesellschaft begangen worden sei. Sie beruhe auf den allgemeinen Anweisungen der Reichsbahn-Gesellschaft, die diese für die Zahlungen an die einzelnen Beamtengruppen einheitlich für das ganze Reich erlassen habe; an sie seien die einzelnen Eisenbahndirektionen gebunden. Aus dem Gesichtspunkt der unerlaubten Handlung sei auch die Zuständigkeit des Landgerichts I Berlin gegeben. Der Kläger behauptet ferner, daß durch die falsche Berechnung seines Besoldungsdienstalters seine Wartegeldbezüge für die Zeit vom 1. Februar 1924 bis 1. September 1927 um 439,90 RM. gekürzt worden seien. Auf Zahlung dieses Betrages, der den ihm durch die unerlaubte Handlung entstandenen Schaden darstelle, ist der Klagantrag gerichtet.

Die Beklagten haben Abweisung der Klage beantragt. Der Beklagte zu 1, das Deutsche Reich, bestreitet seine Passivlegitimation mit der Begründung, daß mit der Gründung der Reichsbahn-Gesellschaft kraft Gesetzes alle Rechte und Pflichten auf diese, die Beklagte zu 2, übergegangen seien. Die letztere hat die Einrede der örtlichen Unzuständigkeit des angegangenen Gerichts erhoben und damit begründet, daß sie in dieser Sache durch die Reichsbahndirektion Breslau vertreten werde, die auch den der Klage vorausgegangenen ablehnenden Bescheid vom 12. Oktober 1927 erteilt habe, und daß sich daher ihr allgemeiner Gerichtsstand am Sitze der Direktion Breslau befinde. Weiter hat die Beklagte zu 2 die Unzulässigkeit des Rechtswegs eingewendet.

Das Landgericht hat die gegen das Deutsche Reich gerichtete Klage wegen Fehlens der Passivlegitimation dieses Beklagten, die Klage gegen die Deutsche Reichsbahn-Gesellschaft mangels örtlicher Zuständigkeit des angerufenen Gerichts abgewiesen. Die Berufung des Klägers wurde zurückgewiesen. Auch seine Revision hatte keinen Erfolg.

Gründe:

1. Die Annahme des Berufungsgerichts, daß das Deutsche Reich für die vorliegende Klage nicht passiv legitimiert sei, ist zutreffend. Die Rechtsprechung hat schon aus § 28 des Staatsvertrags über den Übergang der Staatseisenbahnen auf das Reich (Reichsgesetz vom 30. April 1920 RGBl. S. 773) trotz des nicht unzweifelhaften Wortlauts dieser Bestimmung im Zusammenhalt mit Bedeutung und Zweck des Staatsvertrags den Grundsatz abgeleitet, daß das Reich mit schuldbefreiender Wirkung für die Länder den Berechtigten gegenüber unmittelbarer Schuldner der Eisenbahnverpflichtungen der Länder hat werden und daß den Berechtigten ein unmittelbarer Anspruch gegen das Reich hat eingeräumt werden sollen (RGZ. Bd. 114 S. 97 und S. 104, vgl. auch Bd. 106 S. 257, Bd. 117 S. 155 und wegen der Rechtsnachfolge des Reichs in den Aufwertungsanspruch eines Eisenbahnlandes RGZ. Bd. 126 S. 156). In noch höherem Maße muß dies nach dem Übergang des Betriebsrechts der Reichseisenbahnen auf die Deutsche Reichsbahn-Gesellschaft im Rechtsverhältnis der letzteren zu den Reichseisenbahnbeamten gelten. Nach § 5 Abs. 4 des Reichsbahngesetzes vom 30. August 1924 (RGBl. II S. 272) „gehen mit dem Betriebsrecht unbeschadet der Vorschriften dieses Gesetzes, insbesondere des § 43 … alle mit den Reichseisenbahnen und alle mit dem Unternehmen ‚Deutsche Reichsbahn‘ verbundenen Rechte und Pflichten über, einschließlich solcher aus Betriebsverträgen. Dieser Übergang der Rechte und Pflichten hat Rechtswirksamkeit auch gegenüber den bisherigen Vertragsgegnern des Unternehmens.“ Daran anschließend bestimmt § 20 RBahnG. in Abs. 1 Satz 1: „Die im Dienste des

Unternehmens „Deutsche Reichsbahn' stehenden Reichsbeamten werden ... mit dem Übergange des Betriebsrechts auf die Gesellschaft Reichsbahnbeamte", und § 43 enthält dementsprechend die Übernahme der Rechte und Pflichten des Reichs, die sich aus den Bestimmungen des Staatsvertrags von 1920 ergeben, durch die Beklagte zu 2. Danach kann kein Zweifel darüber bestehen, daß diese unmittelbare und ausschließliche Schuldnerin aller Verpflichtungen geworden ist, die nach dem Staatsvertrag von 1920 dem Reich den Reichsbahnbeamten gegenüber oblagen. Es ist verfehlt, wenn die Revision ausführt, die Klage gegen den Beklagten zu 1 sei gestützt auf die wohlerworbenen Rechte des Klägers gegen das Reich aus dem Staatsvertrage von 1920. Durch den vorstehend wiedergegebenen ersten Satz des § 20 Abs. 1 RBahnG. sind die Reichsbeamten ohne ihr Zutun und unabhängig von ihrem Willen kraft Gesetzes zu Reichsbahnbeamten geworden; es ist ihnen sonach durch einen Akt der Gesetzgebung an Stelle ihres seitherigen Dienstberechtigten ein neuer Dienstherr, die Deutsche Reichsbahn-Gesellschaft, übergeordnet worden. Das war nicht möglich ohne einen weitgehenden Eingriff in wohlerworbene Rechte der Reichsbeamten, da ihr gesamtes Beamtenverhältnis dadurch auf eine völlig andere Rechtsgrundlage gestellt und ihnen durch Gesetzeszwang eine neue Anstellungsbehörde gegenübergestellt wurde. Während § 20 RBahnG. in seinen weiteren Vorschriften die wohlerworbenen Rechte der Reichsbahnbeamten gewährleistet, enthält er in Abs. 1 Satz 1 einen weitreichenden Eingriff in diese Rechte (Amtliche Begründung I 4 B, abgedr. bei Sarter-Kittel Die Deutsche Reichsbahn-Gesellschaft 2. Aufl. S. 30; vgl. auch die Erläuterungen das. S. 30, 34flg., 171). Wenn die Revision die Feststellung vermißt, daß das Reichsbahngesetz vom 30. August 1924 mit verfassungändernder Mehrheit beschlossen worden sei, so bedarf es nur eines Blickes auf die Eingangsworte des Gesetzes, um diesem angeblichen Mangel abzuhelfen.

2. Auch die Abweisung der Klage wegen Unzuständigkeit des angerufenen Gerichts — soweit es sich um die Beklagte zu 2 handelt — ist rechtlich nicht zu beanstanden. Zutreffend haben die Vorinstanzen die Entscheidung über die örtliche Zuständigkeit der Entscheidung über die Zulässigkeit des Rechtswegs vorangestellt, und es bedurfte keiner Stellungnahme zu der zweiten Einrede mehr, nachdem die erste für durchgreifend erachtet wurde (JW. 1912

S. 643 Nr. 15). Nach der gleichen Entscheidung genügt es aber auch nicht zur Begründung eines Gerichtsstandes aus § 32 ZPO., daß der Kläger durch eigene rechtliche Würdigung seines Tatsachenvorbringens das behauptete Verhalten der Beklagten als unerlaubte Handlung bezeichnet. Vielmehr kommt es in entscheidender Weise darauf an, ob unter der Voraussetzung der Richtigkeit dieses Vorbringens bei richtiger Gesetzesanwendung der Beklagten in Wirklichkeit eine unerlaubte Handlung zur Last fällt (RGZ. Bd. 58 S. 246, Bd. 93 S. 260, Bd. 105 S. 39; RAGE. Bd. 2 S. 121). Zutreffend hat schon das Landgericht nach dieser Richtung ausgeführt, die Behauptungen des Klägers über das Vorliegen einer unerlaubten Handlung seien zu unklar und zu unbestimmt, als daß man daraus eine unerlaubte Handlung eines Beamten der Hauptverwaltung der Beklagten zu 2 entnehmen könne. Der erste Richter beanstandet namentlich das Fehlen genauer Angaben darüber, zu welcher Zeit die unerlaubte Handlung begangen sein soll; habe, wie angenommen werden müsse, die unrichtige Festsetzung des Besoldungsdienstalters bereits im Jahre 1921 stattgefunden, so sei unerfindlich, wie die unerlaubte Handlung durch einen Beamten der Beklagten zu 2 begangen worden sein sollte, die damals noch gar nicht bestand. Mit Recht vermißt aber das Landgericht weiterhin jede Darlegung, um welche angeblichen Anweisungen der Hauptverwaltung es sich handelt, und inwiefern darin eine vorsätzliche oder fahrlässige Amtspflichtverletzung liegen soll. Auch das Berufungsgericht rügt mit Recht, das Vorbringen des Klägers lasse das Vorliegen einer unerlaubten Handlung nicht erkennen, wenn es auch nicht verständlich ist, was der Berufungsrichter mit einer „vertragswidrigen Verletzung" der Rechte des Klägers und einem „vertraglichen Anspruch" des Klägers meint, da es sich um ein dem öffentlichen Recht unterstehendes Beamtenverhältnis handelt. Im Endergebnis ist dem Berufungsrichter jedenfalls darin beizupflichten, daß das Vorbringen des Klägers bei zutreffender rechtlicher Würdigung nicht die Darlegung einer schuldhaften Amtspflichtverletzung enthält, welche die Zuständigkeit des angegangenen Gerichts nach § 32 ZPO. gegeben erscheinen ließe. Ist dies aber nicht der Fall, dann gilt der allgemeine Gerichtsstand der Beklagten zu 2, der sich nach § 28 RBahnG. bestimmt.

Bei dieser Sach- und Rechtslage besteht auch für das Revisionsgericht kein Anlaß, zu der Frage der Zulässigkeit des Rechtswegs Stellung zu nehmen und zu prüfen, ob nicht die Aufmachung einer Schadensersatzforderung dem Kläger lediglich als Vorwand dient, um sich den bei der Natur des Klaganspruchs an sich verschlossenen Rechtsweg (RGZ. Bd. 103 S. 291) auf eine unzulässige Weise zu eröffnen (RGZ. Bd. 70 S. 398, Bd. 87 S. 120, Bd. 89 S. 423, Bd. 94 S. 160, Bd. 97 S. 180, Bd. 107 S. 328).

---

36. Zur Auslegung des § 243 Abs. 2 HGB.

II. Zivilsenat. Urt. v. 3. Juni 1930 i. S. Ch. AG. (Bekl.) w. Eheleute K. (Kl.). II 105/30.

I. Landgericht Frankenthal, Kammer für Handelssachen.
II. Oberlandesgericht Zweibrücken.

Die Erstklägerin, die mit ihrem Ehemann, dem Zweitkläger, im Güterstand der Verwaltung und Nutznießung des Bürgerlichen Gesetzbuches lebt, ist Aktionärin der verklagten Aktiengesellschaft, die am 15. September 1923 gegründet und am 23. September 1923 im Handelsregister eingetragen worden ist. Nach § 2 der Satzung ist das Geschäftsjahr das Kalenderjahr, und zwar sollte das erste Geschäftsjahr mit dem 31. Dezember 1923 endigen. Die Amtsdauer des Aufsichtsrats war durch § 13 der Satzung auf die nach § 243 Abs. 3 HGB. längstmögliche Zeit festgelegt. Die erste ordentliche Generalversammlung der Beklagten fand am 5. Juli 1924 statt mit der Tagesordnung: Genehmigung der Bilanz und Gewinn- und Verlustrechnung von 1923, der Goldmarkeröffnungsbilanz u. a. m. Am 17. Dezember 1924 wurde eine außerordentliche Generalversammlung abgehalten; Gegenstände der Tagesordnung waren die Änderung der Goldmarkeröffnungsbilanz, die Umstellung des Aktienkapitals, Satzungsänderung und Wahl des Aufsichtsrats. Zu letzterem Punkt gab nach dem Protokoll über die Generalversammlung der Vorsitzende bekannt, daß gemäß § 243 Abs. 2, 3 HGB. der Aufsichtsrat neu zu wählen sei. Widerspruch erhob sich nicht. Es wurden dann die seitherigen Aufsichtsratsmitglieder von der Versammlung, in der das ganze Grundkapital vertreten war, einstimmig wiedergewählt. Die Gewählten, die alle persönlich anwesend waren, erklärten sofort die Annahme der Wahl. Durch Beschluß der Generalversammlung vom 2. März 1926 wurde der Zweitkläger an Stelle seines ausgeschiedenen Schwiegervaters in den Aufsichtsrat gewählt. Über die Bilanz für das Geschäftsjahr 1924 faßte die ordentliche Generalversammlung vom 12. August 1925 Beschluß. Am 14. November 1928 tagte eine außerordentliche Generalversammlung der Beklagten, auf deren Tagesordnung u. a. die Neuwahl des Aufsichtsrats stand. Gegen die Erledigung dieses Punktes erhoben der Zweitkläger, der die Aktien seiner Ehefrau und weiterer Aktionäre vertrat, sowie ein anderer Aktionärvertreter Widerspruch. Trotzdem schritt die Versammlung zur Wahl. Es wurden vier Personen in den Aufsichtsrat gewählt. Hiergegen gab mit anderen auch der Zweitkläger Widerspruch zu Protokoll. Dieser Beschluß ist Gegenstand der Anfechtungsklage, mit der die Kläger seine Nichtigerklärung begehren. Sie vertreten den Standpunkt, daß die Amtsdauer des zweiten Aufsichtsrats erst vom Beginn des Geschäftsjahres 1926 ab zu rechnen sei und bis zu der Generalversammlung reiche, die über die Bilanz für das Geschäftsjahr 1929 zu beschließen habe; der angefochtene Beschluß verstoße deshalb gegen § 243 HGB. und § 13 der Satzung; er sei aber auch sittenwidrig, weil die verfrühte Neuwahl nur erfolgt sei, um den Zweitkläger, welcher der Mehrheit unbequem geworden sei, aus dem Aufsichtsrat los zu werden, bevor die Ergebnisse des Geschäftsjahres 1928 vorgelegen hätten.

Das Landgericht gab der Anfechtungsklage statt. Die Berufung der Beklagten war erfolglos, ebenso ihre Revision.

Gründe:

Das Oberlandesgericht führt aus: Nach § 243 Abs. 2 HGB. gelte die Wahl des ersten Aufsichtsrats für die Zeit bis zur Beendigung der ersten Generalversammlung, die nach Ablauf eines Jahres seit der Eintragung der Gesellschaft in das Handelsregister zur Beschlußfassung über die Jahresbilanz abgehalten wird. Da die verklagte Gesellschaft am 23. September 1923 ins Handelsregister eingetragen worden und die Jahresfrist des § 243 Abs. 2 HGB. mithin erst mit dem 23. September 1924 abgelaufen gewesen sei, müsse die erste ordentliche Generalversammlung vom 5. Juli 1924 hier außer Betracht bleiben. Die außerordentliche Generalversammlung vom 17. Dezember 1924 habe über die Goldmarkeröffnungsbilanz und die Goldmarkumstellung zu beschließen gehabt, Beschlüsse, die nicht als Beschlußfassung über die Jahresbilanz im Sinne des § 243 Abs. 2 HGB. angesehen werden könnten. Demnach sei die Gültigkeit der Wahl des ersten Aufsichtsrats mit der außerordentlichen Generalversammlung vom 17. Dezember 1924 nicht erloschen. Die damals vollzogene Neuwahl des Aufsichtsrats habe gegen § 243 Abs. 2 HGB. und § 13 der Satzung verstoßen. Gegen diese Wahl sei allerdings kein Widerspruch zu Protokoll erklärt worden, auch keine Anfechtung erfolgt. Sie gelte deshalb als zu Recht bestehend. Ihre Wirksamkeit sei indessen erst von der Zeit der Beendigung der ersten Generalversammlung an zu berechnen, die nach Ablauf eines Jahres seit Eintragung der Gesellschaft ins Handelsregister zur Beschlußfassung über die Jahresbilanz abgehalten worden sei. Dies sei die ordentliche Generalversammlung vom 12. August 1925 gewesen; von ihrer Beendigung an berechne sich demnach die Amtsdauer des wiedergewählten Aufsichtsrats, wobei das Geschäftsjahr 1925, in dem die Ernennung erst wirksam erfolgt sei, nicht mitrechne. Da dieser Aufsichtsrat nach § 243 Abs. 3 HGB. und § 13 der Satzung rechtsgültig bis zur Beendigung derjenigen Generalversammlung gewählt sei, die über die Jahresbilanz für das vierte Geschäftsjahr nach seiner rechtswirksamen Ernennung zu beschließen habe, sei die Amtsdauer erst mit der über die Jahresbilanz des Geschäftsjahres 1929 abzuhaltenden Generalversammlung beendet.

Dem kann nicht beigetreten werden. Nach Art. 191 Abs. 2, 3 (Art. 224) der Aktiennovelle von 1884 sollte die Amtsperiode des Aufsichtsrats schlechthin mit Ablauf des letzten Geschäftsjahres der Wahlzeit endigen. Dies wurde durch das neue Handelsgesetzbuch geändert. Die Denkschrift (vgl. Hahn-Mugdan Materialien Bd. 6 S. 308) bemerkt hierzu wörtlich: es sollten in Zukunft die fraglichen Zeiträume nicht mehr wie bisher mit dem Schluß eines bestimmten Geschäftsjahres, sondern mit der Beendigung derjenigen ordentlichen Generalversammlung ablaufen, welche die Neuwahlen vorzunehmen habe; die bisherige Vorschrift führe zu dem Mißstand, daß die Aufsichtsratsmitglieder regelmäßig zu einem Zeitpunkt ausscheiden müßten, in dem die Möglichkeit von Neuwahlen durch die ordentliche Generalversammlung nicht bestehe, ein Übelstand, dem durch die vorgeschlagene — in der Folge Gesetz gewordene — Fassungsänderung abgeholfen werden solle. Der Sinn des Gesetzes ist mithin angesichts seiner Entstehungsgeschichte nur der, daß aus praktischen Erwägungen heraus für die Zukunft das Erlöschen der Amtsdauer des Aufsichtsrats mit dem Ende des letzten Geschäftsjahres vermieden und die Amtszeit bis zu einem Zeitpunkt erstreckt werden soll, zu dem ohnehin der Wahlkörper, d. h. die Generalversammlung, regelmäßig zusammentritt. Das ist die ordentliche Generalversammlung, die über die Genehmigung der Jahresbilanz usw. zu beschließen hat. § 243 Abs. 2 HGB. stellt also nicht deshalb auf die erste Generalversammlung ab, die sich mit der Jahresbilanz zu befassen hat, weil bei deren Besprechung und Genehmigung Grund, Anlaß und Möglichkeit auch zur Erörterung und Prüfung der Amtstätigkeit des ersten Aufsichtsrats ist, diese Generalversammlung sich mithin zugleich ein Bild von der sachlichen Eignung und Zuverlässigkeit der bisherigen Aufsichtsratsmitglieder vor der Vornahme der Neuwahlen machen kann. Ein solcher Gedanke ist, wie die Entstehungsgeschichte des § 243 Abs. 2 HGB. in seiner jetzigen Fassung beweist, dem Gesetze fremd (Brodmann Anm. 5 zu § 243 HGB; a. M. anscheinend Staub-Pinner Anm. 5 Abs. 2 ebenda). Bei dieser Sachlage darf unbedenklich angenommen werden, daß die in der Vollgeneralversammlung vom 17. Dezember 1924 (auf deren Tagesordnung ausdrücklich die Neuwahl des Aufsichtsrats stand) unter allseitiger Zustimmung vollzogene, unangefochten gebliebene Aufsichtsratswahl nicht nur gültig, sondern auch mit sofortiger Wirkung vom Ende der Versammlung an vorgenommen worden ist. Unerläßlich war nur, daß damals schon ein Jahr seit der Eintragung der Gesellschaft im Handelsregister verstrichen war. Entgegen der Annahme des Berufungsgerichts ging demnach die Amtsdauer des im Dezember 1924 gewählten Aufsichtsrats nicht erst mit der Generalversammlung für das Geschäftsjahr 1929 zu Ende, sondern schon mit derjenigen, die über die Bilanz des Geschäftsjahres 1928 Beschluß zu fassen hatte (§ 243 Abs. 3 HGB., § 13 der Satzung).

Allein im Endergebnis muß es doch bei dem angefochtenen Urteil sein Bewenden haben. Zur Zeit der Generalversammlung vom 14. November 1928 war die Wahlzeit des im Dezember 1924 gewählten Aufsichtsrats noch nicht zu Ende; sie lief nach der Satzung erst ab mit der Generalversammlung, die über die Bilanz für 1928 beschloß. In diese satzungsmäßig festgelegte Amtsdauer griff aber der angefochtene Beschluß ein, der die Neuwahlen mit Wirkung vom 1. Januar 1929 an vollziehen wollte. Er lief auf eine Verkürzung der satzungsmäßigen Amtsdauer des Aufsichtsrats hinaus und war insofern satzungswidrig. Er konnte aber auch nicht schon im November 1928 in dem Sinne gefaßt werden, daß er erst mit dem Zeitpunkt des Ablaufs der Amtsperiode des damaligen Aufsichtsrats — also mit Schluß der Generalversammlung über die Jahresbilanz von 1928 — Geltung haben sollte. Auch eine solche, sachlich durch nichts gerechtfertigte, vorzeitige Wahl war gesetz- und satzungswidrig. Insofern ist dem Berufungsgericht grundsätzlich beizutreten.

---

37. Kann gegen die unrechtmäßige Löschung einer Vormerkung ein Widerspruch im Grundbuch eingetragen werden?

BGB. §§ 883, 888, 892, 894, 899. GBO. § 54.

V. Zivilsenat. Urt. v. 4. Juni 1930 i. S. B. (Bekl.) — Streitgehilfe: Lübeckischer Staat — w. K. (Kl.). V 45/29.

I. Landgericht Lübeck.
II. Oberlandesgericht Hamburg.

Am 28. April 1923 boten die Eheleute O. dem Beklagten ein ihnen gehöriges Hausgrundstück in L. in notarieller Form zum Kauf an und bewilligten die Eintragung einer Auflassungsvormerkung zugunsten des Beklagten. Die Vormerkung wurde am 26. Juni 1923 im Grundbuch eingetragen. Am 2. April 1925 wurden auf Antrag der Eheleute O. für den Ehemann O. verschiedene Grundschulden, darunter in Abt. III Nr. 44 des Grundbuchs eine solche von 5000 RM. eingetragen. Diese Grundschuld trat der Ehemann O. am 28. April 1925 an den Kaufmann L. ab, der sie am 12. Dezember 1925 weiter an den Bäckermeister Z. abtrat. Am 13. Oktober 1926 wurde der Beklagte als Eigentümer im Grundbuch eingetragen; zugleich wurde die zu seinen Gunsten eingetragene Auflassungsvormerkung von Amts wegen gelöscht. Gegen diese Löschung wurde am 22. Januar 1927 ein Amtswiderspruch eingetragen. Am 9. Mai 1927 wurde die Grundschuld an den Kläger abgetreten. Dieser begehrt Zahlung des Kapitals nebst Zinsen aus dem Grundstück.

Der Beklagte vertritt den Standpunkt, daß die Eintragung der Grundschuld ihm gegenüber gemäß § 883 Abs. 2 BGB. unwirksam sei, und daß sich der Kläger wegen des gegen die Löschung der Vormerkung eingetragenen Widerspruchs auf gutgläubigen Erwerb nicht berufen könne. Unter Bezugnahme auf § 888 Abs. 1 BGB. beantragt der Beklagte widerklagend, den Kläger zur Einwilligung in die Löschung der Grundschuld und zur Herausgabe des Briefes an das Grundbuchamt zu verurteilen.

Der Kläger macht dagegen geltend, durch die Löschung sei die Vormerkung untergegangen. Der gegen ihre Löschung eingetragene Widerspruch, von dem er übrigens beim Erwerb der Grundschuld keine Kenntnis gehabt habe, sei rechtlich bedeutungslos.

Der Beklagte hat dem Lübeckischen Staate den Streit verkündet. Dieser ist dem Rechtsstreit als Streitgehilfe des Beklagten beigetreten.

Landgericht und Oberlandesgericht haben der Klage stattgegeben und die Widerklage abgewiesen. Die von dem Streitgehilfen für den Beklagten eingelegte Revision führte zur Abweisung der Klage und zur Verurteilung des Klägers nach dem Antrage der Widerklage.

Gründe:

Die Auflassungsvormerkung ist zu Unrecht gelöscht worden. Denn sie war durch die Eintragung des Beklagten als Eigentümer nicht erledigt, da Zwischeneintragungen im Sinne des § 883 Abs. 2 BGB. erfolgt waren. Die Löschung hätte auch nicht von Amts wegen vorgenommen werden dürfen, da die Voraussetzungen des § 54 Abs. 1 Satz 2 GBO. nicht gegeben waren. Den von dem Grundbuchrichter gegen die Löschung der Vormerkung eingetragenen Amtswiderspruch hält der Berufungsrichter im Anschluß an die Rechtsprechung des Kammergerichts (KGJ. Bd. 43 S. 209, Bd. 50 S. 173) für unzulässig und daher für rechtlich unbeachtlich, weil durch die versehentliche Löschung der Vormerkung das Grundbuch nicht unrichtig geworden sei. Dieser Meinung kann indessen nicht beigetreten werden. Der erkennende Senat hält zwar in ständiger Rechtsprechung daran fest, daß die Vormerkung kein auch nur bedingtes dingliches Recht am Grundstück ist (RGZ. Bd. 65 S. 261, Bd. 83 S. 437, Bd. 113 S. 403, Bd. 116 S. 239, Bd. 118 S. 234, Bd. 120 S. 15). Immerhin geht die Bedeutung der Vormerkung über die eines bloßen Grundbuchvermerks hinaus. Sie ist vielmehr ein besonders geartetes Sicherungsmittel, das dem geschützten Rechte in gewissem Umfange dingliche Wirkungen verleiht (vgl. RGZ. Bd. 113 S. 409). Namentlich folgt aus § 883 Abs. 2 in Verbindung mit § 888 BGB. die sich gegen den Dritterwerber richtende relative Unwirksamkeit einer den vorgemerkten Anspruch vereitelnden oder beeinträchtigenden Verfügung. Diese Wirkung ist allerdings davon abhängig, daß die Vormerkung im Grundbuch eingetragen ist. Ohne Eintragung kann eine Vormerkung nicht zur Entstehung gelangen und keine Rechtswirkungen hervorrufen. Hieraus folgt jedoch nicht, daß eine Vormerkung, die eingetragen war und bereits die relative Unwirksamkeit ihr widersprechender Verfügungen begründet hatte, ohne weiteres dadurch hinfällig würde, daß sie ohne Rechtsgrund durch ein bloßes Versehen oder durch eine widerrechtliche Handlung gelöscht wird. Wenn auch durch die unrechtmäßige Löschung der Vormerkung der Inhalt des Grundbuchs nicht hinsichtlich eines dinglichen Rechts oder einer Verfügungsbeschränkung der im § 892 Abs. 1 BGB. bezeichneten Art unrichtig geworden ist, so ist doch für die von der relativen Unwirksamkeit betroffenen Rechte eine mit der wirklichen Rechtslage nicht im Einklang stehende Änderung eingetreten. Der den §§ 894, 899 BGB. und dem § 54 GBO. zugrunde liegende Zweckgedanke gebietet aber, den Grundbuchberichtigungsanspruch und die Eintragung eines Widerspruchs auch in diesem Falle zum Schutze der dem sachlichen Recht entsprechenden Lage zuzulassen. Ist hiernach der Amtswiderspruch gegen die Löschung der Vormerkung zu Recht eingetragen, so kann sich der Kläger gemäß § 892 Abs. 1 BGB. nicht auf den öffentlichen Glauben des Grundbuchs berufen. Seinem gutgläubigen Erwerb stand vielmehr der eingetragene Widerspruch entgegen. Da die Grundschuld dem Beklagten gegenüber nach § 883 Abs. 2 BGB. unwirksam ist, so ist die Klage unbegründet. Umgekehrt ist der Widerklagantrag gemäß § 888 BGB. gerechtfertigt.

---

38. 1. Kann die Wiedereinsetzung in den vorigen Stand auf Grund von § 16 des Gesetzes über die Verzinsung aufgewerteter Hypotheken usw. vom 9. Juli 1927 (RGBl. I S. 171) nur gegenüber einem bestimmten Schuldner erteilt werden?

2. Ist der Antrag auf Erteilung der Wiedereinsetzung nach der bezeichneten Vorschrift an eine Frist gebunden?

V. Zivilsenat. Urt. v. 4. Juni 1930 i. S. offene Handelsgesellschaft H. & Sch. (Bekl.) w. H. (Kl.). V 429/29.

I. Landgericht Chemnitz.
II. Oberlandesgericht Dresden.

Der Kläger war eingetragener Eigentümer eines Grundstücks in S., auf dem er unter der eingetragenen Firma H. & Sch. ein Fabrikationsgeschäft betrieb. Durch Vertrag vom 3. Juli 1913 verkaufte er sein Geschäft mit der Firma und dem Fabrikgrundstück an den Kaufmann B. Er stundete dem Käufer von der Kaufgeldforderung 70000 M. gegen hypothekarische Sicherstellung auf dem Kaufgrundstück. Am 4. Februar 1920 wurde ein Teilbetrag von 25000 M. gelöscht. B. zahlte sodann vor dem 15. Juni 1922 15000 M. ab; den Restbetrag zahlte er nach dem vorgenannten Stichtag in Papiermark aus. Die Resthypothek wurde darauf am 15. Juli 1923 gelöscht. Im Jahre 1924 nahm B. in die von ihm bisher allein betriebene Firma H. & Sch. einen Teilhaber auf.

Auf Grund des § 16 AufwNov. wurde dem Kläger durch Beschluß der Aufwertungsstelle vom 17. November 1927 die Wiedereinsetzung in den vorigen Stand gegen die Versäumung der Anmeldefrist des § 16 AufwG. gegenüber dem B. erteilt. Im Laufe des Aufwertungsverfahrens nahm der Kläger neben B. auch die Firma H. & Sch. als persönliche Schuldnerin in Anspruch. Da diese die persönliche Schuld bestreitet, verlangt er mit der Klage die Feststellung, daß die Beklagte persönliche Schuldnerin der für den Kläger eingetragen gewesenen Hypothekenforderung von restlich 30000 M. sei.

Die Beklagte wendet ein, die Forderung sei nicht im Betriebe der Firma entstanden, sondern stamme vom Erwerbe her; eine Haftung aus § 28 HGB. sei daher nicht begründet. Außerdem sei die Forderung gegen sie nicht rechtzeitig angemeldet worden; die dem Kläger dem B. gegenüber erteilte Wiedereinsetzung in den vorigen Stand könne gegen sie keine Wirkung äußern.

Landgericht und Oberlandesgericht haben der Klage stattgegeben. Die Revision der Beklagten blieb ohne Erfolg.

Gründe:

Die Meinung des Berufungsrichters, daß die verklagte offene Handelsgesellschaft für die streitige Schuld hafte, da es sich um eine durch den Erwerb des Geschäfts entstandene Schuld handle, entspricht der Auslegung, die § 28 HGB. in ständiger Rechtsprechung gefunden hat. Für das Gebiet des Aufwertungsrechts von dieser Auslegung abzugehen, liegt keine Veranlassung vor. Etwaige Unbilligkeiten können bei der Festsetzung der Höhe der Aufwertung ausgeglichen werden. Auf den öffentlichen Glauben des Grundbuchs kann sich die Beklagte schon deshalb nicht berufen, weil hier nur die Aufwertung der persönlichen Forderung in Frage steht. Die Anwendung des § 28 HGB. wird durch die Nichtkenntnis bestehender Schulden nicht ausgeschlossen.

Was sodann die Frage betrifft, ob die dem Kläger von der Aufwertungsstelle erteilte Wiedereinsetzung in den vorigen Stand gegen die Versäumung der Anmeldefrist auch gegen die Beklagte wirkt, so erscheint die vom Berufungsrichter unter Hinweis auf die Entscheidung des Bayrischen Obersten Landesgerichts (Entsch. des Bayr. ObLG. i. Z. Bd. 28 S. 154) vertretene Ansicht, daß die Wiedereinsetzung ebenso wie die Anmeldung gegen alle persönlichen Schuldner wirke, auch wenn sie nicht namentlich bezeichnet seien, aus den vom Kammergericht (JW. 1928 S. 913 = Ring 1928 Sond.Heft S. 90) entwickelten Gründen nicht zutreffend. Wenn in der Rechtsprechung (RGZ. Bd. 120 S. 104) angenommen wird, daß die Anmeldung die Bezeichnung des persönlichen Schuldners nicht zu enthalten braucht, daß vielmehr die unterlassene oder unrichtige Angabe des persönlichen Schuldners auch noch nach dem 1. Januar 1926 nachgeholt oder berichtigt werden kann, so kann dieser Grundsatz, wie das Kammergericht zutreffend ausführt, nicht ohne weiteres auf die Wiedereinsetzung in den vorigen Stand übertragen werden. Denn bei der Anmeldung handelt es sich um eine einseitige Prozeßhandlung des Gläubigers, bei der Wiedereinsetzung in den vorigen Stand dagegen um eine gerichtliche Entscheidung, die der sofortigen Beschwerde unterliegt und der formellen Rechtskraft fähig ist (vgl. auch § 16 Abs. 3 AufwNov.). Eine sofortige Beschwerde gegen die Bewilligung der Wiedereinsetzung kommt, da der Gläubiger nicht beschwert ist, nur von seiten des Schuldners in Frage. Dieser muß daher zu dem Verfahren zugezogen und ihm muß die Entscheidung der Aufwertungsstelle bekannt gemacht werden, damit die Beschwerdefrist in Lauf gesetzt werden kann (§ 73 AufwG., § 22 Abs. 1 RFGG.). Der Meinung des Bayrischen Obersten Landesgerichts, für das Wiedereinsetzungsverfahren seien sämtliche persönlichen Schuldner notwendige Streitgenossen im Sinne des § 62 Abs. 1 ZPO., kann nicht gefolgt werden. Denn einmal kennt das Reichsgesetz über die Angelegenheiten der freiwilligen Gerichtsbarkeit den Begriff der notwendigen Streitgenossenschaft überhaupt nicht; sodann ist aber auch nicht einzusehen, warum die Wiedereinsetzung gegen alle persönlichen Schuldner nur einheitlich bewilligt oder versagt werden könnte.

Hiernach wirkte die dem Kläger erteilte Wiedereinsetzung in den vorigen Stand nur gegen den Schuldner V. Trotzdem ist die Klage gerechtfertigt. Denn der Kläger ist auch jetzt noch in der Lage, die Wiedereinsetzung gegen die Beklagte zu betreiben. Die Wiedereinsetzung in den vorigen Stand gemäß § 16 AufwNov. ist an zwei formelle Voraussetzungen geknüpft: einmal an die nachträgliche Anmeldung der Forderung und weiter an den Antrag auf Erteilung der Wiedereinsetzung. Nur die erste Voraussetzung, die nachträgliche Anmeldung, ist an eine Frist gebunden. Ist die Anmeldung, die, wie erwähnt, den persönlichen Schuldner nicht zu bezeichnen braucht, bis zum 1. Oktober 1927 nachgeholt, so kann der Antrag auf Wiedereinsetzung auch noch nach diesem Zeitpunkt gestellt werden. Hier hat der Kläger die Anmeldung rechtzeitig nachgeholt. Solange ihm die Wiedereinsetzung in den vorigen Stand gegenüber der Beklagten nicht rechtskräftig versagt ist, besteht daher die Möglichkeit der Aufwertung der persönlichen Forderung gegen diese und demgemäß auch ein rechtliches Interesse des Klägers an der Feststellung, daß die Beklagte Schuldnerin dieser Forderung ist.

---

39. 1. Nach welchen Merkmalen bestimmt sich, ob eine öffentlichrechtliche Kreditanstalt eine Grundkreditanstalt im Sinne des § 47 AufwG. ist?

2. Unter welchen Voraussetzungen ist ein Provinzialinstitut (Provinzialhilfskasse) eine Bankanstalt einer preußischen Provinz

im Sinne des § 16 Nr. 4 der Zweiten Durchführungsverordnung zum Anleiheablösungsgesetz vom 2. Juli 1926?
3. Verstößt § 44 AnlAblG. gegen Art. 153 RVerf.?

AufwG. §§ 47 flg., 51 flg. AnlAblG. §§ 31, 33, 40, 41, 44, 46. Zweite Durchführungsverordnung zum Anleiheablösungsgesetz v. 2. Juli 1926 (RGBl. I S. 343) § 16. Vierte preuß. Verordnung zur Durchführung der Ablösung der Markanleihen der Gemeinden usw. v. 10. Juli 1926 (GS. S. 200) § 2 Abs. 6.

IV. Zivilsenat. Urt. v. 5. Juni 1930 i. S. L. (Kl.) w. Provinzialhilfskasse für die Provinz Schlesien (Bekl.). IV 474/29.

I. Landgericht Breslau.
II. Oberlandesgericht daselbst.

Der Kläger ist im Besitz von Vorkriegsobligationen im Nennbetrage von 60200 M., die von der Beklagten ausgegeben worden sind. Er hält die Beklagte für eine öffentlichrechtliche Grundkreditanstalt und verlangt in erster Linie die Feststellung, daß die Obligationen nach Maßgabe der §§ 47 flg. AufwG., hilfsweise nach §§ 51 flg. das. aufzuwerten seien. Die Beklagte, die bestreitet, daß sie die Obligationen als Grundkreditanstalt ausgegeben habe, hält sich zur Aufwertung nicht für verpflichtet, da sie eine Bankanstalt einer preußischen Provinz im Sinne der Zweiten Durchführungsverordnung zum Anleiheablösungsgesetz vom 2. Juli 1926 sei und daher ihre Markanleihen nach diesem Gesetz abzulösen habe. Dem sucht ein weiterer Hilfsantrag des Klägers zu begegnen, der die Feststellung erstrebt, daß die Beklagte nicht berechtigt sei, die Obligationen als Markanleihen abzulösen. In letzter Linie vertritt der Kläger den Standpunkt, daß er für seine Obligationen, die er als Neubesitz im Sinne des Anleiheablösungsgesetzes ansieht, Zahlung von 1550 RM. nebst Zinsen beanspruchen könne; er beantragt daher festzustellen, daß die Beklagte nicht berechtigt sei, die Tilgung der im Umtausch zu erteilenden Ablösungsanleihe bis zur Erledigung der Reparationslasten des Reiches hinauszuschieben, wie dies durch die insoweit ungültige preuß. Durchführungsverordnung vom 10. Juli 1926 geschehen sei.

Beide Vorinstanzen haben die Klage abgewiesen. Die Revision des Klägers hatte keinen Erfolg.

Gründe:

Die Frage, ob der Kläger, wie er in erster Linie beantragt hat, die Aufwertung der in seinem Besitz befindlichen Vorkriegsobligationen nach §§ 47flg. AufwG. verlangen kann, hängt, wenn die — seither noch nicht untersuchten — sonstigen Voraussetzungen der §§ 47, 48 AufwG. gegeben sein sollten, davon ab, ob die Obligationen von einer Grundkreditanstalt ausgegeben worden sind.

Wie der erkennende Senat in RGZ. Bd. 127 S. 40 ausgesprochen hat, fallen unter § 47 AufwG. nicht nur privatrechtliche, sondern auch öffentlichrechtliche Grundkreditanstalten. In dieser Entscheidung ist auch rechtsgrundsätzlich festgestellt, daß die Pfandbriefe und verwandten Schuldverschreibungen von Grundkreditanstalten nach Maßgabe der §§ 47flg. aufzuwerten sind, und daß sich die in § 46 AnlAblG. der Reichsregierung erteilte Ermächtigung, die Vorschriften des Anleiheablösungsgesetzes über die Markanleihen der Gemeinden und Gemeindeverbände auf Markanleihen anderer öffentlichrechtlicher Körperschaften für anwendbar zu erklären, nicht auf Grundkreditanstalten bezieht, wovon auch der Berufungsrichter ausgeht. An dieser Rechtsprechung ist festzuhalten. Wäre also die Beklagte eine Grundkreditanstalt, so würde der Aufwertung nach §§ 47flg. AufwG. die auf § 46 AnlAblG. sich stützende Zweite Durchführungsverordnung zum Anleiheablösungsgesetz vom 2. Juli 1926, auch wenn die Beklagte zu den dort aufgeführten Bankanstalten der Provinzen zu rechnen sein sollte, nicht im Wege stehen, weil diese Durchführungsverordnung insoweit unwirksam sein würde (RGZ. Bd. 127 S. 55, wo dies für die Pfandbriefe der Braunschweigischen Staatsbank [Leihhausanstalt], einer Grundkreditanstalt, ausgesprochen worden ist).

Die Frage, ob die Beklagte eine Grundkreditanstalt war, als sie die Vorkriegsobligationen des Klägers ausgab, hat der Berufungsrichter verneint. Es kommt auch nicht darauf an, ob die Beklagte zur Zeit der Klagerhebung oder zur Zeit des Inkrafttretens des Aufwertungsgesetzes eine Grundkreditanstalt war oder ob sie es etwa heute ist, sondern darauf, ob sie im Zeitpunkt der Ausgabe der Obligationen als solche zu betrachten war. War die Beklagte damals eine Grundkreditanstalt, so wären die von ihr ausgegebenen Schuldverschreibungen, wenn zu ihrer Deckung bestimmte Werte vorhanden gewesen sein sollten (§ 48 AufwG.), nach §§ 47flg. das. aufzuwerten, auch wenn sie inzwischen satzungsmäßig die Pflege des Grundkredits aufgegeben hätte und daher keine Grundkreditanstalt mehr wäre. War dagegen die Beklagte zur Zeit der Ausgabe der Schuldverschreibungen keine Grundkreditanstalt, so würde es unerheblich sein, wenn sie mittlerweile durch Ausdehnung ihrer satzungsmäßigen Zwecke auf das Grundstücksbeleihungsgeschäft eine Grundkreditanstalt geworden wäre. Alsdann könnte der Kläger Aufwertung nach §§ 47flg. AufwG. nur verlangen, wenn diese Bestimmungen nach Maßgabe des § 51 Abs. 3 das. landesgesetzlich für anwendbar erklärt worden wären.

Das entscheidende Merkmal einer Grundkreditanstalt im Sinne des Aufwertungsgesetzes sieht der Berufungsrichter darin, daß die Anstalt mindestens überwiegend den Grundkredit pflege und zu pflegen habe. Der erkennende Senat hat sich in dem Urteil vom 25. April 1929 IV 648/28 (JW. 1929 S. 2337 Nr. 9) und in RGZ. Bd. 127 S. 43 dahin ausgesprochen, daß das Grundstücksbeleihungsgeschäft satzungsgemäß im Vordergrunde der Tätigkeit der Anstalt stehen müsse. Diese etwas abweichende Formulierung wird sachlich keinen wesentlichen Unterschied begründen können. Worauf es ankommt, ist, daß das Grundstücksbeleihungsgeschäft die Hauptaufgabe der satzungsmäßigen Tätigkeit der Anstalt sein muß. Von wesentlicher Bedeutung ist ferner, daß es auf die *satzungsmäßigen* Zwecke ankommt. Steht satzungsgemäß das Grundstücksbeleihungsgeschäft im Vordergrund, so kann es nicht darauf ankommen, ob im Geschäftsverkehr der Anstalt zeitweise andere Geschäfte überwiegen, weil sie für Grundkreditzwecke nicht genügend oder für andere Zwecke mehr in Anspruch genommen wird, ebenso wie es umgekehrt nichts ausmachen kann, wenn eine Anstalt, die keine Grundkreditanstalt ist, weil ihre Hauptaufgabe in anderen Geschäften besteht, zeitweilig den Grundkredit mehr pflegt, als es nach der Satzung in Aussicht genommen war. Es wäre nicht angängig, die jeweiligen Geschäftsergebnisse einer Anstalt zu untersuchen, um festzustellen, ob sie eine Grundkreditanstalt ist. Denn das würde zu dem unannehmbaren Ergebnis führen, daß sie je nach den tatsächlich gemachten Geschäften bald eine Grundkreditanstalt wäre, bald nicht, und daß es an jedem zeitlichen Maßstab fehlen würde, an dem der Charakter der Anstalt gemessen werden könnte.

Mit diesen Darlegungen soll nicht ausgesprochen werden, daß

die Art des Geschäftsbetriebs einer Anstalt unter allen Umständen gleichgültig sei. Hat eine Anstalt, obwohl sie satzungsmäßig überwiegend den Grundkredit pflegen soll, diesen Zweig ihrer Tätigkeit niemals aufgenommen, so wird man sie nicht als Grundkreditanstalt ansprechen können. Umgekehrt wird man bei der Frage, ob eine Anstalt bei der Ausgabe von Schuldverschreibungen eine Grundkreditanstalt war, insbesondere dann, wenn die Satzung Zweifel übrig läßt, berücksichtigen dürfen, daß sie von jeher überwiegend den Grundkredit gepflegt hat.

Daß die Beklagte ein Provinzialinstitut mit eigener juristischer Persönlichkeit ist, zieht die Revision nicht in Zweifel. Nach § 1 der vom Schlesischen Provinziallandtag beschlossenen, staatlich genehmigten autonomen Satzung vom 21. Juni 1891 verfolgt die Anstalt den Zweck, gemeinnützige Anlagen und Anstalten, Gemeindebauten, Tilgung von Gemeindeschulden, Grundverbesserungen und gewerbliche Unternehmungen sowie die Erhaltung im Grundbesitz durch Darlehen zu erleichtern, den Grundkredit zu heben und den Geldverkehr überhaupt zu fördern. Daraus hat der Berufungsrichter geschlossen, daß das Grundstücksbeleihungsgeschäft nicht der überwiegende Geschäftszweig der Kasse gewesen sei, und insoweit beruht diese Auffassung auf irrevisiblem Recht (Art. 167 EG. z. BGB.; RGZ. Bd. 64 S. 212; RGUrt. vom 26. Juni 1928 III 4/28, abgedr. JW. 1928 S. 2704 Nr. 1).

Die Revision stellt zur Nachprüfung, ob nicht der Begriff des Grundkredits in dem weiteren Sinne zu verstehen sei, wonach er alle im unmittelbaren Interesse des Grundbesitzes gegebenen Kredite umfassen würde.

Diese Auffassung hat der Berufungsrichter mit Recht abgelehnt. Sie steht nicht nur mit der Rechtsprechung des erkennenden Senats, sondern auch mit der allseitig im Schrifttum vertretenen Ansicht im Widerspruch (vgl. u. a. Quassowski Aufwertungsgesetz 5. Aufl. S. 452; Neufeld Anleiheablösungsgesetz S. 156; Mügel Aufwertungsrecht 5. Aufl. § 47 a. E.). Die Auffassung der Revision würde dazu führen, den Begriff der Grundkreditanstalt zu verflüchtigen und damit den vom Aufwertungsgesetz gemachten und für die Frage nach der Art und dem Maß der Aufwertung entscheidenden Unterschied zwischen Kreditanstalten und Grundkreditanstalten zu verwischen, der im Interesse der Rechtssicherheit nach festen Merkmalen bestimmt werden muß.

Hiernach ist der Berufungsrichter mit Recht zu dem Ergebnis gelangt, daß der Kläger Aufwertung nach Maßgabe der §§ 47flg. AufwG. nicht verlangen kann.

Der erste Hilfsantrag, daß die Beklagte nach § 51 AufwG. auf 15% aufzuwerten habe, wäre von vornherein unbegründet, wenn sie als eine Bankanstalt der Provinz Niederschlesien im Sinne der 2. Durchführungsverordnung zum Anleiheablösungsgesetz vom 2. Juli 1926 zu betrachten ist, und wenn demgemäß die Obligationen des Klägers als Markanleihen nach Maßgabe dieses Gesetzes abzulösen sind. Denn wenn das der Fall ist, so kann nach §§ 54, 46 AnlAblG. der Kläger, auch wenn die Obligationen von der Beklagten als einer juristischen Person des öffentlichen Rechts und als Inhaberin eines wirtschaftlichen Betriebes ausgegeben sind, Aufwertung nach § 51 AufwG. nicht verlangen.

Die Entscheidung ist insoweit von der Vorfrage abhängig, ob sich die in § 46 AnlAblG. der Reichsregierung erteilte Ermächtigung, die Vorschriften dieses Gesetzes über die Markanleihen der Gemeinden und Gemeindeverbände auf Markanleihen „anderer öffentlicher Körperschaften" für anwendbar zu erklären, auch auf solche öffentlich-rechtliche Gebilde bezieht, die im Rechtsverkehr als Anstalten bezeichnet zu werden pflegen. Der Berufungsrichter bejaht diese Frage, und zwar mit Recht. Wie der erkennende Senat in RGZ. Bd. 127 S. 40 unter Bezugnahme auf die amtliche Begründung zum Regierungsentwurf eingehend dargelegt hat, verwendet das Gesetz den Begriff „öffentlichrechtliche Körperschaften" als gemeinsamen Oberbegriff für beide Arten von juristischen Personen des öffentlichen Rechts, nämlich für Körperschaften im engeren Sinne und Anstalten. Auf die Begründung dieses Urteils kann Bezug genommen werden. Die gegenteiligen Ausführungen der Revision geben keinen Anlaß, den dort vertretenen Standpunkt aufzugeben. Es bedarf auch keiner weiteren Ausführung, daß, wenn die in § 46 AnlAblG. gewählte Wortfassung „öffentlichrechtliche Körperschaften" auch Anstalten deckt, die auf Grund des § 46 erlassene 2. Durchführungsverordnung zum Anleiheablösungsgesetz, die sich der gleichen Fassung bedient, nicht anders verstanden werden kann (RGZ. Bd. 127 S. 40flg.).

Es ist daher nur die Frage zu prüfen, ob die Beklagte als eine Bankanstalt der Provinz Niederschlesien zu betrachten ist. Der

Berufungsrichter bejaht dies, die Revision hält es für rechtsirrtümlich. Dem Berufungsrichter ist beizutreten. Unter welchen Voraussetzungen eine Anstalt als Bankanstalt im Sinne des § 16 der 2. Durchführungsverordnung zu betrachten ist, unterliegt der Nachprüfung des Revisionsgerichts, da die Satzung die Beklagte nicht als Bankanstalt bezeichnet. Die Durchführungsverordnung selbst umschreibt den Begriff nicht, sie setzt ihn voraus. Sicher ist — und davon geht zutreffend die Vorinstanz aus —, daß unter den Bankanstalten der preußischen Provinzen nicht etwa unselbständige Einrichtungen der Provinzen zu verstehen sind, deren Rechtsträger die Provinzen wären. Wäre dies so, so würden die Anleihen der Bankanstalt — ohne daß es der Vorschrift des § 16 Nr. 4 a. a. O. bedurft hätte — ohne weiteres als Anleihen eines Gemeindeverbandes nach dem Anleiheablösungsgesetz abzulösen sein. Die selbständige juristische Persönlichkeit der Bankanstalt ist also die Voraussetzung für die Anwendbarkeit des § 16 Nr. 4. Das bezweifelt auch die Revision nicht.

Ob die Beklagte eine selbständige Einrichtung der Provinz Niederschlesien ist, darüber entscheidet das öffentliche Recht des Landes und ihre Satzung. (Es wird näher ausgeführt, daß sie dies ist.)

Damit ist freilich die Beklagte noch nicht als Bankanstalt der Provinz gekennzeichnet. Der Begriff einer Bank oder eines Bankiergeschäfts wird in Gesetzen vielfach verwendet, aber nirgends umschrieben (§ 1 Nr. 4, § 367 HGB.; § 41 Abs. 4 GmbHG.; § 248 Abs. 2, § 1808 BGB.). Es entscheidet darüber die Verkehrsauffassung. Danach ist es eine herkömmliche bankmäßige Betätigung, wenn ein Unternehmen die Bedürfnisse des Verkehrs nach Beschaffung von Geld, insbesondere gegen Bestellung von Hypotheken und Grundschulden befriedigt (Kreditvermittlung) und wenn es gleichzeitig der Unterbringung flüssiger Gelder dient (Depositengeschäft). Daß sich die Beklagte satzungsgemäß (vgl. §§ 5 und 7 flg. der Satzung) mit diesen Geschäften befaßt hat, ist festgestellt. Dahin gehört auch, daß sie für die Provinz Anleihen aufgenommen und durch Ausgabe von Obligationen an den Markt gebracht hat. Die Beklagte ist daher auch eine Bankanstalt. Um diese Bezeichnung zu rechtfertigen, braucht sie nicht alle Arten bankmäßiger Geschäfte zu betreiben. Sie ist aber auch eine Bankanstalt einer preußischen Provinz im Sinne des § 16 Nr. 4 2. DurchfVo. zum AnlAblG. Daß darunter — wie die Revision meint — nur solche Bankanstalten zu verstehen wären, die mindestens den laufenden Kredit der Provinz selbst befriedigten, ist nicht anzuerkennen. Indem die Beklagte ihre satzungsmäßigen Zwecke als Bankanstalt erfüllt und damit dem Nutzen der Provinz und der Provinzialangehörigen dient, die nach § 5 der Provinzialordnung für die Provinzen Ost- und Westpreußen, Brandenburg, Pommern, Schlesien und Sachsen vom 29. Juni 1875 in der Fassung vom 22. März 1881 (GS. S. 233) zur Mitbenutzung der öffentlichen Einrichtungen des Provinzialverbandes nach den für diese aufgestellten Bestimmungen berechtigt sind, arbeitet sie unmittelbar für die Provinz und ist deshalb auch eine Bankanstalt „der Provinz".

Die Revision bestreitet dies. Sie meint, Voraussetzung sei, daß die Provinz mit ihrem Vermögen für die Verbindlichkeiten der Anstalt hafte und sich zur Aufnahme ihrer eigenen Anleihen der Anstalt allein oder doch hauptsächlich bedient habe. Nur wenn dies der Fall sei, könne man von einer Anstalt „der Provinz" sprechen.

Dem kann nicht beigestimmt werden. Ob und unter welchen Voraussetzungen öffentlichrechtliche Körperschaften und Anstalten in bezug auf die Ablösung ihrer Markanleihen den Gemeinden und Gemeindeverbänden gleichgestellt werden sollten, war — soweit es sich nicht um Grundkreditanstalten handelte — Sache des Ermessens der Reichsregierung. Sie hat im § 16 Nr. 4 a. a. O. die Anleiheablösung allen Bankanstalten der preußischen Provinzen zugestanden, ohne eine oder die andere auszunehmen und ohne das Recht der Anleiheablösung an weitere Voraussetzungen zu knüpfen. In Nr. 3 des § 16 werden öffentliche Sparkassen nur unter der Voraussetzung unter Anleiheablösungsrecht gestellt, daß für ihre Verpflichtungen eine öffentlichrechtliche Körperschaft haftet, deren eigene Markanleihen nach den Vorschriften des Anleiheablösungsgesetzes abzulösen sind. Es hätte daher vom Gesetzgeber gar nicht übersehen werden können, das Vorrecht der Anleiheablösung auch bei Bankanstalten der Provinzen, falls dies seine Absicht gewesen wäre, davon abhängig zu machen, daß die Provinzialverbände für die Verbindlichkeiten der Bankanstalten haften. Daraus, daß dies nicht geschehen ist, schließen zu wollen, daß die Beklagte — für deren Verbindlichkeiten nach der hier maßgeblichen Satzung von 1891 die Provinz nicht haftet — keine Bankanstalt der Provinz sei, wäre verfehlt. Es mag dem Gesetzgeber genügt haben, daß die Provinzialverbände, wenn sie auch rechtlich nicht haftbar gewesen sein mögen, doch in Wahrheit, wenn sie die Anstalt erhalten wollten, für ihre Aufwertungsverbindlichkeiten hätten eintreten müssen. Es braucht dies aber nicht näher untersucht zu werden. Denn wenn auch der Gesetzgeber von der Annahme ausgegangen sein sollte, daß bei allen diesen Provinzialverbänden eine solche rechtliche Haftung bestehe und daß dies Voraussetzung der Anleiheablösung sein solle, so ist jedenfalls eine solche Absicht nicht Gesetzesinhalt geworden. Nichts anderes kann von der zweiten Voraussetzung gelten, welche die Revision aufstellt. Insoweit hat im übrigen der Berufungsrichter tatsächlich festgestellt, die Provinz Schlesien habe ihre Anleihen stets dadurch aufgenommen, daß die Beklagte Obligationen ausgegeben und ihr das Geld zur Verfügung gestellt habe.

Der Kläger ist hiernach nicht berechtigt, Aufwertung nach § 51 AufwG. zu verlangen, da das Anleiheablösungsgesetz auf seine Obligationen Anwendung findet. Somit sind die ersten beiden Hilfsanträge der Klage unbegründet.

Mit seinem dritten Hilfsantrag erstrebt der Kläger, der nur sogenannten Neubesitz (§§ 31, 33, 40, 41, 44 AnlAblG.) für sich in Anspruch nimmt, die Ungültigkeitserklärung des § 2 Abs. 6 der 4. preuß. Verordnung zur Durchführung der Ablösung der Markanleihen der Gemeinden usw. vom 10. Juli 1926, der folgendes bestimmt:

> Eine Tilgung des Teils einer Ablösungsanleihe, der nicht im Umtausch gegen Markanleihen alten Besitzes ausgegeben wird, kann bis zum Erlöschen der Reparationsverpflichtungen nicht gefordert werden. Eine Verzinsung des in Satz 1 behandelten Teils einer Ablösungsanleihe findet nach den geltenden Vorschriften nicht statt.

Diese Durchführungsverordnung gründet sich auf § 44 AnlAblG. Danach erlassen die Landesregierungen Bestimmungen über die Art und den Zeitpunkt der Tilgung des Teils der Ablösungsanleihen, der nicht im Umtausch gegen Markanleihen alten Besitzes ausgegeben wird; sofern die Tilgung mittels Auslosung vorgenommen wird, muß die Einlösung mindestens zum Nennbetrag erfolgen (sog. Neubesitz). Der Kläger sieht in dem Anleiheablösungsgesetz eine Enteignung von Gläubigerrechten, die nach Art. 153 RVerf. nur gegen angemessene Entschädigung erfolgen könne, soweit nicht ein Reichsgesetz etwas anderes bestimme. Hier habe aber das Landesgesetz die Entschädigung bestimmt. Diese Entschädigung sei nicht angemessen und daher unzulässig.

Der Berufungsrichter nimmt zwar an, daß das Anleiheablösungsgesetz eine Enteignung von Forderungsrechten enthalte, meint aber, hier habe ein Reichsgesetz die entscheidende Bestimmung getroffen. Denn die preußische Durchführungsverordnung beruhe auf reichsgesetzlicher Ermächtigung. Es liege also, selbst wenn die Entschädigung nicht angemessen wäre, eine andere Bestimmung eines Reichsgesetzes vor und das sei nach Art. 153 RVerf. zulässig.

Die von der Revision hiergegen erhobenen Bedenken sind nicht stichhaltig. Die Verfassungsmäßigkeit des Aufwertungsgesetzes ist von dem V. Zivilsenat des Reichsgerichts in RGZ. Bd. 111 S. 320, die des Anleiheablösungsgesetzes von dem erkennenden Senat im Urteil vom 27. Januar 1927 IV 359/26 (JW. 1927 S. 1843 Nr. 21) anerkannt worden. Enthält hiernach das letztgenannte Gesetz, durch das der sogenannte Neubesitz durch Umtausch in Ablösungsanleihe mit 2½% abgefunden werden soll (§§ 31, 33, 40, 41, 44 AnlAblG.), eine teilweise entschädigungslose Enteignung von Forderungsrechten (vgl. auch RGUrt. v. 18. November 1927 III 134/27, abgedr. JW. 1928 S. 102 Nr. 6), so war nach Art. 153 Abs. 2 Satz 2 RVerf. diese Enteignung zulässig, da sie durch einfaches Reichsgesetz bestimmt werden konnte und bestimmt worden ist. Soweit dem Neubesitz 2½% zugestanden sind, handelt es sich überhaupt nicht um eine entschädigungslose Enteignung, sondern um eine Entschädigung, die das Reichsgesetz selbst angeordnet hat. Was das Reichsgesetz den Landesregierungen überließ, war also nur, daß diese den Zeitpunkt der Tilgung zu bestimmen und die Art der Tilgung zu regeln, also anzuordnen hatten, ob die Tilgung mittels Auslosung oder mittels Barzahlung erfolgen solle. Gegen die Delegation dieser Gesetzgebungsmacht lassen sich Bedenken aus Art. 153 RVerf. nicht herleiten. Was diese Vorschrift verhindern und wogegen sie Vorsorge treffen will, ist, daß nicht ein Landesgesetz aus eigener Machtvollkommenheit dem Enteigneten die Entschädigung vorenthält. Dagegen hat die Gewährleistung einer angemessenen Entschädigung nicht den Sinn, daß der Landesgesetzgeber nicht bestimmen könnte, was unter einer angemessenen Entschädigung zu verstehen ist (RGZ. Bd. 112 S. 192; Anschütz RVerf. 1929 S. 618 Nr. 13). Um so weniger lassen sich dagegen Bedenken erheben, daß der Reichsgesetzgeber, der von dem Grundsatz der angemessenen Entschädigung Ausnahmen bestimmen, also solche nicht nur vorschreiben, sondern auch zulassen kann, es dem Landesgesetzgeber überläßt, die von ihm vorgeschriebene Entschädigung nach Art und Zeitpunkt zu regeln.

---

40. Zur Auslegung der §§ 996, 999 BGB.

VI. Zivilsenat. Urt. v. 5. Juni 1930 i. S. N. St. Akt.-Ges. (Bekl.) w. Preuß. Staat (Kl.). VI 610/29.

I. Landgericht Stade.
II. Oberlandesgericht Celle.

Durch privatschriftlichen Vertrag vom 22. Mai 1923 verkaufte der Domänenrat W. namens des klagenden Staates vorbehaltlich der Genehmigung der Regierung in Lüneburg und des Landwirtschaftsministers staatliche Grundstücke in Wi. in einer Größe von etwa $14^1/_2$ ha zum Preise von 3000 Zentnern Roggen je Hektar an die H.er Schiffswerft und Maschinenfabrik GmbH. (im folgenden mit „GmbH." bezeichnet), deren Geschäftsführer der Kaufmann F. war. Die GmbH. ergriff alsbald mit Genehmigung des W. Besitz von dem Kaufgrundstück und errichtete darauf für ein Industrieunternehmen Baulichkeiten großen Umfangs. Die hierzu erforderlichen Geldmittel gewährte der Kaufmann K., der jetzt Vorstand der Beklagten ist. Am 28. Juni 1923 gründeten die GmbH., F. und drei weitere Personen die F.werke Kommanditgesellschaft auf Aktien, in die u. a. die Rechte aus dem Kaufvertrag vom 22. Mai 1923 eingebracht wurden. Diese Gesellschaft gelangte jedoch nicht zur Entstehung. Am 19. Juli 1923 traten die GmbH. und F. die Rechte aus dem Kaufvertrag vom 22. Mai 1923 an K. zur Sicherheit für das gewährte Darlehen ab. Später versagte der Landwirtschaftsminister die Genehmigung zum Vertrag vom 22. Mai 1923, genehmigte aber durch Erlaß vom 27. September 1923 den Verkauf der Grundstücke an die F.werke Kommanditgesellschaft auf Aktien zum Preise von 18750 Zentnern Roggen je Hektar. Auf Grund dieser Genehmigung und mit Genehmigung der Regierung in Lüneburg verkaufte darauf W. namens des Klägers durch privatschriftlichen Vertrag vom 11. Oktober 1923, der am 16. Oktober 1923 zu notariellem Protokoll verlautbart wurde, die Grundstücke zum

Preise von 18750 Zentnern Roggen je Hektar an F. für eine zu gründende Gesellschaft. Am 17. Oktober 1923 genehmigte der Landwirtschaftsminister den Verkauf an F. zu dem genannten Preise. Durch notariell beglaubigte Erklärung vom 1. März 1924 bezeichnete F. dem Kläger gegenüber die seit dem Jahre 1922 bestehende Beklagte als diejenige Gesellschaft, auf welche das Eigentum an dem Grundstück nach dem Vertrage vom 11./16. Oktober 1923 übergehen sollte. Am 12. März 1924 ließ W. namens des Klägers die Grundstücke an die Beklagte auf. In den Jahren 1924 und 1925 verhandelten die Parteien erfolglos über die Erledigung der Angelegenheit. Schließlich sagte sich der Kläger von dem Vertrage vom 11./16. Oktober 1923 endgültig los und begehrte mit der gegenwärtigen Klage die Feststellung, daß der Kaufvertrag und die Auflassung nichtig seien.

Die Beklagte erkannte diesen Feststellungsanspruch an, erhob aber Widerklage mit dem Antrag auf Zahlung von 60000 RM. nebst Zinsen. Sie fordert diesen Betrag auf Grund der Verwendungen, die in Gestalt der — zum Teil nicht vollendeten — Baulichkeiten auf die dem Kläger zurückgewährten Grundstücke gemacht worden seien. Das Landgericht erklärte die Klage in der Hauptsache für erledigt und erkannte nach dem Antrag der Widerklage. Das Oberlandesgericht beließ es bei der Entscheidung über die Klage, wies aber die Widerklage ab. Die Revision der Beklagten wurde zurückgewiesen.

Aus den Gründen:

In der Revisionsinstanz ist nur noch der Widerklaganspruch im Streit. . . .

Zum Klagegrund der Verwendung (§§ 996, 999 BGB.) hat das angefochtene Urteil im wesentlichen folgendes ausgeführt. Die Beklagte habe nichts darüber angeben können, ob und in welchem Umfang sie selbst Verwendungen auf die Grundstücke gemacht habe. Es könne sich deshalb nur fragen, ob sie Rechtsnachfolgerin ihres Vorbesitzers geworden sei und ob dieser Verwendungsansprüche gemäß § 996 BGB. gehabt hätte. Rechtsnachfolge im Sinn des § 999 BGB. sei nicht jede Nachfolge im Besitz. Der Gedanke dieser Bestimmung sei der: wenn sich jemand — abgesehen vom Fall der Erbfolge — zugunsten eines anderen einer Sache entäußert habe und dieser als Besitzer nun einem Dritten die Sache deshalb, weil der Dritte, nicht der Vorbesitzer Eigentümer der Sache gewesen sei, herausgeben müsse, dann solle der gegenwärtige Besitzer dem Dritten gegenüber die gleiche Rechtsstellung wie sein Vorbesitzer haben. Diese Regelung ergebe sich aus der Erwägung, daß in solchem Falle der Vorbesitzer regelmäßig dem gegenwärtigen Besitzer die gleiche Rechtsstellung zu der Sache habe einräumen wollen, die er selbst gehabt habe. Wer nur auf Grund eines schuldrechtlichen Verhältnisses besitze, könne nicht die Vermögensansprüche seines Vorbesitzers haben. Ebensowenig könne dies dann der Fall sein, wenn jemand zunächst den Besitz an einer Sache mit Willen des Vorbesitzers erlangt habe, etwa im Hinblick auf eine beabsichtigte Übereignung, wenn aber der Übereignungsakt aus irgendwelchen Gründen unterbleibe. § 999 BGB. setze deshalb eine — wenn auch unwirksame — Veräußerung voraus. Daß die Beklagte Rechtsnachfolgerin des F. persönlich im Sinne des § 999 BGB. geworden sei, lasse sich nicht feststellen. Denn den Kaufvertrag vom 11./16. Oktober 1923 habe F. nicht für sich persönlich, sondern von vornherein für eine zu gründende Gesellschaft abgeschlossen. Auf Grund dieses Vertrags und des Umstands, daß F. die Beklagte als diejenige Gesellschaft bezeichnet habe, für die er den Kaufvertrag abgeschlossen habe, sei der Grundbesitz an die Beklagte aufgelassen worden. F. persönlich habe durch den Kaufvertrag keine Rechte auf die Grundstücke erworben, die er auf die Beklagte hätte übertragen können. Abgesehen davon sei aber auch nicht festzustellen, daß F. persönlich irgendwelche Verwendungen auf die Grundstücke gemacht habe. Die Sachlage sei vielmehr so, daß F. ursprünglich als Geschäftsführer der GmbH. für diese den Grundbesitz habe erwerben wollen, wie der Verkauf vom 22. Mai 1923 ergebe. Alsbald nach Abschluß dieses Vertrags sei nach dem Vorbringen der Beklagten mit der Errichtung der Baulichkeiten begonnen worden, ohne daß der Kläger hiergegen Einwendungen erhoben habe. Danach sei die GmbH. die Besitzerin der Grundstücke gewesen und sie habe die Bauten aufführen lassen. So habe auch F. die Sache aufgefaßt, wie der Darlehensvertrag vom 19. Juli 1923 ergebe. Endlich zeige auch der Brief des Rechtsanwalts Dr. M. vom 5. Juli 1923 an den Kläger, daß die GmbH. Besitzerin des Grundstücks gewesen sei und daß sie die Bauten habe ausführen lassen. Irgendwelche rechtlichen Beziehungen zwischen der GmbH. und der Beklagten, durch die eine Rechtsnachfolge im Sinne des § 999 BGB. gegeben wäre, seien aber ebensowenig wie solche zu den F.werken festzustellen. Es bedürfe hier in besonderem Maße völliger Klarheit wegen der zweifelhaften Rolle des F. und wegen der verworrenen Sachlage. Wie sich aus dem Vertrage vom 11./16. Oktober 1923 eine Rechtsnachfolge der Beklagten nach der GmbH. ergeben solle, sei nicht ersichtlich.

Demgegenüber macht die Revision folgendes geltend. Das Berufungsgericht fasse den Begriff der Rechtsnachfolge im Sinne des § 999 BGB. zu eng. Dem Kläger sei bekannt gewesen, daß F. für dritte teils vorhandene, teil erst zu gründende Handelsgesellschaften tätig gewesen sei. Der Kläger habe ferner gewußt, daß hinter F. der jetzige Vorstand der Beklagten K. gestanden habe und daß das Kapital für die Bauten aus dessen Vermögen geflossen sei. Der Kläger habe auf Grund des formnichtigen Vertrags vom 22. Mai 1923 den Besitz der Grundstücke abgetreten und seitdem die Errichtung der umfangreichen Industriegebäude geduldet. Bei dieser Sachlage dürfe er sich nicht auf juristische Konstruktionen zurückziehen, sondern wirtschaftlich sei davon auszugehen, daß die jetzt wieder im Besitz des Klägers befindlichen Grundstücke durch die Bauten eine erhebliche Wertsteigerung erfahren hätten, der Kläger also die mit fremdem Geld errichteten Gebäude jetzt in seinem Vermögen habe. Daher sei der Ablauf der Ereignisse wirtschaftlich so zu beurteilen: die Beklagte sei schließlich in diejenige Rechtsstellung eingetreten, die zuerst durch den formungültigen Vertrag vom 22. Mai 1923 zwischen dem Kläger und der GmbH. geschaffen gewesen sei, die sich dann weiter durch die Errichtung der Bauten mit Mitteln der hinter der GmbH. stehenden Kapitalisten und durch das Einverständnis des Klägers mit dem Vorgehen jener Unternehmer ausgestaltet habe. Verstärkt werde diese Überlegung durch den Abschluß des Vertrags vom 11./16. Oktober 1923 zwischen dem Kläger und F. für Rechnung der Beklagten und endlich durch die am 12. März 1924 zugunsten der Beklagten vom Kläger erklärte Auflassung. Danach habe dieser selbst nur auf die wirtschaftliche Verknüpfung abgestellt und die Beklagte als diejenige betrachtet, die schließlich in die ganzen, durch den Vertrag vom 22. Mai 1923 zuerst geschaffenen Rechte und Pflichten eingetreten sei. Mit dem Landgericht sei deshalb die Rechtsnachfolge der Beklagten im Sinne des § 999 BGB. zu bejahen.

Diese Ausführungen vermögen der Revision nicht zum Erfolg zu verhelfen.

Der Kläger hatte folgendes vorgetragen: die die Grundlage der Widerklage bildenden Aufwendungen seien nicht von F. persönlich, sondern von der GmbH. gemacht worden, und zwar sämtlich vor dem Abschluß des Vertrags vom 11./16. Oktober 1923; zwischen der GmbH. und der Beklagten beständen keinerlei Rechtsbeziehungen. Darauf hat die — behauptungs- und beweispflichtige — Beklagte unter anderem erklärt, es lasse sich nicht mehr feststellen, von wem und wann im einzelnen die für die Bauten aufgewendeten Beträge verausgabt worden seien; sie habe, nachdem sie in der Erklärung des F. vom 1. März 1924 als Erwerberin benannt worden sei, ihrerseits keine Aufwendungen mehr gemacht. Wenn das Berufungsgericht angesichts dieser in hohem Maße unklaren Angaben die Feststellung getroffen hat, daß entsprechend der Angabe des Klägers die GmbH. vor dem 11. Oktober 1923 die Bauten habe ausführen lassen, so ist dies rechtlich nicht zu beanstanden. Insoweit hat auch die Revision keine Einwendungen erhoben. Demgemäß stehen der Beklagten aus eigenem Recht Verwendungsansprüche gemäß § 996 BGB. nicht zu, und es kann sich nur noch fragen, ob die Ansprüche der GmbH. aus deren Aufwendungen gemäß § 999 BGB. auf die Beklagte übergegangen sind.

Der bereits im ersten Entwurf zum Bürgerlichen Gesetzbuch (§ 937) enthaltene und mit einer Änderung nur in der Fassung (Mugdan Materialien zum BGB. Bd. 3 S. 685) in das Gesetz übergegangene § 999 Abs. 1 BGB. schreibt vor, daß der Besitzer für die Verwendungen eines Vorbesitzers, dessen Rechtsnachfolger er geworden sei, in demselben Umfang Ersatz verlangen könne, in welchem ihn der Vorbesitzer fordern könnte, wenn er die Sache herauszugeben hätte. Ähnliche Bestimmungen zugunsten des Rechtsnachfolgers eines Vorbesitzers enthalten die §§ 221, 943 BGB. Zur Rechtfertigung der Vorschrift des § 937 des Entwurfs bemerken die Motive (Bd. 3 S. 416; Mugdan a. a. O. S. 232):

„Ist der gegenwärtige Besitzer lediglich um deswillen nicht Eigentümer der Sache geworden, weil sein Vormann, von welchem die Verwendungen herrühren, und in Rücksicht auf dessen Person im übrigen für den Besitzer die gesetzlichen Voraussetzungen der Singular- oder Universalrechtsnachfolge vorliegen, nicht Eigentümer war, so rechtfertigt sich der — in Ansehung der auf Rechtsgeschäft beruhenden Rechtsnachfolge — dispositive Satz, daß statt des nicht übergegangenen Eigentumes wenigstens der Anspruch aus der Verwendung übertragen ist."

Hiernach wird der Übergang der Verwendungsansprüche des Vorbesitzers auf seinen Nachfolger im Besitz der Sache nicht schon dadurch allein bewirkt, daß dem Nachfolger die tatsächliche Gewalt über die Sache (§ 854 Abs. 1 BGB.) von dem Vorbesitzer übertragen wird; es muß vielmehr hinzukommen, daß der Nachmann Rechtsnachfolger des Vorbesitzers geworden ist. Eine solche Rechtsnachfolge setzt — abgesehen von dem hier nicht in Betracht kommenden Fall der Gesamtrechtsnachfolge — voraus, daß der Besitzübertragung ein zwischen dem Vorbesitzer und dem gegenwärtigen Besitzer geschlossenes Veräußerungsgeschäft zugrunde liegt (Planck BGB. 4. Aufl. Bd. 3 S. 509 Bem. 1a zu § 999; RGRKomm. 6. Aufl. Bd. 3 S. 325 Erl. 1 zu § 999; Staudinger BGB. 9. Aufl. Bd. 3 Teil I Bem. 1 a β zu § 999 S. 609; Warneyer BGB. 2. Aufl. Bd. 2 S. 220 Bem. I zu § 999). Dafür, daß die vom Gesetz erforderte Rechtsnachfolge, also das Veräußerungsgeschäft, durch Vorgänge nur wirtschaftlicher Art oder durch eine rechtsirrige Annahme der Beteiligten über das Bestehen einer Rechtsnachfolge ersetzt werden könnte, fehlt es an jedem Anhalt.

Um die Rechtsnachfolge nach der GmbH. darzutun, hat die Beklagte lediglich folgende Behauptungen aufgestellt: der Abschluß des Vertrags vom 11./16. Oktober 1923 sei im Einverständnis des K. erfolgt, an den durch den Vertrag vom 19. Juli 1923 alle Rechte aus dem Vertrage vom 22. Mai 1923 übertragen gewesen seien; dadurch sei die zu gründende Gesellschaft, als welche später die Beklagte benannt worden sei, Besitzerin des Grundstücks und zugleich Rechtsnachfolgerin der GmbH. geworden, indem diese zugleich durch die Person ihres Geschäftsführers F. die in ihrem Besitz befindlichen Grundstücke auf die neu zu gründende Gesellschaft übertragen und selbst auf den Besitz verzichtet habe. Mit Recht hat es der Berufungsrichter abgelehnt, hierüber Beweis zu erheben. Denn einmal war nach der Urkunde vom 11./16. Oktober 1923 die GmbH. an diesem Kaufvertrage überhaupt nicht beteiligt, vielmehr trat F. „für eine zu gründende Gesellschaft" auf; nicht ein Veräußerungsgeschäft — etwa eine Abtretung der Rechte der GmbH. aus dem Vertrage vom 22. Mai 1923 an die zu gründende Gesellschaft — wurde beurkundet, sondern ein völlig neuer Kaufvertrag zwischen dem Kläger und F. als dem Vertreter einer zu gründenden Gesellschaft; auch K. als Abtretungsempfänger gemäß der Urkunde vom 19. Juli 1923 ist im Vertrag vom 11./16. Oktober 1923 nicht aufgeführt. Dies alles hatte nach der Sachlage auch seinen guten Grund. Denn abgesehen von seiner Formnichtigkeit war der Vertrag vom 22. Mai 1923 infolge der Versagung der in ihm vorbehaltenen Genehmigung des Landwirtschaftsministers hinfällig geworden und damit auch das dem K. abgetretene Recht. Überdies wurde in dem neuen Kaufvertrag der Kaufpreis gegenüber dem Vertrag vom 22. Mai 1923 auf mehr als das Sechsfache erhöht. Ein Vertrag über die Veräußerung der Rechte der GmbH. oder des K. aus dem Vertrage vom 22. Mai 1923 an die zu gründende Gesellschaft wäre daher gegenstandslos und zwecklos gewesen. Wohl hätte die GmbH. ihre Ansprüche an den Kläger aus den auf die Grundstücke gemachten Verwendungen der zu gründenden Gesellschaft abtreten können. Ein solcher Abtretungsvertrag hätte dann aber einen besonderen Vertrag dargestellt und nicht einen Grundstücksveräußerungsvertrag, der kraft der Vorschrift des § 999 Abs. 1 BGB. den Übergang der Verwendungsansprüche auf die Erwerberin ohne weiteres zur Folge gehabt hätte. Ein näheres Eingehen hierauf erübrigt sich; denn aus dem Vorbringen der Beklagten ist nicht zu entnehmen, daß sie etwa den Abschluß eines solchen Abtretungsvertrags behaupten will. Vielmehr macht sie geltend, daß deshalb, weil sie den Besitz an den Grundstücken infolge der Besitzübertragung von seiten der GmbH. erlangt habe, auch deren Verwendungsansprüche auf sie mitübergegangen seien. Diese Auffassung ist, wie gezeigt, rechtsirrig. Endlich ist der Hinweis der Revision darauf, daß der Kläger die Auflassung an die Beklagte erklärt habe, für die hier zu entscheidende Frage des Übergangs der Verwendungsansprüche ohne jede Bedeutung. Überdies beruht die Auflassung nicht auf dem Vertrag vom 22. Mai 1923, sondern auf dem Vertrag vom 11./16. Oktober 1923, und die Auflassung war noch dazu wirkungslos, weil der Landwirtschaftsminister nur die Eigentumsübertragung an die F.werke und an F. persönlich genehmigt hatte, nicht aber eine Übertragung an eine zu gründende Gesellschaft oder gar an die schon 1922 gegründete Beklagte. Mit Recht wehrt sich daher der Kläger gegen die von der Beklagten erhobenen Verwendungsansprüche; dies um so mehr, als er sich der Gefahr aussetzen würde, von der GmbH., von K. oder von sonstigen Abtretungsempfängern der GmbH. mit den gleichen Ansprüchen überzogen zu werden. ...

41. Was ist unter vereinbarter Leistung im Sinne von § 57 des Börsengesetzes zu verstehen?

I. Zivilsenat. Urt. v. 14. Juni 1930 i. S. J. (Bekl.) w. Bank f. a. H. (Kl.). I 93/30.

I. Landgericht I Berlin.
II. Kammergericht daselbst.

Die Parteien standen in bankmäßiger Geschäftsverbindung. Die Klägerin hat eine daraus herrührende Forderung eingeklagt. Der Beklagte rechnete mit einer Gegenforderung auf und machte den Überschuß im Wege der Widerklage geltend. Die Gegenforderung stützte er darauf, daß die Klägerin 60 englische Grammophon-Aktien, die sie als Kommissionärin für ihn an der Londoner Börse angeschafft habe, ohne Berechtigung zwangsweise verkauft habe. Die Klägerin habe nämlich auf das Aktiengeschäft einen Einschuß von 4000 RM. verlangt; dazu sei sie nicht berechtigt gewesen, da es sich um ein für ihn unverbindliches Börsentermingeschäft gehandelt habe. Infolgedessen habe sie wegen Nichtzahlung des Einschusses keine Zwangsmaßregeln ergreifen dürfen.

Der Beklagte unterlag in allen drei Rechtszügen.

Aus den Gründen:

Die Gegenforderung des Beklagten stützt sich auf den unstreitig von ihm der Klägerin erteilten Auftrag, für ihn 60 Grammophon-Aktien an der Londoner Börse zu kaufen. Wenn der Beklagte geltend macht, daß der von der Klägerin vorgenommene Zwangsverkauf dieser Aktien ihm gegenüber unwirksam gewesen sei und daß er Schadensersatz fordern könne, so bedeutet das rechtlich die Erhebung eines Anspruchs, der seine Grundlage nur in dem ursprünglichen Kommissionsgeschäft finden kann. Die Gegenforderung ist in jedem Falle unbegründet, wenn dem Beklagten ein im Wege der Klage geltend zu machendes Recht aus dem Kommissionsvertrage überhaupt nicht erwachsen ist. Das trifft nach dem gegebenen Sachverhalt zu.

Es handelt sich um einen Auftrag zur Ausführung eines Börsentermingeschäfts. Als solcher wäre der Kommissionsvertrag nach §§ 53, 60, 61 BörsG. nur dann von Anfang an verbindlich gewesen, wenn der Beklagte zu den in § 53 das. aufgeführten Personen gehörte. Dies ist nicht der Fall. Auch nachträglich ist das Geschäft nicht verbindlich geworden. Eine Sicherheitsleistung im Sinne des § 54 BörsG. ist nicht erfolgt. Die vom Beklagten aufgestellte Behauptung, es habe zwischen ihm und der Klägerin stillschweigendes Einverständnis darüber bestanden, daß es so angesehen werden solle, als wenn die im § 54 geregelte Sicherheit geleistet wäre, ist unbeachtlich. Denn die §§ 53flg. BörsG. sind zwingendes Recht und von Amts wegen zu beachten, und es steht den Parteien nicht frei, die Verbindlichkeit eines Börsentermingeschäfts auf einem anderen als dem im Gesetz vorgeschriebenen Wege herbeizuführen.

Auch die Voraussetzungen des § 57 BörsG. sind nicht gegeben. Daß der Beklagte eine Leistung auf Grund des Kommissionsgeschäfts bewirkt habe, ist nicht behauptet und aus dem Akteninhalt nicht zu entnehmen. Anderseits hat die Klägerin die englischen Aktien dem Beklagten lediglich auf Stückekonto gutgeschrieben. Darin kann die Bewirkung der vereinbarten Leistung oder auch nur eines Teils davon nicht gesehen werden. Der Beklagte hat sich darauf berufen, daß im Sinne des zwischen den Parteien geschlossenen Vertrags die vereinbarte Leistung eben die Gutschrift auf Stückekonto gewesen sei. Eine solche Vereinbarung ist aber den Geschäftsbedingungen, auf die der Beklagte sich bezogen hat, nicht zu entnehmen. . . . (Wird ausgeführt.) Wäre das aber auch der Fall, so würde die Vereinbarung dem Gesetz gegenüber keine Wirksamkeit beanspruchen können. Wenn § 57 BörsG. von der „vereinbarten" Leistung spricht, so kann damit nicht jede beliebige, sondern nur diejenige Leistung gemeint sein, die sich die Parteien schulden auf Grund des durch seine typischen Bedingungen bestimmten Termingeschäfts selbst. Andernfalls wäre ein allzu bequemer Weg eröffnet, die Vorschriften des Gesetzes über die Unverbindlichkeit der Termingeschäfte zu umgehen (vgl. Nußbaum Komm. zum BörsG. Anm. 2 zu § 57 S. 289.) Das Termingeschäft selbst geht an sich auf Lieferung von Waren oder Wertpapieren, d. h. auf Übertragung von Besitz und Eigentum. Ob im Verkehr mit englischen Aktien bei ihrer besonderen Natur insoweit etwas Abweichendes zu gelten hätte, als nicht unbedingt die Übertragung der Rechte an den Käufer selbst zu fordern wäre, sondern unter Umständen die Übertragung an einen Treuhänder genügte, kann dahingestellt bleiben. Denn auch bei englischen Aktien ist keinesfalls die Gutschrift auf Stückekonto, die nur ein Forderungsrecht des Käufers begründet, als Erfüllung des Termingeschäfts im Sinne des § 57 BörsG. anzusehen (vgl. RGUrt. v. 24. September 1915 III 41/15).

Der zwischen den Parteien geschlossene Kommissionsvertrag ist mithin unwirksam geblieben. Die Unverbindlichkeit gilt — und das hat der Vorderrichter übersehen — für beide Parteien. Der Beklagte kann keine Rechte daraus gegen die Klägerin herleiten. . . .

---

42. Ist bei der freien Aufwertung das Verhältnis zu berücksichtigen, in dem die Kaufkraft der Reichsmark zur Kaufkraft der Vorkriegsmark steht?

BGB. § 242.

VI. Zivilsenat. Urt. v. 16. Juni 1930 i. S. Gewerkschaft H. A. (Bekl.) w. L. (Kl.). VI 559/29.

I. Landgericht Bochum.
II. Oberlandesgericht Hamm.

Ein Teil des Grundbesitzes des Klägers wurde durch Vertrag vom 28. September/3. Oktober 1917 in notariell beurkundeter Form an die Beklagte verkauft. Der Kläger befand sich damals in Kriegsgefangenschaft; der Vertrag wurde kraft seiner Vollmacht durch seinen Vater abgeschlossen. Nach seiner Rückkehr schloß der Kläger mit der Beklagten am 12. Februar 1920 wiederum einen notariell beurkundeten Vertrag, der denselben Kaufgegenstand betraf. Der Gesamtpreis von 53305,20 Mark wurde unverändert gelassen, die Berechnung im einzelnen aber geändert. Die Beklagte zahlte den Kaufpreis nebst 4 v. H. Zinsen seit dem 1. November 1917 in Papiermark am 19. Februar 1920 aus und wurde als Eigentümerin eingetragen.

Der Kläger verlangte eine Nachzahlung nach Aufwertungsgrundsätzen, indem er dem vereinbarten Kaufpreis den Geldwert von Ende September 1917 zugrunde legte. Das Landgericht sprach ihm 33000 RM. nebst 6 v. H. Zinsen seit dem 1. Januar 1924 zu. Auf die Berufung der Beklagten setzte das Oberlandesgericht den Betrag auf 18000 RM. mit 6 v. H. Zinsen seit dem 1. Juli 1929 herunter.

Gegen dieses Urteil legten beide Teile Revision ein. Die Beklagte erstrebte völlige Abweisung der Klage, der Kläger Verurteilung der Beklagten zu noch 7000 RM. nebst Zinsen. Die Revision des Klägers wurde zurückgewiesen, die der Beklagten hatte Erfolg.

Aus den Gründen:

... Der Kläger hält sich für beschwert wegen der Höhe der ihm zuerkannten Aufwertung. Er verlangt außer dem zugesprochenen Betrage von 18000 RM. noch 7000 RM., weil er es für unbillig hält, die gesunkene Kaufkraft der Reichsmark unberücksichtigt zu lassen. Dabei versteht er aber das Berufungsurteil unrichtig. Der Berufungsrichter hat es nicht grundsätzlich abgelehnt, die Verminderung der Kaufkraft der Reichsmark zu berücksichtigen. Er meint nur, daß diese Verminderung im vorliegenden Falle nicht zur Aufwertung auf 100 v. H. oder mehr führen könne, sondern hält unter Berücksichtigung der wirtschaftlichen Verhältnisse und der Länge der seit dem Verkaufsgeschäft verstrichenen Zeit die Aufwertung auf 18000 RM. „auch in Anbetracht der Kaufkraft der Reichsmark" für angemessen. Er hat also die verminderte Kaufkraft der Reichsmark mit in Anschlag gebracht, und es muß danach angenommen werden, daß der Vorderrichter andernfalls zu einer noch geringeren Summe gelangt wäre.

Ist aber die gesunkene Kaufkraft der Reichsmark mit in Anschlag gebracht worden, so macht nach § 559 Satz 2 ZPO. die Revision der Beklagten die Prüfung erforderlich, ob das zulässig war.

Der V. Zivilsenat des Reichsgerichts hat im Urteil vom 7. November 1928 (Zeiler Aufw.-Fälle Nr. 1441) die Berücksichtigung der geminderten Kaufkraft der Reichsmark gebilligt. Sonst ist diese Berücksichtigung vom Reichsgericht abgelehnt worden, so vom I. Zivilsenat (Urteile vom 30. April 1927 bei Zeiler Nr. 610, vom 19. Oktober 1927 bei Zeiler Nr. 916 = SeuffA. Bd. 82 Nr. 6, vom 18. Dezember 1929 I 193/29), vom II. Zivilsenat (RGZ. Bd. 126 S. 399), vom IV. Zivilsenat (Urteil vom 22. Februar 1926 bei Zeiler Nr. 671), vom VII. Zivilsenat (Urteil vom 17. Januar 1928 bei Zeiler Nr. 1057), vom erkennenden Senat (Urteile vom 21. November 1927 bei Zeiler Nr. 972, vom 29. November 1928 bei Zeiler Nr. 1481). Im Urteil des erkennenden Senats vom 20. Dezember 1928 (Zeiler Nr. 1529) wurde auf die Frage nicht eingegangen, weil nur der Aufwertungsgläubiger Revision eingelegt hatte und ihm bereits vom Berufungsgericht mit Rücksicht auf die gesunkene Kaufkraft der Reichsmark eine Erhöhung des Aufwertungsbetrags zugebilligt worden war. Im Urteil des erkennenden Senats vom 25. November 1929 (Zeiler Nr. 1927) wurde auf die genannte Entscheidung des V. Zivilsenats verwiesen und zu der Frage keine bestimmte Stellung genommen.

Bei nochmaliger Prüfung ist der erkennende Senat zu der Überzeugung gelangt, daß daran festgehalten werden muß, die sogen. gesunkene Kaufkraft der Reichsmark bei der freien Aufwertung nach § 242 BGB. unberücksichtigt zu lassen. Denn sowohl der Kurs der deutschen Reichsmark im Auslande als auch die Statistik der Großhandelspreise an ausländischen Märkten spricht durchaus dafür, daß es sich nicht um eine Eigentümlichkeit des deutschen Geldes, sondern um eine echte Warenteuerung handelt (vgl. Wirtschaft und Statistik, herausgegeben vom Deutschen Reichsamt, 1930 S. 336). Wenn nun auch bei der Aufwertung alle Umstände zu beachten sind, so geht es doch nicht an, diese Teuerung nur zugunsten des Gläubigers zu berücksichtigen, obwohl unter ihr der Gläubiger wie der Schuldner gleichermaßen zu leiden haben. Unter den Voraussetzungen des Schadensersatzes, insbesondere des Verzugsschadens, mag vielleicht auch die Warenteuerung Beachtung verdienen. Dabei und bei der Umwertung von Wertansprüchen (RGZ. Bd. 115 S. 392, Bd. 116 S. 329, Bd. 118 S. 188, Bd. 120 S. 80, Bd. 126 S. 190) handelt es sich aber nicht um Fragen der reinen Aufwertung. Der V. Zivilsenat hat auf Anfrage erklärt, daß er an seiner im Urteil vom 7. November 1928 ausgesprochenen Ansicht nicht festhalte; demnach bedarf es nicht der Anrufung der Vereinigten Zivilsenate.

Unter den erörterten Gesichtspunkten wird das Berufungsgericht die Höhe der Aufwertung nochmals zu prüfen haben. ...

---

43. 1. Ist die Aufwertung eines persönlichen Anspruchs auf Zahlung der Ablösungssumme für eine Reallast mit § 31 AufwG. vereinbar?

2. Kann eine Reallast auch zur Sicherung einer persönlichen Forderung verwendet werden?

BGB. § 1105. EG. z. BGB. Art. 113 flg. AufwG. §§ 20, 31, 88. DurchfVo. z. AufwG. v. 29. November 1925 Art. 28.

VI. Zivilsenat. Urt. v. 23. Juni 1930 i. S. Grundrenten- und Hypothekenanstalt der Stadt D. (Kl.) w. Testamentsvollstrecker des Nachlasses P. (Bekl.). VI 827/29.

I. Landgericht Dresden.
II. Oberlandesgericht daselbst.

Im Jahre 1902 wurde für die Stadtgemeinde D. im Grundbuche zweier Grundstücke in St. je eine Rente als Reallast eingetragen, die eine in Höhe von jährlich 727 M. bis zum 31. Dezember 1956, die andere in Höhe von jährlich 552 M. für die Dauer von 55 Jahren. Im Jahre 1913 wurde die Abtretung dieser Reallasten an die Klägerin im Grundbuch eingetragen. Der Bankier P. erwarb das eine Grundstück im Jahre 1910, das andere im Jahre 1914. Nach seinem im Jahre 1924 erfolgten Tode wurde der Beklagte und demnächst auf Grund von Veräußerungsverträgen der Kaufmann L. Eigentümer der Grundstücke. P. hatte am 27. Juni 1922 die Reallasten zur Rückzahlung gekündigt und am 30. Dezember 1922 die von der Klägerin geforderten Ablösungssummen bezahlt. Am 30. August 1923 wurden die Reallasten gelöscht.

Die Klägerin nimmt die Erben des P. als persönliche Schuldner der Ablösungssummen in Anspruch; sie verlangt von dem Beklagten als Testamentsvollstrecker 60 v. H. des Ablösungsbetrags von 21650,76 M. mit 12990,45 RM. Das Landgericht erklärte den Klaganspruch dem Grunde nach für gerechtfertigt. Das Berufungsgericht wies die Klage ab. Die Revision der Klägerin hatte keinen Erfolg.

Gründe:

1. Das Berufungsgericht legt seiner Entscheidung folgende Erwägungen zugrunde. Die Verpflichtung zur Zahlung der Ablösungssumme für eine Reallast sei eine Verbindlichkeit zu einer Leistung aus der Reallast. Sie trete mit deren Aufhebung an die Stelle der etwa noch ausstehenden wiederkehrenden Leistungen und finde den gleichen dinglichen Schutz. Im vorliegenden Falle sei infolge der Kündigung eine persönliche Verpflichtung des P. zur Zahlung der Ablösungssummen entstanden. Infolge der Zahlung mit entwertetem Geld im Jahre 1922 sei diese Verpflichtung in Wirklichkeit nur zu einem ganz geringen Bruchteile getilgt. Dem an sich nach § 242 BGB. gegebenen Aufwertungsanspruch stehe indes die Aufwertungsgesetzgebung entgegen. Durch § 31 Abs. 1 AufwG., der lediglich die Aufwertung des dinglichen Reallastenrechts regle, werde die Aufwertung der aus der Reallast hervorgehenden persönlichen Ansprüche noch nicht ausgeschlossen, wie sich aus § 62 das. ergebe. Wohl aber verhindere die Art und Weise, in der die Aufwertungsgesetzgebung die Aufwertung des dinglichen Reallastenrechts geregelt habe, die

Aufwertung des persönlichen Anspruchs auf die Ablösungssumme. Die persönlichen Ansprüche aus den Reallasten hätten ihre Grundlage nur in den dinglichen Rechten. Die Aufwertung der dinglichen Verpflichtung zur Zahlung der Ablösungssumme werde aber von der Aufwertungsgesetzgebung nicht anerkannt. Die Vorschrift des Art. 28 DurchfVo. vom 29. November 1925 regle die Aufwertung einer in der Rückwirkungszeit abgelösten Reallast nicht in der Weise, daß sie der bereits fällig gewordenen Ablösungspflicht ein dingliches Recht auf Zahlung der entsprechenden aufgewerteten Ablösungssumme zur Seite stelle. Sie behandle vielmehr die Ablösung der Reallast dinglich als nicht erfolgt und lasse diese Last entsprechend aufgewertet, durch die Ablösung unberührt, weiter bestehen. Damit werde auch dem persönlichen Anspruch die Grundlage entzogen. Die Folge dieser grundsätzlichen Regelung müsse auch dann für die persönliche Ablösungsschuld anerkannt werden, wenn der Wiederherstellung der dinglichen Rechte infolge der Vorschriften über den guten Glauben § 20 AufwG. entgegenstehe. Bleibe aber nach einer innerhalb der Rückwirkungszeit erfolgten Ablösung kein persönlicher Anspruch auf die Ablösungssumme bestehen, so sei auch die Klageforderung unbegründet.

Die Revision führt im wesentlichen aus, daß die Zahlung von 1922, wie das Berufungsgericht zutreffend annehme, nur eine Teilerfüllung der damals fällig gewordenen Ablösungsschuld sei. Durch Art. 28 DurchfVo. sei sie auch dieser Bedeutung als Teilerfüllung entkleidet. Als Anrechnungsvorschrift halte sich Art. 28 im Rahmen des § 88 Abs. 2 AufwG. Dagegen bestimme Art. 28 nicht die Aufhebung der Rechtsfolgen der Kündigung. Eine Bestimmung dieser Art ginge über den Rahmen des § 88 Abs. 2 hinaus. Der in § 31 Abs. 2 Satz 2 angeordnete Erloß beziehe sich nur auf die rückständigen wiederkehrenden Leistungen. Äußerstenfalls müßten die §§ 257, 259 ZPO. angewendet werden.

Die Rügen der Revision greifen nicht durch; vielmehr ist dem Berufungsgericht im Ergebnis beizutreten.

Die Klage ist darauf gestützt, daß P. als eingetragener Eigentümer die für die Klägerin eingetragene Reallast zur Rückzahlung gekündigt habe und deshalb als persönlicher Schuldner für die Aufwertung der Renten hafte. Das Berufungsgericht geht davon aus, daß es sich bei diesen Renten um Reallasten handle. Nach den allgemeinen Vorschriften des Bürgerlichen Gesetzbuchs kann zugunsten des Berechtigten die Belastung eines Grundstücks in der Weise erfolgen, daß wiederkehrende Leistungen aus dem Grundstück zu entrichten sind (§ 1105 BGB.). Im übrigen ist es der Landesgesetzgebung überlassen, nähere Bestimmungen über die einzelnen Reallasten zu treffen (Art. 113, 114, 115 EG. z. BGB.). Insbesondere hat das Bürgerliche Gesetzbuch bei der Reallast, deren Gegenstand nicht bloß Geldleistungen sein können, von einer der Vorschrift über Rentenschulden (§ 1199) entsprechenden Bestimmung abgesehen, wonach bei der Bestellung der Rentenschuld der Betrag bestimmt werden muß, durch dessen Zahlung die Rentenschuld abgelöst werden kann. Vielmehr sind nach Art. 113 EG. z. BGB. die landesgesetzlichen Vorschriften über die Ablösung von Reallasten unberührt geblieben. Demgemäß kann nur aus dem Landesgesetz die Frage beantwortet werden, ob und unter welchen Voraussetzungen eine persönliche Verpflichtung zur Zahlung der Ablösungssumme entsteht. Das Berufungsgericht läßt dahingestellt, ob die Frage der persönlichen Haftung für die Ablösungssumme nach dem Sächsischen Bürgerlichen Gesetzbuch oder nach dem für das Deutsche Reich zu beantworten sei. Es bejaht die Frage nach beiden Gesetzen. Diese Art der Stellungnahme ist rechtlich bedenklich und trifft nach dem Gesagten für das Bürgerliche Gesetzbuch des Deutschen Reichs sachlich nicht zu. Soweit die Entscheidung aus der Auslegung des sächsischen Rechts entnommen ist, kann sie in der Revisionsinstanz nicht nachgeprüft werden (§ 549 ZPO.). Es kommt aber im jetzigen Rechtsstreit nicht darauf an, ob aus der Kündigung der Reallast eine persönliche Verpflichtung des Eigentümers zur Zahlung der Ablösungssumme entstanden war. Denn jedenfalls kann sie im Gebiete des Aufwertungsrechts keine Berücksichtigung finden.

Das Aufwertungsgesetz vom 16. Juli 1925 bestimmt im ersten Absatz des § 31, daß die Vorschriften der §§ 4 bis 8 und 14 bis 24, abgesehen von einer hier nicht in Betracht kommenden Maßgabe, auf Reallasten entsprechend anzuwenden sind. Im zweiten Absatz gibt es einschränkende Vorschriften über die Aufwertung wiederkehrender Leistungen, die auf Grund einer Reallast geschuldet werden. Ob die Reallast als Ganzes nach bürgerlichem Recht unter Umständen selbständige rechtliche Bedeutung hat als Quelle, aus der die einzelnen Leistungen fließen (vgl. Planck BGB. Bem. 2

vor § 1105; RGZ. Bd. 75 S. 163), braucht hier nicht entschieden zu werden. Das Aufwertungsgesetz unterscheidet nach dem Inhalt der zwei Absätze des § 31 zwischen der Last als solcher und den einzelnen Leistungen. In ersterer Beziehung wird gerade die Ablösungssumme eine Rolle spielen (vgl. für das bürgerliche Recht Planck a. a. O.). Denn der Absatz 2 regelt die Aufwertung der einzelnen wiederkehrenden Leistungen für das Jahr 1925 und die folgenden Jahre und sieht vor, daß die rückständigen Leistungen als erlassen gelten. Gemäß Art. 28 DurchfVo. vom 29. November 1925 ist der Goldmarkbetrag der Ablösungssumme auf die zunächst fällig werdenden Jahresleistungen anzurechnen, falls auf Grund des Vorbehalts der Rechte oder kraft Rückwirkung die abgelöste Reallast aufgewertet wird. Die Verordnung konnte nach § 88 Abs. 2 AufwG. nur zur Durchführung dieses Gesetzes erlassen werden, konnte also selbst über die Aufwertung der abgelösten Reallast keine Vorschriften geben. Sie kann aber zur Unterstützung der Auslegung des § 31 AufwG. nach der Richtung verwertet werden, daß hier eine Hereinziehung der Ablösungssumme in das Aufwertungsverfahren anerkannt und die abschließende Regelung der Frage vorausgesetzt wird, wie die Geldentwertung auf die Ablösungssumme zu wirken hat. Bestätigt wird diese Auffassung durch die Vorschrift des § 14 der Aufwertungsnovelle vom 9. Juli 1927 (RGBl. I S. 171). Danach wird die Frage des Einflusses des gutgläubigen Erwerbs nach § 892 BGB. im Gegensatz zu dem Aufwertungsgesetz von 1925 für diejenigen Fälle geregelt, in denen eine Hypothek, Rentenschuld oder Reallast von dem Erwerber eines Grundstücks oder für seine Rechnung abgelöst worden ist. Hieraus ergibt sich, daß das Gesetz vom 9. Juli 1927 die Ablösung der Reallast als solcher in seinen Wirkungsbereich einbezogen hat und offenbar eine solche Einbeziehung auch in das Aufwertungsgesetz voraussetzt. War eine Ablösungssumme, welche die gesamte Reallast zum Erlöschen bringen sollte, vom Währungsverfall betroffen, so konnte die Frage der Beseitigung dieser Wirkung für die gesetzliche Regelung nach zwei Richtungen betrachtet werden. Einmal konnte man den Standpunkt einnehmen, daß die Zahlung der Ablösungssumme, die wegen ihres geringen inneren Wertes die Reallast in Wirklichkeit nicht getilgt hatte, aufzuwerten sei. In diesem Falle wäre naturgemäß für die Aufwertung künftig wiederkehrender Leistungen kein

Raum, da ihre Quelle versiegt wäre. Sodann konnte man aber die Rechtslage auch so betrachten, daß infolge der unzulänglichen Zahlung der Ablösungssumme die einzelnen wiederkehrenden Leistungen als Inhalt der Reallast in Wirklichkeit noch nicht in Wegfall gebracht worden seien, und die Aufwertung sich auf sie zu erstrecken habe. Dann konnte die Ablösungssumme selbst nicht der Aufwertung unterworfen werden. Denn wenn man auch der Reallast als solcher unter Umständen eine selbständige rechtliche Bedeutung beimessen will, so erschöpft sich sachrechtlich ihr Inhalt in den wiederkehrenden Leistungen; das Nichterlöschen des Anspruchs auf die wiederkehrenden Leistungen hat also den Wegfall des rechtlichen Grundes für den Anspruch auf die Ablösungssumme zur Folge. Diesen zweiten Weg ist das Aufwertungsgesetz gegangen. Daraus erklärt sich die nun in der Tat lediglich als Ausführung des § 31 AufwG. im Sinne des § 88 Abs. 2 das. erscheinende Vorschrift des Art. 28 DurchfVo., wonach der Goldmarkbetrag der Ablösungssumme auf die zunächst fällig werdenden Jahresleistungen anzurechnen ist. Wäre eine solche Beziehung zwischen der Ablösungssumme und den künftig zu entrichtenden Jahresleistungen nicht hergestellt, so müßte jene Summe nach dem bürgerlichen Recht auf Grund ungerechtfertigter Bereicherung zurückgezahlt werden (vgl. Mügel Aufwertungsrecht zu Art. 28 DurchfVo.; KG. in JW. 1928 S. 1405 = AufwRspr. 1928 S. 165).

Besteht aber nach den Vorschriften des Aufwertungsrechts (§ 31 Abs. 1, § 15 AufwG., Art. 28 DurchfVo.) kein Anspruch auf die Ablösungssumme, so kann insoweit auch kein persönlicher Anspruch aufgewertet werden, selbst wenn ein solcher an sich nach sächsischem Recht anzunehmen wäre; denn dieser Anspruch würde in Ansehung der Reallast, wenn überhaupt, dann nur als Ausfluß des dinglichen Rechts in Betracht kommen. An diesem Ergebnis ändert auch nichts der Umstand, daß im vorliegenden Falle die Vorschriften über den öffentlichen Glauben des Grundbuchs der Wiedereintragung der Reallast entgegenstehen (§ 31 Abs. 1, § 20 AufwG.). Auch der Hinweis der Klägerin auf die Entscheidung in RGZ. Bd. 116 S. 20 greift nicht durch. Sie betrifft die Wirkungen einer nach der Dritten Steuernotverordnung erfolgten Kündigung einer Hypothek und die Bedeutung des § 25 AufwG.; demnach hat sie mit der Sonderregelung der Aufwertung von Reallasten nichts zu tun.

2. Unabhängig von der Frage, ob und wieweit aus der Reallast eine persönliche, der Aufwertung unterliegende Forderung erwachsen kann, ist die Frage, ob Reallasten auch zur Sicherung persönlicher Forderungen verwendet werden können. Diese Frage bejaht das Berufungsgericht in Übereinstimmung mit der Rechtsprechung des Reichsgerichts (RGZ. Bd. 113 S. 103; RGUrt. vom 20. Februar 1926 V 142/25 bei Zeiler Aufwfälle Nr. 323 = DJZ. 1926 Sp. 813; RGUrt. vom 26. Oktober 1927 V 55/27 bei Zeiler Nr. 933; RGUrt. vom 2. Januar 1929 V 5/28 bei Zeiler Nr. 1539). Das Berufungsgericht erwägt in dieser Beziehung einmal, der Vertrag, durch den die Reallast begründet wurde, sei nicht mit P., sondern mit früheren Grundstückseigentümern geschlossen worden; sodann: die Klägerin habe nicht behauptet, daß P. beim Erwerb des Grundstücks neben der dinglichen Reallast ihr gegenüber noch andere Verpflichtungen übernommen habe. Die Rüge der Revision, die Behauptung der Übernahme der persönlichen Schuld liege in der Behauptung der persönlichen Haftung, geht fehl. Die Klage war darauf gestützt, daß die persönliche Verbindlichkeit zur Zahlung der Ablösungssummen in der Person des P. entstanden sei. Die Übernahme einer in einer anderen Person entstandenen Schuld betrifft einen hiervon völlig verschiedenen Tatbestand. Auch die gelegentliche Bemerkung, daß hier die Reallasten auf Darlehensverträgen beruhten und zur Sicherstellung der daraus für den Gläubiger hervorgehenden Ansprüche eingetragen seien, läßt sich auf eine Übernahme der Schuld durch P. nicht beziehen.

---

44. 1. Was ist unter Ansprüchen zu verstehen, welche die Zahlung einer bestimmten in Mark ausgedrückten Geldsumme zum Gegenstand haben?

2. Nach welchen Grundsätzen ist ein Geldzehntenanspruch des sächsischen Bergrechts aufzuwerten?

AufwG. §§ 1, 15, 16, 31, 63, 67. DurchfVo. z. AufwG. v. 29. November 1925 Art. 28. BGB. §§ 242, 779.

VI. Zivilsenat. Urt. v. 16. Juni 1930 i. S. E. Zehntenverein (Kl.) w. E. Steinkohlen-Aktienverein (Bekl.). VI 835/29.

I. Landgericht Zwickau.
II. Oberlandesgericht Dresden.

Der Kläger, eine im Jahre 1875 gegründete Genossenschaft sächsischen Rechts zur gemeinsamen Geltendmachung der Rechte ihrer Mitglieder auf die bergrechtliche Geldzehntenabgabe, schloß mit dem Beklagten am 10. Mai 1908 einen Vertrag über die Berechnung und Zahlung des Zehnten (Zehntenvertrag) ab. Danach wurde für jeden geförderten Karren Kohle der „Grundzehnte" auf 43 Pfennig festgesetzt und der jährlich zu zahlende Zehnte nach dem Verhältnis des durchschnittlichen Jahresverkaufspreises zu dem des Jahres 1906 berechnet, sodaß sich der Zehnte demgemäß erhöhen oder ermäßigen konnte. Der Vertrag wurde bis 1916 geschlossen und war dann kündbar, lief aber bis zum Zustandekommen eines neuen Vertrags weiter. Am 10. Februar 1920 wurde zwischen den Parteien unter Aufhebung zweier Zwischenverträge ein „Höchstzehntenvertrag" geschlossen, und zwar, wie darin gesagt ist, „mit Rücksicht auf die außergewöhnliche Steigerung der Kohlenpreise". Danach sollte der Zehnte künftig nicht mehr betragen, als die Hälfte der Preissteigerung des Jahres 1919 über das Jahr 1918 hinaus ergab; diese Begrenzung sollte so lange gelten, wie der Verkaufspreis höher sein werde als der des Jahres 1918. Ein im wesentlichen gleicher Höchstzehntenvertrag wurde am 5. Juni 1920 zwischen dem Kläger und dem Aktienverein der Z.er Bürgergewerkschaft geschlossen; diesem hatte der Beklagte einen Teil seiner Kohlenfelder übertragen, welchen er nunmehr als Pächter der an die Stelle der Bürgergewerkschaft getretenen Stadtgemeinde Z. ausbeutet. Die fortschreitende Geldentwertung führte zu dem Verlangen des Klägers nach Heraufsetzung des Höchstzehnten (Schreiben vom 20. Oktober 1922), zur Kündigung der Höchstzehntenverträge durch den Kläger (Schreiben vom 18. Dezember 1922) und zu Verhandlungen, die zunächst eine Erhöhung des Zehnten, schließlich aber seine Ablösung durch einmalige Kapitalzahlung zum Gegenstand hatten. Hierüber machte der Beklagte unter dem 9. Mai 1923 dem Kläger sein letztes Angebot, dessen Annahme dieser auf Grund eines Generalversammlungsbeschlusses vom 24. Mai 1923 dem Beklagten am selben Tage mitteilte. Der Ablösungsvertrag betraf die Rechte gegen den Beklagten und gegen die Bürgergewerkschaft, er legte den zwanzigfachen Betrag des bisherigen Zehnten der Berechnung zugrunde und gewährte auch für das Jahr 1922 eine entsprechende Nachzahlung. Für die Zukunft wurde dieser erhöhte Betrag kapitalisiert. Um den so ermittelten Betrag vor neuer Entwertung zu schützen, wurde Zahlung nach dem Dollarkurse des dritten Tages vor dem Zahlungstage vereinbart. Demgemäß zahlte der Beklagte dem Kläger am 1. Juni 1923 als Nachzahlung für das Jahr 1922 3346983 M. und am 8. Juni 1923 als Ablösungssumme für die Zukunft 93588690 M. aus. Am 31. Dezember 1923 bekannte der Kläger, diese Summen empfangen zu haben, und erklärte sich für völlig abgefunden.

Nach dem Inkrafttreten des Aufwertungsgesetzes meldete der Kläger am 11. Dezember 1925 den Anspruch auf Aufwertung bei der Aufwertungsstelle des Amtsgerichts Z. an. Da der Beklagte den Anspruch dem Grunde nach bestritt, setzte die Aufwertungsstelle das Verfahren bis zur Entscheidung des Prozeßgerichts aus.

Im gegenwärtigen Rechtsstreite verlangt der Kläger Aufwertung, und zwar in erster Linie unter Ausschaltung des nach seiner Meinung nicht anwendbaren Aufwertungsgesetzes nach allgemeinen Vorschriften, hilfsweise nach dem Aufwertungsgesetz. Er hat im ersten Rechtszuge beantragt, den Beklagten zur Zahlung von 132328,20 RM. nebst 8 v. H. Zinsen seit dem 1. Januar 1924 zu verurteilen, hilfsweise: festzustellen, daß er Anspruch auf Aufwertung der vom Beklagten auf Grund des Ablösungsvertrags gezahlten Summe habe, äußerstenfalls: festzustellen, daß der Ablösungsvertrag unwirksam sei. Der Beklagte bestreitet sämtliche Ansprüche, den bezifferten Anspruch nach Grund und Betrag. Er leugnet auch die Berechtigung des Klägers zur Sache, da dieser nicht mehr bestehe. Ferner bestreitet er, soweit die Bürgergewerkschaft beteiligt ist, daß er der richtige Beklagte sei. Schließlich hat er noch Verzicht und Verwirkung eingewendet.

Das Landgericht traf unter Abweisung des Hauptantrags die im ersten Hilfsantrage begehrte Feststellung. Hiergegen legte der Beklagte Berufung ein mit dem Antrag auf völlige Klagabweisung. Der Kläger schloß sich der Berufung an mit dem Antrage, den Beklagten nach dem Hauptantrage zu verurteilen. Das Oberlandesgericht wies die Klage völlig ab. Die Revision des Klägers führte zur Aufhebung und Zurückverweisung.

Gründe:

Die dem Kläger günstige Annahme des Berufungsgerichts, daß er noch als Personenverein bestehe und gesetzmäßig vertreten sei, stützt sich auf irrevisibles Landesrecht (sächs. Gesetz vom 15. Juni 1868, sächs. Ges.- u. Vdgs.-Bl. S. 315; Art. 166 EG. z. BGB.). Ebenfalls auf irrevisiblem Landesrecht beruht die Einreihung des Kohlenzehnten unter die Reallasten (sächs. Allgemeines Berggesetz vom 31. August 1910 § 79; Art. 67 EG. z. BGB.) sowie die Annahme des Berufungsgerichts, dieses Recht sei rein dinglich, ohne daß daneben noch eine persönliche Forderung bestehe. Der Vorderrichter ist weiter der Ansicht, daß die Reallast der Vorschrift des § 31 AufwG. unterliege. Daß darunter auch landesrechtliche Reallasten gehören, ist in der Rechtsprechung des Reichsgerichts anerkannt (RGZ. Bd. 113 S. 93; Zeiler Aufwfälle Nr. 304, 323). Die Parteien streiten aber darüber, ob der Anspruch aus der vorliegenden Reallast, wenn sie keine Ablösung vereinbart hätten, auf eine bestimmte in Mark ausgedrückte Geldsumme gegangen wäre (§ 1 AufwG.). Nach dem Zehntenvertrage vom 10. Mai 1908 war das unzweifelhaft nicht der Fall. Zwar würde es kein Hindernis für die Anwendung des Aufwertungsgesetzes bilden, daß der Betrag des Zehnten nur für die Einheit, nämlich den geförderten Karren Kohle, bestimmt war und nach der Zahl der Einheiten berechnet werden mußte. Aber die Bestimmung war für die Einheit wertbeständig getroffen, denn der als „Grundzehnter" bezeichnete Einheitssatz war veränderlich nach dem Verkaufspreise der Kohlen. Wenn daher der Zehntenvertrag in der Zeit des Währungsverfalls durchgeführt worden wäre, so hätten die Leistungen des Beklagten an den Kläger der Kaufkraft der Mark auf dem Kohlenmarkte folgen müssen. Auf solche wertbeständig bestimmte Ansprüche findet das Aufwertungsgesetz keine Anwendung (Mügel Aufwertungsrecht 5. Aufl. § 1 Anm. 6, 7; Schlegelberger-Harmening Aufwertungsgesetz 5. Aufl. § 1 Anm. 4c; Quassowski Aufwertungsgesetz 5. Aufl. § 1 Anm. I 2). Der Zehntenvertrag wurde aber nicht durchgeführt, sondern durch die Höchstzehntenverträge vom 10. Februar und 5. Juni 1920 in einschneidender Weise abgeändert. Die vermeintliche Preissteigerung der Kohle, d. h. die Erhöhung ihres Papiermarkpreises, sollte nur noch mit der Hälfte der Preissteigerung des Jahres 1919 berücksichtigt werden, darüber hinaus aber überhaupt nicht mehr. Damit war dem Kohlenzehnten nach oben eine feste Grenze gesetzt. Eine bestimmte in Mark ausgedrückte Geldsumme war auch damit freilich noch nicht vereinbart. Denn die Parteien rechneten, wie sich aus beiden Verträgen klar ergibt, damals noch mit einem Sinken des Papiermarkpreises, in welchem Falle die Berechnung nach dem Vertrage von 1908 wieder einsetzen sollte. Was ursprünglich als obere Grenze gedacht war, wurde aber nach der Annahme des Berufungsgerichts durch den Fortschritt des Währungsverfalls zu einer festen Bestimmung. Die auflösende Bedingung der Höchstzehntenverträge trat tatsächlich nicht ein, und ihr Eintritt wurde auch rechtlich unmöglich, als durch das Münzgesetz vom 30. August 1924 (RGBl. II S. 254) eine neue Währung eingeführt und eine Billion Papiermark einer Reichsmark gleichgesetzt wurde (§ 5). Ohne Rechtsirrtum konnte daher der Vorderrichter im Anschluß an die Ausführungen des Landgerichts annehmen, daß die Voraussetzung des § 1 AufwG. als erfüllt gelten muß, wenn die Höchstzehntenverträge bei der Ablösung des Zehnten im Jahre 1923 noch in Kraft waren.

Der Berufungsrichter läßt sich über die letztere Frage nicht aus, ist aber anscheinend der Ansicht, daß die Höchstzehntenverträge noch galten, denn wegen ihrer Geltung erklärt er das Aufwertungsgesetz für anwendbar. Dann ist aber nicht einzusehen, warum er das Aufwertungsgesetz nicht angewendet hat. Die Ablösung der Reallast im Jahre 1923 konnte dafür kein Hindernis bilden. Denn auch für Reallasten gilt nach § 31 AufwG. die Vorschrift des § 15 das., wonach die in der Zeit vom 15. Juni 1922 bis zum 14. Februar 1924 geschehene Annahme der Leistung die Aufwertung nicht hindert. Auch der Umstand, daß die Ablösungssumme vertraglich vereinbart war, steht der Aufwertung kraft Rückwirkung nicht entgegen. Dabei kann dahingestellt bleiben, ob in der Vereinbarung ein Vergleich im Sinne des § 67 Abs. 1 AufwG. zu sehen ist oder nicht. Das Berufungsgericht stellt selbst fest, daß das irrevisible sächsische Recht dem Kläger die Eigenschaft des Kaufmanns nicht beilegt; daß er kein Handelsgewerbe im Sinne des Handelsgesetzbuchs betreibt, ist unstreitig. Also stände nach § 67 Abs. 2 AufwG. die Vereinbarung, auch wenn sie ein Vergleich im Sinne des Abs. 1 wäre, der Aufwertung nicht entgegen. War sie aber, wie beide Vorinstanzen ohne Rechtsirrtum annehmen, kein Vergleich im Sinne des § 67 Abs. 1 AufwG., sondern eine Vereinbarung anderer Art, eine der in der Zeit des Währungsverfalls nicht seltenen Abmachungen, durch die der Gläubiger mit erhöhten, wenn auch hinter einer wirklichen Aufwertung zurückbleibenden Papiermarkbeträgen abgefunden wurde, so hindert sie die Aufwertung ebensowenig. Denn derartige Vereinbarungen stehen einer Aufwertung nach dem Aufwertungsgesetz nur dann entgegen, wenn sie dessen Sätze erreichen oder übersteigen (RGZ. Bd. 117 S. 300). Daß dies hier der Fall wäre, hat der Beklagte nicht behauptet. Demgemäß mußte vom Standpunkte der Anwendbarkeit des Aufwertungsgesetzes der Anspruch dem Grunde nach für gerechtfertigt erklärt und die Festsetzung des Betrags der Aufwertungsstelle überlassen werden, wenn sich die Parteien nicht auf das Prozeßgericht einigten (RGZ. Bd. 122 S. 100) oder keinen Aussetzungsantrag nach § 77 AufwG. stellten (RGZ. Bd. 121 S. 208). Im Betragsverfahren wäre dann die Aufwertung der Reallast nach § 31 AufwG. auf Grund der durch die Höchstzehntenverträge bestimmten Papiermarksätze vorzunehmen und die geleistete Zahlung nach Art. 28 DurchfVo. vom 29. November 1925 anzurechnen. Dabei wäre, soweit die Stadtgemeinde Z. die dinglich Verpflichtete ist, diese selbst, nicht ihr Pächter, als Antragsgegner anzusehen. Die Ansicht des Berufungsgerichts, daß diese Bestimmungen nur bei Zahlung einer von vornherein feststehenden Ablösungssumme anwendbar seien, nicht auch bei einer erst in der Rückwirkungszeit vereinbarten Ablösung der Reallast, findet im Gesetze und dessen Materialien (Bericht des 18. Ausschusses Reichstagsdrucks. Nr. 1125 von 1924/25) keine Stütze; weder das Gesetz noch die Durchführungsverordnung machen in dieser Hinsicht einen Unterschied (vgl. Schlegelberger-Harmening a. a. O. Anm. zu Art. 28 DurchfVo.). Die rückwirkende Aufwertung wird bei Reallasten gerade dann einzutreten haben, wenn die Reallast in der Rückwirkungszeit durch eine Kapitalabfindung abgelöst ist; denn für Einzelbeträge gibt es nach § 31 Abs. 2 Satz 2 AufwG. keine rückwirkende Aufwertung, rückständige Leistungen gelten vielmehr als erlassen. Warum die rückwirkende Aufwertung nur dann stattfinden sollte, wenn die Ablösungssumme der Reallast von vornherein feststeht, ist nicht einzusehen. Für die Reallast des Bürgerlichen Gesetzbuchs ist die Festsetzung einer Ablösungssumme — anders als für die Rentenschuld nach § 1199 Abs. 2 BGB. — nicht einmal vorgeschrieben (§ 1105 BGB.).

Diese dem Aufwertungsgesetz entsprechende Entscheidung konnte bei dessen Anwendbarkeit schon auf den Hauptantrag der Klage getroffen werden, wenngleich dieser auf das Verlangen nach freier Aufwertung gestützt worden ist. Den ersten Hilfsantrag, dem das Landgericht stattgab, hat zwar der Kläger dahin erläutert, daß damit die Aufwertung nach dem Aufwertungsgesetz geltend gemacht werde. Es ist aber aus der Fassung dieses Antrags nicht ersichtlich, inwiefern das der Fall sein soll. Denn nach dem Aufwertungsgesetz kann wohl Aufwertung der Reallast, also Neufestsetzung der zu zahlenden Jahresbeträge, verlangt werden, aber nicht Aufwertung der gezahlten Ablösungssumme. Diese ist nicht aufzuwerten, sondern auf die nach § 31 AufwG. aufgewerteten Beträge anzurechnen (Art. 28 DurchfVo.), ganz abgesehen davon, daß hier die vereinbarte Summe bis zu ihrer Zahlung nicht entwertet worden ist. Wie sich das Landgericht die Aufwertung nach dem Aufwertungsgesetz überhaupt gedacht hat, ist aus seinem Urteil nicht klar zu entnehmen, da es sowohl in der Urteilsformel wie in den Gründen die „Ablösungssumme" für aufwertbar erklärt. Seine Erörterung über den Verzicht vom 31. Dezember 1923 erledigt sich durch § 15 AufwG. (vgl. RGZ. Bd. 117 S. 101). Die Ausführungen über die sogenannte Verwirkung nach § 242 BGB. sind für die Aufwertung nach dem Aufwertungsgesetz bedeutungslos; die in § 16 AufwG. vorgeschriebene Anmeldung ist rechtzeitig geschehen. Das Berufungsgericht hat noch die Frage untersucht, ob ein Anspruch aus einem gegenseitigen Vertrage (§ 63 Abs. 3 AufwG.) in Betracht kommt. Das hat es für die Aufwertung der einzelnen Realleistungen verneint, weil nach seiner auf irrevisiblem Landesrecht beruhenden Auffassung der Beklagte mit der Bestellung der dinglichen Reallast seine Gegenleistung für die Überlassung der Grundstücke bewirkt habe, ohne daß daneben noch eine persönliche Schuld bestehen geblieben sei. Damit ist die Anwendbarkeit des § 63 Abs. 3 AufwG. zutreffend verneint, die Verneinung hat der Berufungsrichter aber nur für die rückständigen Leistungen aus der Zeit vor 1925 ausgesprochen. Für die spätere Zeit hat er rechtsirrigerweise die Anwendbarkeit des § 31 AufwG. für ausgeschlossen erachtet und sich auf die Prüfung der Frage beschränkt, ob der Kläger die Aufwertung der vereinbarten Ablösungssumme beanspruchen könne. Das hat der Vorderrichter mit der zutreffenden Begründung abgelehnt, daß diese mit dem Werte bezahlt worden sei, den sie zur Zeit der Vereinbarung gehabt habe. Daran hat er die Bemerkung geknüpft, die Sache liege nicht anders, als wenn jemand in der Zeit des Währungsverfalls ein wertvolles Grundstück zu geringem Preis verkauft und den Kaufpreis sogleich erhalten habe. Dieser Vergleich ist verfehlt. Für solche Verkäufe hat freilich das Gesetz keine nachträgliche Abhilfe geschaffen. Hier handelt es sich aber darum, daß ein Reallastberechtigter in der Rückwirkungszeit mit Papiermarkbeträgen abgefunden worden ist. Für solche Fälle sehen die §§ 15, 31 AufwG. die Aufwertung vor.

Wegen Verstoßes gegen diese Vorschriften muß daher das Urteil aufgehoben werden. Die Revision rügt außerdem, daß der Berufungsrichter eine Klageänderung in dem Versuche des Klägers gefunden hat, die Unwirksamkeit des Ablösungsvertrags aus § 779 BGB. herzuleiten. Auch diese Rüge ist begründet. Der Kläger verlangt Aufwertung des Zehntenrechts; dieses Recht ist der Klagegrund. Dabei bildet der Ablösungsvertrag ein scheinbares Hindernis, auf das der Beklagte einen Einwand stützt. Die Gründe, aus denen der Kläger dieses Hindernis zu beseitigen sucht, sind also Repliken auf den Einwand des Beklagten, nicht neue Klagegründe. Auf die Anwendbarkeit des § 779 BGB. kann es aber nicht ankommen, soweit das Aufwertungsgesetz eingreift.

Bei der hiernach gebotenen wiederholten Erörterung der Sache wird das Berufungsgericht aber auch in der Lage sein, zu prüfen, ob die Höchstzehntenverträge bei der Ablösung des Zehnten überhaupt noch in Kraft waren. Wäre diese Frage zu verneinen, so wäre damit der bisher angenommenen Anwendbarkeit des Aufwertungsgesetzes der Boden entzogen. Dann wäre weiter zu erörtern, ob der Kläger auf der Grundlage des Zehntenvertrags vom 10. Mai 1908 nach den allgemeinen Vorschriften, also im Wege der freien Aufwertung, Ansprüche geltend machen kann und in welcher Form und in welcher Höhe dies zu geschehen hätte, etwa durch Neufestsetzung des Grundzehnten und des Maßes, in dem die Kohlenpreise zu berücksichtigen sind, oder auch durch Ablösung. (Wird näher dargelegt.) Es sei weiter darauf hingewiesen, daß auf dem Gebiete des § 242 BGB. nach der ständigen Rechtsprechung des Reichsgerichts ein in der Zeit des Währungsverfalls geschlossener Vergleich der Aufwertung nicht entgegensteht, wenn durch ihn wegen Unkenntnis eines Aufwertungsanspruchs nur Papiermarkansprüche haben abgegolten werden sollen (RGZ. Bd. 118 S. 61; Zeiler Nr. 733, 1029). Das kann für die Beurteilung des Ablösungsvertrags von Bedeutung sein. Indessen gehören die über den Bergzehnten geschlossenen Verträge sämtlich dem Landesrecht an. Inwieweit die allgemeinen Vorschriften des Reichsrechts dabei anwendbar sind, ist ebenfalls eine Frage des Landesrechts (Zeiler Nr. 3, 280, 410, 1400, 1759). Das Revisionsgericht muß es daher bei diesen Hinweisen auf eine möglicherweise in Betracht kommende Beurteilung bewenden lassen.

---

45. Wieweit ist das Berufungsgericht durch § 565 Abs. 2 ZPO. gebunden?

VI. Zivilsenat. Urt. v. 16. Juni 1930 i. S. D. und B. (Bekl.) w. Rh.-W. Baugewerksberufsgenossenschaft (Kl.). VI 775/29.

I. Landgericht Trier.
II. Oberlandesgericht Köln.

Ein im Betriebe des Beklagten D. beschäftigter Arbeiter wurde dadurch verletzt, daß bei dem von ihm mit mehreren anderen Personen unternommenen Versuch, einen Pfeiler im Gewicht von 23 Zentnern ohne Benutzung eines Flaschenzuges aufzustellen, der Pfeiler abrutschte und sich auf ihn legte. Die Berufsgenossenschaft ist für die Folgen des Unfalls eingetreten und verlangt nach Erfüllung der Voraussetzungen des § 906 RVO. Schadensersatz von dem Beklagten D. als dem Inhaber des Betriebs und von dem Beklagten Maurerpolier B., der die Arbeiten leitete.

Das die Klage abweisende Berufungsurteil wurde vom erkennenden Senat aufgehoben; die Sache wurde zur anderweiten Verhandlung und Entscheidung an das Berufungsgericht zurückverwiesen. Nunmehr gab dieses der Klage gegen beide Beklagte statt. Die Revision des Beklagten D. wurde aus Gründen, die hier nicht von Belang sind, zurückgewiesen. Auf die Revision des Beklagten B. wurde das angefochtene Urteil aufgehoben und die Sache an das Berufungsgericht zurückverwiesen.

Aus den Gründen:

Das Berufungsgericht hat wegen des Beklagten B. folgendes ausgeführt:

Nach dem Inhalt des Urteils des Reichsgerichts habe dieser Beklagte seine Anordnung, bei Aufstellung des Pfeilers den Flaschenzug zu benutzen, nicht mit der erforderlichen Bestimmtheit gegeben; er habe ferner den Arbeitern nicht gesagt, daß man ihn bei der Aufrichtung des Flaschenzuges zuziehen sollte; und er habe schließlich nicht dafür gesorgt, daß das zur Aufrichtung erforderliche Gerät auf der Baustelle sei. Der Beklagte habe nun Gegenbeweis gegen den vom Reichsgericht seiner Entscheidung zugrunde gelegten Sachverhalt angetreten. Indessen dürfe auf diesen Beweis nicht mehr eingegangen werden; denn aus dem Urteil des Reichsgerichts ergebe sich, daß dieses auf Grund des ihm vorliegenden Sachverhalts über die Frage der den Unfall verursachenden Fahrlässigkeit des Beklagten B. abschließend entschieden habe. Der Berufungsrichter habe somit nach § 565 Abs. 2 ZPO. diese rechtliche Beurteilung des Reichsgerichts auch seiner Entscheidung zugrunde zu legen. Er dürfe hierüber auch nicht auf Grund neuer Tatsachen anders entscheiden.

Diese Rechtsauffassung ist nicht zu billigen. Wie bereits in zahlreichen Entscheidungen des Reichsgerichts ausgesprochen ist, hat die Vorschrift des § 565 Abs. 2 ZPO. nicht die Tragweite, die ihr vom Vorderrichter beigemessen wird (vgl. insbesondere RGZ. Bd. 94 S. 11 und die dort [S. 14] gegebenen Nachweise über die frühere Rechtsprechung). Nach dieser Vorschrift hat das Berufungsgericht die rechtliche Beurteilung, die das Revisionsgericht der Aufhebung des Urteils zugrunde gelegt hat, der neuen Entscheidung auch seinerseits zugrunde zu legen. Hiervon abgesehen wird aber durch die Verweisung der Sache an das Berufungsgericht zur anderweiten Verhandlung und Entscheidung das Verfahren vor dem Berufungsgericht in der Lage wieder eröffnet, in der es sich zu der Zeit befand, als die Verhandlung vor dem Erlaß des aufgehobenen Urteils geschlossen wurde. Die Parteien können neue Angriffs- und Verteidigungsmittel vorbringen und neue Beweismittel angeben. Das neue Tatsachenvorbringen muß geprüft werden, soweit nicht im einzelnen Falle die Voraussetzungen des § 529 ZPO. im zweiten und in den folgenden Absätzen gegeben sind. Mit diesen Vorschriften hat der Gesetzgeber den Weg eröffnet, wie einem Mißbrauch der Befugnis zum Vorbringen neuer Tatsachen und Beweismittel begegnet werden kann. Der Prüfung des Revisionsgerichts, ob die Entscheidung des Berufungsgerichts auf einer Verletzung des Gesetzes beruhe (§§ 549, 550 ZPO.), kann nur derjenige Sachverhalt zugrunde gelegt werden, der ihm vom Berufungsgericht unterbreitet wird. Verschiebt sich die tatsächliche Grundlage des Urteils in der neuen Verhandlung vor dem Berufungsgericht, so ist aus dem Inhalt und dem Zweck der gesetzlichen Bestimmung nichts zu entnehmen, was dazu führen könnte, die frühere rechtliche Beurteilung einem Sachverhalt aufzuzwingen, für den sie nicht gegeben war und nicht gegeben werden konnte.

Diese Auslegung des § 565 Abs. 2 ZPO. hat auch die neuere, nach der angeführten Entscheidung in RGZ. Bd. 94 ergangene Rechtsprechung des Reichsgerichts für zutreffend erachtet; so der I. Zivilsenat im Urteil vom 23. Dezember 1918 I 190/18, der II. Zivilsenat in JW. 1926 S. 2435 Nr. 8 (vgl. auch die im Anschluß an dieses Urteil dort geäußerte Auffassung von Dispeker) und in LZ. 1927 Sp. 647, der IV. Zivilsenat im Urteil vom 30. Juni 1919 IV 96/19 sowie in LZ. 1921 Sp. 109 und in JW. 1928 S. 907 Nr. 23, der V. Zivilsenat in den Urteilen vom 4. Februar 1925 V 241/24 und vom 17. Oktober 1928 V 119/28 (vgl. auch Stein-Jonas Zivilprozeßordnung Bem. II 1 zu § 565; Rosenberg Lehrbuch des deutschen Zivilprozeßrechts § 149 III 1b; Förster-Kann Zivilprozeßordnung Bem. 2c bb zu § 565; Hellwig System des deutschen Zivilprozeßrechts I § 239 III 4b β). Zum Teil treten in den angeführten Entscheidungen bereits die Bedenken hervor, die gegen die in den Urteilen RGZ. Bd. 90 S. 23 und Bd. 91 S. 134 zum Ausdruck gekommene Auffassung des III. Zivilsenats bestehen. Diese geht dahin, daß das Berufungsgericht, falls das Revisionsgericht eine bestimmte Frage auf Grund des ihm vorliegenden Sachverhalts abschließend bejaht hat, sie nicht mehr und auch nicht auf Grund neuer Tatsachen in Zweifel ziehen könne. Es kann dahingestellt bleiben, ob es Fälle gibt, in denen die erschöpfende rechtliche Beurteilung eines vom Berufungsgericht in vollem Umfange geprüften Vorbringens und eines daraufhin festgestellten Sachverhalts eine Ausnahme von dem hier vertretenen Grundsatz rechtfertigen könnte. Der Begriff der abschließenden Beurteilung verliert jedenfalls dann für die zu entscheidende Frage die praktische Tragweite, wenn er so ausgelegt wird, wie dies in dem neueren Urteil des III. Zivilsenats vom 16. April 1926 (JW. 1926 S. 1806 Nr. 9) geschehen ist. Danach hatte das Revisionsgericht im ersten Revisionsurteil ausgeführt, daß den Ergebnissen der streitigen Verhandlung in den Vorinstanzen kein Anhalt für eine endgültige Zurückweisung des Begehrens der Beklagten nach Preiserhöhung zu entnehmen sei, und daß es deshalb an einer Grundlage für die Lossagung der Beklagten vom Vertrage fehle; am Schluß der Gründe des ersten Revisionsurteils hieß es, daß es bei der Verurteilung der Beklagten sein Bewenden habe und daß nur noch die Festsetzung des Betrages übrig bleibe. Das zweite Revisionsurteil erläutert die Bedeutung dieser Sätze dahin, sie seien so zu verstehen, daß sie nur für den Fall gemeint seien, wenn sich auch in der anderweiten Berufungsverhandlung keine tatsächlichen Unterlagen für den Rücktritt ergeben sollten; vom Revisionsgericht sei in seinem ersten Urteil nur derjenige Sach- und Streitstand beurteilt worden, der ihm damals vorgelegt worden sei.

Zur Beschreitung des in § 136 GVG. vorgeschriebenen Weges war hier — selbst abgesehen von der sonst gleichmäßigen Rechtsprechung der Senate — um so weniger ein Anlaß gegeben, als auch aus dem ersten in der vorliegenden Sache erlassenen Revisionsurteil nicht zu entnehmen ist, daß die Parteien in ihren künftigen Darlegungen hätten beschränkt werden sollen, insbesondere in bezug auf den vom Berufungsgericht festgestellten Sachverhalt, aus dem vom Revisionsgericht ein Verschulden des Beklagten B. abgeleitet wurde. Deshalb wurde damals das Urteil auch insoweit, als es die Klage gegen B. abgewiesen hatte, aufgehoben und die Sache in vollem Umfang an das Berufungsgericht und nicht an das Landgericht zurückverwiesen, das über den Betrag zu urteilen gehabt hätte, wenn nur noch dieser als im Streit befindlich angesehen worden wäre. Eine andere Auslegung des früheren Revisionsurteils wäre mit der ständigen Rechtsprechung des erkennenden Senats nicht zu vereinigen. Hiernach war der Revision des Beklagten B. stattzugeben und insoweit die Sache abermals an das Berufungsgericht zurückzuverweisen.

46. Zur Frage der Beteiligung am Vergleichsverfahren bei Sukzessivlieferungsverträgen, insbesondere durch Vereinbarung der Vertragsteile nach Eröffnung des Verfahrens.

VerglO. §§ 4, 28, 30. KO. § 17.

II. Zivilsenat. Urt. v. 17. Juni 1930 i. S. Firma E. (Bekl.) w. Firma L. (Kl.). II 528/29.

I. Landgericht Bautzen.
II. Oberlandesgericht Dresden.

Die Klägerin lieferte der Beklagten auf Grund eines am 10. Februar 1928 zustande gekommenen, in der Zeit vom 1. April 1928 bis 31. März 1929 in Teillieferungen zu vollziehenden Kaufvertrags über 7000 Tonnen Niederlausitzer Braunkohlenbriketts vom 31. Juli bis 15. September 1928 960 Tonnen, die unbezahlt geblieben sind. Sie fordert dafür den an sich unstreitigen Betrag von 12104,37 RM. Geliefert sind im ganzen 2135 Tonnen. Die Beklagte legte nach Empfang der letzten Teillieferung ihren gesamten Betrieb still und beantragte das Vergleichsverfahren zur Abwendung des Konkurses über ihr Vermögen; dieses wurde am 20. September 1928 eröffnet. Die Klägerin ist der Ansicht, daß sie nach § 4 VerglO. nicht an dem Verfahren beteiligt sei. Die Beklagte verweigert Zahlung und verweist die Klägerin auf den gerichtlich bestätigten Vergleich vom 20. Oktober 1928, wonach das ganze Vermögen der Firma durch Treuhänder verwertet und der Erlös an die Gläubiger gegen Verzicht auf ihre Mehrforderung ausgeschüttet werden soll.

Das Landgericht wies die Klage ab, das Oberlandesgericht gab ihr statt. Die Revision der Beklagten wurde zurückgewiesen.

Aus den Gründen:

1. Die Revision rügt Verletzung des § 4 VerglO., der §§ 139, 268 ZPO. sowie des sachlichen Rechts, besonders der §§ 133, 157, 320, 326 BGB. Sie verlangt in erster Linie unter Bezugnahme auf Bendix Aus der Praxis des neuen Vergleichsrechts in JW. 1928 S. 1125 Nachprüfung der Anschauung des Vorderrichters, daß sog. Sukzessivlieferungsverträge auch im Vergleichsverfahren, gleichwie nach feststehender Rechtsprechung bei Anwendung des § 17 KO. im Konkurse, nach § 4 VerglO. nicht in zwei Teile mit besonderem rechtlichen Schicksal zerlegt werden dürfen, nämlich in den vor der Er-

öffnung des Verfahrens einseitig erfüllten Teil und den übrigen Teil. Folge der Vornahme einer solchen Zerlegung wäre nach dem Sinne der Revision, daß die Klägerin wegen ihrer allein in diesem Rechtsstreit befangenen Forderung auf Kaufpreiszahlung für den von ihr bereits erfüllten Teil am Vergleichsverfahren beteiligt, also auf die Ausschüttung nach Maßgabe des geschlossenen Vergleichs beschränkt und mit ihrer Klage abzuweisen wäre. Die Revision geht nicht so weit, daß sie auch für den Konkursfall eine rechtliche Selbständigkeit des in der angegebenen Weise erfüllten und des noch von keiner Seite erfüllten Teiles behaupten würde, wie dies Bendix a. a. O. in Gleichstellung beider Verfahren tut. Als die — in seinem Sinne hier vorliegende — Voraussetzung dieser Zerlegbarkeit bezeichnet Bendix, daß die Erfüllung des gegenseitigen Vertrags nach Art und Eigenschaft des Leistungsgegenstands jeder Vertragsseite teilbar ist und nach dem übereinstimmenden Willen beider Parteien nur in Teilen stattfinden soll. Ist aber die Rechtsprechung zu § 17 KO. festzuhalten, so ist sie auf den § 4 VerglO. zu übertragen. Diese Vorschrift paßt sich für die von ihr betroffenen Verträge in der Ausdrucksweise an § 17 KO. und an die Rechtsprechung dazu genau an. Sie spricht nicht von einem „zweiseitigen", sondern von einem „gegenseitigen" Vertrag nach der Auslegung, die jenes Wort in RGZ. Bd. 100 S. 2 erfahren hat, und setzt die Lage voraus, daß im Zeitpunkt der Eröffnung des Verfahrens der Vertrag „von dem Schuldner und von dem anderen Teil noch nicht oder noch nicht vollständig erfüllt ist". Dabei ist in beiden Wahlfällen das Wort „noch" zu dem Wortlaut des § 17 KO. hinzugetreten; dies macht aber keinen Unterschied gegenüber dem auch in § 17 KO. aufgestellten Erfordernis des Unerfülltseins auf beiden Seiten und der Wirkung, daß dann auch bei unvollständiger Nichterfüllung „der Vertrag" als Einheit behandelt wird. Daß, wie die Revision und Bendix bemerken, in der Zuteilung des Wahlrechts zwischen Erfüllung und Erfüllungsablehnung keine Gleichordnung vorliegt, berührt die Frage nicht, ob für die unter die Vorschrift fallenden Verträge und ihre sachliche Behandlung das gleiche gemeint ist. Die verschiedene Zuteilung des Wahlrechts, im Konkursfall einseitig an den Konkursverwalter, im Vergleichsverfahren sowohl an den Schuldner als auch an den Vertragsgegner, jedoch je nur mit der Ermächtigung des Gerichts (§ 28 Abs. 2 Satz 1 VerglO.) und beim Schuldner unter

Einschränkung ihrer Erteilung nach Satz 3 das., beruht auf der Verschiedenheit des Ausbaues und des Endziels der beiden Verfahren. Der Konkurs wird durch einen Amtsträger unter gerichtlicher Aufsicht durchgeführt und endet für die Regel mit dem Aufhören der bisherigen geschäftlichen Existenz des Schuldners. Dagegen berücksichtigt das Vergleichsverfahren die Ermöglichung ihrer Fortdauer und läßt die Geschäftsführung in der Hand des Schuldners, der grundsätzlich an seinen Verpflichtungen gegenüber den nicht am Vergleichsverfahren beteiligten Gläubigern festgehalten wird. Diesen Gläubigern soll aber doch auch die Möglichkeit der Teilnahme am Vergleichsverfahren mit gerichtlicher Zulassung eröffnet werden. Daß bei Ablehnung der Erfüllung auch im Vergleichsverfahren keine Zerlegung des nicht schon beiderseits erfüllten Vertrags in zwei Teile eintreten soll, folgt aus der Entstehungsgeschichte des § 4 VerglO., wonach die Einführung einer anderen Ordnung im Vergleichsverfahren, als sie im Konkurse Gesetz ist, zwar angeregt, aber gegenüber ablehnenden Erörterungen fallen gelassen worden ist. Von der feststehenden Rechtsprechung zu § 17 KO. abzugehen, besteht kein Anlaß. Sie kehrt, wie auch sonst bei § 326 BGB. (RGZ. Bd. 58 S. 419, Bd. 61 S. 130, Bd. 65 S. 153, Bd. 97 S. 136), das Wesen des Sukzessivlieferungsvertrags als einheitlichen Vertrags hervor. Die Teilbarkeit der Leistungen ergibt nicht, daß der Teil schon die verhältnismäßige völlige Befriedigung des Gegners in sich trüge; nur die Leistung aller Teile vermag dem Gegner voll Genüge zu tun. Hierauf beruht die Vorschrift des § 266 BGB., die dem Schuldner das Recht zu Teilleistungen versagt. Soweit bei Sukzessivlieferungsverträgen durch Vereinbarung der Vollziehung in Abschnitten eine Änderung dieser Rechtslage eintritt, berührt auch sie nicht die Tatsache, daß nur die Summe aller vereinbarten Einzelleistungen die Vertragsleistung ausmacht. Wirtschaftliche Interessen des Warenabsatzes, der Möglichkeit, über Geld zur gegebenen Zeit zu verfügen, spielen eine Rolle. Dies übersieht Bendix a. a. O. Daß eine ausdrückliche oder stillschweigende Vereinbarung zwischen dem Konkursverwalter und dem Vertragsgegner des Gemeinschuldners dahin möglich ist, das Wahlrecht nur für den beiderseits ausstehenden Vertragsrest auszuüben, und dann wegen des einseitig vollzogenen Teils für den Gläubiger nur noch die Teilnahme am Verfahren übrig bleibt (vgl. Bendix a. a. O. mit Anführung des RGUrt. vom

21. Februar 1906 II 258/06; Mentzel Konkursordnung Anm. 4 zu § 17), beruht auf dem nachgiebigen Charakter des einschlägigen Gesetzesrechts. Für die Auslegung des Gesetzes ist daraus nichts herzuleiten.

2. Die Revision sucht aber auch eine andere Rechtslage zu gewinnen als die vom Vorderrichter angenommene, daß sich im Zeitpunkt der Eröffnung des Vergleichsverfahrens die beiderseitigen Vertragspflichten der Parteien je noch teilweise unerfüllt gegenübergestanden hätten. Sie beruft sich auf den Brief, den die Klägerin am 20. September 1928 an die Beklagte geschrieben und auf den diese geschwiegen hat. Dem Vorderrichter, der annimmt, der Brief sei ohne Kenntnis der Klägerin von der Eröffnung des Vergleichsverfahrens geschrieben worden und es sei dadurch keine stillschweigende Auflösung des Liefervertrags vor Eröffnung des Verfahrens dargetan, wirft die Revision rechtsirrige Auslegung und Unterlassung der Ausübung des richterlichen Fragerechts nach § 139 ZPO. vor. Sie geht davon aus, daß der Brief erst nach der Eröffnung des Vergleichsverfahrens abgegangen sei. Dieser tatsächliche Punkt kann indessen auf sich beruhen. Sicher ist so viel, daß sich aus der Absendung des Briefes zusammen mit dem Schweigen der Beklagten, sofern hieraus eine Annahme abgeleitet werden kann, für den Zeitpunkt der Eröffnung des Verfahrens noch keine vertragliche Änderung des Rechtsverhältnisses der Parteien ergibt. Der Brief enthält auch nach der Annahme der Revision nicht die einseitige Vornahme einer gesetzlich zulässigen Umgestaltung des Vertrags — Wahl von Schadensersatz wegen Nichterfüllung nach § 326 BGB. —, sondern nur etwa ein Vertragsangebot, an Stelle des beiderseits unerfüllten Vertragsteils eine Schadensersatzforderung wegen Nichterfüllung treten zu lassen. Die Annahme durch Stillschweigen könnte aber keinesfalls vor den Eingang des Briefes bei der Beklagten und auch nicht vor den Zeitpunkt gesetzt werden, bis zu dem sie äußerstenfalls eine ablehnende Erklärung der Klägerin hätte zugehen lassen müssen. Hierbei ist § 147 Abs. 2 BGB. zu berücksichtigen, wonach der Antrag bis zu dem Zeitpunkt angenommen werden konnte, in dem der Antragende den Eingang der Antwort unter regelmäßigen Umständen erwarten durfte. So lange war noch eine ausdrückliche Ablehnung möglich und daher aus dem Schweigen nichts zu schließen. Dieser Zeitpunkt fällt aber jedenfalls über den 20. und den Beginn der

Geschäftszeit am 21. September 1928 hinaus, und am 20. September wurde das Vergleichsverfahren eröffnet. War jedoch die vertragliche Umwandlung des gegenseitigen Vertrags derart, daß dann nur noch ein einseitig unerfüllter Teil (der Klagegegenstand) und im übrigen ein einseitiger Schadensersatzanspruch des Verkäufers wegen Nichterfüllung oder im ganzen nur ein solcher Schadensersatzanspruch bestand, nicht bis zum Zeitpunkt der Eröffnung vollzogen, so war die Klägerin nach § 4 VerglO. nicht am Verfahren beteiligt. Es kommt nur in Betracht, ob sie noch nachträglich durch eine Vertragsänderung im Einvernehmen mit der Schuldnerin daran beteiligt werden konnte. Die Möglichkeit, daß dies durch Übereinkommen der Parteien ohne Zustimmung des Gerichts geschieht, wird von der Revision unter Berufung auf Mayer Vergleichsordnung Anm. 13 zu § 28 bejaht. Dort ist aber nur von der „selbstverständlichen" Möglichkeit einer Einigung der Vertragsteile über die vorzeitige Abwicklung des Vertrags die Rede, nicht von der Beteiligung des Gläubigers mit dem daraus erwachsenen Anspruch am Vergleichsverfahren. Wegen dieser Beteiligung ist Mayer selbst nach Anm. 1 zu § 2 (letzter Absatz), Anm. 13, 14, 17 zu § 4, Anm. 12 zu § 30 anderer Ansicht, übereinstimmend mit Kiesow Vergleichsordnung Anm. 16 zu § 4 (3. Aufl. S. 149). Im Anschluß an das zu § 9 Abs. 2 der früheren Geschäftsaufsichts-Verordnung vom 14. Dezember 1916 ergangene Urteil RGZ. Bd. 112 S. 54 (57) ist auch für die Vergleichsordnung der Weg über die Erfüllungsablehnung mit Ermächtigung des Gerichts nach § 28 als die einzige gesetzliche Möglichkeit anzusehen, um die Rechtsfolge gemäß § 30 herbeizuführen, daß der zunächst am Vergleichsverfahren nicht beteiligte Vertragsgegner mit seinem dann entstehenden Ersatzanspruch daran beteiligt und von dem abzuschließenden Vergleich betroffen wird. . . .

---

47. 1. Zur Auslegung des § 16 Abs. 3 des preuß. Stempelsteuergesetzes vom 27. Oktober 1924.

2. Unterliegt ein in Preußen notariell beurkundeter Vertrag über eine Annahme an Kindesstatt auch dann der Versteuerung nach Tarifstelle 2 dieses Gesetzes, wenn er durch ein nichtpreußisches Gericht bestätigt wurde?

VII. Zivilsenat. Urt. v. 20. Juni 1930 i. S. Preuß. Staat (Bekl.) w. W. (Kl.). VII 588/29.

I. Landgericht Magdeburg.
II. Oberlandesgericht Naumburg.

Durch einen Vertrag vom 18. März 1925, den ein Notar in Halle a. S. beurkundet hat, nahm die Rittergutsbesitzerin V. in C. (Bezirk Leipzig) den Kläger an Kindesstatt an. Der Vertrag wurde durch das sächsische Amtsgericht Zwenkau bestätigt.

Für die Notariatsurkunde war zunächst nur ein Protokollstempel von 3 RM. gemäß Tarifst. 12. II des preuß. Stempelsteuergesetzes vom 27. Oktober 1924 verwendet worden. Auf das Verlangen des Finanzamts zu Halle a. S., welches die Anwendung der Tarifst. 2 StStG. für geboten erachtete und bei Zugrundelegung eines Vermögens von 1000000 RM. den Stempel aus dieser Tarifstelle auf 1000 RM. berechnete, zahlte der Kläger am 7. März 1929 die restliche Stempelgebühr von 997 RM. nebst Zinsen. Er hält diese Anforderung für unberechtigt und verlangt Rückerstattung der gezahlten Summe.

Das Landgericht wies die Klage ab, das Oberlandesgericht sprach sie zu. Auf die Revision des Beklagten wurde das landgerichtliche Urteil wiederhergestellt.

Gründe:

Der Berufungsrichter erörtert zunächst die Tragweite des § 16 Abs. 3 des preuß. Stempelsteuergesetzes, der, in der Fassung vom 30. Juni 1909 und in der jetzt geltenden Fassung vom 27. Oktober 1924 gleichlautend, folgendes besagt:

> Bei Urkunden über Rechtsgeschäfte, welche erst durch die Genehmigung oder den Beitritt einer Behörde oder eines Dritten Rechtswirksamkeit erlangen, beginnt den Ausstellern gegenüber die Frist für die Verwendung des Stempels mit dem Ablaufe desjenigen Tages, an welchem sie von der Genehmigung oder dem Beitritt Kenntnis erhalten haben.

Die vom Berufungsgericht dargelegte Ansicht, diese Vorschrift schaffe nicht nur die Fälligkeit einer schon bestehenden Stempelschuld, sondern gebe Voraussetzungen für die Entstehung der Stempelpflicht, steht im Einklang mit der ständigen Rechtsprechung des erkennenden Senats (RGZ. Bd. 90 S. 112, Bd. 94 S. 299; Urt. v.

8. Januar 1918 VII 377/17). In Anlehnung an das grundsätzliche Erkenntnis vom 29. Mai 1900 (RGZ. Bd. 46 S. 273), das auf der Fassung des Stempelsteuergesetzes vom 31. Juli 1895 beruht, ist dort namentlich ausgeführt, daß im Falle des § 16 Abs. 3 StStG. die Steuerpflicht erst entsteht, wenn die Genehmigung erteilt ist, von deren Erteilung die Rechtswirksamkeit des Rechtsgeschäfts abhängt; auch hat der Senat dort die mit Rücksicht auf § 15 Abs. 1 StStG. zu stellende Frage bejaht, daß der Grundsatz des § 16 Abs. 3 auch dann anzuwenden ist, wenn — wie im vorliegenden Falle — das genehmigungsbedürftige Geschäft in notarieller Form beurkundet ist. Bedenken sind ebensowenig dagegen zu erheben, daß der Vorderrichter mit zutreffender Verwertung des Schrifttums annimmt, § 16 Abs. 3 StStG. sei auch auf die in der Tarifst. 2 (früher Tarifst. 4) geordnete Verstempelung der Verträge über Annahme an Kindesstatt zu beziehen. Die im § 1741 Satz 2 BGB. vorgesehene gerichtliche Bestätigung kann unbedenklich als „Genehmigung einer Behörde" im Sinne des § 16 Abs. 3 StStG. aufgefaßt werden; denn nichts spricht dafür, daß sich der Gesetzgeber des Stempelsteuergesetzes etwa auf solche behördliche Erklärungen hätte beschränken wollen, die in den einschlagenden gesetzlichen Festsetzungen gerade mit den Worten „Genehmigung" oder „Beitritt" bezeichnet wären.

Ist also insoweit dem Oberlandesgericht beizustimmen, so sind doch seine weiteren Ausführungen zu beanstanden, mit denen es die Zusprechung der Klage begründet. Der Berufungsrichter erwägt, stempelpflichtig sei nur ein vollständig beurkundeter Rechtsvorgang; wenn zu den Voraussetzungen der Stempelpflichtigkeit eines Vertrags die Bestätigung gehöre, so genüge nicht die Beurkundung des Vertrags, sondern es müsse auch die Bestätigung urkundlich vollzogen sein, andernfalls fehle es an einer Voraussetzung für die Entstehung der Stempelschuld. Unter Heranziehung des § 2 StStG. führt der Berufungsrichter weiter aus, als Ort der Beurkundung eines stempelpflichtigen Rechtsvorgangs habe der Ort zu gelten, an dem der letzte Teil der Beurkundungstätigkeit ausgeübt werde, denn dort erst sei die Beurkundung vollendet. Da aber die Bestätigung des Adoptionsvertrags und deren Beurkundung in Sachsen erfolgt seien, habe der Vertrag im Hinblick auf die Stempelpflicht als in Sachsen errichtet zu gelten. Nach § 2 StStG. sei Sachsen als Ausland anzusehen, und es entfalle hiernach eine Stempelpflichtigkeit des Vertrags in Preußen, denn es liege keiner der im § 2 Abs. 1 vorgesehenen Ausnahmefälle vor.

Die Revision rügt mit Recht die Anwendung des § 2 StStG. und legt zutreffend dar, daß der Adoptionsvertrag vollständig im preußischen Inland beurkundet worden ist. Die Unrichtigkeit der Auffassung des Berufungsgerichts ist schon aus dem vorher erörterten Abs. 3 des § 16 StStG. abzuleiten. Denn dort wird einerseits von „Urkunden über Rechtsgeschäfte", anderseits von Erklärungen („Genehmigung" oder „Beitritt") einer Behörde oder eines Dritten gehandelt, welche als der Errichtung jener Urkunden zeitlich nachfolgend gedacht sind. Unter den „Urkunden über Rechtsgeschäfte" müssen also, in Übereinstimmung mit dem allgemeinen Sprachgebrauch des Stempelsteuergesetzes (vgl. besonders §§ 1, 3 das.), solche Schriftstücke verstanden werden, deren Beurkundung abgeschlossen ist. Wenngleich die Stempelpflichtigkeit der im § 16 Abs. 3 StStG. bezeichneten Urkunden davon abhängt, ob die Genehmigung oder der Beitritt der Behörde oder des Dritten erfolgt, so haben doch diese späteren Vorgänge nichts mit der Frage zu tun, ob die Beurkundung des genehmigungsbedürftigen Rechtsgeschäfts vollendet ist. Wäre diese Beurkundung noch nicht vollendet, so läge eine Urkunde im Sinne des § 16 Abs. 3 — wie auch im Sinne der §§ 1, 3 StStG. — überhaupt nicht vor. Im gegebenen Falle kann aber kein Zweifel darüber obwalten, daß mit der Vollziehung des notariellen Aktes, die in Halle a. S., also im preußischen Inlande vor sich ging, die Beurkundung des Adoptionsvertrags vollendet war. Nur hierauf aber kommt es nach den Grundsätzen des Stempelsteuerrechts an, nicht auf die vom Kläger in den Vordergrund gestellte Frage, wann der Rechtsvorgang der Annahme an Kindesstatt beendet war.

Übrigens ist, da es sich hier um die Versteuerung einer Notariatsurkunde handelt, zunächst die Tarifst. 12. II StStG. ins Auge zu fassen. Danach ist eine Notariatsurkunde, welche die Stelle einer im Tarif des Stempelsteuergesetzes besteuerten Verhandlung vertritt, wie diese zu verstempeln. Die streitige Urkunde vertritt die Stelle eines Vertrags über Annahme an Kindesstatt und unterfällt somit der Besteuerung nach Tarifst. 2. Das Erfordernis der Bestätigung nach § 1741 Satz 2 BGB. und die daraus gemäß § 16 Abs. 3 StStG. für die Stempelpflichtigkeit zu ziehenden Rechtsfolgen können das

Vorhandensein einer vollendeten Notariatsurkunde im Sinne des Stempelsteuergesetzes nicht in Frage stellen.

Hiernach kann eine Anwendung der Vorschriften des § 2 StStG. nicht in Betracht kommen; vielmehr unterliegt die in Preußen vollendete Notariatsurkunde, nachdem der Adoptionsvertrag die Bestätigung erhalten hat, ohne weiteres der Verstempelung nach Tarifst. 2 StStG. Ob die Bestätigung durch ein preußisches oder ein nichtpreußisches Gericht erteilt wurde, ist dafür unerheblich.

---

48. Ist § 3 Abs. I des thüringischen Ermächtigungsgesetzes vom 29. März 1930 mit dem Reichsrecht vereinbar?

RVerf. Art. 129. Thür. Staatsbeamtengesetz vom 14. März 1923 § 29 Abs. I Nr. 1.

III. Zivilsenat. Beschl. v. 20. Juni 1930. III Tgb. 39/30.

Die Frage ist verneint worden aus folgenden

Gründen:

§ 29 Abs. I Nr. 1 des thüringischen Staatsbeamtengesetzes (thür. StBG.) vom 14. März 1923 (Thür. GS. S. 129) bestimmt:

> Ein nichtrichterlicher Beamter kann vom Staatsministerium unter Bewilligung des gesetzlichen Wartegeldes in den Wartestand versetzt werden, wenn das von ihm verwaltete Amt infolge einer Umbildung der Staatsbehörde aufhört.

Am 29. März 1930 ist in Thüringen ein Ermächtigungsgesetz (Thür. GS. S. 23) ergangen und mit dem Tag der Verkündung in Kraft getreten, wonach die gesamte Landesverwaltung und der gesamte Behördenaufbau zur Vereinfachung und Verbilligung umgebildet werden soll (§ 1). Zu diesem Zweck werden der Landesregierung bis zum Ablauf des 30. September 1930 die in § 2 aufgeführten weitgehenden Vollmachten erteilt. § 3 Abs. I bestimmt sodann:

> Bis zu dem in § 2 bestimmten Zeitpunkt gilt die Voraussetzung des § 29 Abs. I Ziff. 1 des Staatsbeamtengesetzes für alle nichtrichterlichen Beamten als gegeben.

Zwischen dem Reichsminister des Innern und dem Thüringischen Staatsministerium ist eine Meinungsverschiedenheit darüber entstanden, ob der angeführte § 3 Abs. I thür. ErmächtG. mit dem Reichsrecht, nämlich mit Art. 129 RVerf., vereinbar ist. Die beiden genannten Behörden sind dahin übereingekommen, gemäß Art. 13 Abs. 2 RVerf. die Entscheidung des Reichsgerichts anzurufen. Zur Entscheidung über den Antrag hat der Präsident des Reichsgerichts den III. Zivilsenat bestimmt.

Der Reichsminister des Innern hat ausgeführt: Das thüringische Ermächtigungsgesetz lasse die Voraussetzung des § 29 Abs. I Nr. 1 thür. StBG. auf dem Wege der Fiktion ohne Rücksicht auf die tatsächlichen Verhältnisse maßgebend sein. Diese Fiktion hebe den Schutz auf, den § 29 thür. StBG. dem Beamten vor einem willkürlichen Abbau gewähre, und greife damit in das Recht des Beamten auf Belassung in seinem Amte einschneidend ein. Dieses Recht sei ein „wohlerworbenes"; § 3 Abs. I thür. ErmächtG. verstoße daher gegen Art. 129 RVerf. Übrigens würde auch eine gesetzliche Bestimmung, wonach ein bestimmter Organisationsvorgang als „Umbildung" anzusehen sei, nicht ohne weiteres die Anwendung des § 29 thür. StBG. rechtfertigen. Vielmehr müßte dessen Voraussetzung, nämlich eine „Umbildung", tatsächlich vorliegen, und es müsse aus diesem Grunde das von dem Beamten verwaltete Amt wegfallen.

Das Thüringische Staatsministerium hat entgegnet: Die Ausführung des in § 2 thür. ErmächtG. dem Staatsministerium erteilten Auftrags bedeute eine Umbildung aller Staatsbehörden und das dadurch eintretende Aufhören der von den Beamten verwalteten Ämter. Schon daraus ergebe sich die Zulässigkeit der Versetzung in den Wartestand. Dies und nichts anderes spreche § 3 Abs. I ErmächtG. aus. Eine Fiktion liege nicht vor. Die Landesregierung habe sofort nach dem Inkrafttreten des Ermächtigungsgesetzes mit der Ausführung ihres Auftrags begonnen und, soweit dadurch die Voraussetzungen des § 29 thür. StBG. gegeben gewesen seien, Versetzungen in den Wartestand vorgenommen.

In der Entscheidung der Streitfrage war dem Reichsminister des Innern beizutreten.

Nach Art. 129 Abs. 2 RVerf. können die Beamten nur unter den gesetzlich bestimmten Voraussetzungen und Formen vorläufig ihres Amtes enthoben, einstweilen oder endgültig in den Ruhestand versetzt werden. Nach § 29 Abs. I Nr. 1 thür. StBG. kann ein nichtrichterlicher Beamter in den Wartestand versetzt werden, wenn das von ihm verwaltete Amt infolge einer Umbildung der Staatsbehörde aufhört. Nach diesen Vorschriften war denjenigen thüringischen nichtrichterlichen Beamten, die zur Zeit des Inkrafttretens des Ermächtigungsgesetzes im Amte waren, das Recht darauf erworben und reichsverfassungsmäßig gewährleistet, nur dann in den Wartestand versetzt zu werden, wenn ihr Amt infolge einer Umbildung der Behörde aufhörte. Dieses Recht konnte für die genannten Beamten nur im Wege einer Änderung der Reichsverfassung beeinträchtigt werden, nicht im Wege eines einfachen Landesgesetzes. Eine landesgesetzliche Vorschrift, welche die Regierung ermächtigt hätte, ohne weiteres, kraft ihres Ermessens, Beamte, die schon im Amt standen, in den Wartestand zu versetzen, wäre daher der Reichsverfassung zuwidergelaufen und mithin unwirksam.

Nun hat das thüringische Ermächtigungsgesetz nach seinem Wortlaut der Regierung nicht schlechthin das Recht verliehen, nach ihrem Ermessen die Beamten in den Wartestand zu versetzen. Jenes Gesetz bestimmt, daß die Voraussetzung des § 29 Abs. I Nr. 1 thür. StBG. für alle nichtrichterlichen Beamten als gegeben gelte. Mit Recht führt der Reichsminister des Innern aus, daß hierin eine gesetzliche Fiktion liege. Die Thüringische Regierung nimmt das in Abrede; sie meint, § 3 Abs. I ErmächtG. bedeute nichts anderes, als was schon § 29 Abs. I Nr. 1 thür. StBG. ausspreche. Sie beruft sich darauf, daß nach § 1 ErmächtG. die gesamte Landesverwaltung und der gesamte Behördenaufbau umgebildet werden sollte, und daß nach § 2 das. der Regierung weitgehende Vollmachten (und ein entsprechender Auftrag) erteilt worden seien. Allein diese Umstände rechtfertigen nicht die Folgerung, welche die Thüringische Regierung daraus zieht. Auch bei einer noch so weit gehenden Umbildung des gesamten Staatswesens werden — davon ist unbedenklich auszugehen — eine Reihe von Behörden und Amtsstellen, zumal solche örtlicher Natur, unverändert bestehen bleiben müssen. Das werden teils zwingende Zweckmäßigkeitserwägungen, teils die geschichtlichen Gegebenheiten mit sich bringen. Daraus folgt, daß die in Aussicht genommene Umgestaltung des Behördenaufbaus nicht notwendig die Umbildung jeder einzelnen bestehenden Behörde bedeutet, sondern zunächst nur die Möglichkeit für eine solche eröffnet. Für die einzelnen Beamten ergibt sich daraus weiter, daß nicht notwendig gerade ihr Amt aufhört. Damit ist sowohl begrifflich wie praktisch dargetan, daß sich § 3 Abs. I thür. ErmächtG. keineswegs mit § 29 Abs. I Nr. 1 thür. StBG. deckt, sondern über ihn hinausgeht. Soweit das letztere der Fall ist, steht er mit Art. 129 RVerf. nicht im Einklang.

Eine Beeinträchtigung der wohlerworbenen Rechte der Beamten enthält § 3 thür. ErmächtG. übrigens auch noch nach einer anderen Richtung. Vermöge des durch § 29 thür. StBG. geschaffenen Rechtszustandes hatte jeder Beamte die Möglichkeit, die Frage, ob eine Umbildung seiner Behörde vorliege, durch den ordentlichen Richter nachprüfen zu lassen. Dagegen schließt die Fassung des § 3 ErmächtG. mit ihrer Fiktion eine richterliche Nachprüfung aus. Damit kommt die letztere Vorschrift auch auf eine Verletzung des Art. 129 Abs. 1 Satz 3 RVerf. hinaus, wonach für die vermögensrechtlichen Ansprüche der Beamten der Rechtsweg offen steht. Freilich schließt diese Verfassungsbestimmung nicht aus, daß ein Gesetz gewisse Vorfragen abschließend der Verwaltungsbehörde zuweist und damit der richterlichen Nachprüfung entzieht. Das darf aber nicht so weit gehen, daß der Schutz des ordentlichen Rechtswegs mittelbar ganz ausgeschaltet wird. Jene Fiktion würde aber die Nachprüfung, ob eine Umbildung vorliegt, dem Richter gänzlich entziehen.

Ohne Belang ist, daß das thüringische Ermächtigungsgesetz eine Befristung bis zum 30. September 1930 enthält. Die Reichsverfassung darf auch nicht auf Zeit verletzt werden. Zudem sind die Beeinträchtigungen, die während dieser Zeit den Beamten etwa zugefügt werden, nicht selbst wieder befristet, sondern dauernder Art.

---

49. 1. Wann liegt in der letztwilligen Zuwendung des Pflichtteils die Anordnung eines Vermächtnisses und nicht bloß eine ausdrückliche Anerkennung des kraft Gesetzes bestehenden Pflichtteilsanspruchs?

2. Hat ein auf den doppelten Pflichtteilsbetrag eingesetzter Vermächtnisnehmer ein klagbares Recht auf Auskunft über den Bestand des Nachlasses durch Vorlegung und nötigenfalls eidliche Bekräftigung eines Bestandsverzeichnisses?

3. Über das Verhältnis der Inventarpflicht des Erben zu der ihm gegenüber einem Pflichtteilsberechtigten und unter Umständen auch gegenüber einem Vermächtnisnehmer obliegenden Auskunftspflicht.

4. Sind die sämtlichen Miterben offenbarungseidpflichtig, wenn das Bestandsverzeichnis, durch das über den Bestand des Nachlasses Auskunft erteilt werden soll, von einem Miterben zugleich im Auftrage der übrigen Erben aufgestellt worden ist?

BGB. §§ 260, 2001, 2304, 2307, 2314.

IV. Zivilsenat. Urt. v. 23. Juni 1930 i. S. F. u. Gen. (Bekl.) w. F. (Kl.). IV 59/30.

I. Landgericht III Berlin.
II. Kammergericht daselbst.

Die Klägerin ist die Witwe, die Erstbeklagte ist die Mutter, die drei anderen Beklagten sind die Geschwister des am 3. März 1927 gestorbenen Landrichters Dr. F. Dieser hat in einem eigenhändigen Testament vom 14. Dezember 1926 nur die folgenden Bestimmungen getroffen:

Ich setze meine Frau .... auf den Pflichtteil im juristisch technischen Sinne des § 2304 BGB.

Außerdem hinterlasse ich meiner Ehefrau ein Vermächtnis in Höhe des Betrages ihres gesetzlichen Pflichtteils.

Diese letztwilligen Zuwendungen entfallen selbstverständlich, falls ich zur Zeit meines Todes von meiner Frau geschieden bin.

Gesetzliche Erben des Verstorbenen sind die Beklagten geworden. Ihnen wurde auf Antrag der Klägerin durch Beschluß des Nachlaßgerichts eine Frist von einem Monat zur Errichtung eines Inventars über den Nachlaß bestimmt. Innerhalb der Frist reichte ein Notar ein von ihm am 30. Mai 1927 aufgenommenes Inventar dem Nachlaßgericht ein.

Im Prozeß beantragte sodann die Klägerin, daß die Beklagten als Gesamtschuldner verurteilt werden sollten, das Bestandsverzeichnis, das durch das Inventar aufgestellt worden sei, mit dem Offenbarungseide zu beschwören. Die Vorinstanzen gaben der Klage statt. Die Revision der Beklagten wurde zurückgewiesen.

Gründe:

Die Vorinstanzen gehen mit der Klägerin davon aus, daß diese als „Pflichtteilsberechtigte" den Anspruch auf Auskunftserteilung nach § 2314 BGB. habe. Eine unmittelbare Anwendung des § 2314 ist indessen zu verneinen.

Die Zuwendung des Pflichtteils ist nach der Auslegungsregel des § 2304 BGB. im Zweifel nicht als Erbeinsetzung anzusehen. Daß diese Auslegung hier Platz greifen soll, ist vom Erblasser ausdrücklich bestimmt. Es fragt sich aber noch, ob in der Zuwendung des Pflichtteils entweder die Anordnung eines Vermächtnisses (§ 1939 BGB.) oder nur eine ausdrückliche Anerkennung des kraft Gesetzes bestehenden Pflichtteilsanspruchs (§§ 2303, 2317 BGB.) zu finden ist. Das ist eine vom Gesetz offen gelassene Auslegungsfrage, deren Entscheidung davon abhängt, ob der Erblasser dem Pflichtteilsberechtigten nicht nur nach dem Wortlaut, sondern auch nach dem Sinne seiner Verfügung etwas zuwenden oder ihn lediglich von allem ausschließen wollte, worauf er keinen unentziehbaren gesetzlichen Anspruch habe (RGZ. Bd. 113 S. 237; RGRKomm. 6. Aufl. § 2304 Anm. 1; Planck 3. Aufl. § 2304 Anm. 2). Hier hat die Klägerin nicht nur den ihr gebührenden Pflichtteil, sondern auch noch ein Vermächtnis in Höhe des gleichen Betrags zugewendet erhalten. Danach ist nicht der zweite, sondern der erste der beiden Fälle gegeben: der Erblasser hat die Klägerin auf den doppelten Pflichtteilsbetrag (gleich dem vollen Werte ihres gesetzlichen Erbteils, mithin nach § 1931 Abs. 1 Satz 1 BGB. gleich dem halben Werte des Nachlasses) als Vermächtnisnehmerin eingesetzt. Die Klägerin hat das Vermächtnis angenommen. Das Recht auf den Pflichtteil steht ihr daher nach § 2307 BGB. nicht mehr zu.

Als Vermächtnisnehmerin ist die Klägerin Nachlaßgläubigerin. In dieser Eigenschaft hatte sie die von ihr ausgeübten Rechte aus den §§ 1994, 2006 BGB. Die Möglichkeit, die mit dem Vermächtnis beschwerten Erben zur Leistung des Offenbarungseides auf das von ihnen errichtete Inventar im Prozeßwege anzuhalten, ist durch diese Vorschriften nicht eröffnet. Daß die Beklagten in dem Verfahren vor dem Nachlaßgericht die Eidesleistung verweigert haben oder in den zur Eidesleistung bestimmten Terminen unentschuldigt ausgeblieben sind, hatte vielmehr nur die Rechtsfolge der unbeschränkten Erbenhaftung. Ein klagbares Recht auf Auskunft über den Bestand des Nachlasses, die gemäß § 260 Abs. 1 BGB. durch Vorlegung eines Bestandsverzeichnisses zu erteilen und unter den Voraussetzungen des § 260 Abs. 2, 3 mit dem Offenbarungseid zu bekräftigen wäre, hat die Klägerin aus § 2314 BGB. nicht. Ein solches Recht hat aber als ihr mitvermacht zu gelten, weil die Klägerin ihren sich auf die Hälfte des Wertes des Nachlasses richtenden Vermächtnisanspruch nur dann in zweckentsprechender Weise geltend machen kann, wenn sie vom Bestande des Nachlasses zuverlässige Kenntnis erhält (ROLG. Bd. 26 S. 340, Bd. 42 S. 136; RGR.-Komm. § 2174 Anm. 1; Staudinger 9. Aufl. § 2174 Anm. IV 1, § 2314 Anm. 1).

Der Geltendmachung des seiner Natur nach nur vorbereitenden Anspruchs auf Auskunftserteilung oder auf eidliche Bekräftigung der erteilten Auskunft können die Tatsachen nicht entgegengehalten werden, daß schon der Hauptanspruch auf Zahlung in einem einen Teilbetrag betreffenden, rechtskräftig entschiedenen Vorprozeß und zu einem weiteren Betrag in einem noch schwebenden Prozeß erhoben worden ist. Die Revision kommt auf diesen Einwand der Beklagten nicht zurück. Ihre Angriffe beziehen sich auf die folgenden Streitpunkte:

1. Es fragt sich, ob die Klägerin in Verfolgung des ihr (zwar nicht aus § 2314 BGB., wohl aber nach dem Inhalt der Vermächtnisanordnung) zustehenden, gemäß § 260 BGB. zu verwirklichenden Anspruchs auf Auskunftserteilung von den Beklagten die eidliche Bekräftigung des Nachlaßverzeichnisses (Inventars) verlangen kann, das diese auf den von ihr aus § 1994 BGB. gestellten Antrag und die ihm entsprechende Fristbestimmung dem Nachlaßgericht eingereicht haben. Diese Frage ist mit dem Berufungsgericht zu bejahen. Der „Bestand" des Nachlasses, über den der Klägerin als einer auf den doppelten Pflichtteilsbetrag eingesetzten Vermächtnisnehmerin, wie nach § 2314 BGB. einem Pflichtteilsberechtigten, durch Vorlegung eines Bestandsverzeichnisses Auskunft zu erteilen ist, ergibt sich aus der Vergleichung der Aktiven und Passiven des Nachlasses. Das Verzeichnis hat deshalb nicht nur die Nachlaßgegenstände, sondern auch die Nachlaßverbindlichkeiten aufzuführen. Nur dann erfüllt es seine Zweckbestimmung, den Berechtigten über die Höhe seines Zahlungsanspruchs zu unter-

richten. Für das Anwendungsgebiet des § 2314 kann dafür auf den Zusammenhang dieser Vorschrift mit den §§ 2311 und 2313 BGB. hingewiesen werden (RGRKomm. § 2314 Anm. 1, Staudinger § 2314 Anm. 3). Derselbe Inhalt ist für ein nach den §§ 1993flg. zu errichtendes Inventar in § 2001 Abs. 1 BGB. vorgeschrieben. Würde die Klägerin, nachdem sie die Errichtung eines Inventars erwirkt hat, auf die Auskunftserteilung über den Bestand des Nachlasses durch die Vorlegung eines Bestandsverzeichnisses Klage erhoben haben, so hätten die Beklagten sie auf das nach § 2010 BGB. beim Nachlaßgericht für sie offenliegende Inventar verweisen können, von dem ihr durch das Nachlaßgericht gemäß § 34 FGG. Abschrift erteilt werden konnte und erteilt worden ist (vgl. zu § 2314 Staudinger Anm. 4 Abs. 3). Unter Umständen hätte sie auch befürchten müssen, daß ihr § 226 BGB. entgegengehalten würde, wie denn die Beklagten im zweiten Rechtszug tatsächlich geltend gemacht haben, daß die Klägerin durch das Inventar und die Erörterung der dagegen erhobenen Anstände im Zahlungsprozeß sämtliche Auskünfte schon erhalten habe, die sie verlangen könne. Die Klägerin ist hiernach berechtigt, das von den Beklagten auf ihr Betreiben beim Nachlaßgericht eingereichte Inventar als eine ihr persönlich erteilte Auskunft gelten zu lassen und es zur Grundlage für den ihr unter den Voraussetzungen des § 260 Abs. 2, 3 BGB. zustehenden Anspruch auf Leistung des Offenbarungseides zu nehmen. Eine vorherige Klage auf Vorlegung eines Nachlaßbestandsverzeichnisses würde, wie das Berufungsgericht mit Recht angenommen hat, eine nicht im Sinne des Gesetzes liegende zwecklose Weiterung sein.

Die Revision führt hierzu aus: Das Inventar sei nach den §§ 1993flg. BGB. nur von Bedeutung, wenn eine beschränkte Haftung der Erben in Frage komme. Sei dies aus irgendeinem Grunde, z. B. deshalb, weil der Nachlaß die Schulden überreichlich decke, nicht der Fall, so sei das Inventar ohne jede materielle Bedeutung. In solchen Fällen könne der Erbe die Einreichung eines Inventars ganz unterlassen. Halte er das nicht für praktisch, so könne er ein Verzeichnis einreichen, ohne bei dessen Aufstellung zu berücksichtigen, daß er den Inhalt unter Umständen mit dem Offenbarungseid werde bekräftigen müssen. Der Eid komme in der Regel, so überall da nicht in Betracht, wo kein Pflichtteilsberechtigter da sei. Deshalb könne die Leistung des Offenbarungseides auf ein Inventar, wenn Pflichtteilsberechtigte vorhanden seien, ebensowenig gefordert werden, wie wenn solche nicht vorhanden seien.

An dieser Ausführung ist grundsätzlich unrichtig, daß in Fällen, wo wie hier der Wert der Nachlaßgegenstände die Nachlaßverbindlichkeiten zweifellos erheblich übersteigt, das Inventar ohne jede materielle Bedeutung sei. Einmal können auch in solchen Fällen die Voraussetzungen für den Antrag eines Nachlaßgläubigers auf Anordnung der Nachlaßverwaltung (§ 1981 Abs. 2 BGB.) vorliegen, und das Inventar kann für die Entschließung über die Stellung dieses Antrags von Bedeutung sein. Sodann wird der Nachlaßgläubiger durch die im Inventar enthaltene Angabe der Nachlaßgegenstände in den Stand gesetzt, eine Zwangsvollstreckung gegen die Erben auf die zum Nachlaß gehörigen Gegenstände zu richten und dadurch der Gefahr zu entgehen, daß die Erben gegenüber der Zwangsvollstreckung in andere zu ihrem Vermögen gehörige Gegenstände das Recht zur Beschränkung der Haftung auf den Nachlaß geltend machen. Schließlich kann jene Angabe für den Nachlaßgläubiger auch deshalb von Wert sein, weil es ihm dadurch erleichtert wird, im Falle einer für ihn nachteiligen, nachträglichen Veränderung der ursprünglichen Nachlaßgegenstände die Erben nach § 1978 BGB. verantwortlich zu machen (Planck 4. Aufl. Vorbem. 2a vor § 1993). Diese Rechtslage wird von der Revision verkannt, wenn sie meint, ein Erbe, der trotz „überreichlicher" Deckung der Nachlaßverbindlichkeiten durch die Aktiven des Nachlasses es für „praktisch" halte, rechtzeitig ein Inventar zu errichten, brauche das Inventar nicht mit solcher Gewissenhaftigkeit und Sorgfalt aufzustellen, daß er es beschwören könne. Wenn auch nach § 1994 Abs. 1 Satz 2 BGB. die Versäumung der Inventarfrist, nach § 2005 Abs. 1 BGB. selbst ein absichtlicher Verstoß gegen die Inventartreue und nach § 2006 Abs. 3 das. die Verweigerung der Leistung des Offenbarungseides im Inventarverfahren nur die unbeschränkte Haftung, in den beiden ersten Fällen gegenüber allen Nachlaßgläubigern, im dritten Falle gegenüber dem die Eidesleistung verlangenden Gläubiger zur Folge hat, so bleibt davon doch die hier gegebene Tatsache unberührt, daß die Erben rechtzeitig ein Inventar errichtet haben, in dem nach § 2001 Abs. 1 BGB. die beim Eintritt des Erbfalls vorhandenen Nachlaßgegenstände und die Nachlaßverbindlichkeiten vollständig angegeben werden sollten und das nach § 2009 BGB. im Verhältnis zwischen den Erben und den Nachlaßgläubigern die

Vermutung begründet, daß zur Zeit des Erbfalls weitere Nachlaßgegenstände als die angegebenen nicht vorhanden gewesen seien. Diese Tatsache ist es, an die sich aus den vorher dargelegten Gründen ein Pflichtteilsberechtigter nach § 2314 BGB. sowie ein auf einen Anteil am Werte des Nachlasses eingesetzter Vermächtnisnehmer, wie die Klägerin, bei Verfolgung des Anspruchs aus § 260 BGB. auf eine eidliche Auskunft über den Bestand des Nachlasses halten kann.

Ist das Inventar unvollständig oder sonst unrichtig, so steht es den Beklagten frei, es vor der Eidesleistung zu ergänzen oder sonst zu berichtigen oder auch bei größerem Umfange der Berichtigungen ein neues Verzeichnis aufzustellen, wie ihnen im Berufungsurteil nachgelassen ist. Das nach § 889 ZPO. zur Eidesabnahme berufene Prozeßgericht würde dann eine entsprechende Änderung der Eidesnorm zu beschließen haben (vgl. § 261 Abs. 2 BGB., auch §§ 469, 477 Abs. 1 ZPO.).

2. Die Voraussetzung des § 260 Abs. 2 BGB., nämlich den Grund zu der Annahme, daß das Verzeichnis des Nachlaßbestandes nicht mit der erforderlichen Sorgfalt aufgestellt worden sei, findet das Berufungsgericht, die Berechtigung anderer Beanstandungen des Inventars durch die Klägerin dahingestellt lassend, darin, daß ein durch den Viertbeklagten am 21. August 1926 vom Konto des Erblassers bei der Firma G. & B. F. entnommener Betrag von 50000 RM. im Inventar nicht erwähnt worden sei. Die Erwägungen, mit denen aus der Nichterwähnung dieses erheblichen Postens hergeleitet wird, daß Grund zu der vorbezeichneten Annahme bestehe, liegen auf dem Gebiete der mit der Revision nicht angreifbaren tatsächlichen Beurteilung.

Der Vorwurf mangelnder Sorgfalt trifft nach der Darlegung des Berufungsgerichts zunächst den Viertbeklagten, neben ihm aber auch die anderen Beklagten. Der Viertbeklagte habe, so wird festgestellt, das Vermögen des Erblassers verwaltet. Er sei über die Vermögensverhältnisse genau unterrichtet gewesen und habe dem nach § 2002 BGB. zugezogenen Notar Aufklärung erteilt. Er sei daher in erster Linie für die Unvollständigkeit des Verzeichnisses verantwortlich. Die übrigen Beklagten hätten zwar die Aufstellung des Verzeichnisses dem Viertbeklagten als dem Verwalter des Vermögens des Erblassers überlassen, aber sie hätten sich nicht der Nachprüfung seiner Angaben entziehen dürfen. Darin sei eine besondere Sorglosigkeit zu sehen.

Die Revision erhebt gegen die Annahme der Verantwortlichkeit des Viertbeklagten keinen besonderen Angriff. Was sie gegen die Mitverurteilung der übrigen Beklagten zur Leistung des Offenbarungseides auf das „Inventarverzeichnis" einwendet, beruht im wesentlichen auf tatsächlichen Voraussetzungen, die dem feststehenden Sachverhalt widersprechen. Die Revision geht nämlich davon aus, daß der Viertbeklagte als einzelner Miterbe ein Inventar errichtet habe, dessen Aufstellung den übrigen Erben, auch ohne eine Erklärung im Sinne des § 2004 BGB., nach § 2063 das. zustatten gekommen sei. Läge der Fall so, dann würde in der Tat nicht gesagt werden können, daß die Beklagten zu 1 bis 3 dieses Verzeichnis aufgestellt hätten, und daß Grund zu der Annahme bestehe, sie hätten es dabei an der erforderlichen Sorgfalt fehlen lassen. So stehen die Dinge aber nicht. Vielmehr hat vor dem Tatrichter zwischen den Parteien Einigkeit darüber bestanden, daß „die Beklagten", also auch die Beklagten zu 1 bis 3 (durch den unmittelbar nur vom Viertbeklagten beauftragten und mit Information versehenen Notar) das Inventar dem Nachlaßgericht eingereicht haben. Dann ist das Verzeichnis im Rechtssinne auch von diesen Beklagten aufgestellt worden, und sie müssen sich einen Mangel der erforderlichen Sorgfalt beim Viertbeklagten, dem sie die Aufstellung des Verzeichnisses ohne eigene Nachprüfung überlassen haben, als einen eigenen Mangel der Sorgfalt anrechnen lassen (vgl. § 166 Abs. 1 BGB.). . . .

---

50. Findet Art. 153 Abs. 2 RVerf. auf die Entziehung subjektiver öffentlicher Rechte Anwendung? Verstößt insbesondere die Aufhebung einer auf besonderem öffentlichrechtlichen Titel beruhenden Schulunterhaltungspflicht durch § 53 Abs. 1 des preuß. Volksschullehrer-Diensteinkommengesetzes vom 17. Dezember 1920 gegen jene Verfassungsvorschrift?

IV. Zivilsenat. Urt. v. 23. Juni 1930 i. S. Preuß. Staat (Bekl.) w. Schulverband der Stadt S. (Kl.). IV 333/29.

I. Landgericht Arnsberg.
II. Oberlandesgericht Hamm.

In einem Vorprozeß ist auf Klage einer katholischen Schulgemeinde in S. der Beklagte durch Urteil des Oberlandesgerichts in Hamm vom 14. Juli 1904, vom Reichsgericht bestätigt am 23. Februar 1905, zur Tragung bestimmter Unterhaltskosten der Schule verurteilt worden. Er verweigert nunmehr die weiteren Zahlungen unter Berufung auf § 53 Abs. 1 des preuß. Gesetzes betr. das Diensteinkommen der Lehrer und Lehrerinnen an den öffentlichen Volksschulen vom 17. Dezember 1920 (Neufassung vom 1. April 1923), wonach die Verpflichtungen des Fiskus aufgehoben werden, Schulunterhaltungskosten auf Grund besonderer Rechtstitel oder besonderer gesetzlicher Vorschrift oder Ortsbestimmung (Ortsverfassung, Observanz, Gewohnheitsrecht, Herkommen) zu tragen. Der klagende Schulverband, der nach dem preuß. Volksschulunterhaltungsgesetz vom 28. Juli 1906 an die Stelle der Schulgemeinde getreten ist, verlangt auf Grund der erwähnten Urteile Erstattung der sachlichen und persönlichen Schulunterhaltungskosten für das Jahr 1924 und hat einen Teilbetrag von 4200 RM. eingeklagt.

Die Vorinstanzen haben zugunsten des Klägers erkannt. Das Reichsgericht hat die Klage abgewiesen.

Gründe:

Die Parteien streiten darüber, ob die Verpflichtung des Beklagten, die Unterhaltungskosten der Schule in dem durch das Urteil des Oberlandesgerichts vom 14. Juli 1904 begrenzten Umfang zu tragen, durch § 53 Abs. 1 des preuß. Volksschullehrer-Diensteinkommengesetzes (VDG.) vom 17. Dezember 1920 (vgl. jetzt den gleichlautenden § 51 des Volksschullehrer-Besoldungsgesetzes vom 1. Mai 1928) in Wegfall gekommen ist. Dabei ist zunächst von wesentlicher Bedeutung, ob die Verpflichtung auf einem — besonderen — Rechtstitel privatrechtlicher oder öffentlichrechtlicher Art beruht. Trifft das erstere zu, so erhebt sich die weitere Frage, ob § 53 VDG. überhaupt auf privatrechtliche Titel und nicht bloß auf öffentlichrechtliche Anwendung zu finden hat. Bejahendenfalls würde die entschädigungslose Entziehung privater Rechte gegen Art. 153 Abs. 2 RVerf. verstoßen und insoweit die Ungültigkeit der Vorschrift zur Folge haben. Handelt es sich dagegen um ein Recht des Klägers, das ihm auf Grund eines besonderen öffentlichrechtlichen Titels zusteht, so bleibt zu prüfen, ob die Schutzvorschrift des Art. 153 Abs. 2 RVerf. auch gegenüber Eingriffen des Staates in subjektive öffentliche Rechte gilt. Dabei ist mit der herrschenden Meinung grundsätzlich davon auszugehen, daß Art. 153 Abs. 2 nicht nur das Sacheigentum, sondern auch andere Vermögensrechte, darunter Forderungen, schützen will und daß auch eine unmittelbar durch Gesetz bewirkte Rechtsentziehung unter den Begriff der Enteignung fällt.

In seinem Urteil vom 20. November 1925 (JW. 1926 S. 1444 Nr. 3) hat der VI. — jetzt VII. — Zivilsenat des Reichsgerichts ausgesprochen, daß § 53 VDG. auch auf Privatrechtstitel zu beziehen sei. Angesichts der gegenteiligen Äußerung des Regierungsvertreters bei der 2. Ausschußberatung des Gesetzes (Drucks. Nr. 3659 S. 157) und im Hinblick auf § 32 des preuß. Volksschulunterhaltungsgesetzes vom 28. Juli 1906, der nur öffentlichrechtliche Titel betrifft, sind Zweifel nicht ausgeschlossen. Die Frage bedarf aber hier nach Lage der Sache keiner Entscheidung, weil, wenn die Vorschrift Privatrechtstitel nicht umfaßt, die darauf beruhenden Rechte nicht aufgehoben wären, der Beklagte sich also aus diesem Grunde auf ihren Wegfall nicht berufen könnte. Das hat der Berufungsrichter unbeachtet gelassen. Die Feststellung aber, ob ein privatrechtlicher oder ein öffentlichrechtlicher Titel vorliegt, wird dadurch nicht erübrigt.

Der Berufungsrichter ist der Ansicht, um einen privatrechtlichen Titel handle es sich deshalb, weil der Kläger seinen Leistungsanspruch ausschließlich auf das rechtskräftige Urteil vom 14. Juli 1904 stütze und das Urteil als solches selbständig einen derartigen Titel schaffe. Dem ist nicht beizutreten. Ein Urteil bringt nicht Rechte zur Entstehung, sondern stellt nur fest, was Rechtens ist. Das so festgestellte Recht kann öffentlichrechtlicher Natur sein, wenn es auf einem öffentlichrechtlichen Titel beruht. Dann wandelt es sich dadurch, daß es durch das — zulässigerweise im ordentlichen Rechtsweg ergangene — Urteil als bestehend anerkannt wird, noch nicht in ein privates Recht um. Daher begründet das bloße Judikat grundsätzlich niemals einen selbständigen Privatrechtstitel. Es kommt vielmehr darauf an, ob das urteilsmäßig anerkannte Recht einem privaten oder öffentlichen Rechtsverhältnis entsprungen ist und welchen dieser Rechtstitel es zur Grundlage hat.

In dieser Beziehung wird in dem im Vorprozeß ergangenen Urteil des Reichsgerichts vom 23. Februar 1905 unter Bezugnahme auf die Reichsgerichtsentscheidung bei Gruch. Bd. 43 S. 1046 ausgeführt, der vordem von einem Stift unterhaltenen Schule sei auf der Grundlage der allgemeinen staatsrechtlichen Dotationspflicht, wie sie durch den Reichsdeputationshauptschluß von 1803 begründet worden sei, und ohne daß ein Sondertitel aus früherer Zeit bestanden habe, die Dotation in geordnetem Wege durch die preuß. Kabinettsorder vom 29. April 1826 zugewiesen worden, und auf diese Weise habe die damalige Klägerin ein wohlerworbenes Recht erlangt. Das Reichsgericht verneint damit das Vorliegen einer privatrechtlichen, aus unvordenklicher Verjährung oder Vertrag hergeleiteten Verpflichtung des Beklagten und sieht sie als dem öffentlichrechtlichen Verhältnis der staatlichen Dotationspflicht entsprungen an. Zwar handelt es sich bei dieser in dem rechtskräftigen Urteil des Vorprozesses über die Natur der Verpflichtung getroffenen Feststellung nicht um eine Rechtsfolge, an die das spätere Gericht gemäß § 322 ZPO. gebunden wäre. Aber es liegt kein Anlaß vor, von jener rechtlichen Beurteilung abzuweichen. Die hier festgestellte Dotationspflicht gehört ihrem Wesen und ihrer Entstehung nach unbedingt dem öffentlichen Rechte an. Auch die kirchlichen Ausstattungsansprüche einer Kirchengemeinde gegen den Staat beruhen, sofern nicht ein privatrechtlicher, bei der Säkularisation vorhandener oder durch die preuß. Kabinettsorder vom 25. September 1834 anerkannter Entstehungsgrund erhellt, auf öffentlichrechtlicher Grundlage, unbeschadet der für solche Ansprüche zugelassenen Verfolgbarkeit im ordentlichen Rechtsweg (JW. 1927 S. 785 Nr. 17 und RGUrt. v. 17. Juni 1929 IV 739/28, vgl. RGZ. Bd. 111 S. 214).

Liegt hiernach ein öffentlichrechtlicher Titel vor, so fragt sich weiter, ob die darauf beruhende Verpflichtung des Beklagten zur Tragung der Schulunterhaltungskosten durch § 53 VDG. rechtswirksam aufgehoben werden konnte, der solche Titel zweifellos betrifft. Der Kläger macht geltend, daß die entschädigungslose Aufhebung jenes Rechts durch Landesgesetz gegen Art. 153 Abs. 2 RVerf. verstoße, der auch auf dem Gebiete des öffentlichen Rechts Anwendung finde. Ob und unter welchen Umständen das sogen. öffentliche Eigentum einer Enteignung zugänglich und dann durch jene Verfassungsbestimmung geschützt ist, kann unerörtert bleiben. Im Streitfall handelt es sich um ein Forderungsrecht des Schulverbands, und zwar um eine Berechtigung, die auf einem öffentlichrechtlichen Titel beruht und ihrer Natur nach dem öffentlichen Recht der Schule angehört. Sie ist für den

Kläger in seinem eigenen Interesse begründet, bildet also ein subjektives öffentliches Recht (Jellinek System der subjektiven öffentlichen Rechte S. 41flg.; Fleiner Institutionen des Verwaltungsrechts S. 176 flg.; O. Mayer Verwaltungsrecht I S. 107, 111). Ob solche Berechtigungen von Art. 153 Abs. 2 RVerf. betroffen werden, hat der VI. Senat in dem angezogenen Urteil JW. 1926 S. 1444 dahingestellt gelassen. Der jetzt erkennende Senat hat in seinem Urteil vom 27. Mai 1929 (JW. 1929 S. 2231 Nr. 3) ausgesprochen, daß Art. 153 Abs. 2 sich nur auf private Rechte bezieht, nicht aber auf das dort streitige Beteiligungsrecht einer altkatholischen Gemeinde an einem Mesnerfonds, das vom Berufungsrichter als öffentlichrechtliches festgestellt worden war. In der Rechtslehre wird fast überall (Anschütz Reichsverfassung Anm. 2 zu Art. 153; Giese desgl. Anm. 1 zu Art. 153; M. Wolff Reichsverfassung und Eigentum S. 23; Schelcher in Fischers Zeitschr. f. Verwaltungsrecht Bd. 60 S. 158) die Geltung des Art. 153 Abs. 2 auf private Rechte beschränkt, wie auch das Reichsgericht in bezug auf Art. 153 entweder ausdrücklich von privaten Vermögensrechten spricht (RGZ. Bd. 103 S. 201, Bd. 109 S. 319, Bd. 111 S. 227, Bd. 118 S. 26, Bd. 121 S. 168) oder doch deren Vorhandensein voraussetzt (RGZ. Bd. 105 S. 253, Bd. 111 S. 130 u. S. 328, Bd. 114 S. 33). Auch der reichsgerichtliche Schiedsspruch über die Rechtsgültigkeit des Rentensperrgesetzes (RGZ. Bd. 126 S. 161) hat zum eigentlichen Gegenstand die Entziehung von Aufwertungsansprüchen durch die dort angeordnete Aussetzung der Rechtsstreitigkeiten, nicht subjektive öffentliche Berechtigungen (vgl. RGZ. Bd. 128 S. 171). Des weiteren steht das Preußische Oberverwaltungsgericht in dem vom Berufungsrichter angezogenen Urteil (Entsch. Bd. 81 S. 201/202) auf dem Standpunkt, daß zu den durch Art. 153 Abs. 2 RVerf. geschützten Rechten nur solche gehören, die auf einem privatrechtlichen Titel beruhen. Dem ist im Gegensatz zu der Ansicht des Berufungsrichters beizupflichten. Rein theoretisch betrachtet mögen auch die subjektiven öffentlichen Berechtigungen, selbst wenn sie einer juristischen Person des öffentlichen Rechts zustehen, unter staatlichem Schutz enteignungsfähig sein, sofern man nicht mit Huber Garantie der kirchlichen Vermögensrechte S. 6flg. grundsätzlich annimmt, daß eine verfassungsmäßige Garantie solcher vom Staate selbst herrührenden Berechtigungen überhaupt undenkbar ist. Die Frage ist aber vor allem die, ob das Gesetz selbst solche Rechte im Auge hat, wenn es in Art. 153 Abs. 2 RVerf. die entschädigungslose Enteignung verbietet. Die Entscheidung muß also ausschließlich der Reichsverfassung selbst und ihren Vorschriften entnommen werden (vgl. RGZ. Bd. 102 S. 168). In dieser Beziehung ist, worauf das Oberverwaltungsgericht hinweist, der Zusammenhang des Art. 153 mit den übrigen Grundrechtsnormen des 5. Abschnitts des II. Hauptteils der Verfassung und seine Stellung im System der Grundrechte von wesentlicher Bedeutung. Die im 5. Abschnitt aufgestellten Rechtsgrundsätze über die Grundrechte und Grundpflichten enthalten in ihrem zusammengehörigen ersten Teil (Art. 151 bis 154) das Prinzip individualistischer Rechts- und Wirtschaftsordnung (Anschütz a. a. O. Bem. vor Art. 151; Giese a. a. O. das.; Hatschek Staatsrecht I S. 204). Dem Einzelnen sollen danach insbesondere Vertragsfreiheit, Eigentum und Erbrecht gewährleistet sein. Wie nach dem Inhalt und Zusammenhang dieser Vorschriften nicht zweifelhaft sein kann, sind es Privatrechtsverhältnisse, die gesichert werden sollen. Schon hieraus ergibt sich, daß Art. 153 Abs. 2 RVerf. nur die Enteignung privaten Eigentums und privater Vermögensrechte zu regeln bestimmt ist. Für das Reich, dessen Gesetzgebungsgewalt sich materiell vornehmlich auf das bürgerliche Recht erstreckt, bestand zudem kein Anlaß, gerade Berechtigungen öffentlichrechtlicher Art gegen Enteignung zu schützen, weil damit ein Eingriff in solche Rechtsmaterien verbunden wäre, die als dem öffentlichen Recht angehörig im allgemeinen dem Landesrecht vorbehalten sind. Aus diesen Gründen ist anzunehmen, daß Art. 153 Abs. 2 RVerf. auf subjektive öffentliche Berechtigungen nach Art der vorliegenden keine Anwendung findet. Die auf gesetzlichem Wege erfolgte Aufhebung des Rechts des klagenden Schulverbandes verstößt daher nicht gegen jene Vorschrift. Demnach bedarf es keiner Erörterung darüber, ob die Aufhebung gegen angemessene Entschädigung geschah, was der Beklagte unter Hinweis auf die im Volksschullehrer-Diensteinkommengesetz ihm auferlegte allgemeine Beitragspflicht zur Landesschulkasse behauptet, das Reichsgericht aber in dem mehrerwähnten Urteil JW. 1926 S. 1444 verneint hat.

51. 1. Freie oder unfreie Benutzung von Operetten für die auf sie bezüglichen kurzen, volkstümlichen Führer; Erfordernisse der eigentümlichen Schöpfung.

2. Bedeutung längeren Duldens und Abwartens gegenüber Urheberrechtsverletzungen; Einfluß veränderter technischer und wirtschaftlicher Umstände.

LitUrhG. §§ 11, 12 Abs. 1, §§ 13, 19 Nr. 1, § 21 Nr. 1, §§ 36, 42.

I. Zivilsenat. Urt. v. 25. Juni 1930 i. S. Registr. Genossenschaft mbH. Gesellschaft der Autoren, Komponisten u. Musikverleger (Kl.) w. 1. We. Musikverlag, 2. Wo. (Bekl.). I 21/30.

I. Landgericht Leipzig.
II. Oberlandesgericht Dresden.

Die Klägerin bezweckt den Schutz ihrer Mitglieder gegen Eingriffe in deren Urheberrechte. Zu den Mitgliedern gehören die Firmen C. in Leipzig und D. in Wien. C. besitzt die Urheberrechte an Musik und Text der Johann Straußschen Operetten „Die Fledermaus" und „Der Zigeunerbaron" (Texte beider von Schnitzer). D. besitzt die Urheberrechte an Musik und Text der Operetten „Die lustige Witwe" (vertont von Franz Lehár, Text von Viktor Leon und Leo Stein) und „Ein Walzertraum" (vertont von Oskar Straus, Text von Felix Dörmann und Leopold Jacobson). Die Beklagte We. verlegt unter der Sammelbezeichnung „Wo.s Operettenbibliothek, Fortsetzung von Wo.s Opernbibliothek" Führer durch einzelne Operetten. Die Hefte enthalten eine Schilderung des Handlungsganges der Werke mit eingestreuten Notenbeispielen, denen Stücke der Liedertexte beigedruckt sind. Verfasser dieser Führer ist der Beklagte Wo. In dieser Sammlung sind auch Führer durch die vorhin genannten vier Operetten „Fledermaus", „Zigeunerbaron", „Lustige Witwe" und „Walzertraum" erschienen. Die Firmen C. und D. sehen darin Verletzung ihrer Urheberrechte; sie haben ihre Rechte an die Klägerin abgetreten und diese mit der Verfolgung betraut.

Der Antrag der Klägerin geht auf Untersagung und Vernichtung. Die Beklagten erwidern, ihre Führer seien eigentümliche Schöpfungen, denen der Verfasser nur einzelne Stellen der Musik und des Textes eingefügt habe. Das Landgericht erkannte nach dem Klagantrag, das Oberlandesgericht wies die Klage ab. Auf die Revision der Klägerin wurde das landgerichtliche Urteil wiederhergestellt.

Gründe:

1. Eine Durchsicht der vier Wo.schen Operettenführer, um die es sich hier handelt, ergibt alsbald, daß ihr Inhalt dreierlei Bestandteile aufweist: Erstens eine Anzahl Notenbeispiele, durch die der Verfasser gewisse Lieder, Sing- und Tanzweisen oder sonstige Melodien aus dem Musikwerke heraushebt. Zweitens wird, sofern diese Weisen einen Gesangstext begleiten, auch der Text — im Umfang des mitgeteilten Notenbeispiels, dem er zugehört — wiedergegeben und so aus der Wortdichtung ebenfalls — wie aus der Musik — eine Auswahl kennzeichnender Proben dargeboten. Drittens schildert der Führer in großen Zügen den Gang der Handlung; diese Schilderung dient zugleich als Bindemittel zwischen den vorgelegten, in einzelnen Ausdrücken andeutungsweise gekennzeichneten Proben aus Tönen und Worten. Der Führer zur „Fledermaus" hat 19, der zum „Zigeunerbaron" 16, der zur „Lustigen Witwe" 21, der zum „Walzertraum" 20 bedruckte Seiten (ohne Titel und Personenverzeichnis gezählt). Bei den Führern zu „Fledermaus" und „Zigeunerbaron" kommt auf die Notenbeispiele samt Text und auf die verbindende Schilderung je etwa die Hälfte der bedruckten Fläche; in denen zur „Lustigen Witwe" und zum „Walzertraum" ist der räumliche Anteil der Handlungsschilderung im Vergleich zu Noten und Text noch geringer.

a) Der Berufungsrichter kennzeichnet die vier streitigen Führer als Berichte darüber, wie sich die Operetten vor dem Auge und Ohr des Zuschauers und Zuhörers abspielen. „Sie beschreiben in gedrängter Kürze den geschichtlichen Hergang der Bühnenwerke unter Entkleidung ihrer dichterischen Form, schildern die Szenerien, deuten Musik und Text und weisen auf besonders beachtenswerte Stellen hin." Nachdem er an etlichen Beispielen erläutert hat, in welcher Weise das geschieht, faßt er nochmals zusammen: Die Führer seien berichtende Wiedergaben der gesamten Bühnenvorgänge jener Operetten in gedrängter Form, ergänzt und verdeutlicht durch zahlreich eingestreute Notenbeispiele mit untergelegtem Text. Somit seien in den Führern die Bühnenwerke nicht in Erzählungsgestalt wiedergegeben. Die Führer seien ihrer Bestimmung gemäß etwas völlig anderes als die von ihnen behandelten musikdramatischen Werke selbst.

Um dieser Unterschiede willen zwischen den Operetten selber und den ihnen gewidmeten Führern kommt das Berufungsgericht zu dem Schlusse, daß die Führer der Beklagten keine Bearbeitung der Operetten seien. Aus den im Gesetz (§ 12 Abs. 1 LitUrhG.) ausdrücklich erwähnten Beispielen entnimmt es, daß eine Bearbeitung (§ 12 Abs. 2) nur dann vorliege, wenn der Verfasser des neuen Werkes (hier des Führers) der Darstellung oder doch dem Gedankengange des älteren Urhebers (hier der besprochenen Operette) gefolgt sei, also ein Werk hergestellt habe, welches fremde Darstellung oder fremde Gedanken in der Form der Aneignung als eigne Darstellung oder eigne Gedanken benutze. So aber verfahre, wie an der Art seiner Zutaten gezeigt, Wo. in den streitigen Führern nicht.

Damit legt das Berufungsgericht der Schilderung des Handlungsganges aus der Feder eines Zuschauers und Hörers, welcher der bühnenmäßigen Aufführung mit Auge und Ohr gefolgt ist, eine für die Würdigung des ganzen Operettenführers ausschlaggebende Bedeutung bei. Die Ausführungen aber, in denen dies näher begründet wird, unterliegen rechtlichen Bedenken. Das Oberlandesgericht knüpft an das von ihm eingeholte Gutachten der Leipziger Sachverständigenkammer für Werke der Literatur an, setzt sich mit dessen Auffassung auseinander und gibt kund, warum es im Ergebnis von ihm abweicht. Es bemerkt zunächst: Eine scharfe begriffliche Scheidung der Bearbeitungen eines Werkes (die nach § 12 LitUrhG. in den Befugniskreis des Urhebers fallen) von den unter freier Benutzung des Werkes gewonnenen eigentümlichen Schöpfungen (die nach § 13 Abs. 1 LitUrhG. außerhalb jenes Kreises liegen) lasse sich schwerlich durchführen. In jedem einzelnen Falle müsse geprüft werden, ob sich der Verfasser des neuen Werkes von Darstellung und Gedanken des älteren so weit losgelöst habe, daß es billig erscheine, seine Tätigkeit als eine selbständige literarische Leistung aufzufassen (Begr. z. Entw. d. LitUrhG. §§ 12, 13 [Drucks. des Reichstags, 10. Legislat.-Periode II. Session 1900/01 Nr. 97 S. 23 bis 25]; RGZ. Bd. 82 S. 17, Bd. 121 S. 358 flg.). Mit diesem Hinweis auf anerkannte Grundsätze ständiger Rechtsanwendung wird zutreffend angedeutet, daß es wesentlich ist, ob die streitigen Operettenführer — ein jeder einzeln betrachtet, im Verhältnis zu dem Werke, welches er erläutert — selbständige literarische Arbeiten sind. Auf dieses Erfordernis hin müssen sie schon deshalb geprüft werden, weil sie zu erheblichen Teilen ihres gesamten Umfangs aus Belegstellen — Text- und Musikzitaten — bestehen, die jenen Werken entnommen sind. Vervielfältigung einzelner Stellen eines erschienenen Schriftwerks oder Tonkunstwerks ist aber zulässig, wenn sie in einer selbständigen literarischen Arbeit angeführt werden (§ 19 Nr. 1, § 21 Nr. 1 LitUrhG.). Also fragt sich, ob die Führer, ein jeder für sich betrachtet, als Gesamtwerk — durch die knappe Schilderung des Handlungsverlaufes nebst der mit ihr verbundenen Auslese an Melodien und Textproben — zu den selbständigen literarischen Arbeiten gehören. Wenn, wie hier, das neue Werk nach seinem ausgesprochenen Zwecke dazu dient, in das ältere, die Operette, einzuführen, es dem Verständnis zu erschließen und, obgleich nur oberflächlich, zu erläutern, dann erweist sich diese Frage als gleichbedeutend mit der anderen: ob die vier Führer aus freier Benutzung der Operetten (ein jeder derjenigen Operette, auf die er sich bezieht) erwachsene eigentümliche Schöpfungen sind (§ 13 Abs. 1 LitUrhG.).

Das Oberlandesgericht bejaht dies. Zur Begründung führt es aus: Die Führer seien Berichte über Bühnenwerke in der Form zusammenfassender Darstellung der Handlung mit beigegebener gelegentlicher Beschreibung der Musik unter kritischer Würdigung von Text und Tönen. Für die Antwort auf die Frage, ob die Veröffentlichung eines solchen Werkes in die ausschließlichen Befugnisse des Verfassers des Bühnenwerks selbst eingreift oder nicht, könne es keinen Unterschied machen, ob die Besprechung ausführlich und gut oder dürftig und minderwertig sei. Denn bei beiden Besprechungsarten werde das besprochene Werk in gleicher Weise benutzt. Auch der Verfasser eines Führers mit knapper, sich an der Oberfläche bewegender kritischer Würdigung bediene sich des besprochenen Werkes in freier Weise (§ 13 LitUrhG.) und bringe in dem Führer eine eigentümliche Schöpfung hervor.

b) Diese Schlußfolgerung kann nicht gebilligt werden, weil dabei die Annahme gleichartiger (freier) Benutzung und eigentümlicher Schöpfung von Rechtsirrtum beeinflußt ist.

aa) Nach ständiger Lehre und Rechtsprechung genügt allerdings zum schutzfähigen Schriftwerke (§ 1 Abs. 1 Nr. 1 LitUrhG.) der durch Zeichen äußerlich erkennbar gemachte sprachliche Gedankenausdruck, der sich als Erzeugnis geistiger Tätigkeit des Urhebers kundgibt (RGZ. Bd. 108 S. 65, Bd. 116 S. 294, Bd. 121 S. 358). Bloß mechanische Wiedergabe von Bekanntem, zu der sich keine selbständig schaffende Geistesarbeit gesellt, reicht nicht hin; doch braucht die aufgewandte geistige Tätigkeit nur geringen Grades zu sein; auch kommt es auf Umfang und Wert der Leistung nicht an; unter Umständen genügt Sammlung, Sichtung und Anordnung vorhandenen Stoffes (RGZ. Bd. 121 S. 358 und dort angef. Urteile). Aber ein auf solche Weise grundsätzlich des Schutzes gegen jedermann teilhaftiges Schriftwerk braucht, wenn es unter Benutzung eines anderen Werkes hervorgebracht worden ist, nicht gegen dessen Urheber geschützt zu sein. Im Verhältnis zu ihm bleibt es vielmehr abhängig, sofern die Benutzung keine freie war und — mag sie auch eine freie gewesen sein — das aus ihr hervorgegangene neue Werk keine eigentümliche Schöpfung ist (§ 13 Abs. 1 LitUrhG.). Sonach kommen, wenn es zu prüfen gilt, ob das ältere Werk unfrei oder frei benutzt worden und ob das neue eine eigentümliche Schöpfung sei, die Art und das Maß aufgewendeter Geistesarbeit und das aus ihr erwachsene Leistungsergebnis in Betracht. Es geht nicht an, einen Operettenführer schon darum zu den Früchten freier Benutzung und zu den eigentümlichen Schöpfungen zu zählen, weil er die Musik- und Textzitate im Geleit einer kurzen Handlungsschilderung mit etlichen Ausdrücken urteilenden Sinnes über die Melodien darbietet und so vielleicht dem Bedürfnis weiter Kreise nach einiger Belehrung genügt. Damit würde sowohl das Erfordernis freier Benutzung wie das der eigentümlichen Schöpfung allzusehr verringert und veräußerlicht. Beide gehören zum Bereiche der vom Revisionsgericht zu prüfenden Rechtsfragen (RGZ. Bd. 123 S. 124).

bb) Die Führer, welche hier in Betracht kommen, lehnen sich eng an die Operetten selbst an. Sie bestehen großenteils, einige sogar stark überwiegend, aus bloßen Notenbeispielen nebst zugehörigen Textstellen, also aus Zitaten. Den Faden, an dem diese aufgereiht sind, bildet ein reiner Handlungsbericht ohne eigene irgendwie beträchtliche Gedanken. Allerdings ist der verbindende Bericht für das Verständnis des erläuterten Stückes von Wert. Denn bei keiner der vier Operetten erschließt sich durch Kenntnis der Liedertexte und der Musik allein der völlige Zusammenhang des Ganzen. Ihn zeigen die vollständigen Textbücher (Regie- und Soufflierbücher), in denen die gesamten Bühnenanweisungen und der gesprochene wie der gesungene Worttext enthalten sind. Wie das Gutachten der Sachverständigenkammer erwähnt, werden diese Spielleit- und Einhelfbücher von den Verlägen lediglich als gedruckte Handschriften den Bühnen überlassen (das zur „Fledermaus" zählt 127, das zum

„Zigeunerbaron" 84, das zur „Lustigen Witwe" 150 und das zum „Walzertraum" 119 Seiten); in den Buchhandel kommen sie nicht. Darüber, ob etwa der Beklagte Wo. Einblick in sie genommen hat, liegt keine Feststellung vor. Es erhellt also nicht, daß er diese genauen Textbücher unmittelbar benutzt habe. Deshalb kann nur davon ausgegangen werden, er habe sie mittelbar verwertet durch die dem Zuschauer und Hörer allgemein zugängliche sinnliche Wahrnehmung des Niederschlags, den die bühnenmäßige Aufführung ihnen verleiht. Seine Leistung bestand alsdann darin, daß er dies ihm vermittelte Ergebnis in Gestalt eines das Wichtigste heraushebenden Berichtes auszugsweise wiedergab und ihm zur besseren Einprägung und Anschaulichkeit Musik- und Textzitate einfügte; ähnlich wie etwa der Hörer eines Vortrags verfährt, der dessen Gedankengang in knapper Inhaltsangabe aufzeichnet und einzelne besonders kennzeichnende Sätze wörtlich einflicht. Bei allen vier Operettenführern beschränkte sich Wo. auf eine sehr kurze Einführung in wenigen andeutenden Sätzen ohne eigenen, besonderen Gedankeninhalt. Die vom Oberlandesgericht erwähnten, hie und da beigefügten Ausdrücke, die zur Kennzeichnung der Musik dienen, verleihen den spärlichen Zutaten des Verfassers weder bemerkenswerten Gehalt noch persönliche Farbe. Solche Behandlung der Aufgabe bewegt sich in den Grenzen unfreier Benutzung, hebt jedenfalls das Ergebnis nicht bis zu einer eigentümlichen Schöpfung empor. Denn ein knapper Handlungsbericht mit gelegentlicher Kennzeichnung der Musik erheischt zwar eine gewisse geistige Tätigkeit. Wenn sich aber, wie hier bei allen vier Führern, die Darstellung der Geschehnisse ganz nüchtern berichtend auf ein paar Hauptzüge der Bühnenvorgänge, die Beurteilung der Musik auf einige hier und da eingestreute allgemein gebräuchliche Ausdrücke beschränkt, so zeigt sich darin nichts Schöpferisches. Im Vergleich zur Operette selbst weist der Führer ebensowenig Eigenart des Gehaltes und der Form auf, wie ihn etwa ein bloßer Auszug (vgl. § 12 Abs. 2 Nr. 4 LitUrhG.) besäße (Kohler Urheberrecht [1907] S. 212/213; Riezler Deutsches Urheber- und Erfinderrecht I [1909] S. 232, 291/2; de Boor Urheberrecht und Verlagsrecht [1917] S. 112, 160). Das Oberlandesgericht verweist für seine abweichende Beurteilung auf einige Schriftsteller und Rechtssprüche (Beschl. des Oberlandesgerichts München vom 24. September 1889 — nach dem UrhGes. vom 11. Juni 1870, nicht dem vom 19. Juni 1901 —, Sammlung von Entsch. des OLG. München Bd. 5 S. 484 Nr. 59; Allfeld Urheberrecht [2. Aufl. 1928] Anm. 3b cc zu § 13; Mothes Recht an Schrift- und Kunstwerken S. 52, 63). Allein hierbei ist zu bedenken, daß auch das Schrifttum nicht darauf ausgeht, für sämtliche untereinander nach Anlage, Gedankengehalt und Form sehr ungleiche „Führer" wie für eine gleich zu behandelnde Gattung gleiche Grundsätze aufzustellen. Immer kommt es nach anerkannter Lehre auf die gesetzliche Regel an, daß eine aus freier Benutzung hervorgegangene eigentümliche Schöpfung erfordert wird (Marwitz-Möhring Urheberrecht [1929] Anm. 1 zu § 12, Anm. 1, 2 7 und 13 zu § 13; Wenzel Goldbaum Urheberrecht [2. Aufl. 1927] Anm. VI zu § 13; Elster Gewerbl. Rechtsschutz [2. Aufl. 1928] S. 98flg.). An einer solchen fehlt es hier.

c) Sind die vier Führer der Beklagten also keine aus freier Benutzung der Operetten hervorgegangenen eigentümlichen Schöpfungen, so greift wider sie die ausschließliche Befugnis der Urheber jener Operetten oder ihrer Rechtsnachfolger durch. Die Anträge auf Unterlassung und Vernichtung sind demnach aus den vom Landgericht dargelegten Gründen gerechtfertigt (§§ 11, 36, 42 LitUrhG.). Dabei muß es bewenden.

2. Die Beklagten machen geltend: Ihre Operettenführer seien seit mehr als zwanzig Jahren ungehindert hergestellt und vertrieben worden. Gerade die Mitglieder der klagenden Gesellschaft, von denen der Rechtsstreit ausgehe, hätten bei der Beklagten We. eine große Anzahl (100 Stück) des Führers zur „Fledermaus" bezogen. Solches Verhalten bedeute Duldung und Einverständnis, und jene Firmen hätten sich sagen müssen, daß die Gegner es nur so verstehen könnten. Ihren gegenwärtigen Klaganspruchen stehe daher die Einrede der Arglist entgegen, weil es nach so langem Stillschweigen, Abwarten und Geschehenlassen gegen Treu und Glauben verstoße, Untersagung und Vernichtung zu fordern. Dieser Einwand ist unbegründet.

Allerdings kann langjährige Duldung eines Zustandes, der in die urheberrechtlichen Befugnisse eingreift, nach Treu und Glauben den Verzicht enthalten, gegen solche Eingriffe vorzugehen. Untätiges Abwarten läßt sich, wenn keine besonderen Gründe es rechtfertigen, als Einverständnis mit dem Verhalten des Gegners deuten. Denn durch Rechtsverletzungen, gegen die nicht eingeschritten wird, erwächst auf diese Weise für den Verletzer ein im Wettbewerb und Verkehr wertvoller Besitzstand. Ihn nachträglich zu verbieten, kann namentlich dann als Verstoß gegen Treu und Glauben empfunden werden, wenn die beteiligten Kreise die Rechtsverletzung nicht einhellig als solche beurteilen und das Bewußtsein des Verletzers, unlauter zu handeln, nicht erwiesen ist (RGZ. Bd. 127 S. 321 [323flg.]). Diese Auslegung kommt aber nicht in Betracht, wenn, wie hier, der Berechtigte jene Eingriffe in seinen Befugniskreis für unbedeutend, den daraus erwachsenden Schaden für geringfügig, gerichtliches Vorgehen dawider für unlohnend hält. Unter solchen Umständen vergibt er sich durch stillschweigende Duldung nichts, besonders wenn er voraussetzen darf, der Gegner kenne und verstehe die Beweggründe derartigen Verhaltens. Erlangen aber später durch Verwandlungen in Technik, Wirtschaft und Verkehrsleben die Eingriffe in sein Urheberrecht größere Bedeutung, so daß ihm nunmehr nötig oder doch ratsam erscheint, sie abzuwehren, dann kann ihm nicht entgegengehalten werden, die Rechtsverfolgung verstoße, weil er vorher untätig abgewartet habe, gegen Treu und Glauben. Auf grundwesentliche Veränderungen im Verkehr, die auch Urheberrecht und Buchhandel berühren, weist hier die Klägerin ausdrücklich hin. Dabei bezieht sie sich auf die Werbedrucke der Beklagten We., die zur Empfehlung von „Wo.s Opern-, Operetten- und Oratorienbibliothek" eigens hervorheben, diese „populären Führer durch Poesie und Musik" seien „unentbehrlich auch bei Opernaufführungen durch Rundfunk". Dieses letzte Wort springt auf dem Titelblatte des Schriftenverzeichnisses durch starken Druck am deutlichsten ins Auge. Der Klägerin und den in ihr vereinigten Urheberberechtigten ist, ohne daß es dazu besonderer Tatsachenfeststellung bedarf, zuzugeben: aus der Bedeutung des Rundfunks für den heutigen Verkehr läßt sich die Erwartung künftigen stärkeren Absatzes der streitigen Führer herleiten. Eingriffe in das Urheberrecht an den entsprechenden Operetten gewinnen dadurch eine wesentlich andere Bedeutung als in den Zeiten, die noch nicht durch den Rundfunk stark beeinflußt wurden. Die der Klage entgegengestellte Einrede der Arglist erweist sich demnach als unbegründet.

---

52. Zur Frage der Umwandlung einer Aktiengesellschaft in eine Kommanditgesellschaft auf Aktien.

HGB. §§ 231flg., 274flg., 320flg.

II. Zivilsenat. Urt. v. 27. Juni 1930 i. S. G. (Kl.) w. Vereinsbank in H. A.-G. u. Gen. (Bekl.). II 70/30.

I. Landgericht Hamburg, Kammer für Handelssachen.
II. Oberlandesgericht daselbst.

In der Generalversammlung der verklagten Aktiengesellschaft vom 18. April 1929, in der vom Grundkapital von 15000000 RM. insgesamt 12707112 RM. mit 705902 Stimmen vertreten waren, wurde u. a. beschlossen:

I. Die Aktiengesellschaft wird in eine Kommanditgesellschaft auf Aktien umgewandelt.

II. Die aus einer Protokollanlage ersichtliche Änderung des Gesellschaftsvertrags wird genehmigt mit der Maßgabe, daß über den Eintritt der ersten Geschäftsinhaber gemäß § 1 Abs. 2 des Gesellschaftsvertrags gesondert abgestimmt wird.

Aus dem Gesellschaftsvertrag ergibt sich die Art der Bestellung der persönlich haftenden Gesellschafter (Geschäftsinhaber).

III. Die Generalversammlung erklärt sich damit einverstanden, daß die Herren H., Str. und St. (die Beklagten zu 2 bis 4) auf Grund des neugefaßten Gesellschaftsvertrags als persönlich haftende Gesellschafter (Geschäftsinhaber) in die Gesellschaft eintreten. . . .

Gegen diese Beschlüsse stimmten Aktionäre mit zusammen 338 Stimmen, darunter der Kläger mit Aktien im Nennwert von 1000 RM. und 55 Stimmen, der Abstimmung enthielten sich Aktionäre mit zusammen 744 Stimmen. Der Kläger erklärte gegen diese Beschlüsse sofort Widerspruch zu Protokoll. Sie wurden aber trotzdem zum Handelsregister angemeldet und demnächst eingetragen; die Eintragung wurde auch amtlich bekanntgemacht. Der Kläger behauptet, die Beschlüsse seien aus einer Reihe von Rechtsgründen nichtig und anfechtbar, und erhob Klage mit dem Antrag, sie für nichtig zu erklären sowie festzustellen, daß die Vereinsbank in H. nach wie vor eine Aktiengesellschaft sei und die Beklagten Str., H.

und St. zu ihrer Vertretung nicht befugt seien. Die Klage war gegen die „Vereinsbank in H." und gegen die genannten drei weiteren Beklagten gerichtet. In der Folge beantragte der Kläger nach Eintragung der Umwandlungsbeschlüsse ins Handelsregister gemäß § 57 ZPO. die Bestellung eines Prozeßvertreters für den Vorstand der Vereinsbank, worauf der Mitbeklagte Str. vom Landgericht „für den Vorstand der Vereinsbank als Prozeßpfleger" bestellt worden ist.

Das Landgericht wies die Klage ab. Die Berufung des Klägers wurde zurückgewiesen. Seine Revision hatte teilweise Erfolg.

Gründe:

I. Soweit die Klage gegen die Beklagten Str., H. und St. gerichtet und gegen die verklagte Gesellschaft nicht Anfechtungsklage erhoben ist, handelt es sich um gewöhnliche Feststellungsklagen nach § 256 ZPO., welche vermögensrechtliche Ansprüche zum Gegenstand haben. Ein ausschließlicher landgerichtlicher Gerichtsstand besteht für sie nicht. Die Zulässigkeit der Revision ist deshalb vom Vorhandensein eines den Betrag von 6000 RM. übersteigenden Beschwerdewerts abhängig (JW. 1912 S. 802 Nr. 20, 1929 S. 1371 Nr. 8; RGUrt. vom 21. März 1930 II 219/29 sowie JW. 1928 S. 222 Nr. 7, S. 1569 Nr. 15). Daran fehlt es aber hier. Der Kläger hat in der Klage den Wert des Streitgegenstandes auf 200 bis 300 RM. angegeben und hierzu zutreffend ausgeführt, daß sich dieser Wert nach seinem Interesse an den begehrten Feststellungen richte. Für dieses Interesse ist aber in erster Linie ausschlaggebend die Höhe seines Aktienbesitzes, den der Kläger selbst nach dem Nennwert nur auf 1000 RM. beziffert hat. Bei dieser Sachlage ist nicht ersichtlich, wie das Interesse des Klägers 6000 RM. erreichen oder gar übersteigen sollte.

Demgemäß ist die Revision gegen die Beklagten Str., H. und St. und in Ansehung der Feststellungsklage auch die gegen die verklagte Gesellschaft gerichtete Revision ohne weiteres unzulässig (§§ 3, 546 ZPO.).

II. Anders steht es mit der aktienrechtlichen Anfechtungsklage. Die Zulässigkeit der Revision folgt hier aus § 272 Abs. 2 HGB. in Verb. mit § 547 Nr. 2 ZPO. Der erkennende Senat hat sich schon wiederholt auf den Standpunkt gestellt, daß mit dieser Klage auch Nichtigkeitsgründe verfolgt werden können. Die — von Amts wegen zu prüfenden — Voraussetzungen der Form und der Frist der Anfechtungsklage sind hier unzweifelhaft gewahrt. Die Klage ist insbesondere den sämtlichen Aufsichtsratsmitgliedern der verklagten Gesellschaft fristgemäß zugestellt. In gleicher Weise ist die Zustellung an die persönlich haftenden Gesellschafter der angeblichen Kommanditgesellschaft auf Aktien erfolgt. Nachdem die Umwandlungsbeschlüsse in das Handelsregister eingetragen und durch Bekanntmachung nach außen verlautbart waren, genügte es, daß die Anfechtungsklage den persönlich haftenden Mitgliedern (Geschäftsinhabern), die bis auf weiteres an die Stelle des bisherigen Vorstands der Aktiengesellschaft getreten waren, und dem Aufsichtsrat zugestellt wurde. Selbst wenn aber in ersterer Hinsicht Bedenken bestehen würden, so ist die Klage auf alle Fälle auch dem für den Vorstand der Beklagten bestellten Prozeßpfleger fristgemäß zugestellt.

III. Sachlich dreht sich der Streit der Parteien vorab um die Frage, ob die Umwandlung einer Aktiengesellschaft in eine Kommanditgesellschaft auf Aktien im Wege der Satzungsänderung — d. h. ohne Auflösung und Neugründung — möglich ist. Der Berufungsrichter bejaht dies. Er ist der Meinung: Der Umstand, daß § 332 HGB. wohl den Fall der Umwandlung einer Kommanditgesellschaft auf Aktien in eine Aktiengesellschaft zulasse und des näheren regle, nicht aber auch den umgekehrten Fall erwähne, rechtfertige noch nicht die Annahme, daß eine solche Umwandlung unzulässig sei. Die §§ 332flg. HGB. gingen auf Art. 206a des Gesetzes vom 18. Juli 1884 zurück, wonach eine Kommanditgesellschaft auf Aktien in eine Aktiengesellschaft habe umgewandelt werden können, wenn dies im Gesellschaftsvertrag vorgesehen gewesen sei. Damals sei die Kommanditgesellschaft auf Aktien noch als eine Unterart der Kommanditgesellschaft angesehen und deshalb zu den Personalgesellschaften gerechnet worden. Der Übergang von einer Personal- zu einer Kapitalgesellschaft habe im Jahre 1884 ohne entsprechende gesetzliche Vorschrift als unmöglich gegolten. Art. 206a ADHGB. habe aber gerade einen solchen Fall betroffen, nämlich die Umwandlung der Kommanditgesellschaft auf Aktien als einer Unterart der Kommanditgesellschaft in eine Kapitalgesellschaft, er sei also vom Gesetzgeber als eine keiner Verallgemeinerung zugängliche Sondervorschrift angesehen worden. Dieser Sondercharakter sei aber den Vorschriften der §§ 332flg. HGB. nicht mehr beizumessen. Die Kommanditgesellschaft auf Aktien sei nach dem späteren Standpunkt des Gesetzgebers ersichtlich eine Kapitalgesellschaft. Bei der in § 332 HGB. vorgesehenen Umwandlung der Kommanditgesellschaft auf Aktien in eine Aktiengesellschaft unter Aufrechterhaltung der „Identität" der Gesellschaft handle es sich demgemäß nur noch um die „Umorganisation" einer Kapitalgesellschaft in eine ebensolche, wenn auch anders geartete Gesellschaft. Das folge insbesondere aus § 320 HGB. selbst. Die Umwandlung gleichartiger Handelsgesellschaften sei aber dem Gesetz ohnehin nicht fremd. Auf ähnlichen Gedankengängen beruhten die in §§ 143 flg. GenG. vorgesehenen Möglichkeiten der Umwandlung von Genossenschaften; ob die §§ 80, 81 GmbHG. hierher einzureihen seien, könne auf sich beruhen. Es bestünden daher gegen die Umwandlung einer Aktiengesellschaft in eine Kommanditgesellschaft auf Aktien keine begrifflichen Bedenken. Das Handelsgesetzbuch habe die Vorschriften der Art. 174a, 180h Abs. 3 und des Art. 181 ADHGB. nicht übernommen. Von Gesetzes wegen brauche sich jetzt der Geschäftsinhaber weder mit einer Vermögenseinlage noch durch Aktienübernahme an der Gesellschaft zu beteiligen, er habe nur persönlich für die Gesellschaftsschulden zu haften. Nach § 320 HGB. seien sodann auf die Kommanditgesellschaft auf Aktien die für die Aktiengesellschaft geltenden Vorschriften anwendbar, soweit nichts anderes im Gesetz bestimmt sei oder sich aus der Eigenart der Kommanditgesellschaft auf Aktien ergebe. Aus alledem sei zu folgern, daß das Fehlen einer dem § 332 HGB. entsprechenden Vorschrift für den Fall der Umwandlung einer Aktiengesellschaft in eine Kommanditgesellschaft auf Aktien nicht auf die Absicht zurückzuführen sei, eine solche Möglichkeit zu erschweren oder zu verhindern. Aus dem Schweigen des Gesetzes lasse sich deshalb nichts gegen die Zulässigkeit einer solchen Umwandlung herleiten. Sonach handle es sich vorab darum, ob die Änderung der Gesellschaftsform einer Kapitalgesellschaft unter Aufrechterhaltung der Identität auch ohne positive Gesetzesvorschrift möglich sei. Dies hänge von der Prüfung der Interessenlage ab. Eine solche ergebe aber, daß keinerlei beachtliche Interessen entgegenstünden, und zwar weder öffentlichrechtliche noch privatrechtliche. In letzterer Hinsicht kämen die Interessen der Gläubiger und der Aktionäre (Gesellschafter) in Frage. Gläubigerinteressen würden aber überhaupt nicht berührt. Anders liege es allerdings bei den Aktionären. Denn nicht nur ihre Beteiligung am Geschäftsergebnis, sondern auch die Art der Geschäftsleitung und ihr Einfluß darauf werde durch eine solche Umwandlung erheblich betroffen; allein grundsätzlich verhalte es sich damit nicht anders als bei jedem anderen Generalversammlungs-Beschluß, der die Aktionäre und ihre Rechte berühre. Soweit ein solcher Beschluß nicht zwingenden Gesetzesvorschriften widerspreche und nicht in Sonderrechte eingreife, sei er für die Aktionäre bindend. Sonderrechte kämen hier nicht in Betracht; es handle sich um eine alle Aktionäre gleichmäßig treffende Änderung ihrer Mitgliedschaftsrechte. So wenig die allgemeine Beschränkung der Dividende auf einen gewissen Satz oder die „Poolung" des Reingewinns mit dem Gewinn anderer Gesellschaften einen Eingriff in ein Sonderrecht darstelle, so wenig treffe dies auf die mit der Umwandlung in eine Kommanditgesellschaft auf Aktien verbundene Änderung in der Gewinnverteilung oder beim Übergang der gesetzlichen Vertretung vom Vorstand auf die Geschäftsinhaber zu. Die mit der erforderlichen Mehrheit unter Beachtung der sonstigen gesetzlichen Vorschriften gefaßten Generalversammlungs-Beschlüsse seien für den Einzelaktionär bindend. Der Umstand, daß durch den Umwandlungsbeschluß die Interessen der Aktionäre betroffen worden seien, könne deshalb nicht dazu führen, die Zulässigkeit eines solchen Beschlusses überhaupt zu bezweifeln. Nur darum könne es sich handeln, welche Mehrheit hierfür zu erfordern sei. Keinesfalls sei Einstimmigkeit nötig. Bei der Möglichkeit eines Mehrheitsbeschlusses müsse es sein Bewenden haben. Hier sei der Beschluß mit mehr als 99% der vertretenen und mit mehr als 75% der gesamten Stimmen gefaßt worden; nur 0,0479% der vertretenen Stimmen hätten sich dagegen erklärt. Die Mehrheit sei also größer als irgendeine der sonst vom Gesetz geforderten erhöhten Mehrheiten. Ein solcher Beschluß müsse notwendig die Gesamtheit binden. Der Umwandlungsbeschluß als solcher sei demnach rechtsgültig.

Die Revision rügt im besonderen Verletzung der §§ 250, 294, 303, 305, 307, 321, 322 Abs. 3 HGB. Sie macht geltend: Daraus, daß die Kommanditgesellschaft auf Aktien jetzt in einem besonderen Abschnitt des zweiten Buchs des Handelsgesetzbuchs geregelt sei, lasse sich kein Beweisgrund dafür herleiten, daß nunmehr im Gegensatz zum früheren Rechtszustand die Umwandlung einer Aktiengesellschaft in eine Kommanditgesellschaft auf Aktien durch bloße

Satzungsänderung unter Ausschluß der Liquidation und unter Wahrung der Identität der Gesellschaft habe zugelassen werden sollen. Die grundsätzliche Unterscheidung zwischen Personal- und Kapitalgesellschaften sei dem Gesetze fremd, und aus diesem angeblichen Gegensatz könnten keine so weitreichenden Folgerungen gezogen werden, wie das Berufungsgericht es tun wolle. Im übrigen ergebe sich aus den §§ 303 bis 305, 307 HGB. und aus § 80 GmbHG., daß es dem Gesetzgeber ferngelegen habe, solche Umwandlungen durch einfache Satzungsänderungen ohne Liquidation zuzulassen. § 80 GmbHG. schließe im besonderen die Umwandlung einer Aktiengesellschaft in eine Gesellschaft mbH. ohne Auflösung aus. Die Gründung von Aktiengesellschaften und Kommanditgesellschaften auf Aktien sei im öffentlichen Interesse durch eine Reihe zwingender Vorschriften geregelt; ohne deren Beachtung könne — soweit das Gesetz nicht Ausnahmen zulasse — weder eine Aktiengesellschaft aufhören noch eine Kommanditgesellschaft auf Aktien entstehen.

Die Revisionsangriffe sind im Ergebnis begründet.

Die vom Berufungsgericht grundsätzlich bejahte Möglichkeit der „Umwandlung" einer Aktiengesellschaft im Wege der Satzungsänderung in eine Kommanditgesellschaft auf Aktien wird im Schrifttum ganz überwiegend verneint. Die herrschende Ansicht stützt sich im wesentlichen auf die Erwägung, daß der Gesetzgeber, wenn er eine solche einfache Umwandlung für zulässig erachtet hätte, sicher nicht für den umgekehrten Fall in den §§ 332 flg. HGB. besondere Vorschriften gegeben hätte; von anderer Seite wird auf die Verschiedenheit im Aufbau der Aktiengesellschaft und der Kommanditgesellschaft auf Aktien hingewiesen.

Dem Berufungsgericht ist ohne weiteres zuzugeben, daß sich aus der Entstehungsgeschichte der in Betracht kommenden Vorschriften kein durchschlagender Beweisgrund gegen die Möglichkeit einer solchen Umwandlung herleiten läßt. Insbesondere läßt sich nicht sagen, daß das Fehlen einer ausdrücklichen gesetzlichen Vorschrift für den Fall der Umwandlung einer Aktiengesellschaft in eine Kommanditgesellschaft auf Aktien seine Ursache etwa in einer besonderen Einstellung des Gesetzgebers gegenüber der Kommanditgesellschaft auf Aktien habe. In der Begründung zum Entwurf des Handelsgesetzbuchs S. 158 ist darauf hingewiesen, daß schon bei den Beratungen über die Aktiennovellen vom 11. Juni 1870 und vom 18. Juli 1884 die Frage aufgeworfen worden sei, ob es bei der geringen Bedeutung, die der Kommanditgesellschaft auf Aktien nach Beseitigung des Erfordernisses der staatlichen Genehmigung für die Errichtung der Aktiengesellschaft noch zukomme, überhaupt angezeigt sei, diese Gesellschaftsform beizubehalten; eine erhebliche Vermehrung habe nicht stattgefunden; trotzdem sei aber von einer Beseitigung der Kommanditgesellschaft auf Aktien abzusehen. Die Beibehaltung einer Gesellschaftsform, die auf dem an sich berechtigten Gedanken der Vereinigung eines Aktienkapitals mit der persönlichen Haftung einzelner, der Gesamtheit der Aktionäre gleichberechtigt und unabhängig gegenüberstehender Mitinhaber des Unternehmens beruhe, sei wünschenswert. Demgemäß ist dann auch im Handelsgesetzbuch die Kommanditgesellschaft auf Aktien, obgleich sie im Wirtschaftsleben an Bedeutung stark hinter die Aktiengesellschaft zurückgetreten war, beibehalten und im übrigen weithin den aktienrechtlichen Vorschriften unterworfen worden. Daraus läßt sich keineswegs entnehmen, daß das Gesetz grundsätzlich die Aktiengesellschaft vor der Kommanditgesellschaft auf Aktien begünstige und etwa auf eine Verdrängung oder Zurückdrängung dieser letzteren Gesellschaftsform abziele. Im Gegenteil ist aus der durchgreifenden Vereinfachung der gesetzlichen Vorschriften, aus der Beseitigung zahlreicher Sondervorschriften und deren Ersatz durch die aktienrechtlichen Anordnungen viel eher der Schluß zu ziehen, daß damit die Bedingungen für die Benutzung dieser Gesellschaftsform im Wirtschaftsleben günstiger gestaltet werden sollten. Richtig ist ferner, daß das Gesetz selbst gerade in den §§ 332 bis 334 HGB. die Verwandlung einer Kommanditgesellschaft auf Aktien in eine Aktiengesellschaft im Wege der Satzungsänderung unter Wahrung der Identität der Körperschaft zuläßt. Sicher kann sodann in gleichem Sinn eine offene Handelsgesellschaft in eine Kommanditgesellschaft und umgekehrt letztere in eine offene Handelsgesellschaft umgewandelt werden. Ob aber schlechthin alle die Fälle der §§ 143 bis 145 GenG. hierher zu rechnen sind, kann schon zweifelhaft sein. Denn die Umwandlung einer Genossenschaft mit beschränkter Haftpflicht in eine solche mit unbeschränkter Nachschußpflicht oder mit beschränkter Haftpflicht ist nach § 143 Abs. 1 und 2 GenG. den für die Verteilung des Gesellschaftsvermögens im Fall der Auflösung geltenden Vorschriften unterstellt (RGZ. Bd. 74 S. 6). Unbedenklich ist allerdings die Umwandlung einer Genossenschaft mit beschränkter Haftpflicht in eine solche mit unbeschränkter Haftpflicht oder Nachschußpflicht als „echte" Umwandlung anzusehen. Anders verhält es sich schon mit den §§ 80, 81 GmbHG., welche die Umwandlung einer Aktiengesellschaft in eine Gesellschaft mbH. zum Gegenstand haben. Dieser Rechtsvorgang ist Auflösung der bestehenden und Neugründung einer anderen Gesellschaft (JW. 1910 S. 720 Nr. 35; Scholz GmbHGesetz Anm. 3 zu § 80; Brodmann GmbHGesetz Anm. 1 zu § 80). Er ist also rechtlich ganz anders geordnet als der Fall des § 332 HGB., der eben eine Auflösung vermeidet und die Umwandlung in der Form der Satzungsänderung der bestehenden Gesellschaft, wenn auch unter besonderen Sicherungen, zuläßt. Daß die Umwandlung der Personal- in Kapitalgesellschaften und umgekehrt sich nur im Weg der Auflösung und Neugründung vollziehen kann, ist unzweifelhaft. Aus alledem ergibt sich zunächst so viel mit Sicherheit, daß der wirtschaftliche Tatbestand der Umwandlung einer Gesellschaft in eine solche anderer Rechtsform rechtlich ganz verschieden geregelt ist, mit anderen Worten, daß nach dem geltenden Recht die Umwandlung ein wirtschaftlicher, aber kein Rechtsbegriff ist. In diesem Zusammenhang ist weiter darauf hinzuweisen, daß die §§ 80flg. GmbHG. nur den Fall der Umwandlung einer Aktiengesellschaft in eine Gesellschaft mbH. behandeln, nicht aber umgekehrt auch die Umwandlung einer Gesellschaft mbH. in eine Aktiengesellschaft. Im Schrifttum besteht, soweit ersichtlich, Einigkeit darüber, daß die §§ 80flg. GmbHG. auf den letzteren Fall nicht entsprechend anwendbar sind, und daß die Umwandlung, nicht anders als auch sonst im allgemeinen, nur auf dem Weg der Auflösung und der Neugründung vor sich gehen kann (RGZ. Bd. 74 S. 6; Scholz a. a. O. Anm. XII zu § 80 GmbHG.; Brodmann a. a. O. Anm. 1 zu § 80 GmbHG.; Staub-Hachenburg GmbHG. § 80 Anm. 1).

Die Kommanditgesellschaft auf Aktien ist sodann wirtschaftlich und rechtlich eine Gesellschaft eigener Art. Sie hat wegen der Vereinigung eines Aktienkapitals mit der persönlichen und unbeschränkten Haftung einzelner in gewissem Sinn einen gemischtwirtschaftlichen Charakter, und dieser wirtschaftliche Aufbau prägt sich auch in ihrem rechtlichen Gefüge aus durch die Vereinigung aktienrechtlicher Vorschriften mit solchen über die Kommanditgesellschaft, verbunden mit einer Anzahl von Sondernormen. Dies führt zu den für die Entscheidung ausschlaggebenden Gesichtspunkten. Begrifflich kann von einer Satzungsänderung nur dann die Rede sein, wenn die beschlossenen Änderungen den rechtstypischen Charakter der Gesellschaft unberührt lassen, wenn sie nicht auf die Beseitigung der nach dem geltenden Recht für die Wesenseigenschaft der bestehenden Gesellschaft unerläßlichen und insofern zwingenden Merkmale und deren Ersatz durch ebensolche einer anderen Gesellschaftsform abzielen. Andernfalls gehen die Beschlüsse weit über das hinaus, was unter Satzungsänderung noch verstanden werden kann. Beschlüsse der letzteren Art entkleiden die Gesellschaft ihrer bisherigen Rechtsform, setzen an ihre Stelle eine völlig neue und stellen sich, so gesehen, rechtlich als Neugründung dar. So verhält es sich in der Tat auch mit den hier in Frage stehenden Beschlüssen. Nach einer der Grundregeln der Aktiengesellschaft ist die Generalversammlung die Versammlung der Gesellschafter überhaupt; sie ist das oberste Organ der Gesellschaft als solcher, in dessen Händen allein schließlich das Schicksal der Gesellschaft liegt. Gewiß kann sie durch die Satzung für diese oder jene Angelegenheit ihre gesetzliche Machtfülle zugunsten eines anderen Gesellschaftsorgans in gewissen Richtungen beschränken. Sie kann aber grundsätzlich auf dem Wege der Satzungsänderung auch solche Gegenstände des gesellschaftlichen Lebens wieder an sich ziehen. In allen lebenswichtigen Fragen kann sie sich überhaupt nicht ausschalten. Ganz anders bei der Kommanditgesellschaft auf Aktien. Die Generalversammlung ist bei ihr nicht eine Versammlung der Gesellschafter schlechthin, sondern nur eine solche der Kommanditisten. Eben deshalb ist sie Organ der letzteren, nicht aber Organ der Gesamtgesellschafter. Darum steht ihr grundsätzlich auch nur das Recht zu, über solche Dinge allein zu beschließen, welche die Rechte der Kommanditisten zum Gegenstand haben. Beschlüsse, welche Angelegenheiten betreffen, für die bei der Kommanditgesellschaft das Einverständnis der persönlich haftenden Gesellschafter und der Kommanditisten erforderlich ist, bedürfen dagegen der Zustimmung der Geschäftsinhaber (vgl. § 327 HGB.). Insofern ist, und zwar gerade in den für das gesellschaftliche Leben wichtigsten Fragen, die Macht ihrer Generalversammlung ganz außerordentlich eingeschränkt. Sie ist auf die Zustimmung der Geschäftsinhaber angewiesen, die als solche außerhalb der Generalversammlung stehen und rechtlich überdies ihr gleichgeordnet und unabhängig gegenübergestellt sind. Erst im Fall der Übereinstimmung beider Teile kommt eine für die Gesellschaft als solche beachtliche Willensentschließung zustande. Jede Aktiengesellschaft muß sodann einen Vorstand haben, der sie gerichtlich und außergerichtlich vertritt und dessen Bestellung jederzeit widerruflich ist (§ 231 HGB.). Auch insofern handelt es sich um ein rechtswesentliches Merkmal der Aktiengesellschaft. Die Kommanditgesellschaft auf Aktien dagegen hat keinen Vorstand. Ihr Vertretungsorgan sind die persönlich haftenden Gesellschafter, deren Vertretungsbefugnisse sich grundsätzlich nach den §§ 161, 125 bis 127 HGB. richten. Ihre rechtliche Stellung wurzelt im Gesellschaftsvertrag; sie sind Gesellschafter und müssen es sein, und damit sind sie zugleich vertretungsberechtigt. Sie werden nicht durch Wahl bestellt und können nicht jederzeit abberufen werden; § 231 Abs. 3 HGB. gilt für sie nicht. Unter Umständen kommt ihre Ausschließung als Gesellschafter in Betracht (§ 330 Abs. 4 HGB.). Eine Gestaltung dieser Art ist bei der Aktiengesellschaft rechtlich ausgeschlossen. Generalversammlungs-Beschlüsse, die dahin abzielten, wären schlechthin und unheilbar nichtig, wie keiner weiteren Ausführung bedarf. Eine Aktiengesellschaft mit einem oder mehreren persönlich haftenden Gesellschaftern, mit einem Vertretungsorgan nach Art der Geschäftsinhaber der Kommanditgesellschaft auf Aktien ist eine rechtliche Unmöglichkeit. Daß endlich auch Stellung und Aufgaben des Aufsichtsrats zum Teil andere sind, ergibt sich aus § 328 HGB.

Diese Wesensverschiedenheiten im rechtlichen Aufbau der beiden Gesellschaftsformen schließen an und für sich schon allein die Möglichkeit der Umwandlung einer Aktiengesellschaft in eine Kommanditgesellschaft auf Aktien durch satzungsändernden Beschluß aus. Dies verkennt das Berufungsgericht. Von dem hier vertretenen Standpunkt aus stellt sich allerdings die Vorschrift des § 332 HGB. als eine positivrechtliche Sondervorschrift dar, deren Ausdehnung im Wege der entsprechenden Anwendung auf andere Fälle, insbesondere auf den umgekehrten Fall der Umwandlung einer Aktiengesellschaft in eine Kommanditgesellschaft auf Aktien, von vornherein bedenklich ist. Sie wäre allenfalls dann möglich, wenn die zu berücksichtigenden Interessen im wesentlichen in beiden Fällen gleich lägen.

Dem Berufungsgericht kann darin beigetreten werden, daß

Rücksichten auf die Belange der Gläubiger nicht im Wege stünden. Den Gläubigern wird durch die Umwandlung der Aktiengesellschaft in die Kommanditgesellschaft auf Aktien kein Haftungs- und Zugriffsgegenstand genommen. Im Gegenteil, ihre Rechtslage wird durch den Hinzutritt der persönlichen Haftung der Geschäftsinhaber — gegebenenfalls noch verstärkt durch etwaige Einlagen — verbessert. Insofern liegen die Verhältnisse für die Möglichkeit einer solchen Umwandlung sogar noch erheblich günstiger als in dem vom Gesetz geregelten Fall der Verwandlung der Kommanditgesellschaft auf Aktien in eine Aktiengesellschaft, bei der sich die Rechtslage in der Tat wesentlich zuungunsten der Gläubiger verschiebt; denn für sie fällt in Zukunft die persönliche und eine etwaige sachliche (Einlagen?) Haftung der Komplementare weg. Bei Umwandlung der Kommanditgesellschaft auf Aktien in die Aktiengesellschaft wird aber anderseits die Rechtslage der Aktionäre nach verschiedener Richtung hin wesentlich verbessert. Dies gilt einmal für die Herrschafts- und Mitverwaltungsrechte, sofern nunmehr die Generalversammlung der Aktionäre das höchste und schließlich allein entscheidende Gesellschaftsorgan ist, sodann für die Gewinn- und Liquidationsanrechte, weil der Reingewinn und der Liquidationsüberschuß nunmehr den Aktionären ganz zur Verfügung stehen. Auf diese besondere Interessenlage sind ersichtlich auch die Vorschriften der §§ 332flg. HGB. zugeschnitten. Umgekehrt werden aber auch die bezeichneten Interessen der Aktionäre im Fall der Umwandlung der Aktiengesellschaft in die Kommanditgesellschaft auf Aktien grundsätzlich viel empfindlicher und einschneidender betroffen als im umgekehrten Fall. Gewiß erfährt die Kreditgrundlage der Gesellschaft durch den Hinzutritt der persönlichen Haftung und etwaiger Einlagen der Geschäftsinhaber an sich eine Verbreiterung, mit der auch eine tatsächliche Stärkung der finanziellen Kräfte der Gesellschaft verbunden sein kann. Dies ändert aber nichts daran, daß die Herrschafts-, Gewinn- und Liquidationsrechte der Aktionäre rechtlich durch eine solche Umwandlung viel mehr betroffen und beeinträchtigt werden als im umgekehrten Fall. Die Umwandlung der Kommanditgesellschaft auf Aktien in die Aktiengesellschaft ist demnach auf Grund einer anderen Interessenlage geregelt worden, als sie hier gegeben ist. Eben deshalb ist es vollends nicht angängig, die Vorschriften der §§ 332flg. HGB. hier entsprechend anzuwenden.

Somit ist nach geltendem Recht die Umwandlung einer Aktiengesellschaft in eine Kommanditgesellschaft auf Aktien auf dem hier versuchten Wege des satzungsändernden Mehrheitsbeschlusses rechtlich nicht möglich. Ob sie mit Zustimmung aller Aktionäre, also nicht nur der in der Generalversammlung vertretenen, hätte erfolgen können, mag auf sich beruhen. Auch insoweit wären grundsätzliche Bedenken zu erheben. Hier war jedenfalls weder das gesamte Aktienkapital in der Generalversammlung vertreten, noch haben alle Aktionäre zugestimmt. Ein Teil hat vielmehr widersprochen und der Kläger hat seinen Widerspruch im Wege der Klage weiter verfolgt.

Im übrigen mag noch darauf hingewiesen werden, daß für Beschlüsse von solcher Tragweite, wie sie hier in Frage stehen, die gewöhnliche satzungsändernde Mehrheit keinesfalls ausreichen könnte. Auf § 332 Abs. 3 HGB. kann nicht zurückgegriffen werden, weil er den umgekehrten Fall, und, wie schon dargelegt, eine ganz andere Interessenlage zum Gegenstand hat. Anderseits liegt auf der Hand, daß, wenn die grundsätzliche Frage der Zulassung einer Umwandlung von der Art, wie sie hier in Rede steht, durch Mehrheitsbeschluß zu bejahen wäre, dies nur unter gleichzeitiger Festlegung der besonderen Erfordernisse einer solchen Mehrheit geschehen könnte. Eine derartige Festlegung ist aber nicht Aufgabe der Rechtsprechung, sondern der Gesetzgebung. Was nach dem gegenwärtigen Rechtszustand allein in Betracht käme, wäre immer nur das Erfordernis der Zustimmung der Aktionäre in ihrer Gesamtheit.

Den Beklagten kann zugegeben werden, daß die Rechte der Aktionäre einer Aktiengesellschaft unmittelbar und mittelbar weithin der Mehrheitsherrschaft unterworfen sind. So können unter Umständen, z. B. durch Schaffung von „kapitallosen" Vorzugsaktien mit hohem Stimmrecht und Vorzugsrecht in Ansehung der Gewinnbeteiligung und der Beteiligung am Liquidationserlös, für die Stammaktionäre wirtschaftliche Verhältnisse geschaffen werden, welche diese Gattung von Aktionären noch viel ungünstiger stellen, als nach der gesetzlichen Regel die Kommanditisten einer Kommanditgesellschaft auf Aktien gegenüber den Geschäftsinhabern gestellt sind. Allein das ändert nichts daran, daß bei der Aktiengesellschaft nach wie vor die Generalversammlung der Aktionäre das oberste Organ der Gesellschaft als solcher ist und ganz von sich aus jene Vorzugsrechte wieder beseitigen kann, falls sich nur die nötige Aktionärmehrheit dafür findet. Es mag sein, daß sich im Lauf der wirtschaftlichen Entwicklung das Bedürfnis nach einer erleichterten Form der Umwandlung der Aktiengesellschaft in die Kommanditgesellschaft auf Aktien in größerem Umfang herausgestellt hat. Die insoweit im Gesetz vorhandene Lücke kann aber nach dem jetzigen Rechtszustand nicht von der Rechtsprechung ausgefüllt werden. Hier Abhilfe zu schaffen, ist Aufgabe der Gesetzgebung. In den Fragebogen VIII und IX des Reichsjustizministeriums zur Reform des Aktienrechts ist übrigens unter Teil IX Nr. IV 2 gerade auch diese Frage gestellt.

Nach alledem mußte der Anfechtungsklage gegenüber den angegriffenen Generalversammlungs-Beschlüssen in vollem Umfang stattgegeben werden. Die verklagte Gesellschaft besteht somit in der Rechtsform der Aktiengesellschaft unverändert weiter.

---

53. Haftet der Vorstand der Aktiengesellschaft für die der Gesellschaft nachteiligen Handlungen auch bei bedingtem Vorsatz?

HGB. § 312. BGB. § 823 Abs. 2.

IX. Zivilsenat. Urt. v. 28. Juni 1930 i. S. H. A.-G. (Kl.) w. Bankverein B. A.-G. (Bekl.). IX 4/30.

I. Landgericht Liegnitz.
II. Oberlandesgericht Breslau.

Die klagende Aktiengesellschaft ist eine Familiengründung, die auf Veranlassung des Rittergutsbesitzers Sch. im Jahre 1921 ins Leben gerufen wurde, um die von ihm auf seinem Gute H. entdeckten Kohlenfelder auszubeuten. Er war zunächst alleiniger Vorstand der Gesellschaft. Für den Ausbau des Werkes, Bau einer Ziegelei, Chausseebau und Herstellung eines Anschlußgleises wurde im Jahre 1924 durch Vermittlung der Stadtsparkasse in B. ein Darlehen von 250000 RM. aufgenommen, für welches der Grundbesitz der Klägerin und gleichzeitig das Gut H. erststellig hypothekarisch belastet wurden. Der Schwager des Sch., Konsul V., auch ein Hauptaktionär der Klägerin, hielt diese Kreditaufnahme für unzweckmäßig und erreichte durch ein Abkommen vom 12. Juni 1925, daß Sch. die Schuld von

250000 RM. persönlich übernahm und weitere Bürgschaften stellte, wogegen B. das zur Rückzahlung des Darlehens erforderliche Geld anderweit zu beschaffen versprach. Sch. legte gleichzeitig sein Vorstandsamt nieder und trat seinen Aktienbesitz von 38000 RM. an B. ab.

Sowohl die Klägerin wie Sch. hatten bei der verklagten Bank ein laufendes Konto. Das Konto Sch. zeigte im Januar 1925 einen Debetsaldo von mehr als 20000 RM., der danach vollständig abgedeckt wurde, so daß sich nach dem im August 1925 erfolgten Tode des Sch. ein Guthaben von rund 4000 RM. ergab. Ausgeglichen wurde dieses Konto im wesentlichen durch Diskontierung von Wechseln, die — soweit es hier in Betracht kommt — von Sch. in seiner Eigenschaft als Vorstand der Klägerin ausgestellt und von ihm als Privatmann persönlich akzeptiert waren. Davon sind vier Wechsel im Gesamtbetrage von 36800 RM. in der Zeit vor der Amtsniederlegung des Sch., vier weitere im Gesamtbetrage von 9500 RM. in der Zeit vom 12. Juni bis 13. Juli 1925 ausgestellt worden. Aus allen diesen Wechseln, die erst nach Sch.s Tode fällig waren, ist die Klägerin in Anspruch genommen worden und hat insgesamt 46300 RM. nebst Zinsen gezahlt, nachdem über den Nachlaß des Sch. die Nachlaßverwaltung angeordnet worden war. Wegen dieses Betrags nimmt die Klägerin die Beklagte in Anspruch, weil deren Vorstandsmitglied B. den Sch. trotz voller Kenntnis der Sachlage zur Hergabe der Wechsel mit der Unterschrift der Klägerin veranlaßt habe; die Beklagte hafte deshalb wegen Beihilfe zu einem Vergehen gegen § 312 HGB. nach § 823 Abs. 2 BGB. und zugleich aus § 826 BGB. Demgemäß wurde Klage auf Zahlung von 46300 RM. nebst Zinsen erhoben.

Die Beklagte lehnt jede Haftung ab, da Sch. Ersatzansprüche gegen die Klägerin gehabt habe, welche die Klageforderung bei weitem überstiegen. Deshalb könne von einem Vergehen des Sch. gegen § 312 HGB. keine Rede sein und erst recht nicht von einer Beihilfe des B.

Beide Vorinstanzen haben die Klage abgewiesen. Die Revision der Klägerin führte zur Aufhebung und Zurückverweisung.

Aus den Gründen:

Das Oberlandesgericht lehnt die auf § 823 Abs. 2 BGB. in Verbindung mit § 312 HGB. gestützte erste Klagebegründung ab, weil nicht einmal nachgewiesen sei, daß Sch. die Klägerin absichtlich benachteiligt habe. Daß es hierauf ankommt, ist zweifellos richtig, wird auch von der Revision nicht beanstandet. Mit Recht greift sie aber die vom Oberlandesgericht gegebene Begründung für die Verneinung einer absichtlichen Benachteiligung als rechtsirrig an. Es mag sein, daß Sch. als Gründer, alleiniger Vorstand und stark beteiligter Aktionär der Klägerin nicht die Absicht hatte, gegen die Interessen seiner eigenen Schöpfung zu handeln und dieser durch sein Verhalten im Endergebnis Schaden zuzufügen. Darauf kommt es aber im vorliegenden Falle nicht entscheidend an. Denn die Tatsachen, auf die sich die Klage stützt, stehen als solche einwandfrei fest, und es braucht nicht erörtert zu werden, ob das dem Sch. vorgeworfene absichtliche Handeln zum Nachteil der Klägerin nach der sonstigen Sachlage mehr oder weniger wahrscheinlich war. Das Oberlandesgericht verkennt den Tatbestand des § 312 HGB., indem es sowohl für die Annahme eines Handelns zum Nachteil der Gesellschaft wie auch für die Absichtlichkeit eines solchen Handelns dem Gesetz eine zu enge Auslegung gibt. Geht man von der unstreitigen Tatsache aus, daß Sch. namens der Gesellschaft die von ihm persönlich akzeptierten Wechsel unterzeichnete, so kann man ohne weiteres feststellen, daß dadurch eine Belastung der Gesellschaft erfolgte, zu deren Übernahme eine Verpflichtung bisher nicht bestand. Eine solche wurde auch nach der nicht widerlegten Behauptung der Klägerin von Sch. namens der Gesellschaft nicht etwa übernommen, um mit dem Erlös der diskontierten Wechsel Schulden der Gesellschaft zu bezahlen, sondern um eigene Verbindlichkeiten des Sch. abzudecken. Eine anerkannte Verpflichtung der Klägerin hierzu bestand nicht. Zwar war Sch. überzeugt, daß er mindestens in Höhe der Wechsel Erstattungsansprüche gegen die Klägerin habe, nämlich aus den von ihm im Interesse der Gesellschaft übernommenen persönlichen Verpflichtungen. Aber es war für ihn keineswegs gewiß, daß diese Erstattungsansprüche bei einer Abstimmung in der Generalversammlung der Klägerin eine Mehrheit finden würden. Denn das Oberlandesgericht stellt fest, daß Sch. von dem Aktienkapital von 140000 RM. nur 38000 RM. Aktien besaß. Es stellt ferner fest, daß der Hauptaktionär V. schon vor Ausstellung der sämtlichen hier in Betracht kommenden Wechsel erklärt hatte, mit der Geschäftsführung des Sch. nicht einverstanden zu sein. Eine anerkannte Verpflichtung der Klägerin zur Erstattung des Betrages von rund 46000 RM. konnte Sch. also nicht in Rechnung stellen. Von seinem Standpunkt aus stand vielmehr der für die Gesellschaft übernommenen Verpflichtung nur eine streitige Verbindlichkeit der Gesellschaft gegenüber. Deren Rechtslage wurde also durch die Handlungsweise des Sch., wie dieser nicht verkennen konnte und nach den Feststellungen des Vorderrichters auch nicht verkannt hat, verschlechtert, indem die Klägerin aus den Wechseln, falls Sch. als Akzeptant nicht zahlte, unanfechtbar zur Zahlung der Wechselsumme verpflichtet war, bestenfalls gegen Sch. einen Erstattungsanspruch hatte, während bisher die Gesellschaft es darauf ankommen lassen konnte, ob es dem Sch. gelingen würde, wegen seiner Aufwendungen im Interesse der Gesellschaft einen Ersatzanspruch gerichtlich durchzusetzen. Deshalb kann es keinem Zweifel unterliegen, daß die Ausstellung aller Wechsel, die hier in Frage kommen, ein Handeln zum Nachteil der Klägerin darstellt. Der Berufungsrichter ist darauf nicht näher eingegangen, weil er der Ansicht ist, daß keinesfalls eine Absicht des Sch. nachgewiesen werden könne, die Klägerin zu benachteiligen. Dabei hat er aber den Begriff der absichtlichen Benachteiligung verkannt. Er führt zwar aus, daß das Bewußtsein genüge, die Handlungen würden den benachteiligenden Erfolg haben. Damit ist zutreffend gesagt, daß Absicht im Sinne des § 312 HGB. nichts anderes als Vorsatz bedeutet. Das Oberlandesgericht übersieht aber, daß dem sog. direkten Vorsatz auch im Sinne dieser Vorschrift der bedingte Vorsatz gleichzustellen ist. Das wird zwar von einer Reihe von Schriftstellern abgelehnt (vgl. Staub-Koenige Anm. 8 zu § 312 HGB.; Brodmann Anm. 2d zu § 312 HGB. S. 555), dagegen in der strafrechtlichen Rechtsprechung des Reichsgerichts anerkannt (RGSt. Bd. 38 S. 1, Bd. 49 S. 358 und besonders Bd. 53 S. 194). Die gegenteilige Ansicht, der das Oberlandesgericht sich anschließt, stützt sich auf die Erwägung, der Vorstand müsse bei seinem geschäftlichen Verhalten stets mit der Möglichkeit rechnen, daß irgendeine Maßnahme für die Aktiengesellschaft auch ungünstig auslaufen könne; das liege im Begriff des natürlichen geschäftlichen Risikos. In solchem Falle wird in der Regel allerdings niemand von einem absichtlichen Handeln zum Nachteil der Gesellschaft reden können. Jedenfalls muß aber dann die Möglichkeit oder naheliegende Wahrscheinlichkeit bestehen, daß das Geschäft sich als für die Gesellschaft vorteilhaft erweist. Wenn aber eine solche Möglichkeit überhaupt nicht besteht, das Geschäft vielmehr günstigenfalls im Endergebnis ohne Nachteil für die Gesellschaft ablaufen kann, ihr jedoch keinerlei Vorteile bringen könnte, so kann man nicht sagen, daß der Vorstand durch seine Stellung im kaufmännischen Leben verpflichtet wäre, auch solche Geschäfte vorzunehmen. Die Rechtsprechung des Reichsgerichts hat deshalb für die Tatbestände des § 266 Abs. 1 Nr. 2 StGB. und des § 146 GenG. unter ausdrücklicher Erwähnung des gleichliegenden § 312 HGB. angenommen, daß ein Vergehen gegen diese Vorschriften nicht etwa nur dann vorliegt, wenn der Täter darauf ausgegangen ist, sich einen Vermögensvorteil zu verschaffen und die Gesellschaft zu schädigen. Es kommt nach jener Rechtsprechung auch weder auf den Beweggrund noch auf das erstrebte Endziel an, sondern nur darauf, ob die Handlung für die Gesellschaft nachteilig ist, und ob sich der Täter die nachteilige Wirkung wenigstens als möglich vorgestellt und sie für den Fall ihres Eintretens innerlich gebilligt und in seinen Willen aufgenommen hat. Dabei wird betont, daß auch eine Gefährdung des Vermögensstandes der Gesellschaft einen Nachteil darstellt, wenn das Vermögen durch die Gefährdung schon gegenwärtig in seinem Werte vermindert erscheint.

Nach den Feststellungen des Vorderrichters liegt eine solche nachteilige Wirkung der Handlungen des Sch. ohne weiteres vor. Dagegen hat er nicht geprüft, ob Sch. im Sinne der vorstehenden Erörterungen mit bedingtem Vorsatz gehandelt hat. (Wird ausgeführt.)

---

54. Kann der Grundstücksverkäufer einen Ausgleichsanspruch gegen den Käufer damit begründen, daß sein Rechtsvorgänger als persönlicher Schuldner einer gelöschten Hypothek kraft Rückwirkung auf Aufwertung in Anspruch genommen werde?

BGB. § 242.

VI. Zivilsenat. Urt. v. 2. Juni 1930 i. S. H.er Sparkasse (Kl.) w. J. u. Gen. (Bekl.). VI 454/29.

I. Landgericht Hamburg.
II. Oberlandesgericht daselbst.

In dem Grundbuch zweier Grundstücke in E. war für die Klägerin eine Hypothek von 30000 M. eingetragen. Der Grundstückseigentümer und persönliche Schuldner der Hypothek, K., dem die Grundstücke am 18. Mai 1923 aufgelassen worden waren, zahlte die Hypothek aus; diese wurde gelöscht. Die Klägerin meldete 7494,39 RM. zur Aufwertung an. K. berief sich auf § 15 AufwG. und machte geltend, daß er vermögenslos sei. Am 4. Februar 1924 ließ er beide Grundstücke je zur Hälfte an Kl. und B. zufolge eines Kaufvertrags auf, in dem der Kaufpreis auf 11500 GM. vereinbart wurde. Die Erwerber verkauften die Grundstücke im Juni 1924, und zwar wurde das eine Grundstück für 7000 GM. an den Erstbeklagten, das andere für 9000 GM. an den Zweitbeklagten verkauft. Die Auflassung der Grundstücke erfolgte im Juli und August 1924.

Die Klägerin behauptet, daß den Verkäufern Kl. und B. oder dem K. Ausgleichsansprüche gegen die Beklagten zuständen, da der Wert der Grundstücke jetzt je 30000 RM. betrage. Sowohl K. als auch Kl. und B. haben ihre Ansprüche an die Klägerin abgetreten. Sie verlangt die Feststellung, daß die Beklagten zu einer Ausgleichung in Höhe von 20 v. H. der Friedenshypothek von 30000 M. verpflichtet seien. Hilfsweise beantragt sie, die Beklagten zu verurteilen, den sich auf Grund der Ausgleichspflicht ergebenden Betrag am 1. Januar 1932 zu zahlen.

Das Landgericht wies die Klage ab. Das Berufungsgericht wies die Berufung zurück. Die Revision der Klägerin blieb erfolglos.

Gründe:

Das Berufungsgericht geht im wesentlichen von folgenden Erwägungen aus: Nach der Rechtsprechung des Reichsgerichts sei bei der Prüfung der Frage, ob dem persönlichen Schuldner einer durch Hypothek gesicherten Forderung die volle gesetzliche Aufwertung obliege oder ob diese auf Grund des § 15 AufwG. ganz oder zum Teil wegfalle, auch zu berücksichtigen, ob der persönliche Schuldner von seinem Käufer eine Nachzahlung auf den Kaufpreis verlangen könne. Treffe dies zu und sei ihm unter Hinzurechnung der Nachzahlung die Aufwertung zuzumuten, dann werde ihm insoweit die Berufung auf die Härteklausel des § 15 nicht gestattet. Noch nicht entschieden sei aber die Frage, ob auch der zweite Käufer hafte, an den der Abkäufer des persönlichen Schuldners das Grundstück weiter verkauft habe. Einen eigenen unmittelbaren Anspruch gegen den Abkäufer seines Käufers habe der persönliche Schuldner nicht. Die Grundlage der Ausgleichspflicht des ersten Käufers gegenüber dem persönlichen Schuldner sei der zwischen diesen geschlossene Kaufvertrag. Eine Zahlungsverpflichtung des zweiten Käufers könne sich nur aus seinem Kaufvertrage mit dem ersten Käufer ergeben. Eine Ausgleichspflicht des zweiten Käufers sei daher nur denkbar, wenn der erste Käufer zur Zahlung an den persönlichen Schuldner verpflichtet sei. Könne er nach Prüfung seiner Verhältnisse nicht als dazu verpflichtet gelten, so frage es sich, ob eine solche Verpflichtung des ersten Käufers gegenüber dem persönlichen Schuldner sich daraus herleiten lasse, daß auch er von dem zweiten Käufer eine Nachzahlung auf den Kaufpreis verlangen könne. Das Berufungsgericht kommt sodann unter Vergleichung der Kaufpreise, die Kl. und B. gezahlt haben, und derjenigen, die sie beim Weiterkauf erhalten haben, und unter Berücksichtigung der Unkosten und der geringen Einnahmen zu dem Schluß, daß dem Kl. und dem B. keine Ausgleichspflicht obliege. Sie könnten aber auch von den Beklagten eine Nachzahlung nicht verlangen. Voraussetzung einer Verpflichtung des zweiten Käufers zur Nachzahlung sei die Verpflichtung des ersten Käufers zur Nachzahlung auf Grund seines Kaufvertrags mit dem persönlichen Schuldner. Man könne aber nicht sagen, weil der zweite Käufer eine Nachzahlung leisten müsse, sei auch der erste zu einer Zahlung verpflichtet, zu der er ohne die Nachzahlungspflicht des zweiten Käufers nicht verpflichtet wäre. Mit dieser Begründung könnte auch ein dritter oder vierter Käufer zur Nachzahlung angehalten werden, obwohl sie das Grundstück zu einem der Marktlage entsprechenden Preise gekauft hätten.

Die Revision führt hiergegen aus, die Entscheidung des Rechtsstreits hänge in der Tat davon ab, ob etwa der Ausgleichsanspruch bei dem ersten Käufer Halt mache oder ob auch der zweite Käufer von seinem Verkäufer auf Ausgleichung haftbar gemacht werden könne. Das Berufungsgericht verkenne nicht, daß letztere Frage an sich bejaht werden müsse, verneine sie aber, weil davon eine Erschütterung des Wirtschaftslebens zu befürchten sei. Dieser Grund sei nicht schlüssig. Er würde gegen die ganze Aufwertungsgesetzgebung sprechen, die ihrerseits keine Erschütterung des Rechts- und Wirtschaftslebens, sondern eine Wiederherstellung von Treu und Glauben im Rechtsverkehr bedeute. Die Beklagten hätten Grundstücke erworben, die, wie sie aus dem Grundbuch hätten ersehen können, zur Zeit des stärksten Währungsverfalls hypothekenfrei gemacht worden seien. Es sei nicht unbillig, wenn das nach dem Erwerb ihrer Rechte erlassene Aufwertungsgesetz mit seiner rückwirkenden Kraft auf sie Anwendung finde.

(Im folgenden werden die drei nacheinander in Frage kommenden Grundstückseigentümer mit A., B. und C. bezeichnet, und zwar der persönliche Schuldner des Hypothekengläubigers mit A., der Rechtsnachfolger des A. mit B. und der Rechtsnachfolger des B. mit C.).

Die Revision ist nicht begründet. Der aus § 242 BGB. hergeleitete Ausgleichsanspruch des Verkäufers eines Grundstücks gegen seinen Käufer ist in der Rechtsprechung des Reichsgerichts zugelassen worden, wenn eine nachträgliche Änderung der Gesetzgebung die Geschäftsgrundlage, auf welcher der Vertrag zustande gekommen ist, durch Aufhebung des Gleichgewichts zwischen den beiderseitigen Leistungen wesentlich erschüttert hat (RGZ. Bd. 119 S. 133, Bd. 120 S. 292, Bd. 121 S. 130, 141, 330, Bd. 123 S. 166, Bd. 125 S. 37). Dabei tritt als entscheidend der Rechtsgedanke hervor, daß es wegen des erheblichen Mißverhältnisses zwischen Leistung und Gegenleistung gegen Treu und Glauben und damit gegen den das Recht der Schuldverhältnisse beherrschenden Grundsatz des § 242 BGB. verstoßen würde, wenn der Erwerber den Veräußerer an einem Vertrage festhalten wollte, der durch eine rückwirkende Veränderung der Gesetzgebung überholt ist. In allen Fällen handelte es sich um eine Verschiebung des ursprünglich wenigstens als bestehend angenommenen Gleichgewichts von Leistungen im Rahmen von vertraglichen Beziehungen zwischen zwei bestimmten Personen, und zwar kam als Ursache dieser Verschiebung die nach Abschluß des Vertrags mit rückwirkender Kraft erfolgte Änderung der Gesetzgebung in Betracht, mit der die Vertragschließenden nicht hatten rechnen können. Um einen ganz anderen Tatbestand handelt es sich im gegenwärtigen Rechtsstreit. Die Revision bekämpft nicht die Ausführung des Berufungsgerichts, daß bei Gegenüberstellung des Kaufpreises, den B. an A. gezahlt hat, und des Kaufpreises, den B. von C. erhalten hat, dem B. eine Ausgleichspflicht gegenüber dem A. nicht zugemutet werden könne; sie macht aber geltend, daß B. gegen C. mit Rücksicht auf die Steigerung des Grundstückswerts einen Ausgleichsanspruch habe, der dem A. in seiner Beziehung zu B. zugute komme. Für einen Ausgleichsanspruch des B. gegen C. mit solcher Begründung fehlt die rechtliche Grundlage. Die Leistung und die Gegenleistung sind durch einen Vertrag in ein Abhängigkeitsverhältnis gebracht worden. Soll die das Gleichgewicht zwischen Leistung und Gegenleistung störende Wirkung einer nachträglichen Gesetzgebung beseitigt werden, so ergibt sich daraus zwangsläufig, daß sich die Prüfung auf diesen Vertrag beschränken muß; wird für ihn festgestellt, daß kein Anlaß gegeben ist, aus § 242 BGB. einer Störung dieses Gleichgewichts rechtliche Bedeutung beizulegen, so muß die Störung rechtlich als nicht vorhanden gelten. Es ist nicht angängig, diese Frage mit der Beurteilung eines anderen, rechtlich und wirtschaftlich völlig selbständigen, von jenem Vertrag unabhängigen Rechtsgeschäfts zu verquicken, das hinsichtlich einer etwaigen Störung seiner Geschäftsgrundlage nur wieder für sich allein geprüft werden kann. Der Verkäufer B. kann also nicht schon deshalb einen Ausgleichsanspruch gegen C. geltend machen, weil gegen A. Aufwertungsansprüche erhoben werden, A. das Grundstück an B. verkauft und demnächst das Grundstück im Besitze des C. eine Wertsteigerung erfahren hat (vgl. RGUrt. vom 17. Oktober 1929 VI 774/28 in DJZ. 1930 Sp. 431 = JW. 1930 S. 818 Nr. 17; anderseits Neukirch in JW. 1930 S. 1299). Eine andere Beurteilung der Sachlage würde jeden festen Rechtsboden verlassen und eine Unsicherheit des Rechtsverkehrs hervorrufen, die für das wirtschaftliche Leben unerträglich wäre.

---

55. 1. Unterliegen Schadensersatzansprüche aus Verschulden beim Vertragsschluß, wenn sie auf mangelhafter Lieferung der Kaufsache beruhen, der Verjährung nach § 477 BGB.?

2. Zum Begriff der Tauglichkeit einer Kaufsache im Sinne des § 459 Abs. 1 BGB.

VI. Zivilsenat. Urt. v. 19. Juni 1930 i. S. Eheleute P. (Kl.) w. M. (Bekl.). VI 530/28.

I. Landgericht Straubing.
II. Oberlandesgericht München.

Durch notariellen Vertrag vom 29. Oktober 1924 kauften die klagenden Eheleute von dem Beklagten ein aus mehreren Grundstücken bestehendes landwirtschaftliches Anwesen für den Preis von 9200 GM. Ein Teilbetrag von 3000 GM. sollte am 1. Februar

1925, der Rest bis zum 1. November 1925 gezahlt werden. Die Kläger zahlten die 3000 GM. und lehnten dann die Zahlung des Restes ab. Sie behaupten, daß das Anwesen minderwertig sei, und daß sie durch arglistige Täuschung zum Abschluß des Vertrags bestimmt worden seien. Durch eine dem Beklagten am 29. Oktober 1925 zugestellte Erklärung haben sie den Vertrag angefochten. Sie verlangen gegen Rückgabe des Anwesens Zahlung von 3000 RM. sowie Erstattung der Vertragskosten, hilfsweise Minderung des Kaufpreises auf 3000 RM.

Die Vorinstanzen wiesen die Klage ab. Die Revision der Kläger führte zur Aufhebung und Zurückverweisung.

Aus den Gründen:

....Weil das Berufungsgericht arglistiges Handeln des Beklagten wie auch der anderen bei den Kaufverhandlungen für ihn tätig gewesenen Personen verneint, kommt eine Haftung wegen arglistiger Verschweigung eines Fehlers oder arglistiger Vorspiegelung einer Eigenschaft nicht in Frage (§ 463 BGB.). Ein Wandlungs- oder Minderungsrecht schließt das Berufungsgericht ohne Rechtsirrtum aus, weil dieser Anspruch nicht innerhalb eines Jahres geltend gemacht worden ist (§ 477 BGB.).

Die Revision rügt, daß die Frage nicht geprüft worden sei, ob dem Beklagten ein Verschulden beim Vertragsschluß zur Last falle.

In der Berufungsinstanz hatten die Kläger geltend gemacht, das Verhalten des Beklagten stelle nicht nur eine arglistige Täuschung, sondern außerdem ganz allgemein ein Verschulden beim Vertragsschluß dar. Das Vorbringen der Kläger gipfelt darin, daß der Beklagte und dritte Personen ihnen unrichtige Angaben über die Ertragsfähigkeit des Grundstücks gemacht und die wahre Sachlage nicht mitgeteilt hätten. Es kann dahingestellt bleiben, ob nach der vom Berufungsgericht für die Verneinung arglistigen Handelns gegebenen Begründung nicht anzunehmen wäre, daß auch ein Verschulden des Beklagten und dritter Personen verneint werden sollte, für die er etwa im Rahmen der Vertragsverhandlungen nach § 278 BGB. haften könnte. Denn der Haftung aus Verschulden beim Vertragsschluß würde bei dem hier gegebenen Tatbestande die Vorschrift über die kurze Verjährungsfrist in § 477 BGB. entgegenstehen. Danach verjährt nicht nur der Anspruch auf Wandlung oder auf Minderung, sondern auch der Anspruch auf Schadensersatz wegen

Fehlens einer zugesicherten Eigenschaft bei Grundstücken in einem Jahre von der Übergabe an, sofern nicht der Veräußerer den Mangel arglistig verschwiegen hat. In der Rechtsprechung des Reichsgerichts ist beim Gattungskauf wiederholt ausgesprochen worden, daß § 477 BGB. zwar nicht seinem Wortlaut, wohl aber seinem Sinne nach auch den auf Verschulden beruhenden Anspruch auf Ersatz des durch Lieferung einer mangelhaften Kaufsache entstandenen Schadens umfaßt. Hierfür wurde der dem § 477 zugrunde liegende Gedanke verwertet, daß die Ermittlung und Feststellung von Mängeln des Kaufgegenstandes nach längerer Zeit kaum ausführbar, und daß für den Verkehr die Zulassung des Zurückgreifens auf solche Mängel nach längerer Zeit im höchsten Grade lästig und hemmend sei. Dieser Gedanke wurde auch auf einen Schadensersatzanspruch angewendet, der auf schuldhafte Lieferung einer mangelhaften Sache gestützt war. Es wurde erwogen, daß dieser Anspruch auf Verletzung der allgemeinen Pflicht zur Anwendung der gebotenen Sorgfalt (§ 276 BGB.) gegründet werde, während im Falle des Fehlens einer zugesicherten Eigenschaft der Grund der Haftung in der Nichterfüllung einer besonders übernommenen Pflicht liege. Soll der letztere durch Willenserklärungen besonders gesicherte Anspruch der kurzen Verjährung unterstehen, so ist kein Grund ersichtlich, der dazu führen könnte, einen nicht besonders gesicherten, auf die allgemeine gesetzliche Pflicht zur Sorgfalt gestützten Anspruch anders zu behandeln. An dieser in RGZ. Bd. 53 S. 203 dargelegten Auffassung hat das Reichsgericht festgehalten und später ganz allgemein den Grundsatz aufgestellt, daß alle Ansprüche wegen Mängel der abgelieferten Kaufsache, mögen sie auf Gesetz — Wandlung oder Minderung — oder auf besonderer Vereinbarung oder auf Verschulden beruhen, der kurzen Verjährung des § 477 BGB. unterliegen; nur ein arglistiges Verschweigen des Verkäufers schließt die Anwendung dieser Vorschrift aus (vgl. RGZ. Bd. 56 S. 169, Bd. 93 S. 160/161, Bd. 117 S. 316; Staub-Koenige Anhang zu § 374 HGB Anm. 203; a. M. RGRKomm. Anm. 6 B g zu § 459 BGB.). In Anlehnung an diese Rechtsprechung ist unbedenklich auch ein auf Verschulden beim Vertragsschluß gestützter Schadensersatzanspruch dem § 477 BGB. zu unterstellen, wenn seine Grundlage die schuldhaft mangelhafte Lieferung einer Kaufsache betrifft. So liegt hier der Fall. Anders wäre die Rechtslage, wenn der Schadensersatz nicht die Mangelhaftigkeit der Kaufsache, sondern die Verletzung von anderen Pflichten des Verkäufers, insbesondere Nebenverpflichtungen beträfe, die mit der Mangelhaftigkeit der Sache nicht unmittelbar zusammenhängen (vgl. — zum Teil für den Werkvertrag — RGZ. Bd. 64 S. 43, Bd. 71 S. 175, Bd. 95 S. 4; RG. im Recht 1908 Nr. 2919, 1922 Nr. 829; LZ. 1909 Sp. 68; Staub-Koenige Anm. 134 zu § 377 HGB.).

Sodann prüft das Berufungsgericht die Mängelrüge unter dem Gesichtspunkt des § 478 BGB.; danach könnten die Kläger die Zahlung des Kaufpreises insoweit verweigern, als sie auf Grund der Wandlung oder Minderung dazu berechtigt wären. Die Darlegungen zu diesem Punkte sind rechtlich zu beanstanden. Das Berufungsgericht führt aus: Nach Behauptung der Kläger sei die Kaufsache eine Sandwüste, aber kein landwirtschaftliches Anwesen. Dem sei nicht beizupflichten. Es könne dem Sachverständigen S. darin gefolgt werden, daß die landwirtschaftliche Benutzung sich als nicht wirtschaftlich erweise; immerhin habe es seit vielen Jahren als selbständiges Anwesen Verwendung gefunden. Der letzte Vorbesitzer habe mit dem Anbau während eines Jahres sein Auskommen gefunden. Wenn es auch die für die Landwirtschaft besonders günstige Zeit des Währungsverfalls gewesen sei, so seien doch auch die früheren Vorbesitzer nicht verhungert; sie müßten sich immerhin durchgeschlagen haben. Es lasse sich deshalb nicht feststellen, daß dem Anwesen die Eigenschaft der landwirtschaftlichen Nutzbarkeit schlechthin mangle. Demnach sei kein Fehler nach § 459 Abs. 1 BGB. gegeben.

Nach § 459 BGB. haftet der Verkäufer zunächst für solche Fehler, die den Wert oder die Tauglichkeit einer Sache zu dem gewöhnlichen oder dem nach dem Vertrage vorausgesetzten Gebrauch aufheben oder mindern. Ein Fehler in diesem Sinne kann aber auch dann vorliegen, wenn dem Grundstück die Eigenschaft der landwirtschaftlichen Nutzbarkeit nicht schlechthin fehlt; die Tauglichkeit zum gewöhnlichen Gebrauch wird nicht erst dadurch in Frage gestellt, daß das Grundstück zur landwirtschaftlichen Nutzung überhaupt nicht geeignet ist. Das wäre eine Einschränkung, die im Gesetz keine Stütze findet. Es kommt vielmehr auf die Auffassung an, die im Verkehr über den gewöhnlichen Gebrauch der Kaufsache besteht (RGZ. Bd. 70 S. 85). Es geht nicht an, diese Frage mit der Wendung zu entscheiden, daß auch die früheren Besitzer nicht verhungert seien und sich immerhin durchgeschlagen haben müßten. Der nach dem Vertrage vorausgesetzte Gebrauch sollte hier, soweit ersichtlich, jedenfalls nicht hinter dem gewöhnlichen Gebrauch zurückstehen. Die Kläger haben unter Eideszuschiebung behauptet, sie hätten dem Beklagten unter Mitteilung der Erträge der bisher von ihnen bewirtschafteten Grundstücke gesagt, daß sie ein gutes Auskommen gehabt und von dem zu erwerbenden Grundstück mindestens den gleichen Betrag erhalten müßten. Der Beklagte soll nicht nur zugestimmt, sondern eine darüber hinausgehende Erklärung abgegeben haben. Ist das richtig, so bestände die von tatsächlichen Erwägungen abhängende Möglichkeit, daß die Käufer im Einverständnis mit dem Verkäufer eine über den gewöhnlichen Gebrauch hinausgehende Nutzungsmöglichkeit vorausgesetzt haben. Dafür aber, daß die Parteien bei Abschluß des Vertrags von einer derart geringen Nutzbarkeit ausgegangen wären, wie sie das Berufungsgericht für ausreichend zu halten scheint, fehlt jeder Anhalt. . . .

---

56. Liegt eine wirksame Verfügung der Miterben vor, wenn der eine Miterbe zu der von dem andern vorgenommenen Verfügung vorher seine Einwilligung erklärt hat?

BGB. §§ 182, 183, 185, 2040.

VI. Zivilsenat. Urt. v. 19. Juni 1930 i. S. Eheleute Sch. (Bekl.) w. M. (Kl.). VI 535/29.

I. Landgericht Oldenburg.
II. Oberlandesgericht daselbst.

Die Eheleute F., die Eltern der verklagten Ehefrau, hatten am 16. Juli 1909 durch mündliche Erklärung vor dem Amtsrichter ein gemeinschaftliches Testament errichtet, in dem sie sich gegenseitig zu Erben einsetzten. F. starb am 12. April 1918. Seine Witwe verkaufte ein auf den Namen des Erblassers eingetragenes Grundstück in R. durch notariell beurkundeten Kaufvertrag vom 28. Juli 1919 an den Kläger, und dieser wurde demnächst als Eigentümer eingetragen. Die Erstbeklagte erwirkte am 20. Oktober 1924 einen Erbschein dahin, daß Erben ihres Vaters geworden seien seine Witwe zu einem Viertel, sie selbst zu drei Vierteilen. Das Testament wurde als nichtig angesehen, da in dem Protokoll über seine Errichtung die Angabe über den Tag der Verhandlung fehlte. Am 21. Oktober 1924 wurde zugunsten der verklagten Ehefrau ein Widerspruch gegen die Eintragung des Eigentumsübergangs auf den Kläger eingetragen.

Der Kläger behauptet, das Testament sei gültig, da das richtige Datum auf dem Briefumschlag, in dem das Protokoll verschlossen war, angegeben gewesen sei; die Beklagten seien auch bei der Veräußerung des Grundstücks an ihn zugegen und damit einverstanden gewesen. Er beantragt, die verklagte Ehefrau zur Einwilligung in die Löschung des Widerspruchs und zur erneuten Auflassung des Grundstücks an ihn zu verurteilen; weiter verlangt er die Feststellung, daß er Eigentümer des Grundstücks sei, und daß der Kaufvertrag zu Recht bestehe. Den verklagten Ehemann nimmt der Kläger auf Duldung der Zwangsvollstreckung in Anspruch. Die Beklagten halten das Testament für ungültig und bestreiten, daß sie mit der Veräußerung des Grundstücks an den Kläger einverstanden gewesen seien. Die Witwe F. ist während des ersten Rechtszugs verstorben und von der Erstbeklagten allein beerbt worden. Der Kläger folgert daraus hilfsweise das Wirksamwerden ihrer Verfügung gemäß § 185 Abs. 2 BGB.

Die Beklagten unterlagen in allen drei Rechtszügen.

Gründe:

Das Oberlandesgericht geht zutreffend davon aus, daß das Testament vom 16. Juli 1909 wegen Verstoßes gegen die zwingende Formvorschrift des § 2241 Nr. 1 BGB. nichtig ist, da in dem Protokoll über seine Errichtung jede Angabe über den Tag der Verhandlung fehlt. Die von der Rechtsprechung des Reichsgerichts zugelassene Berichtigung offenbarer Versehen bei einer an sich vorhandenen Zeitangabe kann nicht ausgedehnt und in Fällen angewandt werden, wo die Zeitangabe völlig fehlt (RGZ. Bd. 109 S. 368; RGR-Komm. Erl. 1 zu § 2241).

Nach den Feststellungen des Berufungsgerichts hat der Kläger das Grundstück von der Witwe F. erworben, ohne daß diese zuvor selbst als Eigentümerin eingetragen worden war, sowie ohne Vorlegung eines sie als Erbin ausweisenden Erbscheins. Auf die Vorschriften über den öffentlichen Glauben des Grundbuchs oder des Erbscheins kann sich mithin der Kläger nicht berufen (RGRKomm. Erl. 4 Abs. 3 zu § 892, Erl. 1, 6 zu § 2366 BGB.). Es war daher zu prüfen, ob die Verfügung der Witwe, die demnach an sich allein nicht zur

Verfügung befugt war (§ 2040 BGB.), nach § 185 BGB. dennoch rechtswirksam war (RGRKomm. Erl. 4 zu § 185 BGB.).

Das Berufungsgericht stellt fest, daß sowohl die Witwe F. wie auch die beiden Beklagten bereits vor Abschluß des Kaufvertrags vom 28. Juli 1919 wußten, das Testament sei nichtig, mithin seien die Witwe und die Erstbeklagte Miterben des Erblassers, und es bedürfe zur Veräußerung des Grundstücks der Mitwirkung beider Erben. Die Revision bemängelt das zwar; ein Rechtsirrtum des Berufungsgerichts ist aber nicht erkennbar. Sie wendet sich ferner dagegen, daß der Vorderrichter aus der weiteren Feststellung, die Beklagten seien bei der Beurkundung des Kaufvertrags zugegen gewesen und hätten keinen Widerspruch erhoben, die Schlußfolgerung zieht, daß sie damit ihre Zustimmung zu der Veräußerung gegeben hätten und diese also wirksam geworden sei. Die auf die Entscheidung in RGZ. Bd. 93 S. 292 gestützte Rüge ist jedoch ebenfalls unbegründet. Dort hat das Reichsgericht ausgesprochen, daß die entgegen der Vorschrift des § 2040 BGB. nur von einem der Miterben getroffene Verfügung nicht nach § 185 Abs. 2 das. durch nachträgliche Genehmigung der übrigen Erben wirksam werden kann. Ein derartiger Fall steht aber hier nicht zur Entscheidung; vielmehr hat zu der von dem einen Miterben im eigenen Namen vorgenommenen Verfügung der andere Miterbe vorher die Zustimmung erteilt, mithin die Einwilligung (§ 183 BGB.) erklärt, die nach § 185 Abs. 1 das. die Verfügung des Nichtberechtigten von vornherein wirksam sein läßt, wenn im übrigen die Voraussetzungen erfüllt sind. In § 2040 BGB. wird eine gemeinschaftliche Verfügung der Miterben erfordert. Daß die Zustimmung zur Verfügung, hier die Einwilligung in die Verfügung der Witwe F., der Verfügung selbst regelmäßig gleichsteht, kann nicht zweifelhaft sein (Planck Erl. 1 zu § 2040). Die vom Gesetz geforderte Mitwirkung aller Erben liegt demnach in einem solchen Falle vor. Daß sie sich nach außen hin in einem einheitlichen Vorgang äußern müßte, ist an sich nicht erforderlich (RGZ. Bd. 111 S. 338, Bd. 112 S. 129). Die Einwilligung des § 185 Abs. 1 BGB. kann nach § 182 Abs. 1 das. mit Rechtswirksamkeit sowohl dem verfügenden Miterben gegenüber, wie auch seinem Vertragsgegner gegenüber erklärt werden. Daß die Beklagten die Einwilligung gegenüber dem Kläger erklärt haben, stellt der Berufungsrichter ohne Rechtsirrtum fest. Diese Einwilligung nach § 185 Abs. 1 BGB. bedarf gemäß § 182 Abs. 2 das. nicht der für das Rechtsgeschäft erforderlichen

Form. Das Rechtsgeschäft war hier die Auflassung nach § 925 BGB., die von der Witwe F. im eigenen Namen mit Einwilligung der Beklagten in der Form der §§ 20, 29 GBO. erklärt und damit gemäß § 185 Abs. 1 BGB. als gemeinschaftliche Verfügung der Miterben nach § 2040 das. wirksam ist. Für die Gültigkeit dieser Verfügung, des dinglichen Rechtsgeschäfts, auf dem im Zusammenhang mit der Eintragung in das Grundbuch das Eigentum des Klägers beruht, ist es an sich ohne Belang, ob das schuldrechtliche Geschäft, das zugrunde liegt, rechtswirksam ist. Der Revision gegenüber, die auch nach dieser Richtung einen Angriff vorbringt, sei jedoch darauf hingewiesen, daß die Witwe des Erblassers auch das Grundrechtsgeschäft, den Kaufvertrag, mit der nach § 182 Abs. 2 BGB. formlos gültigen Einwilligung der Beklagten abgeschlossen hat, so daß auch beim Grundrechtsgeschäft eine rechtswirksame Mitwirkung aller Erben vorliegt.

---

57. Haben die Gläubiger der von einer preußischen Rentenbank ausgegebenen Rentenbriefe gegen den Preußischen Staat einen im Rechtsweg verfolgbaren Anspruch darauf, daß er zur Herbeiführung ihrer Befriedigung eine Zahlung an die Rentenbank leiste?

GVG. § 13. Preuß. Gesetz über die Errichtung von Rentenbanken vom 2. März 1850 (GS. S. 112) §§ 3, 53.

IV. Zivilsenat. Urt. v. 30. Juni 1930 i. S. Preuß. Staat (Bekl.) w. K. (Kl.). IV 351/29.

I. Landgericht I Berlin.
II. Kammergericht daselbst.

Der Kläger ist Eigentümer von Rentenbriefen der Rentenbank für die Provinzen Ost- und Westpreußen und der Rentenbank für die Provinz Posen. Die Ansprüche aus diesen Rentenbriefen sind mit dem Ergebnis aufgewertet worden, daß sich bisher für die ost- und westpreußischen Rentenbriefe ein Aufwertungssatz von 19,71% und für die Posener Rentenbriefe ein solcher von 1,78% ergeben hat. Die Teilungsmassen der übrigen durch Art. I der preuß. Verordnung vom 29. März 1928 (GS. S. 47) aufgelösten Rentenbanken reichen dagegen zu Aufwertungssätzen von mindestens 25% aus. Die geringere Höhe der bisherigen Aufwertungssätze der beiden zuerst genannten Rentenbanken hängt damit zusammen, daß die Rentenbankrenten, soweit sie auf solchen Grundstücken lasteten, die zu dem durch den Vertrag von Versailles an Polen gefallenen Gebiete gehören, vom Polnischen Staat auf sich selbst übertragen worden sind. Der Kläger macht geltend, daß für die Ausfälle an diesen Renten der verklagte Preußische Staat einzutreten habe, und zwar infolge der von ihm in den §§ 3 und 53 des Gesetzes über die Errichtung von Rentenbanken vom 2. März 1850 übernommenen Garantie- und Zuschußpflicht. Nach Abweisung der Klage durch den ersten Richter stellte das Kammergericht, dem Antrage des Klägers entsprechend, die Verpflichtung des Beklagten fest, in die Teilungsmassen der beiden Rentenbanken den auf die Rentenbriefe des Klägers entfallenden Betrag zuzuschießen, der bei den Renten auf den ehemals in Preußen, jetzt in Polen liegenden Grundstücken ausfalle.

Auf die Revision des Beklagten wurde die Klage wegen Unzulässigkeit des Rechtswegs abgewiesen.

Gründe:

Die vom Beklagten in diesem wie in den beiden vorigen Rechtszügen erhobene prozeßhindernde Einrede der Unzulässigkeit des Rechtswegs erweist sich als begründet.

Für die Zulassung des Rechtswegs kommt es grundsätzlich auf die materiellrechtliche Natur des Rechtsverhältnisses an, aus dem der Kläger seinen Anspruch herleitet. Ist dieses Rechtsverhältnis öffentlich-rechtlicher Natur, so ist der ordentliche Rechtsweg ausgeschlossen; gehört es dem Privatrecht an, so wird der Rechtsschutz gemäß § 13 GVG. durch die ordentlichen Gerichte gewährt; beides unbeschadet der sich aus besonderen Gesetzen oder aus der geschichtlichen Entwicklung ergebenden Abweichungen (RGZ. Bd. 113 S. 131; JW. 1929 S. 2331 Nr. 3). Auch ein vermögensrechtlicher Anspruch kann hiernach, wenn ihm ein öffentlichrechtliches Verhältnis zugrunde liegt, der Entscheidung durch die ordentlichen Gerichte entzogen sein (RGZ. Bd. 106 S. 409, Bd. 111 S. 214 und wiederum JW. 1929 S. 2331 Nr. 3). Gehört ein Streit infolge seines Rechtsstoffs nicht vor die ordentlichen Gerichte, so wird der Rechtsweg auch nicht dadurch zulässig, daß der Kläger seinen Anspruch als einen privatrechtlichen bezeichnet. Er muß vielmehr einen Tatbestand behaupten, aus dem sich die privatrechtliche Natur des seinem Anspruch zugrunde liegenden Rechtsverhältnisses ergibt. Nur das tatsächliche Klagevorbringen ist in dem die

Frage der Zulässigkeit des Rechtswegs betreffenden Verfahren als richtig zu unterstellen. Die vom Kläger geäußerte Rechtsansicht ist unmaßgeblich (RGZ. Bd. 83 S. 306, Bd. 103 S. 18, Bd. 105 S. 39, Bd. 113 S. 131). Ebenso ist es belanglos, ob für die Verfolgung eines nach der Natur des zugrunde liegenden Rechtsverhältnisses vom ordentlichen Rechtsweg ausgeschlossenen Anspruchs die Form der Leistungs- oder der Feststellungsklage gewählt wird (RGZ. Bd. 111 S. 48, Bd. 128 S. 146).

Im vorliegenden Falle richtet sich der vom Kläger in Form einer Feststellungsklage erhobene Anspruch darauf, daß der verklagte Staat in die gemäß den §§ 47, 48, 50 AufwG. und den einschlägigen reichs- und landesgesetzlichen Durchführungsvorschriften gebildeten Teilungsmassen der ost- und westpreußischen und der posener Rentenbank nach dem Maße der Rentenbriefbeteiligung des Klägers einen gewissen Betrag zuschieße, der infolge der Gebietsabtretung an Polen und der damit zusammenhängenden Beschlagnahme von Rentenbankrenten durch den Polnischen Staat an Renteneingängen ausfalle.

Der Anspruch wird aus den §§ 3 und 53 des Gesetzes über die Errichtung von Rentenbanken vom 2. März 1850 hergeleitet. Dieses Gesetz ist gleichzeitig mit dem preußischen Gesetz betreffend die Ablösung der Reallasten und die Regulierung der gutsherrlichen und bäuerlichen Verhältnisse vom 2. März 1850 (GS. S. 77) erlassen und in Kraft getreten. Durch das zuletzt angeführte Gesetz wurden gewisse Reallasten ohne Entschädigung der Berechtigten aufgehoben; alle anderen privatrechtlichen Reallasten außer den unständigen wurden für ablösbar erklärt. „Zur Beförderung der Ablösung der Reallasten und zur vollständigen Auflösung des Rechtsverhältnisses zwischen den bisherigen Berechtigten und Verpflichteten" (§ 1 RentenbankG.) wurde für jede altpreußische Provinz eine Rentenbank errichtet. Die Ablösung durch die Rentenbank erfolgte, nachdem die Reallast in einem Verfahren vor der Landeskulturbehörde (§ 4 Abs. 1 das.) in eine feste Geldrente verwandelt worden war, in der Weise, daß die Bank den Berechtigten für das zur Ablösung der Rente erforderliche Kapital durch zinstragende, im Wege der Auslosung allmählich zu amortisierende Schuldverschreibungen (Rentenbriefe) abfand, die ihr überlassene — die Rentenbriefzinsen um einen Tilgungszuschlag übersteigende — Rente aber alsdann von dem Verpflichteten so lange fortbezog, wie dies zur Verzinsung und Amortisation der Rentenbriefe erforderlich war (§ 2 das.). Die an die Rentenbank abgetretenen Renten (Rentenbankrenten) genießen gegenüber anderen Verpflichtungen des belasteten Grundstücks das gesetzliche Vorzugsrecht der Staatssteuern und werden mit den Staatssteuern erhoben (§§ 18, 21). Die Führung der Geschäfte der Bank wurde einer kollegialischen Verwaltungsbehörde, der Direktion der Rentenbank, unter Mitwirkung und Kontrolle der Provinzialvertretung und unter der Oberaufsicht der Minister für die Finanzen und für die landwirtschaftlichen Angelegenheiten übertragen (§ 4 Abs. 2, § 5). In § 3 RentenbankG. ist bestimmt:

> Der Staat garantiert die Erfüllung der durch das gegenwärtige Gesetz den Rentenbanken auferlegten Verpflichtungen und wird diese Banken mit dem erforderlichen Betriebsfonds versehen.

In § 52 ist die Bildung eines Reservefonds vorgesehen; im Anschluß daran heißt es im § 53:

> Der Reservefonds ist zur Deckung etwaiger Ausfälle an Renten bestimmt.
>
> Reicht derselbe hierzu nicht aus, so wird das Fehlende vom Staate zugeschossen.
>
> Dagegen fallen dem Staate auch die nach gänzlicher Beendigung der Ablösungsgeschäfte durch die Rentenbank in dem Reservefonds verbleibenden Bestände zu.

Für die Ausstellung der Rentenbriefe durch die Direktion der Rentenbank ist in § 32 ein Schema vorgeschrieben, wonach die in der einzelnen Schuldverschreibung angeführte Geldsumme „dem Inhaber dieses Rentenbriefes von der auf Grund des Gesetzes vom . . . unter Garantie des Staats errichteten Rentenbank für die Provinz . . . nach erfolgter Auslosung in Gemäßheit des gedachten Gesetzes bar ausgezahlt und bis dahin jährlich mit vier Prozent in halbjährigen Terminen am 1. April und 1. Oktober verzinst" wird.

Das sich aus dem Zusammenhang der Gesetzesbestimmungen ergebende Garantieverhältnis des Preußischen Staates zu den Rentenbanken hat im Schema der Rentenbriefe zutreffenden Ausdruck gefunden. Die Rentenbanken waren „unter Garantie des Staats errichtete" — und, wie hinzugefügt werden kann, verwaltete — Anstalten des öffentlichen Rechts mit eigener Rechtspersönlichkeit. Sie traten zu den ersten und den späteren Erwerbern der von ihnen ausgegebenen Schuldverschreibungen (Rentenbriefe) in ein privatrechtliches Schuldverhältnis. Die Valuta wurde ihnen in Renten überwiesen, die so bemessen waren, daß sie nicht nur zur Verzinsung, sondern auch zur allmählichen Amortisation der Rentenbriefe ausreichten. Die Verwaltungskosten wurden vom Staate getragen. Ausfälle an den Renten waren infolge des ihnen eingeräumten Vorranges im allgemeinen nicht zu befürchten. „Wohl aber können", so heißt es in den Motiven zu dem Gesetzentwurf (StenBer. über die Verh. der Zweiten Kammer 1849 Bd. 1 S. 104), „Rentenrückstände zuweilen bei einzelnen Grundstücken und selbst bei ganzen Ortschaften infolge von Mißernten oder anderen Unglücksfällen" — als Beispiel für solche Unglücksfälle hat in der Sitzung der Ersten Kammer vom 14. Februar 1850 der Berichterstatter auch „feindliche Invasionen" genannt (StenBer. über die Verh. der Ersten Kammer Bd. 5 S. 2715) — „auf kürzere oder längere Zeit vorkommen; in solchen Fällen würden aber dann der Rentenbank die Mittel zur Zahlung der Zinsen der Rentenbriefe und zur ungestörten Fortsetzung der Amortisation derselben fehlen. Erwägt man nun, daß jedes, wenn auch nur vorübergehende Stocken dieser Geldoperationen unfehlbar höchst verderblich auf den Kredit des ganzen Instituts und auf den Kurs der von ihm ausgegebenen Papiere wirken müßte, so leuchtet von selbst ein, daß der Besorgnis des Publikums vor dem auch nur möglichen Eintritt solcher Störungen von vornherein schon auf das entschiedenste vorgebeugt werden muß. Ein Sicherungsmittel hiergegen hat zwar der Gesetzentwurf schon in dem nach § 52 bei jeder Rentenbank zu bildenden Reservefonds geschaffen, und es steht zuverlässig zu hoffen, daß dieser Fonds zur Deckung solcher Rückstände oder selbst Ausfälle an den Renten ausreichend sein werde . . .; eine vollständige Gewißheit aber hierüber und namentlich dafür, daß der Reservefonds auch schon in den ersten Jahren, in denen seine Einnahmen nur erst gering sein können, zu solcher Hilfe ausreichen werde, ist allerdings nicht vorhanden, und es erscheint daher zu einer unwandelbar festen Begründung des Kredits der Rentenbanken die Gewährung einer besonderen Garantie für deren Verpflichtungen als ein unerläßliches Bedürfnis."

Die Verbindung, in welche die Staatsgarantie hier mit den Bestimmungen über den Reservefonds und in § 3 des Gesetzes selbst mit der Bereitstellung des erforderlichen Betriebsfonds gebracht wird, läßt erkennen, daß die in den §§ 3 und 53 RentenbankG. vorgesehenen

Leistungen des Staates, nämlich die Ausstattung der Rentenbanken mit einem Betriebsfonds und die etwa notwendige Auffüllung des Reservefonds, den Inhalt der vom Staate übernommenen Garantie ausmachen. Diese Leistungen des Staates vollziehen sich im Innenverhältnis zwischen ihm und der Rentenbank als Verwaltungshandlungen, auf die mit den Mitteln des Verwaltungsrechts und nötigenfalls des Verfassungsrechts hingewirkt werden kann. Sollte durch die Staatsgarantie auch die Erfüllung der Verpflichtungen gewährleistet werden, die der Rentenbank durch die Ausgabe der Rentenbriefe gegenüber den Rentenbriefgläubigern erwuchsen, so erwarben diese Gläubiger doch ein Forderungsrecht nur gegen die mit ihnen Verträge schließenden Rentenbanken, nicht aber gegen den Staat, dessen „Hilfe" nach einem Ausdruck des Berichterstatters in der Ersten Kammer (a. a. O.) „subsidiarisch eintritt", und ebensowenig gegen die Schuldner der zur Deckung der Forderungen der Rentenbriefgläubiger in erster Linie bestimmten Rentenbankrenten. Den Staat wie die Rentenschuldner kann ein Rentenbriefgläubiger weder darauf in Anspruch nehmen, daß sie ihn wegen einer Rentenbriefforderung unmittelbar befriedigen, noch darauf, daß sie zur Herbeiführung seiner Befriedigung eine Zahlung in einen Fonds der Rentenbank leisten. Das ist trotz dem im gesetzlichen Schema der Rentenbriefe stehenden Vermerk: „Der Rentenbank ist die Valuta in Ablösungsrenten überwiesen worden" für das Verhältnis des Rentenbriefgläubigers zu den Rentenschuldnern nicht zu bezweifeln. Denn die „vollständige Auflösung des Rechtsverhältnisses zwischen den bisherigen Berechtigten und Verpflichteten" ist ein vom Rentenbankgesetz selbst an seiner Spitze ausgesprochener Hauptzweck des Gesetzes. Kann aber aus dem Hinweis in den Rentenbriefen auf das wesentliche Deckungsmittel, die Renten, kein Schluß auf ein privatrechtliches Verhältnis zwischen dem Rentenbriefgläubiger und den Rentenschuldnern gezogen werden, so kann auch der Hinweis in den Rentenbriefen auf die Staatsgarantie nicht für die Annahme verwertet werden, daß zwischen dem Rentenbriefgläubiger und dem Staate ein privatrechtliches Verhältnis begründet worden sei. Dies ist um so weniger möglich, als in den Rentenbriefen nach dem gesetzlichen Schema nicht von einer Garantie für die einzelne verbriefte Forderung, sondern von einer solchen für die ganze Einrichtung, nämlich davon die Rede ist, daß die Rentenbank unter Garantie des Staates errichtet worden sei.

Vor dem Revisionsgericht hat der Kläger noch besonders hingewiesen auf das preußische Landesrentenbankgesetz vom 29. Dezember 1927 (GS. S. 283), dessen § 2 dem § 3 RentenbankG. vom 2. März 1850 und dessen § 35 Abs. 1 und 4 dem § 53 Abs. 1 und 2 jenes Gesetzes entspricht. Der Kläger verkennt nicht, daß das neue Gesetz auf den vorliegenden Fall keine unmittelbare Anwendung findet; er will aber aus den neuen Vorschriften und der zu dem Gesetzentwurf dem Preußischen Landtag (2. Wahlperiode 1. Tagung 1925/27 Drucks. Nr. 7283) vorgelegten Begründung einen Rückschluß gezogen wissen auf den Sinn der im Gesetz von 1850 übernommenen Staatsgarantie. Aus dem mehr als 77 Jahre später unter ganz anderen staatlichen und wirtschaftlichen Verhältnissen erlassenen Gesetz kann indessen kein solcher Schluß gezogen werden. Die öffentlichrechtliche oder (auch) privatrechtliche Natur der Garantie oder, wie das Landesrentenbankgesetz von 1927 sich ausdrückt, der Gewährleistung des Staates für die Erfüllung der Verbindlichkeiten, die der Landesrentenbank aus der Ausgabe der Landesrentenbriefe erwachsen, kann deshalb auf sich beruhen. Immerhin sei bemerkt, daß sich die Begründung zum Gesetzentwurf von 1927 über die rechtliche Natur der staatlichen Gewährleistung nicht ausspricht, insbesondere auch nicht in den Sätzen (a. a. O. Sp. 15): für die Unterbringung der Rentenbriefe werde die dingliche Sicherung in der Rentenbankrente heutzutage eine größere Rolle spielen als die Staatsgarantie; es müsse daher sichergestellt sein, daß die dem Inhaber des Rentenbriefes zustehenden Leistungen ihrem vollen Umfange nach in der Rentenbankrente ihre Sicherung finden; — und (a. a. O. Sp. 21): die Landesrentenbank solle ebensowenig wie die bisherigen Rentenbanken über ein eigenes Grundkapital verfügen; die Staatsgarantie genüge nach den gemachten Erfahrungen, um den Rentenbriefen eine genügende Sicherheit zu geben.

Dem Kläger steht hiernach gegen den Beklagten kein im ordentlichen Rechtsweg verfolgbarer Anspruch zu.

---

58. 1. Zur Auslegung des § 5 des Reichsgesetzes betreffend die Entschädigung der im Wiederaufnahmeverfahren freigesprochenen Personen vom 20. Mai 1898 (RGBl. S. 345).

2. In welcher Weise ist ein im Wiederaufnahmeverfahren freigesprochener Reichswehrsoldat zu entschädigen, nachdem er auf Grund eines rechtskräftigen, auf Dienstentlassung lautenden Urteils aus dem Heeresdienst entlassen worden ist?

Reichswehrgesetz vom 23. März 1921 (RGBl. S. 329) §§ 21, 22. Besoldungsgesetz vom 30. April 1920 / 16. Dezember 1927 (RGBl. 1920 S. 805, 1927 I S. 349) § 19 (20). Wehrmachtversorgungsgesetz vom 19. September 1925 (RGBl. I S. 349) §§ 7, 8.

IX. Zivilsenat. Urt. v. 28. Juni 1930 i. S. L. (Kl.) w. Preuß. Staat (Bekl.). IX. 40/30.

I. Landgericht Lüneburg.
II. Oberlandesgericht Celle.

Durch Urteil des Amtsgerichts H. vom 16. Dezember 1924 wurde der Kläger, damals Grenadier eines Reichswehr-Infanterie-Regiments, wegen Unterschlagung nach § 138 MStGB. und §§ 246, 73 RStGB. zu drei Monaten Gefängnis verurteilt; seine Berufung wurde vom Landgericht zurückgewiesen, aber auf die Berufung der Staatsanwaltschaft weiter gemäß § 37 MStGB. auf Dienstentlassung erkannt. Die Revision des Klägers war erfolglos. Dagegen wurde er im Wiederaufnahmeverfahren durch Strafkammerurteil rechtskräftig freigesprochen. Durch einen Gerichtsbeschluß vom 27. April 1927 wurde sodann festgestellt, daß er berechtigt ist, Entschädigung aus der Staatskasse zu verlangen, soweit das aufgehobene Urteil vollstreckt worden ist.

Eine Vollstreckung der erkannten Freiheitsstrafe war nicht erfolgt. Dagegen hatte das Regiment dem Kläger nach Kenntnis von der Verwerfung seiner Revision am 31. Mai 1925 fristlos gekündigt. Ein Antrag auf Wiedereinstellung in die Reichswehr, den der Kläger nach seiner Freisprechung gestellt hatte, wurde von der Truppe abgelehnt.

Der Preußische Justizminister entsprach dem Antrag des Klägers auf Entschädigung durch Verfügung vom 16. Januar 1928 insoweit, als er ihm für die Zeit von der tatsächlichen Entlassung bis zur Ablehnung der Wiedereinstellung (1. Juni 1925 bis 29. Juli 1926) insgesamt eine Entschädigung von 4295,50 RM. bewilligte. Diese Entscheidung wurde dem Kläger am 25. Januar 1928 zugestellt. Mit seiner Klage verfolgt er weitergehende Entschädigungsansprüche. Er führt aus, daß er so gestellt werden müsse, als ob er nicht mit Dienstentlassung bestraft worden wäre. Nur infolge dieser Entscheidung hätte er aus dem Reichsheer entlassen werden können, dem er sonst bis zum Ablauf seiner zwölfjährigen Dienstzeit, nämlich bis zum 11. Mai 1930 angehört hätte. Er könne also Löhnung bis Mai 1930 mit 6614,45 RM., ferner Übergangsgebührnisse einschließlich des Wertes des Zivilversorgungsscheins mit 6855 RM., dann die der Beförderung zum Obergefreiten entsprechende Zulage mit 1200 RM., ferner Ersatz des Wertes der zweiten Abschlußprüfung der Heeresfachschule mit 5400 RM und schließlich Ersatz des Wertes der Zivilversorgung mit 10000 RM. verlangen.

Der verklagte Staat ist der Meinung, daß er zur Zahlung einer Entschädigung über den 29. Juli 1926 hinaus nicht verpflichtet sei. Die an diesem Tage ausgesprochene Ablehnung der Wiedereinstellung des Klägers in das Reichsheer komme einer fristlosen Entlassung gleich, so daß von da ab der Schaden des Klägers nicht eine Folge der früheren Verurteilung, sondern eines freien Entschlusses der Militärbehörde sei. Außerdem habe der Kläger nichts unternommen, um eine seinen Fähigkeiten entsprechende Beschäftigung zu finden.

Das Landgericht sprach dem Kläger 14500 RM. zu, das Oberlandesgericht nur 8640 RM. Die Revision des Klägers führte zur Aufhebung und Zurückverweisung, während die Anschlußrevision des Beklagten zurückgewiesen wurde.

Gründe:

I. Die Zulässigkeit der Revision des Klägers unterliegt keinen Bedenken. Zwar würde die Revisionssumme des § 546 PZO. nicht erreicht sein, weil die Beschwer des Klägers nur den Betrag von 14500 — 8640 = 5860 RM. ausmacht. Aber die Zulässigkeit ergibt sich aus § 547 Nr. 2 ZPO. in Verbindung mit § 5 Abs. 3 Satz 2 des Gesetzes vom 20. Mai 1898 betr. die Entschädigung der im Wiederaufnahmeverfahren freigesprochenen Personen. Demnach ist auch die Anschlußrevision zulässig.

II. Was zunächst die Anschlußrevision betrifft, so sind deren Rügen in keinem Punkte gerechtfertigt.

1. Unbegründet ist die Rüge einer Verletzung des § 5 des Gesetzes vom 20. Mai 1898. Es trifft zwar zu, daß in Abs. 3 das. für die gerichtliche Geltendmachung des Entschädigungsanspruchs eine Ausschlußfrist von drei Monaten festgesetzt ist. Richtig ist auch, daß der

Kläger innerhalb dieser Frist eine Klage nur in Höhe von 5000 RM. erhoben und erst lange nach Fristablauf seinen Anspruch auf 15000 RM. erweitert hat. Es kann auch kein Zweifel bestehen, daß die Frist des § 5 Abs. 3 a. a. O. eine echte Ausschlußfrist ist, deren Versäumung gleich der entsprechenden Frist im § 6 Abs. 3 des Gesetzes betreffend die Entschädigung für unschuldig erlittene Untersuchungshaft vom 14. Juli 1904 den vollständigen und endgültigen Verlust des Klagerechts bedeutet (vgl. Burlage Anm. 1, 2 zu § 5 Gesetz von 1898; Anm. 17 zu § 6 Gesetz von 1904). Es handelt sich weder um eine Verjährungsfrist für den Anspruch, noch um eine Notfrist. Aber es ist nicht richtig, daß — wie die Revision meint — die Klagebefugnis sich auf den innerhalb der Frist klagend geltend gemachten Betrag beschränke. Vielmehr ist gesetzlich bei den beiden Arten von Entschädigung (wegen nachträglicher Freisprechung und wegen unschuldig erlittener Untersuchungshaft) ein Vorverfahren im Verwaltungswege angeordnet und nach Zustellung der hier ergangenen Entscheidung der Rechtsweg vor den ordentlichen Gerichten eröffnet. Damit wird der gesamte Entschädigungsanspruch nach Beendigung des Vorverfahrens zur gerichtlichen Entscheidung verstellt, falls der Entschädigungsberechtigte nur innerhalb der Frist die Klage erhebt. Hätte das Gesetz etwas anderes sagen wollen, so wäre das sicherlich in der Fassung zum Ausdruck gelangt, zumal da beim Erlaß des Gesetzes von 1904 Anlaß bestanden hätte, eine im Gesetz von 1898 etwa vorhandene Unklarheit der Fassung zu vermeiden. Mit Recht weist das Oberlandesgericht aber auch darauf hin, daß sich eine ähnliche Vorschrift im § 30 des preuß. Enteignungsgesetzes vom 11. Juni 1874 findet, die in der Rechtsprechung die gleiche weite Auslegung gefunden hat (RGZ. Bd. 119 S. 364 flg.), wobei die Bedeutung der dort (S. 365) erfolgten Verweisung auf RGZ. Bd. 12 S. 299 keiner Erörterung bedarf. Jedenfalls ist es nicht zweifelhaft, daß auch nach Ablauf der in § 5 Abs. 3 des Gesetzes von 1898 bestimmten Frist eine Erweiterung der vorher erhobenen Klage nach der allgemeinen Regel des § 268 Nr. 2 ZPO. zulässig bleibt. Demgegenüber könnte äußerstenfalls in Betracht kommen, ob etwa der Entschädigungsberechtigte durch sein Verhalten auf weitergehende Ansprüche verzichtet hat. Dafür wird man vom Prozeßgegner einen klaren Beweis fordern müssen. Im vorliegenden Falle hat der Kläger schon in der Klageschrift die Summe seiner Entschädigungsansprüche auf 20000 RM. angegeben und die Beschränkung seines Klagantrages auf 5000 RM. damit begründet, daß ihm nur bis zu diesem Betrage das Armenrecht bewilligt worden war. Dann kann in dieser Beschränkung kein Verzicht auf eine weitergehende Entschädigung gefunden werden.

2. Der Beklagte hat im Anschluß an das Urteil des VI. Zivilsenats des Reichsgerichts vom 11. Dezember 1905 (RGZ. Bd. 62 S. 152) von vornherein den Standpunkt vertreten, daß er für den etwaigen Schaden des Klägers in der Zeit seit dem 29. Juli 1926, dem Tage der Ablehnung seiner Wiedereinstellung, schon deshalb nicht aufzukommen habe, weil diese Ablehnung nicht auf Grund des verurteilenden, sondern des freisprechenden Urteils erfolgt sei. Mit Recht hat das Oberlandesgericht ausgeführt, daß jene Reichsgerichtsentscheidung auf den vorliegenden Fall nicht passe; vergeblich versucht die Anschlußrevision hierbei eine Gesetzesverletzung nachzuweisen. In der Tat handelt es sich um zwei ganz verschiedene Fälle, deren rechtliche Würdigung zu verschiedenen Ergebnissen führen muß. Der Offizier der alten preußischen Armee konnte durch Königliche Kabinettsorder jederzeit entlassen werden. Mag das in der Regel auch nicht ohne jeden Grund geschehen sein, so gab es doch keine gesetzliche Regelung der maßgeblichen Gründe, insbesondere auch keine Rechtsbehelfe gegen derartige Maßregeln. Es war daher nicht nur zulässig, daß ein im Wiederaufnahmeverfahren freigesprochener Offizier verabschiedet wurde, mochte er die ursprünglich erkannte Strafe verbüßt haben oder nicht; sondern die Verabschiedung konnte auch wegen der Begründung eines von vornherein freisprechenden Urteils erfolgen. Deshalb konnte also früher ein Offizier, ohne Angabe der Gründe und ohne jede Möglichkeit ihrer Nachprüfung im Entschädigungsverfahren nach Wiederaufnahme und Freisprechung, trotz nachträglicher Freisprechung verabschiedet werden, etwa weil er überhaupt in die zur strafgerichtlichen Entscheidung gekommene Angelegenheit verwickelt war oder weil er — wenn auch zu Unrecht — tatsächlich eine Freiheitsstrafe verbüßt hatte. Ganz anders ist dagegen die Stellung der Angehörigen der Reichswehr während der vertragsmäßigen Dauer ihrer Dienstzeit: sie können gegen ihren Willen nur in ganz bestimmten, in den §§ 21 und 26 des Reichswehrgesetzes (RWG.) festgelegten Fällen entlassen werden. Für den Kläger als Grenadier kamen nur die Gründe des § 21 in Betracht, die unstreitig nicht vorlagen. Er ist überhaupt nicht auf Grund einer fristlosen Kündigung,

etwa nach § 21 Abs. 2 Nr. 2b das., sondern gemäß § 22 Abs. 2b das. entlassen worden, weil in dem später aufgehobenen Strafkammerurteil auf Dienstentlassung erkannt worden war. Kommt dieses Urteil in Wegfall, weil es im Wiederaufnahmeverfahren aufgehoben wird, so bleibt das Dienstverhältnis aufgelöst und die Entlassung rechtswirksam. Eine etwaige Wiedereinstellung geschieht auf Grund eines neuen selbständigen Vertrags, so daß nicht etwa das durch das rechtskräftige Urteil aufgehobene Dienstverhältnis nach Beseitigung des Urteils wiederauflebt. Indessen hätte diese Auflösung des Dienstverhältnisses ohne das aufgehobene, auf Dienstentlassung lautende Urteil nicht erfolgen können, während die Dienstentlassung bei einem Offizier der alten Armee jederzeit und ohne gesetzlich festgelegten Grund, also auch im Falle eines freisprechenden Urteils verfügt werden konnte. Der Kläger hätte also ohne das aufgehobene Strafurteil überhaupt nicht entlassen werden können und würde im Falle einer Kündigung wegen der vermuteten Unterschlagung gemäß § 22 RWG. mit Erfolg Einspruch eingelegt haben. Anderseits konnte er keinesfalls eine Wiedereinstellung in die Reichswehr erzwingen, da diese im freien Ermessen der Reichswehrbehörden stand. Ein Fall der in RGZ. Bd. 62 S. 152 behandelten Art konnte also beim Kläger gar nicht in Frage kommen. Zwar hätte die Heeresverwaltung die Folgen der Dienstentlassung und diese selbst durch seine Wiedereinstellung beseitigen können. Ein Zwang hierzu bestand aber nicht, die Wiedereinstellung unterlag der freien Entschließung der militärischen Dienststellen.

Diese waren auch nicht verpflichtet, Maßregeln zur Abwendung der Nachteile zu ergreifen, die dem Kläger aus der unberechtigt erkannten Dienstentlassung drohten, oder seine Wiedereinstellung deshalb zu veranlassen, um den Beklagten von der Entschädigungspflicht zu befreien. Selbst wenn man letzteres annehmen wollte, würden die Ansprüche des Klägers nicht berührt. Auch auf die Möglichkeit einer Wiedereinstellung des Klägers durch Entschließung der Reichswehrbehörden kann sich der Beklagte nicht berufen. Das wäre nur dann denkbar, wenn der Kläger durch eigene Handlungen oder Unterlassungen seine Wiedereinstellung verhindert hätte. Zwar war er verpflichtet, den aus der Entlassung für ihn sich ergebenden Schaden abzuwenden oder zu mindern, soweit es in seinen Kräften stand (§ 254 Abs. 2 BGB.). Das hat er getan, indem er sich um die Wiedereinstellung bemühte. Nachdem diese abgelehnt war, brauchte er aber weitere Schritte in dieser Richtung, etwa durch Eingabe an den Reichswehrminister, nicht zu unternehmen, zumal da ihm kein Einspruchsrecht nach § 22 RWG. zustand.

Der Kläger ist also für den Entschädigungsanspruch rechtlich so zu behandeln, als ob er am 31. Mai 1925 ohne Grund fristlos entlassen worden wäre.

3. Die Anschlußrevision rügt ferner, der Berufungsrichter habe zu Unrecht die Auffassung zurückgewiesen, wonach der Kläger Gebührnisse nur für die Zeit von seiner Entlassung bis zur Ablehnung der Wiedereinstellung verlangen könne, sich demnach so behandeln lassen müsse, als ob er in diesem Zeitpunkt entlassen worden wäre. Denn die Wiedereinstellung sei dem Kläger versagt worden wegen seiner mehrfachen Eingaben an den Reichswehrminister, welche die fristlose Entlassung des Klägers gerechtfertigt hätten, wenn er noch Soldat gewesen wäre.

Das Oberlandesgericht hat aber diese Auffassung mit Recht abgelehnt. Zutreffend geht es davon aus, daß bei dem Kläger keiner der in § 21 RWG. aufgeführten Kündigungsgründe vorlag. Denn die allein etwa in Frage kommende „Befähigung", deren Wegfall die Kündigung nach § 21 Abs. 2 Nr. 1b a. a. O. rechtfertigen könnte, betrifft nur eine Berücksichtigung auftretender Mängel der geistigen Fähigkeiten, des Intellekts, nicht etwa moralische Mängel (vgl. Semler Reichswehrgesetz S. 70). Allerdings tritt zu diesen Kündigungsgründen nach der Ausführungsverordnung vom 23. März 1921 noch der weitere Grund einer Unwürdigkeitshandlung des Soldaten hinzu, der bis zur Einrichtung der Wehrberufskammern die fristlose Kündigung nach den Vorschriften der §§ 21 flg. RWG. rechtfertigt. Diese Vorschriften werden zwar vom Oberlandesgericht nicht ausdrücklich angeführt, auch von der Anschlußrevision nicht genannt; sie sind aber offenbar den Ausführungen des angefochtenen Urteils zugrunde gelegt und auch vom Beklagten gemeint, wenn er betont, das Verhalten des Klägers im Kampf um seine Entschädigung habe seine Wiedereinstellung verhindert. Der Beklagte stellt den Grundsatz auf, daß der Kläger bei Ablehnung der Wiedereinstellung nur dann Anspruch auf Entschädigung gehabt hätte, wenn er sich in der Zeit nach seiner Entlassung so verhalten hätte, als ob er noch Angehöriger der Reichswehr wäre. Dieser Satz ist abzulehnen, weil die Vorschrift über

Entlassung wegen unwürdigen Verhaltens, die offensichtlich dem § 10 des Reichsbeamtengesetzes nachgebildet ist, nur auf die Dauer des Dienstverhältnisses berechnet ist und mithin nur die besonderen Pflichten des der Reichswehr tatsächlich noch angehörigen Soldaten betrifft (vgl. § 21 Abs. 2 RWG.), so daß der Tatbestand des unwürdigen Verhaltens nach Auflösung des Militärdienstverhältnisses überhaupt nicht mehr verwirklicht werden kann.

Das Oberlandesgericht hat aber auch sonst die Eingaben des Klägers an den Reichswehrminister zutreffend gewürdigt, wobei überhaupt nur diejenigen in Betracht kommen, die er nach seiner Entlassung verfaßt hat. Nach den getroffenen Feststellungen erklären sich diese Eingaben zwanglos aus der durch die fristlose Entlassung geschaffenen trostlosen Lage des Klägers und aus einer daraus entstandenen starken Verbitterung. Sie sind also Folgen der nachträglich als unbegründet festgestellten Verurteilung und der darauf beruhenden Entlassung. Sie können deshalb dem Kläger nicht — losgelöst von der tatsächlich erfolgten Dienstentlassung — als selbständiger Entlassungsgrund entgegengehalten werden, um damit die Unterbrechung des ursächlichen Zusammenhangs zwischen der Dienstentlassung und dem Schaden des Klägers für die Zeit nach der Ablehnung seines Wiedereinstellungsgesuchs darzutun.

Demnach sind sämtliche Rügen der Anschlußrevision unbegründet.

III. Die Revision des Klägers wünscht die Wiederherstellung des landgerichtlichen Urteils, das ihm 14500 RM. nebst Zinsen zusprach. Die von ihr vorgetragenen Rügen können aber nur zum Teil durchgreifen.

1. Es ist zunächst unrichtig, wenn der Kläger eine Verletzung des § 249 BGB. darin sieht, daß ihm der Vorderrichter die Übergangsgebührnisse erst als am 11. Mai 1930 fällig zuspricht. Der Kläger meint, diese Beträge seien als Schadensersatz sofort fällig gewesen und hätten ihm höchstens unter Abzug von Zwischenzinsen zugesprochen werden müssen. Diese Ansicht kann nicht als richtig anerkannt werden, weil der Kläger sonst günstiger gestellt würde, als er bei Fortdauer seiner Dienstpflicht bis zum 11. Mai 1930 gestanden hätte.

2. Begründet ist dagegen die Rüge, daß der Berufungsrichter die dem Kläger als Reichswehrsoldat zustehenden Vorteile, die ihm durch die Entlassung entgangen sind, nicht vollständig in Rechnung gestellt

habe. Er hat in der Tat nicht berücksichtigt, daß dem Kläger als Soldat nach § 19 Abs. 2, 4, 5 des Besoldungsgesetzes vom 30. April 1920 — im neuen Besoldungsgesetz vom 16. Dezember 1927 § 20 Abs. 1, 3, 4 — ein Anspruch auf Dienstkleidung, auf freie ärztliche Behandlung, auf Naturalverpflegung und Unterkunft zugestanden hätte. Es ist anzunehmen, daß der Vorderrichter diesen Teil des Klaganspruchs mit seiner Begründung übersehen hat. Eine ausdrückliche Stellungnahme war aber schon deshalb unentbehrlich, weil er der Verrechnungsweise des Landgerichts nicht gefolgt ist. Dieses hatte dem Wert jener Naturalgebührnisse den Ertrag der Arbeit des Klägers gegenübergestellt, den ihm damit entgangenen Gewinn dem tatsächlich von ihm erzielten Verdienst gleichgesetzt und demgemäß beide Posten nach § 287 ZPO. gegeneinander verrechnet. Das Oberlandesgericht hat den Arbeitsverdienst des Klägers von den Besoldungsgebührnissen in Abzug gebracht, dagegen sich über den vom Kläger im ersten Rechtszuge außerordentlich hoch angesetzten Wert der entgangenen Naturalgebührnisse überhaupt nicht ausgesprochen. Das zwingt zur Aufhebung des angefochtenen Urteils, soweit es die Klage abweist. Es ist aber nicht möglich, in der Sache selbst schon jetzt zu entscheiden; denn der Wert der dem Kläger entgangenen Vorteile ist streitig. Es bedarf daher einer weiteren tatsächlichen Erörterung durch den Berufungsrichter. Dabei wird auch klarzustellen sein, ob der Kläger etwa von seinem Arbeitgeber eine Dienstkleidung erhalten hat, deren Wert von dem Werte der entgangenen militärischen Dienstkleidung abzuziehen wäre. Bei der Bewertung des Anspruchs auf freie ärztliche Behandlung wird zu prüfen sein, ob der Kläger wirklich Ausgaben für ärztliche Behandlung gehabt hat und in welcher Höhe. Ferner wird bei der Bewertung von Naturalverpflegung und Unterkunft zu beachten sein, ob und welche Abzüge an der Löhnung dafür etwa in Betracht kommen.

3. Die Revision des Klägers rügt ferner, daß ihm die Löhnung nicht zugebilligt worden ist, die ihm für die Zeit nach seiner voraussichtlichen Beförderung zum Obergefreiten entgangen sei. Beide Vorinstanzen haben diesen Teil des beanspruchten Schadensersatzes abgelehnt, weil der Kläger kein Recht auf diese Beförderung gehabt habe, und tatsächlich damit nicht zu rechnen gewesen sei. Die Revision bemängelt, daß das Oberlandesgericht eine an Gewißheit grenzende Wahrscheinlichkeit der Beförderung vermisse. Es kommt aber nicht so

sehr auf den Ausdruck an, da ohne weiteres klar ist, was gemeint ist. Der Kläger hat seinen Schaden nachzuweisen, und das Gericht hat nach § 287 ZPO. zu prüfen, ob und inwieweit ein Schaden entstanden ist. Das Oberlandesgericht hat sich unter Berücksichtigung aller Umstände nicht überzeugen können, daß der Kläger zum Obergefreiten befördert worden wäre. Das genügt und kann mit der Revision nicht angegriffen werden.

4. Berechtigt ist jedoch die letzte Revisionsrüge. Sie betrifft die Ausführungen des Berufungsrichters, mit denen er die Entschädigung für Verlust des Zivilversorgungsscheins ablehnt. Es ist richtig, daß der Kläger nach zwölfjähriger Dienstzeit nur entweder die Kenntnisse verwerten konnte, die er sich bis zur zweiten Abschlußprüfung der Heeresfachschule erworben hätte, oder sich um eine Anstellung im Staatsdienst auf Grund des Zivilversorgungsscheins bemühen konnte. Gleichzeitig konnte er natürlich die beiden ihm dadurch eröffneten Berufsarten nicht ausüben. Das verkennt auch der Vorderrichter nicht; er meint aber, der Zivilversorgungsschein hätte für den Kläger nach Abschluß der Ausbildung in der Heeresfachschule keinen Wert gehabt; es sei unwahrscheinlich, daß er sich bei der Überfülle an Beamtenanwärtern gerade der Beamtenlaufbahn zugewandt und dabei Erfolg gehabt hätte. Das mag richtig sein, das Oberlandesgericht übersieht aber, daß der Zivilversorgungsschein auch sonst für den Kläger wertvoll war, selbst wenn er davon nicht Gebrauch machen konnte oder wollte. Mit Recht verweist die Revision darauf, daß dem Kläger durch Verlust des Zivilversorgungsscheins eine wertvolle Anwartschaft entging, die das Wehrmachtversorgungsgesetz vom 19. September 1925 in den §§ 7, 8 für den Fall des Verzichts auf 3000 RM. bewertet. Der Kläger hatte auch von vornherein Ersatz dieses Wertes begehrt, den jeder Reichswehrsoldat nach Ablauf der Dienstzeit auch dann geltend machen kann, wenn er die volle Ausbildung der Heeresfachschule genossen hat. Bei dieser Sachlage beruht die Abweisung des Ersatzanspruchs auf Rechtsirrtum. Indes bedarf es auch insoweit der Zurückverweisung, da bisher noch keine eindeutigen Erklärungen der Parteien über die Bewertung des Zivilversorgungsscheins vorliegen. (Wird ausgeführt.)

59. 1. Welche Vorschriften der Kraftfahrzeug-Verordnung haben die im Dienst befindlichen Führer von Kraftwagen der Feuerwehr zu befolgen?

2. Haftet für den durch einen Beamten der Berufsfeuerwehr verschuldeten Schaden die Gemeinde?

BGB. §§ 254, 823. Kraftfahrzeuggesetz § 18. Kraftfahrzeug-Verordnung vom 5. Dez. 1925 (RGBl. I S. 439) mit Änderung vom 28. Juli 1926 (RGBl. I S. 425) §§ 20, 38. RVerf. Art. 131. Preuß. Staatshaftungsgesetz vom 1. August 1909 § 4.

VI. Zivilsenat. Urt. v. 30. Juni 1930 i. S. 1. Stadtgemeinde E., 2. W. (Bekl.) w. B. (Kl.). VI 714/29.

I. Landgericht Elberfeld.
II. Oberlandesgericht Düsseldorf.

Am Morgen des 19. November 1926 wurde der Kläger, als er im Vorbeigehen an der Hauptwache der städtischen Feuerwehr in E. vor einem geöffneten Tor verweilte und seinen Blick nach einer im Hofe umherfahrenden Feuerwehrleiter richtete, von einer einfahrenden Motorspritze angefahren und zu Boden geschleudert. Wegen des erlittenen Schadens macht er die verklagte Stadtgemeinde und den Lenker der Motorspritze, den Beklagten W., als Gesamtschuldner haftbar. Er verlangt mit Einschluß von Schmerzensgeld 11550 RM., ferner eine jährliche Rente von 3600 RM. und endlich Feststellung der weitergehenden Schadensersatzpflicht der Beklagten. Diese bestreiten den Anspruch nach Grund und Betrag und werfen dem Kläger eigenes Verschulden vor.

Das Landgericht wies die Klage gegen den Beklagten W. ab, weil ihn kein Verschulden treffe, und erklärte die Stadtgemeinde nur nach dem Kraftfahrzeuggesetz für haftbar. Hiergegen legten der Kläger und die Stadtgemeinde Berufung ein. Das Berufungsgericht erließ am 13. Juli 1929 gegen den Beklagten W. ein Teilurteil, worin es den bezifferten Anspruch gegen diesen Beklagten zu zwei Dritteln dem Grunde nach für gerechtfertigt erklärte und sich im übrigen die Entscheidung vorbehielt. Die Revision des Beklagten W. führte zur Aufhebung und Zurückverweisung.

Gründe:

(Es wird zunächst eine Prozeßrüge als unbegründet zurückgewiesen und dann fortgefahren:)

In der Sache selbst hat das Berufungsgericht angenommen, daß der Kläger sich kurze Zeit auf dem Vorhofe der Feuerwache bei den Zuschauern aufgehalten habe, die der Übung zusahen, und daß er es an der erforderlichen Aufmerksamkeit nach der Straßenseite habe fehlen lassen. Anderseits legt es die überwiegende Schuld an dem Unfall dem Beklagten W. zur Last, da dieser sich nicht habe darauf verlassen dürfen, daß der Kläger durch das Hupen der über den Bürgersteig einfahrenden Motorspritze hinreichend gewarnt sei. Demgemäß erklärt es den Beklagten W. unter Anwendung des § 254 BGB. zu zwei Dritteln für schadensersatzpflichtig, einstweilen jedoch nur wegen des bezifferten Klaganspruchs.

Die Revision beanstandet als Verstoß gegen die §§ 128, 286 ZPO., daß der Berufungsrichter sagt, der Vorhof sei gleichzeitig als Bürgersteig benutzt worden. Indessen ist das eine tatsächliche Feststellung, die sich auf das vorgetragene Beweisergebnis, namentlich die Augenscheinseinnahme, stützt. Der Vorhof ist vom Bürgersteige nicht abgesperrt, er ist, wie das Berufungsgericht sagt, eine Erweiterung des Bürgersteiges. Daß die Benutzung durch Vorübergehende erlaubterweise geschehen wäre, ist nicht festgestellt; Warnungstafeln sind unstreitig erst nach dem Unfall angebracht worden. Stand der Kläger dort, ohne die heranfahrende Motorspritze zu bemerken, so liegt keine Überspannung der Sorgfaltspflicht in der Ansicht des Berufungsgerichts, daß der Beklagte W. nicht einfach im Vertrauen darauf, der Kläger werde die Hupenzeichen gehört haben, auf ihn losfahren durfte. Ein derartiges Recht war auch der im Dienst befindlichen Feuerwehr durch § 38 der Kraftfahrzeug-Verordnung in der damals geltenden Fassung vom 5. Dezember 1925 / 28. Juli 1926 nicht eingeräumt; die Vorschrift des § 20 das., welche die Gefährdung von Menschen verbietet, galt und gilt auch für sie (§ 44 der neuen Fassung). Das Berufungsgericht stellt auch ausdrücklich fest, daß die Motorspritze vor dem Einfahren kurze Zeit auf der Straße gehalten hatte. Einer besonderen Feststellung der Geschwindigkeit, mit der das Einfahren geschah, bedurfte es nach dem Sachverhalt nicht; jedenfalls reichte sie aus, um den Kläger mehrere Meter fortzuschleudern und erheblich zu verletzen. Im übrigen hatte das Berufungsgericht nach den nicht durchweg übereinstimmenden Zeugenaussagen in freier Überzeugung festzustellen, wie sich der Vorfall abgespielt hat. Die Gründe für seine Überzeugung hat es genügend angegeben, einer Erörterung jeder einzelnen Aussage bedurfte es nicht. Auch die Abwägung nach § 254 BGB. läßt keinen Rechtsirrtum erkennen.

Sind hiernach zwar die Rügen der Revision unbegründet, so muß sie doch nach § 559 Satz 2 ZPO. zur Aufhebung des Urteils führen. Die Vorinstanzen haben nämlich nicht geprüft, ob der Beklagte W. als Beamter in Ausübung öffentlicher Gewalt die ihm dem Kläger gegenüber obliegende Amtspflicht verletzt hat, und ob an seiner Stelle nach Art. 131 RVerf. und § 4 des preuß. Staatshaftungsgesetzes vom 1. August 1909 (vgl. RGZ. Bd. 102 S. 171) die verklagte Stadtgemeinde haftet, die sich dann aber nicht mehr nach § 831 BGB. entlasten könnte. Unstreitig war der Beklagte W. Beamter der städtischen Berufsfeuerwehr und befand sich bei dem Unfall im Dienst. Welcher Art dieser Dienst war, ist nicht näher festgestellt. Es scheint, daß der Beklagte die Aufgabe hatte, die Motorspritze von der Südwache zur Hauptwache zu überführen; es scheint weiter, daß das Fahrzeug mit Mannschaften besetzt war und unter dem Befehl des Oberfeuerwehrmanns A. stand. Welchen Zweck die Überführung hatte, ob die Mannschaften mit dem Fahrzeug an der Übung auf dem Hofe der Hauptwache teilnehmen oder ob sie dort in Bereitschaft für Löschdienst gehen sollten oder was sonst beabsichtigt war, darüber fehlt es bisher an jeder Feststellung.

Nun ist allgemein anerkannt, daß der eigentliche Zweck der Feuerwehr, die Bekämpfung von Bränden, ein polizeilicher ist. Für Preußen ergibt sich das aus § 10 Teil II Titel 17 des Allgemeinen Landrechts und aus § 6a und g des Gesetzes über die Polizeiverwaltung vom 11. März 1850 sowie aus der Verordnung vom 20. September 1867 für die neu erworbenen Landesteile. Die Einrichtungen, die der Polizei zu diesem Zwecke zur Verfügung gestellt werden, die Berufs- oder die Pflichtfeuerwehren der Gemeinden und die freiwilligen Feuerwehren, sind im Bedarfsfalle Hilfsorgane der Polizei (vgl. von Bitter Handwörterbuch der preuß. Verwaltung 1928 Bd. I S. 514; Jebens im Preuß. Verwaltungsblatt Bd. 22 S. 329flg.; Norden das. Bd. 43 S. 438; Hückinghaus Die Feuerwehr im preuß. öffentlichen Recht S. 40; Dittmann und Reddemann Das Feuerlöschwesen in der Stadt und auf dem Lande S. 83flg.; Begründung zum Entwurf des preuß. Gesetzes vom 21. Dezember 1904 [Drucks. des Herrenhauses 1904/05 1. Bd. Nr. 7]; OVG. Bd. 8 S. 403, Bd. 30 S. 429; RGZ. Bd. 122 S. 298). Was diesem polizeilichen Zwecke dient, liegt auf öffentlichrechtlichem Gebiete und ist Ausübung öffentlicher Gewalt im Sinne des Art. 131 RVerf. und der Staatshaftungsgesetze. Denn darunter fällt auch die Betätigung staatlichen Schutzes, staatlicher Fürsorge, nicht nur die Ausübung obrigkeitlicher Gewalt (RGZ. Bd. 84 S. 27, Bd. 91 S. 273). Wie es mit der Gemeindehaftung bei der Pflichtfeuerwehr und der freiwilligen Feuerwehr steht, kann hier dahingestellt bleiben (über letztere vgl. RGZ. Bd. 83 S. 308 und WarnRspr. 1919 Nr. 62). Bei Handlungen eines Beamten der städtischen Berufsfeuerwehr liegt die Sache wesentlicher einfacher. Denn ein solcher ist unzweifelhaft ein für den Dienst des Kommunalverbandes angestellter Beamter (Art. 131 RVerf., § 4 des preuß. Staatshaftungsgesetzes). Übt er öffentliche Gewalt aus, so ist es für die Frage der Gemeindehaftung gleichgültig, daß er damit kein Hoheitsrecht der Gemeinde wahrnimmt (RGZ. Bd. 122 S. 301); entscheidend ist, daß er von der Gemeinde angestellt ist und besoldet wird (RGZ. Bd. 126 S. 83). Es bleibt also nur zu prüfen, ob im Einzelfalle der Beamte der Berufsfeuerwehr in Ausübung öffentlicher Gewalt gehandelt hat. Nun hat zwar der ehemalige VI. Zivilsenat des Reichsgerichts in der Entscheidung vom 9. Oktober 1899 (Gruch. Bd. 44 S. 932) es abgelehnt, in einer Übung einer Pflichtfeuerwehr eine Ausübung öffentlicher Gewalt zu sehen. In der Entscheidung desselben Senats vom 21. April 1910 (Gruch. Bd. 54 S. 980 = WarnRspr. 1910 Nr. 232) wird aber auf die öffentlichrechtliche Stellung des Gemeindevorstehers bei der Leitung von Löscharbeiten hingewiesen, und im Urteil des III. Zivilsenats vom 28. November 1913 (RGZ. Bd. 83 S. 308) tritt die Neigung zutage, auch die Übungen der Pflichtfeuerwehr als Polizeisache zu betrachten. Die Gemeindehaftung wurde im letztgenannten Falle verneint, weil es sich nicht um die Übung einer Pflichtfeuerwehr, sondern um die einer freiwilligen Feuerwehr unter der Leitung ihres Brandmeisters handelte. Im Falle der Entscheidung vom 8. April 1918 (WarnRspr. 1918 Nr. 200) hat der damalige VI. Zivilsenat die Frage der (sächsischen) Gemeindehaftung dahingestellt gelassen, weil kein Verschulden festzustellen war. Die in der Entscheidung vom 9. Oktober 1899 ausgesprochene Ansicht muß hiernach und nach dem Urteil RGZ. Bd. 91

S. 273 als überholt angesehen werden (vgl. auch RGZ. Bd. 122 S. 301); jedenfalls hält sie der Prüfung unter dem damals noch nicht in Frage gekommenen Gesichtspunkt der Anwendbarkeit des Staatshaftungsgesetzes und des Art. 131 RVerf. nicht stand. Nicht nur die Tätigkeit der Feuerwehr beim Löschen von Bränden ist Ausübung öffentlicher (polizeilicher) Gewalt, sondern auch die vorbereitende Tätigkeit, die diesem polizeilichen Zwecke dient. Bei einer Berufsfeuerwehr wird solche Tätigkeit in weitaus größerem Umfange zu finden sein als bei anderen Arten der Feuerwehr. Nicht nur die Übungen werden dahin zu rechnen sein (vgl. Delius Die Beamtenhaftpflichtgesetze 4. Aufl. S. 298), sondern auch das Verbringen von Feuerlöschgerätschaften in Bereitschaftsstellung wie überhaupt alles, was den polizeilichen Zweck unmittelbar fördert. Anderseits würde der Begriff der öffentlichen Gewalt überspannt, wenn man jede dienstliche Tätigkeit eines Beamten der Berufsfeuerwehr darunter bringen wollte, mag sie auch mit dem polizeilichen Zwecke in einem noch so entfernten Zusammenhange stehen. Im vorliegenden Falle ist zwar kaum anzunehmen, daß das Verbringen der Motorspritze von einer Wache zur anderen, zumal wenn das Fahrzeug mit Mannschaften besetzt war, mit dem polizeilichen Zwecke in einem nur entfernten Zusammenhange gestanden haben sollte. Vielmehr spricht alles dafür, daß es sich hierbei um Ausübung öffentlicher Gewalt gehandelt hat. Indessen ist ein sicheres Urteil ohne nähere Aufklärung des Zweckes der Fahrt nicht möglich. Das Revisionsgericht muß daher davon Abstand nehmen, in der Sache selbst zu entscheiden, und die Sache an das Berufungsgericht zurückverweisen. Bemerkt sei noch, daß § 18 des Kraftfahrzeuggesetzes die Anwendung der genannten Bestimmungen über die Gemeindehaftung nicht ausschließt (RGZ. Bd. 125 S. 99).

---

60. 1. Nach welchen Grundsätzen ist, wenn Nichtigkeit eines Grundstückskaufes wegen Formmangels geltend gemacht ist, das zur Erfüllung von beiden Seiten Geleistete zurückzugewähren? Unter welchen Voraussetzungen kann sich der Käufer, dem das Grundstück übergeben war, wegen der Nutzungen und Verwendungen auf die Vorschriften der §§ 993, 994 BGB. berufen?

2. Zur Frage der Konkurrenz von Eigentumsklage und Bereicherungsklage.

BGB. §§ 812, 818 Abs. 1, §§ 985 flg.

IV. Zivilsenat. Urt. v. 23. Juni 1930 i. S. R. (Bekl.) w. W. (Kl.). IV 251/29.

I. Landgericht II Berlin.
II. Kammergericht daselbst.

Am 29. November 1923 machte die Beklagte dem Kläger das notarielle Angebot, ihm ein Hausgrundstück in B. gegen Übernahme einer Hypothek und Zahlung einer monatlichen Rente im Werte von 480 Dollar, zahlbar vom 1. Januar 1924 bis 31. Dezember 1943, zu verkaufen. Die Annahmefrist sollte für den Kläger bis zum 31. Dezember 1928 laufen. Das Grundstück wurde ihm am 1. Januar 1924 übergeben. Er zog seitdem die Nutzungen und trug die Lasten des Grundstücks, leistete auch die Rentenzahlungen. Anfang 1927 machte die Beklagte die Nichtigkeit des notariellen Angebots geltend. Sie erzielte in einem Vorprozeß ein rechtskräftig gewordenes Urteil des Kammergerichts vom 27. Juni 1928, welches feststellte, daß für sie eine Bindung nicht bestehe, weil gewisse Bestimmungen des Angebots, um die Beklagte zu binden, der Annahme von seiten des Klägers in der Form des § 313 BGB. bedurft hätten, eine solche aber nicht erfolgt sei.

Der Kläger, der schon am 19. Januar 1927 das Grundstück der Beklagten zurückgegeben hat, verlangt im Rechtsstreit Rückgewähr der gezahlten Kaufpreisraten von zusammen 72576 RM. unter dem Gesichtspunkt der ungerechtfertigten Bereicherung, ferner Erstattung von Verwendungen.

Das Landgericht verurteilte durch Teilurteil die Beklagte zur Zahlung der 72 576 RM. Die Berufung der Beklagten blieb erfolglos. Ihre Revision führte zur Aufhebung und Zurückverweisung.

Gründe:

Das Berufungsgericht führt zutreffend aus, der Kläger habe die Teilzahlungen auf den Kaufpreis in Erwartung des Zustandekommens des Kaufvertrags geleistet und könne sie, da der mit der Leistung bezweckte Erfolg nicht eingetreten sei, nach § 812 flg. BGB. zurückfordern. Rechtlich nicht zu beanstanden ist auch die Ansicht des Berufungsgerichts, daß in solchen Fällen der Kondiktion — condictio ob causam datorum — nicht die Bestimmungen des § 814 BGB., sondern die des § 815 das. maßgebend sind, dessen tatsächliche Voraussetzungen hier unstreitig nicht vorliegen (RGZ. Bd. 53 S. 236, Bd. 98 S. 237; RG. im Recht 1909 Nr. 822).

Einen Anspruch der Beklagten auf Herausgabe der vom Kläger während seiner Besitzzeit gezogenen Nutzungen verneint das Berufungsgericht mit folgender Begründung: Die Ansprüche wegen dieser Nutzungen regelten sich nicht nach den allgemeinen Vorschriften über ungerechtfertigte Bereicherung, sondern nach den für diesen Fall gegebenen besonderen Vorschriften der §§ 987 flg. BGB. Da der Kläger das Grundstück bereits vor Eintritt der Rechtshängigkeit herausgegeben habe, so könne es sich nur um solche Nutzungen handeln, die vor diesem Zeitpunkt gezogen seien. Solche Nutzungen seien nur im Falle des unredlichen Besitzerwerbes (§ 990) schon vom Zeitpunkt des Erwerbes an nach Maßgabe des § 987 herauszugeben. Der redliche Besitzer dagegen könne nach § 993 diejenigen Nutzungen behalten, die nach den Regeln ordnungsmäßiger Wirtschaft als Ertrag der Sache anzusehen seien. Nur die darüber hinaus gezogenen Nutzungen habe er nach den Vorschriften über ungerechtfertigte Bereicherung herauszugeben. Hier sei der Kläger als gutgläubiger Besitzer anzusehen, weil die Beklagte selbst ihm den Besitz eingeräumt habe, und weil er auch auf ihre Bindung an das Verkaufsangebot vom 29. November 1923 habe vertrauen dürfen.

Diese Ausführungen werden mit Recht von der Revision als rechtsirrig bezeichnet. Sie stehen nicht im Einklang mit den Urteilen des V. Zivilsenats des Reichsgerichts vom 28. Juni 1922 V 605/21 und vom 27. Oktober 1926 V 104/26, des VI. Zivilsenats vom 24. Oktober 1927 VI 69/27 und des erkennenden Senats in JW. 1928 S. 2444 Nr. 9. Insbesondere ist im erstbezeichneten Urteil ausgeführt, daß wegen der Rückgängigmachung des zur Erfüllung von beiden Seiten Geleisteten die Grundsätze der ungerechtfertigten Bereicherung Platz greifen, wenn — wie hier — Nichtigkeit eines Kaufvertrags über ein Grundstück wegen Formmangels geltend gemacht ist, und daß dies auch gilt, soweit es sich um Vergütung für die Benutzung des Grundstücks durch den Käufer und um Ersatz des Schadens handelt, der dem Verkäufer durch Verschlechterung des Grundstücks entstanden ist. Der sich aus § 818 Abs. 1 BGB. ergebende Anspruch des Verkäufers auf Ersatz für die vom Käufer aus dem Grundstück gezogenen Nutzungen, zu denen auch die ihm durch den etwaigen eigenen Gebrauch des Grundstücks entstandenen Vorteile zu rechnen sind (§ 100 BGB.), muß bei der hiernach aufzustellenden Ausgleichsberechnung Berücksichtigung finden. Im übrigen gilt für den Ausgleich die sog. Saldotheorie; hierfür kann auf die Urteile RGZ. Bd. 54 S. 141, Bd. 86 S. 343, Bd. 94 S. 253, Bd. 105 S. 32, Bd. 118 S. 253 verwiesen werden.

Zu einer anderen Beurteilung geben auch die Urteile des erkennenden Senats vom 1. April 1912 IV 367/11 (JW. 1912 S. 690 Nr. 16) und vom 26. April 1920 IV 508/19 (WarnRspr. 1920 Nr. 160 = SeuffArch. Bd. 75 Nr. 212) keinen Anlaß. In dem ersteren ist allerdings ausgeführt, daß die §§ 987 flg. BGB. Sondervorschriften enthielten, die unter Ausschließung der allgemeinen Vorschriften der §§ 812 flg. das. anzuwenden seien, sobald die für die Sondervorschriften bestimmten Voraussetzungen vorlägen. Sei — so heißt es dort weiter — auf Grund der §§ 987 flg. eine eingetretene Vermögensverschiebung nicht auszugleichen, habe also ein Besitzer gezogene Nutzungen nicht herauszugeben oder ein Eigentümer Verwendungen nicht zu ersetzen, dann begründeten die dies vorschreibenden Gesetzesbestimmungen zugleich den rechtlichen Grund für die Vermögensverschiebung, so daß in einem solchen Falle der Tatbestand einer ungerechtfertigten Bereicherung überhaupt nicht gegeben sei. An dieser Rechtsansicht kann indessen nur mit Einschränkungen festgehalten werden. Richtig ist daran so viel, daß sich, wenn der Eigentümer wirklich mit der Eigentumsklage aus § 985 BGB. gegen den Besitzer vorgeht, dessen Verpflichtung zur Herausgabe der Nutzungen und seine Ansprüche auf Ersatz von Verwendungen ausschließlich nach den §§ 987 flg. BGB. richten, und daß der Eigentümer nicht über diese Grenzen hinaus Ansprüche gegen den Besitzer unter dem Gesichtspunkt der ungerechtfertigten Bereicherung erheben kann.

Ein solcher Fall wird regelmäßig vorliegen, wenn der Besitzer die Sache von einem Dritten erworben hat. Dann kann der Eigentümer nicht anders als durch den Nachweis seines Eigentums den Besitzer aus seiner Stellung verdrängen. Dagegen ist der Eigentümer keineswegs auf die Eigentumsklage angewiesen, wenn er selbst die Sache dem Besitzer übergeben hat und sie später zurückfordert, weil der zugrunde liegende Vertrag sich als nichtig herausstellt. In solchen Fällen konkurriert die Eigentumsklage mit der

Bereicherungsklage, d. h. der Eigentümer hat zwischen beiden die Wahl (RGZ. Bd. 48 S. 142; JW. 1919 S. 715 Nr. 1 und die herrschende Meinung, vgl. Planck Bem. 5; Staudinger Vorbem. 6 vor § 812 BGB.; Enneccerus-Lehmann 1930 § 218 I 5; RGRKomm. Anm. 7e zu § 812 BGB.). Was insbesondere den Fall der Nichtigkeit eines Grundstückskaufvertrags anlangt, so wird, sofern das Eigentum bereits auf den Käufer formell übergegangen ist, die Nichtigkeit aber auch das dingliche Geschäft ergreift, der Verkäufer geneigt sein, sein Eigentum am Grundstück gegenüber dem Käufer als Bucheigentümer gemäß §§ 894, 985 BGB. geltend zu machen (vgl. den Fall JW. 1928 S. 2437 Nr. 3). Er kann aber auch in diesem Falle von der Eigentumsklage absehen, da er schon mit der Bereicherungsklage Herausgabe des Grundstücks und Beseitigung der Eintragung des Käufers als Eigentümer im Grundbuch erreichen kann (RGZ. Bd. 51 S. 422; RG. bei Gruch. Bd. 67 S. 554 = SeuffArch. Bd. 78 Nr. 168; RGRKomm. Anm. 2 a. E. zu § 894 BGB.). Unbedenklich ist dem Eigentümer neben der Eigentumsklage die Bereicherungsklage jedenfalls auch dann zuzugestehen, wenn — wie hier — eine Übertragung des Eigentums noch nicht stattgefunden hat. Daß der Besitz, den der Käufer auf Kosten des Eigentümers ohne rechtlichen Grund erlangt hat, kondiziert werden kann, ist in der Rechtsprechung des Reichsgerichts anerkannt (Recht 1918 Nr. 230; RGZ. Bd. 98 S. 131; WarnRspr. 1925 Nr. 169; Planck Bem. 5 Abs. 6 vor § 812 und das dort angegebene Schrifttum; a. M. RGRKomm. Anm. 1b zu § 125 BGB.).

Im vorliegenden Fall ist weder aus dem vorgetragenen Streitstoff noch aus den im Vorprozeß ergangenen Urteilen zu entnehmen, daß die Beklagte andere als Bereicherungsansprüche gegen den Kläger erhoben hätte. Ihrem Eigentumsrecht am Grundstück Geltung zu verschaffen, hatte sie keinen Anlaß, da es sich aus dem Grundbuch ergab. Der Kläger hat auch das Grundstück auf Verlangen der Beklagten ohne weiteres herausgegeben. Daß der Verkäuferin hier die Rolle der Beklagten zugefallen ist, kann ihre Rechtslage nicht verschlechtern. Schon diese Erwägungen führen zu dem Ergebnis, daß die zufolge Nichtigkeit des Kaufangebots herbeizuführende Ausgleichung von Leistungen und Gegenleistungen der Parteien nur nach Bereicherungsgrundsätzen zu geschehen hat, und daß wegen der vom Kläger gezogenen Nutzungen § 818 Abs. 1 BGB. anzuwenden ist, die §§ 987flg. das. aber auszuscheiden haben.

Übrigens unterliegt die Begründung des angefochtenen Urteils auch vom Standpunkt des Vorderrichters aus rechtlichen Bedenken. Er stellt seine Entscheidung lediglich auf die Redlichkeit des Besitzes des Klägers ab. § 993 BGB. geht aber davon aus, daß sämtliche Voraussetzungen der §§ 987 bis 992 das. nicht vorliegen, daß der Besitz also nicht bloß redlich, sondern auch nicht unentgeltlich erlangt ist (Planck Anm. 1 zu § 993). Daß der Kläger das Grundstück entgeltlich im Sinne des § 988 BGB. erlangt habe, legt das Berufungsgericht nicht dar. Es erhebt sich dann die Frage, ob von einem entgeltlichen Erwerb im Sinne dieser Vorschrift noch gesprochen werden kann, wenn der Besitzer — wie hier — den Besitz auf Grund eines ungültigen Vertrags erlangt hat und von seinem Recht Gebrauch macht, die dem Vertrag entsprechende Gegenleistung nach den Vorschriften über ungerechtfertigte Bereicherung vom Vertragsgegner zurückzufordern. Diesem Bedenken braucht indessen nicht weiter nachgegangen zu werden, da die Anwendung der §§ 987flg. BGB. schon aus dem oben angegebenen Grunde abzulehnen ist.

---

61. 1. Gehört zur Verschmelzung mehrerer Gesellschaften stempelrechtlich die Erhöhung des Gesellschaftskapitals der übernehmenden Gesellschaft?

2. Ist für die Verschmelzung mehrerer Gesellschaften nur die reichsgesetzliche Gesellschaftssteuer auf Grund des Kapitalverkehrsteuergesetzes oder des Steuermilderungsgesetzes zu erheben? Oder wird für die Übertragung des Vermögens der sich auflösenden Gesellschaft auf die übernehmende Gesellschaft auch der landesgesetzliche Kaufvertragsstempel geschuldet?

Kapitalverkehrsteuergesetz vom 8. April 1922 (RGBl. I S. 354) §§ 12, 84 Abs. 2. Gesetz über Steuermilderungen zur Erleichterung der Wirtschaftslage vom 31. März 1926 (RGBl. I S. 185) §§ 8, 9, 12. Preuß. Stempelsteuergesetz vom 27. Oktober 1924 (GS. S. 627) Tarifst. 7.

VII. Zivilsenat. Urt. v. 1. Juli 1930 i. S. Ver. St. Werke A.-G. (Kl.) w. Preuß. Staat (Bekl.). VII 589/29.

I. Landgericht Düsseldorf.
II. Oberlandesgericht daselbst.

Durch notariellen Vertrag vom 13. Juli 1927 übertrug die Firma H. S. Gesellschaft mbH. in G. ihr Vermögen im ganzen mit Aktiven und Schulden auf die Klägerin, von der sie dafür 150000 RM. ihrer Aktien erhielt. Durch einen weiteren Vertrag vom 15. Mai 1928 verpflichtete sich auch die Firma B. & H. Gesellschaft mbH., ihre sämtlichen Aktiven, bestehend in Grundstücken, Maschinen und Geräten, auf die Klägerin zu übertragen, wogegen diese die sämtlichen Passiven der Gesellschaft übernahm und ihr 85000 RM. eigener Aktien übereignete. Für das erste Geschäft wurde von der Klägerin auf Grund der §§ 35, 52 des Kapitalverkehrsteuergesetzes eine Börsenumsatzsteuer von 318,10 RM. erhoben, für das zweite eine solche von 128,40 RM. Demnächst erforderte das Landesfinanzamt für die Übertragung der Mobilien der beiden Gesellschaften auf die Klägerin von dieser nach Tarifst. 7 Abs. 1b preuß. StStG. noch Stempelsteuerbeträge in Höhe von 81,50 RM. und 3716,50 RM. Die Klägerin hält die Einforderung der Landesstempelsteuer für ungerechtfertigt und verlangt Rückzahlung der gezahlten Beträge.

In den Vorinstanzen wurde die Klage abgewiesen. Auf die Revision der Klägerin verurteilte das Reichsgericht den Beklagten nach dem Klagantrage.

Gründe:

Wenn die Revision meint, die Landesstempelsteuer müsse deshalb entfallen, weil auf Grund der Verträge vom 13. Juli 1927 und 15. Mai 1928 die Börsenumsatzsteuer erhoben worden sei, so geht sie fehl. Richtig hebt sie zwar hervor, daß die Tarifstelle 7 StStG. Kauf- und Tauschverträge mit dem Tarifstempel nur belegt, soweit nicht die Rechtsvorgänge nach dem Kapitalverkehrsteuergesetz einer Reichssteuer unterworfen sind. Aber ob sie das sind und ob jene Verträge überhaupt Kauf- oder Tauschverträge sind, ist zu prüfen.

In der Hauptsache sucht die Revision die landesgesetzliche Stempelsteuererhebung mit den Grundsätzen zu bekämpfen, die der Reichsfinanzhof über die Steuerpflicht für solche Geschäfte aufgestellt hat, die zwar an sich den Tatbestand eines Anschaffungsgeschäfts enthalten, aber nicht selbständige Geschäfte, sondern nur Bestandteile eines einheitlichen Gesellschaftsvertrags sind. Diese Rechtsprechung allein verschlägt jedoch zugunsten der Revision nicht. Im Bd. 13 S. 58 seiner Entscheidungen hat der Reichsfinanzhof zwar ausgeführt, wenn die Einbringung beweglicher Sachen und Rechte in eine Kapitalgesellschaft einen Bestandteil des Gesellschaftsvertrags darstelle, könne diese nicht unter irgendeinem Titel als selbständig zu behandelndes Geschäft aus jenem Vertrag herausgelöst werden. In Anwendung dieses Grundsatzes hat derselbe Gerichtshof auch im Bd. 14 S. 244 das. entschieden, daß bei der Einbringung von Anteilen einer Gesellschaft mbH. in eine Aktiengesellschaft nicht auch ein Anschaffungsgeschäft zu versteuern sei. Auf ähnlichem Standpunkt stehen auch seine Entscheidungen in Bd. 16 S. 224 und Bd. 24 S. 44. Aber in allen diesen Fällen lag ohne Zweifel ein Gesellschaftsvertrag vor, der sich entweder auf die Gründung der Gesellschaft oder auf die Erhöhung des Gesellschaftskapitals oder auf die Auseinandersetzung zwischen den Gesellschaftern und dergl. bezog. Hier ist jedoch nicht bloß in Frage, ob ein Anschaffungsgeschäft, das Bestandteil eines Gesellschaftsvertrags ist, selbständig besteuert werden kann, sondern der für die Entscheidung wesentliche Punkt ist der, ob die in Betracht kommenden Verträge als Gesellschaftsverträge anzusehen sind, die der Steuergesetzgebung des Reichs unterliegen und deshalb für den Landesstempel keinen Raum lassen (§ 84 Abs. 2 des Kapitalverkehrsteuergesetzes, § 2 des Finanzausgleichsgesetzes).

Das Berufungsgericht hat die streitigen Verträge nicht als Gesellschaftsverträge, sondern als Kauf- oder Tauschverträge angesehen. Diese Auffassung ist rechtsirrig. Die Verträge haben als Verschmelzungsverträge zu gelten, zum mindesten aber sind sie Verträge über Betriebszusammenschlüsse nach dem Steuermilderungsgesetz vom 31. März 1926, dessen Geltungsdauer durch die Gesetze vom 16. Juli 1927, 28. November 1928, 11. Dezember 1929 verlängert worden ist. In beiden Formen sind sie Gesellschaftsverträge, für die unter reichsgesetzlichen Voraussetzungen und nach den reichsgesetzlich festgelegten Tarifen die Gesellschaftsteuer zu erheben ist (§ 12 des Kapitalverkehrsteuergesetzes; §§ 8, 9, 12 des Steuermilderungsgesetzes). Der Annahme eines Verschmelzungsvertrags steht es nicht entgegen, daß bei beiden Verträgen die einbringenden Gesellschaften oder deren Gesellschafter mit Vorratsaktien der Klägerin abgefunden wurden. Denn daß die aufnehmende Gesellschaft durch Ausgabe neuer Aktien eine Kapitalerhöhung vornimmt und die einbringenden

Gesellschafter mit diesen neuen Aktien für die eingebrachten Werte abfindet, ist keine notwendige Voraussetzung der Verschmelzung (RGZ. Bd. 124 S. 302flg.). Jedenfalls ist in steuerrechtlicher Beziehung hierauf kein Gewicht zu legen. Denn insoweit gilt als Verschmelzung sowohl die Vereinigung, bei der die übernehmende Gesellschaft den Gesellschaftern der untergehenden Gesellschaft für die Übertragung ihres Vermögens neue, auf Grund einer Kapitalerhöhung geschaffene Aktien ihres Unternehmens überläßt, wie auch die Verbindung, bei der die aufnehmende Gesellschaft alte, von ihr erworbene Vorratsaktien dazu benutzt, um die Gesellschafter der anderen Gesellschaft abzufinden (vgl. Kessler Kapitalverkehrsteuergesetz Bem. 2 zu § 12; Beiel Kapitalverkehrsteuergesetz Bem. 2 zu § 12). Allerdings kommt bei der letzteren Verschmelzung (meist als unechte oder uneigentliche Fusion bezeichnet) eine Steuererhebung auf Grund des Kapitalverkehrsteuergesetzes nur unter den Voraussetzungen des § 6b das. in Betracht. Aber dies ändert nichts am Bestehen einer Verschmelzung und damit auch eines Gesellschaftsvertrags, wie es auch an den Folgen dieses Bestehens nichts ändern würde, wenn der Gesellschaftsvertrag als solcher nicht mit einer Steuer belegt werden könnte (Reichssteuerblatt 1928 S. 349). Auch der Umstand, daß nicht die Gesellschafter der beiden Gesellschaften mbH., sondern diese selbst in den Verträgen als die Übertragenden bezeichnet sind, und erst nach Empfang der Aktien die Liquidation der beiden Gesellschaften bewirkt wurde, steht dem Vorhandensein von Verschmelzungsverträgen nicht entgegen; denn ersichtlich wurde mit der Einbringung des gesamten Vermögens der beiden Gesellschaften mbH. in die klagende Aktiengesellschaft von vornherein die Auflösung der ersteren beabsichtigt. Wie sich zeitlich die einzelnen Akte abgewickelt haben, ist für den steuerrechtlichen Begriff der Verschmelzung ohne Belang.

Auf jeden Fall wäre aber zugunsten der Revision eine Verschmelzung im Sinne des § 9 Nr. 3 des Steuermilderungsgesetzes vom 31. März 1926 anzuerkennen. Denn aus der Übertragung des gesamten Vermögens der beiden Gesellschaften mbH. auf die Klägerin ergibt sich mindestens, daß ein Betriebszusammenschluß der drei beteiligten Gesellschaften im Sinne der angezogenen Vorschrift stattgefunden hat, bei dem die Klägerin als Entgelt für die Übernahme der Betriebe Gesellschaftsrechte (Aktien) ohne Kapitalerhöhung den in Frage stehenden Gesellschaftern gewährt hat. Die in § 9 a. a. O. vorgesehene Steuerermäßigung tritt bei derartigen Fällen zwar nur auf Antrag ein; ob ein solcher gestellt wurde, steht hier nicht fest. Aber die Annahme, daß im Sinne des Steuermilderungsgesetzes ein Gesellschaftsvertrag vorliegt, der die Erhebung des Landesstempels aus Tarifst. 7 Abs. 1b StStG. ausschließt, wird dadurch nicht beeinflußt.

Kommt nach alledem nur ein Reichsstempel in Betracht, so ist die Erhebung des Landesstempels zu Unrecht erfolgt, wie schon aus der Fassung der Tarifst. 7 Abs. 1 StStG. selbst hervorgeht. Dem Reichsfinanzhof ist darin beizutreten, daß die Einbringung beweglicher Sachen in eine Kapitalgesellschaft, wenn sie Bestandteil eines Gesellschaftsvertrags ist, nicht als selbständig zu besteuerndes Anschaffungsgeschäft aus diesem Vertrage herausgezogen werden kann.

Inwieweit die Klägerin Gesellschaftssteuer zu zahlen hat, ist für die Entscheidung ohne Belang, weil ein Anspruch auf diese nur dem Reich zustehen würde. Die Reichsstelle wird auch darüber zu befinden haben, ob neben der Gesellschaftssteuer noch Raum für die Börsenumsatzsteuer ist.

---

62. Welche Bedeutung kommt den erst nach Rechtskraft des Urteils im Vorprozeß erkennbar gewordenen Ursachen einer bestehenden Erwerbsunfähigkeit zu, wenn diese in jenem Urteil als dauernde Unfallsfolge angesehen worden ist?

ZPO. § 323. BGB. § 242.

IX. Zivilsenat. Urt. v. 2. Juli 1930 i. S. Deutsche Reichsbahn-Gesellschaft (Bekl.) w. M. (Kl.). IX 17/30.

I. Landgericht III Berlin.
II. Kammergericht daselbst.

Am 9. August 1912 erlitt der Kläger auf dem Bahnhof in D. dadurch einen Unfall, daß er über das Pfeifen und Zischen einer hinter seinem Rücken entlangfahrenden Lokomotive heftig erschrak und dabei mit dem Kopf gegen die Wand des Tenders der Lokomotive schlug. Er war als Militäranwärter im Gerichtsvollzieherdienst verwendet worden, zur Zeit des Unfalls aber beim Bekleidungsamt eines Armeekorps angestellt. Nach dem Unfall war er meist krank und mit geringen Unterbrechungen bis zu seiner am 30. Mai 1915 erfolgten

Zurruhesetzung beurlaubt. Wegen vollständiger Dienstunfähigkeit und Erwerbsunfähigkeit wurde ihm eine Militärrente bewilligt, die jetzt auf monatlich 162,75 RM. festgesetzt ist.

Der Kläger führt seine Erkrankung auf den Vorgang vom 9. August 1912 zurück und verklagte zunächst im Jahre 1913 den preuß. Eisenbahnfiskus auf Erstattung von 936,80 M. Kurkosten sowie auf Feststellung, daß dieser ihm auch allen sonstigen Schaden aus dem Unfall zu erstatten habe. Das Oberlandesgericht erkannte durch rechtskräftiges Urteil vom 20. Mai 1914 zugunsten des Klägers. In einem weiteren Rechtsstreit wurde der Eisenbahnfiskus durch rechtskräftiges Landgerichtsurteil vom 6. März 1918 zur Zahlung einer lebenslänglichen Unterhaltsrente von durchschnittlich 4800 M. jährlich, jedoch unter Anrechnung der Militärrente, verurteilt.

Mit der im Jahre 1918 erhobenen gegenwärtigen Klage verlangt der Kläger von der Beklagten als Rechtsnachfolgerin des preuß. Eisenbahnfiskus gemäß § 323 ZPO. wegen völlig veränderter Verhältnisse die anderweitige Festsetzung seiner Rentenbezüge. Die Beklagte wendet ein, der angebliche Unfall des Klägers sei gar nicht die Ursache seiner gegenwärtigen Erwerbsunfähigkeit. Er leide an einer schon zur Zeit des Unfalls in der Entwicklung begriffenen, auf Syphilis beruhenden Paralyse. Die frühere abweichende Annahme beruhe auf unrichtiger medizinischer Beurteilung und auf mangelnder Erkennbarkeit des wahren Sachverhalts.

Beide Vorinstanzen gaben den Anträgen des Klägers statt. Auf die Revision der Beklagten wurde das Urteil des Kammergerichts aufgehoben und die Sache zurückverwiesen.

Aus den Gründen:

... Zutreffend ist der Ausgangspunkt des Berufungsgerichts, wonach die Klage als eine solche aus § 323 ZPO. anzusehen und deshalb den aus den Absätzen 2 und 3 das. ersichtlichen Beschränkungen unterworfen ist, die sowohl für die Zulässigkeit der Klagebegründung wie für die Abgrenzung der ihr gegenüber zulässigen Einwendungen gelten. Die Revision meint, daß diese Beschränkungen überhaupt nicht in Betracht kommen könnten, weil der Kläger eine Erhöhung der Rente erstrebe. Das frühere Urteil vom 6. März 1918 stelle als Papiermarkurteil nur eine Entscheidung über einen Teil des Anspruchs dar, sodaß jetzt im Rechtsstreit über einen weiteren Teil die Einwendungen der Beklagten erneut zu prüfen seien.

Diese Auffassung kann nicht gebilligt werden. Allerdings könnte nicht entscheidend sein, daß bisher beide Parteien und beide Vorinstanzen die Klage ausschließlich als eine Abänderungsklage im Sinne des § 323 ZPO. angesehen und behandelt haben. Es wäre möglich, daß diese rechtliche Beurteilung unzutreffend wäre und daß es sich in der Tat um einen Anspruch handelte, der rechtlich allein aus § 242 BGB. zu beurteilen oder tatsächlich auf zwei Klagegründe gestützt wäre, nämlich auf die aus § 242 BGB. und die aus § 323 ZPO. beachtlichen Veränderungen tatsächlicher Verhältnisse. Eine solche mehrfache Klagebegründung ist zweifellos zulässig (RGZ. Bd. 114 S. 188, bes. S. 192) und kann gerade für die Anpassung von Unfallrenten an die völlig veränderten Verhältnisse der Gegenwart zweckmäßig erscheinen. Für die rechtliche Beurteilung gibt jedoch das tatsächliche Vorbringen des Klägers Maß, aus dem einwandfrei hervorgeht, daß sein Anspruch nur nach § 323 ZPO. begründet sein kann. Allerdings handelt es sich auch bei der Klage wegen Aufwertung einer Rente nach § 242 BGB. nicht allein um die Anwendung der von der Rechtsprechung entwickelten Rechtsgrundsätze, die sonst für die Aufwertung von Forderungen maßgebend sind, sondern auch um die Anpassung des Ergebnisses der früheren maßgeblichen Berechnungsfaktoren an die heutigen Geld- und Wirtschaftsverhältnisse. Wurde also in einem früheren Zeitpunkt die einem Verletzten zuzubilligende Rente nach dem Geldwert der Minderung seiner Erwerbsfähigkeit berechnet, so kann nach § 242 BGB. eine Neufestsetzung unter Berücksichtigung des damals gültigen Berechnungsfaktors verlangt werden. Damit soll dann der Rentenanspruch nicht über die Rechtskraft eines vor oder während des Weltkriegs ergangenen früheren Urteils hinaus erweitert werden; es soll vielmehr nur entsprechend der Zweckbestimmung der Rente der Wertstand auch für die nun streitigen späteren Leistungen aufrecht erhalten oder wiederhergestellt werden. Darum handelt es sich hier aber nicht. Der Kläger legt wie früher so auch jetzt seiner Schadensberechnung das Gehalt eines im Jahre 1914 angestellten Gerichtsvollziehers unter Berücksichtigung seines eigenen Dienstalters zugrunde. Der wesentliche Unterschied dieses Anspruchs von einer sonstigen Unfallrente besteht darin, daß es bei dieser, aber nicht bei der Gehaltsforderung, auf die Angemessenheit der Vergütung zur Sicherstellung des der Erwerbsfähigkeit entsprechenden Lebensunterhalts ankommt. Zwar soll auch das Beamtengehalt den Unterhalt sicherstellen. Was dazu aber erforderlich ist, wird durch Gesetz für jede einzelne Beamtengruppe festgesetzt und kann durch Gesetz auch in der Weise geändert werden, daß sich die Bezüge einer bestimmten Beamtengruppe im Verhältnis zu anderen Gruppen verschieben, so daß jene Gruppe gehaltlich gegenüber anderen gehoben oder zurückgesetzt wird. Dann ist für eine Entscheidung nach § 242 BGB. überhaupt kein Raum, vielmehr bleibt nur die Klage aus § 323 ZPO. mit den dort geordneten Beschränkungen offen. Diese Klage hat der Kläger erhoben, und das Kammergericht hat sie mit Recht nur unter diesem Gesichtspunkt geprüft. Es ist deshalb verfehlt, wenn die Revision gegenüber dieser Klage auf die Rechtsprechung über den Umfang der Rechtskraft von Papiermarkurteilen verweist (vgl. z. B. RGZ. Bd. 119 S. 362). Wenn der Kläger bewußt nur den in § 323 ZPO. gegebenen Rechtsbehelf verfolgt, so ist es nicht angängig, die Einschränkungen, die der Geltendmachung der Änderungsklage nach § 323 Abs. 2 und 3 anhaften, durch die Berufung auf die vorgenannte Rechtsprechung außer Kraft zu setzen, zumal da diese zu Lasten beider Parteien des neuen Rechtsstreits wirken können.

Zu Unrecht hat aber der Vorderrichter angenommen, daß es sich bei dem Vorbringen der Beklagten um Gründe der in § 323 Abs. 1 ZPO. bezeichneten Art handle, die nicht erst nach dem 6. März 1918 entstanden seien. Insofern hat er die rechtliche Bedeutung des § 323 ZPO. verkannt.

Im Vorprozeß wurde davon ausgegangen, daß die vollkommene und dauernde Erwerbsunfähigkeit des Klägers eine Folge des Vorfalls vom 9. August 1912 auf dem Bahnhof in D. sei. Eine andere Ursache seines krankhaften Zustandes kam nicht in Frage, war insbesondere von dem damaligen Beklagten gar nicht behauptet worden. Von dieser unstreitigen Annahme geht deshalb auch das Urteil vom 6. März 1918 aus; es stellt somit den ursächlichen Zusammenhang zwischen dem Unfall und den bis dahin aufgetretenen Krankheitserscheinungen sowie der sich daraus ergebenden gegenwärtigen und künftigen Erwerbsunfähigkeit des Klägers ohne weiteres fest. Demgegenüber ist die Behauptung der Beklagten, die damaligen Krankheitserscheinungen seien nicht Folgen des Unfalls, sondern bereits Folgen einer noch nicht erkannten und noch nicht erkennbaren Syphilis gewesen, schon deshalb unbeachtlich, weil mit der Abänderungsklage eine Änderung der früheren Entscheidung nur für die Zeit nach Erhebung der neuen Klage erreicht werden kann und hier auch nur beabsichtigt ist. Auf die Behauptung kommt es aber auch deshalb nicht an, weil durch das ältere Urteil der ursächliche Zusammenhang rechtskräftig festgestellt war und demgegenüber nach ständiger Rechtsprechung eine neuere, bessere medizinische Erkenntnis nicht berücksichtigt werden könnte, aus der sich eine Verneinung des früher irrtümlich angenommenen ursächlichen Zusammenhangs ergeben würde.

Indessen hat sich die Beklagte nicht auf die Geltendmachung eines dem früheren Urteil zugrunde liegenden medizinischen Irrtums beschränkt. Sie behauptet vielmehr weiter, daß die als Unfallsfolgen anzusprechenden Krankheitserscheinungen beim Kläger inzwischen völlig abgeklungen seien, und daß die jetzt und schon seit 1920 sichtbaren Krankheitserscheinungen vollständig oder doch im wesentlichen eine Folge der im Jahre 1918 noch nicht erkennbar gewesenen Syphilis seien. Im Zusammenhang damit behauptet sie, der Kläger leide ohne jede Beziehung zu dem Unfall an Syphilis, die auch ohne den Unfall zum Ausbruch gekommen wäre und ihn mindestens seit dem 1. Dezember 1923 ohne weiteres erwerbsunfähig gemacht hätte.

Diese Anführungen betreffen in der Tat wesentliche Veränderungen der für die frühere Entscheidung maßgeblichen Verhältnisse im Sinne des § 323 ZPO., und zwar solche Veränderungen, die erst nach dem Vorprozeßurteil eingetreten sind. Wenn man die Behauptungen als richtig unterstellt, so konnte jenes Urteil mit der ihm zugrunde liegenden medizinischen Beurteilung der Gesundheitsschädigung als Unfallsfolge eine damals für den Durchschnittsarzt gar nicht erkennbare Folge syphilitischer Erkrankung des Klägers überhaupt noch nicht berücksichtigen; das Gericht konnte deshalb auch nicht prüfen, ob die weitere Krankheitsentwicklung durch die Syphilis beeinflußt oder gar später allein bestimmt werden würde. Das Vorhandensein einer syphilitischen Infektion beim Kläger schon zur Zeit des früheren Urteils, aber ohne die für den Durchschnittsarzt erkennbaren Symptome, ist jedenfalls keiner der für die frühere Entscheidung maßgeblichen Umstände, weil man damals die Beachtlichkeit dieser Erkrankung für die Frage des ursächlichen Zusammenhangs zwischen Unfall und Krankheitserscheinungen nicht in Erwägung ziehen konnte. Die Beklagte behauptet also nicht etwa, daß man nur versehentlich die Krankheitserscheinungen des Klägers auf den Unfall statt auf die syphilitische Erkrankung zurückgeführt habe, sondern sie sagt, daß die Unfallsfolgen nach dem Urteil vom 6. März 1918 mehr oder weniger vollständig in Wegfall gekommen seien und nunmehr — allerdings mit der fast gleichen Wirkung der Erwerbsunfähigkeit — die schweren Folgen der syphilitischen Erkrankung an deren Stelle getreten seien. Ist das richtig und waren diese Folgen zur Zeit der Fällung jenes Urteils nicht aus irgendwelchen Symptomen derart für den Durchschnittsarzt voraussehbar, daß die Beklagte in dem früheren Verfahren die veränderten Krankheitsgrundlagen hätte geltend machen können, so darf sie sich jetzt auf die behauptete veränderte Sachlage berufen. Ihre Behauptungen sind auch nicht etwa widerspruchsvoll, weil einerseits eine Besserung im Befinden des Klägers, anderseits eine Verschlechterung behauptet wird; denn beide Behauptungen beziehen sich auf die verschiedenartigen Wirkungen zweier ganz verschiedener Krankheitsursachen.

Die Einwendungen der Beklagten wären auch dann nicht unbeachtlich, wenn sich ergeben sollte, daß die Unfallsfolgen mit dem Ergebnis der Erwerbsunfähigkeit nicht weggefallen sind. Denn die Beklagte hat weiter behauptet, daß — unabhängig von der Gesundheitsbeschädigung des Klägers durch den Unfall — mindestens mit Wirkung seit Dezember 1923 die schon lange in ihm schlummernde syphilitische Erkrankung die vollständige Erwerbsunfähigkeit durch Ausbruch der Paralyse herbeigeführt haben würde. Mit Recht sagt die Revision, daß der Berufungsrichter diese Behauptung auf ihre Richtigkeit hätte prüfen müssen und daran durch die Beschränkungen des § 323 ZPO. nicht gehindert gewesen sei. Denn es ist damit eine Unterbrechung des ursächlichen Zusammenhangs zwischen Unfall und Erwerbsunfähigkeit behauptet, und zwar derart, daß ein zur Zeit des früheren Urteils noch nicht erkennbarer Krankheitskeim später eine Wirkung gehabt habe, die zur vollständigen Erwerbsunfähigkeit des Klägers führte, so daß man diese nicht mehr als Unfallsfolge ansehen könne (vgl. auch JW. 1911 S. 658 Nr. 35 und 1912 S. 594 Nr. 15, ferner RGRKomm. 6. Aufl. Vorbem. zu § 249 BGB. Anm. 3 S. 395). Aber selbst wenn die Syphilis schon früher erkennbar gewesen wäre, müßte gefragt werden, ob damals eine Entwicklung dieser Erkrankung vorauszusehen war, welche die jetzt zutage tretenden Folgen haben, insbesondere in bestimmter Zeit die Erwerbsunfähigkeit des Klägers herbeiführen mußte, oder ob wenigstens mit irgendwelcher Sicherheit erwartet werden konnte, daß solche Folgen — voraussehbar nach Zeit und Art ihres Eintritts — eintreten würden.

Deshalb ist es nicht richtig, wenn das Kammergericht ausführt, das neue Vorbringen der Beklagten sei nur dann zu beachten, wenn sie behaupten könne, die syphilitische Erkrankung des Klägers sei erst nach Erlaß des Urteils vom 6. März 1918 entstanden. Denn Sinn und Zweck der Beschränkungen, die § 323 ZPO. der neuen Geltendmachung rechtserheblicher Tatsachen im Hinblick auf die Rechtssicherheit nach Erlaß eines rechtskräftigen Urteils auferlegt, werden verkannt, wenn man die Berücksichtigung solcher Umstände verbieten wollte, wie sie im gegenwärtigen Rechtsstreit von der Beklagten geltend gemacht sind. Der Vorderrichter würdigt die Rechtsprechung des Reichsgerichts unzureichend, wenn er sich dadurch gehindert sieht, auf die neuen Behauptungen einzugehen.

---

63. Sind die Hamburgischen Staatsrenten Markanleihen im Sinne von § 30 des Anleiheablösungsgesetzes?

IV. Zivilsenat. Urt. v. 3. Juli 1930 i. S. H. (Kl.) w. Hamburgischen Staat (Bekl.). IV 11/30.

I. Landgericht Hamburg.
II. Oberlandesgericht daselbst.

Der Kläger ist Eigentümer von Schuldverschreibungen der mit $3^1/_2\%$ verzinslichen Hamburgischen Staatsrenten von 1878, 1879 und 1885, eingeteilt in Stücke zu je 500 M. Nach seiner Behauptung handelt es sich bei diesen Anlagewerten nicht um Anleihen im Sinne des Anleiheablösungsgesetzes, sondern um käuflich erworbene Renten. Er verlangt daher mit der Klage vom Hamburgischen Staate Aufwertung angeblicher Rentenrückstände, und zwar auf 100%.

Der Kläger unterlag in allen drei Rechtszügen.

Gründe:

Die Entscheidung über die Aufwertungsansprüche, für die, wie der Berufungsrichter mit Recht annimmt, nach ständiger Rechtsprechung des Reichsgerichts dem Kläger der Rechtsweg offen steht, hängt davon ab, ob die Rentenverschreibungen der Hamburgischen Staatsrenten von 1878, 1879 und 1885 Schuldverpflichtungen aus Schuldverschreibungen im Sinne des § 30 Abs. 3 AnlAblG. darstellen. Da die hamburgische Durchführungsverordnung zum Anleiheablösungsgesetz vom 7. Juli 1926 (GVBl. S. 445) diese Staatsrenten als Markanleihen des Hamburgischen Staates bezeichnet, so käme, wie der Berufungsrichter zutreffend annimmt, eine Aufwertung nach dem Aufwertungsgesetz nur in Frage, wenn diese Staatsrenten nicht unter § 30 Abs. 3 AnlAblG. fielen, jene Verordnung also über den Rahmen des Reichsgesetzes hinausginge. Ist letzteres nicht der Fall, so stehen dem Kläger keine Aufwertungsansprüche zu, da eine der Reichsverfassung widersprechende unzulässige Enteignung, wie der Berufungsrichter gleichfalls mit Recht angenommen hat, nicht vorliegt (vgl. das Urteil des erkennenden Senats vom 5. Juni 1930, S. 190 dieses Bandes, besonders S. 197 flg.).

Zur Frage der Anwendbarkeit des § 30 Abs. 3 AnlAblG. führt der Berufungsrichter zunächst allgemein aus, daß der Begriff der „Anleihe" — der sich nicht mit dem bürgerlichrechtlichen Begriff „Darlehen" decke — von der Finanzwissenschaft geprägt worden sei und ein Geschäft bedeute, auf Grund dessen eine Person des öffentlichen Rechts das für öffentliche Zwecke erforderliche Kapital zu den von ihr vorgeschriebenen Bedingungen ohne eine in Sachwerten bestehende Gegenleistung erhalte. Schon in den letzten Jahrzehnten vor dem Kriege habe man als Form der Anleihe die Rentenschuld gekannt, bei welcher der Staat dem Gläubiger als Gegenleistung für sein Kapital eine jährliche Rente zusichere, jedoch keinerlei Verpflichtung zur Rückzahlung des Kapitals eingehe. Wenn § 30 Abs. 3 AnlAblG. sein Anwendungsgebiet auf Fälle des Darlehens hätte beschränken wollen, so würde er die beiden Begriffe Darlehen und Anleihe einander gleichgestellt haben. Da er aber unterscheide zwischen Schuldverschreibungen, Buchschulden und Schatzanweisungen einerseits und Schuldscheindarlehen anderseits, so sei der Begriff Anleihe auf der einen Seite enger als der Begriff Darlehen, der keinen Schuldschein voraussetze, auf der anderen Seite gehe er über ihn um eine Reihe von Schuldverpflichtungsgründen hinaus, die in der öffentlichen Wirtschaft vorzukommen pflegten und denen ein Darlehen im privatrechtlichen Sinne nicht zugrunde zu liegen brauche. Den Begriff der Schuldverschreibung im Sinne des Anleiheablösungsgesetzes zu beschränken auf Schuldverschreibungen, in denen ein Darlehen als Schuldgrund angegeben sei, dafür biete das Gesetz keinen Anhalt; er treffe vielmehr gerade auf die in Wertpapieren verbrieften abstrakten Forderungen zu. Die hier fraglichen Staatsrenten seien ausgegeben auf Grund einer vom Senat und von der Bürgerschaft erteilten Anleihe-ermächtigung. Die Urkunden bezeichneten sich selbst als „Schuldverschreibung über 17,50 M. jährliche Rente = 500 M. Kapital". Nach dem Prospekt seien die Anleihen an bestimmten Stellen zu einem unter dem Nennwert liegenden Preise zu zeichnen und seien bis zur Übernahme der Stücke, zu der die Zeichner an kalendermäßig bestimmten Tagen verpflichtet worden seien, Stückzinsen zu vergüten gewesen. Die Rentenverschreibungen seien unkündbar und eine Rückzahlungsverpflichtung des Staates bestehe nicht. Von einem Darlehen könne nicht die Rede sein, woran der Vorbehalt des Staates, die allmähliche Tilgung durch Ankauf zu bewirken, nichts ändere. Die Schuldverschreibungen lauteten auf den Inhaber. Sie enthielten vom Zeichnungsgeschäft losgelöste Zahlungsversprechen, die in den Urkunden verkörpert seien. Es sei daher eine müßige Frage, ob man das Geschäft als Darlehen, als Kaufvertrag oder als Vertrag eigener Art bezeichne. Für eine Beschränkung des Begriffs Schuldverschreibung, der jedes schriftliche, vom Schuldgrunde losgelöste Versprechen einer vermögenswerten Leistung decke, auf das Versprechen einer bestimmten Kapitalsumme fehle jeder Anhalt im Gesetz. Die unkündbaren Rentenverschreibungen seien daher als Schuldverschreibungen im Sinne des § 30 Abs. 3 AnlAblG. anzusehen.

Diesen Darlegungen ist im Ergebnis beizutreten.

Dem Begriff der Markanleihen des Reichs, der Länder und Gemeinden, wie er dem Anleiheablösungsgesetz zugrunde liegt, und dem des Darlehens im Sinne des bürgerlichen Rechts ist der Zweck der Kreditbeschaffung gemeinsam. Durch Art. II § 16 der Dritten Steuernotverordnung wurden öffentlichrechtliche Körperschaften, darunter Gemeinden und Gemeindeverbände, in weitem Umfang von der Verpflichtung zur Verzinsung und Einlösung früherer Anleihen entbunden. Unter der Herrschaft dieser Verordnung war streitig geworden, ob unter Anleiheschulden nur diejenigen Schuldurkunden zu verstehen seien, die als Teile größerer einheitlicher Kreditaufnahmen auf offenem Markt auf Grund eines an die Allgemeinheit gerichteten

Angebots ausgegeben worden sind, oder ob man darunter auch Darlehen zu rechnen habe, die von den Gemeinden bei Einzelpersonen auf Grund besonderen Vertrags aufgenommen worden sind. Um diese Zweifel zu beseitigen und sie im Interesse der wirtschaftlich schwachen kleinen Gemeinden zu lösen, die vielfach ihr Kreditbedürfnis nicht durch Inanspruchnahme des Marktes für öffentliche Anleihen, sondern durch Aufnahme von Einzeldarlehen befriedigt haben, hat man in § 30 Abs. 3 AnlAblG. unter die Begriffsbestimmung der Markanleihen der Länder, die nach § 40 Abs. 3 das. auch für Gemeinden und Gemeindeverbände gilt, auch Darlehen, über welche Schuldscheine ausgestellt sind, eingereiht (RGZ. Bd. 116 S. 67; Mügel in JW. 1926 S. 2067). Nachdem so den Schuldverpflichtungen aus Schuldverschreibungen, Buchschulden und verzinslichen Schatzanweisungen die Schuldscheindarlehen als Anleiheschulden, die unter das Anleiheablösungsgesetz fallen, an die Seite gestellt wurden, hat sich für die letzteren in der feststehenden Rechtsprechung des Reichsgerichts der Grundsatz entwickelt, daß für den Begriff des Schuldscheindarlehens die Grundsätze des bürgerlichen Rechts maßgebend sind. Damit ist jedoch nicht aufgehellt und es ist seither auch in der Rechtsprechung des Reichsgerichts noch nicht restlos geklärt, unter welchen Voraussetzungen insbesondere Schuldverschreibungen als Anleiheschulden gelten, und ob ihnen Darlehensgeschäfte im Sinne des bürgerlichen Rechts irgendwie zugrunde liegen müssen.

Geht man, was hier allein in Betracht kommt, von denjenigen Schuldurkunden aus, in denen die Forderung selbständig begründet wird und die Wertpapiercharakter haben, so erhellt ohne weiteres, daß das Papier nicht um dieser seiner Eigenschaft willen unter § 30 Abs. 3 AnlAblG. eingereiht wird, sondern daß es nach dem Gesetz, das nur die Anleiheschulden treffen will, darauf ankommt, ob durch Ausgabe solcher Schuldverschreibungen ein Anleihebedürfnis des Anleiheschuldners befriedigt werden sollte und ob in ihnen die Anleihe selbst nach Maßgabe der Anleihebedingungen und in den Formen der Skripturobligation verbrieft worden ist. Daraus folgt ohne weiteres, daß Schuldverschreibungen, mögen sie abstrakt oder kausal abgefaßt sein, dann nicht unter § 30 Abs. 3 fallen, wenn die Schuldverpflichtung aus der Schuldverschreibung von einem Rechtsgeschäft herrührt, das nicht als Anleihe, sondern als ein Geschäft anderer Art z. B. als Kaufvertrag aufzufassen ist (RGZ. Bd. 116 S. 66/67).

Der Gesetzgeber hat nun in § 30 Abs. 3 AnlAblG. darauf verzichtet, den Begriff der Anleihe zu umschreiben und mit den aus § 3 das. ersichtlichen Ausnahmen (Zwangsanleihe, unverzinsliche Schatzanweisungen, Reichskassenscheine, Darlehnskassenscheine) nur die typischen Rechtsformen aufgezählt, unter denen in der öffentlichen Wirtschaft die Verbriefung von Anleihen stattzufinden pflegt. Es unterliegt daher bei jeder Schuld, die als Anleiheschuld hingestellt wird, der Nachprüfung im einzelnen Falle, ob die durch Ausgabe der Schuldverschreibungen erlangten Mittel im Wege einer Anleihe aufgebracht sind. Ob das gleiche auch bei Buchschulden der Fall wäre, bedarf hier keiner Entscheidung (vgl. RGUrt. v. 30. April 1928 VI 464/27, abgedr. JW. 1928 S. 1817 Nr. 38).

Der rechtliche Vorgang bei Auflegung einer öffentlichen Anleihe — es sollen hier nur die Staatsanleihen in Betracht gezogen werden — besteht in der Regel darin, daß sich der kapitalsuchende Staat, wenn er die etwa erforderliche gesetzliche Anleiheermächtigung erhalten hat, an die Allgemeinheit behufs Kreditgewährung wendet. Aufgenommen wird die Anleihe dann durch die Ausfertigung und Ausgabe von Schuldverschreibungen — meist auf den Inhaber —, die über die Teilsummen lauten, in welche der Gesamtbetrag der Anleihe gestückelt ist. Die Ausgabe erfolgt entweder mittels öffentlicher Subskription, in der zur Zeichnung der Anleihe aufgefordert wird, sodaß die Schuldverschreibungen unmittelbar an das Publikum abgesetzt werden, oder so, daß diese den Banken überlassen werden, die dann der Regierung das Geld auszahlen. Das Zeichnungsgeschäft selbst wird, wenn die Gegenleistung in Geld besteht, als Kauf aufgefaßt (Cohn in Endemanns Handbuch des Handelsrechts 3. Bd. S. 865; Laband Staatsrecht 5. Aufl. 4. Bd. S. 371; ROHG. Bd. 20 S. 254).

Das Rechtsverhältnis zwischen dem Staat und den Anleihegläubigern kann sich nun je nach der Art der Kreditbeschaffung verschieden gestalten, und zwar unterscheidet man finanzwissenschaftlich zwischen Anleihen mit ausgesprochener Tilgungspflicht (Tilgungsanleihen) und ohne solche (Rentenanleihen). Während bei den ersteren für eine planmäßige Tilgung gesorgt wird, bindet sich der Staat bei den letzteren wegen der Rückzahlung nicht. Dem Gläubiger wird also kein Anspruch auf Tilgung des Kapitals eingeräumt, sondern die Rückzahlung findet nur nach dem Ermessen des Staates statt, sofern und wann er sie für angezeigt hält. Damit soll vermieden werden, daß er zur Rückzahlung gezwungen wird, wenn es für ihn unvorteilhaft ist. Soll eine Rückzahlung stattfinden, so erfolgt sie durch Ablösung der Schuld oder durch Wiederkauf des Papiers. Als Rentenschulden in diesem Sinne sind z. B. die Reichsanleihen und die preußischen konsolidierten Anleihen ausgestaltet worden (vgl. Laband a. a. O. S. 369, 371; Cohn a. a. O. S. 862 Anm. 38; Reichsschuldenordnung vom 19. März 1900, RGBl. S. 129, wo es in § 5 heißt: „Die Tilgung geschieht in der Weise, daß die durch den Haushaltplan bestimmten Mittel zum Ankauf einer entsprechenden Zahl von Schuldverschreibungen verwendet werden"). Hieraus ergibt sich, daß die Gestaltung einer Anleihe, je nachdem ob eine Rückzahlungspflicht besteht oder nicht, unbeschadet der Wertpapiereigenschaft der Forderung den Charakter eines bürgerlichrechtlichen Darlehens haben kann wie bei kurzfristigen Schatzanweisungen, daß aber nicht deshalb, weil bei mangelnder Rückzahlungspflicht dem Gläubiger nur eine unkündbare Rente, keine Kapitalrückzahlung als wesentliches Darlehenserfordernis versprochen wird, keine Anleihe, sondern ein Rentenkauf vorliegen müßte.

Nun hat der V. Zivilsenat des Reichsgerichts in RGZ. Bd. 116 S. 66 einer Schuldurkunde, worin der Charakter einer Kaufgeldforderung aufrechterhalten wurde, die Eigenschaft einer Schuldverschreibung im Sinne des § 30 Abs. 3 AnlAblG. abgesprochen, weil die Umwandlung in eine Darlehensforderung nicht nachgewiesen sei und es sich auch insoweit nicht um eine Anleihe, also um ein der Gemeinde gewährtes Darlehen handle. Der Fall lag demnach anders. Nur bei Umwandlung der Kaufgeldforderung in ein Darlehen wäre dort das Anleiheablösungsgesetz in Frage gekommen, denn um eine Anleihe in dem erörterten Sinne handelte es sich nicht.

Auch im Urteil des erkennenden Senats vom 27. März 1930 IV 489/29 stand nur zur Entscheidung, ob das abgeschlossene Geschäft, das in einem sogenannten Kammerbrief beurkundet worden war, sich als Rentenkauf darstelle; dabei wurde erwogen, daß eine Schuldverschreibung im Sinne des § 30 Abs. 3 AnlAblG. nur vorliege, wenn die Forderung, deren Träger sie sei, aus einem Darlehen herrühre. Um einen Teil einer größeren Kreditaufnahme auf offenem Markt, also um eine Anleihe, handelte es sich auch in diesem Falle nicht, sondern um ein Einzelgeschäft, das verschieden zu behandeln sein mochte, je nachdem ob ein Rentenkauf vorlag oder eine Schuldverschreibung, der ein Darlehen zugrunde lag.

Der VI. Zivilsenat hat im Urteil vom 30. April 1928 VI 460/27 (JW. 1928 S. 1815 Nr. 37), wo der gleiche Grundsatz ausgesprochen wurde, nur die Frage erörtert, ob eine Forderung aus einem Grundstücksverkauf in ein Darlehen umgewandelt worden sei, was dort bejaht und woraus geschlossen wurde, daß die von der Schuldnerin insoweit ausgegebenen abstrakten Schuldverschreibungen aus einem Darlehen herrührten und daher abzulösen seien. Auch dort handelte es sich also nicht um die hier maßgebliche Frage.

Schließlich steht auch die Entscheidung des II. Zivilsenats vom 7. Juni 1929 (RGZ. Bd. 124 S. 355) nicht entgegen; sie bestätigt vielmehr mit ihren S. 367 gegebenen Darlegungen den hier vertretenen Standpunkt.

Nach dem Wortlaut der vorliegenden Schuldverschreibungen über „17,50 M. jährliche Rente = 500 M. Kapital" sind die mit $3\frac{1}{2}\%$ verzinslichen Hamburgischen Staatsrenten ausgegeben worden auf Grund einer vom Senat und von der Bürgerschaft erteilten Anleiheermächtigung. Nach dem hier zur Anwendung kommenden, vor dem 1. Januar 1900 in Hamburg in Geltung gewesenen gemeinen Recht (Art. 170 EG. z. BGB.) hat der Berufungsrichter zutreffend diese von ihm als Rentenverschreibungen bezeichneten Urkunden als Wertpapiere angesehen, wie solche auch dem gemeinen deutschen Privatrecht in der Form von Inhaber- und Orderpapieren bekannt waren, und zwar hat er die Urkunden als Inhaberpapiere betrachtet, wie dies den Prospekten und dem Inhalt der Schuldverschreibungen entspricht, die keinen bestimmten Berechtigten nennen, sondern nur besagen, daß die Rente in halbjährlichen Raten am 1. Februar und am 1. August bei den auf der Rückseite der Zinsscheine verzeichneten Zahlstellen ausbezahlt wird. Es heißt dann weiter, daß die Rentenverschreibungen unkündbar sind, und daß der Hamburgische Staat sich vorbehält, ihre allmähliche Tilgung auf dem Wege des Ankaufs zu bewirken. Daß die zur Befriedigung eines allgemeinen Kreditbedürfnisses des Staates durch die Ausgabe der Schuldverschreibungen erlangten Mittel auf öffentlichem Markt mittels Zeichnung der Anleihe aufgebracht werden sollten und aufgebracht worden sind, hat der Berufungsrichter ausreichend festgestellt. Es mag sein, daß unter Umständen ein Kreditbedürfnis des Staates auch durch einen Rentenkauf befriedigt werden könnte. Mit Unrecht beruft sich indessen der Kläger darauf, daß ein solches Rechtsgeschäft in den streitigen Rentenverschreibungen verbrieft sei. Denn diese selbst enthalten abstrakte Schuldverpflichtungen, und zu ihrer Ausstellung hat nicht ein Rentenkauf geführt, da der Staat mit den Zeichnern nur wegen Begebung einer Anleihe in Vertragsbeziehungen getreten ist.

Der ursprüngliche Rechtsvorgang, kraft dessen die Ausgabe der Schuldverschreibungen erfolgt ist und auf den es ankommt, bestand also in der Aufforderung zur Zeichnung einer Anleihe und in ihrer demnächstigen Begebung. Daß in dem Erwerb der skripturmäßigen Anleiheteilforderung gegen Zahlung der Anleihevaluta, des Ausgabepreises, rechtlich ein Kauf liegt, und daß die Anleiheschuld selbst die juristische Ausgestaltung empfängt, die durch den Wertpapiercharakter der Forderung bedingt ist und die sie dem Schicksal der Skripturobligation folgen läßt, macht das Geschäft nicht zu einem Rentenkauf. Man hat hier nur den regelmäßigen Weg vor sich, auf dem alle Anleiheschulden der Staaten begründet werden und den der § 30 Abs. 3 AnlAblG. voraussetzt, indem er die in Schuldverschreibungen verbrieften Anleiheschulden der Anleiheablösung unterwirft. Dann kann es aber nicht darauf ankommen, ob durch die Schuldverschreibungen eine Kapitalrückzahlungspflicht verbrieft oder ob in ihnen nur eine Rente versprochen wird mit der Maßgabe, daß der Staat eine Tilgung des Kapitals — wie es hier der Fall ist — mittels Rückkaufs der Schuldverschreibungen an der Börse nach seinem Ermessen bewirken kann. Denn es besteht keine rechtliche Möglichkeit — da das Anleiheablösungsgesetz nicht unterscheidet — als Markanleihen des Reichs und der Länder etwa nur solche Anleihen gelten zu lassen, für die eine Tilgungspflicht ausgesprochen ist, die also wie ein bürgerlichrechtliches Darlehen nach Maßgabe der Bedingungen zurückzuzahlen sind, und nach anderen Grundsätzen diejenigen Anleihen zu behandeln, bei denen nur eine Rentenpflicht, aber keine Kapitalrückzahlungspflicht besteht und deren Anleihevaluta zwar durch Rückkauf des Papiers getilgt werden kann, aber nicht wie ein Darlehen oder nach Art eines Darlehens irgendwie zurückerstattet werden muß. Maßgebend ist vielmehr allein, ob die Schuldverschreibungen, die unter das Anleiheablösungsgesetz fallen sollen, zwecks Kreditaufnahme auf dem Wege und unter den Bedingungen ausgegeben worden sind, durch die gesetzlich oder herkömmlich die Kreditaufnahme als öffentliche Anleihe gekennzeichnet wird.

Unter diesen Umständen bestehen keine rechtlichen Bedenken, die Hamburger Staatsrenten, die im wesentlichen ebenso ausgestattet sind wie die Reichsanleihen, insbesondere ebenso wie diese ohne Tilgungspflicht dastehen, also Rentenanleihen sind, als Schuldverschreibungen nach Maßgabe des § 30 Abs. 3 AnlAblG. anzusehen.

---

64. 1. Kann der Kreis für Maßnahmen des Landrats, die er als Staatsorgan getroffen hat, schadensersatzpflichtig gemacht werden?

2. Was ist unter einem Zwangs- und Bannrechte zu verstehen, dessen Aufhebung nach dem Inhalt der Verleihungsurkunde ohne Entschädigung zulässig sein soll?

RVerf. Art. 131. BGB. § 830 Abs. 2. RGewO. §§ 7, 8. Kreisordnung für die Provinz Hannover vom 6. Mai 1884 (Preuß. GS. S. 181) § 24. Preuß. Gesetz betreffend die Aufhebung und Ablösung der auf den Betrieb des Abdeckereigewerbes bezüglichen Berechtigungen vom 17. Dezember 1872 (GS. S. 717) §§ 1, 2.

VI. Zivilsenat. Urt. v. 3. Juli 1930 i. S. F. (Kl.) w. Kreis J. (Bekl.) VI 394/29.

I. Landgericht Nordhausen.
II. Oberlandesgericht Naumburg.

Die Abdeckerei in N. wurde zuletzt von der Witwe F. betrieben, die sie von ihrem Vater übernommen, zu Lebzeiten ihres Ehemannes durch diesen und nach seinem Tode für sich und ihre Kinder ausgeübt hatte. Der Landrat erhob gegen den Betrieb seuchenpolizeiliche Beanstandungen. Am 3. Oktober 1917 schloß der verklagte Kreis, vertreten durch den Kreisausschuß, mit dem Abdeckereibesitzer Sch. in No. einen Vertrag über Ablieferung von Tierkadavern an dessen Abdeckerei. Am 6. Oktober 1917 erließ der Landrat mit Zustimmung des Kreisausschusses eine Polizeiverordnung, durch welche die Ablieferung von Tierkadavern an die Abdeckerei in N. untersagt und für das ehemalige Amt H. die Ablieferung an die Abdeckerei des Sch. angeordnet wurde. Hiervon setzte der Landrat die Witwe F. am 11. Oktober 1917 in Kenntnis mit dem Anheimgeben, falls sie das

Abdeckereigewerbe weiter betreiben wolle, einen neuen Antrag auf Genehmigung zur Errichtung einer vorschriftsmäßigen Abdeckerei nach § 16 RGewO. zu stellen. Alles das geschah im Einvernehmen mit dem Regierungspräsidenten und auf dessen Anordnung.

Die Witwe F. erhob nunmehr Klage gegen den Kreis, und zwar zunächst auf Feststellung ihres Abdeckereiprivilegs und der Schadensersatzpflicht des Beklagten. Das Privileg leitete sie aus einer Verleihungsurkunde des Grafen Heinrich zu Stolberg und Königstein vom Sonntag Invocavit 1588 und aus einer ihrem Ehemann am 15. September 1856 vom Grafen Alfred zu Stolberg erteilten Erneuerungsurkunde her; außerdem stützte sie sich auf den mit ihrem Ehemann geschlossenen Erbvertrag vom 26. September 1883. Im Laufe des ersten Rechtszuges änderte sie ihre Klaganträge, indem sie in erster Linie Zahlung von 16 250 RM. als Teilbetrag ihres Schadens begehrte und den Antrag auf Feststellung des Privilegs nur noch hilfsweise stellte. Der Beklagte bestritt das Bestehen des Privilegs und die Klagebefugnis der Klägerin, bestritt ferner, daß ein Schaden entstanden und daß für einen etwaigen Schaden er der richtige Beklagte sei, und warf der Klägerin alleiniges Verschulden vor, weil ihr Betrieb den polizeilichen Anforderungen nicht entsprochen habe.

Landgericht und Oberlandesgericht wiesen die Klage ab. Auf die Revision eines der Erben der im Laufe des zweiten Rechtszuges verstorbenen Klägerin wurde das Berufungsurteil, soweit darin der Feststellungsantrag abgewiesen war, aufgehoben und in diesem Umfange die Sache zurückverwiesen. Im übrigen wurde die Revision zurückgewiesen.

Gründe:

(Nach Bejahung der Zulässigkeit der Revision wird fortgefahren:)

In der Sache selbst kann die Revision insoweit nicht für begründet erachtet werden, als sie den Hauptantrag der ursprünglichen Klägerin weiter verfolgen will. Ohne Rechtsirrtum hat das Berufungsgericht angenommen, daß der eingetretene Schaden nur auf Handlungen von Staatsorganen, nämlich des Landrats in seiner Eigenschaft als Inhaber der Kreispolizei (§ 24 der Kreisordnung für die Provinz Hannover vom 6. Mai 1884; RGZ. Bd. 100 S. 188) und des Regierungspräsidenten, zurückzuführen und daß der verklagte Kreis dafür nicht verantwortlich ist. Wenn die Revision meint, der Vertragsschluß des Beklagten mit Sch. sei ein Teil der Maßnahmen gewesen, durch den in das Recht der Kläger eingegriffen worden sei, und diese Maßnahme sei in bewußtem Zusammenwirken mit dem Landrat getroffen worden, so wäre das nur unter dem Gesichtspunkt der Beihilfe zu einer vorsätzlich begangenen unerlaubten Handlung von Bedeutung. Von einer solchen kann aber nach dem in den Vorinstanzen vorgetragenen Sachverhalt keine Rede sein, und auch die Revision nimmt nur fahrlässiges Verschulden an, da sie dem Beklagten vorwirft, er habe nicht genügend geprüft, ob die Rechte der Kläger entgegenständen. Sollten die getroffenen Maßnahmen objektiv unberechtigt gewesen sein und ihnen eine fahrlässige Verkennung des Rechtes oder der tatsächlichen Verhältnisse zugrunde gelegen haben, so mag für die schädigenden Maßnahmen der Staatsorgane der Staat, also das Land Preußen, nach Artikel 131 RVerf. verantwortlich sein. Die vorbereitenden und unterstützenden Maßnahmen des Beklagten, nämlich der Vertragsschluß mit Sch. und die Zustimmung des Kreisausschusses zum Erlasse der Polizeiverordnung, haben für sich allein die Kläger nicht geschädigt und können den Beklagten auch nicht wegen Beihilfe verantwortlich machen, da diese nicht fahrlässig, sondern nur vorsätzlich begangen werden kann (RGZ. Bd. 65 S. 160, Bd. 99 S. 94; Planck-Flad 4. Aufl. S. 1777).

Dagegen ist die Revision insoweit begründet, als sie die Zurückweisung des Feststellungsbegehrens, also des Hilfsantrags betrifft. Dieser Antrag, der eigentlich den Kern des Rechtsstreits bildet und in der Klageschrift auch an erster Stelle stand, war vom Landgericht wegen Fehlens eines Interesses an der alsbaldigen Feststellung abgewiesen worden. Das Berufungsgericht hat das mißbilligt und ohne Rechtsirrtum ein rechtliches Interesse an der alsbaldigen Feststellung des vom Beklagten bestrittenen Abdeckereiprivilegs und insoweit auch die Passivlegitimation des Beklagten als vorhanden angenommen. Der Vorderrichter gelangt aber zur Abweisung auch dieses Teils der Klage, weil das Privileg durch § 1 Nr. 2 des preuß. Gesetzes vom 17. Dezember 1872 aufgehoben worden sei, und zwar ohne Entschädigung. Muß es schon auffallen, daß trotzdem das Privileg noch bis zum Jahre 1917 hat ausgeübt werden können, so erweist sich auch die Ansicht des Berufungsrichters als rechtlich nicht haltbar.

Er findet die Rechtsgrundlage für das Privileg in der Verleihungsurkunde des Grafen Heinrich zu Stolberg und Königstein vom Sonntag Invocavit 1588. Darin ist beurkundet, daß dem Scharfrichtermeister Michel Fa. sowie seinen „Erben und Erbnehmern" das Scharfrichteramt im Amte H. „erblich verkauft und überlassen" ist. Pflichten und Rechte werden genannt; zu letzteren gehört, daß die Untertanen des Amts gehalten sein sollen, ihr gefallenes Vieh von „keinem anderen als demjenigen, welchen er in seiner Wohnung zu N. hat" abdecken zu lassen. Die Urkunde macht den Vorbehalt:

> Im Fall von ihm oder seinen Mitbenannten nicht allen Punkten dieses Briefes gemäß gelebt, auch sie sich sonsten gegen Uns oder die Unsern unbilliger Gebühr verhalten würden, daß wir diese Verschreibung zu retraktieren und die Pflege anderen auszutun Macht haben wollen, alles getreulich und ohne Gefährde.

Das hierin verliehene Privileg ist, wie der Inhalt der Urkunde klar ergibt und wie auch das Berufungsgericht annimmt, durch lästigen Vertrag mit dem Regalherrn, nämlich durch Kauf, begründet worden. Seine Auslegung durch das Berufungsgericht ist daher in demselben Umfange wie die von Verträgen überhaupt revisibel, während ein durch Gesetzgebungsakt verliehenes Privileg von räumlich so beschränktem Umfange eine nicht revisible Rechtsnorm bilden würde (§ 549 ZPO.; RGZ. Bd. 94 S. 36 mit Anführungen). Das Privileg ist nach der nicht revisiblen Annahme des Berufungsgerichts weder durch die hannoversche Gesetzgebung berührt worden noch durch die der staatsrechtlichen Befugnis entbehrende Neuverleihung vom Jahre 1856. Den Inhalt des Privilegs bestimmt der Berufungsrichter ohne Rechtsirrtum als Zwangs- und Bannrecht (vgl. RGZ. Bd. 67 S. 225). Ob es ein persönliches Recht ist, wie er annimmt, oder ein mit einem Grundstück verbundenes Recht, kann hier dahingestellt bleiben. Den Begriff des „Erbnehmers" legt das Berufungsgericht in weitem Sinne aus und versteht darunter jeden, der befugterweise das Recht von dem Erblasser übernommen hat. Diese Auslegung ist unbedenklich (vgl. RGUrt. v. 26. Januar 1900 VIa 303/99 in seinem in RGZ. Bd. 45 S. 267 nicht abgedruckten Teile und die Entscheidungen des Preuß. Oberverwaltungsgerichts im Gewerbe-Archiv Bd. 12 S. 223, Bd. 15 S. 16). Nach dieser Auslegung und den tatsächlichen Feststellungen war die ursprüngliche Klägerin nach ihrem Vater Inhaberin des Rechts, sodaß dahinstehen kann, ob ihr außerdem noch die vom Berufungsgericht angeführten gesetzlichen Vermutungen zur Seite standen.

Das Recht soll nun aber, wie der Vorderrichter annimmt, zu denjenigen Zwangs- und Bannrechten gehören, deren Aufhebung nach dem Inhalt der Verleihungsurkunde ohne Entschädigung zulässig sei, und soll darum durch § 1 Nr. 2 des erwähnten preuß. Gesetzes betr. die Aufhebung und Ablösung der auf den Betrieb des Abdeckereigewerbes bezüglichen Berechtigungen vom 17. Dezember 1872 aufgehoben worden sein. Die gesetzliche Aufhebung von Zwangs- und Bannrechten, deren Aufhebung nach dem Inhalt der Verleihungsurkunde ohne Entschädigung zulässig ist, findet sich schon in § 4 Nr. 2 der preuß. Gewerbeordnung vom 17. Januar 1845 (GS. S. 41), doch waren die Abdeckereigerechtigkeiten davon ausgenommen (§ 8). Auf diese wurde die Bestimmung durch § 1 Nr. IV 4 des preuß. Gesetzes betreffend die Regulierung des Abdeckereiwesens vom 31. Mai 1858 (GS. S. 333) ausgedehnt. Die gleiche Vorschrift kehrte in dem preuß. Gesetze betreffend die Ablösung gewerblicher Berechtigungen in den neu erworbenen Landesteilen vom 17. März 1868 (GS. S. 249) wieder, doch waren auch hier die Abdeckereigerechtigkeiten wiederum ausgenommen (§ 2 Nr. 2, § 11). Sodann hob § 1 des genannten Gesetzes vom 17. Dezember 1872, „soweit es nicht schon geschehen", auch für das Abdeckereigewerbe unter anderem die Zwangs- und Bannrechte auf, deren Aufhebung nach dem Inhalt der Verleihungsurkunden ohne Entschädigung zulässig war. Endlich hob auch die Reichsgewerbeordnung in § 7 Nr. 3 solche Zwangs- und Bannrechte vom 1. Januar 1873 ab auf. Die Annahme des Berufungsgerichts, daß § 7 RGewO. für die Abdeckereien keine Bedeutung habe, trifft nur für die Nr. 2 des § 7 zu, nicht aber für die hier in Betracht kommende Nr. 3 (vgl. Landmann-Rohmer Gewerbeordnung 7. Aufl. § 7 Anm. 4). Die Bestimmung deckt sich also für die Abdeckereien mit der des letztgenannten preußischen Gesetzes, dessen Inkrafttreten ursprünglich für einen früheren Zeitpunkt in Aussicht genommen war (Drucks. des Preuß. AbgH. 1871/72 Anlagen Bd. 3 S. 1561), sich aber dann doch bis nach dem 1. Januar 1873 verschob. Maßgebend ist daher, wenn eine von diesen Bestimmungen anzuwenden ist, die vom 1. Januar 1873 ab in Kraft getretene Vorschrift der Reichsgewerbeordnung. Indessen kommt darauf nichts an, da anzunehmen ist, daß die genannte Bestimmung in allen fünf Gesetzen denselben Sinn hat haben sollen. Aus den Motiven zum Gesetze von 1868 (Drucks. des Preuß. AbgH. 1867/68 Anlagen Bd. 1 S. 436, 439) ergibt sich, daß dabei an jederzeit widerrufliche Rechte gedacht ist, durch deren Wegfall, eben wegen ihrer freien Widerruflichkeit, kein berechtigtes Interesse verletzt werden kann. Ähnlich bemerkt die Begründung zu § 7 RGewO. (Reichstagsverhandlungen 1869 Bd. 3 S. 110), daß bei den Zwangs- und Bannrechten, deren Aufhebung nach dem Inhalt der Verleihungsurkunde ohne Entschädigung zulässig ist, der Aufhebung kein Recht entgegenstehe, und daß ebensowenig vorauszusetzen sei, es werde dadurch eine erhebliche Schädigung der Interessen herbeigeführt. Der Gedanke aller dieser gleichlautenden Vorschriften war der: der Gesetzgeber setzt sich an die Stelle dessen, der das Recht widerruflich verliehen hat, und übt dessen Befugnis aus, das Recht ohne Entschädigung aufzuheben.

Nun erkennt das Berufungsgericht selbst an, daß sich der Graf zu Stolberg bei der Verleihung des Privilegs, wie das bei einem käuflich überlassenen Recht kaum anders geschehen konnte, die Befugnis zum Widerruf nicht uneingeschränkt vorbehalten hat, sondern nur für den in der Verleihungsurkunde näher umschriebenen Fall der Pflichtverletzung des Inhabers. Eine solche ist nicht festgestellt, nicht einmal behauptet. Das Verhalten, das der ursprünglichen Klägerin vom Beklagten vorgeworfen worden ist, kann für die Frage, ob das Recht vom 1. Januar 1873 ab gesetzlich aufgehoben ist, nicht in Betracht kommen. Hätte der Graf zu Stolberg das Recht ohne jene Voraussetzung widerrufen, so hätte er offenbares Unrecht begangen und sich an sein Versprechen: „alles getreulich und ohne Gefährde" nicht gehalten. Das Unrecht wäre nicht dadurch zum Recht geworden, daß es in jenen Zeiten, wie der Vorderrichter meint, an einer Instanz gefehlt hätte, die berufen gewesen wäre, die Gründe des Widerrufs nachzuprüfen und die Willkür als solche festzustellen. Hat aber der Gesetzgeber in neuerer Zeit die Widerrufsbefugnis des Verleihers an dessen Stelle ausüben wollen, so hat es ihm doch sicherlich ferngelegen, an seiner Stelle ein Unrecht zu begehen. Danach beruht die Annahme des Berufungsgerichts, es handle sich hier um ein Zwangs- und Bannrecht, dessen Aufhebung nach dem Inhalt der Verleihungsurkunde ohne Entschädigung zulässig sei, auf Rechtsirrtum; sie verletzt ebenso den § 7 Nr. 3 RGewO. wie den § 1 Nr. 2 des preuß. Gesetzes vom 17. Dezember 1872. Vielmehr ist das Zwangs- und Bannrecht, da die Verpflichtung den Bewohnern eines Bezirks vermöge ihres Wohnsitzes obliegt, nach § 8 Nr. 1 RGewO. und § 2 des preuß. Gesetzes ablösbar (vgl. Entsch. des Preuß. OVG. Bd. 47 S. 343). Daß es aber nach diesen Vorschriften abgelöst worden sei, hat der Beklagte nicht behauptet. Also besteht es noch. Auch das Preuß. Oberverwaltungsgericht hat in der Entscheidung Bd. 35 S. 338 ein Abdeckereiprivileg, und zwar anscheinend ebenfalls ein Zwangs- und Bannrecht, als fortbestehend behandelt, dessen Verleiher sich vorbehalten hatte, es zu widerrufen, „sofern die übernommenen Pflichten nicht erfüllt werden sollten".

Das Berufungsurteil mußte daher insoweit aufgehoben werden, als es den Antrag auf Feststellung des Zwangs- und Bannrechts abgewiesen hat. Die Feststellung selbst zu treffen, sieht sich das Revisionsgericht verhindert, weil mit dem Antrage zugleich die Feststellung des räumlichen Umfangs des Rechts begehrt wird und nicht klar ersichtlich ist, ob und inwieweit der Beklagte diesen Umfang bestreitet. Die Sache mußte deshalb zur anderweiten Verhandlung und Entscheidung über den Feststellungsantrag an das Berufungsgericht zurückverwiesen werden.

---

65. Muß der Inhaber eines von seinem Vormann teilweise ausgefüllten Wechselblanketts, der den Wechselanspruch geltend machen will, bei der Vollendung des Wechsels über das Recht des Vormanns zu der von diesem vorgenommenen Teilausfüllung in gutem Glauben gewesen sein?

WO. Art. 7, 82.

II. Zivilsenat. Urt. v. 4. Juli 1930 i. S. R. (Bekl.) w. Beamtenbank e. G. m. b. H. (Kl.). II 38/30.

I. Landgericht Kiel.
II. Oberlandesgericht daselbst.

Die Klägerin fordert vom Beklagten auf Grund eines von ihm als Aussteller und Blankoindossant gezeichneten Wechsels die Wechselsumme von 32000 RM. nebst Zinsen, sowie Wechselunkosten. Der Beklagte hat seine Unterschriften auf dem im übrigen noch unausgefüllten Wechselvordruck dem ihm befreundeten, der Klägerin verschuldeten und am 25. November 1928 verstorbenen Kaufmann B., Mitinhaber der Firma Johs. B. Wwe., erteilt, der das Papier, versehen mit dem Akzept der Firma und der Wechselsumme von 32000 RM. in Zahlen und Buchstaben, dem Leiter einer Geschäftsstelle der Klägerin und stellvertretenden Vorstandsmitglied Sch. als Sicherheit für sein Konto übergab. Der Wechsel ist vom 28. November 1928 datiert und auf Sicht an eigene Order sowie auf Johs. B. Wwe. als Bezogene gestellt. Insoweit rührt nach der Behauptung des Beklagten die Ausfüllung von der Klägerin her und ist sie erst auf eine zwischen ihm und Sch. nach dem Tode des B. gepflogene Unterredung hin vorgenommen worden; bei dieser Unterredung soll der Wechsel dem Beklagten in unvollendetem Zustand vorgezeigt worden sein. Der Wechsel wurde am 29. Dezember 1928 mangels Zahlung protestiert. Über den Nachlaß des B. wurde das Konkursverfahren eröffnet.

Auf die im Wechselprozeß erhobene Klage wurde der Beklagte unter Vorbehalt der Ausführung seiner Rechte antragsgemäß verurteilt. Im Nachverfahren wurde das Vorbehaltsurteil von den Vorinstanzen aufrechterhalten. Die Revision des Beklagten führte zur Aufhebung und Zurückverweisung.

Gründe:

Die Revision geht mit dem Vorderrichter davon aus, daß von Anfang an die Klägerin durch Sch. als ihren Bevollmächtigten das Wechselblankett mit den Unterschriften des Beklagten und der durch B. bewirkten Ausfüllung der Wechselsumme auf 32000 RM. von diesem erworben und daß Sch. hierbei nicht für seine eigene Person gehandelt hat. Die Feststellung des Berufungsrichters hierüber ist tatsächlicher Art und für das Revisionsgericht bindend. Nach der Behauptung des Beklagten, die der Vorderrichter offen gelassen hat, weil er die Klägerin wegen Gutgläubigkeit dieses Erwerbs in ihrem Wechselanspruch für gesichert hält, hat B. das Blankett abredewidrig auf 32000 RM. ausgefüllt statt auf höchstens rund 1200 RM. Für den letzteren Betrag hatte ihm der Beklagte seine Unterschriften gegeben, damit der Wechsel zur Prolongation eines in Händen der N.-Bank in K. befindlichen Wechsels in Höhe von etwa 1200 RM. verwendet werde. Zum Beweis dieser Abrede mit B. hat der Beklagte sich zum Eid erboten und auch Zeugenbeweis angetreten. Hätte nun die Klägerin durch Sch. den ausgefüllten Wechsel gutgläubig erworben, so wäre sie nach Art. 82 WO. gegen den Einwand abredewidriger Ausfüllung des Blanketts gesichert gewesen. Das gleiche würde gelten, wenn sie von B. den werdenden Wechsel mit der von ihm abredewidrig vorgenommenen Ausfüllung der Wechselsumme auf 32000 RM. und mit der nach der Gewohnheit des Geschäftsverkehrs auch ohne besondere Verabredung auf sie übergehenden Ermächtigung zur weiteren Ausfüllung erworben und nunmehr die Ausfüllung nach Art. 4 WO. in Ansehung aller übrigen Erfordernisse gutgläubig bewirkt hätte (RGZ. Bd. 32 S. 71, Bd. 33 S. 74, Bd. 65 S. 411, Bd. 108 S. 390). Das Reichsgericht stellt im Anschluß an das vormalige Reichsoberhandelsgericht dem gutgläubigen Wechselerwerb die gutgläubige Ausfüllung des erworbenen Wechselblanketts gleich (RGZ. Bd. 19 S. 137, Bd. 65 S. 411; JW. 1907 S. 543 Nr. 5). Um etwas anderes handelt es sich aber hier. Nach der unter Beweis gestellten weiteren Behauptung des Beklagten hat dieser in einer Unterredung nach dem Tode des B., wobei ihm der Wechsel in dem im übrigen noch unausgefüllten Zustand vorgewiesen wurde, dem Bevollmächtigten der Klägerin Sch. von seiner Abrede mit B. über die Verwendung des Wechsels und die Höhe der Wechselsumme Kenntnis gegeben. Nunmehr wäre Sch., der nicht einen fertigen Wechsel, sondern nur ein Blankett in der Hand hatte, wegen der Höhe des Wechselversprechens des Beklagten nicht mehr gutgläubig gewesen. Sein Wissen muß nach § 166 BGB. auch die Klägerin gegen sich gelten lassen, selbst wenn er ihr nachher den in allen Teilen ausgefüllten Wechsel in seinem jetzigen Zustand vorlegte, so wie er präsentiert und protestiert wurde. Die Richtigkeit der Behauptung des Beklagten vorausgesetzt, durfte Sch., der für die Klägerin kein Wechselrecht, sondern nur die dem B. erteilte Ermächtigung zur Herstellung eines Wechsels erworben hatte, diesen nicht durch Einsetzung der über die Ermächtigung hinausgehenden Wechselsumme vollenden; der gute Glaube muß, entgegen der Bemerkung bei Staub-Stranz Wechselordnung 12. Aufl. Art. 7 Anm. 12b, unter allen Umständen auch noch zur Zeit der Wechselausfüllung vorhanden sein (RGZ. Bd. 57 S. 169, Bd. 65 S. 409, Bd. 68 S. 421; JW. 1907 S. 543 Nr. 5). In dieser Richtung gilt für den weiteren Blankettnehmer nichts anderes als für den ersten, und es kann nicht darauf ankommen, ob gerade er oder ein Vormann dasjenige Erfordernis des Wechsels herstellt, bei dem die Ermächtigung überschritten wird. Erst die Einsetzung des letzten wesentlichen Erfordernisses ist entscheidend dafür, daß ein Wechsel und ein Wechselrecht entsteht, und wenn jemand weiß, daß die Ermächtigung zur Herstellung eines solchen Wechsels, wie er entstünde, nicht gegeben ist, darf er nicht zur Vollendung des Wechsels schreiten und erwirbt durch sie kein Wechselrecht. Er muß das Papier zurückgeben oder vernichten.

Daher kommt es nicht sowohl darauf an, ob die Klägerin oder Sch. beim Erwerb des Wechselblanketts über 32000 RM. in gutem Glauben war, als darauf, ob die vom Beklagten behauptete Abrede mit B. über die Höhe der Wechselsumme getroffen und ob Sch. hiervon vor der Ausfüllung des Blanketts unterrichtet worden ist.

---

66. Tritt die im § 693 Abs. 2 ZPO. angeordnete Rückbeziehung der Unterbrechung der Verjährung auf den Tag der Einreichung oder Anbringung des Gesuchs um Erlassung des Zahlungsbefehls auch dann ein, wenn dessen Zustellung an den Schuldner wegen der inzwischen wider ihn erfolgten Konkurseröffnung gegenüber der Konkursmasse wirkungslos ist, die Forderung aber demnächst zur Konkurstabelle angemeldet wird?

II. Zivilsenat. Urt. v. 4. Juli 1930 i. S. P. als Verwalters im Konkurse über das Vermögen der Aktiengesellschaft D. (Bekl.) w. Deutsche Verkehrs- u. Kreditbank AG. (Kl.). II 96/30.

I. Landgericht Köln.
II. Oberlandesgericht daselbst.

Die Klägerin war durch Indossament legitimierte Inhaberin eines von der Aktiengesellschaft D. ausgestellten, auf die Firma Zigarettenfabrik A. gezogenen und von dieser akzeptierten, am 12. Juli 1924 verfallenen Wechsels über 500000 RM. Am Verfalltag wurde der Wechsel im Auftrag der Klägerin protestiert. Am 8. Oktober 1924 beantragte die Klägerin beim Amtsgericht Köln gegen die Aktiengesellschaft D. die Erlassung eines Wechsel-Zahlungsbefehls über die Wechselsumme nebst Unkosten und Zinsen. Der Zahlungsbefehl wurde am 18. Oktober erlassen und am 21. dess. Monats der Schuldnerin zugestellt. Am gleichen Tage, dem 21. Oktober 1924, wurde um 13,45 Uhr über das Vermögen der Aktiengesellschaft D. das Konkursverfahren eröffnet. Die Klägerin meldete in diesem Verfahren den Wechselanspruch als unbevorrechtigte Konkursforderung an; diese wurde vom Konkursverwalter im Prüfungstermin bestritten.

Die Klägerin verlangt Feststellung dahin, daß sie wegen der bezeichneten Wechselforderung nebst Zinsen und Kosten als nicht bevorrechtigte Gläubigerin am Konkurse der Firma D. beteiligt sei. Der verklagte Konkursverwalter macht geltend: Der Wechselanspruch sei verjährt, und zwar sei die dreimonatige Verjährungsfrist des Art. 78 Nr. 1 WO. am 12. Oktober 1924 abgelaufen. Das am 8. Oktober 1924 beim Amtsgericht eingegangene Gesuch um Erlassung eines Zahlungsbefehls habe den Lauf der Verjährung nicht unterbrechen können, weil der Zahlungsbefehl der Firma D. am 21. Oktober 1924 erst nach 13,45 Uhr, also nach der Konkurseröffnung, zugestellt worden sei. Der Konkursmasse gegenüber sei diese Zustellung ohne Bedeutung; § 693 Abs. 2 ZPO. könne daher hier keine Anwendung finden. Die Verjährung sei übrigens auch dann vollendet, wenn man annehme, daß der Zahlungsbefehl der D. noch vor der Konkurseröffnung zugestellt worden sei. Denn die Konkurseröffnung habe das Mahnverfahren unterbrochen. Damit sei ein Stillstand im Sinne des § 211 Abs. 2 BGB. eingetreten, die Klägerin hätte aber während dieses Stillstands das Verfahren weiter betreiben und die von der Zustellung des Zahlungsbefehls an neu laufende dreimonatige Verjährungsfrist durch Anmeldung ihrer Forderung im Konkurs unterbrechen müssen. Sie habe jedoch die Forderung erst am 18. Juni 1926 angemeldet, also lange nach Ablauf der neuen Verjährungsfrist. Die Klägerin vertritt den Standpunkt, daß die Verjährung in keinem Falle vollendet sei, möge der Zahlungsbefehl vor oder nach dem Zeitpunkt der Konkurseröffnung zugestellt worden sein. Denn nach Sinn und Zweck der Vorschrift des § 693 ZPO. müsse die Verjährung auch durch eine erst nach Konkurseröffnung bewirkte Zustellung als unterbrochen gelten. Da die Klägerin wegen des Amtsbetriebs auf eine etwa notwendige Beschleunigung der Zustellung des Zahlungsbefehls nicht habe hinwirken können, müsse der Tag der Einreichung des Gesuches maßgebend sein. Die Zustellung sei übrigens noch vor Konkurseröffnung erfolgt. Dadurch sei das Mahnverfahren unterbrochen worden und die Unterbrechung bestehe weiter, bis es nach den Vorschriften der Konkursordnung wieder aufgenommen oder das Konkursverfahren aufgehoben werde. Da dieses noch im Gang sei, dauere die Unterbrechung noch jetzt fort. Von einem Stillstand im Sinne des § 211 Abs. 2 BGB. könne nicht die Rede sein. Im übrigen habe die Klägerin die Forderung schon am 5. Dezember 1924 zur Tabelle angemeldet, wie sich aus der Tabelle ergebe; am 18. Juni 1926 habe sie nur eine Abschrift der früheren Anmeldung zu den Konkursakten eingereicht, weil die ursprüngliche Anmeldung offenbar verlorengegangen sei.

Das Landgericht wies die Klage ab, weil der Anspruch verjährt sei. Das Oberlandesgericht stellte den Anspruch in Höhe von 500000 RM. nebst Nebenforderungen als nicht bevorrechtigte Konkursforderung der Klägerin fest. Die Revision des Beklagten führte zur Aufhebung und Zurückverweisung.

Gründe:

Die Verjährung des Regreßanspruchs der Klägerin gegen die Firma D. als Wechselausstellerin lief am 12. Oktober 1924 ab; denn der Wechsel wurde am 12. Juli 1924 (dem Verfalltag) protestiert. Am 8. Oktober 1924 wurde das Gesuch der Klägerin um Erlassung eines Zahlungsbefehls beim Amtsgericht Köln eingereicht. Erlassen wurde der Zahlungsbefehl am 18. Oktober, der Schuldnerin von Amts wegen zugestellt am 21. Oktober. An diesem Tag, und zwar um 13,45 Uhr, wurde das Konkursverfahren über das Vermögen der Firma D. eröffnet. Darüber, ob die Zustellung an sie vor oder nach dem Zeitpunkt der Konkurseröffnung stattgefunden hat, besteht Streit; die Klägerin behauptet das erstere, der Beklagte das letztere, beide unter Beweiserbieten. Das Berufungsgericht läßt die Frage offen, weil es annimmt, der Klägerin stehe die Vorschrift des § 693 Abs. 2 ZPO. auch dann zur Seite, wenn die Zustellung der Eröffnung des Konkurses nachgefolgt sei; die vom 12. Juli 1924 an laufende dreimonatige Verjährung sei auch dann durch die Einreichung des Gesuchs um Zahlungsbefehl unterbrochen worden.

Zu diesem Ergebnis gelangt das Berufungsgericht auf Grund folgender Erwägungen: Durch die Konkurseröffnung sei das mit der Einreichung des Gesuchs um Zahlungsbefehl eingeleitete Mahnverfahren unterbrochen worden. Dabei sei gleichgültig, ob der Zahlungsbefehl der jetzigen Gemeinschuldnerin vor oder nach dem Zeitpunkt der Konkurseröffnung zugestellt worden sei; denn schon von der Einreichung des Gesuchs an habe ein gegen die Firma D. gerichtetes Mahnverfahren vorgelegen. Eine nach Konkurseröffnung erfolgte Zustellung des Zahlungsbefehls sei allerdings der Konkursmasse gegenüber ohne rechtliche Wirkung gewesen. Es sei aber auch die angemessene Frist nicht gelaufen, die das Gesetz aufstelle, indem es im § 693 Abs. 2 ZPO. verlange, daß die Zustellung des Zahlungsbefehls „demnächst" bewirkt werde. Im übrigen müßte — so führt das Berufungsgericht weiter aus — auch die entsprechende Anwendung des § 249 ZPO. zur Annahme führen, daß die Zustellungsfrist unterbrochen sei. Diese Frist sei auch nicht nachträglich abgelaufen infolge von Ereignissen, die während des noch schwebenden Konkursverfahrens eingetreten seien. Da der Konkursverwalter dem Regreßanspruch widersprochen habe, sei freilich eine Aufnahme des Mahnverfahrens gegen ihn nicht möglich gewesen; denn ein Feststellungsantrag, wie ihn § 146 KO. verlange, sei nach § 688 ZPO. unzulässig. Daraus folge aber nicht, daß nun eine Unterbrechung der Verjährung durch nachfolgende Zustellung des Zahlungsbefehls überhaupt nicht mehr herbeigeführt werden könne. Durch Einführung des Amtsbetriebs habe das Gesetz die Zustellung im Mahnverfahren jeder Einwirkung der Partei entzogen. Die Zeit, welche die Geschäftsstelle zur Bewirkung der Zustellung brauche, dürfe jedoch der Partei nicht zum Nachteil gereichen. Wie beim Güteverfahren, so sei auch im Mahnverfahren grundsätzlich die Einreichung des Antrags der maßgebende Zeitpunkt für die Wahrung einer Frist und für die Unterbrechung der Verjährung. Beim Mahnverfahren fordere zwar das Gesetz (§ 209 Abs. 2 Nr. 1 BGB.) für die Unterbrechung der Verjährung die Zustellung des Zahlungsbefehls. Damit habe aber nicht die förmliche Zustellung für so wesentlich erklärt werden sollen, daß ohne sie eine Unterbrechung der Verjährung nicht möglich wäre. Der Zweck der Vorschrift des § 693 Abs. 2 ZPO. sei nur der gewesen, dafür zu sorgen, daß der Schuldner innerhalb angemessener Frist durch die Zustellung von dem erhobenen Anspruch Kenntnis erlange. Allerdings werde nicht jede Verschaffung dieser Kenntnis, ohne formellen Akt, die Zustellung ersetzen können. Bei einer Unterbrechung des Mahnverfahrens durch Konkurseröffnung sei aber die Anmeldung der Forderung zur Tabelle geeignet, an die Stelle der Zustellung zu treten. Auf die Zeit der Anmeldung komme es nicht an, weil die Zustellungsfrist während des ganzen Konkursverfahrens unterbrochen bleibe. Möge daher die Anmeldung am 5. Dezember 1924 oder im Juni 1926 erfolgt sein, jedenfalls habe sie die Verjährung mit Rückwirkung auf den Tag der Einreichung des Gesuchs um Zahlungsbefehl unterbrochen. Übrigens gelange man nach den Grundsätzen über die Aufnahme des Mahnverfahrens zum gleichen Ergebnis. Es stehe nichts im Wege, bei entsprechender Anwendung der §§ 239 flg. ZPO. die Klagerhebung gegen den Konkursverwalter wie eine Aufnahme des Mahnverfahrens wider ihn zu behandeln und die Zustellung der Feststellungsklage als die noch ausstehende Zustellung des Zahlungsbefehls anzusehen. Die Klagerhebung (im Herbst 1928) müsse auch als „demnächst erfolgt" im Sinne des § 693 Abs. 2 ZPO. gelten. Denn nach dem Widerspruch des Konkursverwalters im Prüfungstermin hätten die Parteien noch bis Ende Juli 1928 auch über die hier streitige Forderung verhandelt.

Dem Berufungsgericht ist insoweit beizutreten, als es die Verjährung des Wechselregreßanspruchs dann für ausgeschlossen hält, wenn der Zahlungsbefehl der Schuldnerin Firma D. am 21. Oktober 1924 noch vor der um 13,45 Uhr erfolgten Konkurseröffnung zugestellt worden ist. Dann trat die Wirkung der Unterbrechung der Verjährung nach § 693 Abs. 2 ZPO. schon mit dem 8. Oktober 1924 ein als dem Tag der Einreichung des Gesuchs um Zahlungsbefehl. Denn am 8. Oktober war die dreimonatige Verjährungsfrist, die seit dem 12. Juli 1924 lief, noch nicht abgelaufen. Diese Unterbrechung dauert nach § 213 Satz 1 in Verb. mit § 212a Satz 1 BGB. bis zur „Erledigung" des Mahnverfahrens. Zur Erledigung des Mahnverfahrens kann es aber überhaupt nicht kommen, solange der Konkurs noch schwebt. Denn das Mahnverfahren wurde in dem hier angenommenen Fall der Zustellung vor Konkurseröffnung durch diese unterbrochen und bleibt nach § 240 ZPO. unterbrochen, bis es „nach den für den Konkurs geltenden Bestimmungen aufgenommen oder das Konkursverfahren aufgehoben wird". Eine Aufnahme des Mahnverfahrens in dem soeben erwähnten Sinne, also während des Konkurses, ist nicht möglich, wie sich aus § 688 Abs. 1 ZPO. in Verb. mit § 146 KO. ohne weiteres ergibt. Aufhebung des Konkursverfahrens kommt als Beendigungsmöglichkeit für die Unterbrechung des Mahnverfahrens hier auch nicht in Frage, weil bei Erlassung des Berufungsurteils der Konkurs gegen die Firma D. noch im Gange war. Fortgesetzt und erledigt kann also das vor Konkurseröffnung nur bis zur Zustellung des Zahlungsbefehls gediehene Mahnverfahren erst dann werden, wenn der Konkurs beendigt ist. Aus alledem folgt, daß die Unterbrechung der Verjährung bei Erlassung des angefochtenen Urteils noch fortdauerte.

Die Revision meint allerdings, die Regreßforderung sei auch dann verjährt, wenn der Zahlungsbefehl noch vor Konkurseröffnung zugestellt worden sein sollte. Denn durch die Konkurseröffnung sei ein Stillstand des Mahnverfahrens herbeigeführt worden, und die neue dreimonatige Verjährungsfrist, die vom 21. Oktober 1924 an gelaufen sei, habe keine Unterbrechung mehr erlitten, weil die Regreßforderung erst am 18. Juni 1926 zur Tabelle angemeldet worden sei. Diese Auffassung geht fehl. In gewissem Sinne liegt allerdings auch hier ein Stillstand des Mahnverfahrens vor, weil dieses während des Konkurses nicht weiterbetrieben werden kann. Aber diese Stockung im Mahnverfahren ist kein Stillstand im Sinne des § 211 Abs. 2 BGB., dessen Anwendung die Revision für möglich hält. Denn sie beruht weder auf Parteivereinbarung noch auf freiwilliger Untätigkeit des Gläubigers, sondern auf dem Gebot des Gesetzes, das während des Konkursverfahrens nur eine bestimmte Art der Rechtsverfolgung zuläßt. In solchem Falle kommt die Anwendung des § 211 Abs. 2 nicht in Frage.

Fand dagegen die Zustellung des Zahlungsbefehls erst nach der Eröffnung des Konkurses statt, so war sie — wie auch der Berufungsrichter annimmt — der Konkursmasse gegenüber ohne rechtliche Wirkung. Insbesondere konnte sie nicht die Verjährung des Wechselregreßanspruchs zugunsten der Klägerin unterbrechen und infolgedessen auch nicht eine Rückwirkung im Sinne des § 693 Abs. 2 ZPO. begründen. Zu der bestrittenen Frage, ob das Mahnverfahren durch die Konkurseröffnung auch dann unterbrochen werden konnte, wenn im Zeitpunkt der letzteren der Zahlungsbefehl noch nicht zugestellt war, nimmt der Senat im Anschluß an Stein-Jonas Anm. IV zu § 692 ZPO. in verneinendem Sinne Stellung, weil vor der Zustellung von einem anhängigen Verfahren nicht wohl die Rede sein kann. Die dreimonatige Verjährungsfrist war in dem hier angenommenen Falle der (wirkungslosen) Zustellung nach Konkurseröffnung am 12. Oktober 1924 abgelaufen, wenn nicht irgendein Vorgang aus der Zeit nach Konkurseröffnung der „demnächstigen" Zustellung im Sinne des § 693 Abs. 2 ZPO. in der Wirkung der Rückbeziehung auf den Tag der Einreichung des Gesuchs um Zahlungsbefehl gleichgestellt werden kann. Der Berufungsrichter will im Anschluß an Hellwig System des Zivilprozeßrechts Bd. 2 S. 80 (§ 255 I 3 u. Note 4) die demnächstige Zustellung des Zahlungsbefehls mit der Wirkung nach § 693 Abs. 2 ZPO. durch die Anmeldung der Wechselregreßforderung im Konkurs ersetzen, wobei er offen läßt, ob diese Anmeldung am 5. Dezember 1924 oder erst im Juni 1926 vorgenommen wurde. Hierin vermag ihm der erkennende Senat nicht zu folgen.

Soweit die Zivilprozeßordnung zur Wahrung einer Frist oder zur Unterbrechung der Verjährung (oder des Laufs einer Frist) die Rückbeziehung der Zustellung auf einen früheren Tag zuläßt (außer § 693 Abs. 2 vgl. § 207 Abs. 1, § 496 Abs. 3), handelt es sich um Ausnahmevorschriften, die schon wegen dieser ihrer Eigenschaft einer ausdehnenden Deutung nicht fähig sind. Was den § 693 Abs. 2 im besonderen angeht, so spricht nichts dafür, daß nach dem gegebenen Gesetz die Zustellung des Zahlungsbefehls dann, wenn der Schuldner vor ihrer Bewirkung in Konkurs fällt, durch die Anmeldung der Forderung zur Konkurstabelle sollte ersetzt werden können. Dieser Gedanke mag vielleicht als Gesetzesvorschlag beachtenswert sein; im Gesetze selbst ist er nicht berücksichtigt. Zur Auslegung der Vorschrift im Sinne des angefochtenen Urteils kann auch nicht die Erwägung führen, daß bei der Zustellung von Amts wegen die Möglichkeit einer Einwirkung der Partei ausgeschlossen sei und der Gläubiger daher in einem Falle wie dem vorliegenden ohne Verschulden hart getroffen werde, wenn zwischen Erwirkung und Zustellung des Zahlungsbefehls die Konkurseröffnung gegen den Schuldner trete. Einmal ist es, jedenfalls nach dem tatsächlichen Gang der Dinge, nicht richtig, daß die Ausführung der Zustellung von Amts wegen der Parteieinwirkung vollständig entzogen sei. Denn der Gläubiger, der einen Zahlungsbefehl erwirkt und an dessen beschleunigter Zustellung ein Interesse hat, kann immerhin durch Anbringung entsprechender — schriftlicher oder auch mündlicher — Gesuche auf Beschleunigung hinwirken. Sodann kommt aber der Klägerin im vorliegenden Fall auch nicht der von ihr betonte Grundsatz zugute, daß der Partei die von der Gerichtsschreiberei (Geschäftsstelle) zur Durchführung der Zustellung gebrauchte Zeit nicht zum Nachteil gereichen dürfe. Denn mit diesem Satze, der sich nach RGZ. Bd. 105 S. 424 schon in der amtlichen Begründung zum jetzigen § 496 Abs. 3 ZPO. findet, sollte nur der Grund angegeben werden für die Rückwirkung auf die Zeit der Einreichung oder Anbringung, wie sie in § 496 Abs. 3 und in § 693 Abs. 2 angeordnet ist. Der Satz läßt sich aber nicht entscheidend für die ganz andere Frage verwerten, ob dann, wenn vor Zustellung des Zahlungsbefehls gegen den Schuldner Konkurs eröffnet wurde, von dem Erfordernis der Zustellung des Zahlungsbefehls abgesehen und die Anmeldung der Forderung zur Tabelle an ihre Stelle treten kann. Diese Frage darf nicht auf Grund von Billigkeitserwägungen bejaht werden, wenn aus dem Gesetze nichts dafür zu entnehmen ist, daß unter gewissen Umständen an der Zustellung des Zahlungsbefehls als Voraussetzung für die in § 693 Abs. 2 bezeichnete Rückwirkung nicht festgehalten zu werden braucht.

Die Annahme, daß der Anspruch im Falle der Zustellung nach Konkurseröffnung nicht verjährt sei, kann auch nicht, wie der Berufungsrichter will, auf die für die Aufnahme des Mahnverfahrens „entsprechend" zu verwertenden Vorschriften der §§ 239 flg. ZPO. gestützt werden. Nach dem angefochtenen Urteil soll auf dieser Grundlage die gegen den Konkursverwalter gerichtete Feststellungsklage als Aufnahme des Mahnverfahrens gelten und die Zustellung der Feststellungsklage als die vom Gesetz geforderte, noch ausstehende Zustellung des Zahlungsbefehls anzusehen sein. Allein auch dieser Versuch, die Verjährung auszuschließen, läuft auf eine willkürliche, in der Zivilprozeßordnung in keiner Weise begründete Ausschaltung des Erfordernisses der demnächstigen Zustellung des Zahlungsbefehls hinaus. Außerdem geht es nicht an, der Erhebung der konkursrechtlichen Feststellungsklage die Wirkung einer Aufnahme des Mahnverfahrens und einer Zustellung des Zahlungsbefehls beizulegen, wenn das Mahnverfahren, wie der Berufungsrichter selbst nicht verkennt, während des Konkurses überhaupt nicht aufgenommen werden kann.

Nach dem Ausgeführten kommt es darauf an, ob der Zahlungsbefehl der Schuldnerin Firma D. vor oder nach dem Zeitpunkt der Konkurseröffnung zugestellt wurde.

67. Kann ein Vertrag trotz widerspruchsloser Hinnahme eines Bestätigungsschreibens wegen Irrtums oder wegen einer vom Bevollmächtigten des Vertragsgegners verübten arglistigen Täuschung angefochten werden?

BGB. §§ 119, 123. HGB. § 346.

I. Zivilsenat. Urt. v. 5. Juli 1930 i. S. Firma H. A.-G. (Bekl.) w. Firma A. & Co. (Kl.). I 66/30.

I. Landgericht Köln, Kammer für Handelssachen.
II. Oberlandesgericht daselbst.

Der Einkäufer der Beklagten, F., erteilte dem Prokuristen der Klägerin, K., und deren Reisendem Kr. einen Auftrag auf Dauermatrizenstahl für Druckscheiben. Der von F. und K. unterzeichnete Bestellschein nennt bei den verschiedenen Stahlsorten als bestellte Mengen je „ca. 5 mtr" „fertig in Scheiben". Ähnlich lautet das von der Beklagten unwidersprochen gelassene Bestätigungsschreiben der Klägerin auf „ca 5 mtr" der bestellten Stahlsorten „in fertigen Scheiben". Nach Empfang der Rechnung lehnte die Beklagte die Annahme der Ware ab. Sie behauptet, ihr Einkäufer habe lediglich je 5 Stück, nicht 5 Meter Stahlscheiben bestellt und den von den Vertretern der Klägerin arglistig in den Bestellschein aufgenommenen Auftrag von weit höherem, mündlich nicht erklärtem Umfang, der auch aus dem Bestätigungsschreiben nicht ohne weiteres erkennbar gewesen und nicht erkannt worden sei, in Unkenntnis seines Inhalts unterzeichnet. Sie hat den Vertragsschluß wegen Irrtums und arglistiger Täuschung angefochten.

In den Vorinstanzen wurde die Beklagte zur Zahlung des Rechnungsbetrags verurteilt. Ihre Revision führte zur Aufhebung und Zurückverweisung.

Aus den Gründen:

....Sieht man von der Möglichkeit arglistigen Verhaltens der Organe der Klägerin bei Entgegennahme der Bestellung und Übersendung des Bestätigungsschreibens ab, so kann allerdings die Beklagte, nachdem sie das Schreiben hingenommen hatte, ohne innerhalb angemessener Zeit gegen seinen Inhalt Widerspruch zu erheben, auf den Willensfehler des Irrtums bei der Bestellungsverhandlung nicht mehr zurückgreifen, um damit die Anfechtung des Vertrags zu begründen. Aus dem Bestätigungsschreiben war zu ersehen, daß die Klägerin einen Vertrag dieses Inhalts als geschlossen ansah. Die Beklagte mußte widersprechen, wenn sie sich nicht nach kaufmännischer Gepflogenheit als zustimmend behandelt wissen wollte. Dabei war sie zur Prüfung des an sich unzweideutigen Schreibens verpflichtet; die Folgen einer in dieser Hinsicht vorgekommenen Sorgfaltsversäumnis und eines infolgedessen bestehen gebliebenen Irrtums über den Vertragsinhalt muß sie auf sich nehmen. Ein bei den vorhergehenden Verhandlungen unterlaufener Irrtum ist nach widerspruchsloser Hinnahme des den gesamten Vertragsinhalt wiedergebenden Bestätigungsschreibens für den insoweit zustandegekommenen Vertragsschluß ohne Bedeutung, da er zu den neuerlichen Vertragserklärungen der Parteien nicht in Beziehung steht. Daß ihren vertretungsberechtigten Organen das Bestätigungsschreiben überhaupt nicht zu Gesicht gekommen sei, hat die Beklagte nicht mit ausreichender Bestimmtheit behauptet. Die Voraussetzungen einer Anfechtung der in ihrem Schweigen liegenden zustimmenden Erklärung sind daher nicht gegeben (vgl. RGZ Bd. 103 S. 405).

Die Berechtigung zur Anfechtung des Abschlusses über die Stahllieferungen sucht die Beklagte weiter aus arglistiger Täuschung herzuleiten. Ihr Vorbringen ist dahin zu verstehen, daß die Vertreter der Klägerin arglistig in die Bestellscheine eine Warenmenge aufgenommen hätten, welche die mündlich bestellte überstieg, daß sie ferner den Bestellschein in einer Fassung, die eine deutliche Übersicht über den Umfang der Bestellung erschwerte, dem F. ohne Hinweis auf die Abweichung zur Unterschrift vorgelegt hätten, um in ihm die irrtümliche Auffassung zu erregen oder zu unterhalten, der Bestellschein enthalte nur den mündlich erteilten Auftrag, daß endlich die Klägerin bei Übersendung des Bestätigungsschreibens diesen Irrtum weiter zu unterhalten bestrebt gewesen sei.

Läßt man zunächst die Tatsachen der Übersendung des Bestätigungsschreibens und seiner widerspruchslosen Hinnahme durch die Beklagte unbeachtet, so erscheint das behauptete Verhalten der Vertreter der Klägerin (bewußt unrichtige Wiedergabe des mündlich Besprochenen im Bestellschein in der Hoffnung, daß dies von dem Unterzeichnenden unbemerkt bleiben werde) allerdings geeignet, die Voraussetzungen einer arglistigen Täuschungshandlung im Sinne des § 123 BGB. zu erfüllen. Die unter solchen Umständen ohne Erkenntnis des nicht gewollten Bestellungsinhalts durch Unterzeichnung vollzogene Zustimmungserklärung zum Lieferungsvertrage unterliegt dann der Anfechtung wegen arglistiger Täuschung; auch muß die Klägerin in dieser Hinsicht die Handlungsweise ihrer Vertreter gegen sich gelten lassen (RGZ. Bd. 72 S. 133, Bd. 76 S. 107). Zu erörtern ist aber weiter, ob sich an dieser Rechtslage dadurch etwas ändert, daß die Beklagte ein Bestätigungsschreiben der Klägerin widerspruchslos hingenommen hat, das ersichtlich der endgültigen Regelung des Vertragsverhältnisses einschließlich von Nebenpunkten (allgemeine Verkaufsbedingungen) dienen sollte und den Inhalt des Bestellscheins unmißverständlich wiedergab. Die rechtserzeugende Wirkung eines Bestätigungsschreibens dieser Art und seiner schweigenden Hinnahme beruht auf der Übung des redlichen Geschäftsverkehrs (RGZ. Bd. 103 S. 405). Befand sich die Klägerin daher bei Absendung des Bestätigungsschreibens nicht in gutem Glauben, daß sein Inhalt, abgesehen von den noch zu regelnden Nebenpunkten, der tatsächlichen, durch keine arglistig herbeigeführten Willensfehler beeinflußten Abrede entspreche, so steht die Rücksicht auf Treu und Glauben dem entgegen, ihr auf Grund des Schweigens der Gegenseite Rechte zuzubilligen (RGZ. Bd. 95 S. 48; LZ. 1923 Sp. 344). Hat sie dagegen das Bestätigungsschreiben in gutem Glauben, daß es den Inhalt der Abrede richtig wiedergebe, abgesandt, so nimmt der Umstand, daß ihr von ihrem Reisenden eine unter arglistiger Täuschung zustandegekommene Bestellung übermittelt worden ist, der widerspruchslosen Hinnahme des Bestätigungsschreibens nicht die rechtserzeugende Wirkung. Dem Empfänger bleibt dann zwar die Möglichkeit der Anfechtung der aus seinem Schweigen zu entnehmenden Zustimmungserklärung, wenn er, mangels Kenntnis des Vertragsschlusses und des Zugehens des Bestätigungsschreibens, eine Erklärung überhaupt nicht hat abgeben wollen (RGZ. Bd. 103 S. 405). Daß die Voraussetzungen einer solchen Anfechtung vorgelegen hätten, ist jedoch, wie erwähnt, von der Beklagten nicht ausreichend dargetan. (Es folgt die Erörterung von Prozeßrügen, die zur Aufhebung des Berufungsurteils Anlaß gaben.)

68. Zur Auslegung des Begriffs der Schuldverpflichtungen, die Gemeinden als Inhaber kommunaler Grundkreditanstalten begründet haben (Anleiheablösungsgesetz § 45 Nr. 2).

V. Zivilsenat. Urt. v. 5. Juli 1930 i. S. Stadtgemeinde D. (Kl.) w. K. (Bekl.). V 388/29.

I. Landgericht Düsseldorf.
II. Oberlandesgericht daselbst.

Auf dem Grundstück des Beklagten waren für die Klägerin, eine rheinische Stadtgemeinde, seit dem Jahre 1903 zwei Darlehenshypotheken eingetragen. Der Beklagte zahlte sie am 30. November 1922 mit Schuldverschreibungen im gleichen Nennbetrage zurück, welche die Klägerin in den Jahren 1900 bis 1911 über Anleihen für ihre „Verwaltung der Stadt-Hypothekengeschäfte" ausgegeben hatte. Diese Verwaltung war durch einen Beschluß der Stadtverordnetenversammlung vom 24. April 1900 gegründet worden. Darin heißt es:

Die Stadtversammlung beschließt, auf Grundstücke im Stadtbezirk hypothekarische Darlehen zu gewähren. Die Hypothekengeschäfte werden von einer Deputation nach Maßgabe der zu diesem Beschluß anerkannten Geschäftsordnung und unter Beachtung der gleichfalls hierzu anerkannten „Grundsätze" der Anweisung für Wertermittlung und der Grundzüge der Darlehensbedingungen verwaltet. Die Stadt legt aus dem Reservefonds der Stadtkasse als Grundstock des Reservefonds der neuen Betriebsverwaltung eine Million Mark ein.

Die erwähnten „Grundsätze" enthalten folgende Bestimmungen:

§ 1. Die Stadt gewährt gegen erststellige hypothekarische Sicherheit auf Grundstücke im Gemeindebezirk Darlehen.

§ 8. Zum Behufe der Gewährung der Darlehen gibt die Stadt Schuldverschreibungen aus. Die Schuldverschreibungen dürfen den Betrag der jeweils ausstehenden Darlehen nicht übersteigen. Bei gänzlicher oder teilweiser Rückzahlung von Darlehen muß demnach der nicht zur Gewährung neuer Darlehen erforderliche Kapitalbetrag von den Schuldverschreibungen getilgt werden. Insoweit die Einlösung der letzteren nicht möglich oder sogleich tunlich ist, muß zwischenzeitlich eine ergänzende Deckung durch Geld oder Schuldverschreibungen des Reiches oder eines Bundesstaates stattfinden. Letztere dürfen höchstens mit einem Betrag in Ansatz gebracht werden, der um 5 v. H. unter dem jeweiligen Börsenpreise bleibt.

§ 9. In den ausgegebenen Schuldverschreibungen darf für nicht längere Zeit die Unkündbarkeit zugestanden werden, als die Unkündbarkeit der bezüglichen Hypothekendarlehen seitens des Schuldners dauert. Die Tilgung der Schuldverschreibungen muß seitens der Stadtgemeinde nur in dem Umfang stattfinden, der sich aus der Beachtung der Bestimmung des § 8 ergibt.

§ 11. Die Verwaltung dieser Hypothekengeschäfte bildet eine von dem übrigen Gemeindehaushalt völlig abgesonderte Betriebsverwaltung der Stadt; für dieselbe wird alljährlich eine besondere Bilanz aufgestellt. In diese sind die ausgegebenen Schuldverschreibungen zum Nennwert einzustellen.

Die Stadt legt aus dem Reservefonds der Stadtkasse als Grundstock des besonderen Reservefonds dieser Verwaltung den Betrag von einer Million Mark ein. Der Jahresgewinn fließt zur Hälfte in die Stadtkasse, zur Hälfte wird er zum besonderen Reservefonds geschlagen. Verluste werden aus dem Reservefonds und, soweit dieser nicht ausreicht, vorschußweise aus der Stadtkasse gedeckt und durch spätere Gewinne beglichen.

§ 12. Zur Verwaltung der Hypothekengeschäfte wird eine Deputation im Sinne des § 54 der Rheinischen Städteordnung gebildet. Diese besteht aus dem Oberbürgermeister und fünf Mitgliedern. Sie ist zuständig zur Gewährung von Darlehen, Festsetzung der im einzelnen Falle maßgebenden Bedingungen, zur Kündigung der Darlehen, zum Verkauf der Schuldverschreibungen und zu allen sonst sich ergebenden regelmäßigen Geschäften. Sie ist auch ermächtigt, Gelder, die ihr von städtischen Verwaltungen zur Verzinsung überwiesen werden, gegen erstklassige mobile Sicherheiten zinsbar anzulegen. Die Deputation wird nach außen durch den Oberbürgermeister vertreten.

Die gleichzeitig beschlossene „Geschäftsordnung der Deputation zur Verwaltung der Hypothekengeschäfte der Stadt" enthält folgende Bestimmungen:

§ 7. Die Deputation erledigt alle übrigen durch die Verwaltung der städtischen Hypothekengeschäfte sich ergebenden, zur kollegialen Beratung sich eignenden Gegenstände. Sie prüft die aufgestellten Jahresbilanzen und das zu führende Hypothekenregister. Sie nimmt Kenntnis von der entsprechenden Eintragung der Darlehen in das Grundbuch. Sie legt Gelder, welche aus dem Betriebe der Hypothekengeschäfte verfügbar werden oder ihr von den städtischen Verwaltungen überwiesen werden, gegen erstklassige mobile Sicherheiten zinsbar an.

§ 9. Die Deputation begutachtet alle Ordnungen über die zum Betriebe der Anstalt erforderlichen Einrichtungen und alle Instruktionen für die Beamten.

Die den einzelnen Schuldverschreibungen beigegebenen Bedingungen bestimmen:

Die Schuld wird nach dem für jeden Abschnitt genehmigten Tilgungsplan — spätestens nach 61 Jahren — getilgt. Zu diesem Zwecke wird ein Tilgungsstock gebildet, welchem jährlich ein halb Prozent des Anleihekapitals sowie die Zinsen von den getilgten Schuldverschreibungen zuzuführen sind. Dem Tilgungsstock fließen ferner zu die von den Darlehensschuldnern gezahlten Amortisations- und Zinsbeträge, soweit sie die für die städtische Anleihe festgesetzten Zins- und Tilgungssummen übersteigen, und zwar sofern diese Überschüsse nicht zur Wiederausleihung auf neue Hypothekendarlehen zu dienen haben. . . .

Zur Sicherheit der hierdurch eingegangenen Verpflichtungen haftet die Stadt mit ihrem Vermögen und mit ihrer Steuerkraft, insbesondere auch mit den Hypothekenforderungen, zu deren Gewährung sie die gegenwärtige Anleihe aufgenommen hat.

Die Klägerin nahm die Rückzahlung ihrer Hypotheken mit den Schuldverschreibungen an und erteilte dem Beklagten löschungsfähige Quittung. Die Hypotheken wurden im Januar 1924 gelöscht. Die Klägerin meldete die dinglichen und persönlichen Ansprüche aus den gelöschten Posten zur Aufwertung kraft Rückwirkung rechtzeitig bei der Aufwertungsstelle an. Der Beklagte widersprach der Aufwertung, weil die Rückzahlung vom November 1922 eine endgültige Tilgung aller Ansprüche der Klägerin herbeigeführt habe. Die Aufwertungsstelle verwies die Parteien auf den Prozeßweg. Die Klägerin klagte auf Feststellung, daß der Beklagte trotz der Rückzahlung zur Aufwertung der Hypotheken in Höhe eines von der Aufwertungsstelle festzusetzenden Betrags dinglich und persönlich verpflichtet sei.

Das Landgericht gab der Klage statt. Das Oberlandesgericht wies sie zunächst wegen Unzulässigkeit des Rechtswegs ab. Nachdem dieses Urteil vom Reichsgericht aufgehoben worden war[1]), wies das Oberlandesgericht die Klage aus sachlichen Gründen ab. Die von der Klägerin abermals eingelegte Revision blieb erfolglos.

Gründe:

Die Parteien streiten darüber, ob die Schuldverschreibungen der Klägerin, mit denen der Beklagte deren Hypotheken zurückgezahlt hat, Anleihen im Sinne des Reichsgesetzes über die Ablösung öffentlicher Anleihen (AnlAblG.) oder sonstige Schuldverschreibungen darstellen. Jenes nimmt die Klägerin, dieses der Beklagte an. Das Berufungsgericht hat die Frage gegen die Klägerin entschieden und daraus gefolgert, daß die ihr vom Beklagten in Zahlung gegebenen Schuldverschreibungen nach Art. 18 Abs. 2 Satz 1 (nicht Satz 2) der Durchführungsverordnung zum Aufwertungsgesetz vom 29. November 1925 auf die Hypotheken anzurechnen seien, und daß dabei der Goldmarkwert der Schuldverschreibungen den Goldmarkwert der Hypotheken voll ausgleiche. Vergeblich kämpft die Revision gegen dieses Ergebnis an.

Nach § 45 Nr. 2 AnlAblG. sind nicht als Markanleihen der Gemeinden im Sinne des Gesetzes zu behandeln solche Schuldverpflichtungen, welche Gemeinden als Inhaber kommunaler Grundkreditanstalten begründet haben. Diese Voraussetzung hat das Berufungsgericht für die hier fraglichen Schuldverschreibungen der Klägerin als erfüllt angesehen. Es nimmt in Übereinstimmung mit einigen Schriftstellern (Neufeld AnlAblG. Anm. 4a zu § 39; Wagemann AnlAblG. 4. Aufl. Anm. 3 zu § 45) zunächst an, daß die Gemeinde Inhaberin einer Grundkreditanstalt nur dann sein könne, wenn die Anstalt keine eigene Rechtspersönlichkeit habe. Ob dieser von der Revision angegriffene Satz richtig ist, mag auf sich beruhen. Sicher ist jedenfalls, daß die Gemeinde Inhaberin der Anstalt auch dann sein kann, wenn diese keine Rechtspersönlichkeit besitzt (Mügel Aufwertungsrecht 5. Aufl. S. 886; Quassowski AufwG. 5. Aufl. S. 463). Das erkennt auch die Revision an. Nun hat die Klägerin die er-

[1]) RGUrt. v. 2. Mai 1929 V 148/28, abgedruckt in AufwRspr. 1929 S. 658. D. E.

wähnten Schuldverschreibungen zugunsten ihrer „Verwaltung der Stadt-Hypothekengeschäfte" ausgegeben, die eigener Rechtspersönlichkeit entbehrt. Es fragt sich also, ob diese Einrichtung als eine „kommunale Grundkreditanstalt" oder lediglich als ein „Verwaltungsdezernat" der Klägerin ohne „Anstalts"-Charakter anzusehen ist. Der Vorderrichter hat sich für die Antwort im ersteren Sinne entschieden; die Revision kämpft für eine Antwort im letzteren Sinne.

Übereinstimmend und zutreffend gehen Berufungsgericht und Revision davon aus, daß die Entscheidung der Frage, ob eine Grundkreditanstalt oder ein Verwaltungsdezernat vorliege, vom Grade der Selbständigkeit der Einrichtung innerhalb der Gesamtverwaltung der Klägerin abhängt. Das Berufungsgericht möchte es zur Bejahung des Anstalts-Charakters grundsätzlich genügen lassen, daß der Einrichtung „nach ihrer Geschäftsführung und Finanzgebarung durch besondere Statuten eine gewisse Selbständigkeit verliehen ist". Die Revision meint, daß eine Grundkreditanstalt „ein vollkommen selbständiges, getrenntes Vermögen unter selbständiger Verwaltung sein müsse." Beide Begriffsbestimmungen erscheinen nicht glücklich. Die Umschreibung des Berufungsgerichts ist zu unbestimmt und mag deshalb, als abstrakte Definition betrachtet, an den Grad der Selbständigkeit einer kommunalen Grundkreditanstalt vielleicht zu geringe Anforderungen stellen. Die Umschreibung der Revision ist dagegen zu eng und kommt im Ergebnis nahezu darauf hinaus, daß eine kommunale Grundkreditanstalt eigene Rechtspersönlichkeit haben müsse. Nach dem, was sich aus dem Gesetz entnehmen läßt, muß die Einrichtung der Gemeinde, um Grundkreditanstalt zu sein, einen solchen Grad von Selbständigkeit haben, daß von einer „Anstalt" gesprochen werden kann, die sich äußerlich und innerlich trotz des Mangels eigener Rechtspersönlichkeit klar von der übrigen kommunalen Verwaltung abhebt, und muß ferner diese Anstalt satzungsgemäß das Grundstücksbeleihungsgeschäft in den Vordergrund ihrer Tätigkeit stellen (RGZ. Bd. 127 S. 34; Neufeld a. a. O.; Wagemann a. a. O. Anm. 4; Mügel a. a. O.; Quassowski a. a. O. S. 452; Schlegelberger-Harmening AufwG. 5. Aufl. S. 412). Ob diese Bedingungen im Einzelfall erfüllt sind, ist im wesentlichen Tatfrage. Der Name, mit dem die Einrichtung ausgestattet wird, tut nichts zur Sache. Das verkennt auch die Klägerin nicht. Ob ihre Einrichtung sich „Hypothekenanstalt der Stadt D." oder „Verwaltung der Stadt-Hypothekengeschäfte" nannte, ist für die Frage, ob eine Grundkreditanstalt oder ein Verwaltungsdezernat begründet wurde, ohne Bedeutung. Entscheidend ist die sachliche Ausgestaltung der Einrichtung nach innen und nach außen. Bei ihrer Prüfung im ganzen und im einzelnen ist der Berufungsrichter zu dem Ergebnis gelangt, daß eine „Anstalt" geschaffen worden sei. Zur Begründung weist er insbesondere darauf hin, daß die im Jahre 1900 durch besonderen Stadtverordnetenbeschluß ins Leben gerufene neue „Verwaltung" eine eigene Satzung („Grundsätze") und ein selbständiges Verwaltungsorgan in Gestalt einer nach § 54 RheinStO. gebildeten Deputation mit besonderer Geschäftsordnung besitzt, daß sie satzungsmäßig vom übrigen Gemeindehaushalt völlig abgesondert ist und jährlich eigene Bilanzen aufstellt, daß ihre Mittel satzungsmäßig in bestimmter Richtung sorgfältig festgelegt sind, und daß sie schließlich in der Geschäftsordnung ihres Verwaltungsorgans (§ 9) sich selbst als eine „Anstalt" bezeichnet, deren Betriebseinrichtungen und Beamteninstruktionen sich nach besonderen, von dem Verwaltungsorgan begutachteten Vorschriften richten. Wenn das Berufungsgericht aus diesen Tatsachen folgert, daß die Klägerin in der „Verwaltung der Stadt-Hypothekengeschäfte" nicht lediglich ein neues Verwaltungsdezernat, sondern eine Anstalt und zwar eine Grundkreditanstalt geschaffen habe, so kann ihm mit Rechtsgründen nicht entgegengetreten werden. Daß auch die Öffentlichkeit die Einrichtung nicht anders beurteilt hat, zeigt ein dem Gericht eingereichter Zeitungsaufsatz, in dem die Einrichtung schlechthin als „kommunale Hypothekenbank" bezeichnet wird. In der Tat weist ihre Ausgestaltung beachtliche Anklänge an die Organisation einer Hypothekenbank auf (vgl. die §§ 1, 8, 9 der „Grundsätze" und § 7 der „Geschäftsordnung" mit den §§ 6, 7, 11, 18, 22 des Hypothekenbankgesetzes). Demgegenüber verweist die Revision darauf, daß das Verwaltungsorgan nach § 54 RheinStO. gebildet werde und deshalb „eine städtische Verwaltung sei", daß die Klägerin für die Verpflichtungen aus den Schuldverschreibungen nicht nur mit den aus den Anleihemitteln begebenen Hypotheken, sondern auch mit ihrem ganzen sonstigen Vermögen und mit ihrer Steuerkraft hafte, und daß die Hypotheken für die Klägerin als Stadtgemeinde eingetragen seien. Diese Tatsachen stehen indessen der Ansicht des Berufungsgerichts nicht entgegen, daß die Klägerin eine Grundkreditanstalt begründet hat, deren Inhaberin sie ist. Denn die Art der Zusammensetzung und der Berufung des selbständigen Verwaltungsorgans tritt bei der Entscheidung der Frage, ob eine kommunale Einrichtung eine „Anstalt" ist, zurück hinter der Tatsache, daß überhaupt ein solches Organ besteht. Zudem sind gerade die besonderen Deputationen des § 54 RheinStO. durchaus selbständige öffentliche Behörden, wenn sie auch organisch in den Verwaltungsapparat der Gemeinde eingegliedert sind (Vigelius Rheinische Städteordnung 2. Aufl. S. 180 Anm. 1, 2 zu § 54). Daher läßt sich nichts gegen das Vorhandensein einer kommunalen Grundkreditanstalt in der Hand der Gemeinde daraus herleiten, daß die Leitung der Einrichtung bei einer Deputation nach § 54 a. a. O. liegt. Die Zusage der Haftung der Stadt mit ihrem Gesamtvermögen und ihrer Steuerkraft ist nach den Anleihebedingungen ersichtlich nur als eine zusätzliche, die im Vordergrund stehende Haftung mit den erststelligen Deckungshypotheken verstärkende, praktisch aber nicht sonderlich bedeutsame Sicherheitsbestellung für die Anleihezeichner aufzufassen und beeinträchtigt die Selbständigkeit des Betriebs der Grundkreditgeschäfte nicht. Die Deckungshypotheken müssen bei jeder kommunalen Grundkreditanstalt, die keine eigene Rechtspersönlichkeit hat, für die Gemeinde als solche eingetragen werden.

Hat hiernach das Berufungsgericht ohne Rechtsirrtum verneint, daß die Schuldverschreibungen, mit denen der Beklagte die Hypotheken der Klägerin ausgezahlt hat, unter das Anleiheablösungsgesetz fallen, so sind sie nach Art. 18 Abs. 2 Satz 1 DurchfVo. z. AufwG. zum Goldmarkwert auf den Goldmarkwert der Hypotheken anzurechnen. Beide Goldmarkwerte bestimmen sich nach § 2 Abs. 1 Satz 1, Abs. 2 Satz 1 AufwG. auf den Nennbetrag der Schuldverschreibungen und der Hypotheken, da jene vor dem 1. Januar 1918 ausgegeben, diese vor dem 1. Januar 1918 von der Klägerin erworben worden sind. Wann der Beklagte die Schuldverschreibungen erworben hat, ist unerheblich, weil bei ihnen die Frage des Altbesitzes oder Neubesitzes für die Anrechnungshöhe nach Art. 18 a. a. O. keine Rolle spielt (Mügel a. a. O. S. 1082 flg. unter b; Quassowski a. a. O. S. 644 flg. unter B 1; Schlegelberger-Harmening a. a. O. S. 553 unter 5; OLG. München in AufwRspr. 1927 S. 691 Nr. 367). Der Beklagte hat daher, da der Nennbetrag der Schuldverschreibungen dem Nennbetrag der Hypotheken entspricht, durch die Zahlung mit den Schuldverschreibungen die Hypotheken der Klägerin selbst dann voll getilgt, wenn er sich die Schuldverschreibungen erst in der Zeit des Währungsverfalls mit Aufwendungen, deren Goldwert hinter dem Anrechnungswert der Papiere zurückbleibt, angeschafft haben sollte. Der Klägerin steht mithin kein Aufwertungsanspruch aus den Hypotheken mehr zu. Ihre Klage ist mit Recht vom Berufungsgericht abgewiesen worden.

---

69. 1. Zum Begriff, zur Auslegung und zur Wirksamkeit des Rentengutsvertrags.
2. Zur Anwendung des § 826 BGB. in Rentengutssachen.

BGB. §§ 125, 133, 157, 162, 242, 249, 251, 252, 313, 826, 985, 986. Preuß. Ausführungsgesetz zum Bürgerlichen Gesetzbuch Art. 12 § 1. Preuß. Gesetz über Landeskulturbehörden vom 3. Juni 1919 (GS. S. 101). Preuß. Rentengutsgesetz vom 27. Juni 1890 (GS. S. 209). Preuß. Gesetz betr. die Beförderung der Errichtung von Rentengütern vom 7. Juli 1891 (GS. S. 279) § 12. Preuß. Verordnung wegen Organisation der Generalkommissionen vom 20. Juni 1817 (GS. S. 161).

VI. Zivilsenat. Urt. v. 7. Juli 1930 i. S. Eheleute H. (Bekl.) w. Kreis O. (Kl.). VI 370/29 und VI 646/29.

I. Landgericht Neuruppin.
II. Kammergericht Berlin.

Durch Vertrag vom 12. Dezember 1924 verkaufte der Rittergutsbesitzer v. K. sein Rittergut L. von rund 953 ha zum Zwecke der Besiedlung an die D. GmbH. in B. für 650000 GM. und gegen Übernahme gewisser Lasten; das Restkaufgeld von 500000 GM. war auf dem Gute hypothekarisch sicherzustellen. Auf Grund der Auflassung vom selben Tage wurde die D. am 20. Dezember 1924 als Eigentümerin eingetragen. Am letzteren Tage wurde auch die Restkaufgeldhypothek von 500000 GM., von der später 50000 GM. gelöscht und 100000 GM. an die Stadtgemeinde B. abgetreten wurden, sowie ferner eine Darlehenshypothek von 150000 GM. eingetragen, die später ebenfalls an die Stadt B. abgetreten wurde. Am 3. Februar 1925 ließ die D. weitere 150000 GM. als Eigentümergrundschuld eintragen, die dann gleichfalls der Stadt B. abgetreten wurde.

Bereits am 13./15. Dezember 1924 stellte die D. bei dem Kulturamt in P. den Antrag, das Gut unter Vermittlung und Aufsicht der Landeskulturbehörden zu besiedeln; das Kulturamt bescheinigte unter dem 17. Dezember 1924, daß das Siedlungsvorhaben durch die Vermittlung des Kulturamts den Charakter der Gemeinnützigkeit erhalte, ohne daß es einer besonderen Erklärung darüber bedürfe. Die durch § 12 Abs. 3 des preuß. Gesetzes betr. die Beförderung der Errichtung von Rentengütern vom 7. Juli 1891 (GS. S. 279) vorgeschriebene Vormerkung (vgl. dazu Nr. 20 des Ausführungserlasses vom 16. November 1891, abgedruckt bei Haack Die preußische Agrargesetzgebung 2. Aufl. Teil I S. 75) wurde erst am 8. November 1926 in das Grundbuch eingetragen. Wann das Kulturamt den Antrag auf Eintragung dieses Sperrvermerks bei dem Amtsgericht gestellt hat, erhellt aus den vorliegenden Akten nicht; in dem Verwaltungsbericht des klagenden Kreises für 1925/26 ist angegeben, das Kulturamt habe nicht rechtzeitig das Rentengutsverfahren eingeleitet und das Grundbuch gesperrt.

Der Landrat des klagenden Kreises hielt nach einer Besichtigung von vornherein die Aufteilung der Wirtschaft zum Zwecke der Neusiedlung zu tragbaren finanziellen Bedingungen für den Einzelsiedler bei den von der D. zu erfüllenden Verpflichtungen und bei der Beschaffenheit des Gutes nicht für durchführbar. Er bezweifelte, daß die auf dem Gute angesetzten Siedler würden bestehen können; auch äußerte er im Gegensatz zu der Auffassung der Landeskulturbehörden Bedenken dagegen, daß die D. eine „gemeinnützige" Siedlungstätigkeit bezwecke.

In den Jahren 1925 und 1926 verkaufte die D. das Schloß mit dem Restgut an den Grafen v. W., ferner einen Teil der Grundstücke an Anlieger und endlich einen weiteren Teil an Neusiedler; letztere waren zumeist ostmärkische Flüchtlinge. An Barkaufpreisen nahm die D. rund 297500 RM. ein. Schon Anfang Januar 1926 entstanden in den Kreisen der Käufer Bedenken gegen die Zuverlässigkeit der D.; sie befürchteten, daß diese bei der hohen Belastung des Gutes nicht in der Lage sein werde, ihnen das Eigentum an den verkauften Grundstücken zu verschaffen. Daher wurde, im Einvernehmen mit der D., mit dem Kläger und mit dem Grafen v. W., am 14. Januar 1926 der Kreissparkassendirektor des Klägers, U., zum Treuhänder für das Gut bestellt. Am 29. April 1926 teilte der Landrat dem Kulturamtsvorsteher die diesem bisher unbekannte Tatsache mit, daß das Gut mit 750000 GM. belastet war, und machte ihn darauf aufmerksam, daß dieser Umstand die Siedler mit berechtigter Sorge um ihre Eigentumsansprüche erfülle.

Trotz dieser Vorgänge schloß die D. noch am 5. Mai 1926 in

privatschriftlicher Form mit den aus der früheren Provinz Posen vertriebenen Beklagten einen Kaufvertrag über Teile des Gutes L. ab. Der Vertrag ist als „Rentengutsvertrag in dem von dem Kulturamt zu P. geleiteten Verfahren betreffend die Besiedlung des Gutes L." bezeichnet. Die Bestimmungen dieses Vertrags gehen im wesentlichen dahin: In § 1 sind die verkauften Flächen von insgesamt etwa 72 Morgen nach Kulturart, Lage und ungefährer Einzelgröße sowie die Gebäude bezeichnet mit dem Zusatz: „Über die Lage und Größe der einzelnen Pläne entscheidet endgültig das Kulturamt." Es wird weiter bemerkt: „Die auf den verkauften Holzplänen ... aufstehenden Hölzer sind nicht mitverkauft. Verkäuferin behält sich die Abholzung dieser Flächen bis zum 1. März 1927 vor. Diejenigen Hölzer, die bis zum 1. März 1927 nicht geschlagen sind, gehen mit diesem Tage in das Eigentum des Käufers über." Ferner wird der Kaufpreis einschließlich der mitzuübergebenden Vorräte auf insgesamt 18342 RM. festgesetzt. Nach § 2 hatten die Käufer lebendes Inventar im Werte von 2000 RM. anzukaufen; ein Zusatz lautet: „Verkäuferin wird sich bemühen, ein Wirtschafts- oder sonstiges Darlehen vom Staat in mindest gleicher Höhe zu erwirken; anderenfalls verpflichtet sich Verkäuferin, aus der geleisteten Anzahlung (§ 3 zu 1) aus dem Verdrängungsschaden 2000 RM. an Käufer zurückzuzahlen; in diesem Fall verringert sich die Anzahlung um 2000 RM., während sich das Restkaufgeld um dieselbe Summe erhöht." Nach § 3 war der Kaufpreis durch eine an die Verkäuferin aus dem Verdrängungsschaden geleistete Anzahlung von 8000 RM. sowie durch Eintragung einer Restkaufgeldhypothek von 10342 RM. zu belegen. Nach § 4 war das Rentengut am 5. Mai 1926 zu übergeben, und übernahmen die Käufer weiter vom 1. Oktober 1927 ab eine an die Verkäuferin zu entrichtende feste Geldrente von jährlich 1 GM. gemäß den Vorschriften des § 1 des preuß. Gesetzes über Rentengüter vom 27. Juni 1890 (GS. S. 209). In § 7 räumten die Käufer dem Kulturamt P. ein Wiederkaufsrecht an dem Rentengut nach § 20 des Reichssiedlungsgesetzes vom 11. August 1919 (RGBl. S. 1429) ein. Nach § 9 sollten mündliche Nebenabreden über Änderungen und Ergänzungen des Vertrags keine Gültigkeit haben. § 10 lautet: „Dieser Vertrag wird hinfällig, wenn der Kulturamtsvorsteher, dessen Prüfung er unterliegt, ihn im Rentengutsbildungsverfahren nicht zuläßt."

Aus den dem Vertrage angehängten „Allgemeinen Bedingungen“ sind die folgenden hervorzuheben:

I. Die Begrenzung und Vermessung der verkauften Fläche nach Maßgabe des genehmigten Besiedlungsplans bleibt dem Kulturamt vorbehalten. . . .

Sofern während des Rentengutsbildungsverfahrens nicht das Kulturamt wesentliche Planänderungen anordnet, die eine Abtretung, Neuzuweisung oder Vertauschung von Flächen notwendig machen, so muß sich der Käufer solche Änderungen gefallen lassen. . . . Ob die Änderungen erheblich sind, hat allein der Kulturamtsvorsteher zu entscheiden. . . .

V. Die Kaufgegenstände werden an dem vertragsmäßigen Tage zum Eigenbesitz des Käufers übergeben. . . .

XI. Wenn das Rentengutsbildungsverfahren von dem Kulturamtsvorsteher eingestellt wird, bevor der Rentengutsrezeß bestätigt ist, der Käufer aber das Rentengut nach Maßgabe des Rentengutsvertrages bereits in Besitz genommen hat, so gelten für die rechtliche Beurteilung des Verhältnisses der Parteien zueinander die gesetzlichen Vorschriften der Pacht mit folgenden Maßgaben. . . .

Vorstehende Grundsätze finden auch Anwendung, wenn der Vorsteher des Kulturamtes seine Genehmigung zum Rentengutsvertrag versagt oder nachträglich zurückzieht aus Gründen, die nicht auf seiten des Käufers liegen. Wird dagegen die Wiederaufhebung des Vertrags durch Umstände veranlaßt, die in der Person, dem Verhalten oder den Verhältnissen des Käufers liegen, so finden die allgemeinen gesetzlichen Vorschriften Anwendung (§§ 812, 818 flg., 987 flg., 291, 292 BGB.). . . .

Die Siedlungsstelle wurde den Beklagten am 5. Mai 1926 übergeben. Die bedungene Barzahlung von 8000 RM. wurde noch im Mai 1926 an die Verkäuferin auf Anweisung der Beklagten von dem Reichsentschädigungsamt für Kriegsschäden in Berlin aus der ihnen bewilligten Verdrängungsentschädigung gezahlt, aber in Höhe von 500 RM. am 12. Juni 1926 behufs Inventarbeschaffung von der D. den Beklagten zurückgezahlt.

Im Sommer 1926 geriet die D. GmbH. in Zahlungsschwierigkeiten. Die Stadt B. als Hypothekengläubigerin stellte daher Mitte September 1926 den Antrag auf Zwangsversteigerung des Ritterguts L. Nach längeren Verhandlungen zwischen dem Landwirtschaftsminister, den Kulturbehörden, dem Kläger, der Stadt B. und der D. entschloß sich der Kläger, das Siedlungsunternehmen der D. betreffend L. zu übernehmen. Der darüber vom Kreisausschuß am 2. September 1926 gefaßte Beschluß lautet:

> Um das Siedlungsverfahren ... ohne Schädigung der Käufer und Siedler durchzuführen, übernimmt der Kreis O. von der D. das Rittergut L. mit den jetzt darauf ruhenden Lasten, jedoch unter der Bedingung, daß:
>
> 1. von dem Preußischen Staat ein langjähriger Zwischenkredit von mindestens 550000 RM. ... zur Verfügung gestellt wird,
> 2. die Stadt B. die Resthypotheken ebenfalls auf einige Jahre ... stehen läßt,
> 3. die Siedler und Käufer von L. sowie die D. bis zu einem Betrage von 100000 RM. die Ausfallbürgschaft ... übernehmen,
> 4. der Preußische Staat durch seine Kultur- und Vermessungsbehörden die zur Besiedlung nötigen Arbeiten ausführen läßt. ...

Im Verlauf jener Verhandlungen verkaufte die D. durch Vertrag vom 18. Oktober 1926 das Gut zu Siedlungszwecken an den Kläger gegen Übernahme aller darauf eingetragenen, auf 800000 RM. veranschlagten Schulden. § 3 der Urkunde lautet:

> Die D. hat bereits mit der Besiedlung des Ritterguts begonnen und eine größere Anzahl von Kauf- und Rentengutsverträgen abgeschlossen. Der Kreis O. tritt in diese Kauf- und Rentengutsverträge ... mit allen Rechten und Pflichten ein. ...

In § 6 übernahm die D. zugunsten der Käufer der Siedlungsstellen und sonstigen Flächen die Rückbürgschaft in Höhe von 100000 RM. und trat zur Sicherung dieser Verpflichtung gewisse Forderungen an den Kläger ab. Dieser wurde am 8. November 1926 als Eigentümer im Grundbuch eingetragen.

Im Oktober 1926 leisteten die Abkäufer der D. die vom Kläger geforderte gesamtschuldnerische Ausfallbürgschaft bis zum Betrage von 100000 RM., darunter auch die Beklagten in der von den Beamten des Klägers beurkundeten Erklärung vom 7. Oktober 1926, in der es heißt:

... Von der D. habe ich laut Kaufvertrag vom 5. Mai 1926 ... von dem ehemaligen Rittergut L. 72 Morgen und Haus ... gekauft zum Preise von 18342 RM. Hierauf habe ich an die D. als Anzahlung entrichtet 7500 RM., verbleiben als Restkaufgeld 10842 RM. Ich erkenne hiermit ausdrücklich an, daß ich diese Summe der D. schulde. Für den Fall, daß der Kreis O. das Rittergut L. von der D. erwirbt, ist der Kreis O. Rechtsnachfolger der D., was ich hierdurch ausdrücklich anerkenne ... (folgt die Übernahme der Ausfallbürgschaft bis zum Betrage von 100000 RM.).

Am 30. September 1926 bat auf den Antrag der Beklagten vom gleichen Tage der Landrat des klagenden Kreises den Landeskulturamtspräsidenten in F., den Beklagten, die sich in der bittersten Not befänden und dringend der Hilfe bedürften, Mittel zur Verfügung zu stellen, damit sie sich einen Stall und eine Scheune errichten könnten, um ihr Vieh im Winter unterzustellen. Die Antwort vom 15. Oktober 1926 lautete dahin, daß ein Darlehen für die Beklagten bei dem Landwirtschaftsministerium beantragt worden sei. Der Bau wurde darauf ausgeführt.

Gegen Ende 1926 begann das Landeskulturamt — nach Behauptung der Beklagten auf Veranlassung des Klägers — mit der Aufstellung eines neuen, vom Kläger als „vernünftig" bezeichneten Planes für die Aufteilung von L. Dieser neue vorläufige, am 5. Januar 1927 aufgestellte Einteilungsplan sah für die Siedlerstelle der Beklagten insgesamt 114 Morgen vor und wich, abgesehen von der Gesamtgröße, auch in der Parzelleneinteilung von dem Kaufvertrage vom 5. Mai 1926 ab. Nach der Darstellung der Beklagten wurden ihnen durch diesen Plan ein Teil der ihnen verkauften besseren Böden entzogen und dafür minderwertige Flächen in großem Umfang zugelegt, darunter 3,88 ha im sog. „Sumpf". Dieser „Sumpf" wurde später, durch Kaufvertrag vom 25. Mai 1928, an die Stadt B. verkauft.

Während sich der größere Teil der Siedler mit dem neuen Plan einverstanden erklärte, lehnten mit anderen die Beklagten die Anerkennung dieses Planes ab. Sie blieben bei ihrer Weigerung auch bei einer Verhandlung vor dem Kulturamt am 11. März 1927 mit der Begründung, daß nach ihrer Ansicht durch die neue Planeinteilung die Lebensfähigkeit ihrer Siedlung in Frage gestellt werde. In dieser Verhandlung verharrten die Beklagten auch auf ihrem ablehnenden Standpunkt gegenüber dem Verlangen des Klägers, ihm den Abtrieb des Holzes, das auf den ihnen übergebenen Waldparzellen anstand, noch nach dem 1. März 1927 zu gestatten (vgl. § 1 des Vertrags vom 5. Mai 1926). Hierzu hatte ein Kulturamt in B. unter dem 25. Februar 1927 folgendes Schreiben an die Beklagten — nach deren Behauptung auf Veranlassung des Klägers — gerichtet:

Der Kreis O. hat vor kurzem das auf Ihrem Grundstück stehende Holz ... verkauft. Nach dem abgeschlossenen Kaufvertrage müssen die Flächen bis zum 1. April 1928 abgeholzt sein. Ein früherer Termin war mit Rücksicht darauf, daß die Verkaufsverhandlungen auf Schwierigkeiten stießen, nicht zu erzielen. Die Kreisverwaltung ist daher nicht imstande, die Flächen schon jetzt von dem aufstehenden Holz zu säubern.

Infolgedessen verliert die im § 1 des Vertrags vom 5. Mai 1926 aufgeführte Bestimmung, daß die auf den verkauften Holzplänen befindlichen Hölzer in Ihr Eigentum übergehen, falls sie nicht bis zum 1. März 1927 geschlagen sind, ihre Gültigkeit. Sie sind daher verpflichtet, sich mit der von dem Kreisausschuß verlangten und durch die mitgeteilten Umstände gebotenen Fristverlängerung bis zum 1. April 1928 einverstanden zu erklären. Nach Mitteilung des Kreisausschusses haben Sie die verlangte Einverständniserklärung abgelehnt.

Da die Maßnahme im Interesse der ordnungsmäßigen Durchführung des sehr schwierigen Siedlungsverfahrens erforderlich ist, ersuche ich Sie, eine diesbezügliche Erklärung dem Kreisausschuß gegenüber baldigst abzugeben. ... Sollten Sie sich weiter weigern, so werde ich dem von Ihnen mit der D. abgeschlossenen Rentengutsvertrage die Genehmigung versagen, sodaß der Vertrag hinfällig werden würde.

Auf die Abholzungsfrage bezieht sich ferner der Schlußsatz eines Schreibens des Klägers an die Beklagten vom 13. April 1927:

Erkennen Sie die Stelle in der im Einteilungsplan ausgewiesenen Zusammensetzung an, so haben Sie auch in die Verlängerung der Räumungsfrist für die Waldparzellen bis zum 1. April 1928 einzuwilligen.

Das Holz, das nach der Behauptung der Beklagten einen Wert von 7000 RM. hatte, hat der Kläger dann schlagen lassen.

Den Beklagten war vom Reichsentschädigungsamt ein Reichswirtschaftsdarlehen von 2750 RM. bewilligt worden. Auf ihre Bitte, das Darlehen zur Auszahlung zu bringen und sie in dieser Beziehung den anderen Siedlern gleich zu behandeln, erhielten sie unter dem 23. Juni 1927 vom Kulturamt H. — nach ihrer Behauptung auf Veranlassung des Klägers — folgenden Bescheid:

Auf Ihr Schreiben teile ich Ihnen mit, daß das Wirtschaftsdarlehen nicht Ihnen, sondern für die Siedlerstelle bewilligt ist. Da auch nicht feststeht, ob Sie die Stelle behalten werden, konnte die Auszahlung des für Ihre Siedlerstelle bewilligten Wirtschaftsdarlehens bisher nicht beantragt werden.

Sobald Sie jedoch das Recht des Kreises O. zum Verkauf des . . . Holzes und die Ausweisung Ihres Rentengutes, wie in dem vom Herrn Landeskulturamtspräsidenten genehmigten Einteilungsplan vorgesehen, anerkennen, werde ich die beschleunigte Zahlbarmachung des Wirtschaftsdarlehens veranlassen.

Schon vor dem 1. April 1927 hatte der Kläger die Beklagten zur Räumung der Siedlungsstelle zu jenem Tage aufgefordert. Da sie jedoch unter Berufung auf ihren Vertrag vom 5. Mai 1926 dieses Verlangen ablehnten, wandte sich der Kläger wiederholt an das Kulturamt mit dem Ersuchen, dem mit den Beklagten geschlossenen Rentengutsvertrage die Genehmigung zu versagen. Daneben wurde mit dem verklagten Ehemann bis in den Herbst 1927 weiter verhandelt, wie der Kläger es ausdrückt, „in der Erwartung, daß er doch noch vernünftig werden würde". Aus dem auf diese Ersuchen vom Kulturamt Veranlaßten ist folgendes hervorzuheben:

Vermerk vom 28. Juli 1927: „Die Angelegenheit ist kürzlich mit dem Kreissparkassendirektor U. nochmals besprochen worden. Für den Rentengutsausgeber ist nicht die Möglichkeit gegeben, die im sog. „Sumpf" liegende Fläche anderweitig zu verwerten. Es muß daher weiter auf H. eingewirkt werden, daß er sich mit der Ausweisung seiner Stelle nach Maßgabe des Einteilungsplanes einverstanden erklärt. Bis dahin ist auch das für ihn vorgesehene Wirtschaftsdarlehen aus Reichsmitteln zurückzuhalten."

Schreiben des Kulturamts an den Kläger vom 21. September 1927: „Der Rentengutsvertrag ist ohne die Genehmigung nicht rechtswirksam. . . . Die Genehmigung wird voraussichtlich aus persönlichen und sachlichen Gründen nicht erteilt werden ... Es wäre hier nicht erwünscht, die Notwendigkeit der Klage mit der Nichtgenehmigung des Vertrags zu begründen. Der Klageanlaß liegt in der Person und in dem Verhalten des H. begründet. Da es möglich ist, daß im Prozeß ein Vergleich geschlossen wird, der wiederum die Zulassung des H. als Käufer von hier aus voraussetzt, so soll die Entscheidung erst getroffen werden, wenn sie dringend erforderlich ist. Es wird empfohlen, den Gesichtspunkt des Rücktritts vom Vertrage wegen Nichterfüllung zu erwägen."

Vermerk vom 23. April 1928:

„Der Rentengutsvertrag vom 5. Mai 1926 wird nicht genehmigt.

Infolge der Übernahme des Siedlungsobjektes durch den Kreis wegen der finanziellen Schwierigkeiten der D. war eine Änderung des Einteilungsplans notwendig, um dem Kreise einen möglichst verlustlosen Abschluß des Verfahrens zu ermöglichen. Es sind deshalb auch mit den anderen Siedlern die die ersten Rentengutsverträge abändernden bezw. ergänzenden vertraglichen Vereinbarungen erfolgt. Der neu aufgestellte Einteilungsplan ist vom Landeskulturamt landespolizeilich genehmigt....

Abgesehen davon, daß der Rentengutsvertrag aus den vorstehend angeführten sachlichen Gründen nicht genehmigt werden kann, ist immer mehr in Erscheinung getreten, daß H. nicht der geeignete Mann ist, um das Rentengut in den zu seiner Lebensfähigkeit erforderlichen Kulturzustand zu versetzen. Obwohl er selbst die Hauptarbeitskraft in der Familie ist, hat er sich während seiner Ansetzung in L. als träge erwiesen. Die Bewirtschaftung des Rentengutes wird daher von Tag zu Tag mehr rückständig. Da die persönlichen Eigenschaften des H. nicht die Gewähr bieten, daß er unter den jetzigen schwierigen Verhältnissen seine Siedlerstelle lebensfähig macht, so durfte seine Zulassung im Rentengutsverfahren in seinem eigenen Interesse nicht erfolgen.

Nach Mitteilung des Landrats ist H. wegen Diebstahls vorbestraft."

Durch Schreiben vom 23. April 1928 setzte das Kulturamt den Kläger und die Beklagten davon in Kenntnis, daß es die Genehmigung zu dem Vertrage vom 5. Mai 1926 versagt habe. Nach dem

Tatbestand des landgerichtlichen Urteils ist es zwischen den Prozeßparteien unstreitig geworden, daß diese Entscheidung auf Gründen beruht, die nicht auf seiten der Beklagten liegen.

Gestützt auf die Genehmigungsversagung erhob der Kläger auf Grund seines Eigentums gegen die Beklagten Klage auf Herausgabe der Siedlungsstelle. Diese beantragten Abweisung der Klage und machten hilfsweise ein Zurückbehaltungsrecht geltend wegen ihrer in Höhe von 7500 RM. geleisteten Anzahlung, wegen ihres Schadensersatzanspruchs von 7000 RM. für das vom Kläger geschlagene Holz, ferner wegen 1589 RM. aufgewendeter Bestellungskosten und endlich wegen Verbesserungen in Höhe von insgesamt 913 RM. Der Kläger erkannte nur die Gegenforderung von 7500 RM. (Anzahlung) als an sich berechtigt an, zog aber hiervon als Teilbetrag seiner Pachtzinsforderung 257 RM. ab.

Das Landgericht verurteilte die Beklagten, Zug um Zug gegen Zahlung von 7243 RM. dem Kläger am 1. Oktober 1928 die Siedlungsstelle herauszugeben.

Das Kammergericht wies zunächst durch Teilurteil unter Vorbehalt der Kostenentscheidung die Berufung der Beklagten wegen des Hauptteils der Siedlungsstelle zurück. Demnächst wies es durch Schlußurteil die Berufung wegen dreier weiterer Pläne zurück; hinsichtlich anderer Pläne wies es die Klage ab und verteilte die Prozeßkosten.

Gegen beide Urteile legten die Beklagten Revision ein, die gegen das Schlußurteil gerichtete beschränkten sie jedoch später auf den Kostenpunkt. Das Reichsgericht hob das Teilurteil und die Kostenentscheidung des Schlußurteils auf und verwies in diesem Umfang die Sache an das Berufungsgericht zurück.

Gründe:

Die auf den Kostenpunkt beschränkte Revision gegen das Schlußurteil ist zulässig, obwohl die hier zur Hauptsache ausgesprochene Verurteilung die Revisionssumme nicht erreicht. Denn das Schlußurteil entscheidet auch über diejenigen Kosten, die zu der im Teilurteil erledigten Hauptsache gehören, und die Beklagten haben gegen das Teilurteil in zulässiger Weise Revision eingelegt (vgl. RGZ. Bd. 68 S. 301 nebst Nachweisungen).

Gegen die auch in den Vorinstanzen nicht beanstandete Zulässigkeit des Rechtsweges bestehen keine Bedenken (§§ 13, 14 Nr. 2

GVG.; § 1 Abs. 5 des preuß. Gesetzes über Landeskulturbehörden vom 3. Juni 1919, GS. S. 101; vgl. RGZ. Bd. 121 S. 195, Bd. 123 S. 34 sowie die Nachweisungen bei Holzapfel Siedlungsgesetzgebung Anm. 6 zu § 12 des Gesetzes vom 7. Juli 1891 S. 258 und bei Haack a. a. O. S. 55 unter Nr. 25). Zu einem Eingehen auf den Beschluß des Oberlandeskulturamts vom 10. Januar 1930 (abgedruckt JW. 1930 S. 2159) besteht kein Anlaß, da im vorliegenden Falle ein Anspruch auf Herausgabe eines Grundstücks (§ 985 BGB.) den Gegenstand des Rechtsstreits bildet, für einen solchen Anspruch aber zweifellos die Zuständigkeit der ordentlichen Gerichte gegeben ist.

Das Kammergericht hat die Verurteilung der Beklagten zur Hauptsache im wesentlichen wie folgt begründet.

Auf § 162 BGB. könnten die Beklagten ihre Weigerung, die Siedlungsstelle an den Kläger herauszugeben, schon deshalb nicht stützen, weil diese Vorschrift nur für vertraglich vereinbarte Bedingungen, nicht aber für Rechtsbedingungen gelte. Bei dem Erfordernis einer behördlichen Genehmigung und insbesondere bei der im Rentengutsbildungsverfahren erforderlichen Genehmigung des Kulturamtes handle es sich aber um eine Rechtsbedingung.

Auch § 249 BGB. stehe den Beklagten nicht zur Seite. Wenn auch nach dieser Vorschrift unter Umständen das positive Erfüllungsinteresse als Schadensersatz gefordert werden könne, so hindere doch hier der Mangel der behördlichen Genehmigung eine solche Wirkung der Schadensersatzpflicht. Denn diese würde dazu führen, daß die Beklagten die im Vertrage vom 5. Mai 1926 bezeichneten Flächen erwerben würden, obwohl die behördliche Genehmigung zu dem Vertrage versagt worden sei und auch keine Aussicht bestehe, sie zu erlangen. Es würde somit auf diesem Wege das Erfordernis der Genehmigung durch die Geltendmachung des Schadensersatzanspruchs umgangen. Das im öffentlichen Interesse bestehende Erfordernis könne aber auf diese Weise nicht ausgeschaltet werden. Dem stehe das Urteil des Reichsgerichts RGZ. Bd. 110 S. 356 nicht entgegen.

Im übrigen aber rechtfertige auch das tatsächliche Vorbringen der Beklagten nicht die Annahme eines schuldhaften Verhaltens des Klägers. Allerdings seien im Falle des Abschlusses eines Vertrags, dessen Wirksamkeit von der Genehmigung einer Behörde abhänge, die Parteien schon vor deren Erteilung an den Vertrag gebunden.

In der Regel seien sie zwar in einem solchen Falle verpflichtet, zur Herbeiführung der Genehmigung zusammenzuwirken und alles zu unterlassen, was ihre Erteilung hindern könnte. Dieser Grundsatz beruhe jedoch lediglich auf § 157 BGB. Maßgebend dafür, ob eine solche Pflicht anzunehmen sei, sei somit die Auslegung des Vertrags. Nun könne hierbei der Vertrag vom 5. Mai 1926 nicht als ein einzelner gewöhnlicher Grundstückskaufvertrag, sondern nur als ein Teil des ganzen Siedlungsunternehmens und im Zusammenhang mit diesem betrachtet werden. Der Kläger habe das Siedlungsunternehmen nach dem Zusammenbruch der D. GmbH. im Interesse der Siedler übernommen, da diese sonst nicht nur ihre Siedlungsmöglichkeit, sondern auch ihre Anzahlungen im Gesamtbetrag von fast 300000 RM. verloren hätten. Zur Deckung der mit der Übernahme verbundenen Verlustgefahr habe sich der Kläger von den Siedlern eine Ausfallbürgschaft von 100000 RM. geben lassen. Er sei danach in erster Linie verpflichtet gewesen, das Unternehmen nunmehr auf eine gesunde wirtschaftliche Grundlage zu stellen, um es in einer für die Gesamtheit der Siedler günstigen Weise durchführen zu können und einen erneuten Zusammenbruch, den Verlust der Anzahlungen und die Inanspruchnahme der Siedler aus der Ausfallbürgschaft zu verhindern. Diese im Interesse des ganzen Unternehmens und damit auch der Beklagten selbst bestehende Pflicht sei den sonstigen, aus den Einzelverträgen mit den Siedlern herzuleitenden Pflichten vorgegangen, und der Kläger habe in Erfüllung dieser Pflicht gehandelt, wenn er sich an das Landeskulturamt gewendet habe und von dieser sachverständigen Behörde anstelle des früheren Einteilungsplans der D. einen neuen, für das Unternehmen günstigeren Plan habe aufstellen lassen. Daß dieser Plan im ganzen für das Unternehmen wirtschaftlich günstiger sei als der frühere, werde von den Beklagten nicht bestritten. Bei dieser Sachlage habe aber für den Kläger keine Pflicht bestanden, auf die Genehmigung eines Vertrags hinzuwirken, der, wie der Vertrag vom 5. Mai 1926, mit dem neuen Einteilungsplan nicht in Einklang zu bringen gewesen sei und dadurch die Durchführung des Unternehmens gefährdet habe. Die Belange der Beklagten hätten vielmehr hinter denen der Gesamtheit der Siedler zurücktreten müssen. Aus dem gleichen Grunde sei es auch keine Verletzung einer Treupflicht, wenn der Kläger nach seinen vergeblichen Versuchen, die Beklagten zur Anerkennung des neuen Plans und zur Zustimmung zu der Änderung jenes Vertrags zu bewegen, bei dem Kulturamt den Antrag gestellt habe, die Genehmigung des Vertrags zu versagen.

Dafür, daß der Kulturamtsvorsteher bei der Ablehnung der Genehmigung pflichtwidrig gehandelt und der Kläger arglistig mit ihm zusammengewirkt habe, liege kein Anhalt vor. Insbesondere sei nicht anzunehmen, daß die Angelegenheit mit dem Holz, das nach dem Vertrage den Beklagten habe zufallen sollen, falls es nicht bis zum 1. März 1927 geschlagen gewesen sei, bei der Versagung der Genehmigung eine entscheidende Rolle gespielt habe und für den Kläger ein ausschlaggebender Grund gewesen sei, die Versagung zu beantragen. Wenn auch den Beklagten in dem Schreiben des Kulturamts vom 25. Februar 1927 und in der Verhandlung vom 11. März 1927 von dem Kulturamtsvorsteher wegen ihrer Haltung in dieser Angelegenheit die Ablehnung der Genehmigung angedroht worden sei, so sei doch die schließlich im April 1928 erfolgte Versagung im wesentlichen darauf zurückzuführen, daß die Beklagten sich mit der Neueinteilung nicht einverstanden erklärt und dadurch die Durchführung des Unternehmens gefährdet hätten.

Die Beklagten seien daher zur Herausgabe der Siedlungsstelle Zug um Zug gegen Zahlung des Betrags verpflichtet, den der Kläger von der Anzahlung und als Ersatz der Bestellungskosten zu erstatten habe. Ihr Schadensersatzanspruch wegen Verlustes des Holzes sei unbegründet. Auf die Nichterfüllung des Vertrags könnten sie diesen Anspruch nicht stützen, da der Vertrag mangels Genehmigung durch das Kulturamt nicht wirksam sei. Im übrigen falle dem Kläger nach den vorstehenden Ausführungen weder ein Verschulden beim Vertragsschluß noch eine unerlaubte Handlung zur Last, sodaß er wegen des Holzes auch aus diesen Gesichtspunkten nicht zu haften habe.

Diese Ausführungen gehen in unzureichender Weise auf die Rechtslage ein und lassen den Sachverhalt, den der Berufungsrichter als erwiesen ansieht, nicht genügend erkennen; letzterer Mangel ist um so bedenklicher, als der Urteilstatbestand in weitem Umfang auf den Inhalt der Prozeßakten und der Beiakten verweist, aus denen der Sachverhalt zusammengestellt werden muß, und als ferner die Entscheidungsgründe nicht überall ergeben, aus welchen Erwägungen der Vorderrichter von der Erhebung der zahlreichen Beweise abgesehen hat, welche die Beklagten angeboten hatten. Das angefochtene Urteil verletzt nach mehrfacher Richtung das Gesetz, und das Ergebnis, zu dem es gelangt, ist bei Zugrundelegung der unstreitigen Tatsachen und der mangels gegenteiliger Feststellungen als wahr zu unterstellenden Behauptungen der Beklagten nicht überzeugend.

Im einzelnen ist folgendes zu bemerken.

1. Der auf § 985 BGB. gestützten Klage auf Herausgabe setzen die Beklagten die Einrede entgegen, daß sie durch Vertrag vom 5. Mai 1926 die Siedlungsstelle von der Rechtsvorgängerin des Klägers gekauft und übergeben erhalten hätten. Diese Einrede ist nach § 986 BGB., obwohl der Vertrag, wie noch erörtert werden wird, nur einen Vorvertrag darstellt, an sich beachtlich (RGZ. Bd. 81 S. 66, Bd. 105 S. 19). Sie setzt aber in erster Linie die Formgültigkeit des Vertrags voraus (vgl. das einen formnichtigen Vorvertrag betreffende RGUrt. bei Gruch. Bd. 48 S. 943). Wenn auch nach dieser Richtung vom Kläger keine Bedenken erhoben sind, so war dadurch das Gericht doch nicht der Pflicht zur Prüfung der Formgültigkeit des Vertrags überhoben, weil die Formvorschrift des § 313 BGB. im öffentlichen Interesse gegeben ist (RGZ. Bd. 61 S. 267). Da der Vertrag vom 5. Mai 1926 die D. GmbH. zur Übertragung des Eigentums an einem Grundstück verpflichtete, aber in privatschriftlicher Form geschlossen wurde, so ist er gemäß § 313 Satz 1, § 125 Satz 1 BGB. nichtig und daher ungeeignet, den Beklagten ein Recht zum Besitz zu gewähren, sofern nicht auf Grund von Sondervorschriften die bloße Schriftform ausreicht. Als solche Sondervorschrift kann hier nur Art. 12 § 1 Abs. 1 preuß. AG. z. BGB. (Art. 62 EG. z. BGB., vgl. RGZ. Bd. 84 S. 103) in Betracht kommen. Nach dieser Bestimmung genügt die schriftliche Form für den Rentengutsvertrag bei Rentengütern, die begründet wurden durch Vermittlung der Generalkommission (jetzt des Vorstehers des Kulturamts, nachdem der Präsident des Landeskulturamts die Genehmigung zur Einleitung des Verfahrens erteilt oder den Kulturamtsvorsteher zur selbständigen Einleitung des Verfahrens ermächtigt hat, vgl. § 16 Abs. 1 Nr. II, 1 des preuß. Gesetzes vom 3. Juni 1919). Die letztere Voraussetzung ist hier gegeben; denn nach dem Inhalt des Vertrags vom 5. Mai 1926 sollte die Begründung des Rentenguts durch Vermittlung der Kulturbehörde erfolgen (RGZ. Bd. 101 S. 292, Bd. 110 S. 336) und überdies hat das Kulturamt am 17. Dezember 1924 bescheinigt, daß die D. die Vermittlung der Kulturbehörden bei der Besiedlung des Gutes L. beantragt hatte.

Nicht unzweifelhaft ist dagegen die weitere Frage, ob der Vertrag vom 5. Mai 1926 als Rentengutsvertrag anzusehen ist. Dieser Begriff wird in Art. 12 § 1 Abs. 1 und Art. 29 § 1 Abs. 1 preuß. AG. z. BGB. übereinstimmend mit § 3 Abs. 1 des preuß. Ansiedlungsgesetzes vom 26. April 1886 (GS. S. 131) und mit § 1 Abs. 1 des preuß. Gesetzes über Rentengüter vom 27. Juni 1890 (GS. S. 209) dahin bestimmt, daß ein Rentengutsvertrag ein solcher Vertrag ist, durch den sich der eine Teil verpflichtet, das Eigentum an einem Grundstück gegen Übernahme einer festen Geldrente zu übertragen. Die Bedenken dagegen, ob der Vertrag vom 5. Mai 1926 diese Begriffsbestimmung erfüllt, könnten daraus hergeleitet werden, daß in ihm als Gegenleistung der Käufer neben einem Kaufpreis von 18342 RM. eine feste Geldrente nur in Höhe von 1 RM. jährlich bedungen ist; den wesentlichen Teil des Entgelts bildet hiernach der Kaufpreis, während die Rente verschwindend gering ist und eine bloße Nebenleistung darstellt. Für solche Fälle wird von einigen Schriftstellern (Haack a. a. O. S. 10 unter Ziffer 2; Holzapfel a. a. O. Anm. 1 zu § 1 des Gesetzes vom 27. Juni 1890 S. 227; derselbe Grundbuchrecht S. 214; a. M. Güthe-Triebel Grundbuchordnung 5. Aufl. Bd. II S. 1470 Bem. 35 zu Art. 12 AG. z. GBO.) und in einem Beschluß des Kammergerichts (Recht 1906 Nr. 3371) das Vorliegen eines Rentengutsvertrags verneint, während in weiteren Beschlüssen des Kammergerichts (ROLG. Bd. 18 S. 155 und Bd. 41 S. 187) die Frage grundsätzlich bejaht und nur die Prüfung verlangt wird, ob die Vertragsparteien die Belastung des Kaufgrundstücks mit einer Jahresrente von 1 RM. ernstlich gewollt haben. Der erkennende Senat tritt der letzteren Ansicht bei. Allerdings läßt sich nicht verkennen, daß die Zulassung von solchen Grundstückskaufverträgen, bei denen zwischen Kaufpreis und Rente ein offensichtliches Mißverhältnis besteht, als Rentengutsverträgen zu einem Mißbrauch der durch Art. 12 § 1 Abs. 1 preuß. AG. z. BGB. gewährleisteten Formerleichterung gegenüber der Vorschrift des § 313 BGB. und zu einer Umgehung dieser Formvorschrift führen könnte. Allein diese Gefahr ist nicht eben hoch zu veranschlagen; denn die in Art. 12 a. a. O. vorgesehene Mitwirkung der Kulturbehörden, welche den Gesetzgeber zur Zulassung jener Formerleichterung bestimmte (Begründung S. 16, vgl. RGZ. Bd. 82 S. 416), wird Mißbräuchen vorbeugen. Anderseits ist zu beachten, daß die angeführten Gesetze und deren Begründungen keinen Anhalt dafür gewähren, daß

24*

der Kaufpreis und die Rente in einem bestimmten Verhältnis zueinander und zum Werte des Grundstücks stehen müßten. Auch der Staat selbst (Ansiedlungskommission) steht, wie der in ROLG. Bd. 18 S. 154 mitgeteilte Fall ergibt, auf dem Standpunkt, daß die Vereinbarung einer Rente von nur 1 RM. jährlich dem Kaufvertrag nicht die Eigenschaft des Rentengutsvertrags nimmt. Auch das Kulturamt scheint im vorliegenden Fall an dieser Bestimmung keinen Anstoß genommen zu haben. Daß etwa die Parteien des Vertrags vom 5. Mai 1926 in beiderseitigem Einverständnis nur zum Schein eine Jahresrente von 1 RM. ausbedungen hätten, hat der Kläger nicht behauptet; auch die Kulturbehörden haben dies offenbar nicht angenommen.

2. Des weiteren ist zu prüfen, ob der hiernach formgültige Vertrag vom 5. Mai 1926 wirksam geworden ist. Der Rentengutsvertrag des Art. 12 AG. z. BGB. stellt — als Ersatz der „Punktation" des preuß. Allg. Landrechts (§§ 15—17 I 10, § 120 I 5; vgl. Holzapfel in Gruch. Bd. 62 S. 731 flg.) — einen Vorvertrag zu dem endgültigen Grundstückskaufvertrag, dem Rentengutsrezeß, dar (RGZ. Bd. 101 S. 294, Bd. 123 S. 32; Haack a. a. O. S. 43 Nr. 7). Zu seiner Wirksamkeit bedarf dieser Vorvertrag nach gesetzlicher Vorschrift eines Staatshoheitsaktes, nämlich der Genehmigung durch die Landeskulturbehörden (Holzapfel a. a. O. S. 745), jetzt, wie sich aus § 9, § 14 Abs. 1, § 16 des Gesetzes vom 3. Juni 1919 ergibt, der Genehmigung des Vorstehers des Kulturamts, nicht des Präsidenten des Landeskulturamts (Haack a. a. O. S. 39; Holzapfel Siedelungsgesetzgebung Anm. 2 zu § 12 Ges. vom 7. Juli 1891, S. 254). Denn § 12 Abs. 1 des letzerwähnten Gesetzes verweist auf die „Vermittlung" der Generalkommission und Abs. 4 das. (vgl. § 17 Abs. 1 Satz 1 Ges. vom 3. Juni 1919) erklärt auf das Verfahren für anwendbar die für Gemeinheitsteilungen geltenden Vorschriften, also auch den § 38 des Gemeinheitsteilungs-Verordnung vom 30. Juni 1834 (GS. S. 96), welcher der Generalkommission das Recht zur Beanstandung der „von den Interessenten genommenen Abreden" und zu eigener Entscheidung anstelle der beanstandeten Abreden verleiht (RGUrt. v. 11. Mai 1917 VII 433/16, abgedruckt in der Zeitschrift für die Landeskultur-Gesetzgebung Bd. 40 S. 304; Urt. des Oberlandeskulturgerichts vom 26. April 1912 das. Bd. 39 S. 159). Demgemäß ist es rechtlich bedeutungslos, daß in dem Vertrage vom 5. Mai 1926 (§ 10) die Ge-

nehmigung des Kulturamtsvorstehers vorbehalten ist (Urt. des Oberlandeskulturgerichts vom 26. April 1912 a. a. O. Bd. 39 S. 146), und es erübrigt sich ein Eingehen auf die von den Beklagten vertretene Auffassung, § 10 habe eine auflösende, nicht aber eine aufschiebende Bedingung für das Hinfälligwerden des Vertrags gesetzt.

Nun ist der Berufungsrichter der Ansicht, der Vertrag sei dadurch unwirksam geworden, daß der Kulturamtsvorsteher durch die den Parteien mitgeteilte Entschließung vom 23. April 1928 seine Genehmigung versagt habe. Diese Auffassung ist an sich zutreffend. Aber das angefochtene Urteil läßt jede Erörterung in rechtlicher sowohl wie in tatsächlicher Beziehung vermissen, ob der Vorsteher des Kulturamts am 23. April 1928 noch befugt war, seine Genehmigung zu versagen. Dies würde dann nicht der Fall sein, wenn er zuvor den Beteiligten gegenüber — sei es ausdrücklich, sei es auch nur durch zweifelfrei schlüssige Handlungen (Holzapfel Siedlungsgesetzgebung Anm. 2 zu § 12 Ges. v. 7. Juli 1891, S. 254) — seine Zustimmung zu dem Vertrage kundgegeben hätte. Denn da die Entschließung des Kulturamtsvorstehers über die Genehmigung oder Versagung Rechte Dritter wirksam werden läßt oder sie zum Erlöschen bringt — und zwar beides mit rückwirkender Kraft (Holzapfel in Gruch. Bd. 62 S. 747; vgl. RGZ. Bd. 123 S. 327, Bd. 125 S. 53) —, so ist die Behörde an ihre einmal getroffene Entscheidung gebunden (Reskript des Preuß. Ministers des Innern vom 30. Mai 1845, abgedruckt in der genannten Zeitschrift Bd. 2 S. 163; Urteil des Oberlandeskulturgerichts vom 31. August 1911 das. Bd. 39 S. 35; Holzapfel in Gruch. Bd. 62 S. 746; derselbe Privatrecht im Auseinandersetzungsverfahren S. 76; vgl. auch RGZ. Bd. 103 S. 104, Bd. 106 S. 142). Die vertragsmäßige Bestimmung in Nr. XI der „Allgemeinen Bedingungen", daß der Kulturamtsvorsteher seine einmal erteilte Genehmigung zurückziehen dürfe, ändert hieran nichts; denn die Vorschriften des öffentlichen Rechts können durch Vereinbarungen von Privatpersonen nicht abgeändert werden. Die Entscheidung der Frage, ob der Kulturamtsvorsteher vor dem 23. April 1928 den Vertrag vom 5. Mai 1926 bereits genehmigt und dies den Beteiligten gegenüber zum Ausdruck gebracht hatte, ist in erster Linie Sache des Tatrichters, der nach dieser Richtung den Sachverhalt zu ermitteln haben wird. Insbesondere bedarf es hierzu der Einsichtnahme in die gesamten, die Besiedlung des Ritterguts L. betreffenden Akten der Kulturbehörden, deren Heranziehung zur Klärung des Sachverhalts die Beklagten ohne Erfolg beantragt hatten; der überreichte Aktenteil beginnt erst mit dem 21. Februar 1927.

Immerhin mag zur Genehmigungsfrage noch auf folgendes hingewiesen werden. Während nach dem früheren Rechtszustande das gesamte Rentengutsbildungsverfahren einheitlich in die Hände einer Behörde, der Generalkommission, gelegt war, steht nach dem Gesetz vom 3. Juni 1919 die Genehmigung zur Einleitung des Verfahrens, die im vorliegenden Falle erteilt sein dürfte, dem Präsidenten des Landeskulturamts zu; die Entschließung über die Genehmigung des Rentengutsvertrags ist Sache des Kulturamtsvorstehers; die Bestätigung des Rentengutsrezesses endlich ist dem Präsidenten des Landeskulturamts vorbehalten (§ 16 Abs. 1 II Nr. 6 a. a. O.). Diese Regelung der Zuständigkeit setzt, wenn nicht eine Gefährdung der Belange des Rentengutsausgebers und des Erwerbers eintreten soll, voraus, daß die beiden behördlichen Stellen von vornherein im engsten Einvernehmen arbeiten; inwieweit hier ein solches Einvernehmen geherrscht hat, insbesondere auch bezüglich des ersten Einteilungsplans, liegt noch völlig im Dunkeln. Die Rücksicht auf die Belange der Beteiligten fordert weiter, daß die Entschließung wegen der Genehmigung des Rentengutsvertrags so bald als irgend möglich getroffen wird. Im vorliegenden Falle wären, sofern die Entscheidung vom 23. April 1928 die erste war, seit dem Abschluß des Vertrags vom 5. Mai 1926 fast zwei Jahre bis zu der Entschließung des Kulturamtsvorstehers vergangen, und die Beklagten wären zwei Jahre lang im Ungewissen darüber gelassen worden, ob sie die Siedlungsstelle, in die sie Geld und Arbeit gesteckt hatten, behalten durften oder nicht. Allerdings erhellt bisher nicht, wann der Vertrag vom 5. Mai 1926 zur Kenntnis des Kulturamts gelangt ist, und es werden, nachdem das Kulturamt im Schreiben vom 25. Februar 1927, in der Verhandlung vom 11. März 1927 und im Schreiben vom 23. Juni 1927 zum Ausdruck gebracht hatte, daß es die Nichtgenehmigung des Vertrags in Erwägung ziehe, von dem erstgenannten Tage ab strengere Anforderungen in der Genehmigungsfrage zu stellen sein. Anderseits ist die Behauptung der Beklagten noch offen, daß der erste Einteilungsplan der D. im Einverständnis mit dem Kulturamt aufgestellt worden sei (vgl. über das übliche Verfahren Haack a. a. O. S. 39, 40), und das Schreiben des Präsidenten des Landeskulturamts vom 15. Oktober 1926 könnte je nach Umständen dafür sprechen, daß der Kulturamtsvorsteher die Beklagten als Erwerber der Siedlungsstelle damals bereits zugelassen habe. Auch macht die Revision nicht ohne Grund darauf aufmerksam, daß der Eintritt des Klägers in das Siedlungsunternehmen der D. im Einvernehmen mit den Kulturbehörden erfolgt ist.

3. Sollte der Berufungsrichter auf Grund der erneuten Verhandlung zu dem Ergebnis kommen, daß der Kulturamtsvorsteher vor dem 23. April 1928 den Rentengutsvertrag der Beklagten genehmigt habe, so würde dieser Vorvertrag wirksam geworden und die spätere Genehmigungsversagung unbeachtlich sein. Die Folge wäre dann die Abweisung der Klage. Die in anderem Zusammenhang von ihm erörterte Befürchtung des Vorderrichters, daß auf diese Weise die Beklagten die Siedlungsstelle erwerben würden, ist unbegründet; aus der Abweisung der Klage folgt nicht ein Eigentumserwerb der Beklagten. Vielmehr würden beide Parteien in der Lage sein, durch den zu Protokoll des Kulturamtsvorstehers oder in der Form des § 313 BGB. (Holzapfel bei Gruch. Bd. 62 S. 728) vorzunehmenden Abschluß des Rentengutsrezesses, wozu sie durch einen wirksamen Vorvertrag verpflichtet wären, dem Schwebezustand ein Ende zu bereiten. Dieser Rezeß wäre dann dem Präsidenten des Landeskulturamts zu der ihm vorbehaltenen Bestätigung einzureichen. Zu den Zweifelsfragen, welche sich aus einer etwaigen Versagung der Bestätigung ergeben könnten, Stellung zu nehmen, bietet der Rechtsstreit, wenigstens zurzeit, keinen Anlaß (vgl. dazu Holzapfel bei Gruch. Bd. 62 S. 746 nebst Nachweisungen).

4. Eine Entscheidung des Kulturamtsvorstehers dahin, daß die Beklagten verpflichtet seien, die ihnen in dem Einteilungsplan vom 5. Januar 1927 zugewiesenen Flächen als vertragsmäßige Erfüllung anzunehmen, scheint nicht ergangen zu sein. Eine Auslegung der einschlagenden Bestimmungen im § 1 des Vertrags vom 5. Mai 1926 und in Nr. I der Allgemeinen Bedingungen wird sich daher ebenso erübrigen wie eine Erörterung der Frage, ob sich eine solche Entscheidung innerhalb der Grenzen des § 317 Abs. 1 BGB. halten würde.

5. Besteht der Versagungsbescheid vom 23. April 1928 zu Recht, so ist der Vertrag vom 5. Mai 1926 unwirksam geworden. In diesem Fall ist zunächst zu prüfen, ob den Beklagten Schadensersatzansprüche

gegen den Kläger zustehen. Sie leiten solche Ansprüche aus drei rechtlichen Gesichtspunkten her.

a) Die Vorschrift des § 162 Abs. 1 BGB. hat von vornherein auszuscheiden. Denn das — wenn auch überflüssigerweise im Vertrage vom 5. Mai 1926 bedungene — Erfordernis der Genehmigung des Kulturamtsvorstehers stellt eine Rechtsbedingung dar, und auf solche Bedingungen ist § 162 BGB. weder unmittelbar noch auch nur entsprechend anwendbar (JW. 1912 S. 188 Nr. 3, 1926 S. 2619 Nr. 2 = WarnRspr. 1926 Nr. 111, JW. 1927 S. 657 Nr. 5; WarnRspr. 1927 Nr. 41; RGRKomm. 6. Aufl. Erl. 2 Abs. 2 zu § 162). Immerhin verdient die zu § 162 BGB. ergangene reichsgerichtliche Rechtsprechung von den Gesichtspunkten der Erfüllung der Verkäuferpflichten und des § 826 BGB. aus Beachtung (vgl. u. a. RGZ. Bd. 66 S. 226, Bd. 79 S. 96, Bd. 122 S. 247; RGUrt. v. 29. Oktober 1928 VI 148/28; RGRKomm. Erl. 1 zu § 162 BGB. nebst weiteren Nachweisungen).

b) Die Prüfung der Frage, ob nach der bisherigen Sachlage eine Schadensersatzpflicht des Klägers auf Grund der Verletzung von Verkäuferpflichten in Frage kommt, führt zu folgendem Ergebnis. In ständiger Rechtsprechung hat das Reichsgericht den Grundsatz anerkannt, daß bei Verträgen, deren Wirksamkeit von einer behördlichen Genehmigung abhängt, während des dadurch bedingten Schwebezustandes die Parteien ohne Rücksicht darauf, ob ihnen daraus Nachteile erwachsen (RGZ. Bd. 98 S. 262), eine gegenseitige Treupflicht dahin wahren müssen, daß sie alles in ihren Kräften Stehende zu tun haben, um die Genehmigung herbeizuführen, und alles zu unterlassen haben, was dieser Genehmigung hinderlich sein könnte (vgl. u. a. RGZ. Bd. 115 S. 38, Bd. 119 S. 334; Warn. Rspr. 1927 Nr. 10; JW. 1926 S. 1427 Nr. 1). Für Vorverträge gilt in dieser Beziehung nichts anderes. Jene Treupflicht ist nicht aus einer Auslegung des Einzelvertrags nach §§ 133, 157 BGB., sondern aus dem allgemeinen Begriff des Vertrags und der durch dessen Abschluß herbeigeführten Gebundenheit der Beteiligten an das Vereinbarte in Verbindung mit dem das Recht der Schuldverhältnisse beherrschenden allgemeinen Grundsatz des § 242 BGB. herzuleiten, wonach der Schuldner seine Leistung so zu bewirken hat, wie Treu und Glauben mit Rücksicht auf die Verkehrssitte es erfordern. Demnach ist schon der Ausgangspunkt des angefochtenen Teilurteils verfehlt, da es den Vertrag vom 5. Mai 1926 dahin auslegen will, es sei dem Kläger das Recht eingeräumt worden, nicht nur seine Mitwirkung zur Herbeiführung der Genehmigung zu versagen, sondern die letztere sogar zu hintertreiben. Käme es auf die Frage der Vertragsauslegung an, so wäre die Auslegung des Berufungsgerichts einmal unmöglich; denn es kann — abgesehen von Fällen, in denen die Parteien die Vertragserfüllung vom Belieben der einen Partei abhängig gemacht haben — niemals als übereinstimmender Wille der Parteien gelten, daß es der einen von ihnen gestattet sein solle, die Erreichung des Vertragszweckes zu gefährden oder gar unmöglich zu machen. Ferner will der Berufungsrichter den am 5. Mai 1926, also zu einer Zeit, als von einem Eintritt des Klägers in den Vertrag noch keine Rede oder zum mindesten den Beklagten hiervon noch nichts bekannt war, von ihnen mit der D. GmbH. geschlossenen Vertrag dahin auslegen, sie seien stillschweigend damit einverstanden gewesen, daß der Kläger, um eine Inanspruchnahme der Gesamtheit der Siedler aus der von diesen erst im Oktober 1926 übernommenen Ausfallbürgschaft zu vermeiden, das Kulturamt zur Versagung der Genehmigung veranlassen dürfe. Eine solche Auslegung des Vertragswillens der D. und der Beklagten, die erst viel später eingetretene und nicht vorhersehbare Umstände berücksichtigt, wäre allenfalls aus dem Gesichtspunkt der ergänzenden Vertragsauslegung denkbar; sie würde jedoch einen Verstoß gegen die §§ 133, 157 BGB. enthalten, weil sie jede billige Rücksichtnahme auf die Belange der Beklagten vermissen ließe. Allein in dem Ergebnis, daß den Beklagten ein vertraglicher Schadensersatzanspruch gegen den Kläger nicht zusteht, ist dem Berufungsgericht beizutreten. Denn dadurch, daß der Kulturamtsvorsteher seine Genehmigung versagt hat, ist der Vertrag vom 5. Mai 1926 mit rückwirkender Kraft unwirksam geworden, und damit sind alle auf den Vertrag gestützten Ansprüche auch insoweit beseitigt, als sie schon entstanden waren. Jene Entscheidung könnte nur durch ein etwa zulässiges, erfolgreiches Rechtsmittel im Verwaltungswege geändert werden; eine Zuständigkeit der bürgerlichen Gerichte hierfür ist nicht gegeben. Eine Nachprüfung der Zweckmäßigkeit der Entschließung vom 23. April 1928, die nur unter besonderen Umständen zulässig wäre (RGZ. Bd. 99 S. 254, Bd. 106 S. 219, Bd. 118 S. 99 und S. 327, Bd. 121 S. 233, Bd. 125 S. 280, 295, 307; JW. 1925 S. 1875 Nr. 2), könnte zu keinem den Beklagten günstigen Ergebnis führen; denn ein von ihnen etwa gegen den Staat zu erhebender Regreßanspruch steht hier nicht zur Entscheidung.

c) Hiernach bleibt als rechtliche Grundlage für die Schadensersatzansprüche der Beklagten nur § 826 BGB. übrig; denn § 839 BGB. in Verb. mit Art. 131 RVerf. scheidet aus, da der Kläger nicht kraft staatlicher Hoheitsgewalt, sondern nur auf Grund privatrechtlicher Vorschriften zu den Beklagten in Beziehung getreten ist. Die Gründe, aus denen das Berufungsgericht die Anwendbarkeit des § 826 BGB. ablehnt, lassen jede Aufklärung des Sachverhalts an der Hand der von beiden Parteien angetretenen Beweise und ein ausreichendes Eingehen auf den Sachverhalt, so wie er sich bisher darstellt, vermissen. Die Frage, ob einer Partei ein nach § 826 BGB. zu beurteilendes Verhalten zur Last fällt, erfordert aber stets eine eingehende Würdigung der gesamten Umstände des Einzelfalls. Legt man den unstreitigen Sachverhalt zugrunde und unterstellt man im übrigen die streitigen, bisher aber nicht bewiesenen Behauptungen der Beklagten als richtig, wie dies mangels gegenteiliger Feststellungen durch den Berufungsrichter für die Revisionsinstanz geschehen muß, so ergibt sich folgendes Gesamtbild, dessen Einzelheiten der Berufungsrichter aufzuklären haben wird.

Nachdem die D. GmbH. ihre Siedlungstätigkeit in L., die mit Gemeinnützigkeit nichts zu tun gehabt hatte, eingestellt hatte, entschloß sich der Kläger, die Besiedlung von L. zu übernehmen. Welche Erwägungen ihn im letzten Grunde hierzu veranlaßt haben, ist bisher nicht ersichtlich; eigene privatrechtliche Belange scheinen jedoch nicht in Frage zu kommen. Der Kläger hätte es den Siedlern und Käufern in L. überlassen können, ihre vertraglichen und außervertraglichen Schadensersatzansprüche gegen die D. und ihre etwaigen Regreßansprüche gegen den Staat durchzuführen. Trat er aber einmal in die Verträge der D. mit den Abkäufern ein, so lag ihm wie jeder Privatperson die Pflicht ob, diese Verträge gewissenhaft zu erfüllen. Es wird unerörtert bleiben können, ob sich die vom Kläger verlangten gesamtschuldnerischen Ausfallbürgschaften in Höhe von 100000 RM., die von vornherein eine wesentliche Verschlechterung der Lage der Siedler gegenüber dem bisherigen Vertragszustande mit der D. bedeuteten und durch deren Ausstellung jedenfalls die Beklagten bei ihrer vom Landrat anerkannten drückenden Notlage ihr wirtschaftliches Bestehen für den Fall des Eintritts der in der Bürgschaftserklärung gesetzten Bedingung in die Hände des Klägers legten, noch innerhalb der Grenzen halten, jenseits deren die Nichtigkeit der Erklärungen nach § 138 Abs. 1 BGB. eintreten würde. Aber gerade wenn man die Gültigkeit der Bürgschaftserklärung vom 7. Oktober 1926 annimmt, durften die Beklagten, nachdem sie dieses Opfer gebracht hatten, nach Treu und Glauben um so mehr erwarten, daß der Kläger den Vertrag vom 5. Mai 1926 ohne jede Änderung erfüllen werde, wozu er sich der D. gegenüber im § 3 des Kaufvertrags vom 18. Oktober 1926 ausdrücklich und den Beklagten gegenüber durch das Abfordern der Erklärung vom 7. Oktober 1926 stillschweigend verpflichtet hatte. Der Kläger hatte aber entweder von vornherein nicht die Absicht, den Vertrag vom 5. Mai 1926 so, wie er geschlossen war, zu erfüllen, oder er faßte diesen Entschluß bald nach dem Kaufabschluß mit der D.; daß er hierüber die Beklagten alsbald aufgeklärt hätte, ist bisher nicht behauptet, wäre im übrigen wohl auch nicht von wesentlicher Bedeutung. Ihres vorherigen Einverständnisses hat er sich jedenfalls nicht versichert, während er dazu Anlaß genommen hatte, sich eine Ausfallbürgschaftserklärung von ihnen ausstellen zu lassen. Der Kläger wendete sich nun an das Landeskulturamt, um einen seiner Auffassung nach „vernünftigen" Einteilungsplan aufstellen zu lassen, der die Siedlungsstelle der Beklagten von 72 auf 114 Morgen vergrößerte, ihnen einen Teil der guten Böden wegnahm und ihnen schlechteres Land, darunter fast 16 Morgen im sog. „Sumpf", in einer Weise zulegte, die ihr wirtschaftliches Bestehen gefährdete. Dieses Verfahren könnte um so bedenklicher erscheinen, als der Landrat des klagenden Kreises schon Anfang 1925 mit Rücksicht auch auf die Beschaffenheit des Gutes L. die Existenzfähigkeit der dort anzusetzenden Siedler in Zweifel gezogen hatte. Zu Unrecht hält das angefochtene Urteil dieses Vorgehen des Klägers mit der Vorschrift des § 242 BGB. deshalb für vereinbar, weil er im Hinblick auf die Ausfallbürgschaft die Belange der Gesamtheit der Siedler habe wahrnehmen müssen, hinter denen die der Beklagten hätten zurücktreten müssen. Diese Auffassung ist einmal rechtlich verfehlt; denn die Ausstellung jener Bürgschaftserklärung und damit die Unterlage für den Rechtfertigungsversuch des Berufungsgerichts hatte der Kläger erst selbst veranlaßt. Sie berücksichtigt aber weiter auch nicht die noch offenstehende Behauptung der Beklagten, daß die ihnen in dem neuen

Einteilungsplan ausgewiesene Stelle sie existenzunfähig machen würde. Endlich fehlt es an jeder Feststellung, daß es eine Inanspruchnahme der Siedler aus der Bürgschaft zur Folge gehabt hätte, wenn der Kläger den Beklagten die Stelle in der bisherigen Zusammensetzung belassen hätte; nicht einmal soviel ist festgestellt, daß die von der D. eingegangene Rückbürgschaft und die von dieser dem Kläger abgetretenen Forderungen jene Inanspruchnahme nicht verhindert hätten. Wenn sich die Beklagten gegenüber dem Ansinnen des Klägers, den neuen Einteilungsplan anzuerkennen, ablehnend verhielten, so ist ihnen hieraus, entgegen der Ansicht des Kammergerichts, nach bisheriger Sachlage nicht der mindeste Vorwurf zu machen. Freilich haben die Beklagten dabei die höchst unsichere Rechtsstellung verkannt, in der sie sich nach Lage der wenig übersichtlichen Bestimmungen der preußischen Agrargesetzgebung befanden. Denn sie waren damals günstigstenfalls im Besitz eines genehmigten und daher wirksamen, vielleicht aber auch nur eines schwebend unwirksamen Vorvertrags; mindestens die Bestätigung des noch nicht einmal aufgenommenen endgültigen Vertrags, des Rezesses, durch den Landeskulturamtspräsidenten stand noch aus. Allein gerade mit Rücksicht auf diese Lage der Agrargesetzgebung steht der Siedlungs- und Rentengutsvertrag in besonders hohem Maße unter der Herrschaft des vom Rentengutsausgeber zu wahrenden Gesichtspunktes von Treu und Glauben, und darauf, daß der Kläger, eine öffentlichrechtliche Körperschaft, diesen Gesichtspunkt achten werde, durften die Beklagten auch mit Rücksicht auf ihre persönlichen Verhältnisse um so mehr vertrauen, als sie ihr letztes erhebliches, nach ihrer Vertreibung aus der Ostmark ihnen verbliebenes Vermögensstück, die Verdrängungsentschädigung, zum Ankauf der Siedlerstelle verwendet hatten.

Bei der Würdigung des Gesamtverhaltens des Klägers in dieser Angelegenheit kann man an zwei Behauptungen der Beklagten nicht vorübergehen, wenn diese auch für die Entscheidung keine unmittelbare Bedeutung haben werden. Die eine Behauptung betrifft den Holzeinschlag, die andere die Nichtauszahlung des Wirtschaftsdarlehens von 2750 RM. In ersterer Beziehung stellen die Beklagten die Sache so dar, daß der Kläger das Kulturamt zu dem Schreiben vom 25. Februar 1927 veranlaßt habe. Wäre das richtig, so hätte es den Vertretern des Klägers, je nach Würdigung der

Umstände durch den Tatrichter, bei auch nur einiger Aufmerksamkeit nicht entgehen können, daß es sich nach bisheriger Sachlage um einen jedenfalls zweifelhaften Anspruch privatrechtlicher Art handelte, und daß das Mittel zur Durchsetzung dieses Anspruchs, die Androhung der Nichterteilung einer behördlichen Genehmigung, bedenklich war. Bei dem Darlehen von 2750 RM. liegt die Sache insofern anders, als aus den Akten nicht erhellt, unter welchen Voraussetzungen das Reichswirtschaftsdarlehen den Beklagten bewilligt und inwieweit nach den etwa bestehenden Verwaltungsvorschriften das Kulturamt zur Verweigerung der Auszahlung befugt war. Immerhin bleibt soviel bestehen, daß der Kläger nach der Ablehnung der Auszahlung dieses Darlehens nunmehr nach § 2 des Vertrags vom 5. Mai 1926, der ihn überdies verpflichtete, vom Staate ein Wirtschaftsdarlehen für die Beklagten zu erwirken, zur Rückzahlung der Anzahlung in Höhe von 1500 RM. an die Beklagten verpflichtet war und daß er, indem er dies unterließ, ihnen die Bewirtschaftung der Siedlerstelle erschwert und damit vielleicht zu den im Vermerk des Kulturamts vom 23. April 1928 gerügten Mißständen beigetragen hat. Den Schlußstein für die Beurteilung des Verhaltens des Klägers endlich bilden seine fast ein Jahr lang, zuletzt mit Pausen von 3 bis 16 Tagen fortgesetzten Bemühungen bei dem Kulturamtsvorsteher, diesen zur Versagung der Genehmigung des Vertrags vom 5. Mai 1926 zu bewegen, Bemühungen, von denen der Kläger auch nicht abließ, obwohl der Kulturamtsvorsteher in nicht mißzuverstehender Weise zum Ausdruck gebracht hatte, daß er diesem Ansinnen Folge zu leisten Bedenken trug.

Es wird nunmehr Aufgabe des Berufungsgerichts sein, nach erschöpfender Ermittlung des Sachverhalts von neuem die Frage zu prüfen, ob dem Kläger ein sittenwidriges Verhalten zur Last fällt. Als Maßstab für diese Beurteilung sind nicht die in der Kriegs- und Nachkriegszeit gesunkenen Begriffe mancher Bevölkerungskreise von Anstand, Billigkeit und Vertragstreue, sondern die allgemeinen Anstandsbegriffe zugrunde zu legen, wie sie vor dem Kriege in Geltung waren (RGZ. Bd. 104 S. 330). Hierauf hinzuweisen hat der erkennende Senat schon einmal in einer Siedlungssache Veranlassung gehabt (RGZ. Bd. 120 S. 148). Gegebenenfalls würde vom Tatrichter weiter zu erörtern sein, ob das Verhalten des Klägers für die Versagung der Genehmigung durch den Kulturamtsvorsteher ursächlich gewesen ist. Dabei ist die Frage dahin zu stellen, ob letzterer seine Genehmigung versagt haben würde, auch wenn der Kläger ihre Erteilung beantragt und sich um sie bemüht hätte.

6. Sollte ein für den Schaden der Beklagten ursächliches Verhalten des Klägers (§ 826 BGB.) sich feststellen lassen, so wäre ferner zu untersuchen, in welcher Weise er Schadensersatz zu leisten hätte.

a) Nach § 249 Satz 1 BGB. hat grundsätzlich der Schädiger den Zustand herzustellen, der bestehen würde, wenn der zum Ersatz verpflichtende Umstand nicht eingetreten wäre. Danach hätte der Kläger die Beklagten wirtschaftlich so zu stellen, wie sie stehen würden, wenn der Kulturamtsvorsteher den Vertrag vom 5. Mai 1926 genehmigt hätte. Es würde also zwar durch die Versagung der Genehmigung den Beklagten der Rechtsbehelf aus § 986 BGB. entzogen sein, an dessen Stelle wäre ihnen aber die Einrede der allgemeinen Arglist gegeben, die gleichfalls zur Klagabweisung führen müßte. Denn da der Vertrag vom 5. Mai 1926 vor der Versagung der Genehmigung die Beklagten zum Besitz der Siedlerstelle berechtigte, könnte zwar der Kläger mit der Klage aus § 985 BGB. nach der Versagung die Herausgabe der Siedlerstelle verlangen, er wäre aber auf Grund seiner Schadensersatzpflicht gehalten, den Besitz der Stelle den Beklagten alsbald wieder zu überlassen. In gleichem Sinne hat das Reichsgericht den rechtsähnlich liegenden Fall in RGZ. Bd. 110 S. 365 beurteilt, wo es sich ebenfalls um die arglistige Hintertreibung einer behördlichen Genehmigung handelte (vgl. auch RGZ. Bd. 107 S. 365, Bd. 115 S. 43 bis 45, Bd. 119 S. 166). Allerdings ist in diesem Urteil, worauf der Vorderrichter zutreffend hinweist, mit Recht eine Einschränkung wegen der bezeichneten Wirkung der Arglisteinrede für den Fall gemacht, daß die Genehmigung des Vertrags zur Wahrung des öffentlichen Interesses versagt worden ist. Denn wenn öffentliche Interessen der Überlassung des Kaufgrundstücks an den Käufer entgegenstehen, so kann nicht wohl das Bestehen eines privatrechtlichen Schadensersatzanspruchs des Käufers gegen den Verkäufer dahin führen, daß im Widerspruch mit den öffentlichen Belangen der Käufer gleichwohl im Besitz des Grundstücks zu belassen wäre. Zur Entscheidung dieser Frage reicht der bisher ermittelte Sachverhalt nicht aus. Die Entschließung des Kulturamtsvorstehers vom 23. April 1928 ist einmal auf die persönlichen Verhältnisse der Beklagten gegründet. Dieser Entscheidungsgrund ist aber — worüber die Parteien in erster Instanz einig geworden sind — nicht von maßgeblicher Bedeutung gewesen; überdies wird aus den persönlichen Verhältnissen der Beklagten in jener Entschließung auch nicht ein öffentliches Interesse an ihrer Nichtzulassung, sondern nur ein eigenes Interesse der Beklagten hieran hergeleitet. Ferner stützt sich die Entschließung darauf, der Einteilungsplan habe geändert werden müssen, um dem Kläger einen möglichst verlustlosen Abschluß des Siedlungsverfahrens zu ermöglichen. Auch aus dieser Begründung ergibt sich kein öffentliches Interesse an der Nichtgenehmigung des Vertrags, sondern nur ein vermögensrechtliches Interesse des Klägers, der hier im Verhältnis zu den Beklagten, wie wiederholt betont werden mag, lediglich als Träger privatrechtlicher Rechte und Pflichten in Betracht kommt. Anders liegt die Sache bei dem dritten Entschließungsgrund, der dahin geht, der neue Einteilungsplan sei bereits landespolizeilich genehmigt worden. Diese jetzt dem Präsidenten des Landeskulturamts zustehende (§ 14 Abs. 1, § 16 Ges. vom 3. Juni 1919) Wahrnehmung der landespolizeilichen Interessen im Rentengutsbildungsverfahren gründet sich auf § 12 Abs. 4 des Gesetzes vom 7. Juli 1891 in Verb. mit § 4 der Verordnung wegen Organisation der Generalkommissionen vom 20. Juni 1817 (GS. S. 161) und umfaßt neben den polizeilichen Interessen im Sinne des heutigen Sprachgebrauchs auch die allgemeinen staatswirtschaftlichen Interessen, insbesondere diejenigen der Landeskultur, also die gesamten öffentlichen Interessen (Gutachten des Oberlandeskulturgerichts vom 28. Februar 1908 in der oben genannten Zeitschrift Bd. 37 S. 48 bis 52; Haack a. a. O. S. 54 unter Nr. 24; vgl. RGUrt. vom 12. Januar 1898 bei Sterneberg-Peltzer Die Preußischen Rentengutsgesetze S. 170). Ob hiernach öffentliche Belange einer Belassung des Besitzes an der Siedlerstelle in der Hand der Beklagten entgegenstehen, bedarf noch der Aufklärung durch den Tatrichter. Es mag jedoch darauf hingewiesen werden, daß die landespolizeiliche Genehmigung zu dem neuen Einteilungsplan nicht schlechthin unabänderlich ist, daß sie vielmehr schon insoweit, als der sog. „Sumpf" in Frage kommt, infolge Verkaufs dieser Fläche an die Stadt B. geändert werden muß, wenn anders dieser

Verkauf durchgeführt werden soll, daß sich ferner im Hinblick auf den Verkauf die Zulegung der 3,88 ha im „Sumpf" zu der Siedlerstelle der Beklagten als vermeidbar erweist, und daß es endlich nach ihrer Behauptung noch jetzt möglich wäre, ihnen die Siedlerstelle in dem ursprünglich vorgesehenen Umfang zu belassen.

b) Sollte die in § 249 Satz 1 BGB. vorgesehene Herstellung in Natur aus rechtlichen oder tatsächlichen Gründen nicht möglich sein, so hätte der Kläger die Beklagten nach § 251 Abs. 1 BGB. in Geld zu entschädigen, und zwar einschließlich des entgangenen Gewinns in dem sich aus § 252 BGB. ergebenden Umfange. Zu letzterem würden auch die Vorteile gehören, welche den Beklagten aus einem Erwerb des Eigentums an der Siedlerstelle erwachsen wären, dies freilich nur dann, wenn sich nach dem gewöhnlichen Laufe der Dinge mit Wahrscheinlichkeit hätte erwarten lassen, daß bei vertragstreuem Verhalten des Klägers entsprechend einer Genehmigung des Rentengutsvertrags vom 5. Mai 1926 der dann aufzunehmende Rezeß die Bestätigung der Landeskulturbehörde gefunden hätte. Die Entscheidung dieser Frage und überhaupt des Umfangs des zu leistenden Schadensersatzes ist im wesentlichen Sache tatrichterlichen Ermessens (§ 287 ZPO.). Diesen Geldentschädigungsanspruch im Wege des Zurückbehaltungsrechts im gegenwärtigen Rechtsstreit geltend zu machen, würden die Beklagten nach § 529 Abs. 1 ZPO. noch jetzt befugt sein (RGZ. Bd. 73 S. 54, Bd. 109 S. 105); auch eine verspätete Geltendmachung des Zurückbehaltungsrechts (§ 529 Abs. 2, 3 ZPO.) wird nicht in Frage kommen.

7. Was endlich die bisher von den Beklagten geltend gemachten Gegenansprüche anlangt, so ist noch folgendes zu bemerken.

Sofern der Kläger das Holz, das auf den den Beklagten übergebenen Waldgrundstücken anstand, gegen ihren Willen gefällt haben sollte, würde er sich im Wege der verbotenen Eigenmacht eines unzulässigen Eingriffs in den durch das Gesetz geschützten Besitz der Beklagten schuldig gemacht haben (§§ 858 flg. BGB.). Aber hieraus ergäbe sich noch nicht ohne weiteres seine Pflicht, den Beklagten in Höhe des Wertes des Holzes im angeblichen Betrage von 7000 RM. Schadensersatz zu leisten. Dazu wäre einmal erforderlich, daß den Beklagten nach § 1 des Vertrags vom 5. Mai 1926 das Recht auf den Einschlag des Holzes nach Ablauf des 1. März 1927 schlechthin eingeräumt war. Ferner hat der

Kläger zwar behauptet, die Beklagten hätten sich mit der Vornahme des Holzschlags durch ihn noch nach dem 1. März 1927 stillschweigend einverstanden erklärt; diese Behauptung ist jedoch unerheblich, da sie eine Änderung des Vertrags vom 5. Mai 1926 bedeuten würde und daher nach gesetzlicher Vorschrift (Art. 12 § 1 Abs. 1 AG. z. BGB.; § 125 Satz 1 BGB.) nur in schriftlicher Form gültig hätte getroffen werden können (Haack a. a. O. S. 44). Darauf, daß in § 9 jenes Vertrags für Änderungen Schriftform vereinbart worden ist, kommt es mithin nicht an. Nun ist freilich der Vertrag durch die Versagung der Genehmigung unwirksam geworden und damit das Recht der Beklagten auf den Erwerb des Eigentums an dem Holz erloschen. Aber der Gesichtspunkt des Schadensersatzes nach §§ 826, 251 Abs. 1, § 252 BGB. könnte dann zu einer Anerkennung der Berechtigung des von den Beklagten aus dem Holzschlag des Klägers hergeleiteten Schadensersatzanspruchs führen, wenn anzunehmen wäre, daß bei vertragstreuem Verhalten des Klägers in der Genehmigungsfrage die Landeskulturbehörde den dem Rentengutsvertrag entsprechenden Rezeß genehmigt hätte. Es gilt insoweit dasselbe, was oben unter Nr. 6b erörtert worden ist. . . .

---

70. Unter welchen Voraussetzungen unterbricht eine im Ausland erhobene Klage die nach deutschem Recht zu beurteilende Verjährung?

BGB. § 209 Abs. 1. ZPO. § 328 Nr. 5, § 723.

II. Zivilsenat. Urt. v. 8. Juli 1930 i. S. Eagle Oil Company of New York GmbH. (Bekl.) w. Norsk Vacuum Oil Company Aktiebolaget (Kl.). II 542/29.

I. Landgericht Hamburg, Kammer für Handelssachen.
II. Oberlandesgericht daselbst.

Für die in Oslo ansässige klagende Aktiengesellschaft, die norwegische Vertriebsgesellschaft für die Erzeugnisse der Vacuum Oil Company in New York, sind während der Zeit von 1905 bis 1922 zahlreiche Warenzeichen für Öl durch Eintragung in das norwegische Zeichenregister geschützt worden. Die Beklagte Eagle Oil Company of New-York GmbH. in Hamburg hat im Jahre 1925 gegen die Norsk Vacuum Oil beim Handelsgericht in Oslo Klage erhoben auf Löschung der Warenzeichen „Vacuum" und „Arctic" und auf Ersatz des ihr durch die widerrechtliche Verwendung dieser Zeichen entstandenen Schadens. Die Norsk Vacuum Oil hat in jenem Verfahren Widerklage erhoben auf Unterlassung der Benutzung mehrerer mit den ihrigen verwechslungsfähiger, teilweise sogar genau oder fast genau übereinstimmender Bezeichnungen sowie auf Ersatz des ihr durch die Verletzung ihres Warenzeichen- und Ausstattungsschutzes und durch den hierdurch begangenen unlauteren Wettbewerb seit dem 1. Mai 1918 zugefügten Schadens. Die norwegischen Gerichte — das Handelsgericht in Oslo und das Höchste Gericht daselbst — haben die Klage der Eagle Oil abgewiesen und sie auf die Widerklage zur Unterlassung der Benutzung der Zeichen und zur Zahlung einer Entschädigung von 20 000 norw. Kronen an die Norsk Vacuum Oil verurteilt. Die Eagle Oil hat diesen Betrag nicht gezahlt. Der Norsk Vacuum Oil ist es auch nicht gelungen, ihn in Norwegen zwangsweise beizutreiben, da jene dort kein Vermögen besitzt.

Nunmehr fordert die Klägerin von der Beklagten Zahlung der 20 000 norw. Kronen, die Gegenstand des norwegischen Rechtsstreits waren. Sie stützt sich auf Zeichenverletzung und unlauteren Wettbewerb und beruft sich zum Beweise ihres Anspruchs auf die in den norwegischen Urteilen nach eingehenden Erörterungen getroffenen Feststellungen in Verbindung mit dem Inhalt der Klageschrift im norwegischen Verfahren. Diese Urkunden befinden sich in norwegischer Sprache und in amtlich beglaubigter deutscher Übersetzung bei den Akten des jetzigen Rechtsstreits. Die Beklagte tritt unter Hinweis auf den Mangel der Gegenseitigkeit zwischen dem Deutschen Reich und Norwegen der Verwendung der norwegischen Urteile entgegen und verlangt selbständige Begründung und selbständigen Beweis des Klaganspruchs; sie hält aber den Anspruch, der sich auf eine in Norwegen begangene Verletzung des Zeichenrechts der Norsk Vacuum Oil stütze, nicht für gegeben, weil die Zeichen der letzteren weder im deutschen Zeichenregister eingetragen, noch in Bern registriert seien. Etwaige Ansprüche wegen unlauteren Wettbewerbs aber seien verjährt, weil die Erhebung der Widerklage in Norwegen durch die Norsk Vacuum Oil die Verjährung nicht unterbrochen habe. Maßgebend sei deutsches Recht, denn der Grundsatz des Art. 12 EG. z. BGB. sei entscheidend. Danach betrage die Verjährungsfrist (§ 852 BGB.) nur drei Jahre, nach norwegischem Recht dagegen zehn Jahre. Die Klägerin gibt letzteres als richtig zu.

Das Landgericht wies die Klage ab. Das Oberlandesgericht erklärte den Klaganspruch dem Grunde nach für gerechtfertigt. Die Revision der Beklagten führte zur Aufhebung und Zurückverweisung.

Aus den Gründen:

Der von der norwegischen Gesellschaft Norsk Vacuum Oil erhobene Klaganspruch ist gerichtet auf Verurteilung der in Hamburg ansässigen Eagle Oil GmbH. zur Zahlung von 20000 norw. Kronen als Schadensersatz wegen vorsätzlicher Verletzung ihres norwegischen Zeichen- und Ausstattungsschutzes sowie wegen eines gleichzeitig damit ihr gegenüber in Norwegen begangenen unlauteren Wettbewerbs. Der Anspruch ist der jetzigen Klägerin im norwegischen Vorprozeß der Parteien rechtskräftig zuerkannt. Sie macht ihn aber mit Recht vor dem deutschen Gericht von neuem selbständig geltend, weil die Anerkennung von Urteilen norwegischer Gerichte in Deutschland mangels Verbürgung der Gegenseitigkeit zwischen dem Deutschen Reich und Norwegen gemäß § 328 Nr. 5 ZPO. ausgeschlossen ist. Das hindert nicht, die norwegischen Urteile in Anbetracht ihrer eingehenden und sorgfältigen Prüfung und Feststellung des Sachverhalts als wichtiges Beweismittel dafür zu verwenden, daß die Beklagte unerlaubte Handlungen begangen hat, die sie nach norwegischem Recht zum Schadensersatz gegenüber der Klägerin verpflichten. Das Berufungsgericht sieht diesen Beweis als geführt an. Die Revision beanstandet das nicht.

Da bewußte Verletzungen des Zeichen- und Ausstattungsschutzes sowie unlautere Wettbewerbshandlungen nicht nur nach norwegischem, sondern auch nach deutschem Recht unerlaubte Handlungen darstellen (§§ 823 flg. BGB.), so können aus diesen im Ausland begangenen unerlaubten Handlungen nach dem Grundsatz des Art. 12 EG. z. BGB. gegen die Beklagte als eine in Deutschland ansässige Gesellschaft nicht weitergehende Ansprüche geltend gemacht werden, als wenn der in Norwegen verwirklichte Tatbestand dem deutschen Recht unterstellt würde. Die Beklagte beruft sich in doppelter Beziehung auf den Schutz dieser Vorschrift. Einmal genießt ihrer Ansicht nach ein ausländisches Warenzeichen, das nicht in die deutsche Zeichenrolle eingetragen ist, in Deutschland keinen Schutz, wie sich aus § 23 in Verb. mit § 12 WZG. ergebe. Der Klaganspruch, der sich in vollem Umfang auf Verletzung in Deutschland nicht eingetragener Warenzeichen aufbaue, sei daher auf Grund des Art. 12 a. a. O. abzuweisen. Mit Recht weist das Berufungsgericht diese auch von Seligsohn Anm. 5 zu § 12 WZG. vertretene Ansicht, auf die übrigens die Revision nicht mehr zurückkommt, in Übereinstimmung mit Hagens Anm. 6 zu § 12 a. a. O. zurück. Aus der Nichteintragung eines ausländischen Warenzeichens in der deutschen Zeichenrolle folgt nur, daß diesem Zeichen nicht der Schutz des deutschen Warenzeichenrechts zugute kommt. Das ist von Bedeutung für Verletzungen, die innerhalb des Deutschen Reiches begangen werden. Dagegen besteht kein Grund für die Annahme, daß es unzulässig sei, einen Inländer, der die Verletzungshandlung gegen ein nur im ausländischen Staat geschütztes Warenzeichen dort begangen hat, vor einem deutschen Gericht aus dem ausländischen Warenzeichengesetz in Anspruch zu nehmen.

Weiter wendet die Beklagte unter Berufung auf den Grundsatz des Art. 12 EG. z. BGB. Verjährung des Schadensersatzanspruchs ein. Das Berufungsgericht hat diese Einrede zurückgewiesen. Es stellt aus dem Urteil des Handelsgerichts in Oslo fest, daß die jetzige Klägerin im norwegischen Vorprozeß das Verhalten der jetzigen Beklagten aus der Zeit vom Mai 1918 bis Anfang 1924 zur Grundlage der damals im Weg der Widerklage erhobenen Ansprüche hat machen wollen, und daß sie spätestens Anfang 1924 von den Handlungen der jetzigen Beklagten Kenntnis gehabt hat. Bis zur Erhebung der vorliegenden Klage (Anfang Januar 1929) wäre daher bei Zugrundelegung der zehnjährigen Verjährungsfrist, die nach dem für die materielle Beurteilung des eingeklagten Anspruchs maßgebenden norwegischen Recht für Ansprüche aus unerlaubten Handlungen gilt, der Klaganspruch nicht verjährt. Da aber nach deutschem Recht (§ 852 BGB.) die Verjährungsfrist für solche Ansprüche nur drei Jahre dauert, so ist nach Art. 12 EG. z. BGB. diese kürzere Verjährungsfrist maßgebend mit der Wirkung, daß der Schadensersatzanspruch zur Zeit der Klagerhebung bereits verjährt war, sofern die Verjährung nicht durch die im Vorprozeß von der damaligen Beklagten, jetzigen Klägerin, erhobene Widerklage unterbrochen worden sein sollte. Dabei wird davon ausgegangen, daß dem Klaganspruch Verletzungshandlungen der Beklagten zugrunde gelegt sind, die mit Mai 1918 beginnen und mit dem Anfang des Jahres 1924 beendet sind.

Das Berufungsgericht nimmt nun an, die von der jetzigen Klägerin im Vorprozeß erhobene Widerklage habe die Verjährung unterbrochen.

Gegen diese Auffassung wendet sich die Revision unter Hinweis auf die Entscheidung des erkennenden Senats vom 18. September 1925 II 505/24 (JW. 1926 S. 374 Nr. 6). Mit Recht. Allerdings waren im vorliegenden Fall im Gegensatz zu dem früher entschiedenen „die Gerichte des Staates, dem das ausländische Gericht angehört, nach den deutschen Gesetzen zuständig" (§ 328 Abs. 1 Nr. 1 ZPO.). Es kann dahingestellt bleiben, ob die Beklagte, wie das Berufungsgericht meint, in Norwegen einen Gewerbebetrieb ausgeübt hat. Jedenfalls war gegen sie der auch dem deutschen Recht (§ 33 ZPO.) bekannte Gerichtsstand der Widerklage begründet. Hatte sie gegen die jetzige Klägerin in Oslo Klage erhoben, so mußte sie sich wegen eines mit dem Klaganspruch oder mit den gegen ihn vorgebrachten Verteidigungsmitteln im Zusammenhang stehenden Gegenanspruchs in demselben Rechtsstreit auch als Beklagte belangen lassen.

Der Senat hat aber die Zuständigkeitsfrage in der damaligen Entscheidung nur deshalb besonders erörtert, weil der Fall dazu Anlaß bot. Damit eine im Ausland erhobene Klage die nach deutschem Recht zu beurteilende Verjährung unterbreche, hat er allgemein gefordert, daß das ausländische Verfahren von der inländischen Rechtsordnung anerkannt werde. Hieran ist trotz der abweichenden Ansicht Neumeyers in der Anmerkung zu jener Entscheidung (JW. 1926 a. a. O.) festzuhalten. Der ausschlaggebende Umstand bei der Klagerhebung liegt keineswegs in der Nachdrücklichkeit des Gläubigerwillens, die auch bei einer außergerichtlichen Mahnung in gleichem Maße vorhanden sein kann. Entscheidend ist die prozessuale Rechtsschutzhandlung der Anrufung des Gerichts. Kann aber selbst das ausländische Urteil auf das deutsche Rechtsverhältnis keine materielle Wirkung ausüben, so muß eine solche auch seiner Vorbereitung, der Klagerhebung, versagt werden. Es ist auch nicht ersichtlich, wie den Mißständen, die aus einer schrankenlosen Möglichkeit der Klagerhebung vor ausländischen Gerichten drohen, auf andere Weise begegnet werden könnte. Eine entsprechende Anwendung des Art. 30 EG. z. BGB. würde, worauf Neumeyer hinweist, der Willkür Tür und Tor öffnen und zu einer höchst bedenklichen Rechtsunsicherheit führen. Die hier vertretene Ansicht wird namentlich von Frankenstein Intern. Privatrecht Bd. 1

S. 371, 598 geteilt; vgl. auch Josef in Bl. f. intern. Privatrecht (Beil. zur LZ.) 1926 S. 241 flg.

Somit hätten für eine unterbrechende Wirkung der Widerklage der Beklagten im norwegischen Vorprozeß sämtliche Voraussetzungen des § 328 ZPO. erfüllt sein müssen. Das war jedoch nicht der Fall. Die Voraussetzung des Abs. 1 Nr. 5 ist nicht gegeben; denn die Gegenseitigkeit ist zwischen Norwegen und dem Deutschen Reich nicht verbürgt (Stein-Jonas § 328 VIII E 17).

Hiernach fehlt es an einer Unterbrechung der Verjährung. Dies führt zur Aufhebung und Zurückverweisung. Denn eine Klagabweisung ist zur Zeit nicht möglich (wird näher dargelegt).

---

71. 1. Kann dem klagenden Konkursverwalter entgegengehalten werden, das Konkursverfahren sei unzulässig und er deshalb zur Klagerhebung nicht berechtigt?

2. Wie gestalten sich die Voraussetzungen der Anfechtung nach § 30 Nr. 1 KO., wenn gegen denselben Schuldner nacheinander zwei Konkursverfahren eröffnet worden sind?

VII. Zivilsenat. Urt. v. 8. Juli 1930 i. S. Sch. (Bekl.) w. Rechtsanwalt B. als Verwalter im Konkursverfahren über das beschlagfreie Vermögen der Ehefrau Sch. (Kl.). VII 476/29.

I. Landgericht Verden.
II. Oberlandesgericht Celle.

Am 26. August 1925 eröffnete das Amtsgericht S. das Konkursverfahren über das Vermögen des Beklagten und seiner Ehefrau und ernannte den Rechtsanwalt G. in S. zum Verwalter. Auf dessen Vorstellung wurde im November 1925 das Verfahren in ein Konkursverfahren über das Vermögen des Mannes und in ein solches über das Vermögen der Frau zerlegt; G. blieb Verwalter in beiden Konkursen. Der Konkurs des Mannes wurde am 2. November 1927 aufgehoben, der Konkurs der Frau erst am 17. Dezember 1929 (während der Revisionsinstanz). In dem letzteren Verfahren hatte der Verwalter im März 1927 ein zur Konkursmasse gehörendes Grundstück (Hofgut) freigegeben; daraufhin wurde der Konkursvermerk am 29. März 1927 im Grundbuch gelöscht. An demselben Tage ließ die Ehefrau Sch. auf dem Grundstück für sich eine Eigentümergrundschuld von 30000 RM. und für den Beklagten den lebenslänglichen Nießbrauch mit dem Range nach der Grundschuld eintragen.

Auf den Antrag eines Gläubigers vom 12. April 1927 eröffnete das Amtsgericht S. durch Beschluß vom 16. Mai 1927 über „das beschlagfreie Vermögen" der Ehefrau Sch. ein neues Konkursverfahren und ernannte dafür den Kläger zum Konkursverwalter. Die sofortige Beschwerde der Frau Sch. gegen diese Konkurseröffnung wurde vom Landgericht Verden durch Beschluß vom 21. Juli 1927 zurückgewiesen und die weitere sofortige Beschwerde durch Beschluß des Oberlandesgerichts Celle vom 17. August 1927 als unzulässig verworfen.

Der Kläger verfolgte sodann mit der im Mai 1928 erhobenen Klage die Anfechtung der Nießbrauchbestellung vom 29. März 1927, indem er sich auf die §§ 30, 31 und 32 KO. stützte. Seinem Antrag entsprechend verurteilte das Landgericht in Anwendung des § 30 Nr. 1 KO. den Beklagten, die Löschung des für ihn eingetragenen Nießbrauchs zu bewilligen. Die Berufung des Beklagten wurde zurückgewiesen. Seine Revision führte zur Aufhebung und Zurückverweisung.

Gründe:

In erster Reihe macht die Revision geltend, das am 16. Mai 1927 über das beschlagfreie Vermögen der Ehefrau des Beklagten eröffnete Konkursverfahren sei mit Einschluß der Bestellung des Klägers zum Verwalter in diesem Verfahren unzulässig, der Kläger sei daher zur Erhebung einer Anfechtungsklage nicht berechtigt. Das Landgericht hatte diesen Einwand mit der Erwägung abgelehnt, die Frage der Zulässigkeit jener Konkurseröffnung könne im gegenwärtigen Rechtsstreit nicht mehr nachgeprüft werden, da sie rechtskräftig bestätigt worden sei. Das Oberlandesgericht hat zu dem Einwand keine Stellung genommen, obgleich unbedenklich anzunehmen ist, daß er vom Beklagten auch im zweiten Rechtsgang aufrechterhalten wurde. Der Auffassung des ersten Richters ist aber beizupflichten. Nachdem der amtsgerichtliche Eröffnungsbeschluß vom 16. Mai 1927 durch Zurückweisung der dagegen eingelegten sofortigen Beschwerde und Verwerfung der weiteren sofortigen Beschwerde die Rechtskraft erlangt hat, muß die Konkurseröffnung und mit ihr die Ernennung des Klägers zum Konkursverwalter für alle Beteiligten als gesetzmäßig erfolgt und sonach ohne weiteres verbindlich gelten. Es geht nicht an, die Rechtswirksamkeit dieser öffentlichrechtlichen Maßnahme nachträglich irgendwie in Frage zu stellen. Bei den weitreichenden Wirkungen rechtlicher und wirtschaftlicher Art, die von einer Konkurseröffnung regelmäßig ausgehen, müßte es zu schweren, in ihrer Tragweite gar nicht übersehbaren Erschütterungen des Rechts- und Wirtschaftslebens kommen, wenn die Grundlage jener Wirkungen wieder beseitigt werden könnte. Zudem würde sich, wenn in einem Rechtsstreit dem Einwande der Unzulässigkeit eines Konkursverfahrens stattgegeben würde, die Rechtskraft einer solchen Entscheidung auf die im § 325 ZPO. bezeichneten Personen beschränken, während im übrigen das Verfahren auch weiterhin als rechtsbeständig zu gelten hätte und fortgesetzt werden müßte; ein derartiges Ergebnis wäre unvereinbar mit der Sicherheit, deren das Verkehrsleben bedarf. Deshalb kann hier dahingestellt bleiben, ob die Ausführung der Revision zutrifft, daß die Eröffnung des zweiten Konkursverfahrens über Vermögen der Frau Sch. während des Schwebens des ersten gegen sie eröffneten Konkursverfahrens den im Konkursrecht geltenden Grundsatz der Universalität verletze. Selbst wenn der Revision darin beizustimmen wäre, müßte doch angenommen werden, daß der dem Konkursgericht etwa zur Last fallende Rechtsverstoß durch den Eintritt der Rechtskraft seines Beschlusses geheilt sei. Diese Auffassung steht auch im Einklang mit der Stellungnahme des Reichsgerichts zu dem Bestätigungsbeschlusse des § 184 KO. Wie in RGZ. Bd. 57 S. 274/275 und Bd. 127 S. 376 dargelegt, ist der Rechtskraft dieses Beschlusses die Wirkung beizumessen, daß sie etwa vom Gericht übersehene Mängel des Zwangsvergleichsverfahrens heilt.

Der Revisionseinwand gegen die Berechtigung des Klägers zur Erhebung der Anfechtungsklage ist sonach abzulehnen. Die sonstigen Angriffe der Revision gegen das Berufungsurteil sind aber im wesentlichen begründet.

Hat das am 16. Mai 1927 eröffnete Konkursverfahren als gesetzmäßig zu gelten, so war es jedenfalls ein selbständiges Verfahren, das mit dem ersten, am 26. August 1925 eröffneten Konkursverfahren über das Vermögen der Frau Sch. keinen Zusammenhang hatte und von ihm in keiner Weise abhängig war. Als „das Konkursverfahren" im Sinne der §§ 29flg. KO. kommt hier ausschließlich das am 16. Mai 1927 eröffnete Verfahren in Betracht. Erste Voraussetzung der hier nur in Betracht zu ziehenden Anfechtung nach § 30 Nr. 1 KO. ist also — da die Zeit nach dem Eröffnungsantrage vom 12. April 1927 ohne Belang ist — eine der angefochtenen Rechtshandlung, nämlich der Nießbrauchbestellung vom 29. März 1927, vorangegangene Zahlungseinstellung von seiten der Frau Sch. Dabei konnte es sich nur um die unterbliebene Befriedigung solcher Gläubiger handeln, die nicht Konkursgläubiger im ersten Konkursverfahren waren. Denn die Gläubiger, die dort ihre Forderungen angemeldet hatten, konnten diese damals nicht unmittelbar gegen die Gemeinschuldnerin verfolgen und auch nicht deren konkursfreies Vermögen in Anspruch nehmen (§ 14 Abs. 1 KO.). Ferner kann die der Eröffnung des ersten Konkursverfahrens seinerzeit vorangegangene Zahlungseinstellung der Frau Sch. hier nicht mehr von Bedeutung sein.

Diese aus der Selbständigkeit des ersten und des zweiten Konkursverfahrens herzuleitenden Folgerungen hat das Berufungsgericht unbeachtet gelassen. Bei der Erörterung des Kreises der Gläubiger, die von der Ehefrau Sch. Befriedigung hätten fordern können, berücksichtigt es ohne Unterscheidung die Konkursgläubiger des ersten Verfahrens und diejenigen Gläubiger, deren Forderungen erst nach dessen Eröffnung entstanden waren. Offenbar soll der in den Gründen gebrauchte Ausdruck „ihre bestehenden Verbindlichkeiten" nach der Absicht des Berufungsrichters auch die Forderungen der Konkursgläubiger des ersten Verfahrens ohne jede Einschränkung wegen der Beträge mitumfassen. Wie er die Frage der Zahlungseinstellung beurteilt haben würde, wenn er sich bei seinen Erwägungen auf die Gläubiger beschränkt hätte, die etwa später Forderungen erworben hatten, bleibt ungewiß; es fehlen auch bestimmte Feststellungen darüber, welche einzelnen später etwa entstandenen, fälligen und angeforderten Schulden Frau Sch. unberichtigt gelassen haben soll. Ferner zeigt der Satz der Begründung: „Zahlungseinstellung bestand noch von dem ersten Konkurs her" deutlich, daß dem Vorderrichter die rechtliche Selbständigkeit des zweiten Konkursverfahrens nicht zum Bewußtsein gekommen ist. Dasselbe gilt von den anschließenden Erörterungen, die auch eine Verkennung der den Kläger in vollem Umfang treffenden Beweislast hervortreten lassen. Endlich geht die Unklarheit der rechtlichen Auffassung auch daraus hervor, daß der Berufungsrichter den fehlsamen Ausdruck „die Wiedereröffnung des Konkurses" verwendet.

Nach alledem ist die Anwendung des § 30 Nr. 1 KO. im Berufungsurteil von Rechtsirrtum beeinflußt. Dieses unterliegt daher der Aufhebung. Das Oberlandesgericht wird bei klarer Auseinanderhaltung der beiden Konkursverfahren erneut zu prüfen haben, ob die Voraussetzungen einer konkursmäßigen Anfechtung dargetan sind.

---

72. Muß der Enteignete eine Ersatzanlage statt der Geldentschädigung annehmen, wenn die Verwaltungsbehörde im Planfeststellungsbeschluß die Anlage irrig als eine solche im Sinne von § 14 des preuß. Enteignungsgesetzes angesehen und angeordnet hat?

Preuß. Enteignungsgesetz vom 11. Juni 1874 §§ 7, 14.

VII. Zivilsenat. Urt. v. 8. Juli 1930 i. S. E. Genossenschaft (Bekl.) w. Reichsfreiherr zu F. (Kl.). VII 605/29.

I. Landgericht Essen.
II. Oberlandesgericht Hamm.

Die Beklagte hat die Regulierung der alten Emscher betrieben, wobei es sich als notwendig erwies, den Fluß innerhalb des Gemeindebezirks H. in ein neues Bett abzuleiten. Dadurch wurden Flußanliegerrechte des Klägers beeinträchtigt, der bisher das Emscherwasser zur Speisung seines Schloßteichs und der Viehtränken benutzt hatte. Auf Antrag der Beklagten war ihr für das Unternehmen der Emscher-Regulierung das Enteignungsrecht verliehen worden, mit dem sie das Recht erwarb, das zur Ausführung ihrer Regulierungsanlagen erforderliche Grundeigentum im Wege der Enteignung zu erwerben oder dauernd zu beschränken. Die im Enteignungsverfahren vorgenommene Planfeststellung sah u. a. eine Anlage vor, die für die durch die Emscher-Regulierung bedingte Wasserentziehung Ersatz schaffen sollte. Das Wasser sollte mit einer Druckrohrleitung an diejenigen Stellen geschafft werden, wo man es bisher entnommen hatte, und auf diese Weise der frühere Zustand wieder hergestellt werden. Die Anlage sollte aber nur auf Verlangen des Klägers hergestellt werden, weil er sich inzwischen eine andere Wasserzuführung zum Schloßteich durch eine Wasserleitung verschafft hatte. Mit diesen Maßgaben sollte der Kläger die Trockenlegung des alten Emscherbettes dulden. Außerdem waren Eigentumsbeschränkungen im Plane vorgesehen, die mit der Aufführung einer Mauer am alten Emscherbett, der Ausfüllung von Grabenflächen, der Beschaffung von Viehtränken u. dergl. zusammenhingen. Im Entschädigungsverfahren setzte der Bezirksausschuß wegen der letztgenannten Beschränkungen eine Entschädigung von 3998,80 RM. für den Kläger fest, dagegen lehnte er eine Entschädigung für die Wasserentziehung ab, weil der Kläger durch die in der Planfeststellung vorgesehene Anlage einer Druckrohrleitung eine genügende Ersatzanlage erhalte, bei deren Ausführung und dauernder Unterhaltung durch die Beklagte ihm aus der Entziehung des Emscherwassers kein Schaden erwachse.

Der Kläger verlangt im Rechtsweg eine anderweite Festsetzung der Entschädigung, vor allem Schadloshaltung für die Entziehung des Wassers zum Betrage von mindestens 20000 RM. Auf seinen Antrag, über den Grund dieses Anspruchs vorabzuentscheiden, erkannte das Landgericht durch Teil- und Zwischenurteil dahin, daß die Beklagte verpflichtet sei, den Kläger wegen der Entziehung des Emscherwassers für seinen Schloßteich zu entschädigen. Die Berufung der Beklagten wurde zurückgewiesen. Auch ihre Revision hatte keinen Erfolg.

Gründe:

Grundsätzlich sind zwar Zwischenurteile über den Grund des Anspruchs bei Klagen auf Erhöhung einer Enteignungsentschädigung nicht zulässig, weil die geforderte Erhöhung ihren Grund in der allgemeinen Entschädigungspflicht des Unternehmers aus Anlaß der Enteignung hat und diese Verpflichtung im Regelfall nicht streitig ist (RGZ. Bd. 77 S. 287). Hier aber handelt es sich ausnahmsweise um einen Streit über den Grund des Anspruchs, denn die Parteien streiten darüber, ob sich der Kläger wegen der Entziehung des alten Emscherwassers zur Speisung seines Schloßteichs mit einer Ersatzanlage zufrieden geben muß oder ob er Anspruch auf Geldentschädigung hat. Deshalb war das Grundurteil des Landgerichts zulässig. Die Revision hat insoweit auch keine Angriffe erhoben.

In der Sache selbst kann sich die Beklagte zur Begründung ihres Standpunktes nicht auf die Ergebnisse des zwischen den Parteien geführten Vorprozesses berufen, der durch ein Urteil des Reichsgerichts vom 16. Dezember 1914 rechtskräftig abgeschlossen wurde. Denn dort wurde nur über die Schadensersatzansprüche, die dem Kläger bis zur Enteignung seines Anliegerrechts an der alten Emscher durch die Ableitung des Flusses in das neue Bett erwachsen sind, entschieden, dagegen offen gelassen, wie er wegen der in Rede stehenden Wasserentziehung auf Grund der Enteignung zu entschädigen sei. Dieser Entschädigungsanspruch ist aber nur nach den Vorschriften des preuß. Enteignungsgesetzes vom 11. Juni 1874 zu beurteilen. Deshalb ist es für die Entscheidung des gegenwärtigen Rechtsstreits nicht von Bedeutung, daß im Vorprozeß die Schadensersatzpflicht der Beklagten nur soweit festgestellt worden ist, als der Schaden nicht durch das dem Kläger freigestellte Verlangen nach Herstellung der im Planfeststellungsbeschluß angeordneten Ersatzanlage gemindert werden konnte. Abgesehen von der zeitlichen Verschiedenheit beider Ansprüche ergibt sich auch schon daraus, daß es sich dort um einen Schadensersatzanspruch aus § 823 BGB. handelte, hier aber ein Enteignungsentschädigungsanspruch für die Duldung einer Eigentumsbeschränkung, der nicht die Natur des Schadensersatzes hat, in Frage steht, die Unmaßgeblichkeit der im Vorprozeß ergangenen Entscheidung für diesen Rechtsstreit.

Zwar läßt sich schon der Planfeststellungsbeschluß des Bezirksausschusses darüber aus, ob der Kläger sich die Herrichtung der Druckrohrleitung als Ersatz für die frühere Art der Wasserzuführung zu seinem Schloßteich gefallen lassen muß. Aber für die Entscheidung der Entschädigungsfrage, über die zu befinden nicht die Aufgabe der Planfeststellung war, kommen die in jenem Beschluß niedergelegten Auffassungen nur insofern in Betracht, als der Entschädigungsfeststellungsbeschluß sie übernommen hat und auch seinerseits die Druckrohrleitung für eine geeignete und genügende Ersatzanlage erklärt. Denn die Verwaltungsbehörde gründet auch für die Entschädigungsfeststellung ihren Standpunkt darauf, daß der Kläger durch die Veränderung des bisherigen Zustandes keinen Schaden erleide und darum für die Wasserentziehung keine Entschädigung zu fordern habe.

Es kann auf sich beruhen, ob schon die bloße Bereitschaft der Beklagten zur Einrichtung der Anlage den Entschädigungsanspruch des Klägers ausschließen könnte. Denn mit Recht hält es das Berufungsgericht für verfehlt, daß im Verwaltungsverfahren überhaupt die Entschädigungspflicht der Beklagten mit Rücksicht auf die Druckrohrleitung abgelehnt worden ist. Einen Verlust hat der Kläger schon dadurch erlitten, daß ihm die Trockenlegung des alten Emscherbettes die Wasserzuführung vom Flusse nach seinem Schloßteich durch einen Graben genommen hat. Hierfür aber war er nach § 7 des preuß. Enteignungsgesetzes in Geld zu entschädigen. Die Errichtung einer Ersatzanlage brauchte er sich nicht aufdrängen zu lassen (RGZ. Bd. 71 S. 203, Bd. 86 S. 17). Zwar kann dieser Grundsatz dadurch eine tatsächliche Einschränkung erfahren, daß der Schaden durch Anlagen ausgeglichen wird, die der Unternehmer auf Grund des § 14 a. a. O. zu errichten verpflichtet ist, oder daß infolge solcher Anlagen überhaupt kein Schaden entsteht (JW. 1913 S. 220 Nr. 40). Aber um eine Anlage, die für das Grundstück des Klägers oder im öffentlichen Interesse zur Sicherung gegen Gefahren und Nachteile notwendig wäre, handelt es sich bei der streitigen Druckrohrleitung nicht. Sie ist vielmehr als Ersatzanlage für die bisherige Art der Wasserzuführung vorgesehen. Der Entschädigungsgrundsatz des § 7 des Enteignungsgesetzes würde hinfällig, wenn man in solchem Falle durch falsche Einreihung der Anlage unter § 14 das. den Geldentschädigungsanspruch des Enteigneten vernichten könnte. Darum ist es bei der Entschädigungsfeststellung für das Gericht ohne bindende Kraft, wenn die Verwaltungsbehörde bei der Planfeststellung die Druckrohrleitung als eine Anlage im Sinne des § 14 des Enteignungsgesetzes betrachtet und auf Grund dieser Auffassung der Beklagten aufgegeben hat, sie herzurichten, sobald es der Kläger verlangt.

Brauchte sich aber hiernach der Kläger die Ersatzanlage nicht aufnötigen zu lassen, so kommt auch die Anwendung des § 254 BGB. zu seinem Nachteil nicht in Frage, sofern diese Vorschrift auf den Entschädigungsanspruch des Enteigneten überhaupt anwendbar sein sollte.

Wieweit bei der Bemessung der dem Kläger zustehenden Geldentschädigung die Möglichkeit einer zweckentsprechenden Zuleitungsanlage zu berücksichtigen sein wird, ist in diesem Abschnitt des Rechtsstreits nicht zu entscheiden. Diese Frage gehört in das Betragsverfahren.

73. Wann ist in der Ablehnung einer Operation überwiegendes eigenes Verschulden des Verletzten zu finden?

BGB. § 254.

IX. Zivilsenat. Urt. v. 12. Juli 1930 i. S. H. (Kl.) w. Deutsche Reichsbahn-Gesellschaft (Bekl.) IX 54/30.

I. Landgericht München-Gladbach.
II. Oberlandesgericht Düsseldorf.

Bei einem Eisenbahnzusammenstoß am 12. Februar 1921 wurde der Kläger verletzt. Ein komplizierter Bruch des linken Unterschenkels, ein Bruch des Kiefers unter Verlust von sieben Zähnen und nervöse Störungen wurden als Unfallsfolgen festgestellt. Der Beinbruch machte eine längere Krankenhausbehandlung notwendig, doch blieb eine Verkürzung des linken Beines um 2 cm zurück. Später zeigten sich Störungen im rechten Knie als Folge einer Lockerung des halbmondförmigen Knorpels im Kniegelenk, wobei dieser Knorpel zeitweise heraustritt und dadurch heftige Schmerzen verursacht.

Mit der Klage verfolgt der Kläger auf Grund des Reichshaftpflichtgesetzes den Ersatz des ihm durch den Unfall entstandenen Schadens. Streit herrscht nur über dessen Höhe.

Das Landgericht billigte dem Kläger u. a. vom 16. April 1927 ab eine monatliche Rente von 50 RM. zu. Beide Parteien legten Berufung ein. Die Beklagte wandte wegen der Rente ein, der Kläger könne eine solche nicht mehr fordern, weil er nach dem Gutachten erfahrener Chirurgen durch eine Operation des rechten Kniegelenks die volle Erwerbsfähigkeit wieder erlangen würde und durch seine vollkommen unbegründete Ablehnung der einfachen und ungefährlichen Operation seine Wiederherstellung verhindere. Das Oberlandesgericht sprach dem Kläger im ganzen 11 500 RM. zu, versagte ihm aber eine Rente für die Zeit nach dem 31. Dezember 1929, weil er bis dahin nach Vornahme der Operation eine geeignete Stellung hätte finden können. Die Revision des Klägers führte zur Aufhebung und Zurückverweisung.

Aus den Gründen:

Das Oberlandesgericht hält überwiegendes eigenes Verschulden des Klägers für gegeben, weil er trotz der Gutachten dreier hervorragender Professoren der Chirurgie, nämlich der Sachverständigen J., T. und

v. H., es abgelehnt habe, sich der Operation des rechten Kniegelenks zu unterziehen. Der Kläger hatte unter Berufung auf das besondere Vertrauen, das er zu den Ratschlägen der praktischen Ärzte Dr. Z. und Dr. He. habe, seine ablehnende Haltung damit begründet, daß diese beiden Ärzte von der Operation abgeraten hätten, weil man von ihr einen sicheren Erfolg nicht erwarten könne. Der Berufungsrichter erklärt diesen Einwand gegenüber den Gutachten der Fachärzte für unbeachtlich, weil nach diesen die Vornahme der Operation in der Narkose ungefährlich sei. Er stellt deshalb ein überwiegendes Verschulden des Klägers fest und billigt ihm für die Zeit nach dem 31. Dezember 1929 keinerlei Entschädigungsansprüche mehr zu. Dabei wird ausgeführt, die Operation hätte Anfang Juli 1929 vorgenommen werden können, der Kläger wäre dann spätestens am 15. Oktober 1929 als geheilt aus der Klinik entlassen worden und hätte bei seiner von ihm selbst betonten Tüchtigkeit mindestens zum 1. Januar 1930 eine seinen Fähigkeiten entsprechende Stellung gefunden.

Hierbei sind die Grundsätze verletzt, die das Reichsgericht unter sorgfältiger Berücksichtigung der Fortschritte der medizinischen Wissenschaft in neuerer Zeit aufgestellt und in ständiger Rechtsprechung festgehalten hat. Man hatte früher erhebliche Zweifel, ob ein Verletzter zur Abwendung weiteren Schadens nach § 254 BGB. verpflichtet sei, sich überhaupt einer Operation zu unterziehen. Diese allgemeinen Bedenken sind nach der Entwicklung der medizinischen Wissenschaft immer mehr geschwunden, doch ist stets die Lage des einzelnen Falles von entscheidender Bedeutung. Das Reichsgericht (RGZ. Bd. 60 S. 417, Bd. 83 S. 15) hat betont, daß es in erster Linie darauf ankommt, ob die befragten ärztlichen Sachverständigen der Ansicht sind, daß mindestens mit hoher Wahrscheinlichkeit eine Heilung oder doch eine wesentliche Besserung im Befinden des Verletzten durch die Operation herbeigeführt werden würde. Anderseits wurde aber auch ausgesprochen, daß dem Verletzten der Vorwurf eines Verschuldens dann nicht zu machen sei, wenn die Ärzte über die Rätlichkeit des Eingriffes verschiedener Meinung sind (vgl. besonders LZ. 1918 Sp. 153 und RGUrt. vom 19. April 1928 VI 365/27). Der Vorwurf ist auch dann nicht gerechtfertigt, wenn der Verletzte Veranlassung hat, dem von der Operation abratenden Arzte besonderes Vertrauen entgegenzubringen. Eine solche Sachlage ist hier gegeben. Es ist zunächst keineswegs richtig, daß die Chirurgen übereinstimmend die beim Kläger in

Frage kommende Operation nicht nur für ungefährlich erklärt, sondern auch ihren Erfolg für so gut wie sicher bezeichnet hätten. Der Sachverständige Professor v. H., den das Oberlandesgericht zur Klärung der zweifelhaften Frage herangezogen hat, spricht zwar von Schmerzlosigkeit der Operation nach Vornahme einer geeigneten Narkose, betont aber dabei, daß in seltenen Fällen als Folge der Operation eine durch das Fehlen des Zwischenknorpels bedingte, chronisch deformierende Kniegelenkentzündung vorkomme. Dieser Facharzt rechnet danach wohl nicht mit einer solchen Krankheitsfolge, er gibt jedoch die Möglichkeit ausdrücklich zu, daß zwar die Operation den gewünschten Erfolg haben, in der Folge aber eine andere schwere Erkrankung des Kniegelenks entstehen kann. Dann wäre der Kläger weiterhin erwerbsunfähig oder es wäre doch mindestens eine anderweitige ärztliche Behandlung zur Beseitigung des neuen Leidens notwendig. Bei dieser Sachlage konnte das Oberlandesgericht nicht uneingeschränkt den Satz aufstellen, die Spezialsachverständigen hätten sich dahin ausgesprochen, daß der Kläger bei Vornahme der Operation mit einem an Gewißheit grenzenden Grade von Wahrscheinlichkeit von den Krankheitserscheinungen im rechten Knie befreit und in seiner Erwerbsfähigkeit vollkommen wiederhergestellt werden würde. Der Sachverständige v. H. hat sich vielmehr erheblich vorsichtiger ausgedrückt und die vorher wiedergegebene Einschränkung gemacht, die bei Beurteilung des Verhaltens des Klägers von wesentlicher Bedeutung ist und auch die Ansicht der von ihm befragten praktischen Ärzte durchaus rechtfertigt. Diese haben sich gegen die Operation ausgesprochen, weil sie einen sicheren Erfolg nicht erwarten. Nun ist es allerdings richtig, daß man bei keiner Operation vorher von einem schlechthin sicheren Erfolg sprechen kann. Jeder verständige Arzt wird immer nur von einer größeren oder geringeren Wahrscheinlichkeit des Erfolges reden können. Wenn aber Professor v. H. nicht mit der Möglichkeit einer Kniegelenkentzündung rechnet, weil diese nur in seltenen Fällen auftreten soll, so hat er doch keinesfalls bekundet, daß er eine solche Operationsfolge für völlig unwahrscheinlich halte. Danach gewinnt die Ansicht der praktischen Ärzte Dr. Z. und Dr. He. noch wesentlich an Bedeutung für den Kläger, und es kann keineswegs als Verschulden gelten, wenn er sich dieser Auffassung anschließt. Es kommt hinzu, daß er zu diesen Ärzten, von denen der eine ihn schon längere Zeit kennt, ganz besonderes Vertrauen hat. Unter diesen Umständen läßt sich nicht sagen, daß der Kläger lediglich aus Eigensinn oder in rücksichtsloser, selbstsüchtiger Ausnutzung der Haftung der Beklagten die Operation abgelehnt habe. Nach Treu und Glauben könnte ihm seine Weigerung nur dann zum Verschulden angerechnet werden, wenn er diese Grenzen überschritten hätte. Das hat er nicht getan. Es kann auch nicht anerkannt werden, daß die Ansicht von Fachärzten, auch wenn sie übereinstimmend eine Operation für ungefährlich halten, allein maßgeblich sein müßte, selbst wenn der Vertrauensarzt des Verletzten anderer Ansicht ist. Zu der Annahme eines Verschuldens auf Seiten des Verletzten gehört die Überzeugung des Gerichts, daß er wirklich ohne jeden stichhaltigen Grund die Operation ablehnt. Das ist schon dann nicht der Fall, wenn sein Vertrauensarzt ihm von der Operation aus Gründen abrät, die nicht völlig unhaltbar erscheinen. So liegen die Dinge hier. Ein Verschulden des Klägers kommt um so weniger in Frage, als er sich in durchaus verständlicher Weise überhaupt vor einer Operation scheut. Er hat nicht nur am linken Bein erhebliche operative Eingriffe über sich ergehen lassen müssen, sondern befindet sich auch, wie er behauptet, in einem auf den Unfall zurückzuführenden psychischen Krankheitszustand. Wenngleich es darauf nicht mehr entscheidend ankommt, so würde doch schon dieser Umstand allein die Scheu des Klägers vor einer neuen Operation, bei der eine Narkose notwendig wäre, so weit erklären, daß man ihm schuldhafte Ablehnung der Operation nicht zur Last legen könnte. . . .

---

74. 1. Unterliegen die Bereicherungsansprüche, die ein Gartenarchitekt aus der teilweise bewirkten Ausführung eines Chausseebaues herleitet, der kurzen Verjährung?

2. Verwirkt der Gläubiger, der zunächst einen Teil seines Aufwertungsanspruchs eingeklagt hat, den Rest dieses Anspruchs, wenn er mit dessen Geltendmachung zu lange wartet?

BGB. § 196 Abs. 1 Nr. 1, 7, § 242.

VII. Zivilsenat. Urt. v. 16. September 1930 i. S. Kreiskommunalverband M. (Bekl.) w. H. (Kl.). VII 624/29.

I. Landgericht Oels.
II. Oberlandesgericht Breslau.

Auf Grund einer Vertragsurkunde vom 18. Juni 1914, die vom Kläger und für den verklagten Kreiskommunalverband vom Landrat als dem Vorsitzenden des Kreisausschusses unterzeichnet wurde, sollte dem Kläger der Bau einer Chaussee im Kreise M. übertragen werden. Die Vergütung wurde auf 65504,20 M. festgesetzt. Nachdem er vereinbarungsgemäß dem Beklagten eine Sicherheit von 6000 M. geleistet hatte, begann der Kläger mit dem Bau. Als er aber im August 1915 ins Feld rücken mußte, eröffnete er dem Beklagten, daß ihm aus diesem Grunde die Weiterführung des Baues unmöglich sei. Der Beklagte übertrug darauf die weiteren Arbeiten einem anderen Unternehmer.

Mit der im November 1921 eingereichten Klage verlangte der Kläger Vergütung für die geleisteten Arbeiten und für die gelieferten Materialien, sowie Rückzahlung der Sicherheit. Die Vergütung berechnete er auf 27732,31 M., wovon er die vom Beklagten auf die Bausumme geleisteten Abschlagszahlungen mit 10000 M. abzog. In der Zeit vom 24. November 1922 bis zum 23. Dezember 1924 ruhte der Prozeß. Später erhob der Kläger Aufwertungsansprüche, die er zunächst auf 3000 RM. und dann auf 20000 RM. bemaß. Der Beklagte bestritt den Klaganspruch nach Grund und Höhe und wandte Verjährung und Verwirkung ein.

Die Vorinstanzen erklärten den Klaganspruch dem Grunde nach für gerechtfertigt. Die Revision des Beklagten führte zur Aufhebung und Zurückverweisung.

Aus den Gründen:

Der Vertrag vom 18. Juni 1914 erfüllt nicht die Erfordernisse des § 137 der preuß. Kreisordnung für die östlichen Provinzen, weil er für den Beklagten nur von dem Landrat als dem Vorsitzenden des Kreisausschusses unterzeichnet ist, während er noch die Unterschriften von zwei weiteren Mitgliedern des Kreisausschusses hätte tragen müssen, und weil ferner in der Vertragsurkunde der Beschluß des Kreistags oder des Kreisausschusses nicht angegeben ist, auf Grund dessen der Vertrag geschlossen worden ist. Er ist deshalb als ungültig anzusehen (RGZ. Bd. 115 S. 313 u. a.).

Wegen der Ungültigkeit des Vertrags können nur Bereicherungsansprüche der Parteien in Frage kommen. (Die Ausführungen des Berufungsgerichts über die Bereicherung des Beklagten werden beanstandet, und es wird daraus der Grund zur Aufhebung des Berufungsurteils entnommen. Dann wird fortgefahren:)

Verjährt ist der Klaganspruch nicht. Der Anwendung des § 196 Abs. 1 Nr. 1 BGB. mag zwar nicht entgegenstehen, daß es sich um einen Bereicherungsanspruch handelt (RGZ. Bd. 86 S. 97). Aber die dort vorgeschriebene Verjährungsfrist von zwei Jahren greift deshalb nicht ein, weil der Kläger, der seinem Beruf nach Gartenarchitekt ist, weder zufolge gewerbsmäßigen Betriebes eines der im § 1 HGB. bezeichneten Geschäfte Kaufmann ist noch auf Grund des § 2 das. durch Eintragung die Kaufmannseigenschaft erlangt hat. Daß er die für den Chausseebau notwendigen Materialien geliefert hat, machte ihn nicht zum Kaufmann, da diese Lieferung keine gewerbsmäßige Weiterveräußerung von Waren darstellte, sondern nur ein Bestandteil der Leistungen war, die der Kläger zwecks Herstellung der Chaussee übernommen hatte. Auch auf die Entscheidung RGZ. Bd. 70 S. 28 kann sich der Beklagte für die Anwendung des § 196 Abs. 1 Nr. 1 BGB. nicht berufen. Denn dort wurde nur die Frage behandelt, ob auch Ansprüche eines Kaufmanns aus einem sog. Bauentreprisevertrag auf das Entgelt für die Herstellung von Bauten der kurzen Verjährung unterliegen; die Verjährungsfrage wurde also nur im Hinblick auf den Grund und Gegenstand des Anspruchs untersucht, während die Kaufmannseigenschaft des Gläubigers feststand. Endlich aber läßt sich die Anwendbarkeit der in Rede stehenden Vorschrift auch nicht daraus herleiten, daß der Kläger nach außen als Kaufmann aufgetreten sein soll, was übrigens der Aufdruck auf seinen Geschäftsbriefbogen allein noch nicht bezeugen würde und was auch sonst nicht weiter belegt ist. Denn mag es auch richtig sein, daß der, welcher sich im Rechtsverkehr als Kaufmann ausgibt, im Interesse der Verkehrssicherheit seine Erklärungen wie die eines Kaufmanns behandeln lassen muß, so fehlt es doch an jedem Rechtsgrund dafür, daß ein Nichtkaufmann nur deshalb den für Kaufleute gegebenen Verjährungsvorschriften zu unterwerfen wäre, weil er als Kaufmann aufgetreten ist (RGZ. Bd. 89 S. 163).

Auf § 196 Abs. 1 Nr. 7 BGB. läßt sich der Einwand der Verjährung ebenfalls nicht stützen. Denn der Tatbestand dieser Vorschrift liegt deshalb nicht vor, weil der Kläger als Unternehmer des Chausseebaus tätig geworden ist, und weil Ansprüche für Arbeiten und Materiallieferungen zur Ausführung eines Werkes nicht darunter fallen (RGZ. Bd. 97 S. 125).

Ohne Rechtsirrtum hat das Berufungsgericht aber auch den Einwand der Verwirkung des Aufwertungsanspruchs zurückgewiesen. Der Kläger hat in Höhe von 3000 RM. seinen Anspruch bereits im Jahre 1925 geltend gemacht und damit zu erkennen gegeben, daß er Aufwertung begehre. Wenn er zu einer Zeit, wo die Rechtsprechung über die Aufwertung noch in den Anfängen und unsicher war, seinen Anspruch zunächst in mäßigen Grenzen hielt und sich im Antrage vom 23. Oktober 1925 vorläufig damit begnügte, sich den Mehranspruch vorzubehalten, so war damit der Beklagte genügend darauf hingewiesen, daß er noch weitere Aufwertungsansprüche zu erwarten habe. Daß der Kläger diese dann binnen einer bestimmten Zeit klageweise hätte erheben müssen, gebot Treu und Glauben nicht. Bei der Verjährung gilt allerdings der Satz, daß die Einklagung eines Teilanspruchs die Verjährung in Ansehung des Restes nicht unterbricht. Aber es wäre verfehlt, diese Auffassung auf die Verwirkung zu übertragen und daraus zu folgern, daß der Gläubiger bei Vermeidung der Verwirkung seines Anspruchs mit der Geltendmachung des vollen Anspruchs nicht zu lange warten dürfe. Denn was sich bei der Verjährung aus den Bedürfnissen des Verkehrs erklärt, ist nicht bestimmend für die Anforderungen von Treu und Glauben, nach denen sich die Frage der Verwirkung entscheidet. Im übrigen kann die am 3. August 1927 vorgenommene Erweiterung des Aufwertungsanspruchs auf 20000 RM. überhaupt nicht als verspätet angesehen werden, denn es handelt sich um die „Aufwertung" eines Bereicherungsanspruchs, und es war in der Rechtsprechung des Reichsgerichts vor Ende Oktober 1926 noch nicht hinreichend geklärt, wie bei diesen Ansprüchen der Geldentwertung Rechnung zu tragen ist (RGZ. Bd. 114 S. 342, Bd. 118 S. 185).

Register.

Die Zahlen bedeuten die Seiten.

A. Sachregister.

O

P

R

S

W

Z

B. Gesetzesregister.

1. Reichsrecht.

a. Bürgerliches Gesetzbuch.

b. Einführungsgesetz zum Bürgerlichen Gesetzbuche.

c. Allgemeines Deutsches Handelsgesetzbuch.

d. Handelsgesetzbuch von 1897.

2. Landesrecht.

Sachsen.

Thüringen.

3. Gemeines Recht.

Deutsche Rechtsquellen.

4. Ausländisches Recht.

Rußland.

C. Zusammenstellung der Entscheidungen nach der Zeitfolge.

Entscheidungen des Staatsgerichtshofs.

Zusammenstellung
der
im 129. Bande
mitgeteilten Entscheidungen
nach
Oberlandesgerichtsbezirken.
(Die Zahlen bezeichnen die Nummern der Entscheidungen.)

Berlin . . . . . . 3. 4. 10. 17. 22. 25. 27. 29. 30. 32. 33. 35. 41. 49. 57. 60. 62. 69.
Braunschweig . 20.
Breslau . . . . . 8. 13. 19. 24. 26. 39. 53. 74.
Celle . . . . 23. 40. 58. 71.
Dresden . . . . . 11. 21. 28. 34. 38. 43. 44. 46. 51.
Düsseldorf . . . 6. 12. 31. 59. 61. 68. 73.
Hamburg . . . . 1. 37. 52. 54. 63. 70.
Hamm . . . . . . 42. 50. 72.
Kiel . . . . 65.
Köln . . . . 45. 66. 67.
Marienwerder. 7.
München . . . . 9. 55.
Naumburg a. S. 15. 47. 64.
Oldenburg . . . 14. 56.
Zweibrücken . . 36.

Reichsgericht unmittelbar . . . . 16. 48.
Landgericht III Berlin . . . . 5.
Landgericht Kassel . . . . 2.
Landgericht Rudolstadt . . . . 18.
Staatsgerichtshof. Anhang . . . . 1. 2. 3.

Berichtigungen.

Hundertneunzehnter Band.

S. 213 Z. 2 v. u. statt: „Wenn" lies: „Mag".
„ 1 v. u. statt: „kann" lies „können".

Hundertneunundzwanzigster Band.

S. 25 Z. 1 v. o. statt „Juni" lies „Januar".

Anhang:

Entscheidungen des Staatsgerichtshofs.

1.

In der verfassungsrechtlichen Streitsache

der Fraktion der Deutschnationalen Volkspartei im Preußischen Landtage,

Antragstellerin,

gegen

das Land Preußen,

Antragsgegner,

betreffend die Bildung von religionslosen Sammelklassen und Sammelschulen und die Beschäftigung von Lehrern an öffentlichen Volksschulen (StGH. 2/29),

hat der Staatsgerichtshof für das Deutsche Reich in der öffentlichen Sitzung vom 24. Juni 1930 für Recht erkannt:

Die Anträge werden zurückgewiesen.

Gründe:

I. Seit dem Jahre 1920 sind in Preußen in verschiedenen Fällen mit Zustimmung der Regierung für Schüler öffentlicher Volksschulen, die am Religionsunterricht nicht teilnehmen, Sammelklassen und Sammelschulen eingerichtet worden. Darüber verhält sich der Erlaß Nr. 301 des Preußischen Ministers für Wissenschaft, Kunst und Volksbildung vom 14. Juni 1928 — U III A 1151.1 (Zentralbl. f. d. ges. Unterrichtsverwaltung in Preußen S. 200), in dem dafür Grundsätze aufgestellt werden. Ferner sind in Preußen planmäßig angestellte Lehrer an öffentlichen Volksschulen in ihrem Amt belassen worden, nachdem sie ihren Austritt aus einer Religionsgemeinschaft vollzogen hatten und nunmehr keiner Religionsgemeinschaft angehören. Endlich sind in Preußen Schulamtsbewerber, die einer christlichen oder jüdischen Religionsgesellschaft nicht angehören, ohne Beschränkung ihrer Lehrtätigkeit auf den technischen Unterricht an öffentlichen Volksschulen angestellt worden. Die Fraktion der Deutschnationalen Volkspartei im Preußischen Landtag sieht hierin Verstöße gegen die Reichsverfassung und die Preußische Staatsverfassung und hat deshalb bei dem Staatsgerichtshof für das Deutsche Reich gegen das Land Preußen Klage erhoben mit den Anträgen, zu erkennen:

1. Die Maßnahmen des Antragsgegners zwecks Bildung besonderer Schulen und Klassen zur Unterrichtung der nicht am Religionsunterricht teilnehmenden Kinder sind mit der Reichsverfassung und dem preußischen Verfassungsrecht nicht vereinbar.

2. Die Anstellung von Dissidenten an den öffentlichen Volksschulen in Preußen sowie die Belassung von Dissidenten als Lehrkräfte an den öffentlichen Volksschulen Preußens ist — abgesehen von der Verwendung lediglich in den technischen Fächern — mit dem preußischen Verfassungsrecht nicht vereinbar;

3. Der Erlaß des Preußischen Ministers für Wissenschaft, Kunst und Volksbildung vom 14. Juni 1928, betreffend die Errichtung von Sammelklassen für die nicht am Religionsunterricht teilnehmenden Kinder, ist auch nach Art. 40 Abs. 4 der Preußischen Verfassung nichtig.

Das Land Preußen hat gebeten,

den ersten und zweiten Antrag als unzulässig, hilfsweise als unbegründet, den dritten Antrag als unbegründet zurückzuweisen.

Zur Begründung ihrer Anträge hat die Antragstellerin geltend gemacht: In Preußen bestehe nach dem Gesetz betreffend die Unterhaltung der öffentlichen Volksschulen vom 28. Juli 1906 (GS. S. 335) grundsätzlich die konfessionelle Volksschule; religions- oder konfessionslose Volksschulen seien nirgends zugelassen. Dieser Rechtszustand dürfe gemäß Art. 174 RVerf. bis zum Erlaß eines Reichsschulgesetzes nicht abgeändert werden, auch nicht im Wege der Landesgesetzgebung. Trotzdem habe der Antragsgegner in den letzten Jahren im Verwaltungswege die Entstehung solcher Schulen nicht nur geduldet, sondern begünstigt und betrieben, auch gegen den Willen der Selbstverwaltungskörper. Das bewiesen die Ausführungen des Ministerialdirektors Kaestner in der Plenarverhandlung des Preußischen Landtags vom 15. März 1928 S. 25425 und der Erlaß Nr. 301 des Preußischen Ministers für Wissenschaft, Kunst und Volksbildung vom 14. Juni 1928. Das Wesen der Volksschule im Sinne des Gesetzes vom 28. Juli 1906 werde nicht durch die Erteilung des Religionsunterrichts gekennzeichnet, sondern dadurch, daß der gesamte Unterricht von der Weltanschauung des betreffenden Bekenntnisses, dem die Schule zugehöre, getragen werde. Zur Teilnahme am Religionsunterricht werde freilich kein Kind gezwungen; im übrigen habe aber nach dem geltenden Rechtszustand jedes Kind an den Einrichtungen der Konfessionsschule teilzunehmen. Dies werde beseitigt, wenn planmäßig die Schulkinder, die am Religionsunterricht nicht teilnähmen, in Sammelklassen oder gar Sammelschulen vereinigt und auch in den anderen Fächern gesondert von den übrigen Kindern unterrichtet würden. Die Maßnahmen der Preußischen Regierung betreffend die Bildung von Sammelschulen und Sammelklassen verstießen ferner gegen den Grundsatz des preußischen Verfassungsrechts, wonach ein durch Gesetz geschaffener Rechtszustand nur durch Gesetz abgeändert werden könne. Der Erlaß vom 14. Juni 1928 verstoße endlich auch gegen Art. 40 Abs. 4 der Preußischen Verfassung, da er sich als eine allgemeine, mit Zustimmung des gesamten Staatsministeriums erlassene organisatorische Anordnung darstelle, gleichwohl aber — entgegen der bisherigen tatsächlichen Übung — ohne Anhörung des Staatsrats oder eines Ausschusses des Staatsrats ergangen sei. Nach § 41 des Volksschulunterhaltungsgesetzes ferner dürften Dissidenten lediglich für den technischen Unterricht verwandt werden. Dem widerspreche es, wenn solche Lehrer nach ihrem Austritt aus der Kirche in ihren Ämtern belassen oder an Sammelschulen und Sammelklassen für alle Unterrichtsfächer verwendet würden. Auch hierdurch habe die Preußische Regierung den Grundsatz der Preußischen Verfassung verletzt, daß ein Gesetz nur im Wege der ordentlichen Gesetzgebung und nicht durch Verwaltungsakt außer Geltung gesetzt werden dürfe.

Das Land Preußen hält den ersten Antrag für unzulässig und den Staatsgerichtshof für das Deutsche Reich für unzuständig zur Entscheidung darüber. Es vertritt die Ansicht, daß unter einer „Verfassungsstreitigkeit innerhalb eines Landes" im Sinne des Art. 19 RVerf. nur ein Streit über Anwendung oder Auslegung der Landesverfassung, nicht auch ein solcher über die Reichsverfassung zu verstehen sei. Aber auch wenn man, der bisherigen Rechtsprechung des Staatsgerichtshofs folgend, unter Art. 19 RVerf. auch Streitigkeiten über die Auslegung der Reichsverfassung begreifen wolle, falls die betreffende Vorschrift auf die Landesverfassung oder auf landesverfassungsrechtliche Normen einwirke und insoweit eine Ergänzung der Landesverfassung bilde, so sei diese Voraussetzung hier doch nicht gegeben. Art. 174 RVerf. habe ebensogut in einem besonderen Gesetz seinen Platz finden können. Es handle sich bei dem ersten Antrag allein um die Vereinbarkeit bestimmter einzelner Vorschriften des preußischen Verwaltungsrechts mit einer Bestimmung der Reichsverfassung. Wollte man auch derartige Streitigkeiten unter die Fälle einbeziehen, die im Sinne des Art. 19 RVerf. als Verfassungsstreitigkeiten innerhalb eines Landes anzusehen seien, so würde praktisch jeder Streit um eine Vorschrift der Reichsverfassung hierunter fallen. Zur Entscheidung von Zweifeln oder Meinungsverschiedenheiten über die Vereinbarkeit landesrechtlicher Vorschriften mit dem Reichsrecht sei allein der in Art. 13 Abs. 2 RVerf. bezeichnete Weg, nämlich die Anrufung des Reichsgerichts durch die zuständige Reichs- oder Landeszentralbehörde, gegeben.

In der Sache selbst bestreitet der Antragsgegner, daß durch die Einrichtung von Sammelklassen und Sammelschulen das in Preußen bei Inkrafttreten der Reichsverfassung geltende Landesrecht abgeändert worden sei. Das preußische Schulrecht enthalte keine Vorschrift, die anordne, daß Schüler der öffentlichen Volksschulen nur bezirksweise in Klassen und Schulen zusammenzufassen seien, oder die eine Zusammenfassung von Schülern nach bestimmten persönlichen Merkmalen aus pädagogischen oder organisatorischen Rücksichten untersage. Es handle sich nicht um die Einführung von weltlichen oder Weltanschauungsschulen im Sinne des Art. 146 Abs. 2 RVerf.; die Sammelschulen und Sammelklassen seien nach Voraussetzungen und Wesen davon verschieden. Ihre Einrichtung sei durch die Bestimmung in Art. 149 Abs. 2 RVerf. über die Freiwilligkeit des Religionsunterrichts erforderlich geworden zur Vermeidung schwerer Unzuträglichkeiten, die sich aus der gemeinsamen Unterrichtung der am Religionsunterricht nicht teilnehmenden und der übrigen Kinder ergeben hätten. Die Vorschrift des preußischen Volksschulunterhaltungsgesetzes, daß jedes Kind grundsätzlich nur von einem Lehrer seines Bekenntnisses unterrichtet werden solle, könne nach dem Inkrafttreten der Reichsverfassung nicht mehr durchgeführt werden. Art. 174 RVerf. sei nicht umgangen worden, da bei unverändert gebliebener Rechtslage nur tatsächliche Umgestaltungen erfolgt seien. Dies treffe auch auf den Erlaß vom 14. Juni 1928 zu, der nichts grundsätzlich Neues enthalte. Auch der Reichsminister des Innern habe die Maßnahme der Preußischen Regierung als unbedenklich bezeichnet.

Den zweiten Antrag hält das Land Preußen aus denselben Gründen wie den ersten für unzulässig und den Staatsgerichtshof für unzuständig, über ihn zu entscheiden. Wenn die Zulässigkeit der Anstellung und Belassung von dissidentischen Lehrern an preußischen öffentlichen Volksschulen bezweifelt werde, so handle es sich nicht um die Frage der Vereinbarkeit dieser Maßnahme mit preußischem Verfassungsrecht, sondern um ihre Vereinbarkeit mit den Bestimmungen des Volksschulunterhaltungsgesetzes vom 28. Juli 1906, die weder formal noch inhaltlich als Verfassungsrecht angesprochen werden könnten. Nach den auch für die preußischen Lehrer maßgebenden Vorschriften der Reichsverfassung könne ein planmäßig angestellter Lehrer nicht deshalb aus seinem Amt entfernt werden, weil er aus einer Religionsgemeinschaft ausgetreten sei. Da ferner nach Art. 136 Abs. 2 RVerf. die Zulassung zu öffentlichen Ämtern von dem Religionsbekenntnis unabhängig sei, müsse auch die Anstellung von Schulamtsbewerbern, die einer christlichen oder jüdischen Religionsgesellschaft nicht angehörten, als Lehrer an preußischen öffentlichen Volksschulen ohne Beschränkung ihrer Lehrtätigkeit auf die technischen Fächer für zulässig erachtet werden.

Der dritte Antrag sei unbegründet, weil Art. 40 Abs. 4 der Preußischen Verfassung nicht verletzt sei. Es handle sich bei dem Erlaß vom 14. Juni 1928 nicht um eine Anordnung des Staatsministeriums, sondern um die eines einzelnen Ressortministers. Der Erlaß enthalte auch keine „allgemeine organisatorische" Anordnung im Sinne jener Vorschrift. Die Folge ihrer Verletzung würde übrigens nicht die Rechtsunwirksamkeit des Erlasses, sondern lediglich die staatsrechtliche Verantwortlichkeit des Staatsminsteriums begründen.

Die Antragstellerin ist dem entgegengetreten.

Die mündliche Verhandlung vor dem Staatsgerichtshof ist auf die Fragen der Zuständigkeit des Staatsgerichtshofs und der Sachbefugnis der Antragstellerin beschränkt worden. Hierzu haben sich die Vertreter der Parteien mündlich geäußert.

II. Die Zuständigkeit des Staatsgerichtshofs für das Deutsche Reich zur Entscheidung über den dritten Antrag der Fraktion der Deutschnationalen Volkspartei im Preußischen Landtag ist nicht bestritten worden und kann auch nicht zweifelhaft sein. Denn damit wird die Feststellung begehrt, daß der Erlaß des Preußischen Ministers für Wissenschaft, Kunst und Volksbildung vom 14. Juni 1928 nach Art. 40 Abs. 4 der Preußischen Verfassung nichtig sei. Es handelt sich also insoweit unzweifelhaft um einen Streit über die Auslegung und Anwendung einer Vorschrift der Preußischen Landesverfassung,

d. h. um eine Verfassungsstreitigkeit innerhalb eines Landes, in dem kein Gericht zu ihrer Erledigung besteht, im Sinne des Art. 19 Abs. 1 der Reichsverfassung.

Gleiches gilt von dem ersten Antrag, soweit damit geltend gemacht wird, daß die Maßnahmen der Preußischen Regierung zwecks Bildung besonderer Schulen und Klassen zur Unterrichtung der am Religionsunterricht nicht teilnehmenden Schüler der öffentlichen Volksschulen mit der Reichsverfassung nicht vereinbar seien. Der Staatsgerichtshof hält nach erneuter Prüfung an seinem bisherigen, wiederholt eingehend begründeten Standpunkt fest, daß Verfassungsstreitigkeiten innerhalb eines Landes im Sinne des Art. 19 Abs. 1 RVerf. auch in der Reichsverfassung wurzelnde Streitigkeiten sein können, sofern eine Vorschrift der Reichsverfassung im Streit ist, welche die Landesverfassung oder andere landesverfassungsrechtliche Normen ergänzt. Dies trifft auf Art. 174 Satz 1 RVerf. zu. Das Verhältnis des Deutschen Reichs zu den deutschen Ländern rechtfertigt es, diese Vorschrift ebenso zu behandeln, als wenn sie in die Verfassungen der Länder aufgenommen wäre. Dagegen läßt sich nicht einwenden, daß sie ebensogut in einem besonderen, die Schulverhältnisse regelnden Gesetz hätte Platz finden können. Denn tatsächlich ist das nicht geschehen. Die Verfassunggebende Nationalversammlung hat vielmehr durch ihre Aufnahme in die Reichsverfassung die besondere Bedeutung, die sie ihr beigemessen hat, deutlich zu erkennen gegeben. Ein Gerichtshof des Reichs ist nicht zuständig. Insbesondere steht Art. 13 Abs. 2 RVerf. nicht entgegen, weil die Zuständigkeit des dort vorgesehenen Gerichtshofs, zur Zeit des Reichsgerichts, durch die Anrufung von seiten der zuständigen Reichs- oder Landeszentralbehörde bedingt ist. Überdies hat eine Entscheidung dieses Gerichtshofs eine andere Wirkung als die des Staatsgerichtshofs; durch die Anrufung des einen wird die Anrufung des anderen nicht ausgeschlossen, selbst wenn sie gleichzeitig erfolgen würde.

Dagegen vermag die behauptete Verletzung des Grundsatzes des preußischen Verfassungsrechts, wonach ein durch Gesetz geschaffener Rechtszustand nur durch ein anderes Gesetz abgeändert werden kann, die Zuständigkeit des Staatsgerichtshofs nicht zu begründen. Denn der Vortrag der Parteien läßt erkennen, daß sie über das Bestehen dieses Grundsatzes einig sind und auch über seine Auslegung und Anwendung nicht streiten, Streit vielmehr nur um die Auslegung und Anwendung des preußischen Gesetzes betreffend die Unterhaltung der öffentlichen Volksschulen vom 28. Juli 1906 besteht; dieses Gesetz kann aber als ein verfassungsrechtliches nicht angesprochen werden. Hieraus ergibt sich, daß der zweite Antrag schon deshalb der Abweisung unterliegt, weil der Staatsgerichtshof für das Deutsche Reich zur Entscheidung darüber nicht zuständig ist.

III. Die anderen beiden Anträge müssen mangels Sachbefugnis der Antragstellerin zurückgewiesen werden. Der Staatsgerichtshof hat die in der mündlichen Verhandlung vorgetragenen Gründe für eine abweichende Beurteilung geprüft, muß ihnen gegenüber aber an der Auffassung festhalten, wie sie in seiner Entscheidung vom 17./19. Dezember 1929, RGZ. Bd. 127 Anh. S. 1 = Bumke Ausgewählte Entscheidungen des Staatsgerichtshofs usw. Heft 1 S. 17, niedergelegt und näher begründet worden ist. Danach kommt den Fraktionen politischer Parteien kein allgemeines Antragsrecht in Verfassungsstreitigkeiten vor dem Staatsgerichtshof zu. Die entgegengesetzte Annahme läßt sich weder aus dem Wortlaut des Gesetzes noch aus seiner in der Entscheidung des vorläufigen Staatsgerichtshofs vom 12. Juli 1921, StGH. 5/21 (RGZ. Bd. 102 S. 419 = Lammers u. Simons Die Rechtsprechung des Staatsgerichtshofs usw. Bd. 1 S. 361) ausführlich wiedergegebenen Entstehungsgeschichte rechtfertigen; und ebensowenig kann man sagen, daß sie aus dem Zweck der Gerichtsbarkeit des Staatsgerichtshofs herzuleiten wäre. Die Sachbefugnis politischer Fraktionen muß vielmehr in jedem einzelnen Falle besonders geprüft werden. Dabei können nicht bloße Zweckmäßigkeitserwägungen entscheidend sein; vielmehr ist davon auszugehen, daß die Fraktionen politischer Parteien als Vereinigungen von Mitgliedern der Volksvertretung gesetzlich zur Teilnahme an der staatlichen Willensbildung berufen sind, und von dieser Grundlage aus zu untersuchen, ob und inwieweit ihnen eine Befugnis zur Antragstellung vor dem Staatsgerichtshof zuerkannt werden kann. Es leuchtet ein, daß sie die Möglichkeit haben müssen, eine Entscheidung des Staatsgerichtshofs darüber herbeizuführen, ob die Volksvertretung, der sie angehören, verfassungsmäßig gewählt ist und zu Recht besteht, weil davon die Frage abhängt, ob sie überhaupt öffentlichrechtliche Aufgaben zu erfüllen haben und hierfür entsprechender Rechte bedürfen. Deshalb hat der Staatsgerichtshof Landtagsfraktionen für antragsberechtigt erklärt im Streit über die Gültigkeit einer Landtagswahl (StGH. 13/28, RGZ. Bd. 123 Anh. S. 13) und über die Wahldauer einer Landesversammlung (StGH. 5/21, RGZ. Bd. 102 S. 415 = Lammers u. Simons a. a. O. S. 357). Wo eine Landesverfassung Mitgliedern der Volksvertretung ausdrücklich Rechte einräumt, müssen die Landtagsfraktionen, wenn sie darin verletzt zu sein behaupten, für befugt erachtet werden, diese Rechte im Verfahren vor dem Staatsgerichtshof zur Anerkennung zu bringen. Aus diesem Grunde sind sie in Streitigkeiten um die Einsetzung von Untersuchungsausschüssen in StGH. 2/21 und 1/27 (RGZ. Bd. 104 Anh. S. 423 = Lammers u. Simons a. a. O. S. 313 und RGZ. Bd. 116, Anh. S. 45 = Lammers u. Simons S. 370) für zur Sache befugt angesehen worden. Die Frage der Gültigkeit eines Gesetzes, an dessen Zustandekommen sie mitgewirkt haben oder bei dem mitzuwirken sie wenigstens berufen gewesen sind, müssen sie zur Entscheidung durch den Staatsgerichtshof bringen können (vgl. StGH. 3/22, RGZ. Bd. 107 Anh. S. 17 = Lammers u. Simons a. a. O. S. 286). Endlich sind politische Fraktionen zur Stellung von Anträgen vor dem Staatsgerichtshof für berechtigt erklärt worden, wenn sie behaupteten, daß die Regierung, statt den Weg der ordentlichen Gesetzgebung zu beschreiten, verfassungswidrig eine Notverordnung erlassen habe (vgl. StGH. 9 und 11/27, RGZ. Bd. 121 Anh. S. 13 = Lammers u. Simons a. a. O. S. 276, und StGH. 8/28, RGZ. Bd. 124 Anh. S. 19). Der Grund hierfür liegt in der behaupteten Verletzung des Rechts der Volksvertretung zur Mitwirkung bei der Gesetzgebung. Abgesehen von diesen und ähnlichen Fällen, in denen sich die Klageberechtigung politischer Fraktionen aus ihrer Eigenschaft als eines Teils der Volksvertretung ergibt, kann ihre Sachbefugnis durch besondere Umstände begründet werden, wie z. B. im Sachverhalt der Entscheidung vom 17./19. Dezember 1929. Solche sind hier nicht behauptet und nicht ersichtlich.

Vorliegend beanstandet die Antragstellerin Verwaltungsmaßnahmen der Regierung und nimmt damit ein Recht der Überwachung für sich in Anspruch, das gemäß Art. 29 Abs. 1 Satz 1 PrVerf. lediglich dem Landtag als solchem zukommt. Auch insoweit kann auf die Ausführungen in der Entscheidung vom 17./19. Dezember 1929 verwiesen werden. Daß in Ländern mit parlamentarischer Verfassung der Landtag von diesem seinem Recht wohl nur selten Gebrauch machen wird, kann nicht dazu führen, die Sachbefugnis politischer Parlamentsgruppen in Verfassungsstreitigkeiten vor dem Staatsgerichtshof zu erweitern; denn der Verfassungsgesetzgeber hat die Überwachungsrechte absichtlich auf den Landtag beschränkt. Eine bloße Umgehung dieser Vorschrift wäre es, wenn man in solchen Fällen die Sachbefugnis der Landtagsfraktionen auf Grund der Behauptung bejahen wollte, daß die Regierung sich die Unterlage für ihre Maßnahmen durch ein Gesetz hätte beschaffen müssen, an dessen Zustandekommen die Fraktion mitzuwirken berufen gewesen wäre.

Sämtliche Anträge unterliegen hiernach der Zurückweisung, ohne daß geprüft zu werden braucht, ob sie zutreffend gegen das Land Preußen statt gegen dessen Staatsministerium oder einen einzelnen Minister gerichtet worden sind.

2.

In der verfassungsrechtlichen Streitsache

des Deutschen Reiches,
Antragstellers,
gegen
das Land Thüringen,
Antragsgegner,

betreffend die Unvereinbarkeit der im amtlichen Teil des Amtsblatts des Thüringischen Ministeriums für Volksbildung vom 22. April 1930 S. 39 und 40 veröffentlichten Empfehlung von Schulgebeten, soweit diese sich auf die Gebete Nr. 2, 3 und 4 bezieht, mit Art. 148 Abs. 2 der Reichsverfassung (StGH. 5/30),

hat der Staatsgerichtshof für das Deutsche Reich in der öffentlichen Sitzung vom 11. Juli 1930 entschieden:

Die im Amtsblatte des Thüringischen Ministeriums für Volksbildung vom 22. April 1930 veröffentlichte Empfehlung von Schulgebeten vom 16. April 1930 ist, soweit sie sich auf die Gebete Nr. 2, 3 und 4 bezieht, mit Art. 148 Abs. 2 der Reichsverfassung nicht vereinbar.

Gründe:

In dem Amtsblatte des Thüringischen Ministeriums für Volksbildung (Jahrg. 9 Nr. 6/30 S. 39/40) ist folgender Erlaß veröffentlicht worden:

Deutsches Schulgebet.

Die deutsche Not findet ihre Ursache nur zum Teil in wirtschaftlicher Bedrängnis. Art- und volksfremde Kräfte versuchen seit langem, die geistig-sittlich-religiösen Grundlagen unseres Denkens deutschen und Fühlens zu zerstören, um das deutsche Volk zu entwurzeln und es so leichter beherrschen zu können.

Unser deutsches Volk wird nur dann jenen gefährlichen Einflüssen erfolgreich Widerstand leisten können, wenn es die religiös-sittlichen Triebkräfte seines Wesens sich rein bewahrt und sie der heranwachsenden Jugend überliefert.

Damit fällt nebst dem Elternhaus der deutschen Schule und ihren Lehrern eine nationale Aufgabe von größter Bedeutung zu. Wir wissen, daß auch die thüringische Lehrerschaft erkannt hat, welch hohe Verantwortung sie zu tragen hat vor der Geschichte unseres Volkes.

Untrennbar mit dem deutschen Volkstum ist das Christentum verbunden.

Als wertvollen Bestandteil christlicher Erziehung halten wir das tägliche Schulgebet für eine Selbstverständlichkeit in Schulklassen, deren Mehrheit einem der christlichen Bekenntnisse angehört. Es geht nicht an und widerspricht dem Geiste einer demokratischen Verfassung, daß eine Mehrheit von Schülern und Schülerinnen auf die Pflege ihres religiösen Denkens und Empfindens verzichten soll, nur weil eine Klassenminderheit oder der Lehrer sich vom Christentum abgewendet hat. Wir leben in einem Staate und Volke, dessen Mehrheit dem Christentum angehört.

Die heranwachsende christliche deutsche Jugend ist Trägerin und Gestalterin des deutschen Schicksals. Sie hat deshalb ein Recht darauf, auch in der Schule Gelegenheit zu bekommen, vom allmächtigen Vater im Himmel Hilfe und Kraft zu erbitten zur Befreiung ihres Volkes und Vaterlandes.

Wir empfehlen deshalb mit dem selbstverständlichen Vorbehalt, daß dem Selbstbestimmungsrecht der Religionsgesellschaften und der Glaubens- und Gewissensfreiheit von Lehrern und Schülern damit in keiner Weise Eintrag geschieht, ein der deutschen Not und Hoffnung gewidmetes

Thüringer Schulgebet

zur Einführung, das zum Beginn und Ende der Wochenarbeit von der Jugend oder den Lehrern zu sprechen wäre.

Es kann dabei einer der fünf Entwürfe benützt werden, die wir als Beispiele nachstehend bekannt geben.

Von den Schulräten und Leitern der höheren und Mittelschulen erwarten wir zu gegebener Zeit Bericht, inwieweit unserem Wunsche entsprochen worden ist und wo Schwierigkeiten aufgetreten sind.

Weimar, den 16. April 1930.

Thüringisches Volksbildungsministerium.

Dr. Frick.

Die fünf Entwürfe lauten:

1. Herrgott, Du wollest mit starker Hand
In dieser Zeiten Grauen
Die Heimat, das deutsche Vaterland,
Tief in die Herzen uns bauen.
Gott, laß uns wachsen rein und groß,
Einst hohen Dienstes zu walten,
Des freien Volkes lichteres Los
In starken Händen zu halten.

(Aus einer Gebetsammlung des Landeskirchenrates der Thüringer Evangelischen Kirche.)

2. Vater in Deiner allmächtigen Hand
Steht unser Volk und Vaterland.
Du warst der Ahnen Stärke und Ehr',
Bist unsere ständige Waffe und Wehr.
Drum mach' uns frei von Betrug und Verrat,
Mache uns stark zu befreiender Tat,
Schenk' uns des Heilandes heldischen Mut,
Ehre und Freiheit sei höchstes Gut!
Unser Gelübde und Losung stets sei:
Deutschland, erwache! Herr, mach' uns frei!
Das walte Gott!

(Entwurf eines evangelischen Geistlichen.)

3. Vater im Himmel.
Ich glaube an Deine allmächtige Hand,
Ich glaube an Volkstum und Vaterland,
Ich glaub an der Ahnen Kraft und Ehr',
Ich glaube, Du bist uns Waffe und Wehr,
Ich glaube, Du strafst unsres Landes Verrat

Und segnest der Heimat befreiende Tat!
Deutschland, erwache zur Freiheit!
(Entwurf von einem deutschen Dichter.)

4. Vater im Himmel.
Ich glaube an Deine Allmacht, Gerechtigkeit und Liebe.
Ich glaube an mein liebes deutsches Volk und Vaterland.
Ich weiß, daß Gottlosigkeit und Vaterlandsverrat unser Volk zerriß und vernichtete.
Ich weiß, daß trotzdem in den Besten die Sehnsucht und die Kraft zur Freiheit wohnt.
Ich glaube, daß diese Freiheit kommen wird durch die Liebe des Vaters im Himmel, wenn wir an unsere eigene Kraft glauben.
(Entwurf eines evangelischen Lehrers.)

5. Hör' an, o Herr, der Kinder Flehn:
Laß unsere Arbeit vorwärts gehn!
Gib unseren toten Kriegern Ruh!
Die Witwen, Waisen tröste Du!
Und gib uns Deutschen wieder Kraft,
Die Freiheit uns und Frieden schafft.
Amen.
(Entwurf eines katholischen Lehrers.)

Die Bekanntgabe der Empfehlung gab dem Reichsminister des Innern Veranlassung, in einem an den Vorsitzenden des Thüringischen Staatsministeriums gerichteten Schreiben vom 12. Mai 1930 unter Hervorhebung der Sätze: „drum mach' uns frei von Betrug und Verrat", „ich glaube, Du strafst unsres Landes Verrat" und „ich weiß, daß Gottlosigkeit und Vaterlandsverrat unser Volk zerriß und vernichtete" darauf hinzuweisen, daß in den Gebeten eine betont parteipolitische Tendenz erblickt werde. Sie werde um so peinlicher empfunden, als der Minister Frick im Haushaltsausschuß des Thüringischen Landtages erklärt haben solle, die Gebete richteten sich gegen die Juden. Die Betonung politischer Dinge in einem Teil der Gebete und die ihnen im Haushaltsausschuß beigelegte Tendenz würfen von selbst die Frage nach der Verfassungsmäßigkeit auf. Nach seiner persönlichen Auffassung widersprächen politische Hinweise in Gebeten dem Sinne des Religiösen.

Darauf antwortete der Vorsitzende des Thüringischen Staatsministeriums am 20. Mai 1930, die gesamte Angelegenheit solle im

Laufe der nächsten Woche mit den obersten kirchlichen Stellen und den Berufsvertretungen der Lehrerschaften erörtert werden. Bis zum Abschluß dieser Erörterungen solle auch die im letzten Absatz des Erlasses erwähnte Berichterstattung unterbleiben. Nach der inzwischen eingetretenen Entwicklung betrachte er die Angelegenheit als eine Frage, die das Gesamtministerium angehe; er werde für eine beschleunigte Durchführung der Erörterungen besorgt sein und das Ergebnis nebst den daraus zu ziehenden Folgerungen mitteilen.

Am 22. Mai 1930 erwiderte der Reichsminister des Innern, für ihn als Verfassungsminister sei es untragbar, wenn die Empfehlung auch nur noch für kurze Zeit in Kraft bliebe. Seiner Auffassung hätten sich die Vertreter sämtlicher Parteien im Haushaltsausschuß des Reichstags angeschlossen und darüber hinaus an dem gegen die Reichsverfassung verstoßenden Inhalt einzelner Gebete und der Tatsache, daß sie trotz schwerster Verletzung der Empfindungen Andersdenkender von dem Thüringischen Volksbildungsministerium amtlich empfohlen worden seien, schärfste Kritik geübt. Diese Stellungnahme der Reichstagsparteien decke sich durchaus mit seiner eigenen, könne auch durch den Ausgang der vom Thüringischen Staatsministerium anzustellenden Erörterungen nicht beeinflußt werden. Er bitte deshalb, die Empfehlung der Gebete 2, 3 und 4 unverzüglich rückgängig zu machen. Er sehe sonst keine Möglichkeit, die Anwendung der ihm nach der Reichsverfassung zustehenden Befugnisse, insbesondere eine Anrufung des Staatsgerichtshofes hinauszuschieben.

Am 24. Mai 1930 teilte hierauf der Vorsitzende des Thüringischen Staatsministeriums mit, das letztere habe sich zur Rückgängigmachung des Erlasses vom 16. April 1930 vor Abschluß der geplanten Erörterungen nicht entschließen können, um so weniger als der Landtag einen Antrag der sozialdemokratischen Partei auf Aufhebung des Erlasses abgelehnt und die Fortführung der Verhandlungen mit Kirche und Lehrerschaft beschlossen habe. Selbstverständlich werde sich das Thüringische Gesamtstaatsministerium, auch wenn die Reichsregierung schon jetzt den Staatsgerichtshof anrufe, dem Spruche dieses verfassungsmäßig zur Entscheidung berufenen Gerichtshofes fügen. Wie es die Reichsregierung mit der Anrufung des Staatsgerichtshofes auch halten werde, die Erörterungen würden zum Abschluß gebracht und dann betreffs etwaiger Beschränkung der Empfehlung der Gebete eine Entschließung gefaßt werden.

Unter Bezugnahme auf diese Vorgänge, einen in der Landtagssitzung vom 22. Mai 1930 erstatteten, in der Zeitung „Das Volk", Jena Nr. 119 abgedruckten Bericht der Minderheit, die Niederschrift der Verhandlungen in der Sitzung vom 22. Mai 1930 selbst, ferner die Protokolle der 160. Sitzung des 5. Ausschusses (Reichshaushalt) des Reichstags vom 20. Mai 1930 und der 177. Sitzung des Reichstags vom 17. Juni 1930 hat der Reichsminister des Innern auf Grund der Art. 15 und 19 der Reichsverfassung beim Staatsgerichtshofe für das Deutsche Reich den Antrag gestellt, zu entscheiden:

Die im amtlichen Teile des Amtsblatts des Thüringischen Ministeriums für Volksbildung vom 22. April 1930 S. 39 und 40 veröffentlichte Empfehlung von Schulgebeten ist, soweit sie sich auf die Gebete Nr. 2, 3 und 4 bezieht, mit Art. 148 Abs. 2 der Reichsverfassung nicht vereinbar.

Es beanstandet aus ihnen insbesondere folgende Stellen:

aus Nr. 2: Drum mach' uns frei von Betrug und Verrat,
Mache uns stark zu befreiender Tat.

aus Nr. 3: Ich glaube, Du strafst unsres Landes Verrat
Und segnest der Heimat befreiende Tat.

aus Nr. 4: Ich weiß, daß Gottlosigkeit und Vaterlandsverrat unser Volk zerriß und vernichtete.

Zur Begründung des Antrages ist vorgetragen:

An der Zuständigkeit des Staatsgerichtshofes für das Deutsche Reich zur Entscheidung des Streites könne ein Zweifel nicht bestehen; sie sei überdies in dem Schreiben des Vorsitzenden des Thüringischen Staatsministeriums vom 24. Mai 1930 ausdrücklich anerkannt.

Der Antrag wolle nicht etwa Schulgebete überhaupt untersagt haben. Er wende sich nur gegen solche, die, wie die vorliegenden, den Namen „Gebet" nicht verdienten, sondern lediglich die religiöse Form in den Dienst parteipolitischer Forderungen und Ziele stellen wollten. Die Tatsache allein, daß das Gebet zu solchen Zwecken mißbraucht werden solle, müsse die Gläubigen verletzen, die in ihm Erbauung und Stärkung zu suchen pflegten. Es richte sich aber auch ihr Inhalt gegen gewisse Kreise deutscher Volksgenossen, nämlich die Juden und Sozialdemokraten, denen Betrug und Verrat vorgeworfen, gegen die das Volk zu befreiender Tat aufgerufen werde. Einen anderen Sinn könne man den Gebeten im Zusammenhalte mit dem Erlasse und den Erklärungen des Ministers Frick, die dies ausdrücklich bestätigten, unmöglich beilegen. Aus ihrem Inhalt allein die Gebete zu beurteilen, sei nicht angängig, denn der Erlaß und die Erklärungen des Ministers seien gerade dazu bestimmt, sie zu erläutern. Selbst wenn man aber von den letzteren absehe, so sei Minister Frick Mitglied der nationalsozialistischen Partei, die die Bekämpfung der Juden und Sozialdemokraten in ihr Programm aufgenommen habe. Diese seine Einstellung finde in den Gebeten ihren Ausdruck, sie müßten also die Empfindungen zum mindesten der von ihnen betroffenen andersdenkenden Kreise verletzen.

Art. 148 Abs. 2 RVerf. gebe eine Norm, die bestimme, daß der Unterricht in öffentlichen Schulen im Geiste einer allgemeinen Toleranz zu erteilen sei. Diese Norm sei auch unmittelbar verpflichtend und gelte für Lehrer, Schüler, Eltern und weitere Kreise. Auch das Wort „Unterricht" sei in umfassendem Sinne zu verstehen. Pflicht der Staatsregierung sei es, die Beachtung dieser Vorschrift zu beaufsichtigen, auf keinen Fall dürfe sie Anordnungen treffen, die gegen sie verstießen. Nun bezeichne sich der Erlaß als eine „Empfehlung"; diese Bezeichnung werde aber ihres eigentlichen Sinnes dadurch beraubt, daß am Schlusse eine Berichterstattung gefordert und damit ein Druck auf die nachgeordneten Stellen ausgeübt werde. Aber auch eine wirkliche Empfehlung allein genüge schon, um einen Verstoß gegen Art. 148 Abs. 2 RVerf. zu begründen.

Die Verletzung der Empfindungen Andersdenkender sei aber auch bereits eingetreten. Nicht nur die Kirchen und die Lehrerschaften Thüringens hätten gegen die Gebete Einspruch erhoben, auch der Verein deutscher Staatsbürger jüdischen Glaubens und die Reichstagsabgeordneten sämtlicher Parteien hätten sich gegen sie erklärt, sie seien durch den Inhalt der Gebete nicht nur verletzt, sondert empört. Mit ihnen werde das Gift des Hasses und der Intoleranz der Jugend eingeimpft, das müsse alle deutschen Volksgenossen treffen. Es widerspreche aber auch dem christlich-religiösen Empfinden, im Gebete die Strafe Gottes auf andere herabzurufen.

Ein evangelischer Theologe hat als Beauftragter des Reichsministers des Innern ausgeführt, Gebete könnten nicht von einer Regierung, sondern nur von den Religionsgesellschaften vorgeschrieben werden. Der Christ suche im Gebete Mut und Kraft, seine Pflicht zu tun. Außerhalb dieses Bereiches liege alles, was nicht der eigenen Stärkung, sondern der Herabsetzung anderer diene. Es gebe wohl Religionen, die den Feind der Rache Gottes empfehlen, das sei aber kein christliches Beten, der Christ bete für seine Feinde. Verunglimpfungen anderer gehörten am wenigsten in das Gebet von Schülern, sie verletzten das christliche Empfinden.

Ebenso hat ein katholischer Theologe sich dahin geäußert: Eine patriotische Zielsetzung sei auch im Gebete zulässig. Hier handle es sich aber um Kampfansagen gegen gegnerische Mächte und nicht etwa äußere, sondern Heimatkräfte. Die Jugend werde damit angeleitet, Gottes Zorn und Strafe auf Andersdenkende herabzurufen. Das sei nicht christlich, sondern selbstgerecht im Sinne des Gebetes des Pharisäers. Auch der Hinweis auf den „heldischen Mut" des Heilands sei ein Mißbrauch, da der Mut des Heilands im Sinne eines Opfers zu verstehen sei. Das katholische Empfinden werde auch durch die Worte „ich glaube" verletzt, sie dürften im Gebete nur mit Bezug auf religiöse Wahrheiten, nicht auf irdische Dinge gebraucht werden. Pädagogisch anstößig sei die Wendung „ich weiß". Die Gebete seien dazu angetan, gläubige Christen zu verletzen.

Ein Vertreter des Landes Thüringen will die Frage der Verletzung des Art. 148 Abs. 2 RVerf. aus den Gebeten allein entschieden haben. Für sich genommen enthielten sie eine solche nicht. Das sei gerade der Grund gewesen, der die Fragen an den Minister Frick veranlaßt hätte. Seine Antworten seien ironisch gemeint gewesen, müßten also für die Beurteilung zum mindesten zurücktreten. Im Thüringen bestehe die Gemeinschaftsschule, es werde Religionsunterricht erteilt, auch seien Schulgebete immer üblich gewesen; Dissidenten seien davon befreit. Die Gebete seien auch nur empfohlen, es sei also jedem freigestellt, ob er von ihnen Gebrauch machen wolle oder nicht. Mit der Aufforderung zum Bericht sei keinerlei Druck beabsichtigt gewesen. Nur wer die Gebete Nr. 2 bis 4 parteipolitisch ansehe, könne etwas Andersdenkende Verletzendes darin finden. Weder für sich allein noch in Verbindung mit dem Erlaß enthielten sie etwas, was mit Art. 148 Abs. 2 RVerf. im Widerspruch stehe.

Ein weiterer Vertreter des Landes Thüringen hat die Zuständigkeit des Staatsgerichtshofes für das Deutsche Reich bestritten. Der richtige Weg, den die die Gebete beanstandende sozialdemokratische Fraktion des Thüringischen Landtags hätte beschreiten müssen, sei die Anrufung des Thüringischen Staatsgerichtshofes gewesen. Die Berufung des Reichsministers des Innern auf Art. 15 und 19 RVerf. gehe fehl. Art. 15 Abs. 1 treffe überhaupt nicht zu, ebensowenig Abs. 2, da es sich um eine Maßnahme des Erziehungswesens handle, für welche die Landesregierung allein zuständig sei. Eine nicht privatrechtliche Streitigkeit im Sinne des Art. 19 liege auch nicht vor; wenn man diesen Begriff auf Fälle dieser Art ausdehnen wolle, könne die Reichsregierung in jede Verwaltungsmaßnahme eingreifen. Das habe die Reichsverfassung nicht gewollt.

Art. 148 Abs. 2 RVerf. enthalte keine Rechtsnorm, auch kein Gebot oder Verbot, sondern nur einen Grundsatz; es seien aber nicht alle in der Reichsverfassung enthaltenen Grundsätze durchführbar. Die Worte „beim Unterricht ist darauf Bedacht zu nehmen" stellten nur auf das Ermessen des Lehrers ab, das hier in vollem Umfange gewahrt sei.

Es seien auch nicht alle, sondern nur die berechtigten Empfindungen geschützt. Die Schulen seien nationale Anstalten, es sei unmöglich, daß in ihnen dem Internationalismus, der Verherrlichung von Betrug und Verrat Schutz gewährt werde. Sie müßten gegen das Böse ankämpfen, also auch Gott um Befreiung von Betrug und Verrat — wobei der strafrechtliche Begriff ausscheide — bitten dürfen. Wenn in dem Erlaß von art- und volksfremden Kräften die Rede sei, so seien diese nur im Sinne der Begründung seiner Notwendigkeit erwähnt; in den Gebeten selbst sei davon nichts gesagt. Betrug und Verrat bezögen sich nur auf die Verratsfälle in und nach dem Kriege, den art- und volksfremden Kräften und auch den Juden würden sie nicht zur Last gelegt. Der Minderheitsbericht sei nicht richtig. Man habe den Minister Frick aufs Glatteis gelockt; seine Äußerungen seien zur Auslegung der Gebete nicht heranzuziehen.

Der Erlaß gehe auch weder vom Minister Frick, noch von der nationalsozialistischen Partei aus. Schon seit einem Jahre sei im Thüringischen Landtag und in der Kirchenvertretung ein Feldzug gegen die Entsittlichung im Volke eingeleitet worden. Eine Tagung in Weimar vom 1. März 1930 habe dahingehende Anträge an die Regierung und die Landeskirche gestellt, denen sich die Generalsynode und die Regierung angeschlossen hätten. Er, der Redner, und seine Freunde hätten die Gebete verfaßt. Unter Betrug hätten sie die 14 Punkte Wilsons und den Waffenstillstand verstanden, unter Verrat allen Verrat in und nach dem Kriege, die Separatistenbewegung usw. Sie hätten an die äußere und die innere Befreiung gedacht, aber keineswegs den nationalsozialistischen Standpunkt vertreten wollen. Im Thüringischen Landtage seien nur die Sozialdemokraten Gegner der Gebete gewesen, das habe man auch in Berlin wissen müssen. Die alten Gebete seien inhaltlich von den beanstandeten nicht verschieden. In Ungarn habe die katholische Kirche Gebete eingeführt, die viel stärker national betont seien. Er, Redner, und seine Freunde kämpften nur für die sittliche und religiöse Hebung des Volkes.

Auf Grund dieser Ausführungen beantragt das Land Thüringen: dem Antrage des Reichsministers des Innern nicht stattzugeben.

Die Zuständigkeit des Staatsgerichtshofes für das Deutsche Reich ist gegeben. Nach Art. 15 RVerf. übt die Reichsregierung die Aufsicht in Angelegenheiten aus, in denen dem Reiche das Recht der Gesetzgebung zusteht, und die Landesregierungen sind verpflichtet, auf ihr Ersuchen hin Mängel zu beseitigen, die bei der Ausführung von Reichsgesetzen durch die Länder hervorgetreten sind. Daß dieses Recht der Aufsicht und des Verlangens der Mängelbeseitigung sich auch auf die Vorschriften erstreckt, die in der Reichsverfassung selbst enthalten sind, versteht sich von selbst, da doch gerade sie die Grundlage und den Rahmen abzugeben bestimmt sind, innerhalb deren sich die Gesetzgebung und die Verwaltung des Reiches und der Länder zu halten haben, von denen abzuweichen ihnen in erster Linie verwehrt ist. Darunter fallen aber auch die in Art. 142 bis 149 RVerf. niedergelegten Bestimmungen über Bildung und Schule. Ob gemäß Art. 15 Abs. 3 RVerf. der Anrufung des Staatsgerichtshofes eine sogenannte Mängelrüge voraufzugehen hat, bedarf für den vorliegenden Fall keiner Untersuchung, da sie unzweideutig in dem Schreiben des Reichsministers des Innern vom 22. Mai 1930 zum Ausdruck gebracht worden ist. Es bedarf auch keiner weiteren Darlegung, daß der Reichsminister des Innern, in dessen Geschäftsbereich die streitige Frage fällt, als Vertreter der Reichsregierung die Rüge wirksam erheben konnte.

Wollte man aber an der Zuständigkeit des Staatsgerichtshofes aus Art. 15 RVerf. Zweifel hegen, so würde sie sich ohne weiteres aus Art. 19 RVerf. ergeben, da es sich auf jeden Fall um eine Streitigkeit nichtprivatrechtlicher Art zwischen dem Reiche und einem Lande handelt, zu deren Entscheidung der Staatsgerichtshof nach dieser Bestimmung berufen ist. Seine Zuständigkeit wird auch nicht dadurch in Frage gestellt, daß, wie das Land Thüringen geltend macht, die Fraktionen des Thüringischen Landtages in der Lage gewesen wären, den Streit vor dem Thüringischen Staatsgerichtshofe zum Austrag zu bringen. Diese lediglich im Innenverhältnis zwischen der Thüringischen Landesregierung und dem Thüringischen Landtage bestehende Möglichkeit kann das Recht der Reichsregierung, aus Art. 15 und 19 RVerf. den Staatsgerichtshof anzurufen, nicht ausschließen.

In der Sache selbst war zunächst zu untersuchen, welcher Sinn und welche Tragweite der Vorschrift des Art. 148 Abs. 2 RVerf. zukommt;

hierfür gibt die Entstehungsgeschichte gewichtige Aufschlüsse. In dem ursprünglichen Entwurf einer Reichsverfassung war die Bestimmung nicht enthalten. Er enthielt in Art. 30 unter den Grundrechten eine Bestimmung über die freie Betätigung der religiösen Überzeugung und in Art. 31 die Vorschrift, der Unterricht in den öffentlichen Volksschulen müsse unentgeltlich sein, für die Bildung der Jugend und des Volkes durch öffentliche Anstalten sei genügend zu sorgen, das Unterrichtswesen sei der staatlichen Aufsicht zu unterstellen.

In der 42. Sitzung des Verfassungsausschusses regte der Abgeordnete Mumm zu Art. 31g, der die Erteilung des Religionsunterrichtes betraf, die Aufnahme eines Satzes des Inhalts an, im Unterrichte der Schulen dürften die religiösen Empfindungen der Schüler nicht verletzt werden. Es sei dies an sich eine Selbstverständlichkeit, komme aber gleichwohl nicht selten vor. Die Schweizer und die Holländische Verfassung enthielten ähnliche Bestimmungen. Die Meinungen hierüber waren geteilt.

Der Abgeordnete Koch war der Ansicht, eine solche allgemeine Bestimmung werde nicht viel helfen, passe auch nicht in die Verfassung. Ob die Anhänger der einzelnen Bekenntnisse befriedigt seien oder nicht, komme auf den ganzen Geist der Schulverwaltung an. Was müsse man nicht alles feststellen, was nicht verletzt werden dürfe, z. B. das nationale Empfinden, die republikanische oder monarchische Gesinnung, die Stellung zur Völkerversöhnung, die Rassefragen, der Kriegsausgang usw. Der Abgeordnete Katzenstein hielt einen solchen Beschluß für sachlich unmöglich. Im Unterricht in Naturkunde und Geschichte werde der Lehrer, auch wenn er noch so taktvoll sei, nicht vermeiden können, da und dort ein religiöses Gefühl zu verletzen. Der Abgeordnete Hitze meinte, bei der simultanen Organisation der Schule gehöre außerordentlich viel Takt dazu, religiöse Gefühle nicht zu verletzen. Wenn man sage, es sei dies selbstverständlich, es brauche nicht in der Verfassung zu stehen, so seien in ihr so viele selbstverständliche Sätze, Leitgedanken und Mahnungen enthalten, daß man auch hier, wo es sich um die empfindlichsten Interessen handle, noch eine Mahnung aufnehmen könne. In seiner Darlegung fand der Abgeordnete Haußmann als Inhalt der aufzunehmenden Bestimmung eine Pflicht der Toleranz, die Aufnahme finden könne. Darauf entgegnete der Abgeordnete Katzenstein, der Satz an sich sei annehmbar, gehöre aber nicht in die Verfassung. Da es dem Lehrer nicht verboten sein könne, objektiv zu sein, lasse es sich nicht vermeiden, daß er z. B. sage, die Reformation sei nach den damaligen Verhältnissen eine notwendige Entwicklung gewesen. Warum solle ein katholischer Lehrer nicht sagen dürfen, Luther habe eine Revolution gemacht, die besser unterblieben wäre. Es gebe eben Meinungsverschiedenheiten, die man beim besten Willen nicht vermeiden könne. Es gebe auch schließlich Überzeugungen, die der Lehrer einmal sachlich und in angemessener Form werde aussprechen müssen. In der absoluten Fassung und in der Beschränkung auf das Religiöse sei der Satz unannehmbar, es lasse sich vielleicht das Wort „nach Möglichkeit" hinzufügen. Der Abgeordnete Hitze brachte zum Ausdruck, man könne religiöse Gefühle nicht mit politischen oder nationalen gleichstellen. Die Beschränkung „nach Möglichkeit" sei nicht am Platze, es handle sich um einen allgemeinen Verfassungssatz, einen Hinweis. Daraufhin könne keiner verklagt werden. Gemeint sei natürlich: „absichtlich oder mit Bewußtsein verletzt". Die Absicht müsse einem disziplinarisch zu bestrafenden Lehrer erst nachgewiesen werden. Der Abgeordnete Mumm schlug vor, man wolle doch versuchen, den Gedanken der Toleranz in irgendeiner Form zum Ausdruck zu bringen. Es sei dies richtig, weil die Staatskunde überall Unterrichtsgegenstand sein solle; deshalb habe die Sache auch über die Rechtsfrage hinaus Bedeutung. Er mache den Vorschlag, zu sagen: beim Unterricht ist die den religiösen Empfindungen Andersdenkender geschuldete Rücksicht zu nehmen. Mit der Aufnahme eines allgemeinen Toleranzgedankens in die Verfassung erklärte sich nunmehr auch der Abgeordnete Koch einverstanden und faßte ihn, wie folgt:

> Beim Unterricht an öffentlichen Schulen ist darauf Bedacht zu nehmen, daß die Empfindungen Andersdenkender geschont — eventuell auch: nicht verletzt — werden.

Den Einwand des Abgeordneten Quarck, daß man allein den Lehrern gegenüber einen so allgemeinen Satz nicht aufstellen solle, wies der Abgeordnete Koch zurück. Es handle sich nicht um einen allgemeinen Satz, sondern um etwas unbedingt Notwendiges, nämlich um die Toleranz in der Schule, die für alle Kinder Staatsschule sei. Es lasse sich wohl noch vieles hinzufügen, es genüge aber, wenn es gerade für den Unterricht ausgesprochen werde. Er würde es unangenehm empfinden, wenn das künftige Geschlecht in der einen Klasse republikanisch, in der anderen monarchisch erzogen werde, wenn nicht versucht werde, auf die Empfindungen Andersdenkender Rücksicht zu nehmen. Es handle sich nicht darum, daß ein Lehrer die Dinge nicht sage, sondern daß er sie nicht verletzend sage. Der Antrag Koch wurde darauf nach Zurückziehung des Antrages Mumm mit großer Mehrheit angenommen. Weder in den späteren Verhandlungen des Verfassungsausschusses, noch in denen der Nationalversammlung kam es über ihn zu einer Aussprache. Lediglich die Abgeordneten Philipp, Mumm und Schultz wiesen noch einmal auf ihn hin — Sten.Ber. Bd. 329 S. 1703, 2165 und 2169 —, wobei Philipp der Erwartung Ausdruck gab, daß er nicht nur im Sinne einer religiösen, sondern auch einer politischen Toleranz werde aufgefaßt werden. In der 71. Sitzung der Nationalversammlung — Sten.Ber. Bd. 329 S. 2175 — wurde der Antrag endgültig angenommen, nachdem der Präsident festgestellt hatte, er sei von keiner Seite angefochten. Als Art. 148 Abs. 2 ist er in folgender Fassung in die Reichsverfassung aufgenommen:

Beim Unterricht in öffentlichen Schulen ist Bedacht zu nehmen, daß die Empfindungen Andersdenkender nicht verletzt werden.

Aus dem Wortlaut der Vorschrift in Verbindung mit ihrer Entstehungsgeschichte ergibt sich, daß sie die allgemeine Toleranz als Richtschnur für die Erteilung des Unterrichts in den öffentlichen Schulen festlegt und dementsprechend die Weisung enthält, beim Unterricht das zu vermeiden, was die Empfindungen Andersdenkender verletzen würde. Diese Weisung richtet sich in erster Linie an die Lehrer, die den Unterricht zu erteilen haben, sie richtet sich aber auch an die staatlichen Organe der Länder, deren Aufsicht in Art. 144 RVerf. das gesamte Schulwesen unterstellt ist. Sie ist auch nicht etwa nur eine unverbindliche Mahnung, sie begründet vielmehr eine Rechtspflicht, die den mit dem Unterricht an öffentlichen Schulen befaßten Stellen unmittelbar mit dem Inkrafttreten der Reichsverfassung auferlegt worden ist.

Auf welches Gebiet die Rechtspflicht sich erstreckt, wird am ehesten klar, wenn man an das Wort „Andersdenkende" anknüpft. Aus ihm ergibt sich, daß die Weisung für die Behandlung solcher Gegenstände in den öffentlichen Schulen gegeben ist, bei denen verschiedene Auffassungen, Weltanschauungen oder Überzeugungen einander gegenüberstehen. Zwar sollen und können solche Stoffe von einem ordnungsmäßigen, die erforderliche Bildung der Jugend und des Volkes anstrebenden Unterricht nicht ausgeschlossen werden, aber überall, wo sie behandelt werden, ist die Weisung des Art. 148 Abs. 2 RVerf. zu beachten. Sie ist nicht auf bestimmte Gebiete beschränkt; es ergibt sich im Gegenteil aus der Entstehungsgeschichte, daß sie gerade den Gedanken einer allgemeinen Toleranz zur Durchführung bringen und somit das gesamte Gebiet des Unterrichts an öffentlichen Schulen erfassen will, wobei wiederum der Begriff des Unterrichts in dem weiteren Sinne zu verstehen ist, daß er alle Beziehungen der Schule zu den Schülern in sich schließt. Wenn auch im Verfassungsausschuß die Rücksicht auf das religiöse Empfinden den Ausgangspunkt für die Aufnahme der Vorschrift abgegeben hat, so ergeben doch die weiteren Verhandlungen unzweideutig, daß sie auch auf die Erörterung geschichtlicher, naturwissenschaftlicher und anderer Stoffe und ebenso im Fall einer Stellungnahme zu politischen Problemen und Anschauungen Anwendung zu finden hat.

Überall da, wo in einer öffentlichen Schule eine bestimmte Anschauung kundgegeben wird, der andere Anschauungen gegenüberstehen, ist also nach der Vorschrift des Art. 148 Abs. 2 RVerf. darauf Bedacht zu nehmen, daß die „Empfindungen" derjenigen, die auf dem Boden der anderen Anschauungen stehen, „nicht verletzt werden". Die Schonung des Empfindens Andersdenkender wird damit zur Pflicht gemacht. Es ist nicht verwehrt, in einer öffentlichen Schule Fragen der Religion, der Geschichte, der Politik usw. sachlich zu erörtern und eine bestimmte Stellung zu ihnen einzunehmen, es ist aber verwehrt, dies in einer Weise zu tun, die die Andersdenkenden kränkt, ihnen als eine Herabwürdigung ihrer eigenen Anschauungen erscheint und peinliche und schmerzliche Empfindungen bei ihnen erweckt.

Aus der allgemeinen Fassung des Art. 148 Abs. 2 RVerf. ergibt sich ferner, daß nicht allein maßgebend ist, ob die Empfindungen der Schüler verletzt werden, die am Unterricht teilnehmen. Jeder Unterricht wirkt über den Kreis hinaus, an den er sich unmittelbar wendet. Was in der Schule gesagt wird, geht in die Familien der Schüler und in die breite Öffentlichkeit über. Auch die Möglichkeit, daß eben durch dieses Hinausdringen die Empfindungen Andersdenkender verletzt werden, muß beim Unterricht in öffentlichen Schulen in Betracht gezogen werden.

In diesem Umfange schützt Art. 148 Abs. 2 RVerf. die Empfindungen Andersdenkender ohne Rücksicht darauf, ob ihre Auffassungen objektiv berechtigt sind oder dem, der den Unterricht erteilt, subjektiv als berechtigt erscheinen. In Dingen der Empfindung, der Überzeugung gibt es keine Stelle, die mit allgemeiner Wirkung feststellen könnte, welche die objektiv richtige ist. Wollte man aber die Vorschrift so verstehen, daß sie einem Angriff auf die

Überzeugung anderer nur dann entgegensteht, wenn der Angreifende diese Überzeugung seinerseits für berechtigt hält, so würde sie überhaupt keinen Inhalt und keine Bedeutung mehr haben. Andere Auffassungen zu schonen, eben weil sie bestehen, das ist es, was Art. 148 Abs. 2 RVerf. dem Unterricht in öffentlichen Schulen zur Pflicht macht.

Legt man diese Auslegung und diese Bedeutung der Vorschrift der Beurteilung des Vorgehens der Thüringischen Regierung zugrunde, so ergibt sich, daß es zum mindesten mit der Reichsverfassung insoweit nicht vereinbar ist, als die Empfehlung sich auf die von der Reichsregierung beanstandeten Stellen der Gebete bezieht.

Zu Unrecht macht zunächst das Land Thüringen geltend, zur Beurteilung dürften ausschließlich die Gebete, wie sie eben vorlägen, herangezogen werden, die Ausführungen des Erlasses und die bei den späteren parlamentarischen Verhandlungen abgegebenen Erklärungen des Ministers Frick müßten dabei außer Betracht bleiben. Es mag zu weit gehen, wenn der Reichsminister des Innern schon allein aus der Zugehörigkeit des Ministers Frick zur nationalsozialistischen Partei Schlüsse auf die Tendenz der Gebete herleiten und aus ihr in Verbindung mit dem Programm dieser Partei entnehmen will, sie richteten sich gegen die Juden und die Sozialdemokraten. Mit Recht weist er aber auf die mit der Entstehung der sogenannten Gebete in engem Zusammenhange stehenden Vorgänge hin. Die Erwägungen, mit denen der für die Leitung des Thüringischen Schulwesens verantwortliche Minister für Volksbildung die Einführung der Gebete empfohlen hat, und die Erläuterungen, die er ihnen bei ihrer Erörterung im Thüringischen Landtag gegeben hat, können nicht unbeachtet bleiben. Dies ist um so weniger angängig, als der Wortlaut der Gebete für sich allein überhaupt nicht verständlich sein würde. Dies wird klar, wenn man sich vorstellt, daß Gebete dieser Art in der Zeit vor dem Kriege entstanden wären. Erst dann, wenn man sie in den Zusammenhang der Zeit hineinstellt, die wir durchleben, werden sie verständlich.

Mit dem Wortlaut der Gebete allein hätten aber auch die Schulbehörden nichts anzufangen gewußt. Für sie war eine zusätzliche Mitteilung unentbehrlich, die sie darüber unterrichtete, aus welchem Grunde und zu welchem Zwecke die Gebete übersandt wurden, was nach dem Willen des Volksbildungsministeriums mit ihnen geschehen sollte. Diese Notwendigkeit hat auch das Ministerium offenbar erkannt und ihr hat es mit dem Erlasse selbst Rechnung tragen wollen. Dann kann ihn das Land Thüringen aber nicht nachträglich beiseite schieben. Und wenn Minister Frick auch die Abfassung der Gebete nicht selbst veranlaßt hat, durch die Weitergabe an die Schulbehörden hat er sie sich jedenfalls zu eigen gemacht, und das Land Thüringen muß sie in dem Sinne gegen sich gelten lassen, den ihnen der Erlaß zuweist. Dieser letztere ist sonach von den Gebeten nicht zu trennen und muß zur Beurteilung ihres Inhaltes und ihres Zweckes mit herangezogen werden.

Dasselbe muß naturgemäß gelten für die Erklärungen, die der Minister Frick nachträglich zu den Gebeten abgegeben hat. Es kann dahingestellt bleiben, ob sie in dem Minderheitsbericht ganz zutreffend wiedergegeben sind, jedenfalls ist die Richtigkeit der Erklärungen nicht bestritten, die Minister Frick nach dem vorliegenden Protokoll in der Sitzung des Thüringischen Landtags vom 22. Mai 1930 abgegeben hat, die sich im übrigen zu den hier wesentlichen Punkten mit denen des Minderheitsberichtes decken. Geht man also auch nur von den Erklärungen im Landtag aus, so waren dort verschiedene Anfragen an den Minister gestellt worden, die eine Aufklärung über den Sinn und die Bedeutung gerade der beanstandeten Stellen in den Gebeten verlangten. Wenn er darauf antwortete und als verantwortlicher Leiter des zuständigen Geschäftsbereiches Auskunft gab, so muß er diese gegen sich gelten lassen und kann sich nicht damit von ihnen loslösen, daß er sie als ironisch gemeinte Bemerkungen bezeichnet. Dies um so weniger, als seine Äußerungen in der Landtagssitzung vom 22. Mai 1930 keinerlei ironischen Zug erkennen lassen. Entgegen der Auffassung des Landes Thüringen sind sonach auch diese Erklärungen zur Beurteilung der Gebete zu verwerten.

In dem Erlaß ist im Eingang von „art- und volksfremden Kräften" die Rede, die seit langem die geistig-sittlich-religiösen Grundlagen des deutschen Denkens und Fühlens zu zerstören suchten, um das deutsche Volk zu entwurzeln und es so leichter beherrschen zu können. In der Sitzung des Landtags vom 22. Mai 1930 hat Minister Frick zugegeben, daß mit dieser Wendung, wie er früher bereits gesagt habe, die Juden, aber nicht nur die Juden, sondern auch die Sozialdemokraten gemeint seien, die mit anderen Kräften an der Zerstörung der religiös-sittlichen Grundlage des Volkes beteiligt seien. Allerdings hat damals Minister Frick eine Einschränkung dahin gemacht, und das Land Thüringen hat sie wiederholt, die Erwähnung der art- und volksfremden Kräfte habe nur zur Begründung der Notwendigkeit der Einführung der Schulgebete dienen sollen, der Inhalt der Gebete enthalte nichts, was sich gegen sie richte. Dem kann sich der Staatsgerichtshof nicht anschließen. Ein Vorgehen, dessen Notwendigkeit sich aus dem Bestehen gewisser unangenehm empfundener Tatsachen und Zustände ergeben soll, wird sich schon an sich und zwangsläufig nicht nur gegen deren Folgen, sondern auch gegen ihre Ursache, die Tatsachen und Zustände selbst und ihre Urheber richten, mindestens aber als gegen sie gerichtet angesehen werden müssen. Zum Überflusse spricht aber auch das Gebet Nr. 4 von der Gottlosigkeit, die das Volk zerrissen und vernichtet habe, schließt also dem Sinne nach an den ersten Absatz des Erlasses unmittelbar an. Daß in diesem Zusammenhange die Stelle als gegen die Juden gerichtet verstanden werden muß, bedarf keiner weiteren Darlegung.

In derselben Landtagssitzung hat der Minister Frick auf die Frage, was er unter Betrug und Verrat verstehe, erklärt:

> „Ich will es Ihnen sagen, was ich unter Betrug und Verrat verstehe. Der gemeinste Landes- und Volksverrat, den es in der Weltgeschichte je gegeben hat, das ist der vom November 1918. Und der ungeheuerlichste Volksbetrug, den es jemals in der Welt gegeben hat, das ist der Marxismus in Theorie und Praxis."

Über die Bedeutung der Worte „befreiende Tat" hat er sich nicht geäußert. Danach bedarf es keines weiteren Wortes mehr, daß zum mindesten die in allen beanstandeten Gebeten wiederkehrenden Worte „Betrug und Verrat" den Sozialdemokraten gelten und sie treffen sollen.

Damit ist aber klargestellt, daß die von der Reichsregierung angefochtenen Stellen der Gebete sich gegen die politischen Anschauungen weiter Kreise des deutschen Volkes wenden und ein Bekenntnis zum Antisemitismus enthalten in der Form, daß die Anhänger jener politischen Anschauung und die Juden als Volksbetrüger und Landesverräter gebrandmarkt werden. Diese Art der Stellungnahme muß die Empfindungen der Andersdenkenden verletzen und hat sie, wie die Aufnahme der Gebete in der Öffentlichkeit beweist, auf das schwerste verletzt.

Versagen muß schließlich auch der Hinweis des Landes Thüringen, die Gebete seien nur „mit dem selbstverständlichen Hinweise, daß dem Selbstbestimmungsrecht der Religionsgesellschaften und der Glaubens- und Gewissensfreiheit von Lehrern und Schülern in keiner Weise Eintrag geschieht", „empfohlen" worden. Dieser Satz steht allerdings in dem Erlasse. Letzterer betont aber auch, daß das tägliche Schulgebet in Klassen, deren Mehrheit einem christlichen Bekenntnis angehöre, eine Selbstverständlichkeit und ein Verzicht darauf einer Klassenminderheit oder des Lehrers wegen nicht angebracht sei. Zum Schluß „erwartet" er zu gegebener Zeit Bericht, inwieweit dem Wunsche des Volksbildungsministeriums entsprochen worden sei und wo Schwierigkeiten aufgetreten seien. Hier kann von einer unverbindlichen Empfehlung keine Rede mehr sein; hier wird die Einführung der Gebete zwar nicht unmittelbar gefordert, aber erwartet und Rechenschaft verlangt, wenn sie nicht eingeführt werden. Bei dem Unterordnungsverhältnis zwischen einer Regierung und den in Betracht kommenden Schulbehörden steht eine solche „Empfehlung" einer Anordnung gleich. Aber selbst wenn man mit dem Lande Thüringen in dem Erlaß lediglich eine Empfehlung erblicken wollte, würde damit in der Beurteilung des Vorgehens nichts geändert. Art. 148 Abs. 2 RVerf. legt den Stellen, die für den Unterricht in öffentlichen Schulen verantwortlich sind, ganz allgemein die Verpflichtung auf, alles zu unterlassen, was auf einen Verstoß gegen den darin enthaltenen Grundsatz einwirken kann. Selbst wenn sich das Thüringische Volksbildungsministerium auf eine bloße Anregung zur Einführung der Gebete beschränkt hätte, wäre bei ihrem oben näher dargelegten Sinn und Inhalt eine Verletzung der Vorschrift des Art. 148 Abs. 2 RVerf. festzustellen, weil es damit den Lehrern nahegelegt hat, gegen bestimmte politische Anschauungen und eine bestimmte Gruppe von Staatsbürgern sich in der Art zu wenden, wie es in den beanstandeten Stellen der Gebete geschieht. Das Thüringische Volksbildungsministerium hat aber noch mehr getan; es hat darüber hinaus den Lehrern anempfohlen, die Schüler dazu anzuhalten, sich selbst jene Stellungnahme in der gekennzeichneten Art zu eigen zu machen. Eben die Tatsache, daß die Schüler selbst dazu gebracht werden sollen, dem Geiste der Reichsverfassung zuwider zu handeln, läßt den Verstoß gegen Art. 148 Abs. 2 RVerf. noch schärfer hervortreten.

Dies alles gilt für die beanstandeten Stellen nach ihrem Inhalt und Zweck schon an sich und ohne Rücksicht auf die Form und die Bezeichnung, unter denen sie zur Einführung empfohlen worden sind.

Die verletzende Wirkung wird aber noch verstärkt dadurch, daß das Thüringische Ministerium für Volksbildung sich für den Weg des Gebetes entschieden hat. Das Gebet ist für jeden religiös Denkenden das stärkste Mittel, seinen Gedanken und Wünschen Ausdruck zu geben. Eben dadurch, daß die Schüler veranlaßt werden sollen, unter Anrufung des höchsten Wesens gegen Anschauungen, die in weiten Kreisen des Volkes bestehen, und gegen bestimmte Gruppen des Volkes in der Art Stellung zu nehmen, wie es in den beanstandeten Stellen der Gebete geschieht, wird die verletzende Wirkung dieser Stellungnahme für diejenigen, die jene Anschauungen teilen oder jenen Gruppen angehören, auf das äußerste gesteigert. Wie sehr dies der Fall ist, tritt besonders hervor, wenn man sich vergegenwärtigt, daß auf diese Weise Schulkinder dazu angehalten werden sollen, Gott gegen Anschauungen anzurufen, die von ihren Eltern geteilt und hochgehalten werden, oder daß doch — selbst wenn es praktisch durchführbar wäre, solche Kinder an den Gebeten nicht teilnehmen zu lassen — sie eine Schule besuchen müßten, in der von den Lehrern und Mitschülern Gebete dieser Art gesprochen werden. Es bedarf keiner näheren Darlegung, daß dies bei den Eltern, und soweit es sich um reifere Kinder handelt, auch bei diesen selbst die bittersten Empfindungen erwecken müßte.

Die verletzende Wirkung wird durch die Wahl der Gebetsform aber nicht nur gesteigert, sondern auch auf weitere Kreise übertragen. Die Frage kann offen bleiben, ob die Rechte der Religionsgesellschaften dadurch beeinträchtigt worden sind, daß die Texte der beanstandeten Gebete ohne ihre Mitwirkung ausgewählt und zur Einführung in den Schulen empfohlen worden sind. Auch die Frage bedarf nicht der Entscheidung, ob es mit dem Wesen des christlichen Gebetes überhaupt vereinbar ist, gegen seine Gegner Gott anzurufen. Sicher ist aber, daß es weiten und gerade streng religiös denkenden Kreisen als ein Mißbrauch des christlichen Gebetes erscheint, wenn es dazu verwendet werden soll, bestimmte innerpolitische Anschauungen und gewisse Gruppen des Volkes zu brandmarken. Auch die Empfindungen derer, denen dies von ihrer religiösen Auffassung aus als eine Entheiligung des Gebetes erscheint, müssen durch das Vorgehen des Thüringischen Ministeriums für Volksbildung verletzt werden und sind dadurch, wie die Aufnahme der Gebete beweist, in weitestem Umfange tief verletzt worden.

Aus diesen Gründen war festzustellen, daß die Maßnahme des Thüringischen Ministeriums für Volksbildung, soweit sie beanstandet ist, gegen die Vorschrift des Art. 148 Abs. 2 RVerf. verstößt und der Antrag des Reichsministers des Innern begründet ist.

3.

In der verfassungsrechtlichen Streitsache

des Landes Thüringen,
Antragstellers,
gegen
das Deutsche Reich,
Antragsgegner,

wegen Weitergewährung der Polizeikostenzuschüsse (StGH. 7/30),

hat der Staatsgerichtshof für das Deutsche Reich in der öffentlichen Sitzung vom 17./18. Juli 1930 entschieden:

Der Antrag auf Erlaß einer einstweiligen Verfügung wird zurückgewiesen.

Gründe:

Das Deutsche Reich leistet den Ländern seit längeren Jahren Zuschüsse zu den Polizeikosten. Aus diesem Anlaß sind im Jahre 1928 die „Grundsätze für die Gewährung eines Reichszuschusses für polizeiliche Zwecke" und die „Vereinbarungen der Länder unter sich und mit dem Reich über die Gewährung eines Reichszuschusses für polizeiliche Zwecke" entworfen und vom Reichsminister des Innern den zuständigen Länderministerien zur Erklärung des Einverständnisses unterbreitet worden. Dieses Einverständnis hat das Thüringische Ministerium des Innern mit Schreiben vom 17. März 1928 erklärt. Demnächst stellte der Reichsminister des Innern mit Schreiben vom 9. Mai 1928 fest, daß die — im Entwurf den Ländern früher mitgeteilte — Vereinbarung, wonach die Reichsregierung während der Rechnungsjahre 1927 bis 1932 als Reichsdotation für polizeiliche Zwecke ziffermäßig bestimmte Summen in den Reichshaushaltsplan einzustellen hatte, nunmehr in Kraft getreten sei.

Entsprechend den vorerwähnten „Grundsätzen" hat sodann das Reich an die Länder und insbesondere an Thüringen Polizeikostenzuschüsse gezahlt. Nach Bildung der gegenwärtigen Thüringischen Landesregierung hat indessen der damals amtierende Reichsminister des Innern mit Schreiben vom 18. März 1930 die Sperre dieser Zuschüsse ausgesprochen. Sie wurde aber von seinem Amtsnachfolger mit Schreiben vom 17. April 1930 aufgehoben, nachdem die Thüringische Regierung erklärt hatte, daß Nationalsozialisten in die Thüringische Staatspolizei nicht eingestellt worden seien.

Mit dem 1. Juli 1930 sind die bisher städtischen Polizeiverwaltungen mehrerer Städte Thüringens verstaatlicht worden. Dabei wurden von der Landesregierung gemäß einem Ministerialbeschluß vom 19. Mai 1930 u. a. berufen:

zum Polizeidirektor in Weimar: der Geheime Regierungsrat H.; zu dessen Vertreter — als Regierungsrat — der Gerichtsassessor O., der zugleich mit der Verwaltung der Landeskriminalpolizeistelle beauftragt wurde.

Beide gehören der Nationalsozialistischen Deutschen Arbeiterpartei an.

Der Reichsminister des Innern hat die Thüringische Regierung unter Bezugnahme auf die die Pflicht der Länder zur Wahrung des unpolitischen Charakters der Schutzpolizei betreffende No. I. 6 der „Grundsätze" ersucht, ihren Beschluß, soweit er sich auf die beiden genannten Beamten bezieht, aufzuheben. Das hat die Thüringische Regierung abgelehnt. Darauf hat der Reichsminister des Innern gemäß Schreiben vom 6. Juni 1930 die Sperrung der Polizeikostenzuschüsse gegenüber Thüringen angeordnet.

Daraufhin hat das Land Thüringen das gegenwärtige verfassungsrechtliche Streitverfahren anhängig gemacht, worin es beantragt, diese Sperre für unzulässig und das Reich für verpflichtet zu erklären, die dem Lande Thüringen vereinbarungsgemäß zustehenden Reichszuschüsse weiterzuzahlen; ferner:

durch einstweilige Verfügung anzuordnen, daß das Reich bis zur endgültigen Entscheidung des Staatsgerichtshofs an das Land Thüringen wie bisher monatlich 252463 RM. zur Bestreitung von Ausgaben für die Zwecke polizeilichen Schutzes zu zahlen habe.

Zu letzterem Antrage hat es geltend gemacht:

Thüringen sei nach der Struktur seiner Bevölkerung und seiner geographischen Lage auf starken polizeilichen Schutz angewiesen. Die erforderliche Polizeimacht aus eigenen Mitteln zu erhalten, sei ihm bei seiner angespannten Finanzlage unmöglich. Der Fortfall der Reichszuschüsse auch nur für einige Monate würde die Finanzen des Landes der Gefahr der Zerrüttung aussetzen. Damit rechtfertige sich der Antrag auf Erlaß der einstweiligen Verfügung.

Das Deutsche Reich hat beantragt, die gestellten Anträge zurückzuweisen und zwar den Antrag auf Erlaß einer einstweiligen Verfügung als unzulässig, gegebenenfalls als unbegründet. Es macht diesem Antrag gegenüber geltend, daß der Staatsgerichtshof überhaupt keine einstweiligen Verfügungen erlassen dürfe, weil es an einer rechtlichen Grundlage dafür fehle. Weder das Gesetz vom 9. Juli 1921 noch die Geschäftsordnung vom 20. September 1921 legten ihm eine solche Befugnis bei. Sie lasse sich auch nicht aus allgemeinen Erwägungen ableiten. Eine rechtsähnliche Anwendung der entsprechenden Bestimmungen der Zivilprozeßordnung sei nicht angängig angesichts der völligen Verschiedenheit des Wesens und der Aufgaben beider Verfahren. Dem Wesen des dem Tätigkeitsgebiete des Staatsgerichtshofs näher verwandten Verwaltungsstreitverfahrens widersprächen Eingriffe in die Maßnahmen der Staatsbehörden durch einstweilige Anordnungen der Verwaltungsgerichte. In noch stärkerem Maße müsse dies für die von dem Staatsgerichtshof zu entscheidenden Streitigkeiten gelten. Hier würden einstweilige Anordnungen unmittelbare Eingriffe in die Politik und die Exekutivgewalt des Reiches bedeuten, zu denen weder er noch ein anderes Gericht durch Verfassung oder Gesetz ermächtigt sei. Die Richtigkeit dieser Auffassung erhelle auch aus der Erwägung, daß der Staatsgerichtshof mit den ihm zu Gebote stehenden Mitteln gar nicht in der Lage sei, zu prüfen und zu entscheiden, welche Regelung bis zur endgültigen Entscheidung die Sachlage im Einzelfalle erfordere.

Weiter führt der Antragsgegner aus, das Land Thüringen sei in der Lage, bei Vereinfachung seiner Verwaltung die zur Unterhaltung der Polizei nötigen Kosten von sich aus aufzubringen.

Der Antragsteller widerspricht diesen Darlegungen und vertritt namentlich die Ansicht, daß der Staatsgerichtshof befugt sei, einstweilige Verfügungen zu erlassen.

Die Verhandlung und Entscheidung ist auf die Frage des Erlasses der beantragten einstweiligen Verfügung beschränkt worden.

Bedenken gegen die Zuständigkeit des Staatsgerichtshofs und gegen die Befugnis der Streitteile, das Verfahren zu betreiben, liegen nicht vor.

Festzuhalten ist an der von dem Staatsgerichtshof schon bisher vertretenen Auffassung, daß er rechtlich nicht behindert sei, vor der Entscheidung über die Hauptsache einstweilige Verfügungen zu treffen. Wie er schon früher dargelegt hat, läßt sich das Gegenteil nicht daraus folgern, daß in dem Staatsgerichtshofsgesetze und in seiner Geschäftsordnung von einer solchen Befugnis nicht ausdrücklich die Rede ist.

Durch den Hinweis auf das Verfahren vor den Verwaltungsgerichten läßt sich ein Bedenken nach dieser Richtung auch nicht begründen. Die Verwaltungsgerichte mögen im allgemeinen nicht berufen sein, einstweilige Anordnungen zu treffen. Bei den vor dem Staatsgerichtshof auszutragenden Streitigkeiten zwischen verschiedenen Ländern oder zwischen dem Reich und einem Lande deckt sich das Verhältnis der sich widerstreitenden Interessen, der Streitteile zueinander und zum Gericht nicht mit den entsprechenden im Verwaltungsstreitverfahren bestehenden Beziehungen. Im Verwaltungsstreitverfahren hat der Staat die Möglichkeit, durch außergerichtliche Akte der Staatsgewalt in einer die gegenseitigen Belange unparteiisch abwägenden Weise den einstweiligen Zustand bis zur Entscheidung der Hauptsache befriedigend zu regeln. Bei den Streitigkeiten, die vor den Staatsgerichtshof gelangen, fehlt es an dieser Möglichkeit.

Auch das Bedenken schlägt nicht durch, daß eine einstweilige Anordnung des Staatsgerichtshofs in rechtlich unzulässiger Weise in die staatliche Exekutive eingreifen würde, und zwar wenigstens dann, wenn erhebliche politische Interessen auf dem Spiele stehen. Dieser Einwand widerlegt sich schon durch die Erwägung, daß alles, was in dieser Beziehung geltend gemacht werden könnte, in gleicher Weise auf endgültige Entscheidungen wie auf vorläufige Anordnungen des Staatsgerichtshofs zutreffen würde. Nach beiden Richtungen hin stützt sich seine Befugnis auf Art. 19 RVerf. Erwägungen dieser Art können lediglich dazu führen, daß der Staatsgerichtshof auch in Zukunft so wie schon bisher von dem Mittel einer vorläufigen Anordnung mit äußerster Vorsicht und Zurückhaltung Gebrauch macht.

Festzuhalten ist jedoch daran, daß eine einstweilige Anordnung des Staatsgerichtshofs die endgültige Entscheidung nicht vorausnehmen darf. Diesen Standpunkt hat der Staatsgerichtshof in seinem Beschluß vom 23. Oktober 1929 StGH. 19/29 RGZ. Bd. 126 Anh. S. 1 näher begründet. Der Staatsgerichtshof kann daher auch in dem vorliegenden Fall im Verfahren über den Erlaß einer einstweiligen Verfügung keine Entscheidung treffen, durch die er sich vorläufig den Rechtsstandpunkt des einen oder des anderen der streitenden Teile zu eigen machen würde. Er kann deshalb im gegenwärtigen Zeitpunkt weder zu der Frage Stellung nehmen, ob, wie Thüringen behauptet und das Reich bestreitet, eine Rechtspflicht des Reiches auf Zahlung der Polizeikostenzuschüsse besteht, noch zu der weiteren Frage, ob das Verhalten der Thüringischen Regierung, wie das Reich behauptet und Thüringen bestreitet, dem Reichsminister des Innern ein Recht gab, die Zahlung der Zuschüsse einzustellen.

Diese Erwägungen würden indessen die Möglichkeit nicht ausschließen, die Beziehungen zwischen den streitenden Teilen ohne Stellungnahme zu jenen Rechtsfragen bis zur endgültigen Entscheidung über den Klagantrag vorläufig zu ordnen. Eine solche vorläufige Anordnung kann nur dann in Frage kommen, wenn sie notwendig ist, um wesentliche Nachteile, die mangels einer solchen einstweiligen Regelung entstehen würden, abzuwenden. Nun hat zwar das Land Thüringen dargelegt, daß die Sperrung der Polizeikostenzuschüsse auch nur für die Zeit der Dauer des Verfahrens ihm große finanzielle Schwierigkeiten bereiten werde. Diese Behauptung ist auch ohne weiteres glaubhaft. Auf der anderen Seite aber hat der Reichsminister des Innern geltend gemacht, daß durch den Erlaß der von Thüringen beantragten einstweiligen Verfügung für das Reich die ernstesten Gefahren entstehen müßten. Er hat in dem Schriftsatz vom 7. Juli 1930 erklärt, „daß die auch nur vorübergehende Fortzahlung der Polizeikostenzuschüsse an Thüringen unter den dort gegenwärtig bestehenden Verhältnissen eine erhebliche Gefährdung der Sicherheit und Ordnung für das Deutsche Reich mit sich bringen kann". Nach dieser mit einer Reihe von Tatsachen belegten Erklärung des für die Ruhe und Sicherheit im Deutschen Reiche verantwortlichen Reichsministers des Innern muß der Staatsgerichtshof mit der Möglichkeit rechnen, daß der Erlaß der von dem Lande Thüringen beantragten einstweiligen Verfügung zwar auf der einen Seite finanzielle Nachteile von Thüringen abwenden, auf der anderen Seite aber die Interessen des Reiches schwer gefährden würde.

Unter diesen Umständen muß von dem Erlaß einer einstweiligen Verfügung der von Thüringen beantragten Art abgesehen werden. Eine vorläufige Anordnung könnte nach Lage der Sache nur in Frage kommen, wenn es möglich wäre, die Regelung so zu treffen, daß auf der einen Seite die von Thüringen befürchteten Nachteile abgewendet und auf der anderen Seite auch den vom Reiche befürchteten Gefahren vorgebeugt würde. Irgendwelche Vorschläge für eine solche beiden Interessen gerecht werdende Regelung sind von den Streitteilen trotz ausdrücklicher Anregung des Staatsgerichtshofs nicht gemacht worden.

Der Antrag auf Erlaß einer einstweiligen Verfügung war somit als unbegründet zurückzuweisen.